国家级一流本科专业建设点监狱学·系列教材

犯罪心理学（第三版）

Criminal Psychology

章恩友　宋胜尊／主编

法律出版社
LAW PRESS·CHINA
北京

图书在版编目(CIP)数据

犯罪心理学 / 章恩友，宋胜尊主编. -- 3版. -- 北京：法律出版社，2022(2024.8重印)
ISBN 978-7-5197-6685-6

Ⅰ.①犯… Ⅱ.①章… ②宋… Ⅲ.①犯罪心理学 Ⅳ.①D917.2

中国版本图书馆CIP数据核字(2022)第068847号

犯罪心理学(第三版)
FANZUI XINLIXUE(DI-SAN BAN)

章恩友　宋胜尊　主编

责任编辑　慕雪丹
装帧设计　汪奇峰

出版发行　法律出版社
编辑统筹　法商出版分社
责任校对　赵明霞
责任印制　胡晓雅
经　　销　新华书店

开本　710毫米×1000毫米　1/16
印张　28.75　　字数　515千
版本　2022年10月第3版
印次　2024年8月第3次印刷
印刷　三河市兴达印务有限公司

地址：北京市丰台区莲花池西里7号(100073)
网址：www.lawpress.com.cn
投稿邮箱：info@lawpress.com.cn
举报盗版邮箱：jbwq@lawpress.com.cn
销售电话：010-83938349
客服电话：010-83938350
咨询电话：010-63939796

书号：ISBN 978-7-5197-6685-6　　定价：66.00元
凡购买本社图书，如有印装错误，我社负责退换。电话：010-83938349

犯罪心理学

（第三版）

主　编：章恩友　宋胜尊

副主编：陈　胜　连春亮　高　畅　李志艳

参编人员（以撰写章节先后为序）：

章恩友　宋胜尊　高　畅　李志艳

连春亮　师玮玮　陈　胜　黎璐玮

王思睿　杨　涵

总　　序

如果从20世纪初国人翻译日本学者佐藤信安、小河滋次郎等人的监狱学著作算起，现代意义的监狱学在中国出现已有百余年。历经百年沧桑，监狱学已经发展成为涵盖数十门分支学科的学科群。从移译西学到自主创新，从依附西方到独立自主，中国监狱学的百年发展成为中国学术由弱到强发展历程的缩影。

2018年，为推进教材建设，中央司法警官学院启动了监狱学系列教材编写的计划，首批推出五本教材，分别是《犯罪心理学》《监狱学基础理论》《狱政管理学》《罪犯教育学》《法医学》。教材出版得到了兄弟院校的支持和肯定。三年来，高等教育形势发生了变化，监狱工作改革不断推进，司法警官教育取得了一系列成绩，现实对教材建设提出了新要求、新期待。

从全国高等教育形势来看，全国教育大会胜利召开，为加快推进教育现代化、建设教育强国、办好人民满意的教育指明了方向；教育部发布《关于加快建设高水平本科教育　全面提高人才培养能力的意见》(新时代高教40条)，教育部会同有关部门联合推出"六卓越一拔尖"计划2.0；教育部、财政部、国家发展和改革委员会联合发布《关于高等学校加快"双一流"建设的指导意见》，明确"双一流"建设的核心是人才培养；《深化新时代教育评价改革总体方案》印发，对引导全党、全社会树立科学的教育发展观、人才成长观、选人用人观具有重大意义。

从监狱改革发展来看，2018年以来，司法部连续召开了两次全国监狱工作会议，要求提高政治站位，夯实监狱事业发展基石，狠抓内部管理，深化监狱改革，打造过硬队伍，不断开创监狱工作新局面。2019年4月，中共中央办公厅、国务院办公厅印发《关于加强和改进监狱工作的意见》，要求努力建设一支信念坚定、执法为民、敢于担当、清正廉洁的高素质监狱人民警察队伍，并强调，加强教学练战一体化培训，进一步加强司法行政系统所属院校警察类专业毕业生培养和入警工作。同时,《刑法修正案(十一)》施行,《社区矫正法》以及修订后的《未成年人保护法》《预防未成年人犯罪法》正式实施,这些新规定的出台,都要求监狱学专业教育教学内容作出及时调整。

作为监狱学研究和教学的重要机构,中央司法警官学院三年来取得了一系列成绩。2019 年 12 月,经教育部高等学校教学指导委员会评议,中央司法警官学院监狱学专业、侦查学专业获批国家级一流本科专业建设点。这是全国首个监狱学一流本科专业建设点,标志着司法行政系统所属高等院校学科专业建设取得历史性突破,对提升人才培养质量、增强服务监管改造工作能力和水平具有重要意义。此后,狱内侦查学入选首批国家级一流本科课程,罪犯教育学课程和团队被评为国家级课程思政示范课程和团队,“新文科建设框架下的监狱学专业升级改造”成功获批教育部首批新文科研究与改革实践项目。

在上述背景下,监狱学专业人才培养目标、培养规格、课程体系乃至教学方式方法等都有必要作出相应调整。为此,我们组织校内外相关学者,同时吸收实务部门专家共同编写“国家级一流本科专业建设点监狱学系列教材”。

教材是教育理念的反映,同时也引领教育理念的变革。一些重要的教育理念,往往可以通过教材内容、形式的变化得到反映。教育需求决定教育创新,学习需要影响教学方式。诚如陶行知先生所说,教的法子必须根据学的法子,学习方式的变革正在悄悄影响着教学方法和教学理念。在教材编写过程中,我们充分考虑学习需求,努力贯彻“学生中心、产出导向、持续改进”理念,注重将价值塑造、知识传授和能力培养三者融为一体,力争体现高阶性、创新性和挑战度。同时,在教材体例上作出调整,在每节之前增加了要点提示,节末设置研究与思考题,在章节中增加图例、图表、专栏或案例,尽量方便学生自学。

期待这个系列教材能为监狱学专业的教育改革、为司法警官教育的高质量发展作出应有的贡献。

中央司法警官学院教材编审委员会

2021 年 7 月

第三版说明

这本《犯罪心理学》(第三版)教材是在2019年法律出版社出版的《犯罪心理学》(第二版)教材的基础上补充修订而来。

与第二版相比,第三版的章节基本保持不变,内容做了调整。在每节正文前增加了“要点提示”,在每节的末尾增加了“思考题”。近年来犯罪构成发生了变化,诈骗犯罪的比例迅猛上升,为此,本书对第十三章诈骗犯罪心理的相关内容做了较大修改,对第十七章的内容做了一些删减。

参与各章节撰写修订的专家、教师及承担的任务如下:

章恩友(中央司法警官学院教授):第一章、第七章、第八章。

宋胜尊(中央司法警官学院教授):第二章、第三章、第五章、第六章第三节、第十章、第十六章。

陈胜(中央司法警官学院副教授、教育学博士):第十一章、第十二章部分章节、第十七章。

连春亮(河南司法警官职业学院教授)、师玮玮(河南司法警官职业学院讲师):第九章、第十二章、第十四章。

高畅(中央司法警官学院教授):第四章、第十五章。

李志艳(中央司法警官学院副教授):第六章。

黎璐玮(中央司法警官学院讲师):第十三章。

王思睿(中国科学院心理研究所副研究员、心理学博士):第十六章部分章节、第十八章部分章节。

杨涵(中央司法警官学院讲师):第十六章部分章节、第十八章部分章节。

全书由宋胜尊、章恩友两位老师最后审阅定稿。

本教材撰写过程中,参阅了国内外该领域众多学者的著述和观点,在此表示衷心感谢。另外,感谢中央司法警官学院2015级心理矫治班全体同学,尤其是张涵卿、王倩、高燕、吴香、李亚凡等同学在第二版相关资料收集方面所作的贡献,感谢2008级的周烨、范丽佳等同学阅读第一版初稿,并从读者角度提出修改意见和建议。

《犯罪心理学》编写组

2022年4月6日

第二版说明

这本《犯罪心理学》(第二版)教材是在2008年河北大学出版社出版的《犯罪心理学》教材基础上补充修订而来。本书的编写是基于司法警官院校犯罪心理学课程教学需要、司法警察和公安警察未来的工作实务需要编写而成。与以往的犯罪心理学教材相比,有以下几个特点:

一是兼顾了知识的守恒与创新。一方面,将犯罪心理学领域多年来形成的基本概念、成熟理论进行重点阐释;另一方面,将近年来国内外关于犯罪心理研究的最新成果反映在教材中,如有关犯罪心理学未来发展的研究,犯罪心理研究方法的最新趋势,关于当前社会影响较大的一些犯罪类型的研究,还有犯罪心理应用技术的最新成果等。

二是不求全面,但求需要。本教材并没有对犯罪心理学领域各方面的知识进行全面系统的介绍,而是立足于两方面的需要:一方面是满足司法警官院校人才培养的需要,为学生了解、认识当前的犯罪现象奠定必要的知识基础;另一方面是满足社会发展的需要,为读者了解当前最受关注的犯罪现象及心理机制提供参考。

三是突出知识的应用性。本教材在阐释犯罪心理学基本知识、基本理论的基础上,突出介绍了犯罪心理研究在司法实践中的广泛应用。除了在各章节内容中通过案例形式揭示原理之外,还在教材的后三章专门介绍了当前犯罪心理技术的最新应用,即犯罪心理痕迹在现场重建中的应用,犯罪心理测试技术、犯罪心理画像技术的应用等。

与第一版相比,章节做了调整和补充。本教材内容安排分为三大部分:第一部分是基础篇,在原来第一章至第六章的基础上增加了一章,专门介绍犯罪“易感”素质,即危险人格,在原来犯罪动机的基础上补充了犯因性需要的内容,并将原教材中的第十三章杀人犯罪动机的系统推定整合到第二版的第六章;第二部分是犯罪心理类型篇,从第八章至第十五章,与第一版教材相比,增加了第八章“习惯性行为与违法犯罪”、第十三章“诈骗犯罪心理”;第三部分是犯罪心理应用技术篇,从第十六章至第十八章。

参与各章节撰写的专家、教师及承担的任务如下:

章恩友(中央司法警官学院教授):第一章、第二章第二节、第七章、第八章。

宋胜尊(中央司法警官学院教授):第二章第一、三、四、五节,第三章,第五章,第六章第三节,第十章,第十六章部分章节。

陈胜(中央司法警官学院副教授、教育学博士):第十一章、第十二章部分章节、第十七章。

连春亮(河南司法警官职业学院讲师)、师玮玮(河南司法警官职业学院讲师):第九章、第十二章、第十四章。

高畅(中央司法警官学院教授):第四章、第十五章。

李志艳(中央司法警官学院副教授):第六章。

黎璐玮(中央司法警官学院讲师):第十三章。

王思睿(中国科学院心理研究所副研究员、心理学博士):第十六章部分章节、第十八章部分章节。

杨涵(中央司法警官学院讲师):第十六章部分章节、第十八章部分章节。

全书由宋胜尊、章恩友两位老师最后审阅定稿。

本教材撰写过程中,参阅了国内外该领域众多学者的著述和观点,在此表示衷心感谢。另外,感谢中央司法警官学院2015级心理矫治班全体同学,尤其是张涵卿、王倩、高燕、吴香、李亚凡等同学在相关资料收集方面所作的贡献,感谢2008级的周烨、范丽佳等同学阅读第一版初稿,并从读者角度提出修改意见和建议。

《犯罪心理学》编写组

2018年7月31日

目录
Contents

第一章　绪　　论

在防治犯罪的各专业学术领域中，犯罪心理学由于强调对犯罪人及其行为做较系统的观察，并且广泛地应用到侦讯、量刑与矫治工作，故其在犯罪研究中基于承前启后的地位乃不容忽视。

——杨士隆：《犯罪心理学》

第一节　犯罪心理学的研究范畴和学科特点

要点提示

1. 狭义的犯罪心理学，是指运用心理学的原理研究犯罪主体的心理和行为的一门学科；广义的犯罪心理学，是指运用心理学的原理研究犯罪主体的心理、行为以及犯罪对策中的心理学问题的一门学科。

2. 犯罪心理学的学科特点，包括三个方面：犯罪心理学是一门中间学科；犯罪心理学是一门综合性学科；犯罪心理学是一门兼有理论性和实践性特点的学科。

一、犯罪心理学的研究范畴

关于犯罪心理学（criminal psychology）的定义和研究范畴，国内外学者持有不同的看法，主要有狭义和广义两种观点。

狭义的犯罪心理学，是指运用心理学的原理研究犯罪主体的心理和行为的一门学科。其研究内容主要包括犯罪心理的构成，犯罪心理形成的原因和过程，犯罪心理外化为犯罪行为的机理，犯罪心理发展变化的规律，不同类型犯罪人的犯罪心理和犯罪行为等。

广义的犯罪心理学，是指运用心理学的原理研究犯罪主体的心理、行为以及犯罪对策中的心理学问题的一门学科。其研究内容除狭义犯罪心理学的内容外，还包括预防犯罪、惩治犯罪以及矫治罪犯中的心理学问题,如对潜在犯罪者的心理预测和预防、侦查心理、审讯心理、审判心理、被害人心理、罪犯改造心理、对出狱人员的心理预测等。

本书是基于广义犯罪心理学的内涵建立的内容体系,另外,根据司法警官院校的人才培养需要和相关课程设置特点,在内容安排上有所取舍。

犯罪心理学之所以能成为一门独立学科得以产生和发展,显然是基于其研究对象的特殊性,这种特殊性主要表现在犯罪心理学所研究的犯罪心理与其他分支心理学所研究的心理现象有根本的不同,有特殊的研究意义。犯罪心理的特殊性主要表现为:(1)反社会性。往往不受社会道德和法律规范约束,自我中心观念强烈;具有错误的信念体系,歪曲的需求结构或者需求的满足经常处于挫折状态;具有不适应社会生活、偏离社会化轨道的消极人格甚至反社会人格,无责任感、羞耻心和悔恨心;具有不良的道德情感,如冷酷、自私、残忍等。(2)社会危害性。一方面,犯罪心理一旦形成,必然会以态度、行为等方式表现出来,进而给社会和他人造成损害,毒害社会环境,破坏社会安定;另一方面,犯罪心理形成后,行为人长期处于紧张、焦虑、恐惧、自责、矛盾冲突的消极心理状态之中,导致身心健康受到损害,产生各种心理障碍和生理疾病。(3)隐蔽性。犯罪心理存在于犯罪人的大脑中,在发生犯罪行为之前,具有内隐性。犯罪人为了避免道德谴责和法律制裁,千方百计地掩盖其犯罪动机和目的,这就使犯罪心理与一般人的正常心理相比,具有更大的隐蔽性。因此,犯罪心理学对犯罪心理的研究相比其他分支心理学的研究具有更大的困难。

二、犯罪心理学的学科特点

学科间的交叉和融合,从而产生新的学科,这是当代学科发展的重要特点。这一特点在犯罪心理学中表现得尤为明显。关于犯罪心理学的学科特点,可以从以下三个方面来理解:

(一)犯罪心理学是一门中间学科

分析犯罪心理学的学科性质,不能脱离它的母体学科和相关学科。犯罪心理学是心理学的分支学科,同时又与犯罪学、刑事法学等密不可分。关于心理学的学科性质,比较一致的看法是:在整个学科大家庭中,心理学处在中间的位置(自然学科和社会学科的中间),因而可以称为中间学科或边缘学科。①

① 参见彭聃龄主编:《普通心理学》,北京师范大学出版社2004年版,第16页。

关于犯罪学、刑事法学，显然其属于社会学科。因此，笔者认为，犯罪心理学兼有自然学科和社会学科的双重性质，是一门中间学科。一方面，犯罪心理学要研究心理现象的物质本体，即心理的神经生物学基础，如要研究犯罪人某些心理、行为问题的脑机制等，因此，它具有自然学科的性质；另一方面，犯罪心理学又要研究心理现象产生发展的社会环境，研究社会心理或团体心理等，如要研究犯罪心理与社会环境之间的关系，研究犯罪人与被害人之间的人际互动和群体犯罪心理等，因此，它又具有社会学科的性质。

（二）犯罪心理学是一门综合性学科

根据犯罪心理学的研究范畴——运用心理学的原理研究犯罪主体的心理、行为以及犯罪对策中的心理学问题可知，犯罪心理学的研究领域必然涉及分析犯罪、预防犯罪、惩治犯罪以及矫治罪犯的各个方面，具有综合性的特点。首先，从研究犯罪的角度来说，犯罪心理学的研究必须以刑法学、刑事诉讼法学、犯罪学、犯罪人类学、犯罪社会学、监狱学等学科知识为基础；其次，从研究犯罪心理和行为的角度来说，犯罪心理学的研究必须借鉴和运用普通心理学、社会心理学、生理心理学、发展心理学、犯罪精神病学、矫治心理学以及行为科学的原理、方法和技术。由此可见，犯罪心理学是一门综合性学科（见表1－1）。

表1－1　犯罪心理学在刑事科学中的地位

刑事科学	规范学	刑法学、刑事诉讼法学等
	犯罪（原因）学	犯罪人类学、犯罪生物学 犯罪心理学、犯罪社会学等
	刑事司法学	刑事侦查学、刑事审判学、法医学等
	犯罪预防学	刑事政策学、刑罚学、监狱学等

（三）犯罪心理学是一门兼有理论性和实践性特点的学科

在犯罪学科体系中，犯罪心理学处于理论学科的地位，它从心理学角度研究个体犯罪的原因，揭示犯罪心理形成、发展变化的规律，以及犯罪行为发生的机制，为预防犯罪、惩治犯罪和矫治罪犯提供理论依据。在心理学科体系中，犯罪心理学又是一门具有很强实践性和应用性的学科，属于应用心理学的分支。研究犯罪心理学主要是为了解决现实社会中与犯罪行为有关的问题，运用心理学的原理和方法揭示个体犯罪的特殊规律，探讨心理科学知识在犯罪预防，刑事案件侦查、审理和罪犯矫治工作中的应用。由此可见，犯罪心理学是一门兼有理论性和实践性特点的学科。

犯罪心理学的学科特点,决定了犯罪心理学的研究者要具有宽广的知识面和较高的学科素养。由于犯罪心理学具有中间学科和综合性学科的特点,研究者不仅要熟悉心理学的基本知识,还要了解生理学、神经科学、精神医学、生物化学等自然科学知识,以及犯罪学、刑事法学、监狱学、社会学等社会科学知识。由于犯罪心理学兼有理论性和实践性的特点,要求研究者牢固坚持理论与实践相结合的原则,养成实事求是、尊重客观事实的科学态度,还要具备从基层获取第一手资料,并加以统计分析、抽象概括的素质和能力。其实,在心理学发展的历史上,许多有重大成就的心理学家已经给我们作出了典范:威廉·冯特(Wilhelm Wundt)是实验心理学的创始人,同时又是一位著名的民族心理学家;西蒙(R. Simon)是现代认知心理学的创始人之一,在用计算机模拟人的复杂行为,特别是问题解决方面作出了开创性的研究,并且他又因为在管理学方面的杰出成就获得了诺贝尔奖。他们取得这些成就都不是偶然,而是基于他们宽广的知识面和良好的学科素养。

—— 思考题 ——

1. 什么是犯罪心理学?其研究内容有哪些?
2. 如何理解犯罪心理学的学科特点?

第二节　犯罪心理学的核心概念

要点提示

1. 犯罪心理学研究的犯罪和犯罪人概念,往往比刑法意义上的概念要宽泛,这是由犯罪心理学研究的任务和目的决定的。

2. 犯罪心理,是指影响和支配犯罪人实施犯罪行为的各种心理因素的总称。

3. 心理学意义上的犯罪行为,是指犯罪人在犯罪心理支配下,导致了犯罪后果的各种动作和言语,也就是客观的行为反应过程。

4. 犯罪心理学虽然主要以犯罪心理为研究对象,但任何时候也不能离开对犯罪行为的研究,二者既有联系又有区别。

衡量一门学科是否成熟,往往要看它是否形成了一套成熟的概念体系。虽然犯罪心理学还不是一门成熟的学科,还没能形成一套成熟的概念体系,但在学习和研究过程中,对其中的一些核心概念需要认真把握。

一、犯罪

根据我国刑法的规定，犯罪是指严重危害社会、依照法律应受刑罚处罚的行为。一般认为，这一概念揭示了犯罪的三个基本特征，即社会危害性、刑事违法性和应受刑罚惩罚性。

犯罪是一个十分复杂的社会现象，以犯罪为研究对象的学科有很多，如刑法学、刑事诉讼法学、犯罪学、犯罪人类学、犯罪社会学、犯罪生物学、犯罪心理学、犯罪精神病学、监狱学等，但是不同学科的研究者对犯罪概念的理解有所不同。在犯罪学领域，有的学者认为，犯罪学研究的犯罪应与刑法学中的犯罪概念一致，而有的学者则认为，犯罪是指"严重危害社会的应受制裁的行为"，这一概念显然比刑法定义的犯罪概念更为宽泛，这是由犯罪学这一学科本身的性质和研究任务决定的。①

在犯罪心理学领域，我国研究犯罪心理学的学者对犯罪概念的理解也有不同的观点。一种观点认为，犯罪心理学的犯罪概念应与刑法学的犯罪概念保持一致，这是由犯罪心理学在刑事法学学科体系中的地位决定的，如果同一领域各分支学科概念的内涵和外延不一致，会造成理论体系和刑事司法实践的混乱。另一种观点认为，犯罪心理学的犯罪概念不应局限于刑法的规定，其外延更宽泛，泛指一切违法犯罪行为，这是由犯罪心理学研究的任务和目的决定的，犯罪心理学研究犯罪人心理活动的规律，是为了预防、控制和减少犯罪，自然与其他学科有所区别。

二、犯罪人

与犯罪概念一样，不同领域的研究者对犯罪人概念的理解也不尽相同。归纳起来，国内外关于犯罪人的解释主要有三种观点：②一是法律意义上的犯罪人，这与各国刑法的规定是一致的，范围比较明确；二是社会学意义上的犯罪人，内涵比较宽泛，一般将违反社会规范、具有越轨行为的人都包括在内，这一观点便于全面研究犯罪的原因，但容易混淆罪与非罪的界限；三是法律意义与社会学意义相结合的犯罪人，如将犯罪人定义为"实施了危害社会的违法犯罪行为，应被采取矫治措施的人"，这一观点既包含了刑法意义上的犯罪人，又不受刑法规定的局限，以研究触犯刑法规定的人为主，同时也研究具有一般违法或越轨行为的人。

犯罪心理学所研究的犯罪人，符合上述第三种观点，即主要是指刑事法律意义上的犯罪人，但是在具体研究中往往超越这个界限。这是由犯罪心理学研究的目

---

① 参见储槐植等：《犯罪学》，法律出版社 1997 年版，第 2 页。

② 参见刘邦惠主编：《犯罪心理学》，科学出版社 2009 年版，第 3 页。

的决定的,“从犯罪心理学研究的目的性上看,只有对犯罪人进行充分、系统的认识,有关对犯罪人犯罪心理的解释、预测、控制才有意义”①。犯罪心理的产生、发展与变化是一个动态过程,尤其是犯罪人格的形成,不是一朝一夕的,是在犯罪人先天遗传素质的基础上,在社会化过程中多种主客观因素交互作用的结果,这是一个逐渐演变的过程。因此,犯罪心理学要揭示犯罪人犯罪心理产生、发展和变化的规律,就必须以“犯罪”作为“中轴点”向前后延伸。比如,我们要研究一个少年犯罪人犯罪心理的发展变化,不仅要研究他犯罪时的犯罪动机、犯罪目的和行为特点,还要通过回溯性的研究揭示其早期的不良行为、不健全人格、违法行为的形成与变化过程,也要通过后续研究揭示其进入矫正机构之后犯罪心理弱化、消除或者恶性发展的过程与规律。另外,根据《刑法》的规定,未达到一定年龄的未成年犯罪人以及精神病犯罪人由于年龄太小或者严重的精神错乱,不负刑事责任,被排除在刑事法律意义上的犯罪人之外。但是,犯罪心理学的研究却不能忽视其存在,因为这些极端的情况也许是发现犯罪心理发展变化规律的有用材料。

三、犯罪心理

犯罪心理,是指影响和支配犯罪人实施犯罪行为的各种心理因素的总称。犯罪心理的内涵十分丰富,从构成来看,包括犯罪人偏颇的认识、情感和意志;不良的需要、动机、兴趣、信念、价值观;不良的性格特征;消极的心理状态等。从分类来看,有诸多不同的标准,如故意犯罪心理和过失犯罪心理,不同犯罪阶段的犯罪心理,不同犯罪类型犯罪人的犯罪心理,不同性别、年龄犯罪人的犯罪心理,不同经历犯罪人的犯罪心理,个体犯罪心理和群体犯罪心理,常态犯罪心理和变态犯罪心理等。

我们在确认一个人是否存在犯罪心理时,一般要从受其所支配的行为是否构成犯罪行为的结果中去认识。也就是说,如果这个人没有实施被法律认定为犯罪的行为,我们就不能主观地揣测其具有犯罪心理。所以,当我们使用犯罪心理概念时,表明已经具有能够证明犯罪心理存在的犯罪行为。

另外,在使用犯罪心理概念时,还应当注意与“犯罪人心理”和“犯罪时心理”的区别。首先,犯罪心理是犯罪人心理的一部分。一个人犯罪成为犯罪人,并不意味着他的全部心理活动都是犯罪心理,他仍然具有一些常态心理,甚至还存有许多良好的心理品质,如孝敬父母、助人为乐、见义勇为等,犯罪心理只是其心理结构中与

① 罗大华、何为民主编:《犯罪心理学》,中国政法大学出版社2007年版,第27页。

产生犯罪行为有关的那部分内容。其次,“犯罪时心理”是犯罪心理的一部分。犯罪心理包含犯罪人在犯罪前、犯罪过程中和犯罪后的心理状态,而不局限于犯罪时的心理状态。刑法中所规定的“犯罪主观要件”(犯罪人对其所实施的危害行为发生或可能发生的危害结果所持有的故意或过失的心理状态),其实就是指犯罪人在犯罪时的心理状态。

四、犯罪行为

刑法学意义上的犯罪行为,是指犯罪人在一定的犯罪心理支配下所实施的具有刑事违法性、社会危害性、依据法律应受刑罚处罚的各种行为的总称。其包括刑法上所规定的故意犯罪行为和过失犯罪行为两大类。在刑法学中,犯罪行为是一种法律事实,并不单纯指犯罪构成中的客观方面,能否构成犯罪行为还要考察行为人的罪过、刑事责任能力等其他因素。

心理学意义上的犯罪行为,是指犯罪人在犯罪心理支配下,导致了犯罪后果的各种动作和言语,也就是客观的行为反应过程。犯罪心理学更注重研究在具体情境中犯罪人会选择该反应方式的原因。①

五、犯罪心理与犯罪行为的关系

在现代心理学中,心理和行为被视为一个有机整体,二者往往是不能被分割来研究的。犯罪心理学虽然主要以犯罪心理为研究对象,但任何时候也不能离开对犯罪行为的研究。关于二者的关系,这里介绍学界相对达成共识的观点。②

(一)犯罪心理与犯罪行为的联系

1. 犯罪行为总是在一定的犯罪心理的影响和支配下发生的,没有犯罪心理就没有犯罪行为。

2. 要剖析犯罪心理,就必须先了解犯罪行为。只有犯罪人的犯罪行为发生之后,才能从行为表现入手对影响和支配犯罪人实施犯罪行为的心理作归因分析。没有犯罪心理的外部表现——犯罪行为,就无从了解犯罪人的犯罪心理。

3. 犯罪行为的性质往往由犯罪心理状况而定。如刑法中关于故意犯罪和过失犯罪的区分即是如此。

(二)犯罪心理与犯罪行为的区别

1. 犯罪心理具有内隐性特征,犯罪行为具有外显性特征。犯罪心理是犯罪人大

---

① 参见罗大华、何为民主编:《犯罪心理学》,中国政法大学出版社 2007 年版,第 51 页。

② 参见罗大华、何为民主编:《犯罪心理学》,中国政法大学出版社 2007 年版,第 52 页。

脑的活动,在没有以言语和动作的形式表现出来,即没有发生犯罪行为之前,是看不见、摸不着的。犯罪行为则总是以作为或不作为的形式表现出来的外部活动。

2. 犯罪心理具有相对独立性,犯罪行为具有依存性。在犯罪人的犯罪行为发生前,犯罪心理就已经独立存在,犯罪行为结束后,犯罪心理也不一定立即结束,它可以继续独立存在于犯罪人的头脑中。犯罪行为总是依存于犯罪心理的存在而发生。

3. 犯罪心理形成在先,犯罪行为发生在后。犯罪心理总是在犯罪行为发生之前就已经形成,犯罪行为总是在犯罪心理形成之后才可能发生。

事实上,犯罪心理与犯罪行为的关系是错综复杂的。一般情况下,犯罪心理与犯罪行为是一致的,有什么样的犯罪心理就发生什么样的犯罪行为,如在贪利性动机的支配下,实施盗窃、抢劫、诈骗、贩毒、贪污、受贿等犯罪行为。但在各种主客观因素的影响下,也存在犯罪心理与犯罪行为不一致的情况,如刑法中的间接故意犯罪,就属于犯罪人的犯罪动机和犯罪行为结果不一致的情况。还有些是犯罪人本无犯罪动机,只是在别人胁迫之下不得不实施了犯罪行为,这也属于犯罪心理与犯罪行为不一致的情况。此外,有研究发现,有犯罪心理却未发生犯罪行为的人,比有犯罪心理发生了犯罪行为的人多出数百倍。[①] 也就是说,有犯罪心理并不一定导致犯罪行为的发生,犯罪行为的发生除了有犯罪心理的影响或支配之外,还涉及很多其他因素,如犯罪时机等。

—— 思考题 ——

1. 犯罪心理学研究中,如何把握犯罪、犯罪人、犯罪心理、犯罪行为等核心概念?
2. 如何理解犯罪心理与犯罪行为之间的关系?

第三节　犯罪心理学发展简史

要点提示

1. 西方早期的犯罪心理学思想以及对犯罪心理大量的开拓性研究,为现代犯罪心理学的产生奠定了基础。20世纪,犯罪心理学的学科体系逐步形成,学科日益走向成熟

---

① 参见刘邦惠主编:《犯罪心理学》,科学出版社 2009 年版,第 4 页。

2. 西方当代犯罪心理学研究的主要特点有：研究视角趋向科际整合；研究方法趋向综合与实证；注重对犯罪生理因素的研究；注重实践应用。

3. 我国古代犯罪心理学思想主要包括：犯罪心理形成原因的论述；犯罪心理预防的思想；审判心理。我国当代犯罪心理学经过40余年的发展，取得突出成绩，成为心理学分支学科中发展最为迅速的学科之一。

4. 我国犯罪心理学未来发展的重点在于：刑事一体化视野中的犯罪心理学研究；犯罪心理学的基础理论研究；犯罪心理研究方法；现实犯罪问题的心理学研究；犯罪心理应用技术的研究。

与心理学的发展类似，犯罪心理学有一个漫长的过去，但是只有短暂的历史。在遥远的古代，人类就开始探索犯罪心理的奥秘，但作为一门独立的学科，犯罪心理学的诞生只有100多年的历史。

一、西方犯罪心理学的产生与发展

（一）西方早期的犯罪心理学思想

在犯罪心理学作为一门学科诞生之前，人们对犯罪心理的探讨可归纳为哲学的、精神病学的、人类学的三个范畴。

在18世纪以前，西方一些哲学家、思想家主要用哲学思辨的观点和方法探讨犯罪心理问题。古希腊哲学家柏拉图（Plato）认为，人的灵魂有善与恶两个方面，受到良好教育的人，其灵魂中的善能控制住恶的部分，就不会犯罪，反之就容易犯罪。亚里士多德（Aristotle）认为，许多犯罪发生的原因就在于人类邪恶的本性。英国思想家霍布斯（T. Hobbes）提出了著名的性恶论，认为人生来就自私自利，残暴好斗，造成人们争斗的主要原因是人类具有的竞争、猜疑和荣誉三种天性，犯罪、战争都是在人的本性推动下产生的。18世纪后期产生的犯罪古典学派的许多学者，如意大利的贝卡里亚（C. Beccaria）、英国的边沁（J. Bentham）等，主要也是用人性自私的观点解释犯罪行为。

18世纪以后，许多精神病学家、人类学家、社会学家开始从不同角度对犯罪心理进行研究。精神病学家的研究极大地推动了对犯罪心理的探索。"犯罪心理学"一词最早出现于1790年德国人明希（Munch）编写出版的《犯罪心理学在刑法制度中的影响》一书，而最早以犯罪心理学为书名的著作是1792年德国人绍曼（Schaumann）编写出版的《犯罪心理学论》。这些著作都是作者在积极参与对犯罪人的法医学、精神病学的鉴定活动，积累了大量的犯罪个案材料的基础上撰写的。1867年，英国精神病学家莫兹利（H. Maudsley）出版了《精神生理学和精神病理学》一书，对精神错乱与犯罪的关系进行了深入探讨，对后来的研究产生了很大影响，被认为是研究精神错乱的先驱。1874 年，莫兹利又出版了《精神疾病的责任》一书，进一步阐释了犯罪、精神病与刑事责任之间的关系。1872 年，德国精神病学家克拉夫特-埃宾(Freiherr Richard Von Krafft - Ebing)出版了《基于德国和奥地利刑事立法的犯罪心理学的基本特征：供法学家使用》(又称《犯罪心理学纲要》)一书。

1876 年，意大利龙勃罗梭(Cesare Lombroso)的《犯罪人论》一书的出版，使犯罪人类学的影响日益扩大。龙勃罗梭用实证的方法对大量囚犯进行研究，细致地观察和描述了被他称为“天生犯罪人”的体态、生理及心理特征，并且还将犯罪心理学的研究应用于对犯罪人的矫治。龙勃罗梭的研究极大地推动了人类学的犯罪心理学思想的发展，并在 19 世纪八九十年代形成了高潮，涌现出大量的研究成果。

以上西方早期的犯罪心理学思想以及对犯罪心理大量的开拓性研究，为现代犯罪心理学的产生奠定了基础。

(二)西方现代犯罪心理学的产生与发展

19 世纪后期的欧洲，生产力迅速发展，从而促进了自然科学的发展，涌现出一大批新兴学科，如人体解剖学、生理学、心理学等。同时，由于社会矛盾日趋尖锐，犯罪率急剧上升，因此揭示犯罪行为的原因、心理机制、犯罪者的人格特征，从而提供预防和控制犯罪的方法和途径，就成为当时十分重要的研究课题。在这种情况下，许多学者就开始总结以往的犯罪心理学思想，借鉴现代科学知识，结合自己的研究把犯罪心理学理论系统化，努力创建犯罪心理学体系。

关于犯罪心理学作为一门独立学科诞生的时间和标志，目前主要有两种观点：一种观点认为，对犯罪心理学进行科学研究的开始，应以 1872 年德国精神病学家埃宾出版的《犯罪心理学纲要》为标志；①另一种观点认为，应当把奥地利犯罪学家汉斯・格罗斯(Hans Gross)作为现代犯罪心理学的奠基人，将其所著的《犯罪心理学》一书作为现代犯罪心理学诞生的标志，将该书出版的时间 1897 年当作现代犯罪心理学诞生的年代。② 后一种观点提出的理由主要有：第一，格罗斯所著的《犯罪心理学》一书篇幅宏大，内容丰富，且有关于犯罪心理学的完整定义——“犯罪心理学是心理学在处理犯罪中的应用，而不仅仅是有关犯罪人心理的病理学和犯罪人心理

① 持这种观点的学者和著作主要有：沈政主编：《法律心理学》，北京大学出版社 1992 年版；罗大华、何为民主编：《犯罪心理学》，中国政法大学出版社 1999 年版；杨士隆：《犯罪心理学》，教育出版社 1992 年版。

② 持这种观点的学者和著作主要有：吴宗宪主编：《犯罪心理学概论》，中国科学院心理研究所心理函授大学教材，1998 年；刘邦惠主编：《犯罪心理学》，科学出版社 2009 年版。

的自然史”；第二，格罗斯的《犯罪心理学》出版后受到学术界和司法界的广泛重视，1905年在德国莱比锡出版第二版，1911年被译成英文出版，在欧洲和北美产生很大影响；第三，格罗斯本人是一位职业犯罪学家，先后担任过法官和几所大学的刑法学教授，进行了理论学说和实践应用方面的系统研究，《犯罪心理学》一书是他潜心研究的产物。

总体来看，19世纪后期，系统的犯罪心理学体系已初步形成，不仅有特定的研究对象和理论体系，还有自己的研究方法。但是，这个时期的犯罪心理学体系还不成熟，对犯罪心理的研究还较为肤浅，而且不够系统，以“犯罪心理学”命名的著作主要是从精神病学和刑法学角度研究的，带有明显的临床特点和司法犯罪的特点。

进入20世纪以后，随着犯罪学和心理学的迅猛发展，心理学家、犯罪学家、法学家以及社会学家均投入犯罪心理学的研究，研究队伍得到壮大，出现了大批高质量的犯罪心理学研究成果，有力地推动了犯罪心理学的发展。关于现代犯罪心理学的研究领域和主要研究方向，有研究者作过如下概括：第一，精神分析学理论。运用精神分析学的概念、理论和方法，研究犯罪心理问题，提出了很多富有启发性的观点，形成了现代犯罪心理学的一个重要研究领域，并且曾在一个时期成为现代犯罪心理学的主流。第二，精神病学理论。犯罪心理学最早、最直接的渊源是精神病学的研究，进入20世纪后，这种传统仍在继续，精神病学家对犯罪人的精神病态、反社会人格的探讨似乎从未停止过。第三，正常个性心理学理论。绝大多数犯罪人是在心理正常的情况下实施犯罪行为的，因此有众多的犯罪心理学研究是以精神正常的犯罪人作为对象的，如对犯罪人思维模式的研究，对犯罪人道德认知发展水平的研究等。第四，社会心理学理论。这一领域的研究主要包括那些以强调犯罪人之间以及犯罪人与环境之间相互作用为特色的犯罪心理学理论。①

总之，20世纪，犯罪心理学的学科体系逐步形成，学科日益走向成熟。研究者不仅对犯罪人的生理因素、心理因素和环境因素进行了综合性研究，而且扩大到对犯罪对策心理的研究，如供述心理、审判心理、矫治心理等方面的研究成果十分突出，对司法实践产生了巨大影响。

（三）西方当代犯罪心理学的研究

西方当代犯罪心理学在继承以往研究的基础上，研究领域不断拓展，研究内容更加深入，主要涉及犯罪原因、犯罪动机、犯罪决策、犯罪预测、少年犯罪心理、犯罪

---

① 参见吴宗宪：《西方犯罪学史》，警官教育出版社1997年版，第461～462页。

精神病理等诸多方面。犯罪心理学研究的特点主要表现为:①

1. 研究视角趋向科际整合。人们逐渐认识到,犯罪行为不单纯是由心理因素引起的,而是与多种因素有关,只有进行多学科的整合研究才能真正揭示犯罪行为的规律和根源。目前,犯罪心理学已经融入多学科的综合性中,成为科际整合研究的一个方面。例如,美国当代著名犯罪学家、哈佛大学教授威尔逊(J. Q. Wilson)与哈佛大学著名心理学家赫恩斯坦(R. J. Herrnstein)合作,于1985年出版的重要犯罪学著作《犯罪与人性:对犯罪原因的决定性研究》,将犯罪学、经济学、心理学、精神病学、社会学、人类学、遗传学、政治学等学科结合在一起,是一项大规模、多学科、综合性的犯罪学研究。美国当代犯罪学家杰弗利(C. R. Jeffery)于1990年出版的《犯罪学》一书的副标题就是"科际整合的探讨",书中将生物学、心理学、社会学、经济学、法学等学科加以整合,综合性地对犯罪现象加以分析。

2. 研究方法趋向综合与实证。当前西方国家的犯罪心理学在研究方法上趋向综合性,注重运用调查、实验或模拟实验、心理分析等多种方法,既有模拟研究,又注重纵向设计。同时,研究方法更趋实证性,运用高级统计进行分析,以求能更精确地对问题进行鉴别。例如,美国学者卡罗尔(J. S. Carroll)1982年所做的犯罪决策的模拟研究;班杜拉(Albert Bandura)等人所设计的一系列儿童攻击性实验研究等,都是著名的实验设计,他们对研究结果用计算机进行统计,并用交叉时滞平面分析技术、路径分析等进行高级统计。

3. 注重对犯罪生理因素的研究。《科学》杂志在2007年7月号上选刊了6篇文章,介绍生理、生化因素对暴力犯罪的影响。其中有遗传学方面对双生子的追踪研究,发现遗传基因中有一种叫MAOA的基因对犯罪行为有影响;在生化因素方面有对脑内血清素(5-羟色胺)的研究,证实暴力犯罪人的血清素值普遍增加;在脑损伤研究方面,发现由于脑部受伤导致性格改变及极端粗暴性格的形成。另外,还有多动症与犯罪行为关系的研究,铅中毒及其他化学成分对脑部的伤害与犯罪关系的研究,利用先进仪器(如正电子扫描仪)对脑部扫描以发现犯罪人脑部的特异状况,等等。由此可见,近年来西方学者很重视对犯罪人生理因素在决定犯罪行为作用上的研究,并在这方面取得了重大进展。

4. 注重实践应用。当前西方国家的犯罪心理学研究越来越重视犯罪心理学在刑事司法实践中的应用,突出表现为:(1)在犯罪侦查中的应用,如近年来兴起的犯罪人心理学特征分析技术;(2)在法庭审判中的应用,如一些犯罪心理学家通过评

---

① 参见刘邦惠主编:《犯罪心理学》,科学出版社2009年版,第26~27页。

价犯罪人的精神状况、刑事责任能力、陈述的可靠性,证人作证的能力,证人证言的准确性等,从专业角度向法庭提供证词,帮助法官和陪审团就案件事实作出正确判断;(3)在罪犯矫正中的应用,如一些矫治心理学家在监狱、看守所等矫正机构对罪犯或犯罪嫌疑人进行心理测验和心理咨询、治疗工作,研究罪犯自杀、逃跑、实施暴力行为的可能性等。

二、中国犯罪心理学的历史与现状

(一)我国古代的犯罪心理学思想

我国古代犯罪心理学思想的萌芽可以追溯到3000多年前的殷周时期,而犯罪心理学思想的奠基和形成则是在春秋战国时期。我国古代思想家对涉及犯罪心理、犯罪行为的一些重要论题,如人性与犯罪、经济因素与犯罪心理、后天习俗与犯罪心理、刑罚教化与犯罪等,都提出了许多影响深远的见解。

1. 关于犯罪心理形成原因的论述。首先,是从人性的角度探讨犯罪心理形成的原因。早在春秋战国时期,诸子百家关于人性善恶的论战,就与犯罪心理形成的原因密切相关。比如,孟子认为人皆有"恻隐""羞恶""是非"之心,即人都有善的本性,犯罪是个人不注意修身养性放纵自己欲望的结果。荀子则认为,人生来就有"好利""疾恶""好声色"的不良本性,只有"师法",即进行遵守礼义法度的教育,才不会作恶。西汉初期,董仲舒提出"性三品"说,认为"圣人"天生性善;"斗筲之徒"天生性恶;"中民"则既可为恶,也可为善,关键在于对其是否进行教化和以刑罚威慑。其次,是从社会经济的角度分析犯罪心理形成的原因。一些古代思想家认为贫穷是产生犯罪心理、犯罪行为的原因。春秋前中期的杰出政治家管仲提出:"仓廪实而知礼节,衣食足而知荣辱。"孔子和孟子也持类似的观点。后来,董仲舒则提出过度的贫穷和富裕都会引起犯罪心理,导致犯罪行为。他在《度制》中提出:"大富则骄,大贫则忧。忧则为盗,骄则为暴。此众人之情也。"最后,是强调社会习俗对犯罪心理形成的决定作用。在我国古代,除法家等少数思想家之外,大多数主张产生犯罪的最终原因不是先天的人性,而是后天的习俗。孔子首先提出"性相近,习相远"。荀子虽然倡导"性恶论",但也认为后天的学习可以改变人的恶性。东汉思想家王充提出,对于大多数"中人"而言,是"习善而为善,习恶而为恶"。西晋思想家傅玄提出"近朱者赤,近墨者黑"。

2. 关于犯罪心理预防的思想。我国古代思想家既提倡运用刑法等外部手段控制人们犯罪心理蔓延,也重视运用道德教化的方式加强人们的内在控制;既重视从经济上"去贫"而进行防治,也主张从政治上实行德治,即强调运用综合控制的方法预防犯罪心理。比如,孔子和孟子十分强调用道德教育去感化人的内心,主张通过人们的品德修养和内在觉悟达到自我控制。有学者将我国古代思想家的犯罪心理预防观点概括为:身教胜于言教;重视家庭预防功能、社会交往预防功能以及早期教育的预防功能;重视刑罚和教化的心理预防功能;强调修身自强。①

3. 关于审判心理。在我国古代司法实践中,人们也试图在审讯犯罪人的过程中进行心理分析。比如,战国时代的《周礼》中提出的"五听"方法,即"以五声听狱讼,求民情,一曰辞听,二曰色听,三曰气听,四曰耳听,五曰目听",就是我国古代关于在询问中如何用察言观色的方法帮助判断口供真实性的最早论述。五代的《疑狱集》和宋代的《折狱龟鉴》中收集了大量的案例,其中的案例分析包含着丰富的犯罪心理和司法心理思想。此外,在我国古代的许多著作中,诸如《尚书》《折狱龟鉴》《春秋繁露》等,还有关于按照犯罪人的主观心理状况定罪量刑、强调司法人员应当具备一定的心理素养等深刻论述。

(二)我国犯罪心理学的现状

尽管我国历史上早就有关于犯罪思想的探讨,其历史比欧洲早得多,内容也更为丰富,但一直未能形成一门系统的独立学科。20 世纪 30 年代前后,西方的犯罪心理学开始传入中国,当时我国有一些学者翻译出版了一批西方犯罪心理学著作,也有学者撰写出版了自己的犯罪心理学著作。比如,由陈大齐翻译出版的德国学者马勃著的《审判心理学大意》,吴景鸿翻译的日本学者寺田精一的《犯罪心理学》,王书林翻译的美国学者柏替(Burtt)的《法律心理学》,以及由孙雄编著、世界书局出版的《变态行为》等。同其他心理学分支学科一样,从 20 世纪 30 年代到 40 年代,犯罪心理学在我国缓慢地发展着。中华人民共和国成立后,由于受苏联的影响,曾一度将心理学视为伪科学,20 世纪 50—70 年代中期,犯罪心理学一直没有得到重视,这方面的研究几乎空白。直到 70 年代末,犯罪心理学才与心理学的其他分支学科一样开始复苏,且在较短的时间内获得了迅猛的发展。

由于社会发展形势的需要,加上广大理论工作者和实践工作者的努力,我国的犯罪心理学经过 40 余年的发展,取得了可喜的成绩,成为心理学各分支学科中发展最为迅速的学科之一。主要表现为:

1. 研究成果突出。我国学者根据学科建设和法律实践的需要,进行了大量的犯罪心理研究,翻译和撰写出版了 300 余种犯罪心理学教材、专著和工具书,发表了数以千计的研究报告和学术论文。

---

① 参见罗大华、何为民主编:《犯罪心理学》,中国政法大学出版社 2007 年版,第 15 页。

2. 建立了学术队伍和学术组织。目前，已经形成了由心理学工作者、教育工作者、法学工作者、青少年工作者共同组成的犯罪心理学研究队伍，成立了犯罪心理学研究的学术团体——中国心理学会法律心理学专业委员会，各地也成立了相应的学术团体。

3. 学科与课程建设逐步成熟。犯罪心理学在许多高校尤其是政法院校已经成为一门重要学科，而且形成了包括若干分支学科的学科体系，开设犯罪心理学课程的高校从1979年的几所政法院校发展到全国各地的几百所院校，有些院校还招收了犯罪心理学专业的硕士研究生和博士研究生。

4. 实践运用效果突出。犯罪心理学的理论研究成果紧密结合实践、运用于实践，既是社会对这门学科的期待，也是学科生命力的源泉。近30年来，随着犯罪心理学知识的普及，许多政法部门工作人员自觉地把犯罪心理学理论和方法技术应用到实际工作中，取得显著成效。特别是犯罪心理测试技术（俗称测谎技术）和罪犯心理矫治技术在实践中的应用最具代表性。

（三）我国犯罪心理学的未来发展

根据我国社会发展的形势和国际相关领域的研究来看，我国犯罪心理学的未来发展将主要体现在以下几个方面：

1. 刑事一体化视野中的犯罪心理学研究。所谓刑事一体化，是指刑事立法、刑事司法、刑事科学三方面及其内部各方面协调一致，形成有机统一的完整系统，以确保刑事立法的不断完善和司法活动产生最佳效应，使刑事科学紧密地为刑事立法与刑事司法的实践服务，它既包括刑事立法一体化、刑事司法一体化和刑事科学一体化，又包括三者之间的一体化。[①] 刑事一体化是当今刑事科学及其实践活动发展的要求和趋势。犯罪心理学的研究贯穿于刑事活动的全过程，在刑事科学体系中处于基础理论学科和应用学科的地位，因而必然在刑事一体化中具有重要而独特的作用。犯罪心理学应从刑事一体化的视角深化和拓展研究领域，进一步加强为刑事一体化服务的功能。

2. 犯罪心理学的基础理论研究。一门学科能否独立与成熟，关键在于它有无自身的特殊规律，以及是否存在能够反映出此领域有别于彼领域的基本理论。犯罪活动是犯罪人对社会规范和利益的破坏，是应受惩罚的行为，犯罪心理具有其他心理活动所没有的特征，因而犯罪心理学的研究对象具有自身的特殊性是毋庸置疑的。但就我国犯罪心理学发展的现状而言，其基础理论研究相对薄弱，尚未形成有

① 参见罗大华主编：《法制心理学的新起点》，吉林人民出版社2004年版，第2页。

别于其他领域的成熟理论体系,这是未来发展的重要"瓶颈"。理论的形式有四种:思辨理论、分析理论、演绎理论和模型理论。[①] 思辨理论并不关注于解释具体现象,它主要从哲学角度探讨理论的核心概念和基本假设。分析理论侧重对人类社会作出类型学的划分,它试图建立一套概念体系和分类框架。思辨理论和分析理论都局限在抽象层次,它们使用的概念常常是抽象或含糊的,因而很难对其理论陈述作出经验检验。演绎理论在形式上是由一系列不同抽象等级的命题构成的,从高层次命题中可推演出低层次命题,它们可用以解释具体的经验现象。演绎理论最具有科学理论的特征,因为只有通过不同抽象等级的命题联系才能既具有高度概括性,又具有可证伪性。[②] 模型理论一般是由经验概括而来的,它的抽象层次较低。社会领域中的大部分模型是依靠数学和统计学方法通过对经验变量的因果分析而建立的,如"路径分析"方法就是一种常用的建模技术。[③] 我国目前的犯罪心理理论多属于思辨理论和分析理论。演绎理论和模型理论只有在积累了大量数据资料与理论研究所发展的概念体系及分类框架基础上才能得以发展。犯罪心理学这门年轻的学科,要发展出大家公认的概念体系、建立更多的犯罪心理模型,更好地为预测和预防犯罪服务,就必须积极开展理论研究。

3. 犯罪心理研究方法。根据犯罪心理学研究对象的特殊性,必须深入探讨其研究方法的特点,把它从一般的心理学研究中分化出来,在保持传统心理学研究基本方法的基础上,逐步建立自己的方法论基础和方法学体系。在世界不同国家之间,犯罪心理研究的问题有许多是相同的,如犯罪原因、犯罪动机、犯罪者的人格特征、被害人心理等,但是我们在研究方法上与西方国家存在较大差异。我国目前的犯罪心理研究多见的是理论分析、横断调查研究,而且注重对问题作出宏观的推定性结论。事实上,因为犯罪心理的复杂性,许多研究结论只能是适合特定情境的,尤其是通过归纳法得出的结论。关于犯罪心理学研究方法的发展趋势,本书将在"犯罪心理研究方法"一章详细论述。

4. 现实犯罪问题的心理学研究。犯罪心理学的研究必然要密切联系社会现实,时刻关注现实社会预防犯罪、惩治犯罪和矫正罪犯的需要,因而必须与时俱进,研究新出现的犯罪类型和现实的犯罪心理问题。比如,对青少年犯罪、集群犯罪、恐怖犯罪、职务犯罪、传销犯罪、毒品犯罪、计算机犯罪、邪教犯罪等,都需要进行犯罪心

---

① 参见[美]乔纳森·H. 特纳:《社会学理论的结构》,吴曲辉等译,浙江人民出版社 1987 年版,第 9~33 页。

② 参见袁方:《社会研究方法教程》,北京大学出版社 1997 年版,第 83 页。

③ 参见袁方:《社会研究方法教程》,北京大学出版社 1997 年版,第 82 页。

理学的研究。本教材在内容安排上,将尽可能涉及上述犯罪类型。

5. 犯罪心理应用技术的研究。犯罪心理学必须以应用为本,以服务于司法实践为目的,选择自己的研究方向和课题。为此,未来的犯罪心理学研究必然会更加关注服务于司法实践的应用技术问题。比如,在犯罪侦查领域,西方国家发展起来的罪犯心理剖绘技术为有效提取罪犯心理痕迹提供了支持。研究者一方面使用精神分析的方法加强对犯罪人人格的刻画,另一方面开始重视使用特定的生理指标来推定犯罪嫌疑人的情绪变化,如用多导仪测量嫌疑人的脉搏、呼吸、皮肤电、声压等,来测查其对某些敏感问题或图片的情绪反应。近期在美国研制生产的“行为捕捉仪”和“脑指纹”等,都是为识别犯罪人所采用的新技术。在犯罪预测领域,以往的犯罪心理预测研究主要侧重初犯和重新犯罪的个体心理预测,这方面的研究仍需加强。但是,从未来发展来看,还需要从社会变迁、社会心理变化和社会控制的角度,加强对新的犯罪类型及其心理预防的研究,以便从整体上为控制社会犯罪服务。在罪犯心理矫治领域,虽然近年来罪犯心理矫治在我国已经引起广泛重视,但目前仍侧重于罪犯心理评估和心理咨询阶段,心理矫治的个别化尚不够理想,对某些较严重的犯罪心理的矫治,对不同类型罪犯的矫治方案的研究等,仍然较为薄弱。另外,由于罪犯心理矫治在我国还属于新生事物,程序化、规范化的研究还非常欠缺,因此,开发适合我国文化背景的罪犯心理矫治规范化程序,将成为重要的研究课题。

思考题

1. 西方犯罪心理学研究的特点对我们的启示。
2. 试析我国犯罪心理学研究的局限性及发展趋势。

延伸阅读

关于犯罪心理学的含义与研究范畴①

学者 Andrews 及 Bonta 曾指出犯罪行为心理学属人类心理学暨科际整合犯罪学的副领域,但日本学者杉田直却指出,犯罪心理学是应用心理学的一部分,是将以研究犯罪动机为中心来推究犯罪者的性格、环境与犯罪行为的过程,作为研究的主题,并用心理学的方法来解释阐明犯罪本身,进而揭发罪证,协助侦查、审判与矫

① 参见杨士隆:《犯罪心理学》,教育科学出版社 2002 年版,第 7 ~ 8 页。

治,以达到遏阻犯罪目的的心理学。

虽然犯罪心理学在定义上并无太大争议,然在其研究内涵与范畴上,学术界却有不同的见解。例如,美国学者 Bartol 指出,犯罪心理学以研究犯罪人行为与心理历程为主;日本学者山根清道则认为,犯罪心理学的研究范畴包括:犯罪者的人格结构、犯罪者的类型、犯罪者人格的形成、形成犯罪情境的心理、犯罪的临床、对犯罪者的心理治疗、对犯罪者的预防和治疗、犯罪的预测、家庭环境、脑波、少年偏差与犯罪行为、性犯罪、杀人犯罪心理、组织犯罪心理、惯犯心理等。

但美国纽约州立大学教授 Toch 及学者 Hollin 却认为,因犯罪心理学的应用范畴日趋广大,故刑事司法相关机构、人员及其对犯罪人的影响,均应纳入探讨的范畴。

我国台湾地区学者马传镇认为,犯罪心理学的研究内容(范畴)从广义来看,应包括:(1)犯罪行为性质及罪犯心理历程;(2)个人特质与环境、情境互动对犯罪行为的影响;(3)人格、智能、心理疾病与犯罪;(4)动机、情绪、潜意识与犯罪;(5)犯罪心理学理论;(6)各类型犯罪的心理特质;(7)犯罪预测与犯罪预防;(8)犯罪的治疗与感化;(9)犯罪侦讯心理学;(10)审判心理学;(11)法庭心理学与质证。其中,前八项属于狭义的犯罪心理学范畴,后三项属于法律心理学范畴。

我国台湾地区学者周震欧综合各家学说后指出,犯罪心理学的研究范畴,是以犯罪原因的探讨为主,包括犯罪者的智能、人格及精神状态,犯罪时的心理现象以及反社会行为的性质,还包括将心理学的知识与技术适用于侦讯、审判与矫治等方面的科学技术。

最后,我国台湾地区的杨士隆教授认为,虽然有关犯罪心理学的研究范畴依学者研究见解的不同而有不同界定,但如果犯罪心理学研究仍采用狭义的观点,则无法以更宽广的视野了解犯罪人与刑事司法部门互动的概况,此未免是一大缺憾。学者 Toch 原先所主编的《法律与犯罪心理学》更名为《犯罪与刑事司法心理学》,即为适应此趋势的变化。故杨士隆教授在他的《犯罪心理学》一书中,仍以广义的犯罪心理学范畴为探讨的重点。

第二章 当代犯罪心理学的主要理论

我们可以区别出四条不同的检验理论的路线。第一,对这些结论进行逻辑比较,以此来检验理论系统的内部一致性;第二,考察理论的逻辑形式,目的是确定该理论是否具有经验的或科学的理论的性质;第三,同其他的理论做比较,主要目的是确定,假如这理论经受住了我们的各种检验,它是否构成科学上的进展;第四,通过能从理论推导出结论的经验应用来检验理论。

——[英]卡尔·波普尔:《科学发现的逻辑》

理论可被粗略地定义为解释多个事件的一组相关表述。理论的提出是为了把概念和事实组织成紧凑连贯的体系,进而预测可能出现的事件。可预测的事件越多,表述越少,则理论越好。在心理学中,理论具有两大功能:第一,它为数据的系统化和有序化提供框架,也就是说,它是科学家组织数据的便利方法,可以被当作一种分类系统来帮助实验者组织结果。第二,它使科学家能够在实验研究之前对一些事件作出预测。预测得越准确,则理论越好。遗憾的是,典型的心理学理论仍然不如早已确立的老牌学科的理论那么严密精当。犯罪心理学理论,更是由于影响犯罪行为原因的复杂性和不可重复验证性,显得更为松散。

科学心理学诞生100多年来,精神分析学派、行为主义学派和人本主义心理学派,由于其理论、技术与方法论的独特作用,被称为现代心理学三大势力。20世纪60年代末兴起的认知心理学呈现出了蓬勃生机。不同的人性观直接影响人们对犯罪者、犯罪行为的态度及矫正的策略与方法;关于人类攻击行为本质的理解和社会控制的观点都直接影响犯罪观,成为矫正理论的一部分。本章从心理学的视角讨论犯罪行为的主要相关理论。

第一节 精神分析学派的犯罪观

要点提示

1. 关于犯罪行为产生的原因，以弗洛伊德为代表的精神分析学派从本能、人格和罪恶感等方面作出了解释。

2. 阿德勒认为，犯罪人有他们自己的逻辑和自己的智慧。选择犯罪的人们，他们事实上是一个不同的类别。

3. 埃里克森的自我同一性理论认为，许多青少年犯罪与同一性危机有关。

4. 犯罪学家沃伦和欣德朗基于精神分析学家们对犯罪行为的解释，对犯罪作出了五种解释。尽管最初的犯罪原因是在儿童早年的成长环境中产生的，但是到犯罪行为发生时，这些犯罪因素都同时在犯罪人身上发生作用。

5. 鲍比提出的母爱剥夺理论认为，在童年时期经历过显著的母爱依恋关系中断的后果可能是没有能力构建与其他人的有意义的人际关系，情感缺失的特征可能导致越轨行为发生。

精神分析学派是由奥地利精神病学家弗洛伊德(S. Freud)于19世纪末创立的，它既是一种神经症的治疗方法和理论，又是一种潜意识心理学体系。到20世纪20年代，这一理论扩展到社会科学的各个领域，发展成为无所不包的人生哲学，是20世纪影响人类文化较大的理论之一。

精神分析法解释犯罪，强调了非理性、无意识动机在犯罪行为中的重要性。一些精神分析学家将其注意力转向了犯罪，将犯罪看成无意识的病态加工过程的一种可能表现。① 弗洛伊德运用性压抑、性发展障碍所引起的人格异常来解释犯罪和犯罪行为产生的原因。荣格(Carl Gustay Jung)则通过将人格分为内倾与外倾两个大的类别，并比较不同类型人格与反社会行为之间的关系，认为“力比多”内倾型的人比外倾型的人易出现反社会行为。阿德勒(Alfred Adler)认为，人们克服自卑感的生活方式不同，不适当的克服自卑感的生活方式易形成犯罪，而这些不当的生活方式在人生早期可能是不良教育所导致的。新弗洛伊德主义代表人物卡伦·霍妮、弗罗姆、沙利文等人则主要以情绪障碍来解释犯罪现象，认为犯罪来源于得不

---

① See Putwain, D. & A. Sammons, *Psychology and Crime*, New York: Routlrdge, 2002, p. 43 - 61.

到满足的愿望和欲求，而所谓的情绪障碍即因本人素质、家庭、环境等因素的影响，情绪处于异常状态。

一、弗洛伊德的犯罪观

弗洛伊德对人类的巨大贡献在于他创立了精神分析理论，他并没有系统地研究犯罪行为，仅仅是在许多著作中涉及了对犯罪问题的分析。1915 年，他在《由于罪恶感而犯罪的人》一文中，初次应用精神分析的观点解释犯罪问题，为犯罪学中精神分析学派的形成奠定了基础。弗洛伊德认为，犯罪行为的产生原因涉及本能、人格和罪恶感三个核心概念，犯罪行为的矫治则涉及法律的威慑作用以及运用个体的认同作用和升华作用防止犯罪。

关于犯罪行为产生的原因，以弗洛伊德为代表的精神分析学派从本能、人格和罪恶感等方面作出解释。

（一）本能与犯罪

本能理论是弗洛伊德精神分析理论的一个重要组成部分。在早期，弗洛伊德把本能分为：性本能和自我本能。性本能也称力比多（libido），被看作人的行为的内在潜力，这种本能促使人通过各种方式获得满足。自我本能则是害怕危险，保护自我不受伤害。

第一次世界大战后，弗洛伊德感到人性中可能存在某种侵略本能或自我毁灭本能，据此修正了他以前的本能论，认为自我本能和性本能，虽然各有其不同的直接目的，但最后都同样指向生命的增长和增进，所以将它们合成了一个概念“生的本能”。生的终极是死，弗洛伊德引用哲学家叔本华的话说，一切生命的目标都是死亡。因此，他又提出了“死亡本能”的概念。死亡本能最重要的衍生物是攻击。所谓攻击，是指向外部对象而不是指向自身的一种自我毁灭的需要，人类本能中这种攻击性和破坏性的滥肆满足就会导致犯罪。残酷、自杀、谋杀以及攻击都受死亡本能的驱使。人类社会中的犯罪的根源在于与生俱来的本能，因为犯罪就是违反了为了文明的存在而确定的各种禁律，而这种禁律是违反人类本性的。

性本能与犯罪也有一定的关系。弗洛伊德认为，性本能是人类最强大的力量之一，性欲的力量必然会严重地冲击文明社会为限制它而制定的各种禁律。儿童恋母（父）情结的存在，就意味着他们很早就有这种反对文明的乱伦倾向。按照弗洛伊德的看法，儿童是作为犯罪者出生的，只是他们没有责任能力和行为能力，他们的暴力破坏、攻击行为才不被认为是在犯罪。一旦长大成人，他们的行为就会被社会视为犯罪。

(二)人格与犯罪

弗洛伊德把人格分为本我、自我和超我三个部分。他认为,虽然本我中的原始本能是犯罪的根源,但在一般情况下,人们不会去犯罪,是因为人格中的自我和超我是人的行为中的两个重要的控制系统,人们会根据现实社会道德法律的要求约束和控制自己。如果自我和超我不完善,存在缺陷,已有的道德观念无法抵御本能冲动的诱惑,或者本我的力量过于强大,压倒了现实原则所带来的抑制力量,就可能导致犯罪行为的发生。弗洛伊德使用人格理论解释犯罪,对后继者用精神分析理论解释犯罪影响很大。

(三)罪恶感与犯罪

无意识罪恶感是在人格发展过程中,由于力比多的固执与倒退,个体对父母产生了不正常的恋母(父)情结,在超我的监督作用下产生的。这种很深的无意识罪恶感可能引起犯罪或其他不良行为。对这些人来说,当犯罪发生并得到应有的惩罚之后,他们倒会感到欣慰和心满意足。在许多罪犯身上,特别是在青年罪犯身上,人们可能发现他们在犯罪以前就存在非常强大的罪恶感,所以罪恶感不是犯罪的结果,而是犯罪的动机。

二、阿德勒的犯罪观

阿德勒也是奥地利精神病学家,曾经是弗洛伊德的忠实追随者,后来因在精神分析学的一些基本问题上与弗洛伊德发生分歧,于 1911 年离开弗洛伊德,创立了影响深远的“个体心理学”。阿德勒反对弗洛伊德的本能犯罪论,认为犯罪既不是由先天遗传本能决定的,也不是由后天环境决定的,而是由以下三类因素引起的:个人的自卑感、低劣的社会经济条件和错误的家庭教育。个人的自卑感主要由个人的身体缺陷,如体弱多病、丑陋畸形、器官缺陷等所导致;错误的家庭教育指父母对孩子冷酷无情或溺爱娇惯等。一般人会采取符合社会要求的、适当的补偿行为克服自卑感;而那些身体有缺陷、受过错误教育以及社会经济地位低的人,受自身条件的限制,很有可能采取不符合社会要求的、过度补偿行为来克服自卑感。这往往会触犯社会禁律,导致犯罪。

阿德勒认为,“犯罪人有他们自己的逻辑和自己的智慧。他们遭受着一种错误的世界观,错误估计着他们自己的重要性和他人的重要性”,并“用他们自己的观点赋予了生活的一般概念”。[1] 也就是说，选择犯罪的人们，他们事实上是一个不同的类别。

三、埃里克森的犯罪观

美国精神病学家埃里克森(Erik H. Erikson)的自我同一性理论认为，青年人若不能形成自我同一性，则会产生角色混乱或同一性危机，这样的青年人不能正确地选择生活的角色，或在选择生活的角色上缺乏一致性和连贯性，对未来没有正确的信念。这样的青年人不能明确地意识到自己是谁，有哪些区别于他人的特点，属于哪个阶层，哪个群体，过去怎样，今后向哪个方向发展。为此，他们体验到比一般人更多的痛苦、焦虑、空虚和孤独。在这样的混沌状态下，他们感觉自己需要对自己的未来作出明确选择，但他们不能，然而又觉得父母和社会逼迫他们作出选择，于是他们反抗，以保护自尊心不受伤害。许多青少年犯罪与同一性危机有关，这些青少年的逻辑是，与其做个不伦不类的人，不如做个臭名昭著的人。

埃里克森是一个性善论者。他认为就青年人内在的倾向来讲，每个青年都能克服危机，达到自我同一性的平衡，但社会文化急剧变迁所带来的价值观方面的矛盾使青年人无法适应，因而导致内部的冲突与危机。另外，父母和其他老一辈人本身缺乏牢固的信念基础，因而无法给青年人提供适当的指导，也是造成青年人同一性危机的原因之一。

四、沃伦和欣德朗的犯罪观

美国犯罪学家沃伦(M. Q. Warren)和欣德朗(M. J. Hindelang)在分析了精神分析学家们对犯罪行为的解释之后，将精神分析学对犯罪的解释归纳为五种：第一种解释认为，犯罪行为是神经官能症的一种形态，这种形态基本上不同于任何别的神经官能症(例如，一些神经官能症患者拼命工作，另一些神经官能症患者纵火)；第二种解释认为，犯罪人经常被一种强迫性的追求惩罚的需求困扰，以便减轻从无意识的欲望中产生的罪恶感和焦虑；第三种解释认为，犯罪行为可能是获得在家中得不到满足的需要和欲望的替代性满足的一种手段；第四种解释认为，犯罪行为往往是由于外伤性事件引起的，这种事件使个人的记忆受到抑制；第五种解释认为，犯罪行为可能是替代性敌意(displaced hostility)的一种表现。沃伦和欣德朗认为，所有这些解释都表明，尽管最初的犯罪原因是在儿童早年的成长环境中产生的，但是

---

① Alfred Adler, *Individual Psychology and Crime*, Police Journal 17, 1930, reprinted in Quarterly Journal of Corrections, 1977, p. 7 – 13.

到犯罪行为发生时,这些导致犯罪的因素都同时在犯罪人身上发生作用。

另外,布朗纳(A. F. Bronner)曾对违法青少年的情绪体验与情绪性态度特征进行概括:第一,在爱情关系中得不到满足的强烈的感情;第二,由于自我表现愿望、儿童期受到损害而产生的异常愿望及青春期愿望受到妨碍而引起的深刻体验;第三,在家庭、学校、交友方面的强烈不满情绪;第四,由于家庭不和及双亲控制错误所引起的强烈不满情绪;第五,对兄弟、姐妹的嫉妒感;第六,由于内心压抑而产生的不幸感。这些不愉快体验促使了青少年违法犯罪行为的发生。

五、鲍比的犯罪观

英国心理学家鲍比(John Bowlby)提出的母爱剥夺理论,尽管起源于精神分析学派,但也包含了生态理论和进化理论的精神。① 鲍比指出,儿童在5岁之前,需要与照顾她(他)的人保持持续不断的亲近的关系。如果这种依恋关系被中断,那么带来的后果就可能是没有能力构建与其他人的有意义的人际关系。在这些人中,情感缺失特征可能导致越轨行为。这一理论的提出是基于以下的研究证据:鲍比比较了44名未成年盗窃犯和没有犯罪记录的人,发现49%的违法者在5岁之前经历过显著的母爱依恋关系中断,而非犯罪组中只有5%的人经历过这种情形。②

另外,一些精神分析学家认为,少年犯罪主要是由于缺乏爱,缺乏认同,没有真正形成正常的超我。所以,对犯罪少年和儿童进行治疗的核心,就是为他们提供幸福、快乐的生活环境,使他们在这种环境中对成年人(教育者)重新产生依恋、信任和认同,从而重建自我理想,形成正常超我。③

思考题

1. 试用弗洛伊德的人格结构论解释犯罪。
2. 试用阿德勒的自卑与超越理论解释犯罪。
3. 试用埃里克森的自我同一性理论解释犯罪。

---

① See David Putwain & Aidan Sammons, *Psychology and Crime*, New York: Routlrdge, 2002, p. 43–61.

② See Bowlby J., *Maternal Care and Mental Health: Report to World Health Organization*, New York: Shoken Books, 1951.

③ 参见吴宗宪:《西方犯罪学史》,警官教育出版社1997年版,第495页。

第二节　犯罪的学习理论

要点提示

1. 萨瑟兰提出的差异交往理论的基本假设是：犯罪行为是通过暴露在犯罪行为标准中习得的。这些学习可能发生在家庭和同辈群体中。

2. 班杜拉提出的社会学习理论认为，社会行为是通过观察和模仿他人的行为而形成的；人们更有可能模仿他人的那些受到鼓励或者奖赏的行为。该理论强调行为与环境的交互作用，强调认知过程在学习中的重要性，强调观察学习和自我调节过程。

心理学的学习理论将犯罪看成与其他行为一样是习得而来的一套行为。用这种方法研究犯罪行为，强调了家庭和同伴群体作为犯罪行为的根源的重要作用，也强调了强化与惩罚在一个人是否将从事犯罪事业抉择中所起的决定性作用。这源自萨瑟兰(Edwin Sutherland)提出的犯罪差异交往理论。①

一、差异交往理论

萨瑟兰给犯罪下了这样的定义：犯罪是掌握着刑事权力的国家所作的政治性界定。在具有文化冲突的社会里，人们对犯罪的界定可能互不相同。例如，被某一种文化群体界定为犯罪的行为，可能被另一种文化群体认为是正当的行为。犯罪的决定性因素，既不在于个人的特性，也不在于其社会经济地位。行为的获得是社会学习的过程，社会学习过程影响了个体的价值观念、行为模式，而个体的价值观念和行为模式是通过与文化群体中的成员接触而形成的。②

差异交往理论的基本假设是：犯罪行为是通过暴露在犯罪行为标准中习得的。这些学习可能发生在家庭和同辈群体中。犯罪行为的发生来自两个因素：一个是习得的态度，另一个是特殊行为的模仿。在萨瑟兰看来，犯罪行为是行为人对自身

---

① See Sutherland E. H., *Principles of Criminology*. Philadelphia: Lippincott, 1939; *Critique of Sheldon's Varieties of Delinquent Youth*, American Sociological Review, 16, 1951, p. 10 – 13. See David Putwain, Aidan Sammons, *Psychology and Crime*, New York: Routlrdge, 2002, p. 46.

② See Sutherland E. H., *Principles of Criminology*, Philadelphia: J. B. Lippincott Company, 1947, p. 5 – 9.

的需要和价值观的一种表达,如对金钱的需要。然而,对金钱的这种需要通常并不用于解释犯罪行为,因为这些是学来的。当一个人在一个群体(如一个家庭或各种同辈群体)中完成了社会化,那么他将融于这一群体所遵循的价值观和态度规则中。这些价值观和态度,有一些是个体所喜欢的,也有一些是他所不喜欢的。如果一个人获得对犯罪的喜欢态度多于不喜欢的态度,那么他可能会犯罪。个体也可能从他们的社会群体中获得违反法律的专业技能。

在萨瑟兰的观点中,意识到以下两点很重要。一个人不必从其他犯罪人那里学习越轨的态度。例如,守法的父母完全有可能对刑法典和警察表现出不赞成态度。另外,一个人不必表现出对各种犯罪形式的喜欢态度:一个认为入室盗窃是错误的人可能对强奸犯罪表现出极为厌恶的态度等。

二、社会学习理论

社会学习理论(social learning)源自早期的行为主义理论,但是当它第一次被宣布时,被行为主义者认为是一种激进的叛离。早在 1954 年,罗特(Julian Bernard Rotter)就把认知变量引入了行为主义方法中。罗特提出了行为潜在性的概念①,其含义是在特定情境中特定行为发生的可能性,例如,为了考试而通宵熬夜。行为潜在性的强度取决于两个变量:预期和强化价值。美国心理学家班杜拉(Bandura)采纳了这种观点,并进一步将理论发展成为他所称的社会学习理论。

社会学习理论认为,社会行为是通过观察和模仿他人的行为而形成的;人们更有可能模仿别人的那些受到鼓励或者奖赏的行为。这种理论强调行为与环境的交互作用,强调认知过程在学习中的重要性,强调观察学习和自我调节的过程。基于重要的实验研究,班杜拉用社会学习理论解释了攻击行为的社会学习过程。

1962 年,英国心理学家戈登 · 特拉斯勒(G. Trasler)在其《对犯罪性的解释》(*The Explanation of Criminality*)一书中,提出了一种犯罪的学习理论。特拉斯勒理论的基本观点为,犯罪行为是个体通过条件反射作用学会的,幼年时期不恰当的教养活动往往使个人形成不正确的条件反射联系,使个人为了追求快乐和避免痛苦而进行犯罪行为。

美国犯罪学家西格尔(L. J. Siegel)认为,社会学习理论家发现了四种易于导致暴力行为的因素:(1)增强情绪唤醒的事件,如人身攻击和言语侮辱;(2)攻击技能,即通过观察别人学会的习得性攻击反应;(3)预期的结果,即认为攻击行为会受到

---

① 参见 E. E. Smith, S. Nolen – Hoeksema, et al., *Atkinson & Hilgard's Introduction to Psychology*, 2006,世界图书出版公司英文影印版,第 472 页。

奖赏的信念，这种奖赏包括减轻紧张或愤怒，获得一定的物质利益，建立起自尊，获得别人的赞许等；(4)行为与价值观的一致性，即认为攻击行为在当时的情境中是正当的、合适的信念。这些因素的发现为采取相应的矫治措施提供了重要理论依据。

思考题

1. 萨瑟兰提出的差异交往理论对解释同辈群体对犯罪的影响有什么价值？
2. 班杜拉提出的社会学习理论如何解释犯罪行为的学习机制？

第三节　犯罪的认知理论

要点提示

1. 勒温和托尔曼提出的认知结构理论中总结了多数有违法犯罪行为的少年具有的四点特征。

2. 以皮亚杰为代表的道德和认识发展理论认为，个人之所以犯罪，是其道德发展水平低造成的。科尔伯格将道德发展阶段理论应用到对攻击行为的解释上。他认为，人们在成长过程中经历不同的道德发展阶段（"三水平六阶段"），每个阶段对道德问题有不同的道德判断理由。

3. 以贝卡里亚和边沁等为代表的功利主义选择观认为，趋乐避苦是人的本能，犯罪人之所以选择犯罪，一是犯罪结果对他来说是快乐的，如占有不义之财；二是犯罪过程对他而言是快乐的。

4. 社会认知理论则认为，处理人际冲突的图式和脚本少，容易引发暴力侵犯行为。社会认知能力缺乏，可导致青少年的犯罪与暴力。

认知心理学是现代西方心理学的一个新流派，它开始于20世纪50年代中期，60年代之后迅速发展。1967年美国心理学家奈瑟（U. Neisser）《认知心理学》一书的出版，被认为是认知心理学发展的一个重要事件，它标志着认知心理学作为一个学术流派立足于心理学界。

一、认知结构理论

K. 勒温和E. C. 托尔曼提出的认知结构理论认为，多数有违法犯罪行为的少年具有以下特征：(1)在生活空间领域中的分化未成熟或停滞、衰退，各领域间的分化不平衡;(2)在时间性因素上,缺乏与过去和将来的纵向联系,容易受目前状况所左右;(3)缺乏批判力、内省力、自觉性、预见性、适应力等,处理复杂事务有困难;(4)这种人易感情用事,一旦产生犯罪欲望萌芽即难以抑制。与少年犯罪人相反,某些成人犯罪者在一些特殊方面乃至整个领域内都是成熟的。

二、道德发展理论

以皮亚杰(J. Piajet)为代表的道德和认识发展理论认为,个人之所以犯罪,是其道德发展水平低造成的。由于道德发展水平低,对社会道德规范的理解有偏差,对个人行为的控制力较差,因而会进行违反道德准则和法律的违法犯罪行为。

哈佛大学心理学教授科尔伯格(Kohlberg)曾将道德发展阶段理论应用到对攻击行为的解释上。他认为,人们在成长过程中经历不同的道德发展阶段,每个阶段对道德问题有不同的道德判断理由。他把这些阶段概括为"三水平六阶段"。这些阶段依序发展:前习俗水平(包括避免惩罚与服从阶段、功利主义导向阶段)—习俗水平(包括人际和谐导向阶段、法律与秩序维护阶段)—后习俗水平(社会契约阶段、普遍的道德原则阶段),具体每个阶段的含义是:

第一,避免惩罚与服从阶段:行为取向表现为服从权威,避免遭受惩罚。

第二,功利主义导向阶段:以实际利益为出发点,追求自我需要的满足,不在乎他人的感受。

第三,人际和谐导向阶段:顺从传统规范,获取他人赞许。

第四,法律与秩序维护阶段:服从社会与宗教权威,遵守法律规定。

第五,社会契约阶段:承认个人权利及民主化的法律制定过程。

第六,普遍的道德原则阶段:道德判断基于正义感、尊重与信任,并且超越法律规定。

犯罪者的道德发展可能不同于守法者的道德发展。依照科尔伯格的观点,许多犯罪者攻击行为的产生与个人道德认知能力发展停滞在前习俗水平有关,他们的道德认知水平决定着其行为上无法自我控制、无法抗拒诱惑。道德发展理论突破了传统理论的限制,提供了犯罪行为的另一种诠释。

三、理性选择理论

刑事古典学派认为,犯罪是人自由意志的产物。其立论基础是:人是理性的动物,在意志上是自由的,犯罪人是在意志自由情况下选择了犯罪,选择了恶;人具有权衡利弊得失的理性能力，对做或不做有害于他人的行为具有自己的判断能力和自由选择能力。刑事古典学派中存在功利主义和报应主义两种理性选择观。

以贝卡里亚和边沁等为代表的功利主义选择观认为，趋乐避苦是人的本能，犯罪人之所以选择犯罪，一是犯罪结果对他来说是快乐的，如占有不义之财；二是犯罪过程对他而言是快乐的。[①] 按照弗洛伊德的观点，每个人身上都有“力比多”，在释放“力比多”的过程中，人们就获得一种满足的快感。[②] 因此，从人是理性的这个前提出发，犯罪人在选择犯罪与不犯罪之间是理性的，他之所以犯罪是因为犯罪之乐大于不犯罪之乐。按照功利主义理论，通过刑罚的手段使犯罪人形成一种正确的苦乐观，矫正犯罪人不正确的苦乐观，可以使犯罪人因畏惧犯罪之苦而不敢轻易犯罪，达到预防犯罪、保护社会的目的。[③]

以康德和黑格尔为代表的报应主义选择观认为，每个人都应对自己的行为负责，犯罪人在明辨是非的基础上，选择一种恶、选择一种犯罪行为，而犯罪行为是为主流社会所谴责、否定的行为，并且他这种选择已对社会和他人构成了危害，因而犯罪人必须对自己的选择和所选择的行为负责。犯罪人明知国家通过刑事法律规范界定犯罪和规定刑罚、对犯罪持否定态度，犯罪人仍然藐视法律而实施犯罪，是挑战国家法律、挑战社会秩序的行为；国家为了维护法律的权威性，为了整合社会秩序，就必须对犯罪人采取报复的行为，即刑罚惩罚。黑格尔认为，“刑罚既被包含着犯人自己的法，所以处罚他，正是尊敬他是理性的存在”。[④]

认知心理学家西蒙（Herbert A. Simon）的有限理性概念，激发行为决策理论家们进行了一系列研究。结果显示，人们的实际行为与标准理性理论的预测不符，人们在决策时往往使用各种启发式，尽管这不能保证产生最佳的结果。犯罪学的实证研究也支持有限理性的观点。Paternoster 等人的调查结果表明，行为对风险知觉的影响是决定性的，其作用比知觉对行为的影响更强。[⑤] Carroll 在研究中，给被试呈现不同风险条件下的假设犯罪机会，其中有四个独立的维度变量：获益的可能

---

① 参见康树华：《犯罪学——历史 · 现状 · 未来》，群众出版社 1998 年版，第 225 页。

② 参见［奥］弗洛伊德：《精神分析的方法与技术》，载高觉敷主编：《西方近代心理学史》，人民教育出版社 1982 年版，第 368 ~ 382 页。

③ 参见宋浩波：《试论犯罪经济学的原理》，载《福建公安高等专科学校学报》2003 年第 1 期。

④ ［德］黑格尔：《法哲学原理》，范扬、张企泰译，商务印书馆 1996 年版，第 103 页。

⑤ See Carroll J & Weaver F. , *Shoplifters' Perceptions of Crime Opportunities: A Processing – tracing Study*, in Part One Empirical Studies of Criminal Decision Making, http://www. popcenter. org/Library/RecommendedReadings/ReasoningCriminal/02%20carrol%20and%20weaver. pdf, 2004.

性、损失的可能性、获益的数量和惩罚的严厉性。被试包括监禁中的成年人和未成年人,以及未犯罪的成年人和未成年人。研究结果表明,许多被试在选择犯罪机会时仅集中注意了一个维度,而对其他三个维度,要么忽略,要么以一个或两个维度为基础做微量调整。[①] Carroll 的这项研究表明,人在选择犯罪机会时存在很强的"维度偏好",很少能在整合多种相关信息的基础上作判断。

四、社会认知理论

按照费斯廷格(L. Feisinger)的认知失调理论,认知失调是一个人的态度和行为中的认知成分的相互矛盾,从一个认知推断出另一个认知时产生的不舒适、不愉快的情绪。费斯廷格认为,人们通常采用三种途径来减少不协调:(1)改变行为,使主体对行为的认知符合态度的认知;(2)改变态度,使主体的态度符合他的行为;(3)引进新的认知元素,使之与原有的认知成分协调一致。这一理论的犯罪观认为,有些犯罪者对认知失调的忍耐性低,在认知事物的过程中不能保持"折中"反应,往往简单地得出片面极端的结论。有些犯罪人对自己行为的认知绝不改变,且不允许引进新的认知因素,而对环境的认知则是忽左忽右地改变。[②]

社会认知理论则认为,处理人际冲突的图式和脚本少,容易引发暴力侵犯行为。当一个新的事件发生时,先前获得的脚本在指导当前的行为反应时起着重要的作用。脚本的含义是,当环境中的事件发生时,个体对这些事件如何作出行为反应,这些行为会产生什么后果的模式。一个人备份的脚本越多,在解决问题时就会有更多的策略可供选择。

社会认知能力缺乏,可导致青少年的犯罪与暴力。有研究结论认为,认知能力缺失与反社会行为和侵犯行为的相关系数是 0.35 和 0.40。在早期生活的适当时候进行认知技能训练,有助于预防犯罪行为的发生。一方面,有证据表明,许多违法者存在基本的社会适应方面的认知技能缺失问题,也有相当多的经验研究支持认知能力匮乏和犯罪之间的相关关系;另一方面,儿童的社会称许信息加工技能的发展是重要的自我保护因素,可减少几种类型的问题行为,包括药物滥用、青少年团伙犯罪和暴力行为。[③]

---

① See Carroll & J. A., *A Psychology Approach to Deterrence: The Evaluation of Crime Opportunity*, Journal of Personality and Social Psychology, 2004, 36(12), p. 1512 – 1520.

② 参见朱智贤主编:《心理学大词典》,北京师范大学出版社 1989 年版,第 538 页。

③ See Bennett, S., et al., *Explaining Gender Differences in Crime and Violence: The Importance of Social Cognitive Skills*, Aggression and Violent Behavior, 2005(10), p. 263 – 288.

思考题

1. 试用科尔伯格的道德发展阶段论解释暴力犯罪行为的发生原理。
2. 试用理性选择观解释白领犯罪问题。

第四节　犯罪的人格理论

要点提示

1. 艾森克提出，犯罪行为是特定的环境条件与个体的神经系统特征交互作用的结果。基于一系列的实证研究和统计分析，艾森克提出了人格中影响犯罪的四个高阶因子：一般智力和另外三个与气质有关的因子。这三个与气质有关的因子分别是：外倾性、神经质、精神质。艾森克还发展出了相应的人格问卷。

2. 霍妮提出的人格"成熟理论"，完善了防卫策略的复杂分类，代表了她对精神分析学说的最大贡献。人格"成熟理论"的基本观点认为，犯罪是由不成熟的人格引起的。由此导致个体的社会适应困难，从而有可能进行大量的违法犯罪行为。

一、艾森克的人格理论

英国心理学家艾森克(H. J. Eysenck)根据巴甫洛夫的古典条件反射学说，认为"良心"的培养是从小形成的条件反射；"社会化"即是"朝向正确方向"的条件反射的过程，它是学习社会规范、对道德性和社会性行为的条件反射，没有完成这个过程的人就容易成为犯罪者。他认为越是内向性的人越不易犯罪，原因在于内向性的人易受良心约束而遵守道德。外向性的人不为规范所约束，是积极而执拗的，易发生反社会行为。有神经质倾向的人因情绪过分激动，易采取激烈行动而引起犯罪。他还认为实际犯罪的时间和社会处罚该犯的间隔时间过长，就不能建立条件反射，因此许多惯犯尽管多次入狱但仍然会继续犯罪。

艾森克提出，犯罪行为是特定的环境条件与个体的神经系统特征交互作用的结果。到1989年，艾森克等人研究认为，社会学理论对理解和处置犯罪所能做的贡献很少，他争辩说，心理学知识在预防犯罪行为方面能提供关键的答案和策略。他们认为心理学不仅是解决犯罪的途径，而且人格的神经学支撑是产生反社会行为和犯罪行为的重要决定因素之一。与大多数的当代犯罪学理论不同，艾森克的理论特别强调了反社会行为和犯罪行为的遗传素质。艾森克声称，"基因原因在反社会行为和犯罪行为中扮演了重要角色,这个简单的事实不再令人怀疑”。这里所谓扮演了重要角色并不是说这些人是天生的反社会人群或犯罪人群,而是说他们的神经系统特征与一般人群有显著不同,这些神经系统特征影响着他们遵从社会期望和遵守社会规则的能力。①

基于一系列的实证研究和统计分析,艾森克提出了人格中影响犯罪的四个高阶因子:一般智力和另外三个与气质有关的因子,即外倾性、神经质、精神质。基于系统研究和理论建构,艾森克发展出了几个自陈式的人格问卷,即艾森克人格问卷,用以测量这些人格变量,这一问卷在我国得到本土化和修订,并得到了广泛应用。

关于艾森克的人格理论的尖刻评论对艾森克问卷的效度提出了质疑,他们将官方在押犯罪人和对照组进行了16项比较,结果发现,在大多数项目中,犯罪人的精神质和神经质得分更高,但是在外倾性上的得分并未显示一致性偏高。相反,七项自陈式量表的研究报告结果表明,犯罪行为与外倾性格有关,只有少数几项使用这一量表的研究发现犯罪行为与精神质有关,而犯罪行为与神经质没有明确的联系。②

二、人格“成熟理论”

卡伦·霍妮是20世纪最重要的精神分析思想家之一,被认为是弗洛伊德学说的修正者或新弗洛伊德派,这是因为她的一些概念都是精心之作,又是对弗洛伊德学说的修正。霍妮是社会心理学最早的倡导者之一,她相信用社会心理学说明人格的发展比弗洛伊德的性概念更适当。

霍妮提出的人格“成熟理论”,完善了防卫策略的复杂分类,代表了她对精神分析学说的最大贡献。她早期的大多数观点已被她本人或别人修订、丰富;另一些则被后人重新发现、吸收。《我们的内心冲突》和《神经症与人的成长》对人类行为中现存的内心冲突及防御机制提供了前所未有的强有力解释。这不仅在临床实践中,而且在文学、文化、政治心理学等多种领域的研究中都有巨大的价值。

人格“成熟理论”的基本观点认为,犯罪是由不成熟的人格引起的。由于人格不成熟者在情绪、社会性等方面都有问题,难以适应社会,因此,他们很容易在社会

---

① See Bartol, C. R., *Criminal Behavior*: *A Psychosocial Approach*, Pearson Pretice Hall, 2004, p. 99.

② See Farrington, D. P., et al., *Personality and Delinquency in London and Montreal*, in J. Gunn and D. P. Farrington (eds), Abnormal Offenders, Delinquency, and the Criminal Justice System, Chichester: Wiley, 1982.

生活中产生顺应不良，与别人发生冲突，从而有可能进行大量的违法犯罪行为。同时，人格不成熟也预示着具备了犯罪的潜在危险性。

——— 思考题 ———

1. 试用艾森克人格问卷设计一项调查研究方案。
2. 试用人格“成熟理论”考察犯罪人的人格状况。

第五节　其他心理学理论的犯罪观

要点提示

1. 人际成熟水平理论认为，犯罪行为之所以产生，是人际关系方面的成熟水平低造成的；要根据犯罪人的人际成熟水平对他们进行不同的矫治。

2. 格拉泽提出的“不同预见理论”认为：“一个人犯罪或者抑制犯罪，是由他对犯罪行为进行预期的后果决定的。”这一类理论是对萨瑟兰提出的“差异交往理论”的修正。

3. 中和技术理论指出，大多数犯罪人并不完全信奉犯罪的价值观，也不把自己看成犯罪人，他们大多具有传统的价值观和态度。该理论是论述犯罪人如何将其犯罪行为合理化的一种理论。

4. 漂移理论认为，大多数少年犯罪人是一些漂移者，他们在犯罪行为和守法行为之间漂移，他们究竟从事哪种行为，这要取决于行为当时的情境和他们自己的心理或情感。

一、人际成熟水平理论

人际成熟水平理论是发展理论的一种。发展理论是指用人的心理与社会方面的发展和成熟程度的差别来解释犯罪行为产生原因的一组理论学说。这组理论的基本观点认为，个人之所以犯罪，是由于其心理在社会方面的发展中没有达到成熟程度，犯罪人的发展程度和成熟水平低于非犯罪人。

人际成熟水平理论（interpersonal maturity level theory，I – Level）用人际关系方面的成熟水平解释犯罪（特别是少年犯罪）的产生原因，并根据不同人际成熟水平来对犯罪人进行分类和矫治。这种理论的基本观点认为，犯罪行为之所以产生，是人际关系方面的成熟水平低造成的；要根据犯罪人的人际成熟水平对他们进行不同的矫治。

基于这一理论,监狱在选择罪犯矫正项目时,会专门针对罪犯的人际适应问题、人际关系紧张、人际沟通障碍等制定系列矫正内容。

二、社会心理学理论

犯罪的社会心理学理论,是指借用社会心理学的理论和方法研究犯罪问题的理论或学说。主要有:

(一)不同预见理论

不同预见理论属于社会心理学的犯罪理论,是对"差异交往理论"的修正。在1978年出版的《我们变化着的社会中的犯罪》(*Crime in Our Changing Society*)一书中,格拉泽(Daniel Glaser)指出:"一个人犯罪或者抑制犯罪,是由他对犯罪行为进行预期的后果决定的。"根据格拉泽的见解,"预期决定行为",只有个人预见到从犯罪中获得的利益大于犯罪给自己造成的损失时,才会决定实施犯罪(理性选择)。有关犯罪或者不犯罪的决策,受个人的社会联系和个人与其他人关系的质量的制约(社会控制理论),同时,也受以前的学习的影响(学习理论)。由此可见,犯罪行为是否实施,主要是由个人对犯罪结果的预先期望决定的。根据格拉泽的论述,犯罪人的预见来源于下列方面:

1. 亲犯罪的(procriminal)和反犯罪的(anticriminal)"社会联系"(social bond)。格拉泽用它来说明对个人的犯罪行为和合法行为的相应惩罚和奖励,特别是当这种社会联系与遵从其他人的行为标准有关,以便取悦而不是疏远其他人时,这种社会联系对个人的犯罪预期的制约作用更大。

2. 对期望从犯罪行为或者合法活动中获得满足的滋味、技能和合理化的不同学习。当个人曾经体验到合法行为能带来更大的满足,自己有这方面的技能,从心理上也更有理由进行合法行为时,他们就不会进行犯罪行为。当个人曾经体验到犯罪行为能够带来更大的满足,自己有从事犯罪行为的技能,也能从心理上消除因从事犯罪行为而产生的焦虑、紧张、罪恶感等心理现象时就会进行犯罪行为。

3. 所认识到的机会,对从事犯罪行为或合法行为所冒的危险和成功的可能性的预见。

(二)中和技术理论

中和技术理论(techniques of neutralization theory)是由美国犯罪学家格雷沙姆·赛克斯(Gresham Sykes)和戴维·马茨阿(David Matza)提出来的。他们在合写的论文《中和技术:一种少年犯罪理论》中指出,大多数犯罪人并不完全信奉犯罪的价值观,也不把自己看成犯罪人,他们大多具有传统的价值观和态度。因此,当他们准备进行犯罪行为时,就与这种传统的价值和态度发生矛盾;为了顺利实施犯罪行为,他们学会了一些抵销或中和其行为的犯罪性质、将其行为合理化的技巧,通过使用这种技巧消除心理上的罪恶感,进行犯罪行为。因此,中和技术理论实际上是论述如何将其犯罪行为合理化的一种理论。①

(三)漂移理论

少年犯罪的漂移理论(drift theory)是戴维·马茨阿在中和理论基础上发展起来的一种少年犯罪理论。漂移理论的基本观点认为,大多数少年犯罪人是一些漂移者(drifters),他们既有可能进行犯罪行为,也有可能进行守法行为,即在犯罪行为和守法行为之间漂移,他们究竟从事哪种行为,这要取决于行为当时的情境和他们自己的心理或情感。少年犯罪人并不赞成少年犯罪行为,甚至在他们深深地陷入这种行为的时候也是如此。马茨阿和赛克斯认为,在任何情况下,少年犯罪人都不是真正的少年犯罪人,而是社会中"地下价值观念"(subterranean value,指人们之间心照不宣地知道其内容,但是并无明文规定或文字记载的一套非正式的价值规范)的遵从者,这种"地下价值观念"不言而喻地鼓励青少年追求刺激和进行不负责任的行为,帮助少年犯罪人将其犯罪行为合理化,因为持这种价值观念的少年会发出这样的疑问:"每个人都这样做,我为什么不这样做呢?"②

思考题

1. 试用人际成熟水平理论解释犯罪行为。
2. 试比较不同预见理论与差异交往理论的异同。

延伸阅读

理论的建构与检验

理论的建构过程包括从观察到经验概括、再从经验概括到理论两个阶段;理论检验则是从理论推演出可检验的假设,再通过研究设计、数据收集等步骤对假设进行检验。如何建构理论和检验理论,袁方主编的《社会研究方法教程》第四章中很

① See G. Sykes & D. Matza, *Techniques of Neutralization Theory: A theory of Delinquency*, American Sociological Review, 1957(22), p. 664 – 670.

② [美]戴维·马茨阿:《青少年犯罪与漂移》(英文版),第28页;转引自康树华:《犯罪学——历史·现状·未来》,群众出版社1998年版,第271~273页。

好地论述了这一问题,对研究犯罪心理学理论的建构、检验具有重要的借鉴意义。①

犯罪官方统计数据,能用于不同的比较对照。研究方法参见迪尔凯姆的《自杀论》。《自杀论》借助大量的官方统计数据研究自杀问题,得出了社会整合度对越轨行为有重大影响的结论。袁方的《社会研究方法教程》又以迪尔凯姆的《自杀论》为例,系统分析了自杀这种越轨行为的研究方法、理论建构、理论检验过程。

---

① 参见袁方主编:《社会研究方法教程》,北京大学出版社 1997 年版。

第三章　犯罪心理研究方法

科学随着方法论上所获得的成就而不断跃进着。方法论每前进一步，我们便仿佛上升了一级阶梯。于是，我们就展开更广阔的眼界，看见从未见过的事物。

——[苏联]巴甫洛夫：《巴甫洛夫全集》(俄文版)第二卷第二册

根据《韦伯斯特新世界词典》上“科学”的定义，“科学是从确定研究对象的性质和规律这一目的出发，通过观察、调查和实验而得到的系统的知识”。科学的三个主要任务是描述、解释和预测事物的产生、发展和变化。将犯罪心理作为一种现象，开展科学研究，旨在通过对各种犯罪心理与犯罪行为现象进行系统描述、解释，并对犯罪行为进行预测。科学的起点是问题，如“人为什么会暴力攻击他人?”“是什么原因导致人重新犯罪?”等。科学研究的起点则是假设(hypothesis)。假设是对所要研究的问题做尝试性的回答，它一般是来自对某一理论的演绎推理。科学理论是一种逻辑上相互联系的命题体系。关于人为什么会犯罪，或犯罪心理如何形成并支配犯罪行为的发生，犯罪学家、心理学家、社会学家等从不同角度，归纳出了多个理论，如第二章所述。然而，这些理论是否经得起检验？如何对这些理论进行检验？本章从检验犯罪心理理论的角度，探讨犯罪心理研究类型、研究方法和研究范式。

第一节　犯罪心理研究的类型与逻辑

要点提示

1. 从研究目的划分，犯罪心理研究可以分为描述性研究、解释性研究和探索性研究。

2. 描述性研究通过对现状的准确、全面的描述来解答现象“是什么”的问题。解释性研究则试图对犯罪现象作出普遍的因果解释，以解答“为什么”的问题。探索性研究(又称先导研究)是对某一课题或某一现象进行初步了解。

3. 从研究性质划分，犯罪心理研究可以分成应用研究和理论研究。应用研究侧重解答各个实际工作部门中的具体问题；理论研究通过对现实问题的考察来发展和丰富犯罪心理与行为科学理论，并提供有关犯罪心理与行为科学的知识，它的主要目的是解答学科领域内重大理论问题或疑难问题。

一、犯罪心理研究的类型

犯罪心理研究按照不同的分类标准，可以分出不同的类别。

(一)描述性研究、解释性研究和探索性研究

从研究目的划分，犯罪心理研究可以分为描述性研究、解释性研究和探索性研究。描述性研究的目的是系统地了解某一类型的犯罪现象的状况及发展过程，例如，盗窃犯罪人的数量特征变化、盗窃技能的发展变化，诈骗犯罪的发展变化等，它通过对现状的准确、全面的描述来解答现象“是什么”的问题。

解释性研究则试图对犯罪现象作出普遍的因果解释，以解答“为什么”的问题。例如，因为贫困而犯罪，是大家比较认同的常识。然而，对在押服刑的盗窃犯的研究显示，并非所有盗窃犯都是由于贫困或绝对贫困而盗窃，探求盗窃犯犯罪之前的决策过程，以解答盗窃犯为什么盗窃、为什么选择某些特定对象、为什么选择某些物品的研究就是解释性的研究。

探索性研究(又称先导研究)是对某一课题或某一现象进行初步了解。它既可以作为一项独立的研究，也可以为进一步周密、深入的研究工作做准备。探索性研究的目的是发现问题、提出问题，而描述性研究和解释性研究则是要解答问题。探索性研究包括查阅文献、请教专家和实地考察三部分。

(二)应用研究与理论研究

从研究性质划分，犯罪心理研究可以分成应用研究和理论研究。应用研究侧重解答各个实际工作部门中的具体问题，它通过调查研究的方式来了解不断出现的新现象和新问题，并运用犯罪心理学理论对这些问题作出科学的说明和解释，或提出解决问题的方案和政策性建议。例如，服刑人员抑郁情绪及自杀预防问题、服刑人员暴力攻击风险问题、盗窃犯重新犯罪影响因素等问题研究，都是为了预防狱内外重新犯罪而必须研究的问题。

理论研究通过对现实问题的考察来发展和丰富犯罪心理与行为科学理论，并提供有关犯罪心理与行为科学的知识。它的主要目的是解答学科领域内重大理论

问题或疑难问题。理论研究既包括在抽象层次进行学术探讨,如建立概念体系和分类框架,对各种理论观点进行述评、批判和综合,澄清理论分歧,对经典理论和学说史进行系统分析和介绍等;也包括在理论层次和经验层次上运用实证方法研究现实问题,通过对犯罪现象的观察、概括和抽象来检验理论或提供新的理论解释。

二、犯罪心理研究逻辑

犯罪心理研究中使用的逻辑方法包括归纳法与演绎法。尽管培根提出了数据和理论的重要作用,但他仍然认为科学的基础是经验观察。现代科学家也强调经验观察,他们把科学的过程视为从数据到理论的过程,即人们所说的归纳。用归纳法所进行的推理过程是从特定的数据出发导出一般的结论。相反,强调从理论推出特定结果的方法是演绎。

由于经验观察把科学方法从确立信念的其他方法中区分出来,因此许多人就认为从数据到理论的归纳程序恰恰是科学方法发挥作用的真实过程。正如哈里所说:"观察到的事件和实验的结果合称为'数据',它们为科学思想的摩天大厦奠定了坚实的基础。"①

纯粹使用归纳法进行科学研究会遇到经验观察终极性的问题。科学的观察都是在一定的情境中进行的,因此由它所归纳出的理论或自然规律必然有其局限性,以至于后来在不同情境下所做的实验可能会得出不同的结论,或者可能至少要对以往的理论有所修改。由此可知,在遇到新的不同实验结果时,根据以前结果所归纳出的理论,可能(而且通常可能)会有所改变。总之,从观察中归纳出的理论只是暂时的,绝非终极真理。这种由于持续的实验研究引起的理论的不断变化,被认为是科学本身的自我校正性质。

相反,演绎法则强调先有理论后有观察。演绎法高度重视成熟的理论,而偶然的观察、非正规的理论及数据则退居其后。从演绎法的立场来看,科学理解的含义在某种程度上是指理论能够预测出某种特定的即将出现的经验观察。如果一个理论能够被实验结果证实,那么推崇演绎法的科学家就会更加相信该理论的真实性。但是,实验观察不可能百分之百地确证理论,况且它也会改变,因此,某些无法证实的东西才是接受或拒绝理论的关键。科学哲学家波普尔曾指出,好的理论一定是会出错的理论。

分析了归纳法和演绎法的局限性,你也许会感到失望:既然归纳法和演绎法都

① Harre & R. , *Great Scientific Experiment*, Oxford: Oxford University Press, 1983.

不是百试不爽的好办法,那么科学的理解是否还可能?所幸,科学是自我校正的,因为它对问题所提供的答案是暂时的。科学的理解会随着研究工作的深入而不断改进,而正是通过归纳法和演绎法的结合,科学理解才会越来越透彻。

—— 思考题 ——

1. 在监狱实务工作中,描述性研究和解释性研究如何应用?
2. 在监狱实务工作中,试设计一个应用研究的方案。

第二节 犯罪心理学研究的原则和方法

要点提示

1. 犯罪心理学研究要遵循三项原则:客观性原则、实践性原则和伦理性原则。客观性原则是指研究者对待客观事实要采取实事求是的态度,既不能歪曲事实,也不能主观臆测。实践性原则是指理论研究必须立足于实践,来自实践,同时用已经形成的理论去指导实践,并在实践中检验理论,不断发展理论。伦理性原则是指在科学研究中要遵循普遍的道德准则,不对被研究者造成任何形式的伤害。

2. 犯罪心理学的主要研究方法有观察法、调查法、测量法、个案法、实验法。观察法是指在自然情境中对被观察者的行为做系统的观察记录,以了解其心理的一种方法。调查法是以大众所了解或关心的问题为范围,预先拟定问题,让被调查者自由表达其态度或意见的一种方法。测量法就是用标准化的量表来测量被研究者的某种心理品质的方法。个案法是对单个案例或有限数目的案例进行全面、深入、细致的研究,以便发现影响被研究者某种行为和心理现象原因的一种方法。实验法就是在控制条件下对某种心理现象进行观察的方法。

3. 犯罪心理学研究方法的发展趋势包括:多种方法综合运用、定性研究与定量研究相结合、个案研究与群体研究相结合、自然实验法和准实验设计的应用。

科学发展的历史证明,人类对自然界奥秘的认识,是随着方法的进步而越来越深刻的。如前所述,犯罪心理学研究的对象较之其他心理学分支更为特殊,违法犯罪者的心理具有更大的隐蔽性和掩饰性,研究起来更加困难。因此,要推进犯罪心理学的发展,必须特别注重在研究方法上的进步和创新。

一、犯罪心理学研究的基本原则

作为心理学的一个分支学科，犯罪心理学的研究自然要遵循心理学研究的普遍原则，但是由于犯罪心理学研究对象的特殊性，特别需要遵循以下三项原则：

（一）客观性原则

所谓客观性原则，是指研究者对待客观事实要采取实事求是的态度，既不能歪曲事实，也不能主观臆测。在犯罪心理学研究的过程中，坚持客观性原则具有特殊意义。坚持客观性原则的原因之一是研究违法犯罪者的心理比较困难，很多时候需要在看守所、监狱等特殊环境中开展研究，很多方法难以实施，容易造成研究者简化研究过程，甚至凭经验总结和主观猜测；原因之二是人们往往对犯罪人有许多固定看法和情绪倾向，甚至有许多偏见，许多研究者会不自觉地把这些看法、倾向和偏见带到研究中，从而影响研究过程的客观性。

客观性原则要求我们在犯罪心理学研究中，对每一个犯罪人的言语和行为表现，对研究中所获得的数据事实和个案资料，都要作出客观的具体分析。不论是研究犯罪心理的个体差异或类型差异，还是研究犯罪人心理与正常人心理的差异，都必须全面收集资料，如实、详尽地记录在研究中观察到的客观事实，切忌用研究者自己的主观体验、主观感受代替观察到的客观事实。在对资料的处理、结果的分析中，要尽可能用客观的尺度来评定，从客观事实到结果的推论都要建立在严密的逻辑规则之上，根据客观的数据和事实作出判断，不可任意取舍。

（二）实践性原则

所谓实践性原则，是指理论研究必须立足于实践，来自实践，同时用已经形成的理论去指导实践，并在实践中检验理论，不断发展理论。实践性原则是辩证唯物主义方法论所要求的基本原则，目前已成为国际心理学研究的一大趋势。实践性原则对犯罪心理学的研究具有特殊意义。如前所述，犯罪心理学是一门兼有理论性和实践性特点的学科，其生命力就在于为实践服务。犯罪心理学研究的课题来自预防犯罪、惩治犯罪和矫治罪犯的工作实践，如果其理论成果不能应用于指导实践活动，那么这种理论就毫无价值。

在犯罪心理学研究中贯彻实践性原则，就是既要注意基本理论的研究，更要注意实际应用，在应用中使理论得到充实和完善。在研究中，理论工作者与实际工作者要密切合作，要注意从预防犯罪、惩治犯罪和矫治罪犯的工作实践中提炼研究课题，升华为理论成果后，再回到实践中加以检验。这样形成的理论才有价值，这样建立的犯罪心理学才有生命力。目前特别需要克服两种倾向：第一种倾向，是一些理论工作者纯粹搞理论研究,从大脑中抽取理论,脱离实际,不注重调查研究,这样的理论即使再高深,也没有实践价值,其科学性也值得怀疑;第二种倾向,是有些实际工作者过分注重经验,不注意理论研究也不接受理论的指导,认为只有来源于工作实际的经验才是最可靠的。殊不知,经验是需要抽象概括的,经验如果不上升到理论,其价值是有限的。

(三)伦理性原则

所谓伦理性原则,是指在科学研究中要遵循普遍的道德准则,不对被研究者造成任何形式的伤害。由于犯罪心理学研究对象的特殊性,遵循伦理性原则更具有现实意义。

在犯罪心理学研究中,经常要采用一些控制情境或被试的手段来收集资料,在创设情境时,切忌采取违背伦理性原则的方法,如欺骗被试、隐瞒研究目的、威胁恐吓以及可能造成研究对象身心损伤的方法。西方心理学中有名的对婴儿"恐惧"条件反射形成的实验和"模拟监狱实验",之所以受到严厉的批评,就是由于实验者对伦理性原则的重视不够,造成被试心理紧张、情绪抑郁等心理问题。① 因此,在犯罪心理学研究中,在模拟实验设计、对主试与被试进行直接访谈以及对犯罪人进行心理测验时,都要考虑并尽可能避免给研究对象心理造成的负面影响。不管进行哪方面的研究,都应有利于刑事司法活动目的的实现,有利于促进犯罪人心理向健康方向发展。另外,在研究中无论运用哪种方法,都不能有损于犯罪人的人格和尊严。虽然他们是违法犯罪者,但在科学研究中,我们应把他们视为平等的人,不要带有任何歧视态度。

二、犯罪心理学研究的主要方法

(一)观察法

观察法是科学研究必不可少的一种方法。爱因斯坦说过:"理论之所以能够成立,其根据就在于它同大量的单个观察关联着,而理论的'真理性'也正在于此。"②其实,任何一种实验研究,都是在严格控制条件下的观察,都是以观察为基础的。

所谓观察法,通常是指在自然情境中对被观察者的行为做系统的观察记录,以了解其心理的一种方法。③ 严格来说,这应当称为客观观察法(或自然观察法),是一种最常用的观察法。与此相对应,还有主观观察法(或自我观察法),是观察者对

① 参见刘邦惠主编:《犯罪心理学》,科学出版社 2004 年版,第 10 页。

② 《爱因斯坦文集》(第 1 卷),商务印书馆 1976 年版,第 115 页。

③ 参见黄希庭、郑涌:《心理学十五讲》,北京大学出版社 2005 年版,第 10 页。

自己的心理活动进行观察和分析的一种方法。主观观察法是由于心理学研究对象的特殊性而采用的一种必要而且可行的特殊方法,在犯罪心理学的研究中也可以适当采用,但必须与其他方法相配合。这里主要介绍客观观察法在犯罪心理学研究中的运用。

客观观察法一般在下列情况下使用:第一,对所研究的犯罪人的某些活动无法加以控制;第二,在控制的条件下,可能会影响犯罪人某种行为的出现;第三,由于伦理性原则的要求,不能对某种现象进行控制。客观观察法表面看起来简单易行,但实际操作起来并不简单,能否取得成功取决于观察的目的与任务、观察和记录的手段以及观察者的毅力和态度。

客观观察法的实施要遵循一定的操作步骤。比如,我们要检验这样一个命题:"暴力犯比一般人更具有攻击性",需要注意以下几个环节:第一,要给"攻击性"这一概念下一个具有可操作性的定义,即什么行为属于攻击行为,什么现象能够反映人的攻击性。第二,选择观察的时间和地点,并对观察做详细记录。一般情况下,人工记录容易受记录者主观因素的影响,所以最好使用自动观察设施,如摄像机等,力求对被观察者及观察情境做详细、全面、客观的记录。第三,对观察所获得的材料进行编码,即观察材料数据化。这是非常重要的一步,因为如果不进行编码,就不能对材料进行统计分析,也就不可能得出科学的结论。编码的方式不同,结论就可能不一样。第四,数据的统计分析,即在编码的基础上对数据进行科学的处理,从而得出适当的、可信的结论。①

客观观察法的优势表现为:由于是对被观察者的行为进行直接的了解,因而能收集到第一手资料;由于是在自然条件下进行的,不为被观察者所知,他们的行为和心理活动较少或没有受到"环境的干扰",因此,应用这种方法有可能了解到现象的真实状况。

客观观察法的缺陷主要有:第一,在自然条件下,事件的出现可能带有偶然性,很难按严格相同的方式重复出现,因此,对犯罪人的某些行为难以进行重复观察,对观察的结果也难以进行检验;第二,在自然条件下,影响犯罪人心理的因素是多方面的,因此,对用客观观察法得到的结果往往难以进行精确的分析,也就是说,材料的编码很困难;第三,由于对条件没加控制,观察时可能出现不需要研究的现象,而需要研究的现象却不出现,观察者缺乏主动性;第四,观察的结果容易受到观察者本人的兴趣、愿望、知识经验和观察技能的影响,降低了客观性。

---

① 参见黄兴瑞主编:《罪犯心理学》,金城出版社 2003 年版,第 52 页。

(二)调查法

所谓调查法,是以大众所了解或关心的问题为范围,预先拟定问题,让被调查者自由表达其态度或意见的一种方法。[①] 调查法既可以了解被调查者的自然状态变量,如了解某一犯罪人的身体状况、教育程度、过去的职业、家庭情况等;也可以了解被调查者的反应变量,如他对问题的理解、态度、期望、信念、行为等;还可以了解两种变量之间的关系。根据研究的需要,可以向被调查者本人做调查,也可以向熟悉被调查者的人做调查。

调查法可分为问卷调查和访问调查。问卷调查也称问卷法,是研究者根据研究课题的要求,设计出问题表格,让被调查者自行填写,以便收集资料。这种方法的优点是可以同时向许多人收集同类型资料;其缺点是发出去的问卷难以保证全部收回,只能得到被调查者对问题的相对完整的答案。要得到一份良好的问卷,在设计时应注意:(1)要针对调查的目的来设计问卷;(2)提出的问题要适合调查目的和调查对象;(3)使用方便,处理结果省时、经济。

访问调查也称晤谈法,是研究者将预先拟好的问题向被调查者提出,以面对面的方式进行调查的方法。在运用晤谈法研究犯罪人心理时,首先应注意创造坦诚和信任的气氛,使被调查者做到知无不言;同时,研究者应有充分的准备和良好的训练,预先拟好问题,尽量使谈话标准化,记录指标的含义保持一致,这样有利于对结果进行客观的分析和概括。与问卷法相比,晤谈法有如下优点:(1)可以直接向被调查者解释晤谈的目的,提高他们回答问题的准备程度;(2)研究者可以控制谈话进程,使调查中的遗漏尽量减少;(3)可以用不同的方式考察被调查者回答问题的真实程度;(4)可以根据被调查者的反应提出临时应变的问题,可能获得额外有价值的资料。晤谈法的缺点主要有:(1)在一定时间内只能晤谈数量有限的对象,要收集较多对象的资料则费时较长;(2)研究者必须训练有素,才能很好地运用晤谈法;(3)如果研究者的言语不当,那么被调查者就可能拒答或谎答问题;(4)研究者的行为,有时甚至是无意识的行为也可能对被调查者的回答产生暗示作用。

(三)测量法

所谓测量法,就是用标准化的量表来测量被研究者的某种心理品质的方法。心理测验按照内容可以分为智力测验、成就测验、态度测验和人格测验;按照形式可以分为文字测验和非文字测验;按照测验规模可以分为个别测验和团体测验。

---

① 参见张春兴:《现代心理学——现代人研究自身问题的科学》,上海人民出版社 1994 年版,第 40 页。

目前在犯罪心理学研究中,测量法已成为一种十分重要的研究方法。在实际研究过程中,测量法的使用要特别注意抽样和对资料的定量分析两个环节。抽样的科学性、代表性直接影响测验能否成功,所以在正式实施测验之前,必须根据研究目的、现有条件等情况进行科学取样。测验材料收集之后必须进行统计分析,才能从中发现规律性的东西和实质性的问题。因此,运用测量法,“抽样—心理测验—定量分析”三个环节密不可分。

为了达到测验的标准化,还应注意以下几方面:(1)选用的测验工具应适合研究目的的需要,例如,目的是研究罪犯的人格特征,就不能选用成就测验或智力测验量表;(2)主持测验的人应具备使用测验的基本条件,如口齿清楚,了解测验的实施程序和指导语,有严格控制时间的能力,并严格按测验手册说明的实施程序进行测验等;(3)要严格按照测验手册规定的方法记分和处理结果;(4)对测验分数的解释应有一定的依据,不能随意解释。

(四)个案法

所谓个案法,就是对单个案例或有限数目的案例进行全面、深入、细致的研究,以便发现影响被研究者某种行为和心理现象原因的一种方法。例如,通过对个案的研究,可以了解个体的生活环境对产生犯罪心理和犯罪行为的影响。个案法有时和其他方法(如观察法、测验法等)结合在一起使用,可以收集更为丰富的个人资料。

由于个案法限于研究少数案例,研究的结果可能只适合于个别情况,因此在推广运用这些结果或作出更概括的结论时,必须特别慎重。一般来说,个案法常用于提出理论或假设,要进一步检验理论或假设,则有赖于其他方法的帮助。①

(五)实验法

所谓实验法,就是在控制条件下对某种心理现象进行观察的方法。在犯罪心理学研究中运用实验法,研究者可以积极干预犯罪人的活动,创造一定条件使某种心理现象得以产生并重复出现。这是实验法与一般观察法的不同之处。

实验法分为实验室实验法和自然实验法两种。实验室实验法是在实验室内借助专门的实验仪器和设备,在对实验条件严加控制的情况下进行的。这种方法便于严格控制各种因素,并通过专门的仪器进行测试和记录实验数据,一般具有较高的可信度。也正是由于对实验条件进行了严格控制,运用这种方法有助于发现事件之间的因果联系,并允许人们对实验结果进行反复验证。实验室实验法的缺点

---

① 参见彭聃龄主编:《普通心理学》,北京师范大学出版社2004年版,第21页。

主要在于:由主试严格控制实验条件,使实验情境带有极大的人为性质;被试处在这样的情境中,意识到自己正在接受实验,就有可能干扰实验结果的客观性,进而影响到将实验结果应用于日常生活中。在犯罪心理学研究中,由于研究对象的特殊性和研究环境的特殊性,目前较少运用实验室实验法。

自然实验法又称现场实验法,是指在正常生活条件下,有目的、有计划地创设和控制一定条件对某种心理现象进行研究的一种方法。自然实验法既对实验条件进行适当控制,又是在正常的工作、生活情境中进行的,易于实施,所以这种方法兼有实验法和观察法的优点。目前,自然实验法被广泛应用于教育心理学、发展心理学、社会心理学等领域的大量研究课题中,随着犯罪心理学的发展,这种方法也必将得到大量运用。例如,要研究评价(表扬或批评)对罪犯改造态度的影响问题,就可以采用自然实验法:选择一批罪犯作为被试,随机地把他们分到三种不同评价性质的实验组中,对于A组罪犯,不管他们实际工作结果如何,总是予以表扬,即表扬组;对于B组罪犯,也不考虑他们工作的实际效果,总是进行批评,即批评组;C组为控制组,对于该组罪犯既不表扬也不批评,采取一种忽视的态度。这样经过一段时间后就可以对三组罪犯的改造态度、改造积极性进行比较,如果三组罪犯之间存在显著性差异,就可以得出"不同评价对罪犯的改造有影响"的结论。① 当然,自然实验法也存在一定的缺点,在自然条件下,由于条件控制得不够严格,有时会对实验结果产生影响,或者可能得不到精确的实验结果。

三、犯罪心理学研究方法的发展趋势

犯罪心理学要得到健康稳定的发展,必须在研究方法上不断进步和创新。纵观心理学科研究方法发展的历史,根据本学科研究的现状和实际,犯罪心理学在研究方法上表现出以下发展趋势。

(一)多种方法综合运用

在犯罪心理学的研究中,要依据所要研究的课题性质来选取研究方法,应该以问题为中心,切忌拘泥于一种方法来研究复杂的犯罪人心理问题。根据上述介绍,每一种研究方法都有其优点和局限性,仅仅采用某种单一的方法,往往难以得出全面、准确的结论。在一项具体的研究中,综合运用观察、调查、测验、实验等方法,对不同结果进行相互比较,往往可以提高研究结论的可靠性。

(二)定性研究与定量研究相结合

定性研究是用文字来描述现象,判定某对象是否存在,结构如何,各要素之间

① 参见黄兴瑞主编:《罪犯心理学》,金城出版社2003年版,第55页。

具有何种联结等,是一种基于经验和直觉的研究方法。定性研究缺乏量化,不能对特定事件作出严密的阐释,具有不精确性。定量研究是用数字和量度来描述现象的研究方法,其关键是通过科学仪器来测量被观察对象的各种数量关系,刻画对象的数量特征,获得事物或现象的清晰、准确、普遍的认识。具体的定量研究方式与定性研究方式的比较见表3-1。定性研究与定量研究各有优势和缺陷,应该把二者有机结合起来加以综合运用。事实上,定性研究与定量研究互补融合,是科学方法自身不断改进和完善的必然趋势。

在犯罪心理学的研究中,可以通过各种定性研究方法对犯罪心理和行为进行充分了解,对其性质意义作出定性分析;然后运用定量研究方法对定性研究的结果进行量化分析,这样不仅能获得较为全面的研究资料,而且能够挖掘其深层含义和内在规律,从而提升犯罪心理学的研究水平。

表3-1　定量研究方式与定性研究方式的比较①

	定量研究	定性研究
哲学基础	实证主义	人文主义
研究范式	科学范式	自然范式
逻辑过程	演绎推理	归纳推理
理论模式	理论检验	理论建构
主要目标	确定相关关系和因果关系	深入理解社会现象
分析方法	统计分析	文字描述
主要方式	实验、调查	实地研究
资料收集技术	量表、问卷、结构观察等	参与观察、深度访问等
研究特征	客观	主观

（三）个案研究与群体研究相结合

个案研究能够在同类被试较少的情况下深入探讨一些特殊问题;群体研究可以发现某一群体心理现象的一般性规律,研究结果具有代表性和普遍性。把个案研究与群体研究结合起来,则体现了普遍性与特殊性相结合的基本原则。目前,在犯罪心理学研究领域,积累了许多个案研究成果,如果能在此基础上提出理论假设,再以相应的群体为研究对象,在更广泛的人群中进行理论检验,进一步把研究

① 参见刘邦惠主编:《犯罪心理学》,科学出版社2004年版,第17页。

结果提升到理论认识的高度,那么,不仅使群体研究建立在一定的理论假设之上,而且充分发挥了个案研究的作用。但总体而言,在犯罪心理学研究领域,群体研究应占主要地位,因为只有具有普遍意义的研究结果才能上升为理论,只有形成了完整的理论体系,才能促进本学科的发展和成熟,实现其社会价值。

例如,对在押罪犯的危险性进行评估时,人们曾经一度关注罪犯个体的人口统计学特征、过去犯罪记录、人格特质、个人成长经历等多种影响重新犯罪的可能因素。事实上,在监狱、看守所等监禁机构,罪犯往往不是单个生活的,而是生活在罪犯群体中,罪犯群体的氛围、关系密切的罪犯的影响力、是否有他犯的激惹(如讽刺、挖苦、故意刁难等)等都会影响罪犯的行为选择。因此,狱内的犯罪心理研究特别强调个案研究与群体研究相结合。

(四)自然实验法和准实验设计的应用

由于研究对象的特殊性和研究环境的特殊性,犯罪心理学的研究不容易完全脱离实际情境进行严格的实验室实验,在这种情况下,可以充分发挥自然实验法的优势,在正常的工作和生活环境中,人为地创设和控制一定的条件进行研究,同样可以大大提高犯罪心理学研究的科学性。自然实验法虽然不像实验室实验法那样严格地控制各种条件,但也要基本满足被试的随机选择、随机分组以及各种处理的随机化的要求。但是,在监狱等矫正机构中,要完全做到这些有时也会遇到困难。在不能很好地运用自然实验法进行研究的情况下,可以充分发挥准实验设计的作用。在准实验设计中,无须运用随机化程序,也不需采用人为的严格控制方法,所以它的适用范围更广,可以选取现成的犯罪人群体进行研究。

思考题

1. 在犯罪心理学研究原则中,如何把握客观性、实践性和伦理性原则?
2. 在犯罪心理学研究中,哪种方法更适合做团体研究?为什么?

第三节 犯罪心理研究范式

要点提示

1. 范式是某一特定学科的科学家所共有的基本世界观,是指研究问题、观察问题时的角度、视野和参照框架。

2. 关于罪犯和犯罪过程的科学研究,要求研究者们在关于研究哪些人和哪些行为方面取得比较一致的观点。犯罪人的可操作性定义需要明确界定。犯罪心理研究中的变量通常有:社会—经济地位、年龄和性别。

3. 犯罪测量的内容通常包括官方的犯罪统计,如犯罪率、犯罪密度、犯罪环比增长指数等;被害人调查;罪犯调查(服刑人员调查)等。

4. 常用的犯罪心理研究范式包括犯罪生物学研究范式、犯罪心理与行为重构研究范式、罪犯人格剖绘研究范式、犯罪心理实验研究范式、认知神经科学研究范式等。

一、作为科学范畴的“范式”

方法是理论的功能,和理论之间不是层次关系。虽然由于认识机制和利益机制的协调整合作用,在同一个范式基础上会产生学术观点基本相同、学术荣誉等既得利益和学术目标基本一致的“科学共同体”,且该共同体对共同体外的学说和学者会产生“异体排斥”,但任何一门学科的真正进步,最终都要表现为范式的转换。不同的参照系之间的关系不是并列的,而是分属于不同的层次;以不同的参照系为背景建立起来的不同范式之间也不是并列的,而是不同层次、不同阶段之间的关系。能否做到主体性与科学性的统一,体现了科学范式的不同层次、发展的不同阶段。“范式”理论是我们把握不同学科、同一学科中不同学派的定位、相互关系、发展规律、发展趋向的钥匙。

科学理论不是能被经验证实或证伪的个别命题的集合,而是由许多相互联系、彼此影响的命题和原理组成的系统整体。库恩将这一系统整体称作范式。库恩在《科学革命的结构》一书中提出“范式”的概念,其基本含义可以理解为:范式是某一特定学科的科学家所共有的基本世界观,是指研究问题、观察问题时的角度、视野和参照框架。例如,蕴含在牛顿的物理学中的世界观构成一个范式,而与之对立的爱因斯坦的物理学的世界观则构成另一个范式。又如,以马斯洛、罗杰斯等为代表的人本主义心理学构成了对人类心理与行为的一个范式,而以弗洛伊德等为代表的精神分析心理学则构成了另一个范式。范式是由其特有的观察角度、基本假设、概念体系和研究方式构成的,它表示科学家看待和解释世界的方式以及某一“科学共同体”在长期的探索、教育和训练中形成的共同信念。这种信念规定了他们共同的理论观点和研究思路,为他们提供了考察问题和解决问题的共同方法,从而形成该学科的一种共同传统,并为其发展确定了共同方向。

库恩用“范式”的概念分析了科学的历史发展过程,他发现,各门学科的发展都要经历图 3-1 所列阶段:

图 3－1 库恩的科学发展阶段

在前科学阶段存在各种研究范式的相互竞争与相互批判。到了常规科学阶段，一门学科开始成熟了，其标志是各个科学家集团统一在一种研究范式中。他们有共同的概念体系、共同的假设和方法论原则。当这门学科遇到无法解答的新问题，原有的研究范式不适用时，就进入科学革命阶段。这时，科学家又分为不同的集团，他们求助于哲学思辨和理论创新，直到有重大的理论或方法的突破，才能使科学家们重新统一在新的范式中，进入新的常规科学阶段。

犯罪心理的研究也经历了上述阶段。在前科学阶段，心理学者没有机会接触犯罪者。人们关于犯罪心理的研究，主要由法学家、精神病学家、社会学家进行。奥地利的格罗斯曾担任过预审官和检察官。他是为了运用刑法，为了判断供述的可靠性和量刑，通过人格问题来接触犯罪心理学的。阿谢芬伯格曾在德国学习精神病学，对实验心理学也抱有兴趣。

18 世纪，贝卡里亚的论文第一次把问题集中在犯罪上。从 18 世纪后半期起，有关犯罪的问题出现了用身体因素和精神因素来解释的观点，如伽尔(Gall. F. J.)的骨相学、莫雷(Morel. J. A.)的衰退理论、普里查德(Prichard. J. C.)的道德精神病论、戈德尔特(Goddard. H.)的智力落后理论等。这些理论认为，人类不一定能自由地形成道德行为，犯罪是素质的产物。这些观点具有说服力。

进入 20 世纪后，1920—1930 年，德国和奥地利盛行犯罪生物学，精神病学者如格鲁赫尔(Gruhle. H. H.)等也开始研究犯罪心理学。在美国，阿伯拉哈姆逊(Abrahamsen. D.)等人还编著了犯罪心理学方面的著作。但是，欧美的主流是把犯罪学归入综合性学问领域，很少进行犯罪的心理学研究。从 20 世纪初起，比奈(Binet. A.)、斯特恩(Stern. W.)等人也从事供述心理学的研究，还出现了少量的行刑方面、精神分析和临床心理学方面的研究。但除了审判心理学和矫正心理学领域之外，从心理学角度对犯罪进行综合性和有系统研究的书还很少。在日本，心理学家寺田精一 1915 年翻译了格罗斯的《犯罪心理学》，他自己还出版了《犯罪心理学讲话》《犯罪心理学讲义》《犯罪心理学》。1926 年后，精神病医生清水淳行、金子準二、菊地甚一等人出版了犯罪心理学方面的著作。从这一时期起，心理学者参加了量刑的研究，吉益脩夫(精神病学医生、心理学家)、石井俊瑞等人在丰多摩监狱研究罪犯的分类和处遇(对犯人的处置和待遇)。后来，小松友龟、增田毅等人也参加了研究,从事分类调查和教育。[1]

从犯罪心理学的研究范式来看,还没有进入常规科学阶段,依然处于前科学研究阶段。

二、犯罪心理研究的变量及测量

关于罪犯和犯罪过程的科学研究,要求研究者们在关于研究哪些人和哪些行为方面取得比较一致的观点。

(一)关于犯罪人的可操作性定义

如何界定犯罪人,似乎可以很容易地下定义:在他们所生存的社会中,任何触犯刑法的人。正如本书第一章将犯罪心理学所研究的犯罪人,界定为刑事法律意义上的犯罪人。然而,事情远没有这么简单。在犯罪心理学家中一直存在哪些人应该被研究的争论。

争论的焦点在于,从法律的角度讲,如果将所有违犯他们所在社会刑法的人都列为犯罪人,则是一个过度包含的定义。例如,任何时刻,使用工作电话来讨论私人业务都是一种违法行为,如果按照这个标准,可能所有的人都将成为罪犯;对上述犯罪人定义做些调整,重新定义为:犯罪人是犯有国家规定的罪行的人,这又存在一个过低包含的问题,例如,在许多案件中,很多人对特殊犯罪逃避监禁负有责任,但是他们没有被列为犯罪人。学者 Sellin 指出犯罪心理学恰当的研究客体应是"越轨行为"或"反社会行为",而作为法律界定的犯罪只是其中的一部分。

Blackburn 试图制定一些原则来帮助澄清这些争论。首先,他主张将犯罪行为界定为有意破坏法律的行为;其次,他陈述说犯罪行为的心理学调查应集中在法律界定的犯罪范围内,因为这为研究者至少提供了相互认同的框架;最后,Blackburn 说,研究者也必须考虑那些没有被法律界定为犯罪的行为,因为在许多案件中,与法律界定的犯罪相联系的反社会行为本身并没有被当局认为是犯罪。尽管这些原则并没有解决争论的根本问题,但至少为犯罪心理调查研究提供了一个有效指导。[2]

(二)犯罪心理研究中的变量

社会—经济地位。过去的一些理论认为,低社会经济地位与犯罪之间存在高相关性。但贪污、贿赂、渎职等职务犯罪、公司白领犯罪的高发态势,挑战了上述结

① 参见[日]森武夫:《犯罪心理学》,邵道生等译,知识出版社 1982 年版,第 5 ~ 6 页。

② See D. Putwain & A. Sammons, *Psychology and Crime*, Routledge, 2002, p. 13 – 15.

论。这也为进一步的研究提供了机遇,也在一定程度上挑战了人们的刻板印象——犯罪是因为贫穷,穷人就是犯罪的高发人群、危险人群。

年龄。年龄看起来与犯罪有重要关系。一般情况下,犯罪多发生在青春期,然后稳步上升,高峰年龄在18岁左右,随后会有急剧的下降。但不同类型犯罪的高发年龄又有区别。例如,财产类的犯罪,如盗窃、诈骗、贪污等犯罪年龄更有可能是比较年长些的成年人,这与犯罪机会有直接关系。

性别。犯罪统计一致表明,男性犯罪率远远高于女性,而且,入室盗窃、抢劫和暴力犯罪案件通常是男性所为。没有太大性别差异的犯罪是盗窃罪和诈骗罪。犯罪类型性别差异的一种解释是这是男性和女性身体结构方面的差异的一个反映;然而,另一种解释可能是这是由男性和女性在社会化过程中的差异造成的。Box的研究表明,女性犯罪与女性的服从程度和在社会中的无力感存在相关性。笔者认为,正是个体的生理因素和社会化因素以复杂形式的交互作用促生了暴力犯罪的性别差异。

(三)犯罪测量

官方犯罪统计。犯罪率,是指特定国家或特定地区的犯罪人数占生活在当地总人口数量的百分比。犯罪率按照不同性别、不同年龄等比较,可得出一些有建设性意义的结论。例如,有人根据监狱在押犯的捕前职业,看农民身份的人居多,就得出结论说"农民比城市居民更容易犯罪"。这种结论的错误在于,忽略了当时的人口结构基数:中国的农村人口与城镇人口比例是8:2。犯罪统计结果及其比较有意义的前提在于,比较不同群体的犯罪情况,应充分考虑相应的人口基数。例如,有人为了引起人们对未成年人迷恋网络游戏及其犯罪的关注,就列举了很多未成年人过度迷恋网络游戏并犯罪的情况,并得出结论或用直观命题表明网络对未成年人犯罪具有重要影响。事实上,如果要作出结论,必须比较:在所有接触和使用网络的未成年人中,到底犯罪率有多高?在过去没有网络游戏时,未成年人的犯罪率有多高?在控制其他变量或其他变量基本匹配的情况下比较结果才有说服力。除了犯罪率之外,还有犯罪密度、犯罪环比增长指数等多种指标可用于比较犯罪行为研究。

被害人调查。在测量犯罪方面,通过对被害人的调查,有助于了解犯罪行为发生时犯罪人的心理与行为特征,对搜集在逃犯罪人、已判刑犯罪人的犯罪记录,掌握其犯罪技能、犯罪思维特征、犯罪行为习惯,对警方建立犯罪人和犯罪行为信息库意义重大。

罪犯调查(服刑人员调查)。对服刑人员收集信息,对潜在的犯罪人的识别与预防有至关重要的意义。当前,我国的许多关于罪犯心理的研究、犯罪心理的研究的信息收集来源于服刑人员。有时通过比较罪犯与非罪犯的某些特征,得出一些结论,为预防犯罪和制定改造罪犯的程序与决策提供科学依据。例如,对易怒易冲动罪犯的研究,分析其易怒素质及其成分,分步分阶段提供矫正和改造措施,将有助于减少狱内暴力案件的发生。

三、几种常用的犯罪心理研究范式

犯罪心理研究所遵循的研究范式,吸收借鉴了许多相邻学科的研究范式。

(一)犯罪生物学研究范式

1. 犯罪人家庭史研究范式

通过对某个家族的上下几代人中犯罪数量的变化,与当地的一般家族的犯罪数量的比较,找出具有典型犯罪问题的家庭,进而深刻剖析该家庭在家长对孩子的期望、家庭养育方式、家庭的社会—经济地位,乃至神经生化、人格、个体冲动性等方面的特性,揭示出不同家族中犯罪行为发生率是否有差异的规律。在以往研究中,有人(Goddard)通过家族史研究,得出犯罪具有遗传性的结论,也有人对朱克家族进行长达300年的追踪研究,发现了该家族的后裔中乞丐、犯罪者、卖淫者和其他越轨者的比例比一般家族多。这些能说明一定是遗传在起作用吗?现实生活中的经验和多种理论解释出,环境尤其是家庭环境的影响,在很大程度上塑造着人的行为模式。因此,进一步的比较研究有待进行,如对成功家族的深刻研究,有可能从另一个视角揭开犯罪家族之谜。

2. 双生子研究范式

双生子研究范式,主要通过对犯罪双生子、非犯罪双生子的行为一致性进行比较,探究双生子的越轨和犯罪行为一致性方面可能存在的规律。在犯罪双生子研究中,操纵的自变量之一是养育环境。相同环境下养育的双生子的犯罪一致性和不同环境下养育的双生子的犯罪一致性相比较,如果遗传的作用更大,则不论养育环境是否相同,犯罪的一致性都很高;如果养育环境在人的行为塑造中起的作用更大,那么不同环境下养大的双生子的行为一致性要显著低于相同环境下养大的双生子的行为一致性。对中国文化背景下的双生子犯罪一致性研究还有待加强。

3. 收养子女研究范式

收养子女研究范式,是比较生父和养父的犯罪与不犯罪情况对孩子犯罪行为的影响,如丹麦犯罪学家 Hatchings 和 Mednick 的研究表明,当生父和养父都是罪犯时,36.2%的养子也是罪犯;当生父和养父都不是罪犯时,养子中只有10.5%的人成了罪犯。需要进一步比较的是当生父是罪犯而养父不是罪犯、当生父不是罪犯而养父是罪犯的情况下,孩子的犯罪率。这样的结果才有可能更好地揭示遗传和环境在行为塑造中的作用大小和作用方向。

4. 染色体研究范式

染色体研究范式,是在控制了年龄、文化程度、种族等变量后,比较犯罪人和非犯罪人的染色体对攻击行为的影响。研究发现,暴力犯罪行为人的染色体中的性染色体,比非犯罪人的性染色体多一条 Y 染色体。这是一种变异的性染色体,正常女性性染色体为 XX,正常男性的性染色体为 XY,而这种变异的 XYY 染色体,可能使人自我控制能力差、容易被激惹、有更大的暴力倾向。进一步的研究应观察更多的暴力攻击型犯罪人的 XYY 检出率、暴力攻击型的非犯罪人(例如,喜欢口头攻击、喜欢用暴力对待家庭成员,但尚未被列入法律上的犯罪人)的 XYY 检出率等。

(二)犯罪心理与行为重构研究范式

这是用于侦查实践的,通过研究现场痕迹、物证等勘验结果及犯罪心理测试结果,对案发时及案发前后的犯罪行为人的心理与行为过程的重新构建的研究范式。这种范式包括各种心理痕迹的提取及最终的行为路线图的勾画,如通过被害人受害部位、受损伤程度等法医鉴定,帮助判断作案人的情绪状态、认知状态及犯罪技能;通过犯罪心理测试(测谎)技术,检验犯罪嫌疑人对作案细节的熟悉情况,帮助甄别犯罪嫌疑人是无辜者还是知情人或作案人。本书第十七章专门论述了这种范式的相关内容。

(三)罪犯人格剖绘研究范式

罪犯人格剖绘研究范式也主要用于侦查实践中。通常针对系列杀人案件、系列强奸案件、系列纵火案件、宗教性杀人案件等,通过研究现场中提取的罪犯的关键性的行为特征、作案手法、对被害人尸体肢解或器官损害情况,对犯罪人的人格特征、童年经历、生活习惯等进行刻画的范式。本书第十八章专门论述了这种范式的相关内容。

(四)犯罪心理实验研究范式

1. 内隐联想测验

内隐联想测验是普通心理学的经典研究范式之一,用于犯罪心理研究,有助于发现犯罪人与非犯罪人之间对某些词汇、某些行为,某些象征着阴暗、邪恶的物品之间是否有差异的规律,帮助发现犯罪人的犯罪行为可能是出于认知、情感等具体的问题,有助于心理矫正和心理行为训练方案的制订。

2. 情景故事投射测验

借助情景故事,通过被试在故事情景中的体验和自我评估、等级判断等,探查被试对犯罪风险的知觉、对被害人的同情心、在犯罪行为决策中的关注点、在归因中的控制点的规律。情景故事测验范式通过操控一些影响变量,检验被试的心理或行为的变化规律。例如,在犯罪风险知觉的投射测验中,给被试呈现各种犯罪类型的定义,请被试估计在当前情况下,中国的各类犯罪的发生率、破案率、被捕率、被判有罪的概率。这类研究中,自变量通常是选取人的类型(犯罪人和非犯罪人)、犯罪次数(0 次、1 次、2 次及以上);因变量的选项根据官方统计结果设置,即每种犯罪的发生率、破案率、被捕率、被判有罪率,因为任何人都无法准确知道,因此请被试选择最接近的。比较不同犯罪人或不同犯罪次数的罪犯的犯罪风险知觉时,根据高估、低估情况进行比较。

(五)认知神经科学研究范式

认知神经科学的一些研究范式应用于犯罪心理研究中,近年来受到重视。例如,脑扫描技术、事件相关电位技术在检验被试对犯罪细节、犯罪知识记忆以及脑电反应中的应用,可能为犯罪心理测试(测谎)开拓更广阔的领域,取得更准确的测试效果。

总之,根据研究目的和研究条件,选择适合的犯罪心理研究范式,将有助于发现更多的关于犯罪规律的科学知识,对识别犯罪人、预防犯罪和重新犯罪有事半功倍的效果。

思考题

1. 犯罪测量的内容和方式有哪些?试设计一个调查方案。
2. 犯罪心理研究的常用研究范式有哪些?在研究中如何进行选择?

延伸阅读

内隐联想测验

内隐联想测验(Implicit Association Test,IAT)是由格林沃尔德(A. G. Greenwald)在 1998 年首先提出的。内隐联想测验是以反应时为指标,通过一种计算机化的分类任务来测量两类词(概念词与属性词)之间的自动化联系的紧密程度,继而对个体的内隐态度等内隐社会认知进行测量。在犯罪心理研究中使用的内隐联想测验,对研究人们对违法犯罪、暴力攻击、财产犯罪、恐怖主义犯罪的真实态度来说,是一种比较好的研究范式。国内外已有许多相关研究,内隐联想测验的信度和效度也经历了不断被检验的过程。具体可参见 Anthony G. Greenwald 的相关网站与文章,蔡华俭的有关论文。

IAT 的原理:内隐联想测验在生理上是以神经网络模型为基础的。该模型认为信息被储存在一系列按照语义关系,分层组织起来的神经联系的节点上,因而可以通过测量两个概念在此类神经联系上的距离来测量这两者的联系。在认知上,内隐态度测验以态度的自动化加工为基础,包括态度的自动化启动和启动的扩散。

测验步骤包括:

1. 呈现概念词:让被试对花的名字(如郁金香)和昆虫的名字(如蜘蛛)归类并作出一定的反应(看到花的名字按 F 键,看到昆虫的名字按 J 键);

2. 呈现属性词:让被试对积极的词汇(如可爱的)和消极的词汇(如丑陋的)作出反应(积极词汇按 F 键,消极词汇按 J 键);

3. 联合任务一:联合呈现概念词和属性词,让被试作出反应(花的名字或积极词汇按 F,昆虫的名字和消极词汇按 J 键);

4. 对联合任务一进行测试;

5. 让被试对概念词作出相反的判断,交换左右键反映的内容(花的名字按 J 键,昆虫的名字按 F 键);

6. 联合任务二:再次联合呈现概念词和属性词,让被试作出反应,与联合任务一内容正好相反(昆虫的名字或积极词汇按 F 键,花的名字或消极词汇按 J 键);

7. 对联合任务二进行测试。

数据处理过程:

1. 只选取两个测试阶段的数据;

2. 删除联合任务测试中前两次测试的数据;

3. 将短于 300ms 的反应时记为 300ms,长于 3000ms 的反应时记为 3000ms,不对错误试验反应时进行任何处理,也不删除任何极端被试的数据;

4. 对反应时进行自然对数转换;

5. 求两个测试阶段反应时的均值;

6. 相容和不相容的联合测试反应时的均值相减即为所求的内隐联想测验效应。

第四章　个体犯罪“易感”因素

案例导入

2013年3月31日，医学院2010级硕士研究生林某浩，将做实验剩下的剧毒化学品N－二甲基亚硝胺溶液带回宿舍，趁无人之际注入宿舍饮水机内，后将试剂瓶等物装入黄色医疗废弃物袋，丢弃于宿舍楼外的垃圾桶。4月1日上午，室友黄某从该饮水机接水饮用后，出现呕吐等症状，到中山医院就诊，经检验发现肝功能受损。4月16日，黄某经抢救无效死亡。经法医鉴定，黄某系因N－二甲基亚硝胺中毒致急性肝坏死引起急性肝功能衰竭，继发多器官功能衰竭死亡。4月12日，林某浩被警方依法刑事拘留，4月25日，黄浦区人民检察院以涉嫌故意杀人罪对犯罪嫌疑人林某浩依法批准逮捕。林某浩承认了投毒事实，他曾辩称，其只是出于“愚人节”作弄黄某的动机而实施投毒，没有杀害黄某的故意。最高人民法院经复核确认：被告人林某浩因日常琐事对被害人黄某不满，决意采用投放毒物的方式加害黄某。本案中林某浩的犯罪原因让人感到疑惑，究竟是什么因素促使这个名校研究生产生犯罪动机，狠心毒死了与自己朝夕相处的室友。其实，一个人犯罪的原因是多方面的，可以说个体犯罪的影响因素是一个复杂的系统，既包括犯罪主体自身的生理因素、心理因素与行为因素，也包括主体外的自然环境因素、社会环境因素（如家庭环境、学校环境、居住社区环境等）与情境因素。并不是某个单一因素决定了犯罪行为的发生，而是多种因素相互影响，综合起作用，导致了犯罪行为的发生。一个个体如果具备了某些犯罪“易感”因素，其发生犯罪行为的可能性就会比其他人更大。所谓的个体犯罪的“易感”因素就是指个体在社会化过程中所形成的某些容易引起犯罪行为的特征。广义上的犯罪“易感”因素既包括个体自身所具备的一些犯罪易感特征，也包括主体以外的易导致犯罪的不良环境因素。本章主要从个体自身角度说明具备哪些特征就容易使人发生犯罪行为，主要从犯罪的认知“易感”因素、犯罪的情感“易感”因素和犯罪的生物“易感”因素等方面进行分析。在一定意义上，犯罪“易感”因素的形成是决定一个常态的行为人衍变为犯罪人的关键。

需要说明的是,个体具备了某些犯罪"易感"因素只是增加了其犯罪的可能性,并不一定会导致犯罪行为的发生。

第一节 犯罪的认知"易感"因素

要点提示

本节主要介绍了犯罪的认知"易感"因素,我们把个体的认知偏见、表现在智力方面的分析和推断能力方面的缺陷,称为犯罪认知"易感"因素。本节阐述了智力、成绩和认知活动对犯罪的影响,其中重点探讨了智力因素与犯罪的关系,介绍了态度、价值和信念对犯罪的影响以及社会认知和人际技能对犯罪的影响。

有医学常识的人都熟悉,感冒病毒并不能让所有的人都患感冒,只有易感人群才更容易被感染。当人们不断追问人为什么会犯罪时,从交互作用的观点看,个体的犯罪行为取决于个体对情境的感知、体验、评价,然后作出行为反应。在接受环境影响时,个体之间明辨是非、抗拒诱惑的能力存在较大的个体差异。我们把个体的认知偏见、表现在智力方面的分析和推断能力方面的缺陷称为犯罪认知"易感"因素。个体在认知活动中具备的某些特征可能与其犯罪行为的发生有一定关系。犯罪的认知"易感"因素主要包括智力、成绩和认知活动中的"易感"因素,态度、价值和信念中的"易感"因素,社会认知和人际技能中的"易感"因素。

一、智力、成绩和认知活动对犯罪的影响

(一)智力因素与犯罪

对于智力,至今还没有统一的定义。传统智力理论认为智力由言语能力、推理能力、记忆能力等组成,以语言能力和数理逻辑能力为核心。现代智力理论扩充了智力的内涵,并对传统的智力概念有所超越,如斯滕伯格认为智力包括推理能力、问题解决能力、知识、记忆能力以及对自身环境的成功适应能力。这使智力水平超越了传统的智力测验的范畴,不以智力测验的结果作为衡量智力高低的依据。比较有代表性的现代智力理论有:美国哈佛大学教授、著名心理学家霍华德·加德纳提出的多元智力理论,美国著名心理学家斯滕伯格提出的成功智力理论,还有美国耶鲁大学的萨洛维(P. Salovey)和新罕布尔大学的梅耶(J. Mayer)提出的情绪智力理论。综合有关智力的研究,我们大体上可以看出,智力应该是包含学习

能力、问题解决能力和社会适应能力的一种综合能力。[①] 智力在各种活动中都会表现出来。

1905 年,法国的比奈与西蒙教授为鉴别低能儿童,制定了第一个智力测验量表,即比奈—西蒙智力量表,根据儿童通过项目的多少来评定他们智力的高低,一般通过智商(IQ)来表示人的智力水平。一般认为智商 70 以下为智力落后(又称智能障碍或智能不足),根据其程度可分为轻度(智商 70 ~ 50)、中度(智商 50 ~ 25)、重度(智商低于 25)。

随着智力测验的推广,一些学者开始把它用于违法者和罪犯身上,试图证明智力低下与犯罪之间有着一种因果关系,这些研究多是采用传统智力测验来进行的。20 世纪初的研究发现,根据测验的标准,1/3 或更多的犯罪人是低能的。1912 年美国的戈达德(H. H. Goddard)用智力测验的方法测试了新泽西州少年院的少年,结果表明,在被收容的少年中有 29% ~89% 是低能者。因此,他认为犯罪的主要原因是智力低,犯罪者是天生的低能,但是有的学者的研究结论与之不同。如伍德沃德(Woodaard)的研究显示,犯罪人的平均智商大约仅低于正常人口的 8 个百分点。而登克沃斯基(Denkoloski)的研究指出,仅约有 2.5% 的犯罪人有智能不足现象。[②] 泽伦尼(L. Zeleny)在研究中估计低能犯罪人与低能守法者之间的比率是 1.8∶1。更近时期的估计继续表明,智力落后犯罪人的代表人数超出上述比例,具体数字有所不同。例如,科伊德(J. Coid)对已决犯的调查结果证明低能罪犯的数量有 2% ~ 45% 不等。斯普鲁伊尔(J. Spruill)和梅(J. May)在美国佛罗里达州的一项研究中发现,在一个对入监罪犯进行的晶体智力测验中,智商不到 70 的罪犯仅占罪犯人数的 4%。随后用韦克斯勒智力量表(WAIS)进行的个别测验表明,只有 1% 的罪犯符合智力落后的标准。在罪犯入监时进行的团体测验,因暂时的焦虑或合作失败,产生了夸张的估计。

一些研究结果一致表明,在智力水平和少年犯罪行为之间存在较小却有意义的负相关。例如,卡普兰(N. S. Caplan)和齐伯特(L. A. Siebert)评论了 1929—1963 年美国俄亥俄州克利夫兰市少年犯罪人的智商数据,他们发现,随着较早的斯坦福—比奈量表被其他量表替换,少年犯罪人的平均智商从 80 增至 92,可是,以后的数字相对稳定。在剑桥研究中也发现了低智力犯罪人不成比例的数字。在后来的少年犯罪人中,39% 的人 8 岁时智商不到 90,而守法少年中有 22% 的人 8 岁时智商不到 90;在累犯中,57% 的人智商低于平均水平。郝希(T. Hirschi)和欣德朗(M. J.

---

① 参见全国十二所重点师范大学联合编写:《心理学基础》,教育科学出版社 2012 年版,第 208 页。

② 参见罗大华、何为民主编:《犯罪心理学》,中国政法大学出版社 2007 年版,第 108 页。

Hindelang)在对少年犯罪人和守法少年进行比较研究的综述中,得出了这样的结论:未加选择的少年犯罪人样本的平均智商大约是92。最近的研究进一步表明,在危险性较高的犯因性因素(如有犯罪的父亲、儿童品行障碍)中,较高的智力是对抗犯罪性发展的一个保护性因素。在研究中发现,只有很少一部分犯罪人的智力水平在平均数以上。卡普兰和齐伯特在研究中估计有9%的少年犯罪人智商在110以上。以往的研究很少关注"天才"犯罪人,但是证据表明,高智力的男性犯罪人和女性犯罪人都更有可能表现出心理异常。①

虽然通常用智商综合测量中的分数来区分少年犯罪人,但是,言语能力测量分数的区分力最大。有学者认为,低言语能力可能通过限制认知活动的发展(如言语自我调节、社会问题解决等)促成反社会行为。使用WAIS以来已经普遍发现,男性少年犯罪人在完成操作智商和言语智商的作业中与女性有差异,他们的操作智商得分更高。研究者一般用缺乏言语技能而不是具有优越的非言语能力的术语来解释上述现象。有研究发现:少年犯罪人平均言语智商通常低于总均数几乎一个标准差(10~20分);这意味着大约2/3的少年犯罪人在言语能力方面有缺陷。有学者研究发现有少量的少年犯罪人的言语智商大于操作智商。例如,沃尔什(A. Walsh)、皮迪(T. A. Petee)和拜尔(J. A. Beyer)在其研究中发现,在男性少年犯罪人中,有37%的人操作智商比言语智商多9分或者更高,有11%的人言语智商比操作智商多相同的分数。在守法少年中,操作智商大于言语智商人数的比例为26%,言语智商大于操作智商人数的比例为23%。在少年犯罪群体中,言语智商大于操作智商的人不多,这表明言语优势可以阻止犯罪行为。沃尔什等人发现,言语智商和操作智商两者不平衡的少年犯罪人比两者平衡的少年犯罪人更多地参与犯罪活动。一些研究表明,操作智商大于言语智商的迹象在少年犯罪人口内可能有特别的区分力。例如,海恩斯(J. P. Haynes)和本施(M. Bensch)采用韦氏儿童智力量表修订版对少年犯罪人中的累犯和非累犯进行了比较,发现少年累犯中有70%的人显示了操作智商优势,而非累犯中仅有42%的人有同样的优势。②

随着研究方法和工具的科学化,已经逐渐证实了犯罪人中的低智商者虽没有想象中那么多,但犯罪人确实比正常人口拥有较高比例的智能不足现象,而且会因犯罪类别的不同而呈现出不同的智商水平。智力落后者直接引发的犯罪不多,且

① 参见[英]布莱克本:《犯罪行为心理学:理论、研究和实践》,吴宗宪、刘邦惠等译,中国轻工业出版社2000年版,第162页。

② 参见[英]布莱克本:《犯罪行为心理学:理论、研究和实践》,吴宗宪、刘邦惠等译,中国轻工业出版社2000年版,第163页。

一般危害不太显著,常见的是盗窃罪、性犯罪和纵火罪等,也有可能被人利用来实施特定的犯罪行为。对于女性,多易成为性犯罪的受害人。智力优异者犯罪多预谋,犯罪易得逞,犯罪之后常常毁灭罪证,并有侦查能力,这类犯罪人常有盲目自大、自认为手段高明、犯罪后不易被发觉等不良心理,常见于高科技犯罪、经济犯罪、有组织犯罪等。[①]

综上所述,笔者认为,智力低与犯罪有一定关系,是影响个体犯罪的因素之一。智力低下者往往表现为判断力和理解力差、缺乏自主性、易受暗示、也易冲动和兴奋、自控力薄弱,因而具有一定的犯罪危险性。但这种影响是间接的,可能与个人的其他特征交互影响,综合起作用诱发了犯罪行为,智力发育迟缓者,应该予以特别关注。必须说明的是,智力水平高低与是否犯罪之间没有必然的联系,但个体智力水平的差异与犯罪者选择的犯罪类型、犯罪方式与犯罪手段等有密切关系。

智力和犯罪的关系还在进一步的解读,或许现行的任何一种智力理论还都不足以很好地解析其中的联系,但通过智力理论对犯罪原因进行解析,无疑是可行和有益的。从多元智力理论的角度理解:每个罪犯也拥有相对独立的各种能力,其犯罪可能仅是其中一种或几种能力存在缺陷或失衡的结果,而他其他能力依然存在甚至突出。这或许在一定程度上可以解释对于高智商犯罪的困惑。从成功智力的角度理解:罪犯是在现实生活中不“成功”的一类个体。其分析性、创造性及实践性三类智力在个体身上的比例和平衡状况的不协调,可能是导致其犯罪的根源。从情绪智力的角度,我们或许可以认为,情绪智力发展的不成熟和情绪调节能力的缺陷,是犯罪的主因之一。

(二)学习无能与学业成绩

在北美,研究者们近 10 年中极为关注少年犯罪和学习无能(learning disabilities, LD)之间的关系。英国学者更喜欢用“学习困难”(learning difficulties)一词。学习无能是指根据既定能力对儿童的期望和实际的教育成绩之间的差异,包括认知—运动问题,如诵读困难、失语症或注意缺陷。[②] 美国学习无能全国联合委员会(NJCLD)在 1988 年修订学习无能定义:“学习无能是指一个异质群体,在听、说、读、写、推理和数学能力的获得和运用上有明显的困难或障碍。这些个体的内在障

① 参见肖兴政、郝志伦主编:《犯罪心理学》,四川大学出版社 2004 年版,第 110 页。

② 参见[英]布莱克本:《犯罪行为心理学:理论、研究和实践》,吴宗宪、刘邦惠等译,中国轻工业出版社 2000 年版,第 164 页。

碍可能是由中枢神经系统失能(功能障碍)造成的,并且可能贯穿一生。”①

由于学习无能的定义不断变化,少年犯罪人的抽样也可能不恰当,所以少年犯罪人中存在的学习无能的流行率也无法确定。人们估计少年犯罪人中的学习无能的流行率从26%至73%不等,但是这还不能认为学习无能和少年犯罪之间有因果关系。齐默尔曼(J. Zimmerman)等人对学校男女学生和男女少年犯罪人在智力和一般成绩之间的差异进行了评价,结果发现,学校男女学生中有18%的人符合学习无能的标准,男女少年犯罪人中有33%的人符合学习无能的标准;男性少年犯罪人中学习无能的比例比女性少年犯罪人的更高。可是,在对自我报告犯罪的少年犯罪人进行的测量中,很难把学习无能者从正常人中区别开来,这表明学习无能和反社会行为之间缺乏直接的联系。鲁尔克(B. P. Rourke)的研究发现学习无能有各种形式,这些不同形式的学习无能与学业成绩和社会失调的关系不一样。涉及非言语性缺陷的学习无能与社会适应问题之间有更清楚的关联,而涉及心理语言技能的学习无能则与社会适应问题之间没有这种关系。② 所以学习无能的有些形式可能与某些少年犯罪人反社会行为的发展有关。

在几项研究中都发现,教育成绩差与学生早年在学校中的反社会行为以及后来的犯罪行为都有关。一般假定,智力和学习无能对犯罪行为的影响是间接的,是通过不良的学校表现起作用的。一般的看法是,学校失败的经历导致消极的自尊或对学校的敌对态度,进而与其他“问题”儿童发生联系,因此,有更多的犯罪机会。有人提出,智商对儿童后来的少年犯罪行为的影响可能是通过气质因素发生作用的,这一点已经得到休斯曼(L. R. Huesmann)、厄伦(L. D. Eron)和亚梅尔(P. W. Yarmel)长达22年追踪研究的支持。他们在研究中发现,对于8岁儿童来说,智商与同伴对其攻击性的提名有关;但是成人智力成就在很大程度上可以用童年的攻击行为来预测,而童年期的智商却不能预测成年人的攻击行为(包括犯罪行为)。休斯曼等人提出,低智能可能会阻碍社会问题解决技能的发展,从而对儿童的攻击性产生影响,可是,攻击性在后来继续对学业成绩有影响的原因,既不排除后来的教育成就对犯罪行为的持续性影响,也不排除学校对某些学生实行区别对待的作用。③

---

① 百度百科:学习无能 https://baike.baidu.com/item/%E5%AD%A6%E4%B9%A0%E6%97%A0%E8%83%BD/623396?fr=aladdin。

② 参见[英]布莱克本:《犯罪行为心理学:理论、研究和实践》,吴宗宪、刘邦惠等译,中国轻工业出版社2000年版,第164页。

③ 参见[英]布莱克本:《犯罪行为心理学:理论、研究和实践》,吴宗宪、刘邦惠等译,中国轻工业出版社2000年版,第165页。

二、态度、价值和信念对犯罪的影响

社会行为是个人的认知结构、认知过程与对他人的反应之间交互作用的结果，一个人的态度、价值观与信念发生偏差，可能导致反社会行为的发生。态度可以预测或指导行为，态度决定着我们在社会生活中选择的方向，使我们准备以某种特定方式采取行动。信念、价值观、自我意向和人生观是人类行为最根本的指南，它们是评判和解释自己和他人行为的参照点。残酷、自私、麻木等如果成为人们行为准则，那么这些观念就会反映在人们对生活的态度和对犯罪行为的看法中，会把不当的行为合理化。

（一）自我态度

自我概念是个人心目中对自己的印象，包括对自己存在的认识，以及对个人身体能力、性格、态度、思想等方面的认识，是由一系列态度、信念和价值标准所组成的有组织的认知结构。由于普遍认为自我概念来源于社会相互作用，并且也是社会相互作用的中介，所以，异常的自我概念也可能是反社会行为的中介。[①] 有人认为，自我态度影响行为的组织和方向。在几个研究中发现，低自尊已成为少年犯罪人的特征。早期的研究证实，少年犯罪人具有较高水平的焦虑和情绪性，法定犯罪人的“神经质”水平较高，由于神经质维度与自尊密切相关，所以，这些结果表明犯罪人具有更消极的自我意象。伯盖特（M. Bhagat）和弗雷泽（W. I. Fraser）发现，与守法少年相比，少年犯罪人对真实自我的评价较低；用田纳西自我概念量表进行的测量发现，美国和英国的少年犯罪人的自尊水平都较低。[②] 尽管这些研究结果说明自我概念与犯罪行为的发生有一定相关关系，但并不能确立自我概念与犯罪行为之间的因果关系。

在越轨行为中存在三种有关自我概念的理论观点。第一种观点认为个人通过内部遏制增进遵从性和自我控制，这是一种有利的自我概念，具有目标定向、提高挫折耐受力和信奉规范的功能。在这种背景下，一个“良好”的自我概念是抵御性影响的绝缘体，被认为是对认知一致性的一种需要。有人认为，处于不利的家庭和社会经济条件下的少年，当其具有一个有利的自我概念时，不容易受犯罪行为的影响，即自我概念是保护青少年不受犯罪行为影响的一种因素。第二种观点把消极

---

① 参见［英］布莱克本：《犯罪行为心理学：理论、研究和实践》，吴宗宪、刘邦惠等译，中国轻工业出版社2000年版，第170页。

② 参见［英］布莱克本：《犯罪行为心理学：理论、研究和实践》，吴宗宪、刘邦惠等译，中国轻工业出版社2000年版，第171页。

的自我态度看作标定的结果。根据标定理论,一个越轨的自我形象是伴随司法过程而被烙印化的结果,并且是之后继发越轨行为的中介。第三种观点将少年犯罪与自尊心的提高联系起来。在卡普兰(H. B. Kaplan)的分析中指出,自尊心来源于获取成就的能力、信心以及在社会关系中的认可。这些领域中的失败导致自我贬低,并激发其选择违反传统的行为。少年犯罪就是一种违反传统的行为,因此少年犯罪参照群体可以通过提供接受和赞成来提高其自尊。

目前的研究在自我概念和少年犯罪之间还没有建立起任何具有一致性的因果关系。在几个研究中观察到的自我概念与少年犯罪之间的负相关,是否代表这两个变量中还存在其他因素的巧合作用,仍然有待于证实。

(二)价值与信念

愿意遵守社会规则常常被看作道德价值观的作用,或者被看作态度或信念的情感力量的作用。有几种理论提出,少年犯罪人干坏事就归罪于他们具有社会中大多数人不认可的越轨价值观。例如,亚文化理论家提出,少年犯罪人具有强硬、攻击、追求刺激、拒绝日常工作的价值观。马茨阿(D. Matza)则认为,这些价值观是广泛存在于整个社会的秘密价值观,少年犯罪人也具有传统价值观,他们通过某一事件能解除道德抑制,从而“漂向”犯罪。哈泽(N. Heather)在研究中发现,传统价值观和秘密价值观在两个群体中都存在,秘密价值观可以解释少年犯罪人中更多的变异,所以秘密因素是少年犯罪人价值观中占优势的组成部分。科克隆(R. Cochrane)发现,成年罪犯和对照组在价值优先性方面存在差异,男犯认可那些更具有即时个人相关性的价值目标,女犯具有更加男子气的价值系统。一些证据表明,少年犯罪人是以越轨价值观为特征的。有研究证实少年犯罪与笃信宗教之间存在负相关。价值观与需要或目标有关系,一些研究发现少年犯罪人缺乏获取成就或事业成功的志向,也有人提出,相对于学业成就而言,青少年中的越轨行为更多地与其对独立的关注有关,也同青少年对与其同伴的感情联系的需要有关。如果犯罪人确实具有传统价值观,那么他们没能抑制越轨行为的一个理由也许是:越轨行为通过暂时的借口或合理化作用而被中和。犯罪人将原因或责任归于他人的倾向性偏差可能会促成犯罪行为。他们为自己的行为寻找借口,提供证据,而且在他们看来,这种证据是有说服力的,能够抵消和掩饰其内心的罪恶感,如通过否认自己的责任、否认损害、否认被害人等为自己的犯罪行为寻找合理化借口,减轻罪责感。

段晓英等在研究中考察了犯罪青少年和普通青少年之间在价值观方面的差异,结果表明,在道德观、接受权威和需要表达方面,两组存在显著差异。少年犯组在接受权威、需要表达量表上得分较高,在道德观上得分较低。Logist 回归的结果显示，道德观、接受权威、需要表达、个人主义变量能有效区分犯罪少年与普通少年，其中，道德观、个人主义对犯罪具有负向的预测作用，接受权威、需要表达具有显著的正向预测作用，这说明犯罪青少年对合理的道德观念和个人发展或独立并未给予应有的重视，且更多追求个人需要的立即满足和表达。①

三、社会认知和人际技能对犯罪的影响

(一)角色采择、移情和罪恶感

角色采择(role - taking)是认知发展理论中的一个关键性概念，是指个人对自己期望扮演的社会角色的理解、采纳和承担。角色理论认为，社会关系依赖于采纳“一般他人”角色的能力。相关研究表明，一些少年犯罪人在角色采择技能方面是有缺陷的。高夫(H. G. Gaugh)提出这样的假设：角色采择能力的缺陷是精神病态者社会化不足的原因。对柯尔伯格来说，角色采择能力的发展是道德推理发展的先决条件。塞尔曼(R. Selman)提出了角色采择阶段理论。由于角色采择必须理解他人的情感、原因和意图，所以，角色采择将道德与认知联系起来。在获得角色采择技能的过程中，发展的延迟是与不尊重他人的权利相联系的。所以，持久的自我中心主义在社会越轨行为中可能是重要的。钱德勒(M. Chandle)发现，在已经是少年惯犯的11～13岁的儿童和同龄守法少年中，自我中心主义方面的差异特别引人注目。李(M. Lee)和普伦蒂斯(N. M. Prentice)在其他角色采择任务中发现，少年犯罪人和守法少年之间有重要差异。肖特(R. J. Short)和西蒙森(R. J. Simeonsson)也发现，在钱德勒的测量中，被其同伴判断为具有攻击性的矫正机构内的少年犯罪人，比没有攻击性的少年犯罪人具有更加明显的自我中心倾向。另外，希基(J. E. Hichey)观察发现，青春后期的少年犯罪人已经具有相对成熟的社会角色采择水平，并显著地超过其道德成熟水平。这一发现说明角色采择技能没有得到发展也许会妨碍其社会化，但已获得的角色采择技能并不能保证他们进行社会化的行为。②

社会越轨行为与观点采择发展延迟相联系，并且也可能伴随着罪恶感和移情的缺陷。移情源于精神分析学说，是指求助者把对父母或对过去生活中某个重要人物的情感、态度转移到了咨询师身上，并相应地对咨询师作出反应的过程。移情很容易促使其对人或物形成固定的心理定式，从而造成判断失误并可能产生成见。

---

① 参见段晓英、黄慧、王从文：《人格、自我控制、价值观对青少年犯罪的影响》，载《山东精神医学》2006年第19卷第3期。

② 参见[英]布莱克本：《犯罪行为心理学：理论、研究和实践》，吴宗宪、刘邦惠等译，中国轻工业出版社2000年版，第176页。

移情不仅涉及理解他人的观点的能力,而且涉及对他人情感作出反应的能力。由于对另一个人烦恼的想象能力会抑制有害的行为,移情对少年犯罪具有潜在的重要意义。在对病态人格特点的描述中,缺乏移情是突出的特点。女性比男性有更多的移情,这也可以部分地解释少年犯罪行为中的性别差异。一般把移情看作一种情感反应,有人则强调移情是对别人情感的认识,而不一定包括相应的情绪体验。霍夫曼(M. L. Hoffman)把移情看作对另一个人的烦恼的一种普遍性情感反应,认为移情会随着儿童在社会认知阶段方面的进步而改变。他把罪恶感作为一个移情性烦恼的特殊事件,这种移情性烦恼是通过自我对他人的困境承担责任的归因而唤醒的;罪恶感是后天的,发展相对较晚。所以罪恶感是一种人际"热认知"(hot cognition),它是父母的归纳性惩戒的结果。① 道德推理处于习俗水平的少年犯罪人比处于较低阶段的犯罪人更可能有罪恶感的倾向。

(二)人际问题解决

人际问题解决方面的缺陷也许与社会无效行为或适应不良行为有因果关系。德泽瑞勒(T. D. Zurilla)和格德菲尔德(M. Goldfried)提出的问题解决概念大大推动了这一领域的工作。他们把问题解决的概念看作一个认知—行为过程,就是通过认识问题、规划目标、产生可选的解决办法、决定最优策略和测出结果等一系列活动使问题得到解决。人际问题解决依赖于智商,但它更是一种后天习得的技能。海恩斯(A. A. Hains)和瑞安(E. B. Ryan)发现在一个社会问题解决任务中,少年犯罪人在考虑问题的某个维度时,考虑不很详尽,这意味着他们具有一种根据不完整或不精确的推论进行社会行为的倾向。希金斯(J. P. Higgins)和蒂斯(A. P. Thiess)使用手段—目的问题解决测验(MEPS)比较了矫正机构内的三种少年犯罪人:第一种是对矫正机构适应良好的少年犯罪人;第二种是有纪律问题的少年犯罪人;第三种是被工作人员和其他少年犯罪人评定为不适应环境者的少年犯罪人。结果发现,不适应环境的人在提出解决问题的手段中表现出更明显的缺陷,他们解决问题的方法也比其他两组少年犯罪人少,而有纪律问题的少年犯罪人提出的解决办法比适应良好的少年犯罪人少。近期的几项研究也指出,问题解决缺陷在攻击性的儿童中尤为突出。②

---

① 参见[英]布莱克本:《犯罪行为心理学理论、研究和实践》,吴宗宪、刘邦惠等译,中国轻工业出版社2000年版,第177页。

② 参见[英]布莱克本:《犯罪行为心理学:理论、研究和实践》,吴宗宪、刘邦惠等译,中国轻工业出版社2000年版,第178页。

(三)社会技能

社会技能可以理解为个体在一定的社会情境中与他人进行社会交往与互动的能力。社会技能缺陷儿童,往往缺乏必要的能力与同伴进行融洽的互动。研究表明,早期的同伴关系不良将导致以后社会适应困难,这类儿童更易出现下列问题:(1)退学(或逃学);(2)孤僻、退缩、冷漠、压抑或其他心理障碍;(3)加入不良团伙乃至犯罪。在学校里被同伴拒绝的儿童比有良好同伴关系的儿童更易参与不良社会活动。一些学者对社会技能缺陷与犯罪行为之间的关系进行了研究,但由于社会技能缺乏一个统一的定义,所以假定犯罪人有社会技能缺陷的相关证据并不多。弗里德曼(B. J. Freedman)等人设计了青少年问题调查表,要求被试指出他可能(或应当)对大量言语描述的问题情境作出的反应,结果发现,少年犯罪人的反应与“好市民”或“领导人”的反应相比,有效的策略更少。C. 维尼加诺(C. Veneziano)和 L. 维尼加诺(L. Veneziano)根据青少年问题调查表的得分,把矫正机构内的少年犯罪人分成三组:缺乏社会能力组、中等社会能力组和有社会能力组。研究发现,缺乏社会能力组在很多因素上与其他犯罪人有差别,他们不仅智力低下,而且表现出更多的纪律问题和家庭紊乱;他们把自己描绘得更冲动、更具有攻击性,并且具有外部控制点。与没犯罪的少女相比,犯罪少女也在专为少女设计的类似调查表中表现出更差的社会能力。斯彭斯(S. H. Spence)根据与矫正机构内犯罪少年和学校男生的简短访谈,考察了社会互动的组成部分和整体。少年犯罪人在社会互动的一些组成部分方面与学校男生有差别,表现为更加烦躁不安,更缺乏目光接触、头部运动,更少说话;他们也被评定为更缺乏社会技能或就业技能,焦虑更严重,但是并不缺少朋友。科林伍德(T. R. Collingwood)和金瑟(R. W. Genther)在研究中也发现,少年犯罪人在基本互动技能方面也有缺陷,如在注意和倾听方面都有问题;他们还发现,在完成一种技能训练程序的青少年犯罪人中,累犯比非累犯的技能水平更低,在训练前后都是如此。①

综上所述,社会认知缺陷仅仅在一些犯罪人中是明显的,社会认知缺陷只是一些犯罪行为发生的众多影响因素之一,我们要认识到,存在社会认知缺陷的人不一定会发生犯罪行为,而犯罪人中并不是全部都具有社会认知缺陷。也就是说,社会认知缺陷与犯罪行为之间不存在必然的因果关系。不过一些研究资料表明,很多犯罪人之所以参与反社会行为,是因为其认知发展处于自我中心水平,具有考虑其

---

① 参见[英]布莱克本:《犯罪行为心理学:理论、研究和实践》,吴宗宪、刘邦惠等译,中国轻工业出版社 2000 年版,第 178 ~ 179 页。

行动的社会后果的缺陷和处理人际关系问题情境技能的缺陷。

思考题

1. 什么是个体犯罪"易感"因素?个体犯罪"易感"因素包括哪些方面?
2. 犯罪的认知"易感"因素有哪些?
3. 如何理解智力水平高低与犯罪之间的关系?

第二节 犯罪的情绪情感"易感"因素

要点提示

情绪情感是指人对客观事物是否符合自己的需要而产生的态度体验。消极情绪在一定的情境诱发下可能引起犯罪行为。本节主要阐述了犯罪的反社会情感、爱恨、自卑、挫折、嫉妒、希望、失望、消极心境、激情、应激、情绪性障碍等对犯罪行为的影响。冲动性与犯罪行为有一定联系,但并非所有犯罪人都具有冲动性特征。自我控制是影响犯罪行为的关键变量。

情绪情感与犯罪心理的产生有密切的联系。某些消极不良的情绪情感特征、一些特殊的情绪状态可能对犯罪心理的产生有不同程度的影响作用。

一、情绪情感概述

(一)情绪情感的定义

情绪情感是指人对客观事物是否符合自己的需要而产生的态度体验。情绪情感的产生与人的需要有密切的联系。情绪情感表现出肯定与否定的两极性,一般来说,人的需要得到满足时会产生肯定的情绪情感,如高兴、满意、欢喜等;人的需要不能得到满足时则产生否定的情绪情感,如烦恼、不满意、憎恨、忧愁等。肯定的情绪情感是积极的、增力的,可以提高人们的活动效率;否定的情绪情感是消极的、减力的,会降低人们的活动效率。此外,情绪情感在强弱程度、紧张程度、激动程度方面也存在两极性。

(二)情绪情感的种类

快乐、愤怒、恐惧和悲哀是四种基本情绪,在基本情绪的基础上,可以派生出多种复杂的情绪。这些情绪有的与感觉刺激有关,如疼痛、厌恶、烦恼、愉快等;有的与自我评价有关，如骄傲、羞耻、罪过、内疚、悔恨等；有的与他人有关，如喜欢、同情、冷漠、爱、恨等。情绪状态是指在某种事件或情景的影响下，在一定时间内所产生的激动不安的情绪体验。典型的情绪状态有心境、激情、应激和挫折四种类型。情感是同人的社会性需要相联系的态度体验，是人类所特有的。人类高级的社会性情感主要有道德感、理智感和美感。

一些消极的情绪情感特征及特殊的情绪状态可能促进犯罪心理的形成，与犯罪行为的发生有密切关系。

二、消极不良的情绪情感与犯罪

消极不良的情绪情感有害于人的健康，既可以引发生理疾病，也可以引发心理问题，此外，还可能在一定的情境诱发下引起犯罪行为。例如，自卑感、冷酷无情、敌意、焦虑、残忍、情绪的冲动性和不稳定性等特征都可能对犯罪产生影响。常见的容易引发犯罪行为的消极情绪情感有反社会情感、爱与恨、自卑、嫉妒、希望与失望、消极的心境、激情、应激以及情绪性障碍。

（一）反社会情感与犯罪

反社会情感，主要是指与正常的社会性需要相联系的高级情感（如理智感、道德感以及美感等）性质相反的情感。行为人在强烈而持久的反社会情感的作用下会导致犯罪行为的发生。这类人一般表现为以下特征：思想、信仰、价值观与社会主流文化相对立；对他人缺乏同情心，冷酷无情；对社会缺乏责任感；缺乏道德自律，挫折承受力差，激惹性高，易冲动，无畏惧感和羞愧悔恨感。由反社会情感导致的犯罪行为往往具有狂暴残忍的特点，社会危害性较大。例如，2018 年 4 月 27 日 18 时 10 分左右某校门口，正在放学途中的学生遭到一手持刀具男子的突然袭击，最后直接导致 9 名学生死亡，10 名学生受伤。据报道，凶手赵某曾在某校上学时常被同学欺负，因此怀恨在心，赵某具有典型的反社会情感，导致其产生报复社会的心理，将屠刀伸向无辜的手无寸铁的孩子。其犯罪的手段极其残忍，造成的后果极其严重。

（二）爱、恨与犯罪

爱本来是一种积极的情感，但有些人在强烈的爱的情感的支配下，无法正确地把握情与法之间的界限，从而导致犯罪行为的发生。这种情况数量虽不多，但也时有发生。例如，有的人为了避免亲人在犯罪后受到法律的制裁而实施包庇、窝藏等犯罪行为；有的人为了给亲人治病而实施盗窃、抢劫等财产型犯罪行为。例如，陈某灿为给儿子治病而抢劫一案。2013 年 5 月 7 日，陈某灿一岁半的儿子在吃樱桃时，一颗樱桃突然呛入气管，虽然最后被送医取出，但长时间窒息导致他脑部受损，昏迷不醒。为给儿子治病家里花完了所有的积蓄,不忍儿子等死,陈某灿竟抢劫银行。最终,陈某灿被海宁市人民法院判处有期徒刑3年半。

恨是与爱相对立的一种消极情感,由恨引起的犯罪数量较多,形式多样。引起仇恨的原因主要有政治宗教信仰仇恨、封建迷信仇恨、情爱仇恨、心理挫伤仇恨等,这些仇恨都可能会引起犯罪行为的发生,如由宗教信仰仇恨引发的恐怖主义犯罪,因封建迷信仇恨而引发的危害公共安全犯罪,因情爱仇恨而引发的杀人或伤害犯罪等。例如,父母因爱生恨杀死亲生子女。

(三)自卑、挫折与犯罪

自卑感是一种自我评价偏低,自觉低人一等的惭愧、羞怯、萎缩甚至灰心的复杂情感。引起自卑的原因很多,奥地利心理学家阿德勒将引起自卑感的主要因素归结为三种:生理缺陷、社会经济地位低下以及早期接受的错误教育,同时阿德勒还指出,每个人潜意识中都有自卑感存在,自卑感是导致个体挫折心理的重要因素之一。[①] 自卑感一般不会直接引发犯罪,它总是在转化为挫折感后才成为引起犯罪的一种情感因素。

挫折感是在个人行为目的受到阻碍后所引起的情绪状态。引起挫折情境的原因可分为主观因素和客观因素。同一挫折情境不一定让所有人都产生挫折心理,这和每个人的挫折耐受力有关。挫折耐受力是指个人遇到挫折时,行为免于失常的能力。在挫折状态下,行为人常常会产生不满、烦恼、怨恨等消极情绪体验,挫折耐受力差的人遇到挫折后容易产生攻击性行为,攻击的对象大多是他人,可表现为言语上的攻击和行动上的攻击,可能导致杀人或伤害犯罪;有时攻击对象也可能是自己,表现为自杀、自伤或自残。

(四)嫉妒与犯罪

嫉妒主要产生在年龄、地位、文化、社会背景等方面大体相同,彼此有许多社会联系的个体之间,它是个体对他人才能、地位、成就、境遇等状况的一种怨恨。随着嫉妒心理的产生,人们会产生一种不愉快的情感体验,陷入一种消极的情绪状态之中,嫉妒可能会转化为憎恨、敌意、怨恨等情绪,在行为上可能对对方恶意中伤,极端情况下,可能导致伤害、杀人等犯罪行为。一般来说,可以将嫉妒引起的犯罪分为以下三种:一是由财产嫉妒引发的盗窃、抢劫、敲诈勒索、杀人等犯罪行为。二是由才能、名誉、地位嫉妒而引发的对他人的侮辱、诽谤、诬告陷害等犯罪行为。三是由性嫉妒引发的杀人、伤害、侮辱、诽谤等犯罪行为。

---

① 参见罗大华、何为民主编:《犯罪心理学》,中国政法大学出版社2007年版,第283~284页。

（五）希望、失望与犯罪

希望与失望是一对对立的情感。希望是个体对自己要实现的目的或要达到的理想状态所形成的一种情感；失望是在希望没有得到满足的情况下转化成的失落、沮丧等不快的情感体验。因失望而引起的犯罪行为通常表现为以下两种：一是个人所追求的目的未能达到而产生愤怒、怨恨的情绪，容易引发报复性犯罪行为；二是由亲人的希望转为失望而导致的犯罪，如父母杀死忤逆子女的案例。

（六）消极心境与犯罪

心境是一种具有弥散性的、微弱而持久的情绪状态。心境在一个较长时间内使人的一切活动都染上同样色彩。积极的心境会使人生机勃勃，意气风发；消极的心境使人悲观失望，意志消沉，不仅会影响身心健康，严重的可能会导致犯罪行为的发生。长期处于微弱而持久的抑郁、忧愁与不满的情绪状态，在外界刺激下，累积的不满可能转化为愤怒，使人产生报复心理；此外，在消极心境下，行为人易被坏人拉拢引诱，参加一些团伙犯罪。

（七）激情与犯罪

激情是一种迅速的、强烈的、爆发式的、短暂的情绪状态。激情通常和生活中的重大事件和强烈刺激有关，如信仰破灭、亲人死亡或极端的喜悦；也可能由对立的意向和愿望冲突引起。不同的激情会给人带来不同的影响。积极的激情可以成为人们积极地投入行动的巨大动力。消极的激情会使人的认识范围缩小，自我控制能力减弱，不能约束自己，不能正确地评价自己行为的意义和后果。在激情状态下可能导致不良行为的发生。激情犯罪人大多心胸狭窄，斤斤计较，认知水平低下，情绪冲动，行为失去理智，被情绪所支配，其犯罪行为一般表现出明显的盲目性、冲动性、无预谋性和疯狂性等特点。

（八）应激与犯罪

应激是在出乎意料的紧张情况下引起的情绪状态。应激对人的影响很大，一方面能很快改变有机体的激活水平，使心率、血压、肌肉紧张度发生显著变化，可引起行动的积极性，表现为头脑清醒、急中生智、动作准确、行动有力、及时摆脱困境。另一方面可能使人认识范围缩小，惊慌失措，陷入一片混乱之中。

应激状态下实施的犯罪行为比较常见的一种是在自身受到侵害和袭击时产生的防卫行为过当或紧急避险过当行为。其内部过程一般是犯罪者在遇到极大的心理危险或威胁的情况下，以错误方式主动适应环境的结果。其主体的行为倾向是适应性的，但对社会规范是破坏性的，如强奸犯罪受害人或家庭暴力的受害者在情绪上出现创伤后应激障碍（PTSD）的同时，可能引发报复性攻击的动机。其外显过程一般是犯罪者实施犯罪的过程中遇到被害人的反抗或抗拒拘捕时突然发生的攻击暴力行为。此时行为人往往意识变得狭隘、理性的分析判断力下降,行为具有情绪化与冲动性,其犯罪动机往往由第一动机向第二、第三动机恶性转化,如盗窃犯罪人在遇到事主强烈反抗时杀人灭口。此外,应激引起的犯罪还较多发生在过失犯罪中,这些犯罪行为的发生主要由在出乎意料紧张的情况下仓促应付、举止失措而导致。

(九)情绪性障碍与犯罪

情绪性障碍与犯罪的关系十分密切,许多情绪性障碍会引起严重的危害社会的行为,如情感高涨、欣快症、易激惹、情感爆发、病理性激情、极度抑郁等。[①] 具有情绪性障碍的个体往往有高度的焦虑、恐怖情绪,比较容易对轻微的刺激产生剧烈的情感反应,在他们内心的不安与矛盾达到一定程度的时候,通常选择冲动性的行为来发泄紧张与焦虑情绪,以恢复内心平衡,而这种冲动性行为往往会导致犯罪行为的发生。

虽然消极不良的情绪情感与犯罪行为的发生有一定关系,但需要注意的是,情绪情感因素不是导致犯罪行为发生的唯一因素,犯罪行为的发生是行为人的认知、情感、意志、个性及外在环境因素共同作用的结果。消极不良情绪情感并不一定导致犯罪行为,每个人都可能存在消极不良的情绪,但并不是每个人都会犯罪。

三、冲动性与自我控制

冲动性是病态人格的临床上的主要表现,如酗酒、抽烟、赌博、性早熟和药物滥用,与犯罪行为有一定联系,发生在少年犯罪之前的童年期的破坏行为和攻击行为也能够用缺乏冲动控制来解释。冲动控制既指心理过程,也指冲动性的一般形式或冲动性的特质。夏皮罗把冲动性看作一种迅速而无计划的反应方式,认为冲动性与大脑皮层的加工过程有关,并通过认知、情感和外显行为表达出来。研究者为了测量冲动性控制这种特质,已经设计了大量的测验,如明尼苏达多相人格调查表(MMPI)、卡特尔 16 种人格因素量表(16PF)、布莱克本的自我冲动性量表等。S. B. G. 艾森克(S. B. G. Eysenck)和 H. J. 艾森克(H. J. Eysenck)提出,一个较宽泛的冲动性概念应当包括冒险性、敏捷性等特质。明尼苏达多相人格调查表中的 Ma(轻性躁狂)分量表通常被看成冲动性或潜意识显露性的一种指标,Pd 分量表(病态人格分量表)是唯一能辨别冲动性的指标。研究结果普遍发现犯罪人的 Ma(轻性躁狂)分量表和 Pd 分量表(病态人格分量表)得分最高,这与他们的犯罪行为是

① 参见罗大华、何为民主编:《犯罪心理学》,中国政法大学出版社 2007 年版,第 288 页。

一致的。有人把卡特尔16种人格因素量表中的F因素（兴奋性）也认定是冲动性的一种指标。冲动性可能会引起犯罪频率和类型的变化。有迹象表明，累犯更有可能是冲动的。例如，科莫使用布莱克本的自我冲动性量表进行的研究发现累犯比初犯得分更高，并且这个量表也与精神障碍犯罪人的重新犯罪有关。虽然一些研究中已经发现冲动性对少年犯罪倾向有促进作用，这些特征在某些犯罪人群体中也许是重要因素，但也有研究发现，有些犯罪人在冲动性量表上的得分低。可见冲动性并不是所有犯罪人都具有的特征。

戈特弗里德森（Gottfredson）和赫希（Hirschi）于1990年提出了一般化犯罪理论，其理论的核心概念是"自我控制"，它是影响犯罪行为的关键变量。他们认为约束人们无止境自利倾向的有效力量就是自我控制，自我控制力可以抗拒眼前诱惑，是对不顾长期后果，喜欢采取快捷方式的冲动行为的控制力。自我控制能力低的个体具有"此时此地"的取向、简单的取向、冲动冒险的取向、行动和力量的取向、自我中心的取向、无计划和缺少技能的取向。犯罪者属于低自我控制者，他们通常使用违反社会规范的手段来追求需要和利益的立即性满足。段晓英等人的研究表明，不同青少年群体在自我控制方面有非常显著的差异，犯罪少年主要体现在更冲动、喜欢冒险和情绪化上，说明犯罪少年自我控制的能力比较低。① 有关自我控制研究的一个范例是自愿延迟奖赏。在这种情况下，被试宁愿选择在未来某一时间可以得到的奖赏，而不愿选择一个较小但却可以马上到手的奖赏。米施尔把延迟和冲动性看作对比性的特质模式。自愿延迟与稳定的注意、较高的智力、认知发展和抗拒诱惑相联系，在中产阶级和成就取向的群体中更有代表性。相反，现实取向、较低的社会经济地位以及成就需要低的人宁可选择即时奖赏。② 米施尔提出对即时奖赏的偏爱会促成少年犯罪和精神病态。罗伯茨等人研究发现，少年累犯比非累犯性少年犯罪人更有可能选择即时奖赏。

思考题

1. 什么是情绪情感？典型的情绪状态有哪些类型？
2. 犯罪的情绪情感"易感"因素表现在哪些方面？
3. 消极不良的情绪情感对犯罪有何影响？

---

① 参见段晓英、黄慧、王从文：《人格、自我控制、价值观对青少年犯罪的影响》，载《山东精神医学》2006年第19卷第3期。

② 参见［英］布莱克本：《犯罪行为心理学：理论、研究和实践》，吴宗宪、刘邦惠等译，中国轻工业出版社2000年版，第168页。

第三节 犯罪的生物“易感”因素

要点提示

犯罪心理和行为的发生离不开生物基础,尽管生物学因素在犯罪行为发生中所起的作用是比较有限和间接的,但是这种作用也是不能被忽视的,由于某些生物因素差别的存在,可能对某些犯罪行为的发生起到了一定作用。或者说,某些特殊的生物因素增加了人类犯罪的可能性。本节主要介绍了体型与犯罪、遗传与犯罪、脑部功能异常与犯罪、生化因素与犯罪等相关研究。

人的心理与生物基础密切相关,因此犯罪的心理和生物学研究也是紧密相连的。近年来,犯罪生物学的研究为了解人类犯罪行为的起源提供了重要的线索。早期的生物学研究强调生物学因素对犯罪的直接决定作用,后来的研究更多赞同生物社会互动论,强调生物学因素与环境因素的相互作用对犯罪行为的影响。一些实证研究提供了生物学因素与犯罪行为相关的实证依据,尽管生物学因素在犯罪行为发生中所起的作用是比较有限和间接的,但是这种作用也是不能被忽视的,某些生物学因素差别的存在,可能对某些犯罪行为的发生起到了一定作用。或者说,某些特殊的生物学因素增加人类犯罪的可能性。

影响犯罪发生的犯罪生物学相关因素主要有体型、遗传、脑部功能异常、生化因素等。

一、体型与犯罪

体型是指人的外形特征和体格类型。一些学者的研究普遍显示,健壮型或者中胚层体型更容易具有适合发生攻击行为的特质(身体力量、精力、感觉迟钝、用行动表现紧张和挫折的倾向),这种人也难以抑制不适当感、情绪不稳定等反社会的情感,因此,更有可能发生犯罪行为。

美国的谢尔登(W. H. Sheldon)用胚胎学的概念将人的体型分成三类:(1)内胚层体型,特征是肥胖、滚圆;(2)中胚层体型,特征是肌肉发达、呈三角形;(3)外胚层体型,特征是瘦长。谢尔登也提出了与以上三种体型相对应的气质类型:(1)内脏优势型,特征是放松、追求享乐;(2)身体优势型,特征是精力充沛、喜欢冒险;(3)头脑优势型,特征是自我克制、孤独。谢尔登用一个针对这三种体质类型设计的7分量表对个体进行评分，然后根据得分情况确定个体的体质类型。① 谢尔登对200名大学生的照片进行评定，发现内胚层、中胚层、外胚层这三种体型的平均分依次是3.2、3.8和3.4；相匹配的200名男性少年犯罪人的体型是3.5、4.6、2.7，由此可以看出，在少年犯罪人中，中胚层体型的多而外胚层体型的少。哈特尔（E. M. Hartl）、莫尼里（E. P. Monnelly）和埃尔德金（R. Elderkin）对谢尔登研究过的少年犯罪人进行了一项30年的追踪研究，结果发现最严重的犯罪成年人的体型的平均分是3.5、5.0、2.3。犯罪人中除了中胚层体型多于“正常”人之外，犯罪人在男性形（andromorphy）评定中的得分也很高，男性形是衡量第二性征中的男子气的一种量度。② 科蒂斯和加蒂在对100名矫正机构内少年犯罪人进行的研究中发现，57%的少年犯罪人是中胚层体型，16%是外胚层体型，而对照组中具有中胚层体型和外胚层体型的人分别为19%和33%。吉本斯（T. C. N. Gibbens）也发现，在56名英国少年犯罪人中，内胚层性的中胚层体型占优势。埃普斯（P. Epps）和帕内尔（R. W. Parnell）发现，英国的少女犯罪人比大学生更加男子气，但是她们的体型更矮、更重。③

这些研究都存在一定局限性，首先，体型分类标准的可靠性值得推敲；其次，调查研究的样本数量较小，研究对象可能缺乏代表性；另外，人的体型可能会随着人的年龄、生活境遇的变化而变化，所以体型与犯罪之间没有确定的联系，可以说中胚层体型既不是少年犯罪的必要条件，也不是少年犯罪的充分条件。

二、遗传与犯罪

现代犯罪遗传生物学的研究认为，人的犯罪与其人格等个人素质密切相关，而他们的人格等个人素质又深受直接或间接的遗传因素的影响。一些遗传因素对犯罪人的人格等个人素质的形成起着巨大的作用，使犯罪人形成不良的或反社会人格，并且由此而产生犯罪行为。

意大利犯罪学家龙勃罗梭是犯罪遗传论的主要代表人，他以惯犯和重大犯罪者为研究对象，通过对罪犯的头盖骨及身体各部位的研究，发现多次犯罪的人与正常人在生理构成上有很大不同，他们在生理特征上表现出一种返祖现象，由于这些

---

① 参见［美］柯特·R. 巴托尔、［美］安妮·M. 巴托尔：《犯罪心理学》（第7版），杨波、李林等译，中国轻工业出版社2012年版，第68页。

② 参见［英］布莱克本：《犯罪行为心理学：理论、研究和实践》，吴宗宪、刘邦惠等译，中国轻工业出版社2000年版，第125～126页。

③ 参见［英］布莱克本：《犯罪行为心理学：理论、研究和实践》，吴宗宪、刘邦惠等译，中国轻工业出版社2000年版，第126页。

身体上的缺陷使他们退化到原始动物一样的生活方式,并据此提出了“天生犯罪人论”。[①] 与此相对应的是近接遗传的观点,该观点认为,犯罪者的犯罪行为是由其祖父直接遗传的,而不是来自远古的祖先,并列举了许多犯罪世家来说明这一点。针对犯罪性的遗传学的研究通常有以下几种:家庭史研究、双生子研究、收养子女研究、染色体异常研究等。

(一)家庭史研究

从家庭史研究入手,通过比较反社会行为在犯罪人和守法者的血缘亲属中的分布,主张犯罪具有遗传性。在达格代尔(Richard Dugdale)对朱克(Juke)家族的研究中,达格代尔调查了朱克家族,其祖先叫朱克(Ada Joke),从殖民地开始,她的子孙就发展到了1200人,其中有280个乞丐,60个窃贼,其他犯罪者140人(其中包括7个杀人犯和50个卖淫者)。犯罪学家埃斯塔布鲁克(Arthur A. Estabrook)在1915年继续对朱克家族进行研究调查,发现这个家族的另外715个后裔,他证实其中有170多名乞丐,118名以上的犯罪者,378名以上的卖淫者和其他不同越轨行为者。[②] 家庭研究的一项一致的研究结果是,犯罪父母很有可能有犯罪子女。例如,在剑桥大学的研究中,有犯罪父亲的少年变成少年犯罪人的数量,是那些没有犯罪父亲的少年的2倍。对犯罪少女的家庭研究也发现,她们的越轨亲属要多于其他少女,她们的家庭中存在的病态现象也多于其他反社会少年的家庭。但是,家庭因素在犯罪性发展中所起的作用对男女是同样的。不过,家庭研究不可能清楚地区分遗传影响和环境影响。[③] 因此,家庭史研究无法证明犯罪者的后裔之所以犯罪,是遗传的作用更大还是后天环境因素的影响更大。

(二)双生子犯罪相关性研究

双生子研究认为,假如遗传基因会导致犯罪行为的话,那么只要双生子中的一个犯罪,另一个也很可能犯罪。法国精神病学家兰格(Johannes Lange)进行了关于犯罪双生子的研究,发现同卵双生子的犯罪一致率比异卵双生子高。同卵双生子具有同样的基因,而异卵双生子之间仅有一半基因是相同的,在养育条件类似的情况下,同性别的同卵双生子和异卵双生子之间的表现差异,反映了遗传的影响。这

---

① 参见罗大华、何为民主编:《犯罪心理学》,中国政法大学出版社2007年版,第99～100页。

② 参见罗大华、何为民主编:《犯罪心理学》,中国政法大学出版社2007年版,第101页。

③ 参见[英]布莱克本:《犯罪行为心理学:理论、研究和实践》,吴宗宪、刘邦惠等译,中国轻工业出版社2000年版,第121页。

种关联差异通常通过双方都进行犯罪行为的犯罪孪生子的百分比来表示。① 丹麦学者克利斯帝安生(Christiansen)对3586名男性双胞胎的研究显示,同卵双生双胞胎而言,其行为同时呈现的比率约为52%,异卵双生双胞胎则仅约22%。其研究显示同卵双生双胞胎由于在遗传上甚为相像,故增加了其从事犯罪行为的相似性。② 朗格通过一些渠道发现和研究了13对同卵双生子和17对异卵双生子,结果发现77%的同卵双生子双方都因为犯罪而被监禁,而12%的异卵双生子之间存在这种一致性。其他的双生子研究也一致地发现了类似的研究结果,不过所发现的犯罪一致率的数量有所不同。在早期的研究中,所发现的同卵双生子的犯罪历史一致率平均为60%,异卵双生子的犯罪历史一致率平均为30%。戈茨曼(I. I. Gottesman)、凯里(G. Carey)和汉森(D. R. Hanson)注意到,只有在成年双生子中差异才是显著的。在对少年进行的6项研究中,同卵双生子和异卵双生子的一致率分别为87%和72%,这表明遗传对少年犯罪的影响极小。罗(D. Rowe)报告了对256对中学生双生子的自我报告的少年犯罪进行研究的结果,发现同卵双生子中的少年犯罪量度之间的相关性分别为男性0.66、女性0.47,都高于异卵双生子中的少年犯罪量度之间的相关性,后者的相关性分别为男性0.48、女性0.47。尽管同卵双生子和异卵双生子之间的犯罪一致率差异肯定了遗传对犯罪的影响,而且所有的相关性都是显著的,但是这些研究也表明,同卵双生子和异卵双生子都受到环境的影响。同卵双生子在环境相似性方面的更多的经历,可能是他们的遗传相似性的一种效果。③ 双生子的研究没有排除环境因素的影响,因此无法认定其犯罪行为是受遗传的影响还是环境的影响,双生子间的犯罪一致率也只能说明遗传增加了其犯罪易感性。

(三)收养子女犯罪相关性研究

出生后不久被领养的儿童与生父母的相似性超过与养父母的相似性,这是支持遗传影响的一种强有力的假定证据。一些学者进行了收养子女与生父母和养父母犯罪性比较的相关研究。例如,在对143名犯罪养子女和守法养子女进行的研究中,丹麦犯罪学家哈钦斯(B. Hutchings)和梅德尼克(S. A. Mednick)发现,当生父母和养父母都是犯罪人时,36.2%的儿子变成了犯罪人;当只有生父为犯罪人时,

① 参见[英]布莱克本:《犯罪行为心理学:理论、研究和实践》,吴宗宪、刘邦惠等译,中国轻工业出版社2000年版,第121页。

② 参见杨士隆:《犯罪心理学》,教育科学出版社2002年版,第34页。

③ 参见[英]布莱克本:《犯罪行为心理学:理论、研究和实践》,吴宗宪、刘邦惠等译,中国轻工业出版社2000年版,第121~122页。

21.4%的儿子变成了犯罪人;当只有养父为犯罪人时,11.5%的儿子变成了犯罪人;当生父和养父都不是犯罪人时,只有10.5 %的儿子变成了犯罪人。这些数据与遗传对犯罪有影响的观点相一致。梅德尼克等人进行的一项更加深入的养子女研究结果表明:当生父母和养父母(父亲或是母亲)都是犯罪人时,24.5%的养子女变成了犯罪人;当只有生父母是犯罪人时,只有20.0%的养子女变成了犯罪人;当只有养父母是犯罪人时,只有14.7%的养子女变成了犯罪人;当生父母和养父母都不是犯罪人时,只有13.5%的养子女变成了犯罪人。这表明,生父母的影响效果比养父母的影响效果要大。梅德尼克等人还发现,犯罪生母的影响力大于犯罪生父的影响力。在这些研究中,只有少数有犯罪父母的养子女变成了犯罪人,这表明在一定环境中,遗传对犯罪有中等程度的影响。[①] 如果对遗传因素和生长环境分别进行检验,生父的遗传基因比养父收养后的环境对养子是否犯罪的影响要大。他们最后认为,生物遗传和环境都可能对犯罪行为产生实质影响,由此可见,对收养子女的研究突出了遗传与环境之间的相互影响,尤其是那些具有反社会人格特征的个人,如果是在不良环境中成长(如父母是犯罪人的家庭),将更容易产生犯罪行为。[②]

(四)染色体异常与犯罪

染色体是细胞核内的一种微型物体,对生物遗传起重要作用。正常人一般有46个染色体,形成23对,其中44个是常染色体,决定身体的形状和结构,2个是性染色体,决定新生命的性别,在自然情况下存在一种自然的对称。染色体一半来自母亲,一半来自父亲,正常男性的性染色体为XY,女性的性染色体为XX。有研究发现,有些男性的染色体数量异常,有47个,多一个染色体,表现为XXY或XYY。研究表明,犯罪中的性别差异反映了由Y染色体决定的男性特质;具有的多余的Y染色体增强了男性特质,密切了男性特质与暴力行为之间的联系。具有的额外的X染色体也与犯罪性有关,XXY男性的特征可以从矫正机构的少数样本中推测出来。威特金于1976年对哥本哈根4591名男性中的90%作了染色体核型分类,XYY型的有12人,XXY型的有16人,在XYY型男性中有41.7%的人有犯罪记录,在XXY型男性中有18.8%的人有犯罪记录,其余人中9.3%的有犯罪记录。[③] XYY型男性和XXY型男性一般智力比较低,容易出现自我控制能力低,易激惹等心理

① 参见[英]布莱克本:《犯罪行为心理学:理论、研究和实践》,吴宗宪、刘邦惠等译,中国轻工业出版社2000年版,第123页。

② 参见罗大华、何为民主编:《犯罪心理学》,中国政法大学出版社2007年版,第103页。

③ 参见[英]布莱克本:《犯罪行为心理学:理论、研究和实践》,吴宗宪、刘邦惠等译,中国轻工业出版社2000年版,第124页。

特征，从而实施暴力犯罪和性犯罪者较多。雅各布斯(Jacobs)在对心理异常的196名男性犯罪人检查中发现，有7位是XYY型染色体异常者，而这7位全是暴力犯。他的研究还发现XYY型染色体异常者的初次犯罪年龄比一般犯罪人要小，平均比所调查的一般犯罪人小5岁左右。麻兰(Moran)研究发现，XYY型染色体异常者在犯罪人当中的比率是一般人口的2倍。① 但目前尚缺乏足够的证据证明犯罪与染色体异常有直接关系。

上述研究虽然无法证明犯罪心理、犯罪行为本身具有遗传性质，但大致显示了遗传在促进犯罪的过程中所起的作用，可以说遗传扮演着一种倾向性的角色，这种倾向性可能在与不良社会环境因素的互动中促进犯罪行为的发生。

三、脑部功能异常与犯罪

人的脑部受到伤害引起脑部功能失调可能造成人的情绪失控、性格剧变，可能引发暴力行为。脑部功能失常与反社会行为不一定具有必然的因果关系，它可能与部分犯罪行为的发生有一定关系。脑部功能失常的表现主要有癫痫症、轻微的脑功能失常、过度活跃、脑电波异常等。

(一)癫痫症

癫痫症，是大脑放电混乱的一种症状，其经常伴随着不同程度的痉挛、抽搐，而且有失去意识或朦胧的症状出现。② 癫痫发作的形式可分成四大类：大发作、小发作、心理动作发作、杰克逊发作。

1. 大发作：患者在视觉或听觉的预兆下，突然大叫并丧失知觉。可分为预兆阶段、僵硬阶段、间接性痉挛阶段和昏睡阶段。患者最后醒来时，会感到混乱且反应微弱，无法回想发作前的事件。

2. 小发作：患者突然丧失意识、目瞪口呆、固定不动。持续约数秒或10～30秒，后发作症状随即消失。小发作可能重复发生，甚至一天之内发作数十次、数百次。

3. 心理动作发作：患者只有动作与心理二者混合的困扰，其发作内容包括：意识降低，并伴有知觉改变、情绪混乱，偶尔有幻觉、妄想等现象。

4. 杰克逊发作：患者主要症状为手或足的严重刺痛和抽筋，接着可能再扩散到身体的其他部位。它是由脑部某个控制区域受到伤害引起的。

根据英美学者的估算，一般人口中癫痫患者所占比率约为0.5%；而研究文献

---

① 参见罗大华、何为民主编：《犯罪心理学》，中国政法大学出版社2007年版，第102页。

② 参见杨士隆：《犯罪心理学》，教育科学出版社2002年版，第35页。

另外指出在犯罪人中,癫痫患者所占比率较正常人高。例如,学者 Whitman 等的研究显示,大约有 2.4% 的美国男性监狱人口患有癫痫。Lewis 等在其研究中,甚至发现 18% 的犯罪少年患有此症。尽管如此,1991 年学者 Gunn 等的研究却发现,犯罪人罹患癫痫的比率与正常人口并无太大差别。无论如何,有关癫痫与犯罪关联的研究,学术界早期大多着重探讨是否癫痫患者在发作期间丧失知觉而自动地产生暴行,但研究大多指出此种情形并不多见,反倒是在心理阶段,因产生知觉、情绪困扰并伴随幻想、妄觉而衍生暴行。①

(二)过度活跃

1. 轻微的脑功能失常

轻微的脑功能失常(MBD)与犯罪相关的主要症结在于脑的结构。轻微的脑功能失常会引发不能适应的行为,进而扰乱个人的生活方式;严重的情况会导致反社会行为发生、脑控制机能的不平衡和生化上的异常。轻微的脑功能失常也包括一些异常的行为形态,如难语症、视力方面的问题、过分活跃、注意力不能集中、脾气暴躁,以及侵略攻击性行为。轻微脑功能失常,有时会间断地发生狂暴激怒,这种症状有时会引发殴打妻子、虐待小孩、自杀、侵略攻击性行为,以及其他没有目的、动机的谋杀行为。②

2. 过度活跃

过度活跃(ADHD),又称注意力欠缺过度活跃症,罹患此症者极易分心,无法保持安静,呈现不安,过度活跃,并伴随着低自尊、学习困难与反社会行为。学者(Satterfield)比较罹患 ADHD 与无 ADHD 少年指出,有 ADHD 者,其有较高的违法行为。研究又进一步指出,过度活跃症本身在与其他行为症候的互动下,更易衍生偏差与犯罪行为。例如,Lambert 研究发现,儿童期有过度活跃情形,同时在具有攻击性的引导下,极易衍生犯罪行为。③

(三)脑电波异常

有研究指出,脑电波的异常(EEG Abnormality)(正常振动约为每次 0.5 ~ 30Hz)可能与个人某些偏差行为有关。20 世纪 40 年代早期的研究指出,在犯罪人团体中,有 25% ~50% 呈现脑电波异常现象;相反,一般正常人口中仅有 5% ~20% 呈现脑电波异常现象。对于暴力犯而言,其间的脑电波活动差异更大。例如,学者 Williams 曾随机抽样 335 位暴力少年犯,然后再将这些少年犯区分成习惯暴力犯和

① 参见杨士隆:《犯罪心理学》,教育科学出版社 2002 年版,第 36 页。

② 参见杨士隆:《犯罪心理学》,教育科学出版社 2002 年版,第 36 页。

③ 参见杨士隆:《犯罪心理学》,教育科学出版社 2002 年版,第 36 ~37 页。

偶发暴力犯进行调查,研究结果发现习惯暴力犯中有65%有脑电波异常,而偶发暴力犯中只有24%有脑电波异常。这些研究大致发现犯罪人呈现脑电波活动迟缓现象,尤其在少年犯身上更是频繁出现。但部分研究则发现犯罪人脑电波速度过快,超乎寻常。研究指出与脑电波异常有关的偏差行为包括不良的冲动控制、社会适应差、脾气暴躁等,成人若具有较低的脑电波将呈现刻薄、易怒、不守法和冲动性行为等。精神病患者若有脑电波异常现象,则可能呈现攻击性和间歇性的愤怒。① 这些症状可能促使暴力行为的发生,但目前研究仍难以确定脑电波异常是犯罪的主要原因。

四、生化因素与犯罪

西方一些学者认为,人体摄取的化学物质和矿物质、血糖过高或过低、荷尔蒙激素、过敏反应等生物化学因素与犯罪有关。

(一)内分泌及荷尔蒙异常

学者 Schlapp 与 Smith 在《犯罪学新论》一书中首次提及荷尔蒙不平衡与犯罪有关的论点,并由学者 Berman 将之发扬光大。Eliss 的研究也认为男性荷尔蒙分泌过多,可能会增加反社会行为的概率。Kreuz 和 Rose 对监狱暴力犯的调查显示,其类固醇荷尔蒙比其他类的犯罪人还高。还有一些犯罪学家认为过量的雌激素和孕激素会影响行为人的暴力行为。莫顿(Morton)列举说明58名女性暴力犯中有62%是在月经来潮前犯罪的,17%是在月经期间犯罪的。此外,根据达尔顿(Dalton)对386名新入监的女性犯罪人的研究,49%的女性犯罪人的犯罪发生在月经期间或月经来潮之前。这一研究结果显示月经与犯罪显著相关,但没有指出女性在月经前和月经期间较易引起发怒、兴奋、怀疑等情绪是导致犯罪的诱因。② 因此,我们认为内分泌或荷尔蒙异常与犯罪之间并无必然的因果关系,只能说可能是诱发犯罪的一个因素。

(二)营养成分不均衡

有学者认为,不适当的饮食引发的营养成分不均衡,包括维生素缺乏症、高血糖与低血糖等与偏差行为有某种程度的关联。研究表明,缺乏维生素B3容易造成少年过度活跃,进而有抽烟、喝酒、逃家、破坏公物、打架等偏差行为出现。如果这种情形在25岁之前未能予以适当的治疗,则可能导致更严重的精神疾病。人如果饮

---

① 参见杨士隆:《犯罪心理学》,教育科学出版社2002年版,第37页。

② 参见杨士隆:《犯罪心理学》,教育科学出版社2002年版,第38页。

用过多的咖啡、糖或其他碳水化合物,容易影响知觉与行为,并降低自我控制力。美国的舍恩塞勒(Stephen Schoenthaler)认为,饮食中的糖含量过高与犯罪有关。他选取了276名他认为受糖含量过多影响的犯人,将他们的食用糖均用蜂蜜等物质代替,结果这些犯人在监内的伤害、盗窃、斗殴以及不服从管教等违纪行为的发生率比以前下降了45%。[①] 有研究指出受刑人有较高的低血糖症。低血糖症患者的症状包括易怒、焦虑、沮丧、痛苦号哭、头痛、困惑等,这些症状可能与性犯罪、杀人等攻击行为有关。虽然如此,我国台湾地区学者许春金等调查2260名少年食用早餐习惯与偏差行为的关联发现,少年从未吃各类早餐、不定时吃早餐或吃得不营养者,其偏差行为较高。关于营养成分不均衡问题是否为偏差或犯罪行为产生的重要原因,仍待进一步观察。[②]

思考题

1. 犯罪的生物"易感"因素主要有哪些?
2. 如何理解遗传与犯罪的关系?
3. 生物因素对犯罪有何影响?

延伸阅读

复旦校园投毒者"心病"会诊

一杯饮用水,彻底改变了两个优秀学子的生命轨迹。

2013年3月31日,复旦大学医学院超声科研究生林某浩,将做实验剩下的N-二甲基亚硝胺溶液,一种浅黄色、油状、高毒、无味、易溶于水的液体带回宿舍,注入饮水机。第二天,室友黄某——复旦大学耳鼻喉科研究生,饮水后出现中毒症状,经抢救无效死亡。上海警方和上海检察院以故意杀人罪刑事拘留、批捕嫌疑人林某浩。

动机:"压抑下去的东西不意味着消亡"

复旦投毒案公开后,林某浩的作案动机成为最大的疑团,先后出现"直博竞争说""为情杀人说""误杀说"等多个版本,最终均被校方、校友一一否认。4月19日,警方首次披露案情,将作案动机归纳为"林某浩因生活琐事与黄某关系不和,心

① 参见罗大华、何为民主编:《犯罪心理学》,中国政法大学出版社2007年版,第103页。
② 参见杨士隆:《犯罪心理学》,教育科学出版社2002年版,第39页。

存不满”。理由之简单让围观者愕然、质疑。同一个屋檐下生活，难免有磕磕碰碰，生活琐事怎么能激发起一个人的杀机？

记者问：“生活琐事动机说”受到大众的诟病，从犯罪心理学角度看，这种答案是否符合逻辑？

武伯欣：不管有多少种说法，还是要以上海警方和检察机关公开的材料为准。“生活琐事”的概念很大，对于每一个个体来说，很多琐碎的事，事实上都是关乎利益的，或是生活必需的事，可能难以被搁置，也难以调解。心理学上有个词叫“心理弹性”，在当今社会，很多人对关乎利益的事情已经失去了这种弹性，可能一触即发。

记者问：据同学回忆，林、黄二人相处融洽，在学业上无竞争，生活上也没有明火执仗的冲突，那么“琐事”可能包含哪些方面？

武伯欣：人犯罪，不外乎三方面的因素：金钱、名位、感官享乐。案件中的“生活琐事”恐怕也不外乎这三方面，且犯罪动机是复合的。在复旦大学，林某浩可能得不到在本科时的优越感，又与导师关系不和，放弃读博，黄某可能比他更优秀，人际关系好，还得到直博的机会，两人相处一室，这些方面必然引起他心中的不快，产生妒忌动机。黄某曾拿“凤凰男”开他玩笑，这点可能伤及他的自尊，产生攻击动机。

记者问：林某浩的微博提道：“上海的冬夜，开着电脑，在小台灯的光照下，看着各种图文，听着电脑的沙沙声，还有黄屌丝的呼噜声，头脑里偶尔闪过各种念头，随即如云烟随风飘散。”很多人猜测“黄屌丝”指的就是被害人黄某，更有人将“念头”理解为谋害黄某的念头。这条微博真能透露出这些信息吗？

武伯欣：从“黄屌丝的呼噜声”可看出黄某影响了他的某种感官享乐，睡眠动机长时间被干扰，也有可能产生报复动机。著名心理学家弗洛伊德有句名言：“压抑下去的东西不意味着消亡。”情绪的累积会导致犯罪动机的外化。

投毒者其人：黏液质、内向性格，一旦决定不易改变

直到今天，与林某浩密切接触过的亲友几乎都不相信他会投毒，因为他事业心强、上进、善良。林某浩大学本科毕业于中山大学，因成绩优异，被保送至复旦大学医学影像专业，读研期间获过国家奖学金等诸多奖项，曾担任学生会副主席。

事发后，林某浩的微博、日志被蜂拥而至的围观者咀嚼。在“大众福尔摩斯”的调查下，林某浩的另一面浮出水面。他作报告时害羞得背对着观众；他是超声科最拔尖的学生，对自己从事的专业却不抱信心；他在男女问题的处理上感到无助和绝望；被问及家庭背景时，他会因自卑避而不答；与同学产生矛盾后，他连续发几十条短信恐吓对方……这个戴着光环的年轻人，内心深处却有些灰暗。

记者问:人的气质性格与犯罪行为是否存在某种内在联系?

武伯欣:犯罪的人与常人一样,常见有四种气质、性格:(1)胆汁质的人,容易暴躁,做事不计后果;(2)黏液质的人,偏内向,认死理,不易更改自己的决定;(3)多血质的人,发完火就没事了,犯罪的人较少,嚷完了,说完了,睡一觉就当作没发生过一样;(4)抑郁质的人,自卑失落、心胸狭窄,想不开。

记者问:林某浩属于哪种气质、性格呢?

武伯欣:他具有黏液质及抑郁质气质性格。为什么呢? 这种人易妒忌,心存不满,或遇到挫折后容易产生攻击动机,但选择的方式又不是直接的,而是隐蔽的。

投毒不是一种明火执仗的犯罪,且此案的毒物是由前一天中午从实验室偷偷带回宿舍的,中间完全有时间可以反悔,终止犯罪。但他没有,说明他的心理指向性明确,有预谋过程,并非偶然冲动。当然,这种犯罪行为可能是因为负面的情绪积累太多,没有得到及时的疏导导致的。

记者问:大家关注到,林某浩对自己的家庭有种自卑感,一再承认"我是一个自卑的、悲观的人"。

武伯欣:林某浩虽然不是富二代,家庭也不算贫困,但是他没有受到应有的尊重,这让他的自卑变得更深。为了排除自卑情绪,他只有排除竞争对手,排除障碍。就这点来看,他显然很急功近利。

而林某浩所暴露的急功近利,与当前被社会污染的校园风气分不开。大学里面教师评职称、医师评职称,多种学生评比等活动,其中的黑暗面,林某浩都非常明白。

心灵的挣扎:白衣天使 VS 投毒恶魔

黄某中毒后,林某浩没有表现出异常,他多次主动去医院看望黄某,还给他做 B 超检查,又陪伴安慰黄某的爸爸。这一系列举动是虚情假意吗?

投毒第九天,林某浩主动发短信提醒毒物名称,帮医生找到病因。发短信是后悔的表现吗? 最令人不解的是,一个曾立志献身医学事业,用了八年青春钻研医学的人,在善与恶的思想斗争中,他为何选择了后者?

记者问:我们怎么理解事发后嫌疑人的行为呢?

武伯欣:其实,投毒者事发后趋近犯罪现场和受害人,主动接触家人,套近乎,主动发短信提醒,符合投毒案件行为人的普遍规律。这在心理学上叫作角色转换,他们试图从"作案人"转换为"举报人"或"知情人",自认为这样可以减少他人的怀疑,转移侦查视线。

但我认为,林某浩还是有一些良知发现的,毕竟他人格还欠成熟。从警方初步调查的结果看，我相信他是能主动配合侦讯的，而且交代事情还非常真诚，否则，不可能短时间内讲清琐事，这说明他能认识到自己的错误。

我们工作中见过不少35岁以上人格已经成熟的嫌疑人，即使证据确凿，他们也死活不认，说自己无辜，根本就没有良知发现。

记者问：据了解，林某浩已经通过求职面试，几个月后，他将成为一名真正的医生，在这个重要的人生关口做这个举动，是不是一时冲动？

武伯欣：心理的阴暗面的出现不是偶然的，而是成长过程中伴随的。人格的成熟一般在26岁以后，在此之前容易冲动、感情用事、自我控制力差、宣泄时不计后果。这个年龄做事不冲动反而不正常，他当时可能根本考虑不了什么前途问题。

由于在心理断乳期后（十二三岁后，人的心理逐渐独立），没有得到家庭、学校、社会及时的指引和辅导，在考试分数第一的教育体制下，培养成了高智商、低情商、人格素质低的孩子。

此外，从社会心理学的角度看，青少年的心理失落感是普遍的。一部分人凭着自己的努力找到一份好工作，但是又得背上房债、车债，各种压力使他无法顾及其他。加上现在的院校过度行政化，大学生也得围着这些东西转，怎么能关注到自己心理健康。

记者问：大学里普遍设有心理咨询室，但它们的作用似乎并不大？

武伯欣：如果大学里的心理咨询确实做到位，就不会出现复旦投毒案了。林某浩与导师、同学发生冲突、实习期的不适应、择业期的茫然、交女友不畅等，必然导致心理阴影。这些情况下，都需要心理干预。现在校园里的心理咨询、心理辅导，很难起到作用，因为没有针对鲜活的个体。

心理痕迹分析链接：武伯欣教授总结投毒案件一般规律

自1994年清华朱令铊中毒案曝光以来，中国的大学校园未曾安宁，北大投毒案、中矿大投毒案、扬州大学投毒案，投毒案阴影挥之不去。武伯欣教授总结的投毒案件一般规律如下：

（1）投毒案件，一般都是由近因引起的。

（2）犯罪嫌疑人，大都是心胸狭窄且偏内向，人格往往有一定缺陷，人际关系不和，犯罪心理的目标指向性非常明确，很难调节。

（3）投毒犯罪心理，都属于有预谋，有准备的。

（4）投毒犯罪心理，都存在一定过程，不会中止，投毒者过程中不会后悔。

（5）投毒犯罪人，负罪感较低。由于害的往往是熟人，且觉得是被害人自己吃喝进去，而非自己亲手杀害的，认为“他不喝就没事”，因此负罪感较低。这在心理学意义上叫作“犯罪心理的合理化”。

——以上资料来源:《心理学者武伯欣的日志》,载网易博客2013年6月6日,http://xcwuboxin.blog.163.com/blog/static/7781839620135675958491。

第五章 犯罪“易感”素质:危险人格

案例导入

1992—2004年发生在山西省阳泉市的杨某某系列残害女性案、2006年主犯邱某某在陕西省汉阴县道观杀害10人案、2001—2003年黄某某在河南省平舆县杀害17名青少年案等系列大案,凶手对社会构成了极大的危险性。是什么样的人格支配着他们作出了令人发指的杀戮行为?本章从不同类型的危险人格与犯罪之间的关系进行论述。

第一节 人格与犯罪概述

要点提示

1. 人格的概念、人格特质的概念、人格的维度结构。

2. 气质、性格与犯罪之间的关系,人格障碍与犯罪的关系,不同类型危险人格的来源及犯罪特征。

一、人格与人格特质

(一)人格的定义

人格(personality)又称个性,是个体行为、思维和情感所表现出的独特心理行为模式。对人格的理解一般包含了以下四个特点:“一是人格的整体性,其含义是虽然外在人格表现形式多种多样,内在人格有多种成分,但在一个现实的人身上这些心理成分和行为表现呈现为一个密切联系综合而成的有机组织;个人的生活模式或倾向不是某种成分运作的结果,而总是与其他成分紧密联系、协调一致进行活动的结果。二是人格的稳定性,即人格具有跨时间的持续性和跨情境的一致性。三是人格的独特性,即个人生活模式或倾向的独特性。四是人格的社会性,指人格是在社会化过程中形成的,是社会所共有的。”①

不同的心理学流派对人格有着不同的理解。人格的特质理论使用诸如友好、有点放肆、盛气凌人、古怪、幽默但浅薄等特质术语来描述个体差异,并不断进行核心特质的探索,如大五人格特质;人格的心理动力学理论则把人格看作意识之外的力量,弗洛伊德并不从描述个体差异的大理论去理解人格,而是从细节处解读人格,即仔细分析和洞察个体思想和行为上小缺陷所揭示的意义,在治疗那些没有躯体问题却又有症状的患者的过程中,他从解释他们日常错误和记忆差错的根源开始;人格的人本—存在主义理论关注人类如何作出健康选择,认为人们的健康选择塑造了自己的人格,人本主义心理学家强调对人性积极乐观的看法,突出人类固有的善良本性的个人成长的潜力,关注人格如何达到最优化;人格的社会认知理论从个体如何思考日常生活情境的相应的行为反应的角度来认识人格,强调人对情境的体验和解释,认为当前情境和过去学习经验是行为的重要决定因素。

人格由多项要素组成,包括个性倾向性(需要、动机、兴趣、理想、信念、世界观)和个性心理特征(能力、气质、性格)。

(二)人格特质

著名人格心理学家奥尔波特(G. Allport)认为,人格特质是个体反应环境刺激时的一种内在倾向,人格特质在接受的刺激与行为反应之间起着中介作用。他认为同样的刺激,由于特质不同,可产生不同的行为反应。特质为人的社会行为提供了稳固一致的反应模式。奥尔波特把人格特质分成两种,即一般特质和个别特质。在奥尔波特后期的工作中,他将人格特质分成两个极端,如端正—畸形;活泼—呆滞;外倾—内倾;支配—服从;坚持—动摇;自炫—自卑;利他—利己;合群—孤独,等等。

卡特尔认为特性是人格的因素,是一个人的相对持久的反应倾向,只有彻底了解一个人的特性,才能预测他在某种情境下将怎样行动,在这个意义上,人格也可以被看成一组特性。卡特尔用因素分析的方法把人格特性区分为表面特性和根源特性,表面特性不是那么稳定和持久的,而根源特性是相当稳定和持久的,根源特性是人格的基本成分。卡特尔提出了人格的16种因素或根源特性。这些特性是以成对的形式出现的。例如,因素A的一端为自我克制、超然、爱批评、冷淡;另一端为开朗、热心、容易相处。因素B的一端为智力较差、思维具体;另一端为智力较

① 黄希庭:《扎实推进人格研究的中国化——王登峰、崔红著〈解读中国人的人格〉》,载《心理学探新》2005年第3期。

好、抽象思维和聪明。应用这 16 种根源特性,卡特尔制定了 16 种人格因素测验(16PF)。

二、人格的维度结构

英国心理学家艾森克(Hans J. Eysenck)将人格分成 3 个独立的维度:(1)神经质—稳定性(neurouticism - stability,缩写为 N);(2)精神质—超我(psychoticism - superego,缩写为 P);(3)外倾—内倾(extraversion - introversion,缩写为 E)。外倾性人格特质个体具有从其他人那里寻求刺激的倾向性(喜欢社交),其行为与冲动性相关联。神经质—稳定性维度与诸如易于焦虑和抑郁、低自尊以及消极的情感等心理特质有关。艾森克制定了一个量表(艾森克人格问卷,EPQ),通过量表可以推断个体的人格特质的类型。EPQ 共有四个分量表:内外倾(E)、神经质(N)、精神质(P)、掩饰性(L)。EPQ 是国际所公认的,并被广泛采用的个性测定的标准方法之一。

艾森克认为,在外倾性和神经质两个方面,那些分值比较平均、水平高的个体更有可能成为犯罪行为人。人格特质外倾性分值高的个体,其行为反应一般是低唤醒的,常表现为冲动和寻求刺激的特点,不太容易形成条件反射,对奖赏和惩罚反应水平较低。具有较高神经质的个体,其自主神经是不稳定的,这样的人对不愉快的刺激反应十分强烈,常有喜怒无常和较高的焦虑水平,他们很难对刺激条件作出一致的反应。较高的外倾性和较高的神经质的混合个体,会不断地寻求刺激和兴奋,他们不易被社会化,不大会从错误中吸取教训,犯罪行为人群中这样的个体占有较大的比重。① 艾森克的这一理论观点对于我们认识某些犯罪人格类型特征是有帮助的。

三、人格特征与犯罪

关于人格与犯罪行为之间关系的问题,向来是犯罪心理学研究的热点。长期以来,人们对人格与犯罪的关系进行了大量研究。这些研究发现,一些人格特质或者人格特征与犯罪行为的关系密切,例如,攻击性、冲动性、敌意、不能延迟满足性、追求刺激倾向、自我中心性、缺乏焦虑、过分神经质、过分自信、怀疑性、破坏性、外倾性、心理不稳定等。

根据艾森克提出的犯罪性理论,人格与犯罪之间存在密切的关系,对于同时具

---

① 参见王锐:《新编犯罪行为心理学》,中国人民公安大学出版社 2010 年版,第 123 ~ 124 页。

备高外倾性、高神经质和高精神质倾向的人而言,由于不能很好地适应社会和控制自己的行为,往往会成为犯罪的高危人群。在此基础上,有的研究者将 P－E－N(精神质—内外倾—神经质)称为犯罪人格组合。艾森克的工作激起了人们探讨人格特征与犯罪间关系的兴趣,该关系迅速成为当前犯罪心理学的研究热点之一。在已有的研究中,有些研究支持了艾森克的理论,有些研究则得到了不一致的结果。应该如何有效地整合这些研究,为犯罪预防和罪犯干预提供更为科学有力的理论支持是当前有待解决的问题。①

宫火良以 EPQ 为人格特征测量工具,采用 Meta 分析的方法对国内已有研究材料进行综合分析,从整体上考察罪犯的人格特征。研究组对象为在押罪犯,对照组均为非罪犯;采用了相同的研究设计(在本研究中所有材料均以问卷调查的形式采用被试间设计比较了罪犯与非罪犯在人格特征上的差异)。最终共获得有效研究资料 33 份。资料基本情况:覆盖时间为 1992—2004 年;涉及案由包括盗窃、抢劫、杀人、性犯罪、赌博、吸毒贩毒、职务犯罪等;多数材料中对罪犯年龄特征的描述较为模糊,涉及跨度较大,部分材料调查对象年龄之间有交叉;大部分研究材料未对研究对象的犯罪案由加以区分,较少研究探讨了单一案由的罪犯人格特征(约占总数的 39%);调查对象均为男性的材料有 23 项,调查对象均为女性的材料有 7 项,男女混合的材料有 3 项。② 该研究证实罪犯具有高精神质与高神经质的人格特征。

在艾森克的人格理论中,精神质代表的是一种心理变态倾向性。心理变态倾向的人孤独、残忍、冲动性强,常常对他人怀有恶意并表现出攻击性,对他人的同情心、负疚、罪恶感等体验在他们身上很少出现。神经质维度也被称作情绪稳定性,高神经质的人总是表现出高焦虑,喜怒无常,对各种刺激往往表现出过于强烈的反应,情绪冲动后很难平复。由于这样的人对事物的判断往往受到感情冲动的干扰,因此有时会出现不合常理、刻板、偏执的行为。该研究发现,罪犯的掩饰性显著低于正常人群,与人们心中罪犯总是狡猾、多变的印象不符。可能原因在于测试情景的差异性。对于自我陈述的问卷,正常人出于社会赞许的动机在作答的过程中总会表现出有意无意的掩饰性,而几乎所有对罪犯的调查都是在监狱中进行,罪犯的诚实程度相对较高。内外倾维度与犯罪性的关系是艾森克最具理论性的预测,但两者间的关系却最具争议性。该研究结果也没有证实这种预测关系的存在。按照艾

---

① 参见宫火良:《对国内罪犯人格特征研究的元分析》,载《中国心理卫生杂志》2006 年第 20 卷第 7 期。

② 参见宫火良:《对国内罪犯人格特征研究的元分析》,载《中国心理卫生杂志》2006 年第 20 卷第 7 期。

森克的观点,内外倾维度描述的主要特征包括社交性和冲动性。高外倾的人善于交际、健谈、寻求刺激,好出风头,做事急于求成,好动,具有冲动性。但在后来的EPQ的E量表中,没有冲动性这个术语,而把它作为精神质的一部分。①

虽然许多学者对罪犯的人格特征进行了研究,但如何更深入地探讨不同案由、不同文化程度、不同年龄发展阶段的罪犯的人格特征,更细致地描述人格与犯罪的关系问题还值得进一步深入研究。

马海鹰等人利用文献调研法对国内外罪犯人格特征的研究结果进行了总结,结果发现罪犯普遍存在偏离正常人格的倾向,罪犯人格特征有其共性,但不同性别、不同年龄、不同犯罪类型罪犯的人格特征有所不同。②

徐砺采用EPQ,对四川宜宾某监狱234例成年男性罪犯进行了调查,研究结果发现罪犯组同一般人群常模在EPQ的4个分量表上均表现出显著的差异性。罪犯组在精神质、内外向、神经质上的得分显著高于常模组,再一次印证了罪犯组的个性确实与一般人群存在较大的不同,罪犯们表现出了更多的精神质、更为外向、具有较多的神经质,极端型的个性特质更容易出现在罪犯人群中,而这些极端型的个性特质可能正是引发犯罪动机的根源之一。不同类型的罪犯之间,在个性特征上并没有表现出十分明显的差异,表明不同类型的罪犯同样会表现出不同的个性特点。尽管犯罪的类型不同,但总体上不同类型的罪犯还是与普通人群在个性特征上存在显著性差异。不过,伤害罪罪犯在精神质和神经质上的得分要显著高于贩毒罪和盗窃罪,表明伤害罪罪犯可能表现出更大的不安、焦虑和冲动,容易失去理智,对他人造成侵害。强奸罪罪犯相比贩毒罪罪犯显得更为外向,表明强奸罪罪犯更为张扬、爱表现、喜欢寻求刺激,而贩毒罪罪犯则可能更为沉稳、内敛一些。不同教育程度的罪犯在神经质和外向性方面表现出显著的差异性,表明罪犯的个性特点与受教育程度存在一定的联系,并且具有大专及以上教育程度的罪犯,表现出较低的精神质。同样在精神质方面,来自城镇的罪犯得分更高。不同年龄的罪犯在精神质和神经质维度上得分没有显著差异,表明罪犯年龄与此两个性特征没有密切的联系,同样入狱时间的长短与个性特点也不存在密切的联系,不过年龄越大的罪犯更多表现出外向性的特点,入狱时间1~3年的罪犯表现出更多的神经质,这有可

① 参见宫火良:《对国内罪犯人格特征研究的元分析》,载《中国心理卫生杂志》2006年第20卷第7期。

② 参见马海鹰、张小远:《罪犯人格特征的研究进展》,载《中国健康心理学杂志》2005年第2期。

能表明罪犯在这段时间内情绪较不稳定,对监狱环境适应不良。①

在考察犯罪时,人格因素是首要的、不能忽视的重要因素,但不是唯一因素。在犯罪过程中,人格不是独立发挥作用,而是和主体内外因素共同作用的结果。对人格特质的描述与测量,可以归纳出每个人的人格特质,这些特质与犯罪之间并不存在必然性联系。我们可以根据人格去解释同样文化背景下不同个人具有不同行为选择的原因,但不能得出犯罪者的人格与犯罪之间通常存在稳定性联系的结论。有些犯罪人选择犯罪,可能代表了人格的一贯性,也有一些与稳定的人格并不统一。人格在犯罪研究中,只能表达某种可能性和倾向性,这是相对稳定而非绝对的联系。

四、气质、性格与犯罪

(一)气质与犯罪

气质是受先天生物学因素影响较大,表现在人的心理活动和行为方面的稳定的心理特征。一般将气质类型归纳为四种,即胆汁质、多血质、黏液质和抑郁质。

胆汁质的人反应速度快,具有较高的反应性与主动性。这类人情感和行为动作的产生迅速而且强烈,有极明显的外部表现;性情开朗、热情、坦率,但脾气暴躁、好争论;情感易于冲动但不持久;精力旺盛,经常以极大的热情从事工作,但有时缺乏耐心;思维具有一定的灵活性,但对问题的理解具有粗枝大叶、不求甚解的倾向;意志坚强、果断勇敢,注意稳定而集中但难以转移;行动利落而又敏捷,说话速度快且声音洪亮。暴力犯罪中较多。

多血质的人行动具有很高的反应性。这类人情感和行为动作发生得很快,变化得也快,但较为温和;易于产生情感,但体验不深,善于结交朋友,容易适应新的环境;语言具有表达力和感染力,姿态活泼,表情生动,有明显的外倾性特点;机智灵敏,思维灵活,但常表现出对问题不求甚解;注意与兴趣易于转移,不稳定;在意志力方面缺乏忍耐性,毅力不强。诈骗犯罪中较多。

黏液质的人反应性低。情感和行为动作进行得迟缓、稳定、缺乏灵活性;这类人情绪不易发生,也不易外露,很少产生激情,遇到不愉快的事也不动声色;注意稳定、持久,但难以转移;思维灵活性较差,但比较细致,喜欢沉思;在意志力方面具有耐性,对自己的行为有较大的自制力;态度持重,好沉默寡言,办事谨慎细致,从不鲁

---

① 参见徐砺:《对罪犯的艾森克个性问卷(EPQ)调查分析——以四川宜宾某监狱234名男性为例》,载《西南民族大学学报(人文社科版)》2007年第12期。

莽,但对新的工作较难适应,行为和情绪都表现出内倾性,可塑性差。贪污犯罪中较多。

抑郁质的人有较高的感受性。这类人情感和行为动作进行得都相当缓慢,柔弱;情感容易产生,而且体验相当深刻,隐晦而不外露,易多愁善感;往往富有想象力,聪明且观察力敏锐,善于观察他人观察不到的细微事物,敏感性高,思维深刻;在意志方面常表现出胆小怕事、优柔寡断,受到挫折后常心神不安,但对力所能及的工作表现出坚忍的精神;不善交往,较为孤僻,具有明显的内倾性。

(二)性格与犯罪

性格是人对现实的态度和在行为方式中所表现出来的比较稳定的独特的心理特征的总和。性格表现了一个人的品行和世界观,它在人格中具有核心的意义。性格具有社会评价意义,不同性格特征的社会价值是不一样的,有的性格特征对社会有积极意义,如勤劳、善良、忠诚等;有的性格特征对社会有消极影响,如虚伪、奸诈、懒惰等。消极的性格特征是个性社会化缺陷的突出表现。对犯罪人的个性测验表明,其消极的性格特征主要表现在以下几个方面:

1. 对待现实的态度的性格特征。对社会、集体的态度表现为缺乏责任感、义务感,对社会和集体不关心、不热情;对劳动的态度表现为懒惰、好逸恶劳、工作不负责、粗心大意等;对他人的态度表现为缺乏同情心、冷酷无情、虚伪狡诈、孤僻、傲慢、不合群等;对自己的态度表现为自卑、自负、自私、自我为中心等。

2. 性格的情绪特征。主要表现为情绪不稳定、冲动性强、理智性差,行为常常受情绪所左右;心胸狭窄,报复心、嫉妒心、仇恨心、虚荣心强;缺少罪恶感,漠视他人的痛苦;情感具有肤浅性、缺乏原则;挫折耐受力差,遇到挫折易产生消极情绪甚至导致攻击性行为;在杀人、伤害、爆炸等暴力型犯罪者中表现较明显。

3. 性格的意志特征。主要表现为意志品质薄弱,对外界刺激与诱惑缺少抵御能力;冒险心理和侥幸心理较突出;任性、冲动性强、自制力差;行动盲目、举止轻率、独断专行或优柔寡断等。

4. 性格的理智特征。主要表现为理智水平低,思维狭窄,不能够正确认识和评价自己的行为的社会意义和可能导致的后果;固执己见,偏执性强,不听他人劝告,一意孤行;受暗示性强,易受他人拉拢、引诱走上犯罪道路。

五、人格障碍与犯罪

(一)人格障碍的定义

在人格因素中,人格障碍具有特别重要的意义。人格障碍,也称人格变态、人格异常、病态人格、变态人格等,是一种人格在发展和结构上明显偏离正常,以致不能行之有效地适应正常的社会生活的心理行为表现。中国精神疾病分类与诊断标准(CCMD-2-R)对人格障碍的定义为:“人格障碍是人的特征显著偏离正常,使得患者形成了特有的行为模式,对环境适应不良,明显地影响其社交和职业功能,或者患者自己感到痛苦。”[①]人格障碍实际上是个人难以适应正常社会生活和正常发挥自身功能的一类精神障碍。具有人格障碍的人不同程度地具有道德观念、理智、情感、性格等方面的缺陷,表现为情绪极不稳定、不近人情、性格古怪、人际关系适应不良等。

人格障碍可以有广义和狭义之分。广义的人格障碍分为原发性人格障碍和继发性人格障碍。原发性人格障碍,即在某种消极的先天素质特点的基础上,在不良社会文化环境因素的影响下造成的人格障碍。继发性人格障碍指在某种神经疾病、精神疾病的影响下发生的人格障碍,如颅内肿瘤所致的人格异常,老年痴呆病人的人格异常、精神分裂症过程中的人格异常等。原发性人格障碍一般包括反社会型、偏执型、情感型、爆发型、分裂型、强迫型、癔症型、衰弱型、冲动型等人格障碍;狭义的人格障碍专指原发性人格障碍。

(二)人格障碍类型与犯罪

有些类型的人格障碍极少导致犯罪,如强迫型、癔症型、衰弱型人格障碍等,但有些人格障碍类型与犯罪的关系密切。容易导致犯罪的人格障碍类型有反社会型人格障碍、偏执型人格障碍、情感型人格障碍、爆发型人格障碍、轻佻型人格障碍、怪癖型人格障碍等。

反社会型人格障碍,又称无情型、冷酷型人格障碍或精神病态、悖德狂。反社会型人格障碍是最容易发生违法犯罪的人格障碍之一,是一种对社会有严重危害的人格障碍,多见于男性。在本章第二节重点讨论。

偏执型人格障碍的主要特征是:主观性极强而且固执;敏感,报复心强;自我评价过高、容易产生攻击行为;对周围的人缺乏基本的信赖,意志过分坚定、固执;坚信自己正确,对自己的缺点不允许别人批评,即使是合理的批评,也会引起他强烈的反击;心胸狭隘、好嫉妒、骄傲自大等。[②] 偏执型人格障碍者可能因嫉妒心理、报复心理而引发杀人、伤害等暴力犯罪。例如,2006年7月陕西汉阴县平梁镇凤凰山山顶上铁瓦殿道观发生了一起特大杀人案,邱某华因先前曾与道观管理人员发生过

---

① 罗大华、何为民主编:《犯罪心理学》,中国政法大学出版社2007年版,第421页。

② 参见罗大华、何为民主编:《犯罪心理学》,中国政法大学出版社2007年版,第425页。

争执,并认为道观住持熊某成有调戏他妻子的行为,因此心生愤怒,产生杀人灭庙的恶念。邱某华趁所有人熟睡之机,用弯刀对5名工作人员和5名香客各砍数刀,又找来斧头再次向每个人头部砍击,致10人全部死亡。犯罪手段极其残忍,遇害者几乎都是一刀毙命。犯罪人邱某华具有偏执型人格特征,认识上的偏执,强烈的嫉妒和报复心理,加上现实生活中的刺激导致了悲剧的发生。

情感型人格障碍,又称情绪不稳定型和循环型人格障碍,其基本特征是:情绪极不稳定,忽高忽低。可持续地情绪低落、抑郁不振,或持续地高涨,精神振奋,或者两者交替出现,喜怒无常,变化多端。这种人格障碍者激惹性高,常常因小事引起强烈的冲动情绪,导致违法犯罪行为的发生,事后常常会感到后悔。

爆发型人格障碍的主要特征是:常常因微小的刺激而爆发非常强烈的愤怒情绪和冲动行为,自己完全不能控制。常有以下表现:产生体力攻击行为,殴打妻子和儿女;病理性醉酒,因少量饮酒引起强暴行为,事后不能回忆;产生冲动性性行为;时常违反交通规则或发生严重交通事故。这类人在情绪爆发时容易导致犯罪行为的发生。

轻佻型人格障碍的主要特征:举止轻浮、行为失当,虚荣心强、好夸张,不顾廉耻,以编造谎言、诱人上当或破坏美满家庭为乐趣。这类人格障碍者常进行诈骗、卖淫等违法犯罪活动。

怪癖型人格障碍的特征是:存在一种顽固的、以内心体验为目的的、常人难以理解的怪癖。常见的怪癖型人格障碍有"纵火癖""偷窃癖""谎言癖""赌癖""怪恋癖"等。[①] 这类人格障碍者通过实施违法犯罪行为,从中获得快乐。纵火癖可能导致随意纵火的行为;偷窃癖会导致偷窃的行为,且易形成偷窃习惯;怪恋癖常常会引起爱情、家庭的纠纷,也可能引起杀人、伤害以及破坏他人婚姻的犯罪。

在司法实践中,并非都是某种单一的人格障碍导致违法犯罪,有的犯罪行为属于混合型,由多种人格障碍共同导致。

六、危险人格及分类

国内学者李玫瑾教授通过问卷调查、访谈研究,提出了危险人格的概念,并据此分类论述了不同类型危险人格与犯罪之间的关系。所谓危险人格,是指对他人或社会具有威胁与危害倾向的一种人格现象的总称。危险人格概念的提出是在考察了龙勃罗梭的天生犯罪人论,加罗法洛的异常犯罪人论、人格障碍理论,罗大华

---

① 参见罗大华、何为民主编:《犯罪心理学》,中国政法大学出版社2007年版,第426页。

的犯罪心理结构论,刑法学领域广泛使用的人身危险性概念、犯罪人格概念等基础上提出的。

李玫瑾在考察了人格的先天遗传与后天养成的关系后,对危险人格作了如下分类①(如图5-1所示)。

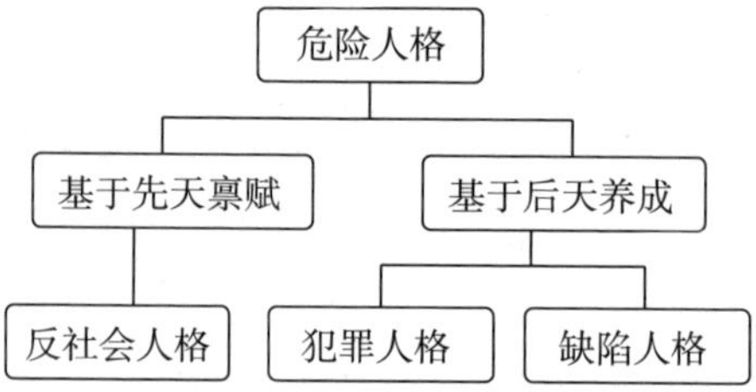

图5-1　危险人格分类图

根据对在押服刑人员的调查研究发现:具有危险人格的人员在服刑人员中所占比例约为43%。其中具有反社会人格障碍的人约占13%,具有犯罪人格的人约占8%,具有缺陷人格的人约占22%。其余人员的犯罪则是基于危险心结而导致。

——— 思考题 ———

1. 不同类型人格障碍与犯罪之间的关系。
2. 危险人格的类型区分,危险人格与犯罪特征的关系。

第二节　反社会人格类犯罪

要点提示

1. 反社会人格的概念。
2. 具有反社会人格的人一旦犯罪,其犯罪表现出的典型行为特征。

一、反社会人格的概念

反社会人格又称反社会人格障碍,属于变态心理学或精神医学用语,指在个人

① 参见李玫瑾:《犯罪心理研究——在犯罪防控中的作用》,中国人民公安大学出版社2010年版,第55页。

行为中普遍存在的无视和侵犯他人权益的模式。① 具有反社会人格的人会频繁扰乱周围的人,并且显示出对他人权利的漠视。他们经常会欺骗、攻击他人,最典型的表现是从不自责,也不忠实于任何一个人,行为特征表现为易冲动、烦躁、好斗,并经常表现出不负责任的行为方式。此类人格障碍在15岁甚至之前就已经很明显:好斗、虐待动物、毁坏物品、说谎、偷东西等,在家里或学校就开始破坏规则等。②

关于反社会人格的诊断指标有两个:情感与人际关系指标和行为指标。情感与人际关系指标主要表现为缺乏懊悔、自责、怜悯感,无情无义,算计并利用他人。行为指标表现为反社会、冲动、明显偏离社会规则行为。③ 国内外的研究者得出了比较一致的结论,即具有反社会人格障碍的人在监狱在押犯中的比例比较高。与其他类型的犯人相比,他们虽然都有对社会的破坏或攻击行为,但反社会人格的罪犯表现得更加自私、损人利己、缺乏情感、不知自责等。

反社会人格障碍的疾病特点大多表现为高攻击性、无羞惭性、行为无计划性、社会适应不良。

反社会人格障碍的成因,一般认为与父母养育方式有关。父母对孩子的养育方式不仅与父母自身文化、经济情况等有关,更与配偶是否健在以及家庭婚姻状况的好坏息息相关。这进一步证实了家庭微环境复杂而微妙地影响家庭成员的行为方式。良性的家庭环境,父母正性的养育方式对具有塑造性的未成年人来说,意义无疑更加突出。④

反社会人格障碍一旦形成后趋于持续状态,在少年后期达到高潮。随着年龄增长,一般在成年后期违纪行为即趋减少,情况有所缓和。

二、反社会人格患者犯罪特征

李玫瑾教授基于对大量犯罪人的调查研究,总结出反社会人格患者的犯罪特征有以下六点。⑤

---

① 参见[美]巴隆、[美]杜兰德:《异常心理学》,杨霞等译,中国轻工业出版社2006年版,第474页。

② 参见[美]詹姆斯·布彻等:《变态心理学》,北京大学出版社2004年版,第399页。

③ 参见[美]詹姆斯·布彻等:《变态心理学》,北京大学出版社2004年版,第368~369页。

④ 参见刘秀芬、黄悦勤、李立明:《父母教养方式与人格障碍关系的研究》,载《中国心理卫生杂志》2001年第3期。

⑤ 参见李玫瑾:《犯罪心理研究——在犯罪防控中的作用》,中国人民公安大学出版社2010年版,第63~66页。

(一)异常表现始于早年

反社会人格障碍患者行为的异常表现通常开始于10岁左右。在犯罪人中,具有反社会人格障碍的人,其违法犯罪行为多发生在早年。从他们的人生经历看,早年出现心理上或行为上的问题时就具有顽劣特点,没有理由但不断重复或让周围的人感到很困惑,难以说服和应对。例如,2001年发生在石家庄的爆炸案的犯罪人靳某某,从小就有怪癖,又因为有听力障碍,致使其疑心和嫉妒心很强,上学时同学们就没有人愿意与他交往,在家庭关系中与亲人们关系很紧张。又如,2004年北京系列绑架案主犯王某曾对着媒体的镜头说:“我从小就坏,9岁就开始偷家里的钱……我爸说我,周围没有坏人呀,你怎么这么坏?我也纳闷,真的没有人教我……”

(二)家庭背景基本正常

这类人往往生活在较为正常的家庭中,其父母没有明显的心理异常或行为劣迹,家庭中其他子女也并无心理异常或劣迹表现。这些人很早就表现出“另类”,表现出不安分、胆大、怪异并具有破坏性。这时,父母对其不良行为的管教通常显得非常乏力。例如,2004年浙江杀人碎尸案的案犯刘某的父亲为了矫正刘某的怪异行为,自费将其送入当地一所职业军校。刘某在最初的新兵训练的3个月内表现还好,喜欢体能训练活动,但训练一结束他就开始不甘心部队的规律生活,私自外出游玩,被部队发现后开除。刘某的父亲对此非常气愤,对刘某严加训斥,刘某对父亲的管教不满,离家出走并在春节期间杀人碎尸。

(三)缺乏自然情感力

自然情感力,是指人生命活动中自然出现的情感现象,如个体生命初期对抚养人的依恋、随着年龄增长到青春后期对异性的迷恋、多年陪伴形成的亲情等。有许多犯罪人对被害人很残忍、冷漠,但对他们自己的亲人,如母亲或抚养自己长大成人的祖母、外祖母等心存感恩,或对自己的妻子和孩子非常在意和珍惜。反社会人格障碍者则完全不同,他们不会对任何人有感情,只会利用他人。例如,一个杀人碎尸案的案犯刘某,曾杀害过一名女会计,当问及对这个女会计有什么感觉时,他回答说“她气质很好。”当追问他为什么气质好还杀她时,刘某的回答体现出了反社会人格的特点:“我这人就这样,越是好东西我越要毁掉。”

(四)聪明且善于谋划

这类人具备正常的认知能力,甚至很多方面表现得很聪明,在某些方面甚至表现得很有特长。例如,石家庄2001年“3·16”爆炸案主犯靳某某,不但会配制炸药,还会修理电器,喜欢打猎,枪法也准。爆炸案预谋阶段的购买炸药,在多个地点放置炸药、引爆炸药等严重犯罪行为体现出反社会人格患者的凶残和善于谋划的特点。

(五)道德白痴难以教化

法国犯罪学家加罗法洛在《犯罪学》中对这类犯罪人的描述为:“他们不具有真正的悔恨,不惧怕刑罚。”这类人由于情感异常,他们从不审视或反省自己的内心问题,对已经被他们杀害的被害人表现出十足的冷漠。

(六)肆意犯罪不会中止

具有反社会人格的犯罪人由于情感上的缺陷,他们做事情会表现得一意孤行,完全不顾他人的感受,在亲情和自己的欲望之间,他们选择的是满足自己的欲望。正如2004年北京系列绑架案的主犯王某曾坦言:“我的欲望和亲情相比,我的欲望太高了,只有把亲情舍了……”这类人犯罪不会自行中止,只要没有被警方抓到,他们会肆意持续作案。例如,以张某为首的组织抢劫、故意杀人犯罪集团自1991年6月至2000年9月在重庆、湖南、湖北、云南、广西等地持械抢劫、故意杀人,抢劫枪支弹药22次,致28人死亡、5人重伤、15人轻伤、2人轻微伤,劫得财物价值人民币545.9万余元。从张某的人生经历中不难看出,他滥杀无辜,甚至轻易向有恩于自己的老乡下黑手,肆意地向与自己共患难的同伴下黑手,他持有的是一种强盗逻辑,无情无义。

——— 思考题 ———

1. 试说明反社会人格的概念。
2. 试述反社会人格患者的犯罪特征。

第三节　犯罪人格类犯罪

要点提示

1. 犯罪人格的概念。
2. 具有犯罪人格的人犯罪的心理与行为特征。

一、犯罪人格的概念

Yochelson和Samenow提出,犯罪是一种人格属性。然而,他们并没有追随艾森克将人格归于神经系统的内在属性的观点,而是持有一种认知的观点,强调行为人的偏见及其对犯罪行为的错误思想体现在人格特征上,影响了犯罪行为的选择。

他们主张人格是毕生发展的,并且强调在人的童年时期亲子互动对人格形成有极为重要的影响。他们相信人的所有行为都是理性思考的结果。犯罪人因其思考过程中存在的错误和偏见,而采取不能为大多数人所接受的行为策略。基于对来自多种背景下的240名罪犯的访谈研究,他们归纳出了犯罪人格特征的40种思想错误,也可以称为决策中的习惯性偏见和曲解。这40种思想错误可以归结为三类:人格特质错误,如无用感、对权力和控制的需要、表现欲、撒谎等;习惯性思想错误,如决断能力匮乏、缺乏信任感、无力承担责任等;与犯罪行为相联系的错误,如对反社会行为的痴迷、过度乐观等。①

二、犯罪人格类犯罪特征

(一)人生早年心理正常

人生早年在这里指人的青春期之前(尤其是12岁之前),也有个别的具有犯罪人格的犯罪人在18岁前有着相对正常的心理和行为表现:正常上学、学习认真、成绩不错,给老师和同学留下的印象是老实、没有明显的劣迹行为等。

具有犯罪人格的人和反社会人格患者的主要区别在于前者有正常的情感力,即使实施了非常残忍的犯罪行为,但在侦查审讯阶段,如果与他们谈到他们给亲人带来的伤害时,他们大多有正常的情感反应,能表现出对家人的愧疚感、对被害人家庭的愧疚感等自然的情感。

(二)基本社会化缺失

具有犯罪人格的犯罪人大多有过远离家庭、辍学、孤身流浪等经历。导致这些人离开家庭的原因也往往不是由于其自身的问题,而更多是家庭变故,如父母或其中一方去世或服刑,父母离异,父母一方酗酒、赌博甚至违法犯罪,家庭极度贫困导致不得不自谋生路等。这些家庭变故导致其中年幼的成员,基本社会化过程不能顺利完成或完全缺失。

基本社会化缺失,通常导致一些不良习惯乃至恶劣习惯的形成,这为后续成长过程中的违法犯罪行为高发埋下了隐患。详见第八章“习惯性行为与违法犯罪”。

(三)青春期有生存性违法行为

具有犯罪人格的人初次犯罪的年龄可能不具有特殊性,但他们犯罪的原因与一般青少年违法犯罪有明显区别。人们通常将青少年犯罪的原因归结为贪图物质享乐、盲目讲究哥们儿义气、法律意识淡薄、报复、性好奇、任性、自私、学业失败、父

---

① See Yochelson, Samenow, *The Criminal Personality*, New York: Jason Aronson, 1976.

母管教方式不当等。具有犯罪人格的犯罪人,他们早期的违法犯罪行为大多是为了满足最基本的生存需要。他们往往是先脱离家庭,然后乞讨流浪,再后来开始为生存扒窃、入室盗窃。一旦被抓获,往往会因为缺乏家庭的保护,警察也无法解决他们的日常生活问题,而被送入拘留所、管教所等。

(四)成年后犯罪升级

具有犯罪人格的人,由于基本社会化的缺失,常人通过家庭和学校获得的社会行为规范及规范意识,他们无从获得。在没有掌握基本的社会生活知识和技能的情况下,他们的生存就显得不择手段。

以地跨豫鲁皖冀四省流窜系列入室奸杀案的犯罪人杨某某为例。杨某某1990年因盗窃被西安市公安局灞桥分局劳教2年;1993年因扒窃被石家庄市公安局长安分局劳教1年;1996年因盗窃、强奸被正阳县人民法院判刑5年。此后,杨某某四处流浪,连续作案,入室后先杀人,再抢劫,最后奸尸。杨某某杀人不分老幼,一个活口不留,选择杀人对象时仅仅是看谁家方便就进入谁家;抢劫有时候仅仅为了几元钱,甚至连尸体上都要搜一遍;奸尸的对象都是年轻的女性,甚至是未成年的小女孩。

(五)犯罪心理难以逆转

具有犯罪人格的人犯罪,虽然不具有遗传倾向,但是,后天的犯罪过程经历了一个反复强化的过程,导致的结果是犯罪心理难以逆转。按照经典条件反射理论,重复刺激使人建立起某种刺激与反应的常态模式。对于犯罪行为人来说,这种重复刺激出现得越早、持续的时间越长,形成的犯罪人格就越稳定,对社会的危害就越大,向善的逆转可能性就越小。从年龄来看,离家出走的孩子一般在10~18岁,如果离家10年,他们的年龄就达到20~30岁,这期间会因为生存而违法、犯罪。随着社会异化的时间越长,他们的犯罪人格就越明显并趋于稳定,从"生存性"违法发展成为"习惯性"犯罪甚至"乐趣性"犯罪,他们把犯罪视为解决生活难题的优先选择的方式。是非感、羞耻感甚至做人的基本人性也逐渐消失,发展成无恶不作之人。

(六)动机简单性质恶劣

当犯罪人格形成后(一般从25岁开始),个体就会持续地以犯罪作为基本的生活方式,以不同的犯罪方式解决生活基本需要问题。有犯罪人格的人,往往是系列案件或重大案件的制造者,他们后期作案大多是"集几类罪名于一案或一身"。统观这类犯罪,案件的性质尽管非常恶劣,但犯罪人的犯罪动机却异常简单,大多以"满足最基本的需要"为主,有的案件仅仅为几十元而抢劫,为满足几分钟的性欲而强奸、杀人灭口。

案例:董某,2006年赣、浙、闽三省系列入室强奸、抢劫、杀人案主犯。董某13岁开始在外流浪,早年曾是一个正常人,向往着挣钱、娶老婆、回家、种地、养羊,一直努力过正常人的生活。然而,最后绝望了,他认为"睡死过去是最好了",想想又不甘心,于是杀人越货,最后自己都发出了感叹:"没想到我这么个烂命竟然值10万元。"

思考题

1. 试述犯罪人格的概念。
2. 试说明具有犯罪人格的人员犯罪的心理与行为特征。

第四节 缺陷人格类犯罪

要点提示

1. 缺陷人格的概念。
2. 缺陷人格的形成。
3. 具有缺陷人格的人的犯罪特征。

一、缺陷人格的概念

缺陷人格是一种后天形成的人格障碍。与犯罪人格相比,相似之处在于这类患者的观念和性格同样具有严重的缺陷;不同之处在于犯罪人格是由于乏爱所致,而缺陷人格患者大多生活在一个结构正常的家庭内,在物质方面能够被满足,尤其在情感方面能够被充分满足。正是由于过分宠溺的抚养方式,才导致他们出现了严重的人格缺陷。缺陷人格又称溺爱型人格障碍。

缺陷人格在犯罪人群中约占22%。与反社会人格(约占13%)和犯罪人格(约占7%)相比数量居多。同时,这类人格障碍的成因主要在于后天的家庭教养。研究这类人格问题对总体上控制危险人格的人群数量,减少对社会具有危害的危险人格者的数量都具有重要现实意义。

二、缺陷人格类犯罪特征

(一)早年心理正常

这类人在人生早期大多具有完全正常的心理和行为表现,认知、情感反应、与人交往都比较正常,而且大多比较外向。他们的心理和行为问题往往在青春期甚至接近成年时期显现。他们最初违法犯罪的年龄也往往出现在接近成年的前后。李玫瑾的研究结果显示,具有缺陷人格的罪犯初期犯罪的平均年龄为21.5岁,初期被判刑的平均年龄为21.8岁。这一平均年龄比犯罪人格的16.2岁要晚5.6岁。

(二)具有宠溺抚养背景

具有缺陷人格的人,大多生活在亲情较为充分、物质需要满足也较为及时并充分的家庭中。或者说,这类人的早年生活基本被亲人包围并充分呵护,衣食无忧。但这仅仅是宠溺抚养的前提条件。是否属于宠溺抚养,关键看抚养者对孩子的态度和对待孩子的行为方式。宠溺抚养态度是指对孩子的各种要求百依百顺、随时满足,而不顾孩子的要求是否合理、是否正确。宠溺抚养的行为方式更多表现为对孩子本该在这一年龄段学会的技能完全忽视,一切行为都试图包办代替。宠溺抚养态度和宠溺抚养的行为方式构成了宠溺抚养背景。

在宠溺抚养背景下长大的孩子,往往具有以下几个特点:第一,低能,尤其是生活自理能力;第二,意志力弱,自控力和吃苦耐劳精神差;第三,观念混乱,缺乏基本的是非判断常识。

(三)具有情感能力

与犯罪人格和反社会人格相比,缺陷人格患者在情感方面大多表现正常。通常对母亲或早年的抚养人具有真实的眷恋感。具有缺陷人格的人犯罪,有时也会实施非常残忍或冷酷的犯罪行为,但他们对待自己所爱的人仍存有一种正常的情感反应。他们大多对自己的母亲、妻子、孩子有正常情感,对认识的人也大多表现出友好。他们在生活中与人相处或交往时表现出情感交流正常,健谈,甚至愿意结交朋友的现象。一种例外表现是那种极端的被宠溺者可能会表现出对最宠爱他的人进行欺负的现象。当然,如果人先后经历宠溺抚养背景和严格管教抚养背景则往往会表现出冲突、行为方式矛盾的现象。

案例:北京大兴李某灭门案。2009年11月23日晚,犯罪嫌疑人李某在家中用尖刀将妻子、妹妹、父母、年仅1岁的次子和6岁的长子刺死,作案后逃往海南。11月28日,李某在三亚被抓获。2010年10月,北京市第一中级人民法院对此案作出一审判决,以故意杀人罪判处李某死刑,并附带赔偿受害人合计345万余元。2011年9月16日,李某被执行死刑。综合分析李某的性格为极其内向。和该类人打交道,不能逼他们太甚,这是一个很重要的原则。但要命的是,在人际交往中,尤其是在亲密关系中,越内向的人,越容易找外向的人;越容易让步的人,越喜欢找从不让步的人;越容易为别人考虑的人,越喜欢找思虑简单的人……这就是常说的“互补”。这种互补,在生活中可以相互弥补,让两个人可以更圆满地面对外面的世界。

从根本上而言,这是自己在渴望圆满,希望能从对方身上学到自己所欠缺的。然而,问题是,一个极其内向的人,一旦选择了极其外向的人,他们往往会意识不到彼此对圆满的渴望,相反,他们会越来越不能忍受彼此,同时各自对自己的逻辑越来越执着。深入调查李某的成长经历发现:李某从小由祖父母抚养,和父母亲的接触并不多,这也导致李某对父母的情感淡漠。爷爷奶奶抚养的方式难免就是宠溺,小时候过于宠爱的孩子,长大了就很容易失控。等到父母发现了问题,想要管教的时候,往往又是一股脑灌输的教育模式——必须怎么样,必须不怎么样。沉默,似乎是李某对于爷爷奶奶"宠溺式"的抚养与父母严厉而单一的管教方式之间落差的回应。①

(四)懒散且弱能

在宠溺抚养背景下长大的人大多不善劳作,习惯了被人照顾,难以承受体力劳动之苦累,独立应对困难的能力更弱。上学有逃学现象,逃学的理由既不是智商不够,也不是因为家庭无力支付学费,而是他们不愿意承受学习的枯燥和艰辛。这类孩子往往在初中阶段就开始辍学,辍学后有的放任自流,有的成为社会上游手好闲的人。他们由于缺乏工作技能和吃苦耐劳精神,无法找到或承担技术含量高的工作,又不愿意多支出体力劳动,无论哪种情况对他们来说都是困难的。因此,他们中的一些人在接近成年或中年之时,在家庭中的父母长辈的财力不能充分满足他们的需要、不断增长的欲望时,便开始寻找简单便捷但通常是违法的方式获取钱财,不择手段、铤而走险成为他们行为决策的典型特点。

(五)缺乏是非观念

在宠溺抚养背景下长大的孩子,很容易形成一些错误的观念:我是第一位的,我的需要必须满足,我的需要必须即刻满足,我想要的东西一定要得到。这些观念的形成源自年幼时一味地、即刻地(而非延时地)满足孩子要求的结果。这样的孩子不论在自己家还是他人家,当随便翻动抽屉衣柜,甚至拿别人东西时,家长的默认态度、肯定乃至赞许的反应更加助长了孩子的错误观念的形成,即别人的东西是可以随便拿的。由于缺乏观念的自我修正知识和能力,这类人一旦出现违法犯罪行为往往不会自动停止,相反,会由于重复犯罪得逞而趋于更严重的犯罪。在犯罪人群中的惯犯中具有缺陷人格的现象更多见。

(六)犯罪具有择机性

缺陷人格者在选择作案时机、作案类型、作案的连续性时都有其选择特点。与反社会人格者犯罪一致的表现是不择手段、无羞耻感。与犯罪人格者不同的是,犯

① 参见百度百科:北京大兴灭门案,2018年7月4日。

罪人格者在犯罪中大多表现出严重的情感挫折体验，有深刻的仇恨体验，一旦犯罪便在很短时间内趋于严重暴力，常常表现出为了简单的性欲望满足而杀害无辜者；但缺陷人格者他们作案更趋于功利目的，带有机遇性的特点。例如，他们在侵财或强奸时“是否杀人”，往往取决于当时的情境和被害人的反应，并不是逢案必杀；在强奸案中，主要追求性满足，没有宣泄仇恨的表现，甚至主动向被害人示好。相对于其他两类人格障碍者的犯罪，缺陷人格者犯罪后被判处极刑或重刑的较少，由于未被判处极刑，在监狱在押犯中所占比例反而更高一些，尤其被判三次以上徒刑的人居多。

（七）善于欺骗与表演

缺陷人格者在犯罪被捕后的表现也与其他两类有很大不同。他们既不像反社会人格者那样公然嚣张，也不像犯罪人格者那样仇恨冷漠，这类人往往愿意与人交谈，善于表达。对于矫正者或审讯者来说，如果不了解他们的这些特点，就很容易被其言语或外表迷惑。他们会很配合提问，但回答问题时会特别强调其犯罪的“客观理由”，把自己装扮得很“令人同情”，甚至把脏水都泼在被害人身上。其中有很多供述的内容都带有欺骗性和表演性。在识别缺陷人格者的谎言时，必须了解案件的全过程，因为他们在宠溺抚养背景中养成了极端自私的性格和表现。

思考题

1. 试述缺陷人格的概念。
2. 试说明具有缺陷人格的人犯罪的特征。

延伸阅读

危险心结

李玫瑾教授在她的著作《犯罪心理研究——在犯罪防控中的作用》一书中重点讨论了危险心结的概念、类型及其由来。危险心结引起的犯罪行为大多具有如下特点：作案人的心智和社会性一直表现正常。成长与生活背景也相对稳定；情感活动表达正常甚至较为丰富；大多具有道德感和知罪能力；犯罪多表现为出乎人们意料，有的犯罪伴有严重暴力的特性或变态性。

1. 心智和社会性表现正常。由危险心结引发的犯罪，犯罪行为人的心智和社会性表现正常，这一特点使他们不同于严重的精神病人。

2. 成长与生活背景相对稳定。这一特点使他们异于犯罪人格者。

3. 具有道德判断和知罪能力。这一特点使他们异于缺陷人格者。

4. 犯罪多为令人意外的表现。这是危险心结最突出的特征。令人意外表现在三个方面:一是异常暴力;二是变态;三是让人不可思议。

危险心结成因包括:创伤性的刺激源、特定的个人生活经历。

危险心结分类。按照心结的成因,李玫瑾教授将心结区分为知结、情结、意结和瘾结四类。这四类心结引发的犯罪,其犯罪动机的明朗程度也不同,知结类心结诱发的犯罪,动机最为明朗,犯罪人与被害人之间的关系也比较好识别或理解,"冤有头债有主";情结类心结诱发的犯罪,有明显的情绪宣泄,但由于具有情绪宣泄的泛化性,犯罪人与被害人之间的关系并不密切,被害人可能是犯罪人选择的某一类犯罪人,犯罪动机比较模糊;意结类心结诱发的犯罪,动机就更不明朗,有时连犯罪人自己也说不清楚;瘾结类心结诱发的犯罪主要与信仰有关,如陷入邪教、迷信巫术。

第六章　犯因性需要与犯罪动机

案例导入

案例一：四位家境贫寒的少年为了过上高品质的生活，模仿电影、电视中的犯罪手段，绑架并杀害一名15岁的中学生，并向其家长勒索赎金150万元。

案例二：大学生小B因追求某女生遭到拒绝，心生不满，便持刀将该女生砍死。

案例三：多次浏览黄色网站，被那些黄色镜头深深吸引的未成年人小C，为了能够产生与画面中一样的性体验而实施了强奸幼女的犯罪行为。

案例四：对共产党及社会主义极端仇视的小D，为了建立他心目中的完美社会，为境外某反华机构提供情报并在他们的指挥下进行多种反华活动。

上述案例反映了一个共同问题：犯罪行为的产生都有内在的动因，犯罪人之所以实施犯罪行为，就是为了实现某种目的，以满足他们的某种需要。案例一中的四位少年是为了过上高品质的生活，才实施绑架杀人并勒索钱财的犯罪行为；案例二中的犯罪人是因为得不到心仪的女生的爱，由爱变恨而产生报复杀人犯罪行为；案例三中的犯罪人是在黄色镜头的刺激下，想要产生相同的性体验而实施强奸犯罪行为；案例四中的犯罪人是为了达到自己不可告人的目的而实施危害国家安全的犯罪行为。总之，犯罪人只有有了内在动因，即犯因性需要和由它转化而来的犯罪动机，才有可能实施犯罪行为。不同的犯因性需要在特定的条件下，会转化为不同内容、不同强度的犯罪动机，导致犯罪人实施不同类型、不同性质的犯罪行为。本章将对犯罪行为的内在动因——犯因性需要和犯罪动机进行深入分析。

第一节　犯因性需要

要点提示

1. 犯罪行为与其他社会行为一样,导致其产生的根本原因是需要。犯因性需要就是具有犯罪原因性质的需要,它可起到引发犯罪行为的作用。

2. 犯因性需要主要有物质需要、情绪需要、性需要、信仰需要四类。

3. 犯因性需要具有过度发展性、自我难以调控性、缺乏正当合理性、满足手段的违法性、不能延迟满足等特点。

一、需要与犯罪行为的关系

任何行为的产生都是有原因的,而需要正是行为产生的最根本原因。需要是有机体内部的一种不平衡状态,它表现在有机体对内部环境或外部生活条件的一种稳定的要求,并成为有机体活动的源泉。① 产生需要的有机体通常会出现内部的不平衡状态,这往往是缺少了相应的事物造成的,这种缺乏引发的不平衡状态会导致有机体产生紧张不安。为了消除紧张不安这种不舒服的状态,有机体必然会出现趋向平衡状态的倾向,于是就会对所缺少的事物产生需要。这实际上是想通过补上缺少的事物,使有机体从不平衡状态恢复到平衡状态,进而消除紧张不安。但若想把缺少的事物补上,必须通过实实在在的行动达成一定的目的来实现。

研究表明,需要是一种激起人们行动的内在驱动力量,需要的产生迫使人们进行活动,通过活动达成一定目的才能满足人的需要。需要的产生会引起心理与环境的失调,活动就是对这种失调的调整,因此,从需要的产生到需要的满足过程,就是人的有目的的行动过程,这个过程对所有人来说都具有客观必然性。所以说需要是人类一切活动的积极性源泉,即需要是促使人产生某种行为以获得某种事物的根本动因。当需要被意识到并与满足它的对象和获得这种对象的途径相联系时,才会产生从事某种活动的动机并推动该活动的进行。

总之,对人类社会行为的探讨,应该从人类的需要入手,以探讨人类的需要为出发点。犯罪行为与人类所有的社会行为一样,导致其产生的根本原因同样是犯

① 参见彭聃龄主编:《普通心理学》,北京师范大学出版社 2012 年版,第 370 页。

罪人的某种需要，但由于需要不能直接推动犯罪行为产生，它必须转化为犯罪动机，只有由犯罪动机发动并维持犯罪行为，才能使犯罪行为最终达成某种目标来满足犯罪人的需要。因此，从犯罪行为的产生过程来看，犯罪行为是在犯罪动机的推动下产生的，而犯罪动机源于犯罪人的需要。

二、犯因性需要的概念及类型

如前所述，需要是犯罪行为产生的根本原因。与犯罪行为的产生密切相关的需要，被学者称为犯因性需要。[①] 所谓犯因性需要，是指具有犯罪原因性质的需要，即它可起到引发犯罪行为的作用。[②] 换句话说，这些需要将来会转化为犯罪动机，进而推动犯罪行为的产生。

从现实中的犯罪行为发生的原因来看，导致犯罪行为产生的犯因性需要主要有以下四种类型：

第一类是物质需要。物质需要是指人们对物质对象的需求，包括对衣、食、住、行有关物品的需要，即对日常生活用品和各种活动工具的需要。在犯罪行为的产生中，物质需要还可以表现为单纯的占有钱财的需要。与物质需要相关的犯罪行为主要是以非法占有物质利益为目的的物欲型犯罪（或财欲型犯罪），如盗窃、诈骗、抢劫、贪污、受贿等。

第二类是情绪需要。人是有感情的高级动物，有复杂的七情六欲。爱与恨、嫉妒与愤怒、恐惧与悲伤、自卑与自负、好奇与淡漠、热情与冷漠等，都是人类的情绪需要。与情绪需要相关的犯罪行为主要是因正常的情绪需要得不到满足，行为人完全受消极情绪支配所产生的情绪型犯罪，如因人际冲突或人际纠纷而引发的故意杀人或故意伤害犯罪、诽谤犯罪等。

第三类是性需要。性需要是人的基本需要之一，与延续种族密切相关。但人的社会性使人类在满足性需要时必须遵守社会准则，因此，与性需要相关的犯罪行为就是超越社会规范要求来满足自己的性需要的性欲型犯罪，如强奸、聚众淫乱、强制猥亵等。

第四类是信仰需要。信仰是主体源于实际生活实践而对某种对象（包括理论、价值或人格化的神灵等）的极度信服，并视之为具有终极价值以作为自己精神寄托

---

① 参见吴宗宪：《罪犯改造论》，中国人民公安大学出版社2007年版，第62～65页。

② 这里对犯因性需要的解释是借鉴吴宗宪在《罪犯改造论》中对"犯因性"的描述而形成的。

的强烈情感和思想倾向。[①] 信仰是人安身立命的根据,它树立的是个体生命的基座和终极归宿的理念,因而坚定的信仰会使人产生虔诚的态度、献身精神和坚定意志,对人的行为有极大的影响。与信仰需要相关的犯罪行为是树立了反社会的信仰并在其支配下进行活动的信仰型犯罪,如危害国家安全犯罪、邪教犯罪、封建迷信信仰犯罪等。

上述四类犯因性需要从表面看来与一般人的需要并无差异,但实质上二者却存在本质的区别。首先,犯因性需要大多是不合理、不正当的需要,即需要的内容违背社会道德和其他社会生活准则,如吸毒的需要、畸形的性需要、剥夺他人生命的需要、推翻现行社会制度的需要等。由这类需要转化而成的动机推动的行为往往是具有反社会性质的。其次,犯因性需要都是满足方式不当的需要,尽管其中有些犯因性需要是正当合理的需要,但犯因性需要或者是运用不合理、不合法的方式予以满足,或者是以不遵守社会规则要求的方式超前满足,由此导致犯罪行为的产生。比如,未到法定结婚年龄的青少年不遵守法律的规定,强行满足其性需要;想提高自己的生活水平,但却不愿通过劳动的方式获取钱财,而是通过盗窃、诈骗、抢劫等不劳而获的方式满足对金钱的强烈需求,这些都属于犯因性需要的不当满足。

三、犯因性需要的特点

(一)过度发展性

人的需要与动物的需要的最大区别在于人类的需要总是处在一个无限发展而且永不满足的状态,旧的需要满足之后,新的、更高级的需要会不断产生,如此循环往复以至无穷。正是因为人类的需要具有这种永不满足且不断攀升的特性,才促使社会不断走向文明和进步。但是,导致犯罪人产生犯罪的犯因性需要,其发展状况远远超出正常水平,表现出过度发展的状态,即犯罪人的新需要不仅出现的速度过快,其强度的增长程度也相对更高,这必然会导致犯罪人很难用正常的方式、正当的手段来满足其新需要。越是不能得到满足的需要就越强烈,越使人感到紧张不安,进而就会使人想方设法尽快使自己的需要得到满足。因此,犯罪人必然会为了尽快满足自己的新需要而不择手段,犯罪则是其最佳选择。

(二)自我难以调控性

犯罪人往往正确意志薄弱、缺乏自制力,因对其犯因性需要无法进行有效的调

---

① 参见徐明德、熊建圩、黄明理:《信仰的含义及特征》,载《南昌航空工业学院学报(社会科学版)》2005年第4期。

节控制,才导致其过度发展。而且正因为无法自我调控,其满足需要的愿望过于迫切,才使其犯因性需要不能延迟满足,进而才会为了使自己的需要尽快得到满足而不惜付出一切代价或采取任何手段,哪怕是违法犯罪也在所不惜。正如前文案例三中的小C,在多次浏览黄色网站,受到黄色刺激的诱惑产生了强烈的性欲冲动及满足的愿望后,因没有正当方式予以满足,他又无法进行自我调控才导致了强奸幼女的犯罪行为的产生。

(三)缺乏正当合理性

如前所述,犯因性需要大多是不合理、不正当的需要。"不合理"是因其内容违背社会道德;"不正当"是因其内容不符合现行社会生活准则和规范,尤其是法律规范的要求。不合理、不正当的需要,是很难通过合乎社会要求的方式予以满足的,于是犯罪行为就是犯罪人在不合理、不正当需要的驱使下理所当然的行为表现。

(四)满足手段的违法性

如前所述,犯因性需要都是运用不恰当的方式予以满足的。这里所说的"不恰当的方式",主要是指运用违背社会法律规范的手段来满足其需要。之所以会出现这种状况,与犯因性需要具有过度发展性密切相关。因为过度发展,使犯因性需要的强度增长较快,随着需要强度的增加,犯罪人已有的条件或能够进行的活动难以满足不断增强的需要,即使用合法手段已经无法使其需要得到满足,于是为了使自己不断攀升的需要能够得到满足,只能选择非法手段来达成目的。正如前文案例一中的四位少年,为了能够过上高品质的生活,在自己的家庭条件无法满足时,通过绑架杀人并勒索钱财的犯罪行为来实现目的。

(五)不能延迟满足

延迟满足是个体甘愿为更有价值的长远结果而放弃即时满足的抉择取向。它体现了行为人具有较好的自我控制能力,有耐心进行等待,其发展是个体完成各种任务、协调人际关系、成功适应社会的必要条件。① 延迟满足能力的形成可使人学会通过有效控制自己的欲望来耐心等待,并能有效应对各种困难和挫折来取得更大的成功。犯罪人通常缺乏延迟满足能力,因而其犯因性需要必然会具有不能延迟满足的特点。如前所述,犯因性需要的强度较大,犯罪人又无法对其需要强度的攀升进行有效控制,这使犯罪人满足其需要的迫切程度不断提高。此时,犯罪人所体验到的由需要所引发的紧张不安也是非常强烈的,所以为了能使自己尽快恢复

① 参见百度百科词条:延迟满足,载百度百科,https://baike.baidu.com/item/%E5%BB%B6%E8%BF%9F%E6%BB%A1%E8%B6%B3/6700690?fr=aladdin,最后访问日期:2018年6月30日。

到心理平衡状态以消除紧张不安,犯罪人往往没有耐心去等待,即使不是合法的方式,也会照做不误,目的只有一个——尽快满足自己的需要,使自己恢复心理安定的状态。

思考题

1. 什么是犯因性需要?它主要有哪些类型?
2. 犯因性需要有哪些特点?
3. 犯罪人的需要与犯罪行为的产生有什么关系?

第二节　犯罪动机概述

要点提示

1. 犯罪动机是激发、推动并维持犯罪人实施犯罪行为并达成一定目标的内在动力。犯罪动机对犯罪行为具有激发、指向、维持和调节功能。犯罪动机具有主观性、相对性、动态性、复杂性、反社会性等特征。

2. 根据犯罪动机的形成特点、内容、起源、作用、复杂程度以及犯罪人对犯罪动机的意识程度等标准,可将犯罪动机划分为不同的类型。

3. 犯罪人在作出犯罪的决定、实施犯罪行为的过程中以及实现犯罪目的后会产生多种不同的犯罪动机冲突。犯罪动机的形成经历萌发阶段、过渡阶段、定型阶段、消失阶段等四个阶段。犯罪动机形成后,在多种内外因素的影响下会发生不同时间阶段和不同发展方向的变化。

一、犯罪动机的概念

(一)犯罪动机的定义

心理学家 Weiner 认为,动机是构成人类大部分行为的基础。[①] 也就是说,人类的大部分行为,尤其是有目的的行为,都是由动机激发、推动并维持的。犯罪行为(特别是故意犯罪行为)也不例外,同样是由动机推动产生的。推动犯罪行为产生的动机被称作犯罪动机。

所谓犯罪动机,就是激发、推动并维持犯罪人实施犯罪行为并达成一定目标的

① 参见彭聃龄主编:《普通心理学》,北京师范大学出版社 2012 年版,第 369 页。

内在动力。犯罪动机作为一种内在动力，它不仅促使犯罪行为产生，而且使犯罪行为朝着一定方向发展，最终实现一定目标，达成犯罪人的某种目的，即实现其犯罪目的。

需要注意的是，犯罪动机与犯罪目的是两个既有区别又有联系的概念。第一，从内涵上看，犯罪动机是推动犯罪行为产生的内在动力，而犯罪目的则是实施犯罪行为要达成的目标；第二，从产生的顺序上看，一般来说，犯罪动机产生在先，犯罪目的确定在后；第三，从意识程度上看，犯罪人（尤其是直接故意犯罪人）对犯罪目的的意识程度往往比犯罪动机高；第四，从二者的相互对应关系上看，在多数情况下，犯罪人的犯罪动机与犯罪目的是一致的，甚至可以相互转化，但也存在不一致的情况，即犯罪动机相同而犯罪目的不同，或犯罪动机不同而犯罪目的相同；第五，犯罪动机与犯罪目的都来源于犯罪人的需要，但犯罪目的的确定还要受到犯罪人的知识经验、能力、习惯及客观条件等因素的影响；第六，犯罪人的犯罪动机常常因为犯罪目的的实现而得到强化。

（二）犯罪动机的功能

从犯罪动机与犯罪行为的关系角度来看，犯罪动机具有以下功能：

1. 激发功能

犯罪动机具有激发或引起个人进行犯罪活动的功能。犯罪动机是直接促使个体实施犯罪行为的内在动因，有了这个内在动力，犯罪行为才能真正产生，成为现实中的行为。没有这个内在动力，犯罪行为就失去了产生的根基。对于故意犯罪来讲，只有形成了犯罪动机之后，故意犯罪行为才有可能产生。虽然按照多数学者的观点，过失犯罪没有犯罪动机，但是，过失犯罪行为的产生也是由某种特定的行为动机来推动的，也并非无动机的行为。

2. 指向功能

犯罪动机具有引导犯罪行为朝着某种目标进行的功能。犯罪动机激发犯罪行为后，它的使命并没有完成，它还要引导犯罪行为朝着实现预定目标（犯罪目的）的方向发展。因为任何犯罪行为的产生都不是盲目的，它最终都要实现某种目标，只有实现了这个目标，才能满足犯罪人的某种需要，这个犯罪行为才是真正有效而且对犯罪人有益的行为。如果不能实现预定目标，犯罪目的就不能达成，这个犯罪行为就是无效或无用的行为。因此，在犯罪动机的作用下，犯罪人会选择适当的犯罪手段与方法，并想方设法寻找有利于犯罪的情境，排除各种干扰，使犯罪行为始终朝着实现预定目标的方向发展。

3. 维持和调节功能

犯罪动机的维持功能使犯罪行为具有坚持性,即犯罪动机不仅激发犯罪行为,使犯罪行为朝着实现预定目标的方向发展,而且要使犯罪行为维持一段时间,直到实现预定目标为止。

犯罪动机的调节功能是指当犯罪人的犯罪行为方向偏离了实现预定犯罪目标的轨迹时,犯罪人能自觉地调控其行为,使其犯罪行为能重新朝着实现预定目标的方向发展。

(三)犯罪动机的特征

犯罪人之所以犯罪,究其心理根源,就是在犯罪动机的推动下,确定犯罪目的,选择犯罪方式,作出犯罪决定并实施犯罪行为。因此,犯罪动机是推动犯罪人实施犯罪行为的直接内在动因,是促使犯罪人处于实施犯罪行为的积极状态的内部原因。显然,犯罪动机同样具有一般行为动机的特征,但是,由于犯罪动机推动的是犯罪行为,因而它又具有一些独特之处。

1. 犯罪动机的主观性

犯罪动机是犯罪人内在的心理活动,它是犯罪人在实施犯罪行为的过程中特有的一种主观心理现象,它的形成受环境的影响,但更主要的还是与犯罪人自身的特点密切相关,不同犯罪人的犯罪动机往往各不相同。此外,不同犯罪人的不同犯罪动机还能反映出行为人不同的主观恶性程度及其行为的社会危害性大小。

2. 犯罪动机的相对性

犯罪动机是相对于犯罪行为而存在的概念,没有犯罪行为,便没有犯罪动机。只有引发了具有社会危害性的犯罪行为的动机,才是犯罪动机。不管行为人的动机有多么卑鄙、邪恶,只要没有引发具有社会危害性的犯罪行为,它就不能被称为犯罪动机,只能算作一般意义上的行为动机。

3. 犯罪动机的动态性

犯罪动机作为犯罪心理的重要组成部分,它也同犯罪心理一样,不是固定不变的,而是处于不断变化之中。首先,犯罪动机在形成之初就是动机斗争的结果。因为人往往同时并存多种需要,进而会形成多种动机,但由于条件的限制,不可能同时产生多种行为达成多种目标而使多种需要都得到满足,所以行为人就会在多种动机中进行利弊权衡,最终确定一种动机作为行为的主要动机,因此,犯罪动机的形成是多种动机斗争的结果。其次,犯罪动机形成之后,在多种内外刺激的作用下,犯罪动机的强度会产生增强或减弱的变化,也可能会出现一种犯罪动机变为另一种或多种犯罪动机的情况,甚至还可能出现犯罪动机消失、犯罪行为不再产生的良性变化。

4. 犯罪动机的复杂性

对每一个犯罪人而言，并非只存在一种犯罪动机，往往是多种犯罪动机并存，这些犯罪动机的内容、强度各不相同，构成了一个复杂的犯罪动机体系。但是，这些犯罪动机并不同时推动犯罪行为的产生，只有那些强度较大的、能被犯罪人清楚意识到的犯罪动机才是其犯罪行为的主要动因。

5. 犯罪动机的反社会性

由于犯罪动机所引发的是犯罪行为，这种行为的结果具有社会危害性，因此，正如邱国梁教授所说，“从总体上说，犯罪动机的反社会性质是无法避免的”①。

在犯罪心理学中，犯罪动机被看成犯罪心理的重要组成因素之一，而犯罪心理是一种严重的反社会心理。因此，不能离开犯罪心理的性质来孤立地谈论犯罪动机，犯罪心理的反社会性质，从根本上决定着犯罪动机的反社会性质。②

二、犯罪动机的类型

按照不同的标准，可对犯罪动机进行不同的划分。

（一）根据犯罪动机形成特点的分类

1. 情境性犯罪动机

情境性犯罪动机是在情境因素作用下，在较短的时间内迅速形成的犯罪动机。对犯罪人而言，由于对特定情境的出现事先没有预料，因而对犯罪行为的发生没有事先考虑、准备，犯罪动机也是在特定情境因素与犯罪人自身当时的心理状态的共同作用下迅速形成，并立即导致犯罪行为的产生。

2. 预谋性犯罪动机

预谋性犯罪动机是在较长时间内通过多次的权衡、斟酌之后形成的犯罪动机。这类犯罪动机的显著特点是有一个较长的酝酿时间，形成之后还要经过精心准备才会引发犯罪行为。

（二）根据犯罪人对犯罪动机的意识程度的分类

1. 意识到的犯罪动机

意识到的犯罪动机是犯罪人明确认识到其内容的犯罪动机。大多数犯罪动机都属于意识到的犯罪动机。

---

① 参见邱国梁：《犯罪心理学的理论与运用研究》，群众出版社 2005 年版，第 109 页。

② 参见邱国梁：《犯罪心理学的理论与运用研究》，群众出版社 2005 年版，第 110 页。

2. 未被意识到的犯罪动机

未被意识到的犯罪动机是犯罪人没有认识到它的存在及其内容的犯罪动机。通常认为,激烈冲突下的犯罪行为的动机、犯罪人不能解释其原因的犯罪行为的动机等都是未被意识到的犯罪动机。①

(三)根据犯罪动机作用的分类

1. 主导性犯罪动机

主导性犯罪动机是指在犯罪人的动机体系中比较强烈和稳定的犯罪动机。这类犯罪动机是犯罪行为产生的主要动因,在犯罪行为的实施中起到主要作用。主导性犯罪动机与犯罪人的主要犯罪目的密切相关。

2. 从属性犯罪动机

从属性犯罪动机是指在犯罪人的动机体系中比较微弱的和易变的犯罪动机。这类犯罪动机在犯罪行为的产生与实施过程中居于从属的、次要的地位。

(四)根据犯罪动机内容的分类

1. 财物动机

财物动机是获取钱财的犯罪动机。它推动犯罪人实施盗窃、抢劫、诈骗、贪污、贿赂等物欲型犯罪,其目的就是通过非法占有他人的钱财来满足自己对更高物质生活水平的需求。

2. 性动机

性动机是违反社会道德和法律规范的要求满足性欲望的犯罪动机,它推动犯罪人实施强奸等性欲型犯罪。

3. 报复动机

报复动机是因为某些社会关系间的不协调导致犯罪人产生仇恨心理而引发的犯罪动机。报复动机往往会引起犯罪人实施杀人、伤害、投毒、纵火等带有暴力性质的犯罪行为,因而易造成比较严重的社会后果,社会危害性较大。

4. 嫉妒动机

嫉妒动机是由强烈的嫉妒心理引发的犯罪动机。因不如别人而产生嫉妒的犯罪人,往往会由嫉妒产生仇恨,进而产生伤害对方的欲望。因此,在嫉妒动机推动下产生的犯罪行为往往会造成严重的后果。

5. "友情"动机

"友情"动机是受某种特定的亲密人际关系影响而产生的犯罪动机。比如,受

① 参见刘邦惠主编:《犯罪心理学》,科学出版社2004年版,第114页。

"哥们儿义气"思想影响，为了维护"哥们儿"的利益而实施各种违法犯罪行为；某些注重亲情、友情的人，为了维护亲情、友情而实施包庇犯罪的行为等。

6."自尊"和"自我实现"动机

"自尊"和"自我实现"动机是因自尊心过强或错误的人生观、价值观所引起的犯罪动机。比如，为了维护自己的尊严而伤害侮辱自己的人；通过正常方式、合法途径不能实现自我价值的人，他们选择用犯罪的方式来实现自己的目标等。

7.好奇与戏谑动机

好奇与戏谑动机是人对新奇事物的探究本能与追求刺激的低级欲望相结合引起的犯罪动机。这类犯罪动机在未成年人犯罪、网络犯罪中比较常见。

8.恐惧动机

恐惧动机是因力图摆脱自身所处的危险状况而产生的犯罪动机。这类犯罪动机在激情犯罪、反应性攻击中更常见。

9.信仰动机

信仰动机是由反社会的政治信仰或宗教迷信信仰引起的犯罪动机。由反社会的信仰引起的犯罪动机主要导致危害国家安全犯罪，其社会危害性巨大；由宗教迷信信仰引起的犯罪动机可引发宗教迷信犯罪，其社会危害性也较大。

（五）根据犯罪动机起源的分类

1.原发性犯罪动机

原发性犯罪动机是指支配犯罪人实施犯罪行为的原始动机、最初动机。

2.继发性犯罪动机

继发性犯罪动机是犯罪人在原发性犯罪动机作用下实施或准备实施犯罪行为时，继之而生的犯罪动机，如入室盗窃者，因被事主发现而产生杀人灭口的犯罪动机。

（六）根据犯罪动机复杂程度的分类

1.单一型犯罪动机

单一型犯罪动机是在一种需要基础上产生的犯罪动机。

2.复合型犯罪动机

复合型犯罪动机是在多种需要基础上产生的犯罪动机。由于复合型犯罪动机源自多种需要，因此，它所推动的犯罪行为相对复杂，多种犯罪目的并存。

（七）几类特殊的犯罪动机

1.精神病人的犯罪动机

在精神病发作期间实施犯罪行为的人，因其处于心理异常状态，其犯罪动机与心理正常的犯罪人有所不同,主要有以下特征:(1)缺乏作案动机或犯罪动机(因其犯罪是精神处于异常状态的结果);(2)作案动机的奇特性;(3)动机所指向的目标具有不确定性,其亲人、朋友往往是主要被害对象;(4)动机缺乏利己性,在犯罪中缺少自我保护;(5)动机具有冲动性和无意识性。①

2. 激情犯罪动机

激情犯罪是指在激情状态下实施的犯罪行为。邱国梁教授认为,激情犯罪行为的动机就是激情本身,激情犯罪动机只起着刺激性的功能作用。激情犯罪动机具有五个特征:(1)激情犯罪动机是一种瞬间动机;(2)激情犯罪动机具有一定的无意识性;(3)激情犯罪动机导致的犯罪行为具有严重的破坏性和危害性;(4)激情犯罪动机在青少年违法犯罪人中容易产生;(5)激情犯罪人往往在犯罪后产生后悔心理。②

3. 群体犯罪动机

群体犯罪是相对个体犯罪而言的。群体犯罪是两个以上的犯罪人形成犯罪群体后共同实施的犯罪行为。因此,群体犯罪动机就是推动犯罪群体实施犯罪行为的动机,这种犯罪动机具有以下五个方面的主要特征:(1)群体犯罪动机是由犯罪群体的利益和需要所决定的;(2)群体犯罪动机是在成员之间不良交往的过程中形成的;(3)群体犯罪动机是超越个体成员的,代表和反映的是犯罪群体的意志;(4)群体犯罪动机要受群体心理的其他因素(包括群体意识、情绪情感、意志、目的、兴趣和习惯等)的影响;(5)群体犯罪动机支配着群体犯罪行为。

4. 单位犯罪动机

我国现行刑法规定了单位犯罪,公司、企业、事业单位、机关、团体实施危害社会的行为,法律规定为单位犯罪的,应当负刑事责任。据此,我国刑法学理论通常认为:单位犯罪主体就是具备刑事责任能力,实施了刑法分则明文规定可以由单位构成的犯罪行为的公司、企业、事业单位和机关、团体。③

单位犯罪与自然人犯罪不同,与一般的群体犯罪也有差异。单位组织是依法成立的,是一种合法的特殊群体,但由于其实施了危害社会的行为才变为单位犯罪主体,因此单位犯罪主体具有合法和触法的双重性。单位犯罪动机具有以下特征:(1)单位犯罪动机比较单一,通常是一种利益动机——财物动机;(2)单位犯罪动机是单位内部自然人动机的集合,主要体现了单位负责人的动机;(3)单位犯罪动机

---

① 参见刘邦惠主编:《犯罪心理学》,科学出版社2004年版,第123~124页。

② 参见邱国梁:《犯罪心理学的理论与运用研究》,群众出版社2005年版,第117页。

③ 参见陈明华:《刑法学》,中国政法大学出版社1999年版,第126页。

具有特殊的隐蔽性，往往在单位的合法活动保护之下实施犯罪行为；(4)单位犯罪动机的破译具有一定难度（因单位犯罪主体会采取多种方式进行掩盖）。[①]

三、犯罪动机与犯罪行为

如前所述，犯罪人的需要是其犯罪行为产生的根本原因，但需要仅仅为犯罪行为的产生提供了一种可能性，需要并不能真正推动犯罪行为的产生。只有在一定条件下需要转化为犯罪动机，动机作为一种内在推动力量，才能真正促使犯罪行为产生，并使犯罪行为朝着一定方向发展，最终实现犯罪目的而使犯罪人的需要得到满足，使其重新恢复心理平衡状态。没有犯罪动机，就不可能有犯罪行为。从犯罪动机的产生到犯罪行为的实施要经历复杂的过程，而且犯罪行为也会随着犯罪动机的变化而变化。

（一）犯罪行为发生前后的动机冲突

动机冲突是指行为人在作出某项决定前，多种相互矛盾的动机并存而发生斗争时，内心体验到的一种难以抉择的冲突状态。人之所以会产生动机冲突，是因为在现实生活中，人往往会同时存在多种需要，每种需要都能转化为动机推动产生相应的行动，实现多种行为目标进而使行为人的多种需要都得到满足，才是最理想的状态。但是，由于各种主客观条件的限制，人不能同时产生多种行为使多种需要同时都得到满足，人必须在多种需要中选择其中一种需要首先进行满足，其他需要则需延缓满足，对多种目标进行利弊权衡就不可避免的会产生内心的矛盾斗争。经过动机冲突，最终确定一种需要作为首先要满足的需要，由这种需要转化而成的动机就成为行为的主导动机，推动人产生相应的行动进而达成目标使其需要得到满足。

犯罪行为作为既能使犯罪人取得某种非法利益同时又可能使犯罪人受到刑罚惩罚的行为，它能否实施以及是否实施，都需要犯罪人经历激烈的动机冲突才能决定。同时，在实施犯罪行为的过程中，一些新情况的出现，也会使犯罪人再次经历动机冲突。

通常动机冲突主要有四种形式：双趋冲突、双避冲突、趋避冲突、多重趋避冲突。犯罪人的动机冲突也同样具有这四种形式。下面就根据犯罪行为发生前后的具体情况来分析犯罪人的动机冲突。

1. 犯罪行为发生前的动机冲突

在犯罪行为发生之前，对犯罪人而言最主要的问题是作出是否犯罪的决定、何

---

① 参见邱国梁：《犯罪心理学的理论与运用研究》，群众出版社2005年版，第120～121页。

时及实施哪种犯罪,因此,犯罪行为发生之前主要有以下三类动机冲突。

(1)犯罪与不犯罪的冲突

这种动机冲突主要是解决是否犯罪的问题。对犯罪人而言,犯罪行为成功实施后所达成的目标是对自己有利的,因而犯罪人愿意实施犯罪行为;但是,由于犯罪行为是具有社会危害性的行为,实施了犯罪行为的人又必将得到受到刑罚惩罚的恶果。由于犯罪行为对犯罪人来说是利弊均有的行为,因此,犯罪人就需要根据自身情况和外界条件进行反复权衡,犯罪与不犯罪的冲突就不可避免。

(2)犯此罪与犯彼罪的冲突

每一个犯罪人都是既有优势也有劣势,因此在决定实施哪种类型的犯罪时,他们就需要充分考虑"扬己之长、避己之短",以提高自己犯罪成功的可能性;同时不同的犯罪机遇与条件,也会使某种类型的犯罪易于实施,因此犯罪人也需要通过考虑犯罪机遇与条件的影响来确定到底实施哪种犯罪。

(3)立即犯罪与延后犯罪的冲突

犯罪行为的产生受到犯罪人自身的条件与外界环境条件的共同影响,只有二者同时具备,犯罪行为才能实施。因此,对犯罪人来说,当自身条件已具备但犯罪机遇尚未来到,或者犯罪机遇已到但自身条件尚有欠缺时,是否立即实施犯罪就需要进行仔细权衡,因此就会产生立即犯罪与延后犯罪的冲突。

2. 犯罪行为实施过程中的动机冲突

在犯罪行为实施过程中,由于一些新情况的出现,就会引发犯罪人产生新的动机冲突。主要有以下两类动机冲突。

(1)中止犯罪与继续犯罪的冲突

在犯罪行为实施过程中,犯罪人之所以会产生中止犯罪与继续犯罪的冲突,可能源自以下三方面因素:一是被害人的某种特殊状态(包括被害人的坚决反抗、被害人被害的惨状等);二是犯罪情境的变化(包括有利于犯罪的条件因意外而消失、预定的犯罪对象不存在、新的犯罪对象出现等);三是犯罪人自身犯罪准备不足(如未带上相应的工具或所带工具不适合、犯罪计划不周等)。

(2)犯一罪与犯多罪的冲突

在犯罪人实施完预定犯罪行为之后,出现新的犯罪对象与有利的犯罪机遇时,犯罪人就会面临是否继续实施新的犯罪的抉择,这时就产生犯一罪与犯多罪的冲突。例如,入室盗窃者,在偷盗之后,看到只有女主人一人在家,往往会迅速产生强奸意向,这时犯罪人就会产生是否继续产生新的犯罪的动机冲突。一般来说,这时的动机冲突大多能很快解决,犯罪人通常都会为了满足自己的需要而实施强奸犯罪。

3. 犯罪行为发生后的动机冲突

犯罪行为发生后,犯罪人面临着是否会被公安机关抓获的状况,此时犯罪人心神不宁,坐立不安,动机冲突就在所难免,主要有以下两类。

(1)投案自首与拒不归案的冲突

犯罪行为毕竟是具有社会危害性的不被社会接受的行为,实施犯罪的人必将为其犯罪付出被判刑入狱的代价,因此,一些犯罪人从期望减轻自身刑罚的角度考虑,想去投案自首;但是,想到很快就会被判刑入狱,过那种没有自由的痛苦的监狱生活,就会产生还是拒不归案更好一些的想法。此外,某些人虽然觉得自身能力很强,逃出去一段时间肯定没有问题,但是,想到"天网恢恢,疏而不漏",再加上现在的公安机关的技术力量在不断加强,自己逃得再远、伪装得再好,终有一天会被抓住。因此,对实施犯罪行为之后的犯罪人而言,投案自首与拒不归案的动机冲突会表现得十分激烈。

(2)停止犯罪与再次犯罪的冲突

刑满释放人员一般易于产生停止犯罪与再次犯罪的冲突。因为他们有过接受刑罚惩罚的经历,也知道监狱生活的痛苦,因此,当他们再次面临犯罪的诱惑时,就会产生停止犯罪与再次犯罪的激烈的动机斗争。

对于那些犯罪后没有被抓获的犯罪人,他们在再次犯罪之前,也会产生停止犯罪与再次犯罪的冲突,尽管没有刑满释放人员那么激烈。虽然这些人知道自己将要干的是要受到刑罚惩罚的坏事,但是,由于前次犯罪的成功体验,使其产生了侥幸心理,因而其动机斗争并不太激烈,往往会受到前次犯罪成功的影响而很快作出继续犯罪的决定。

(二)犯罪动机的形成过程与发展变化

由犯罪人的需要转化而来的犯罪动机,要经历一个发展过程才能形成,并非一蹴而就。而且犯罪动机形成之后也不会固定不变,在各种主体内外因素的影响下,还会发生一系列的变化。

1. 犯罪动机的形成过程

郑昌济认为,犯罪动机和其他心理现象一样,有着自身产生、发展和终了的过程,一般要经过以下四个阶段。①

(1)萌发阶段(又称犯罪意向阶段)

在这个阶段,犯罪动机首先具有初始性,即刚刚开始萌生、孕育;其次,具有模糊

---

① 参见罗大华、何为民主编:《犯罪心理学》,中国政法大学出版社2007年版,第133~134页。

性,即犯罪动机的各种成分正在按一定模式聚集,还没有形成完整的结构,主体对自己的动机还不够明确、清晰;最后,具有内隐性,它的意识状态还处在意识与潜意识之间的前意识层。

(2)过渡阶段(又称明确动机阶段)

当犯罪动机萌发之后,主体会对产生犯罪动机的基础进行评价,即在认识、情感、意志和人格特征等心理因素的参与下,对犯罪动机进行价值衡量、道德衡量与利弊衡量,以决定取舍,并确定犯罪目的,形成清楚、明晰的犯罪动机。此时,犯罪动机已上升到意识层面,能够被主体所意识到。

(3)定型阶段(又称犯罪决意阶段)

当犯罪动机完全明确之后,何时实施及如何实施犯罪行为,尚需通过选择时机、确定方式等动机斗争,最后下决心,对犯罪动机加以确认和巩固定型,进入"箭在弦上,不得不发"的犯罪准备状态。

(4)消失阶段(又称犯罪心理衰减或衰落阶段)

即犯罪动机的终了阶段。一般情况下,通过犯罪行为的实施,犯罪目的已经达到,犯罪动机抵达归宿点而消失。有些时候,虽然犯罪行为已经实施,但处在未遂状态,即由于主客观原因暂时不可能实现犯罪目的,而放弃犯罪动机;或者因为产生了新的犯罪动机,原犯罪动机消失。

2. 犯罪动机的发展变化

犯罪动机的发展变化,是指在犯罪行为实施前后,犯罪动机在不同方面发生的变化,主要有以下两种类型。

(1)不同时间阶段犯罪动机的发展变化

如前所述,在犯罪行为实施之前,犯罪人要经过犯罪动机冲突,才能最终确定哪个动机作为犯罪的主导动机,因此某些犯罪人在综合考虑主体内外多种因素时,其犯罪主导动机就有可能在某几个动机之间游移不定,不断变换;在犯罪实施过程中,因为一些新情况的出现,犯罪人同样会产生动机冲突,进而导致犯罪动机的发展变化;在犯罪行为成功实施后,逃避惩罚与投案自首、弥补犯罪后果与继续犯罪等也会引发犯罪人的内心冲突,进而导致其犯罪动机的发展变化。

(2)不同发展方向的犯罪动机的发展变化

犯罪动机的发展变化主要有两种情况;一是犯罪动机的良性转化,即犯罪人在准备、实施犯罪行为的过程中,由于主体内外因素的影响,犯罪人放弃犯罪动机,停止犯罪行为或者降低犯罪动机的强度,实施社会危害性较小的犯罪行为的情况。这是犯罪动机发展变化中好的一面,尤其是放弃犯罪动机不再实施犯罪行为的犯罪人,还可能由此改恶向善,变为有益于社会的好公民。二是犯罪动机的恶性发展,即犯罪人在准备、实施犯罪行为的过程中,由于主体内外因素的影响,使犯罪动机不断增强或激发出新的犯罪动机,进而使其犯罪行为的恶性程度加深,社会危害性进一步增大。这是犯罪动机发展变化中不好的一面。

犯罪动机的恶性发展主要有三种情况:一是同一犯罪动机的增强;二是一种犯罪动机转变为另一种犯罪动机;三是一种犯罪动机转变为多种犯罪动机。

3. 影响犯罪动机发展变化的因素

犯罪人的犯罪动机形成之后,在各种主体内外因素的变化及其相互作用的影响下,会产生相应的变化。如果这些因素有利于犯罪行为的实施,就会对犯罪人的犯罪动机起到强化作用,促使其迅速产生犯罪,甚至使犯罪行为不断升级;如果这些因素不利于犯罪行为的实施,就会对犯罪人的犯罪动机起到减弱作用,使其犯罪行为推迟、减弱,甚至停止犯罪。影响犯罪动机发展变化的因素主要有以下两个方面。

(1)外界因素

第一,环境的变化。犯罪人在作案时总是选择有利于犯罪的具体环境。在实施犯罪时,有利的环境条件会强化犯罪人的犯罪动机,使其犯罪行为迅速产生,甚至还可能增加恶性程度。如果环境变得恶劣,犯罪人无从下手,可能会暂时放弃犯罪动机;但也可能促使犯罪人产生新的考虑,寻找新的犯罪目标,产生犯罪动机的转移。

第二,目标的变化。犯罪人在实施犯罪的现场,发现原有的犯罪目标消失了(如财物已被转移到别处等),会暂时放弃犯罪动机。这时如果发现新的犯罪目标,又会激发新的犯罪动机,进而产生新的犯罪行为。

第三,被害人态度的变化。犯罪人在犯罪过程中如果遭到被害人的坚决反抗,这既可能使犯罪人产生胆怯而减弱犯罪动机,也可能使犯罪人恶性增加而产生杀人灭口的新犯罪动机。如果被害人懦弱胆怯、忍气吞声,则必将对犯罪人的犯罪动机起到助长作用。

第四,突发的障碍因素。犯罪人在犯罪实施过程中不能预见到的客观情况的变化是突发的障碍因素。比如,在僻静之处实施抢劫时,突然有行人骑车过来,或者是附近出现了警车、听到警笛鸣叫声等,都会影响犯罪人的犯罪动机发生变化。

第五,共同犯罪人的变化。与他人一起预谋犯罪,但在预定时间同伙没有来,犯罪人感到自己势单力薄,产生胆怯而放弃犯罪;但也可能会激发犯罪人的冒险逞能心理而使犯罪动机增强。在犯罪实施过程中,同伙的退缩会影响犯罪人,使其犯罪动机减弱而与同伙一起放弃犯罪;但同伙的“凶狠残暴”会强化犯罪人的犯罪动机,使其在犯罪中有更加恶劣的表现。

(2)犯罪人自身的因素

第一,生理变化的影响。良好的身体状况是实施犯罪行为所必需的。因此,犯罪人在实施犯罪时,如果遇到疾病突发、精力不济等不好的状况,就可能会放弃犯罪动机而停止犯罪。

第二,心理变化的影响。犯罪人在实施犯罪行为的过程中,其认识、情感、意志等心理活动的某些变化,会对其犯罪动机产生影响,进而使其犯罪行为发生变化。比如,犯罪人恐惧情绪的产生,既可以减弱其犯罪动机,也可以增强其犯罪动机;对被害人产生了同情心,可以使犯罪人不忍心继续下手而中止犯罪;在犯罪过程中如果犯罪人良知复萌,也会促使犯罪人减弱甚至放弃犯罪动机;被害人的反抗,如果动摇了犯罪人的犯罪意志,就会减弱其犯罪动机,如果激怒了犯罪人使其犯罪意志增强,就会强化其犯罪动机。

第三,犯罪经验的影响。犯罪经验丰富的犯罪人,如惯犯、累犯等,在犯罪过程中往往大胆残忍,遇到意外情况时,通常不会轻易停止作案,而且他们也较难发生犯罪动机的良性转化;犯罪经验缺乏的犯罪人,如初犯、偶犯等,在犯罪过程中一旦遇到阻碍,极有可能停止作案,而且他们在看到被害人的惨状时,往往会产生恻隐之心而停止犯罪。

第四,犯罪准备状况的影响。在有预谋的犯罪行为实施过程中,由于犯罪人发现事先准备不够充分,如作案工具失灵或不足,不能按计划行事,只能暂时放弃原有犯罪动机,此时,犯罪人可能会努力寻找新的犯罪目标,产生新的犯罪动机;或者事先计划不周,当出现意外情况时,犯罪人既可能产生强烈恐惧心理,随后落荒而逃,也可能惊慌失措,行为失当而导致犯罪升级。

犯罪动机产生原因及发展变化案例分析

案例:张某本来有一个幸福的三口之家:忠厚老实而又深爱她的丈夫是一家大公司的技术骨干,收入颇丰;活泼可爱的女儿在幼儿园上全托,只有周末才接回家。张某的精神需要特别强烈,慢慢地,她嫌弃丈夫缺少情趣,当女儿入托后,她更感到精神空虚。一次偶然的机会,张某认识了英俊潇洒的李某(男,35 岁,无正当职业,未婚),立刻被李某的帅气和幽默吸引,李某也为张某的漂亮和高雅气质所折服,不久两人就“勾搭成奸”。之后,李某就给了张某几包毒鼠强,并教唆张某毒杀丈夫,然后与他正式结婚,还威胁张某说,若她不干,他就杀死张某全家。张某拿到毒药后，犹豫不决。一方面，自己的丈夫不仅人品好、收入高，而且真心实意爱自己，相比之下，李某不仅无正当收入，而且心狠手辣，她实在不敢将自己的终身托付给李某这种人；另一方面，她若不毒杀丈夫，不仅丈夫同样会遭到毒手，而且女儿和自己都可能遇害。经过激烈的思想斗争，并在李某的多次威胁下，她终于下定决心毒杀丈夫。一日，丈夫得了重感冒，她在给丈夫做的清水面中放了毒药。可在丈夫即将吃面时，她却假装意外将面碗碰落到地上。李某知情后，将张某毒打一顿，并扬言要伺机杀害张某的丈夫。张某一气之下，趁李某不注意操起凳子狠击李某后脑部，将李某杀死。①

分析：张某因精神空虚，为了满足自己对"浪漫"的需要而作出不道德的行为。在情夫李某的威胁下，产生了杀害丈夫的犯罪动机，但在着手实施犯罪行为时，反对动机占了上风，犯罪动机出现良性转化，遂中止了犯罪行为。后来，当其被李某毒打后，感到自己和家人的安全受到李某的威胁，激情之下迅速产生了杀害李某的犯罪动机，并在此犯罪动机的支配下实施了杀人犯罪行为。

思考题

1. 什么是犯罪动机？犯罪动机具有哪些功能与特征？
2. 犯罪行为发生前后会产生哪些动机冲突，这些冲突的解决与犯罪行为的实施有什么关系？
3. 犯罪动机的发展变化有哪些？哪些因素能促使犯罪动机发生变化？

第三节　犯罪动机推定

要点提示

1. 分析判断犯罪动机主要依据被害对象的情况和犯罪现场现象两方面因素。

2. 杀人犯罪动机可根据死者的背景情况、杀人犯罪现场现象进行推定；图财、强奸、奸情、报复等四类主要的杀人犯罪现场现象各具特色；对动机不明或多种犯罪动机迹象的杀人犯罪应综合多方面情况仔细分析才可能甄别其犯罪动机。

3. 犯罪现场的情绪心理痕迹可有助于准确推定犯罪动机。

① 参见刘邦惠主编：《犯罪心理学》，科学出版社2004年版，第121页。

一、分析判断犯罪动机的一般方法

犯罪是由犯罪人实施的侵害特定对象的行为,分析犯罪行为产生的内在推动力量——犯罪动机,必然要涉及犯罪人和犯罪所侵害的对象这两方面信息。正如俗话所说:没有无缘无故的爱,也没有无缘无故的恨。犯罪人选择什么人作为侵害对象,既与其自身特点有关,也与被害人的特点有关。因此,只有对犯罪人和被害对象这两方面的信息进行综合分析,才可以比较准确地推断出犯罪人的犯罪动机,进而才有可能通过所确定的犯罪动机找到具备这样的动机并在其支配下实施犯罪的人。因此,对犯罪动机的分析判断主要掌握以下两方面情况。

(一)被害对象的情况

通常情况下,被害对象由于具有某种特性,才使其成为受侵害的目标。因而分析被害对象的情况,进而可以从被害对象受侵害的原因角度来判断犯罪人的犯罪动机是什么。被害对象既可以是人,也可以是物。

如果被害对象是人,应对被害人的年龄、身份、健康状况、经济收入、人际关系及交往情况、生活作风、脾气秉性、日常生活方式及活动状况等方面的情况,进行认真的调查了解和分析研究,查明被害对象是否与他人有不和谐的关系或私仇、经济纠纷,是否与他人有特殊关系或掌握他人隐私,其家庭是否和睦,是否加入了特殊的组织机构等,对这些情况逐一进行分析,就可以大致判断导致被害人遭受侵害的可能原因,进而有助于推断犯罪人的犯罪动机。

如果被害对象是物,应对该物品的价值及管理和使用情况、物主及其社会关系状况、该物品的知情者与可接触者的情况等,进行认真仔细的调查了解与分析研究,通过对其中可疑情况的分析去大致判断该物品成为犯罪侵害对象的可能原因,进而推断犯罪人实施犯罪的动机可能是什么。

(二)犯罪现场现象

通常情况下,如果犯罪人不是被现场擒获,我们很难了解有关犯罪人的相关情况。犯罪人留给我们的只有一个犯罪现场。犯罪现场是犯罪活动发生的特定场所,它必然会以其自身存在的状态表征犯罪行为,因为在犯罪现场上储存着有关犯罪和犯罪人的信息。由于犯罪活动的实施,犯罪现场在案发前后会有显著变化,这种变化既体现在被害对象身上,也体现在现场的其他客体物上,甚至还可能会表现为犯罪人把某些个人物品遗留在犯罪现场。所有这些变化都是犯罪现场现象,不同类型的犯罪、不同的人实施的犯罪,其犯罪现场现象是各具特色的,通过对这些带有特定色彩的变化的分析,就可以在一定程度上推断出犯罪人的犯罪动机,当然还可以推断出犯罪人的犯罪目的、犯罪手段、犯罪过程以及犯罪人的体貌特征等。以杀人犯罪现场为例,尸体、尸体现象、杀人现场留下的血迹、打斗痕迹等,以及现场存在的某些物品及其特定性状,所有这些因杀人犯罪的实施而产生的变化,都有助于对杀人动机的准确推断。

二、杀人犯罪动机推定

(一)杀人犯罪动机推定涉及的因素

1. 死者的背景情况

如果已知死者是谁,如前所述,应对死者的年龄、身份、健康状况、经济收入、人际关系、生活作风、脾气秉性等方面的情况,进行认真调查和分析研究,查明死者是否与他人有私仇、奸情、债务关系等异常情况,有无非常规的经济得失关系,夫妻之间有无不睦,是否被家人视为累赘,是否掌握着别人的隐私,等等。对这些情况逐一分析,以判明死者可能是基于哪种原因招致被害,进而了解犯罪人杀人的动因。

2. 杀人犯罪现场现象

特定的外在诱因和内在欲求、愿望或爱恨情仇综合促使犯罪人形成犯罪动机,而特定的犯罪动机又外化为特定的犯罪行为,特定的犯罪行为则引起特定的犯罪后果,这种犯罪后果会在犯罪现场表现出来。通过逆向思维,我们就可以透过犯罪现场现象、犯罪后果,一步步回溯、推断特定的犯罪动机。在杀人案件中,犯罪后果是有人被杀,但由于不同的犯罪人杀人的原因不同,其犯罪现场现象则表现出非常不同的特征,这些犯罪现场的不同现象,就可以帮助我们推定犯罪行为过程、犯罪目的和犯罪动机。不同杀人犯罪现场所具有的典型特征在下一个问题作详细分析。

(二)不同杀人犯罪现场现象分析

侦查中,为了准确地划定侦查范围、确定侦查方向,通常按照犯罪嫌疑人杀人动机的不同,将杀人案件分为图财杀人、强奸杀人、奸情杀人、报复杀人(含报复社会、个人)四种类型。① 下面就分别对这四类杀人犯罪现场现象进行分析:

1. 图财杀人案件的现场现象

图财杀人案件的现场现象表现为:(1)有翻动、搜寻财物的迹象,如存钱、存物的箱子、柜子、桌子被撬开、翻动,死者衣兜外翻或原装在兜内的物品被掏出;(2)财物有缺失;(3)门、锁等有撬、扭、压等痕迹,一些犯罪人在实施犯罪时除了带有杀人

---

① 参见郝宏奎:《犯罪现场勘查》,中国人民公安大学出版社 2006 年版,第 197 页。

凶器外,常带有用以撬门、扭锁的工具,如螺丝刀、撬杠等,因此,现场常有这类工具的撬、扭、压等痕迹,这在抢劫杀人案中尤为多见。

2. 强奸杀人案件的现场现象

强奸杀人案件的现场现象表现为:(1)尸体为女性,且一般是青少年女性;(2)尸体有被强行奸污的迹象,在其相应部位可检验出精液、精斑,或遗落有犯罪人的阴毛等;(3)现场会留下与实施强奸行为相对应的痕迹,如果发现尸体的现场为实施强奸杀人的主现场,必然会留有压痕和挣扎、搏斗痕迹等与实施强奸行为相对应的痕迹;(4)杀人手法多为掐颈、勒颈,捂、堵死者口鼻,或用钝器打击死者的头部等。

3. 奸情杀人案件的现场现象

这里所讲的是狭义的奸情杀人,即有奸情关系的男女一方杀害另一方的案件。这类奸情杀人的现场现象表现为:(1)犯罪人的作案时间、地点和犯罪手段都是精心选择的;(2)现场往往留下能表明双方和平接触的痕迹和物品,例如,犯罪人的入室方式因与被害人熟识多为叫门而入,或者是双方相约前往犯罪现场;(3)现场常常伴随有伪装现象,由于犯罪人企图割断自己与案件之间的特定联系,往往会把奸情杀人伪装成强奸杀人、图财杀人等。

4. 报复杀人案件的现场现象

在报复杀人案件中,因为犯罪人对被害人有仇恨,在犯罪现场现象中会有明显的报仇、泄愤的表现。报复杀人案件的现场现象表现为:(1)杀人手段通常都比较残忍;(2)伤痕较多而且主要集中在要害部位,由于犯罪人对被害人充满仇恨,因而杀人唯恐其不死,或确信其已死后仍对尸体发泄余愤;(3)杀害的人数可能较多,由于犯罪人的仇恨较强烈,肆意宣泄内心的愤怒,因而某些仇杀案件的被害人的数量可能较大,甚至可能出现一家老小全部被杀的灭门惨案。

(三)动机不明或多种犯罪动机迹象的分析甄别

1. 杀人案件动机不明或多种动机迹象形成的原因

(1)真正的犯罪动机未表现出来。由于犯罪人计划中的犯罪行为未完成,使其真正的犯罪动机不能展现出来,因而很难判明其犯罪动机是什么。犯罪人计划中的犯罪未完成,通常有两种原因:一是犯罪人主动改变了计划中的犯罪行为;二是由于意志以外的原因而未完成计划中的犯罪。一般以第二种情况居多。例如,犯罪人本欲劫财,但杀人后突然发觉周围有人走动,不得不放弃劫财念头,逃离现场;或者杀人后心情紧张或体力不支,丧失了继续作案的能力,不得不逃离现场。这两种情况下,犯罪现场现象自然是无图财迹象,如果杀人手段再是一刀毙命,反映不出泄愤的迹象，或死者平时为人较好，未同任何人结怨，那么侦查人员便无从确定犯罪动机。再如，犯罪人本欲对被害人施以奸淫，但遭遇反抗，当即把被害人杀死而仓皇逃离，被害人的衣着、身体无任何猥亵迹象，犯罪动机迹象也就不甚明显。

(2)侦查人员工作不细致未能辨识出犯罪人的犯罪动机。在某些杀人案件中，虽然犯罪人有具体的动机指向，但由于侦查人员访问不深入、勘验不仔细，导致出现不能查明、判明犯罪人杀人动机的情况。例如，有的犯罪人杀人后劫走了被害人身上的现金，但翻动不明显；或者犯罪人由于心情紧张，只劫走了部分财物，未能将被害人的现金、首饰等贵重物品搜寻到或未能将被害人放在明面上的现金、首饰等贵重物品劫走，侦查人员由于勘察现场不仔细，或受未被劫走的财物暗示，不再深入调查其他财物损失情况，从而使本来有条件探明的案情处于扑朔迷离的状态。

也有的犯罪人出于销赃风险的考虑，只劫现金、首饰，不劫手机等物，一旦被害人身上无现金、首饰，他就一物不取。侦查人员如果勘验不仔细、分析不透彻，就很可能囿于物品俱在的情况而难以得出犯罪人图财杀人的结论。

(3)非常规杀人导致的犯罪动机不明。非常规杀人主要是指常见杀人犯罪动机以外的特殊杀人犯罪动机导致的杀人犯罪，诸如精神病患者、变态人格者、性变态者、同性恋恋情破裂者等的杀人、误杀、为练胆杀人、为转移侦查视线杀人、简单微小因素导致的杀人等。非常规杀人动机导致的杀人案件的现场现象通常有两种情况：一是以某种常规动机杀人案件的现场现象的特征呈现在人们面前；二是现场现象无明显动机指向。例如，精神病人所制造的杀人现场，杀人者本身就无明确的动机，因此现场现象也就没有什么动机迹象，但一般表现为比较凌乱。再如，犯罪团伙或犯罪集团成员为练胆而杀人，在偏僻处将随机遇到的被害人一刀杀死或一枪打死，随即离去，这时现场现象很难反映出犯罪人的真实动机。

(4)死者的背景复杂导致有多种犯罪动机的可能。从死者的背景角度看，通常是由于死者处于多重矛盾的焦点，如既与他人有怨仇，又与他人有奸情关系，还可能与他人有债务、生意合作等关系，从而形成被害原因的多元性。

(5)犯罪过程与犯罪结果交互作用导致多种犯罪动机迹象展现。犯罪现场之所以会出现能反映多种犯罪动机的现象，原因一般有四种情况：一是犯罪人本身就具有多重犯罪动机，如犯罪人既劫财又贪色，财欲、色欲满足后杀人灭口；二是犯罪过程中动机发生了转换，如开始是为了盗窃，发现女房主后萌发了强奸邪念，强奸后又杀人灭口；三是犯罪人与被害人之间存在既有的矛盾冲突，犯罪人为了转移侦查视线，割断自己与案件之间的联系，对现场进行伪装，如把仇杀、情杀伪装成强奸杀人、图财杀人；四是偶然因素的介入，如作案过程中有新的情况出现，促成了新的犯罪动机和犯罪行为的产生。

2. 动机不明或多种动机迹象杀人案件的犯罪动机推断

(1)通过仔细勘验、深入查访并科学分析来判明犯罪动机。在某些情况下,犯罪人所实施的能反映其动机指向的行为或行为后果并不明显,或者由于其他干扰因素的存在,使原本能够清楚地反映犯罪动机指向的行为或行为后果被削弱。这种情况下,要判明犯罪动机,就有赖于仔细地勘验、深入地查访、科学地分析,探幽索隐,见微知著,从潜隐的现场现象中发掘其所表征的犯罪动机指向。

(2)通过研究犯罪行为的先后顺序甄别犯罪动机。研究犯罪行为的先后顺序,可有助于判明哪个是犯罪人原生的动机,哪个是转化了的或新萌生的动机;哪种动机是主要的,哪种动机是次要的,从而确定正确的侦查方向。

要搞清犯罪活动内容的先后顺序,就必须研究现场态势及痕迹、物品的分布情况及其相互关系。一般来说,可从以下两个方面入手:第一,通过研究犯罪人实施的行为间的依赖关系,来判断这些犯罪行为的先后顺序。犯罪人所实施的各种具体的行为是互相联系、互相制约的,某些行为必须以另一些行为为前提。第二,通过研究犯罪人所触摸或破坏过的物品上的附着物,判断犯罪行为顺序。在实施犯罪活动的过程中,犯罪人往往会把先接触部位上的物质成分黏附在手上、工具上,然后又将其留在后触摸或破坏的物品上。例如,在被开启过的保险柜内留有血手印或血迹,即可证明杀人在前,劫财在后。

(3)从调查了解发案时的现场影响因素入手分析犯罪动机。有些动机不明案件是受环境因素的影响,致使计划中的犯罪未能完全实施。因此,侦查人员应注意调查了解发案时现场附近所发生的各种事件、各种情况,从而判断具体的杀人犯罪案件是否为“半途而废”的案件。一旦有充分的迹象和证据可以证明犯罪人尚有计划中的犯罪行为未能实施,则应深入分析被害人的背景及现场的背景,从中捕捉能体现犯罪动机的依据。

(4)从研究被害人的背景及现场背景入手分析犯罪动机。一旦有迹象表明,杀死被害人只是凶手计划实施犯罪活动的一个环节,其尚有未实施的犯罪环节,就应该依据被害人的职业、身份以及发案时间、地点、场所的具体功用、现场的人员活动规律和财物存放情况,分析推测犯罪人未能完成的犯罪行为的内容是什么,即其计划中的犯罪行为是与物(包括钱、枪、文件、技术情报等)有关,还是与人(包括报复对象、女色等)有关,从而判明其犯罪动机。

案例:某地一名宾馆女服务员在夜间被杀死在其值班台前,内查外调的结果排除了犯罪人直接劫财的动机、奸淫的动机、报复的动机、灭口的动机,侦查人员对杀人动机百思不得其解。后通过排查宾馆房客及现场物证,查获了凶手。原来一男一女两名凶手欲杀死女服务员取得客房钥匙入室行抢,但杀死女服务员后,两人基于极度的恐惧感而放弃了取钥匙行抢的打算。

在上述案件中,犯罪人的犯罪动机总体上看是图财,杀死服务员的动机是取钥匙,这是在为实现图财动机创造条件,其杀人行为仅仅是整个图财犯罪的一个环节,其杀人动机是由图财动机派生出来的。侦查人员如果能依据现场背景和被害人的背景推断出整个犯罪图谋,该案的杀人动机便能予以判明。

(5)揭露伪装,透过表面现象揭示真正的犯罪动机。某些犯罪人为了割断自己与案件的联系,误导警方的侦查方向,会对犯罪现场进行伪装。但伪装的现场毕竟是假的,它与真实的犯罪现场是有差异的,即具有一些反常特征。掌握了伪装现场的反常特征,通过由表及里地认真分析、研究和调查,便可以揭开事实真相,判明犯罪人真正的杀人动机。下面分析的是两种常见的伪装现场的特征:

第一种,伪装的图财杀人现场现象的反常表现是:翻动、搜寻财物过程的反常;财物指向的反常;对财物处理的反常;一些具体行为方式上的反常。在不同的案件中,这些反常现象的具体表现形式不尽相同,在有的案件中,这四个方面的反常都会有所体现;另一些案件中,可能只出现一两个方面的反常。侦查人员要善于见微知著,注意透过现象剖析事物的本质。

第二种,伪装的强奸杀人现场现象的反常表现是:有奸的表象、无奸的实质行为;没有与实施强奸行为相对应的挣扎、搏斗痕迹和躺卧、印压痕迹;犯罪人制造的强奸假象明显不符合实施强奸活动时的心理活动和行为方式。

(6)广辟侦查途径,广开侦查思路。鉴于某些动机不明案件系非常规杀人动机所致,在侦查的特定阶段上很难判明杀人动机。因此,侦查的推进不能仅仅依赖于对杀人动机的判断和对侦查方向的确定,单向开展侦查,而应该依据在案件各个要素方面获取的线索,尤其是要综合研究犯罪的时间、地点、环境等要素,广辟侦查途径,查找犯罪嫌疑人。同时,侦查人员应该打破思维定式,在判断杀人犯罪动机时,切忌拘泥于几种常规的杀人犯罪动机,应根据常规动机,并结合各种非常规的杀人动机,在不断的分析、综合、再分析、再综合的反复认识中寻求答案。

三、情绪心理痕迹在犯罪动机推定中的应用

(一)情绪特征在犯罪现场被识别的可能性

任何犯罪都会在现场遗留下痕迹,这些痕迹既有可能是物质的,也有可能是心理的,而心理痕迹中情绪特征是最突出的,也是最容易识别的,对我们判断犯罪人

的犯罪动机也是最有帮助的。近年来,越来越多的案件暴露出犯罪人非常明显的情绪特征。比如,在杀人案件里,被害人身上有多处较深的伤痕。仅有一处致命伤,说明被害人死于仇杀,由于犯罪人对被害人的仇恨较深,肆意泄愤才导致出现多处较深的伤痕;群殴案件中被害人也可能存在多处深浅不一的伤痕,这些伤痕多是由于犯罪人逞强显能所致。盗窃案件的现场同样可以暴露出犯罪人作案时的情绪状态,如现场遗留下的犯罪人来回走动的杂乱足迹,表明犯罪人作案时高度紧张;现场遗留下的犯罪人的烟蒂、痰或唾液、吃剩下食物及其残渣、大小便等痕迹,表明犯罪人心情比较放松,实施犯罪的往往是惯犯;对物品的毁坏程度大于盗窃程度,则反映出犯罪人的泄愤心理。

(二)情绪特征在犯罪现场的表现形式

现场痕迹的情况和特征是犯罪人心理活动特点的外部反映。现场痕迹的多少,不仅反映了犯罪人犯罪经验的多少,还反映了犯罪人的情绪状态。犯罪人遗留下的各种心理痕迹有利于我们抓住犯罪人心理,缩小侦查范围,从而进一步查清犯罪事实,提高破案效率。每种情绪在案件中有不同的表现形式。

1. 激情爆发在现场中的表现

激情是一种爆发性的、短暂的、比较猛烈的情绪状态。激情犯罪往往具有盲目性、冲动性、无预谋性和疯狂性等行为特点,其侵害手段残酷、涉及面广、危害性严重。激情爆发导致犯罪在刑事犯罪中十分常见,在暴力型的犯罪中尤其突出,因为激情犯罪人带有的冲动性和疯狂性的特点,使其很容易使用暴力来解决问题。激情犯罪的现场往往比较凌乱,物品的破坏比较严重。激情犯罪人在作案后一般会感到后悔或惶恐不安,所以逃离现场的痕迹会比较慌乱。由于激情犯罪常带有一定的突然性,所以受害人往往缺乏提防和反抗,常常是被一击致命。

2. 深度憎恨在现场中的表现

深度憎恨多是由于犯罪人与被害人之间有很大的仇恨,它导致的犯罪必然会具有复仇性、预谋性、目的性和疯狂性等特点。这类犯罪所具有的复仇性和预谋性特点,在犯罪现场痕迹中会通过犯罪人犯罪的目的性、残暴性来体现,而且仇恨越深,残暴性越强。因深度憎恨而引发的犯罪,在犯罪现场中常常会表现出过度杀戮的场景。过度杀戮是指凶手针对致命性的部位反复实施攻击,而致命伤只有一处,这种动作表明的是一种强烈的情绪发泄。这通常可根据尸体解剖得出结论。例如,发生在内蒙古的一起杀人案件中,女被害人的胸骨上有一个极为显著的特征:在一个破裂的胸骨的两端,各有方向相反的两条横行的拐角。这两条方向相反的横行拐角强烈地提示,凶器在穿透胸骨以后,犯罪人没有垂直地拽,而是经过了转动以后，再进行拽。由于经过转动，凶器上缘和下缘发生了方向相反的变动，所以从胸骨上的这个骨质损伤看到的痕迹，提示这可能是一个双利刃的凶器。破案后，据犯罪人交代，死者的丈夫生前曾开车将正在骑自行车的犯罪人“剐倒”，不仅没有道歉，反而辱骂并在犯罪人脸上吐了一口痰。犯罪人出于对被害人丈夫的憎恨，曾踩点一年准备实施犯罪，在犯罪过程中将捅进被害人胸膛的刀扭转后拽出以宣泄自己的愤怒。

案例：犯罪人马某因为同学侮辱自己而怀恨在心，于2004年2月13日晚用榔头重击一名室友头部致死，2月14日晚用同样的方法再杀一人，2月15日再杀两人后从昆明火车站出逃。每杀一人后，马某将被害人的尸体藏在作案寝室里的储物柜里。据现场勘查和对马某的网络追踪发现，其从作案前的准备到作案后的逃跑以及作案现场的清理和布置都是按照计划进行的。

3. 紧张在现场中的表现

紧张是人在生理和心理方面对外界事物反应的加强。处于紧张状态的人往往心里不安定、思考力下降、注意力不能集中，因而在行为上会表现出更多的随机性、冲动性、盲目性的特点。通常初次实施犯罪、经验不丰富的犯罪人或在特殊情况下实施犯罪的犯罪人，更易产生紧张情绪。受紧张情绪的影响，犯罪人通常会在犯罪现场留下慌乱的痕迹，对被害人进行伤害时随意性强但准确性差，对被害物的选择具有盲目性，犯罪目标不甚清晰，犯罪成功后会迅速逃离犯罪现场。因为紧张，犯罪人往往顾不上对犯罪现场留下的痕迹进行必要的清理，因而会在现场留下很多痕迹，这对破案非常有利。例如，在顺手牵羊的盗窃案件中，犯罪人因贪恋小便宜而犯罪，但由于害怕被发现自然会比较紧张，因而在犯罪现场就会留下慌乱的痕迹，物品到手后会迅速离开犯罪现场。由于这类犯罪人在作案时精神紧张，无暇对物品进行鉴别，所以他们在逃离犯罪现场的第一时间，会拿出盗窃的物品进行筛选，将自己不需要的物品丢弃。犯罪人的这种做法为我们破获盗窃案件留下蛛丝马迹。

4. 羞辱被害人在现场中的表现

在犯罪案件中，经常存在羞辱被害人的现象，即犯罪人出于报复、泄愤、取乐等目的产生对被害人进行侮辱的行为，常常表现在对被害人的人身、人格和家人名誉等进行侮辱和诽谤。犯罪人在犯罪现场可能会留下侮辱性的文字和痕迹，或在被害人的身体上或者周围遗留有便溺、精液、唾液痕迹；犯罪人对被害人的身体进行侮辱性伤害，通常表现为对被害人的性器官进行伤害和暴露等。

5. 复合情绪特征在现场中的表现

复合情绪是由基本情绪的不同组合派生出来的，如由愤怒、厌恶和轻蔑组合起来的复合情绪是敌意,由恐惧、内疚、痛苦和愤怒组合起来的复合情绪是焦虑等。由于犯罪人的情绪经常具有复合性,所以我们对现场遗留的心理痕迹的分析不能仅仅停留在孤立的痕迹表面,应该综合研究现场所遗留的痕迹物证,综合分析推断犯罪人的情绪特征。例如,在某杀人案件中,犯罪人因为痛恨被害人,便将其杀害,既想羞辱对方又觉得裸体抛尸太丢人,于是在死者的私处盖上一把草。

思考题

1. 杀人犯罪现场可提取哪些犯罪证据?
2. 动机不明杀人犯罪现场应如何分析?
3. 杀人犯罪现场如何提取和分析情绪痕迹?它们对推定犯罪动机有何意义?

第七章　犯罪行为发生机制

案例导入

犯罪人朱振江(化名),男,54岁,大学毕业后进某工厂工作。他工作勤奋、刻苦,取得了丰硕的成果,赢得了多项殊荣。后来,他成为某市市长。随着职位的升迁,奉承他的人多了,送礼的人也多了。开始他拒收过礼品和钱物,并因此得罪过人,遇到过难堪。可后来一想,与其被人说"傻冒""清高",不如做个顺水人情,既可得利,又能"助人",何乐而不为呢? 于是,他默认了,"下水"了。到后来他又觉得,我替别人办事了,别人送点礼以示感谢,也属人之常情。况且,既然在领导位置上,就应该多帮别人办点事,这样还能落个"热心肠""乐于助人"的好名声,甚至把这种行为同"为人民服务,为群众办实事"挂起钩来。这种歪曲的认知方式使他变得心安理得了。再到后来,他就发展到依"礼"办事了:你给我送礼,我帮你办事;我帮你办事,你必须得给我报酬,否则就张口索要,完全把手中的权力当成了为自己牟取私利的砝码。朱振江从担任市长到案发前,在短短3年的时间,仅查证落实在案的,先后41次收受他人贿赂。经法院审理,朱振江已构成受贿罪,被判处有期徒刑12年。

类似这样的案例不胜枚举,那么,朱振江是如何走上犯罪道路的? 其犯罪心理形成和犯罪行为发生经历了怎样的过程? 这正是本章讨论的主题。

第一节　犯罪心理的形成

要点提示

1. 犯罪心理形成的基本模式,主要包括渐进式、突发式和机遇式等。

2. 犯罪心理的内化过程一般要经历下列阶段:不良的交往与模仿;个体对消极社会信息的选择;形成不健全人格;违法尝试获得体验;犯罪意向萌发。

一、犯罪心理形成的基本模式

从个体犯罪的实际情况来看,犯罪心理的形成过程存在不同的模式,主要包括渐进式、突发式和机遇式等,下面分别加以介绍。

(一)渐进式

这是一种最为典型、最为常见的犯罪心理形成模式,适合于大多数案例。其特点是,个体犯罪心理的形成经历了一个由量的积累到质的飞跃的渐进过程,经历了由朦胧的犯罪意向到形成清晰犯罪心理的过程,而且从产生不良欲求到形成犯罪决意,具有明显的预谋性。

有一类人是从少年期开始,通过不良交往和违法尝试,逐渐发展成为犯罪心理。这类人社会化不完全或经历了错误的社会化,形成了不良人格,始犯年龄早,犯罪恶习深,矫治难度大。

还有一类人早期并无劣迹,社会化过程无明显缺陷,已经被视为合格的社会成员,甚至被信任重用而颇有成就。但在其人生经历的某一阶段,由于经不起诱惑,或受到错误思想的腐蚀,渐渐腐化堕落而形成犯罪心理,走上犯罪道路。在其犯罪心理形成过程中,虽然原有的隐而不现的心理品质缺陷往往成为渐变的突破口,但同时其暴露出的社会化过程的不完全,也为日后堕落种下了祸根。这类犯罪者由于始犯年龄晚,恶习相对较浅,矫治的成功率可能要高一些。但其中一部分人已演变为惯犯、累犯或罪行十分严重,犯罪心理相当稳定,矫治就十分困难。

本章开头的案例,朱振江由一个昔日的市长沦为阶下囚,其犯罪心理的形成过程就属于这种渐进模式。朱振江早期并没有劣迹行为,甚至被人们公认为优秀人物,但在功成名就之后,有权有势之时逐渐蜕化变质,萌生犯罪心理,最后落入犯罪深渊。

(二)突发式

这种模式是指犯罪人事先并无劣迹和预谋,因突然发生对个人至关重要的情况,或受环境、气氛的影响而迅速萌发犯罪心理,产生犯罪行为。这种犯罪心理形成的模式,行为人从产生犯罪意向到发生犯罪行为,时间短,过程迅速,具有突发性;行为人一般无预谋,对事变的发生缺乏预见;犯罪心理的形成与突然发生的情况有关,具有情境性;行为人不能适应情况的突然变化,认知范围狭窄,意志薄弱,不能自控,情绪性非常明显。这种模式的犯罪虽有一定的偶然性,但是如果进行深层次分析,就会发现,其犯罪心理的形成与行为人早已形成的心理品质方面的缺陷有很大关系。其主要表现为个人社会化水平低,不足以应付(或不能适应)那些突发情况。

因此可以说，内部心理原因仍然是突发式犯罪发生的根据。

最为常见的突发式犯罪心理是由人际冲突引起的。例如，因恶语相加发生口角，因财产纠纷矛盾激化，因婚恋不成反目成仇等。由于情况发生突变，矛盾冲突急剧升级，行为人在不能自控的情况下，激化了情绪，采取了暴力行为，加害于对方，从而构成犯罪。

还有一种突发式犯罪心理是由特定气氛引起的。在社会生活中，有时会出现某种特定的环境与气氛，使在场者情绪激动而引起群体性的骚动，一部分人因缺乏辨别是非和自我调控能力，卷入事态而萌发犯罪心理，造成犯罪。例如，足球赛暴力事件、街头暴力事件，不符合法律规定的示威游行、骚乱等，其中相当一部分人就是受到当时特定的环境和气氛的影响，情绪激动，不能自制，进而萌发犯罪心理的。当然，其中也有一些人是趁火打劫，借闹事之机抢劫财物、实施报复，这就另当别论了。

（三）机遇式

这种犯罪心理形成模式是指行为人在接触有利于实施犯罪的机遇之前，并没有犯罪意图，只是在接触了这种机遇后，才逐渐产生犯罪心理，或突然起意而犯罪。在这种模式中，犯罪机遇的出现，是诱发行为人产生犯罪动机，作出犯罪行为的关键。至于那些早有犯罪意图，乘机实施犯罪者，则不属于这种模式。

犯罪机遇对一些人具有强烈的诱惑和刺激性。例如，金钱外露，是抢夺犯罪的机遇；室外放物或室内无人，是盗窃犯罪的机遇；财务制度不严，是贪污犯罪的机遇，等等。这类犯罪人虽然事前没有犯罪意图，但一般属于品德不良者，他们在遇到犯罪机遇时经不起诱惑，而萌发犯罪动机。

二、犯罪心理形成的过程

这里所谈的犯罪心理形成的过程，主要是指上面介绍的“渐进式”过程，因为这种模式符合绝大多数故意犯罪的犯罪人犯罪心理形成的过程，所以需要作专门介绍。

关于犯罪心理形成过程的机制问题，理论界做过许多研究，提出过许多观点。其中比较有代表性的当属内外化机制理论。该理论认为，从主体吸收客观外界的消极影响形成犯罪心理的过程和规律，是犯罪心理的内化机制；从犯罪心理的整合到发动犯罪行为的过程和规律，是犯罪心理的外化机制。内外化过程的两个阶段不能截然分开，二者是互相衔接、渗透和互相作用的。

下面就对犯罪心理形成的内化机制作重点介绍。所谓内化，就是个体经由言语、模仿、学习、实践等中介，将客观现实转化为主观映象，逐渐形成思想意识的过

程。犯罪心理的内化过程一般要经历下列阶段:

(一)不良的交往与模仿

在犯罪者特别是青少年犯罪者中,绝大多数人之所以走上犯罪道路,都是从不良的交往和模仿开始的,这是犯罪心理形成的基础。

调查统计表明,在不良少年的周围,大多有一个不良环境,在这个环境中,往往有一个或几个坏榜样,给不良少年以加速下滑的影响。不良少年的观察模仿有的是主动的,也有的是被动的。例如,在不良团伙中,团伙成员的恶习相互感染,相互传习,一般是主动观察模仿的结果;而在一些教唆学习过程中,被教唆者最初处于被动地位,在那些恶习较深的教唆者的指导下学习不良言行,后来逐渐产生认同感,形成不良心理。不良的交往和模仿的形成,榜样的"威信"、可接近性、吸引力与感染力十分重要,同时,也和模仿者本人的愿望、观念及实际利益有关。

(二)个体对消极社会信息的选择

一个人在社会生活中,会面临大量的社会信息,这些信息中既有积极的,也有消极的。一个人怎样选择,是选择积极的正面信息还是选择消极的负面信息,这与个人原有的知识结构和心理品质有关。社会上绝大多数人是在积极吸收和选择那些有利于个人成长和社会发展的积极信息,从而顺利实现社会化过程;那些具有个性缺陷和不良心理品质的人,则对社会环境中的消极信息具有高度的敏感性和选择性。消极的社会信息与个体原有的不良心理相吻合,产生共鸣,被主体优先感知、记忆,并引起联想和思维加工,从而使原来的不良心理进一步恶化,甚至演变成犯罪心理,导致犯罪行为的产生。

个体消极不良的心理品质不仅影响对外界信息的选择,而且也影响对外界信息的加工方式。具有错误认知模式和价值体系的人,对外界信息的加工方式也与众不同。他们甚至可以把黑的看成白的,把不合理的说成合理的,从而心安理得地去实施违法犯罪行为。

(三)形成不健全人格

在社会心理学中,一般将全体社会成员划分为健全人格与不健全人格两大类。健全人格就是社会化程度较高或基本上达到社会化要求的人格,它表现为能较好地适应社会生活,行为方式与社会规范相一致。健全人格者在社会成员中占大多数。不健全人格是经历了不完全社会化或错误社会化而形成的不成熟人格、矛盾冲突人格和反社会人格。其主要表现是:

1. 价值取向偏离,甚至与社会整体利益相悖。

2. 认知水平低,思维偏激,是非、善恶判断力差。

3. 需求层次低，欲望强烈，且不善于通过合乎规范的途径予以满足。

4. 道德和法律意识淡漠，由于受反社会不良文化影响，不尊重社会道德与法律，行为既不受良心谴责，对刑罚惩罚也没有恐惧反应。

5. 品德不良，由自私、缺乏同情心、行为不端发展到冷酷无情、粗野肆虐，恶习难改。

6. 缺乏高级情感体验，道德感、理智感、美感水平低；常常被消极不良的情绪体验占据心头，且缺乏必要的情绪调节控制能力，甚至任其宣泄而对他人和社会造成伤害。

7. 缺乏必要的建设能力，具有不利于社会的消极能力、破坏能力。

8. 自我意识的缺陷，不能客观地评价与调节自我。要么过于贬低自己，产生自卑感，进而自暴自弃；要么过高评价自己，自高自大，不可一世。

反社会人格是不健全人格的极端表现，是指一部分人在犯罪集团或其他腐朽思想、不良文化的影响下，完全接受了与社会规范背道而驰的反社会观念，养成了恶劣的生活习惯，与正常的社会生活格格不入。

不健全人格是产生违法犯罪的心理基础，虽然不健全人格尚不能称为犯罪心理，但它存在向犯罪方向蜕变的可能性。在形成不健全人格的基础上，经过道德上的“下滑”和违法行为的尝试，产生犯罪意向，最后在特定的情境诱因的刺激下，产生犯罪行为。

（四）违法尝试获得体验

在个体犯罪心理形成过程中，通过初步尝试违法犯罪行为，并获得成功体验，是十分关键的一个阶段。个体在接受了消极的社会影响之后，在不良团伙内部，由于团体成员之间的心理互动，相互感染，往往就会尝试违法犯罪行为，并获得犯罪体验。例如，一个从未偷过别人东西的学生，被犯罪团伙头目看中，并对其进行拉拢、引诱、教唆，向他传授扒窃技术，然后带到公共汽车上实习。该学生在偷窃的过程中扮演一个小偷的角色，这种角色的扮演过程，使他产生各种体验，如偷窃过程中的侥幸心理，得手后的喜悦、满足感，在犯罪群体中其他犯罪成员的肯定评价等，所有这些都将进一步强化其消极不良心理。可以说，个体一旦作了违法尝试，获得犯罪体验，强化了犯罪需求，进入“欲罢不能”的状态，便由一般的品德不良向犯罪心理的发展跨出了决定性的一步。

从心理学意义上讲，个体的违法尝试获得体验，之所以促进了犯罪心理的形成，因为其是一种自我强化的过程。自我强化，是指个体自己对自己的思想或行为持肯定的态度与评价，从而使这种思想或行为得到加强。在个体犯罪心理的形成过程中,自我强化起着非常重要的作用。个体对自己的初次违法犯罪行为,不仅没有罪恶感,反而持赞赏肯定的态度,有一种愉悦的体验,增强了自我效能感,这无疑会巩固和加强其不良心理,并迅速向形成犯罪心理的方向迈进。

(五)犯罪意向萌发

犯罪意向萌发,是一个人由不健全人格,经过违法尝试,转而形成犯罪心理的标志。

在心理学上,意向是人的活动动机的最初阶段,是一种未被明确意识的活动动机。在意向状态下,行为人常感到一种莫名的力量在吸引着他,躁动不安,但动机模糊,目的不明。犯罪意向就是由不良需要引起的违法犯罪的冲动、意图或行为倾向。在犯罪意向状态下,行为人只有某种犯罪意图或冲动,尚未形成明确的犯罪动机,也缺少行动计划,时常发生一些违反道德准则的行为和轻微违法行为。但是,只要产生了犯罪意向,就表明个体心理发生了质的变化,行为人已不再是被动地对他人进行学习与模仿,而是独立地登上犯罪活动的舞台,扮演主角。他们由自发的偶尔发生不良行为的模糊状态,进入了自觉的违法行为倾向状态,也就是实施犯罪行为前的准备状态。正是在这种意义上,我们说,犯罪意向的萌发,是犯罪心理形成的标志。

在犯罪心理的内外化机制理论中,犯罪意向是内化过程的结束,标志着犯罪心理的形成;同时又是外化过程的开始,它在一定的诱因刺激下,很快转变为犯罪动机,进而推动犯罪行为的产生。

思考题

1. 犯罪心理形成的基本模式有哪几种?分辨标准是什么?
2. 举例说明犯罪心理的形成经历了哪些步骤。

第二节　犯罪行为的发生

要点提示

1. 犯罪情境,是指被犯罪人感知和清晰意识到的,对发生犯罪行为有直接影响的具体环境。主要包括:侵害对象,现场条件,现场气氛。

2. 犯罪人与被害人的心理互动,包括犯罪行为发生前的心理互动,犯罪过程中的心理互动和犯罪行为发生后的心理互动。

3. 预谋型犯罪行为的发生过程，是一种基本的、典型的犯罪行为发生模式，这种模式的犯罪行为自始至终都处于犯罪人的意志控制之下；无预谋的犯罪行为的发生过程，是指犯罪人实施的犯罪行为不是出于事先预谋，未经过明显的意志活动，而是个体在外部诱因刺激下产生的应答性反应。

犯罪行为是在犯罪心理的影响或支配下实施的，由犯罪心理到发动犯罪行为，是一个外化过程。但是，一个人产生了犯罪心理并不一定必然会外化为犯罪行为，犯罪行为的发生除了需要犯罪心理外，还需要有适宜的犯罪情境。而且，在犯罪行为发生过程中，犯罪人与被害人之间始终进行着心理互动。

一、犯罪情境

所谓犯罪情境，是指被犯罪人感知和清晰意识到的、对发生犯罪行为有直接影响的具体环境。美国著名犯罪学家萨瑟兰等人认为："犯罪行为的直接决定因素是人与情境的复合体。客观情境对犯罪行为来讲是很重要的，因为它提供了犯罪行为发生的机会。"①

犯罪情境不同于犯罪环境。犯罪环境是一个范围较广的概念，是指那些影响人形成犯罪心理、发生犯罪行为的各种不良因素的总和；犯罪情境只是犯罪环境中的一部分，特指那些与犯罪行为的发生直接有关的事物，而且只与当前时刻相联系。例如，一个儿童从小生活在父母不和睦的家庭里。父亲常常在外面酗酒，然后回到家趁着酒兴，毒打妻子，有时也毒打孩子。待儿童长至少年，在一次父亲醉酒后回家毒打妻子时，该少年满腔怒火，把父亲杀掉了。本案中，长期不良的家庭环境是一个犯罪环境，对于少年形成杀父的犯罪心理有极大影响。当时父亲醉酒后毒打妻子的情形是一个犯罪情境，这一情境直接诱发了少年杀父的心理，所以，犯罪情境具有强烈的诱发性。

犯罪情境与犯罪机遇也不尽相同。犯罪机遇是指有利于进行犯罪活动的各种环境条件的有机结合。一般情况下，有了有利于犯罪实施的时间、地点，还要有合适的犯罪对象，此时才能认为存在犯罪机遇。犯罪情境是一种"中性"的环境，它仅仅是影响犯罪人进行犯罪决策和实施犯罪行为的具体环境，其中既有有利于犯罪行为实施的因素，也有不利于犯罪行为实施的因素。可见，犯罪机遇是专指犯罪情境中有利于作出犯罪决定和实施犯罪行为的那部分犯罪情境。

一般来说，犯罪情境包括以下几个方面：

---

① 转引自吴宗宪：《西方犯罪学史》，警官教育出版社 1997 年版，第 568 页。

(一)侵害对象

侵害对象的存在是一个非常重要的犯罪情境,对于犯罪恶习较深的惯犯、累犯,他们会主动去寻找侵害对象,制造犯罪情境;而那些初犯和偶犯,则主要受现场中自然存在的侵害对象的影响而诱发犯罪动机,实施犯罪行为。侵害对象既包括人也包括物。当然,人和物的存在并不必然导致犯罪人犯罪动机的产生,但却起着诱发、强化犯罪动机的作用。例如,路边有一辆未锁的自行车,偏僻的小巷中有一妙龄少女独行,旅途中遇上一位携带巨款的采购员,这些对象对于一个已经形成犯罪心理的个体来说无疑是刺激他犯罪的强烈诱因。由于自我约束机制的弱化,该个体就会产生侵害或占有欲望,萌发盗窃、强奸、抢劫等犯罪动机,从而导致犯罪行为的发生。

(二)现场条件

现场条件主要指犯罪行为实施现场的时间、空间、物质环境等因素。如城市盗窃犯常常选家中无人时进屋偷盗,农村窃贼则选择偏僻的独家独院;扒窃犯多在公共场所作案,抢劫犯则多选择荒郊野地、偏僻小巷作案。犯罪人选择现场的原则是既有利于达到犯罪目的,又能确保自身安全,逃避惩罚。

(三)现场气氛

犯罪现场的气氛如何,影响着犯罪人是否产生心理压力及其程度。如某罪犯对一女工实施抢劫,该女工不反抗,使罪犯不仅没有心理压力,反而更激起其强奸该女工的犯罪动机;如果该女工拼力反抗,奋力搏斗,大声喊叫,则使罪犯产生强大的心理压力,其结果可能是终止犯罪行为逃离现场,也可能触发其杀害该女工的犯罪动机。在群体犯罪中,现场气氛可能导致群体成员间情绪的相互感染,使群体犯罪动机迅速形成。例如,球迷暴力事件、街头斗殴事件等,均与现场气氛有关。现场中其他人的存在对现场气氛影响很大。例如,同案犯的存在,由于罪责扩散、从众等群体心理效应,使犯罪人的恐惧感、紧张感、罪责感减轻,犯罪动机不断增强,进而就会发生后果严重的团伙犯罪。在公共场所发生的案件,如果周围目击者勇敢地站出来制止犯罪人的非法行为,则会使犯罪人产生心理压力,致使犯罪动机弱化,放弃侵害行为;如果目击者无动于衷,只在一旁观看而不加制止,或者表现出恐惧、惊慌等情绪,则会助长犯罪人的嚣张气焰,使其犯罪动机增强,明目张胆,有恃无恐地实施犯罪行为。

需要注意的是,以上犯罪情境的三个方面往往不是孤立地起作用,而是形成一个有机整体,对犯罪人发生作用。

二、犯罪人与被害人的心理互动

在犯罪发生过程中，对于受犯罪行为侵害的被害人而言，从表面上看，其被害的发生好像是受偶然性因素支配的，但是，深究其过程，就不难发现，其被害同其他事件的发生一样具有一定的原因。从心理的角度分析，在犯罪发生过程中，自始至终都伴随着犯罪人与被害人的心理互动。

（一）犯罪行为发生前的心理互动

有学者研究认为，在犯罪行为发生之前，犯罪人与被害人之间的心理互动可分为以下三种情况：①

1. 显露性心理冲突。其是指犯罪人与被害人之间在心理上存在一种明朗化、公开化的直接对抗状态。起因大多是被害人和犯罪人之间直接的利害冲突，也有少部分是犯罪人出于为他人利益的考虑，如为亲友报仇泄愤而加害于被害人。显露性心理冲突主要表现为犯罪人与被害人在被害行为发生前就有过一定的交往，发生过心理接触，并且存在对抗性的心理矛盾，这是被害人受侵害的一个相关因素，有的甚至是主要的受害原因。这种情形往往发生在杀人、伤害、强奸等具有暴力色彩和有直接人身指向性的刑事被害案当中。显露性心理冲突对于犯罪与被害发生的主要作用是：

（1）促进犯罪人侵害动机的产生。在一些被害案件中，犯罪人本来没有明确的特定犯罪动机，只是在与被害人发生了显露性的心理冲突之后，才由这种冲突产生特定的犯罪动机，从而引发犯罪。如激情犯罪、报复案件等。

（2）促进犯罪动机的恶性转化。显露性心理冲突常会导致犯罪动机的恶性转化，使受害人受到更为严重的侵害。如某强奸犯在实施犯罪时，遭到了被害人的奋力反抗，案犯便紧扼被害人颈部致其死亡。

（3）影响侵害手段的变化。如某犯罪人在抢夺一女事主手提包时，女事主拉着手提包不松手，犯罪人便掏出小刀割其手腕，抢走手提包。这种显露性心理冲突，使犯罪人的作案手段从非暴力的抢夺转变为暴力的抢劫。

2. 间接性心理纠葛。在某些案件中，犯罪人与被害人之间事前并不存在直接的显露性心理冲突，而是存在一种不太明显的间接性心理纠葛。其基本特点是犯罪人与被害人之间事前没有明显的直接交往、利益纷争和矛盾冲突，但心理上并不是完全没有接触。如在一些落后的农村，某家添男丁、收成好、生活充裕，都可能成为

① 参见任克勤主编：《被害人心理学》，警官教育出版社1997年版，第67～69页。

犯罪人嫉恨和侵害的对象。当间接性的心理纠葛产生时,如果当事人不及时协调、化解,就会促使其恶化,甚至形成犯罪心理,以致被侵害。在一些诬陷、侮辱、诽谤等案件中,不少是由于被害人与犯罪人之间存在间接性的心理纠葛而引发的,在个别情形中,甚至因互相妒忌、明争暗斗、诬告陷害而最后引发伤害甚至凶杀案件。

3. 潜在性心理危机。潜在性心理危机是一种潜在的心理联系和心理矛盾。相对于显露性心理冲突、间接性心理纠葛而言,潜在性心理危机表现得最为隐蔽。犯罪人和被害人之间从表面上看没有什么联系,但是恰恰通过犯罪行为的实施而显示了他们之间潜在的联系。潜在性心理危机,往往同被害人的个性心理特征中的消极因素有密切联系。如疏忽大意、过于自信、缺乏自制力、丧失警惕、轻信他人、怯懦胆小、贪图享受、自私自利等,都可以是致使被害人遭受侵害的某种隐性心理危机。在相当多的盗窃、诈骗、抢劫案件中,伤害的发生都是由于被害人疏忽大意,或缺乏警惕,有"露财"的言行,向犯罪分子透露了信息,为被害提供了某种可能性。如某单位财会人员刘某,执行财务制度不严,经常留大量现金在办公室过夜,本单位林某摸准了刘某的这一规律,选准时机下手盗窃。犯罪人林某的贪财欲望与财会人员刘某的疏忽大意,形成了一种潜在的联系,最终导致盗窃案的发生。

(二)犯罪过程中的心理互动

被害人在被害过程中的心理状态,对被害的防卫、减轻程度,或加深程度,以及对被害后的心理变化等都有直接的影响,或者说对犯罪人实施犯罪行为的过程有直接影响。由于被害个体不同,每个个体在被害过程中的心理状态的表现形式、持续时间的长短等都有差异。该心理状态主要有以下几种表现:

1. 被害过程中的激情状态。所谓激情,是一种强烈、短暂、爆发式的情感或情绪状态,如狂喜、大惊、愤怒、恐惧、悲恸、绝望等,都是激情的表现。具有强烈对抗性的犯罪侵害,很容易引起被害人的激情状态。当然,被害人激情的发生和表现并非单纯地取决于犯罪行为的刺激作用,更主要地取决于被害人个体的具体情况,如生理条件和个性特征等。如果被害人具有勇敢、坚毅的品质,在面临犯罪人的侵害时,就会怒发冲冠,奋力还击,表现出愤怒的激情;怯懦胆小的被害人,往往表现出恐惧、悲哀,甚至绝望的激情。

被害人的激情状态就其对犯罪人的影响而言,具有两重性。有的激情,如愤怒、激愤等,在被害过程中能发挥积极作用;有的激情,如屈服性恐惧、绝望等,在被害过程中则起消极作用。在大量的犯罪案件中,如凶杀、伤害、抢劫、强奸、绑架等,都存在犯罪人与被害人面对面的接触,一个勇敢坚强的人在面临犯罪人的侵害时,由于愤怒激情的作用,会不屈不挠地与犯罪人作斗争;一个胆小怯懦者遇到被害的危险时，基于消极激情的影响，就会软弱无力，一筹莫展，甚至束手就擒。例如，某市破获了一起流氓强奸系列案，据案犯交代，在其实施犯罪过程中，如遇被害人奋力反抗，大声呼救，其往往会惊慌而逃，放弃犯罪；如遇被害人恐惧惊慌，则犯罪极易得逞。

2. 被害过程中的应激状态。所谓应激，是出乎意料的紧张情况和对人有切身利害关系的严重事件所引起的情绪状态。人在应激状态下，会出现一系列应激反应，如急中生智、目瞪口呆等。被害人在遭受生命威胁的紧急状况或财物被掠夺、被毁的危险时，更容易出现应激状态，迅速地、几乎是毫无选择地作出行为反应。例如，深夜独行而遭遇劫匪，在这种紧急状况下，被害人会立即进入应激状态，或大声叫喊，或奋力挣扎，也有的不知所措、任其掠夺。在面临侵害时，被害人的应激水平如何，对犯罪人犯罪行为的实施也有很大影响。这种应激水平，既受制于当时的客观情况，又取决于被害人自身的生理、心理状态，尤其是个体的社会经验和性格特征。一般而言，个人经历、社会经验越丰富，其应激的主动性、能动性越强；注意力集中、处事果敢的人，反应敏捷、判断迅速准确的人，其应激的积极性较高，有效性较明显。

3. 被害过程中的分心状态。所谓分心，是指一个人的某种或某些心理活动在必要的时间里，未能充分地指向和集中于当时应当指向的事物。对于被害人来说，分心状态是极为消极、有害的，它使个体的注意力离开或不能充分地指向自身或物品的安全，让犯罪人有机可乘，以致造成被害的发生。

引起被害人分心的原因和表现多种多样。有些被害人对于干扰性的事物不能冷静地分析对待，因好奇心被其他无关刺激吸引而转移注意力，造成分心。如一些扒窃、盗窃团伙在作案时，往往会制造一些争吵、打斗的场面以吸引一些好奇的人，分散其注意力，再由其他团伙成员趁机扒窃，而被害人全然不知。有时是因为注意的目的物过于单调、乏味，使被害人松懈而造成分心；有时被害人也会因为身体或心理状况不良而造成分心。只要人们对自己注意力的特点和品质多加分析，有针对性地克服弱点，就可以尽可能地减少分心，防止由此而引起的犯罪侵害。

（三）犯罪行为发生后的心理互动

被害人在遭受侵害后的心理活动是十分复杂的，特别是被害人被害以后的态度，对犯罪人有很大的影响。这种态度主要指被害人在受侵害以后对与此有关的人和事物所持的持久而一致的评价与行为反应。被害人对犯罪案件、犯罪人、被害的对象（人身和财物以及人格等）、其他知情人、证人、公安司法人员、社会舆论等，都会持有一定的态度。这些态度一旦形成，就会对其心理过程产生影响，并在一定时期内成为其对被侵害的评价及相应的行为取向，最后集中表现为案发后是否报案、协助调查等具体行为上。这些行为都会对犯罪人及其心理产生影响。这些行为大体上可分为以下三种情形：

1. 积极告发，及时报案。这是被害人对被侵害的积极的态度，是应当加以赞赏、鼓励和保护的。这种情形会使犯罪人慑于刑罚的威严而主动投案自首。当然，也有些犯罪人害怕被揭露而对被害人进行威胁甚至杀人灭口。

2. 忍受沉默，任其发展。这种情形多见于自卑感强，或心存顾虑，或受侵害程度不深的被害人，他们往往认为报案揭发也于事无补，因此采取消极的态度。这样会使犯罪人心存侥幸，强化犯罪心理，甚至进一步实施更加恶劣的犯罪行为。

3. 否认被害，拒绝调查。有些被害人或由于自身的利益，或顾及个人的名声，或惧怕遭打击报复，可能会否认被害甚至拒绝或阻挠司法机关的调查，不愿揭露被侵害的真相。这种情形会出现与上一种情形同样的结果。

三、犯罪行为发生的过程

（一）预谋型犯罪行为的发生过程

预谋型犯罪行为的发生过程是一种基本的、典型的犯罪行为发生模式。这种模式从犯罪动机的形成，到作案的准备，到实施犯罪，都是犯罪人有意识、有计划、有目的的活动，犯罪行为自始至终都处于犯罪人的意志控制之下。这种模式也分为两种情况：一种是犯罪人积极主动地选择行为，不仅犯罪行为需要意志努力才能完成，而且其犯罪动机、犯罪决意的形成，也是意志努力的结果，是犯罪人主动的选择；另一种是犯罪人被动地选择行为，是在被威胁、胁迫、要挟、引诱，或处于从属关系及其他利害关系的情况下，不得不选择犯罪行为。在后一种情况下，虽然个体犯罪动机的形成是外力强加的，但犯罪动机的确立仍然是有意识的，犯罪行为的准备、实施仍然需要有预谋和意志活动的参与。共同犯罪中的从犯，不少属于这种情况。

预谋型犯罪行为的发生过程有以下特点：

1. 犯罪动机强烈、明确、具体。这种模式的犯罪行为大多是由强烈、明确、具体的犯罪动机支配的。首先，犯罪动机不是无意识的，犯罪人能够强烈地感受到，如不能满足，就无法获得心理平衡。即便是被动地选择犯罪行为，虽然其动机强度较弱，但仍然能被强烈地意识到了。其次，犯罪动机的内容是明确的，无论是财产动机、报复动机、性欲动机，还是其他方面的动机，都十分明确。最后，如何实现犯罪动机，无论是方式还是对象都是具体的。

2. 情境因素特别是受害人因素与犯罪行为的相关性较小。一般来说，预谋型犯罪行为总是由犯罪人先形成犯罪动机，而后积极创设或寻觅、发现犯罪情境，以实现犯罪动机。如某强奸犯，怀着强奸的目的，夜闯民宅，实施强奸，这种犯罪情境是行为人有意识地通过寻觅而形成的。在这种犯罪中，情境中的因素对犯罪行为的发生只有一定的相关性，没有必然的联系。犯罪动机的形成则几乎看不到情境的影响，因为犯罪动机的形成在前，适宜犯罪的情境的出现在后。

3. 由犯罪心理的形成到犯罪行为的发生往往经过较为清晰的阶段。一般情况下，犯罪人的预谋型犯罪行为，往往经过下面几个阶段：心理冲突和思想斗争—产生犯罪动机，明确作案目的—制订作案计划—进行作案准备（准备作案工具、选择作案对象和路线、地点，甚至进行演练）—实施犯罪。虽然不排除有的犯罪并不完全具备这样几个阶段，有的可能缺少某一环节，有的可能出现曲折或反复，但大多数经过预谋的犯罪行为的发生，基本上都经历了这样几个较为清晰的阶段。

（二）无预谋的犯罪行为的发生过程

这种模式是指犯罪人实施的犯罪行为不是出于事先预谋，未经过明显的意志活动，而是个体在外部诱因刺激下产生的应答性反应。其特点是：第一，这种应答性行为是自动化的，带有“反射”的性质。这种反应有的是个体先天的本能冲动引起的，有的是变态的行为反应，有的则是习惯化、定型化了的行为反应。这种应答性反应引起的犯罪，具有情境性、突发性的特点，行为人当时大脑的活动往往处于混浊状态或亢进状态，对自己的行为性质缺乏理智的思索。第二，刺激情境的出现对这种犯罪行为的产生具有重要作用。在这种犯罪行为中，刺激情境的出现并非行为人刻意追求、寻觅的结果，而是刺激情境的出现与行为人头脑中已有的动力定型建立了联系，诱发行为人产生了相应的行为反应。这种行为反应常常是在无意识动机支配下完成的，如定式、习惯等。第三，反应性行为的出现，没有或只有短促的心理过程。有些反应性行为没有经过有意识的心理活动过程，只要某种情境一出现，就导致个体出现相应的行为反应；有些反应性行为只有极短促的心理过程，以至于从个体外部行为表现来看，几乎难以看出其心理变化，如应激反应，个体在遇到紧急情况出现行为反应之前，只是略一迟疑，大脑的行为指令的出现几乎是自动化的，根本不可能经过利弊权衡、思想斗争的心理活动过程。

无预谋的犯罪行为的发生一般表现为以下几种情况：

1. 防卫反应和避险反应。人类具有自我防御和趋利避害的本能反应，当个体的人身、财物的安全受到威胁时，个体会本能地进行防卫或避险。防卫行为和避险行为在一定限度内，是法律所允许的，因而不应视为犯罪行为。但如果超过了一定限度,造成了不应出现的后果,则构成犯罪。防卫行为和避险行为都不是事先有预谋、有准备的,而是一种反应性行为。

2. 应激反应和激情反应。在应激状态下,客观条件不允许个体进行周密的心理选择和思考,必须作出迅速的反应。这种反应的模式基本上是受个体趋利避害的本能和平时形成的反应动力定型支配的。在激情状态下,个体由于愤怒、恐怖、嫉妒以及怨恨等情绪达到极点,思维活动往往难以正常进行,大脑为某种强烈的冲动意念所支配,血液涌动加快,浑身聚集了大量能量,必须加以宣泄,否则心理难以获得平衡,身体机能的平衡也会受到破坏。这种激情宣泄的行为极易造成破坏性的严重后果而构成犯罪。

3. 习惯性行为。习惯是个人后天习得的,是经过反复的刺激与反应的联结之后形成的相对稳定的动力定型。一个人一旦形成了某种习惯,当外界出现相同或相似的刺激时,他们不需作出特别的意志努力,就会出现相同的行为反应。所以习惯性行为带有自动化性质。在很多情况下,一些人在自己不良习惯的驱使下,会不自觉地实施违法犯罪行为。比如,许多从小养成偷窃习惯的人,尽管自己努力悔改,但一旦遇到合适的偷窃对象,就不由自主地产生了偷窃行为。习惯性违法犯罪行为除了盗窃之外,较常见的还有:赌博、吸毒、伤害、诈骗、性犯罪等。

4. 变态反应。变态反应是犯罪人在变态心理支配下所出现的行为反应。变态心理作为一种病态现象,其行为反应机制是异常的、自动化的和难以控制的。如露阴癖者,他们虽然知道自己的行为性质和后果,但一旦遇到适宜的情境和对象,便忍不住有露阴的行为发生。

需要说明的是,上述关于无预谋犯罪行为发生的几种情况,由于不是按同一标准划分的,因而难免存在一定的交叉和重叠,如习惯性行为与激情反应行为,就有一定的重叠,因为个体对外部刺激产生的激情反应与其平时形成的行为习惯是有关系的。

思考题

1. 犯罪情境对犯罪行为的发生有哪些影响?
2. 犯罪人与被害人的互动如何促进或抑制犯罪行为的进一步发生?

第三节 犯罪心理的发展变化

要点提示

1. 犯罪人在犯罪不同阶段的心理特点,表现在犯罪前的心理状态、犯罪过程中的心理状态和犯罪后的心理状态。

2. 犯罪心理的良性转化,是指犯罪心理形成后,在主体内外各种积极因素的影响下,逐渐减弱或消除,或者处于暂时性抑制状态。

3. 犯罪心理的恶性发展,是指犯罪心理形成后,在主体内外因素的影响下,在犯罪活动中,如果得不到有效的控制和帮助,犯罪心理会变得更加稳定和牢固。

个体犯罪心理形成之后,并不是一成不变的,会受到多种因素的影响而发生变化。这种变化主要从以下两方面表现出来:一是犯罪人在犯罪行为发生前后的不同阶段,表现出不同的心理特点;二是犯罪人的犯罪心理,可能由于各种不良诱因的影响和犯罪行为得逞而向恶性发展,也可能由于其他积极因素的作用而向良性转化。

一、犯罪人在犯罪不同阶段的心理特点

(一)犯罪前的心理状态

1. 自我辩解心理。在实施犯罪行为之前,犯罪人内心充满了矛盾冲突。为了克服内心冲突,减轻心理紧张,犯罪人往往会采取各种形式为自己将要实施的犯罪行为进行自我辩解。犯罪人在犯罪前采取的自我辩解方式主要有合理化、比拟、投射、补偿等。

(1)合理化。犯罪人在即将进行犯罪活动之前,常常用一些似是而非的理由来粉饰自己的不光彩行为,以求得内心平静。例如,盗窃犯常以"自私是人的本性"以及"上等人有人送上门,中等人托人走后门,下等人没有门,不偷活不成"等为理由为自己的盗窃行为辩解;许多少年犯罪人认为逃学、旷课、吸毒等是自己的事,没伤害别人,认为打架斗殴只是解决问题的一种方式,以此求得内心世界的平衡;很多贪官在受贿之前,总是这样想,"我替别人办事了,别人送些礼以示感谢,也属人之常情",以这种看似合理的理由为自己的非法行为辩解,心安理得地收受贿赂。

犯罪人在进行犯罪活动之前,往往就是这样用他自认为合理的理由为自己的

非法行为辩解,使其“合理化”,以消除内心的恐惧和紧张,使自己心安理得地去实施犯罪行为。

(2)比拟。比拟就是犯罪人把自己的犯罪行为与社会历史上和现实生活中有价值或有名的人或团体的行为相比较,从而提高自己的自信心,以便从容地、理直气壮地实施犯罪行为。例如,某些青少年犯罪人把自己比作历史上或文艺作品中的某个英雄人物;把犯罪团伙结盟比作“桃园三结义”;闯荡江湖的流窜犯把自己比作某文艺作品中的“侠客”;把暴力集团、流氓集团的头目比作“英雄好汉”等。这种错误的比拟使人丧失了罪恶感,增强了与法律抗衡的胆量,使犯罪分子无所顾忌地实施危害社会的行为。

(3)投射。投射是指犯罪人将自己的观点、欲望、态度、性格特点等反射到别人身上,认为别人也与自己一样。也就是所谓“以小人之心度君子之腹”。例如,强奸犯在犯罪之前认为被害人愿意同自己发生性行为;杀人犯把自己的杀人行为归咎于对方的挑衅,从而打消对被害人的怜悯、同情态度,消除犹豫不决和良心谴责,决意实施犯罪。

(4)补偿。有的犯罪人由于自己有生理缺陷,社会经济条件差,受教育程度低等,在社会交往中常常受挫。为了挽回自尊,往往采取一些过激行为来弥补自己的缺陷。例如,贫穷家庭出身的青少年更有可能通过犯罪行为追求昂贵的衣着和慷慨的气派;受人歧视的少女往往通过滥交朋友、卖淫等获取华丽的穿戴,从而在同伴中炫耀自己;因其貌不扬而失恋的青年,用硫酸泼洒无辜异性的衣服、面部,对异性进行伤害,以求得补偿等。

以上心理防御机制产生在犯罪行为人实施犯罪行为的过程中,或在犯罪行为结束后也常用来消除自己的惊慌、不安、紧张、恐惧等情绪。

2. 犯罪决意状态。犯罪人在实施犯罪行为前,往往都要经过激烈的动机斗争。在确立了犯罪目的之后,要制订周密的计划,考虑采取何种犯罪方式,准备作案工具等,同时还要在心理上为自己树立作案成功的信心,这就是犯罪决意状态。形成犯罪决意,一般是在犯罪动机产生之后、犯罪行为实施之前的一段时间。犯罪决意持续时间的长短,计划是否周密,不同的犯罪者存在个别差异。预谋型犯罪人犯罪前常常要经过缜密思考和准备,其犯罪决意时间较长;机遇型犯罪人的犯罪决意与犯罪机遇的出现有密切关系,因此时间较短,没有预谋犯那样完整周密的计划;冲动型犯罪人犯罪决意的时间更短,在强烈的外界刺激作用下,行为人情绪难以自控,意识范围狭窄,根本不可能有太长时间考虑,因此,他们的犯罪决意是由外界的强烈刺激和内部的强烈情绪体验相互作用而产生的。

例如，一个盗窃汽车的预谋犯，在作案之前就会对作案的对象、方式、作案工具、理想的作案时间、作案的路线以及作案后如何销赃灭迹、逃避打击等有关问题，作一系列的设想、推理、预测，最后选定他认为既不会被发现，又能达到目的的最好方式。同时，一再鼓励自己，树立信心。这就是犯罪决意状态。

3. 等待犯罪时机的焦虑状态。犯罪决意形成后，一切准备就绪，就等待犯罪时机的到来。在等待中，犯罪人往往有一种焦虑心态，担心自己的计划暴露，担心实施犯罪过程中会遇到麻烦，担心目的是否能达到等。此时，犯罪人常常有一些异常的情绪和行为表现，尤其是初犯更为明显。

例如，一起系列麻醉抢劫案的犯罪人鹿某，在从地摊上花花绿绿的杂志中发现了一种用药将人麻醉后抢劫钱财的"致富妙招"以后，急不可耐地跑到药店，以睡不着觉为由，买了一瓶这种药，当夜就拿自己作实验，发现很灵。于是，他携带药片住进饭店。晚上，当浑身酒气的中年人进屋后，他把药片放进水里溶解后端给这位中年人。此时，他坐立不安，神色慌张，但那位醉醺醺的中年人喝完药倒头便睡，一会儿就鼾声如雷。鹿某小心翼翼地从那人鼓囊囊的衣兜里掏出一沓钱，慌不择路地溜出饭店。此后鹿某又流窜四省十多个城市，用相同的手法作案十多起后被抓获归案。在鹿某第一次犯罪前处于行为失态时，如果遇上一个经验丰富的人，其是完全可能识别出来鹿某的犯罪目的并加以制止的。但他遇上了一个醉汉，使他轻而易举得手，胆子越来越大，以至于疯狂地作案多起才被抓获。

（二）犯罪过程中的心理状态

犯罪行为一方面是一种危害他人、危害社会且必定要受到惩罚的行为，另一方面，犯罪行为的实施又将满足犯罪人的各种非法欲望和变态心理。因此，犯罪行为人在进行犯罪行为过程中，心情不可能完全平静、坦然，总是或多或少地存在兴奋、紧张、恐惧等各种各样的心理。尤其是情绪上的变化是很大的。

犯罪行为人在犯罪过程中的心理状态又因其犯罪经历和犯罪形式的不同而表现出很大的差异。一般而言，初犯的紧张、恐惧较为明显，在实施犯罪行为时由于心情格外紧张，害怕被人发现、被人抓住，对能否实现犯罪目的没有把握，所以注意力过于集中，注意范围狭窄，在犯罪现场容易留下作案痕迹；而累犯、惯犯的紧张、恐惧表现就不那么明显，由于多次作案，对犯罪结果的预计比初犯更有把握，且具有一定的反侦查手段，作案时不慌不忙，遇到意外收获时的得意忘形、作案中的沉着冷静等都与初犯有很大的不同。一般大案要案均系累犯惯犯所为，由于作案人目无法纪，无所顾忌，因此作案时更显心狠手辣、冷酷残暴，毫无怜悯、同情之心，紧张、恐惧也抛至脑后，更显得冷漠、麻木。如果犯罪人在作案过程中，遇到被害人反抗、犯罪同伙退缩,就容易产生愤怒情绪,变得凶狠残暴、伤人毁物,甚至因此而杀人。

一般而言,犯罪人在开始实施犯罪行为时,随着紧张、恐惧还会产生一种异常兴奋感,但随着犯罪的进行便会逐渐平静下来,思考怎样逃避侦查,销毁罪证。在某种情境的刺激下,犯罪人也可能沉静下来,恢复正常的理智和情感,中止犯罪。例如,杀人犯在杀人犯罪过程中,对被害人产生同情,将其送进医院,本人去自首等。

(三)犯罪后的心理状态

犯罪行为结束后,犯罪人的情绪和行为都会出现一些较为明显的表现,这对于侦查破案是有帮助的。其表现主要有以下几种:

1. 情绪表现。主要包括:(1)不安、恐慌。多数犯罪人,尤其是初犯和大案要案的犯罪人,作案以后都会产生不安和恐慌的情绪。有的对自己所实施的犯罪后果感到吃惊,有的终日惶惶不安,甚至产生幻觉,总是觉得有人在监视自己,或脑海中时时浮现被害人遇害前的惨状,无法摆脱。(2)得意、满足。犯罪行为实施后,由于作案既遂,犯罪目的达到,犯罪人心理上产生一种极大的满足感,尤其是有意外收获的犯罪人,甚至得意扬扬。比如,犯罪过程中发现了意想不到的大量金银财宝,犯罪人甚至会感到惊喜,忘乎所以,这种情绪状态将会极大增强其犯罪心理,使其恶性发展。(3)麻木。有的犯罪人在犯罪时处于高度兴奋状态,实施犯罪后往往迅速趋向抑制,反应灵敏度大大下降,精神处于极度松弛状态。尤其是一些大案要案犯罪人和冲动性犯罪人,面对严重的犯罪后果,处于"激情性休克状态",麻木不仁,毫无表情,也无任何行动。(4)罪恶感。这是个人在观念或行为上与其道德标准、价值观念发生冲突时产生的有罪和羞耻的心理体验。有些犯罪人在实施犯罪后,恢复理智,良心发现,萌生罪恶感,出现新的心理冲突,感到苦恼。有的即使在意识水平上看不出来,也会出现被噩梦魇住之类的情况。初犯罪恶感最为强烈,惯犯、累犯的罪恶感较弱。

2. 行为表现。主要包括:(1)试探。犯罪人实施犯罪后迅速逃离现场,但心理上却无法摆脱现场。他们往往表现出对案件的发展和侦破十分关心,有时甚至故作姿态,参与议论案情,痛斥犯罪人。有的甚至一再跑到现场观察,对报纸、广播等新闻媒体变得敏感起来。这些反常表现可以给破案提供线索。(2)其他反常行为。犯罪人作案后,为了掩饰自己惊恐不安的心理,往往有一些反常的行为表现。例如,有的人一反常态地积极工作;突然变得老实、守纪律,不敢在公开场合露面,很少与人接触;有的人却是反常的暴露;过去是勤俭节约的模范,现在却大肆挥霍浪费;过去循规蹈矩,作风简朴,现在却公开出入色情场所等。

总之,犯罪人在犯罪的整个过程中,不同阶段有不同的心理和行为表现,如果我们提高警惕,注意观察,就可以很好地预防和制止犯罪行为的发生,也可以帮助我们迅速侦破犯罪案件。

二、犯罪心理的良性转化

所谓犯罪心理良性转化,是指犯罪心理形成后,在主体内外各种积极因素的影响下,逐渐减弱或消除,或者处于暂时性抑制状态。这种良性转化,可能发生在犯罪行为实施前,也可能发生于犯罪行为的准备、实施过程中,或犯罪活动结束后。

(一)犯罪心理良性转化的条件

实现犯罪心理的良性转化,是十分艰难而漫长的过程,需要各方面的积极因素形成一种合力。其基本条件包括:

1. 要产生内部心理矛盾。经过教育、规劝,或受到某一事件的启发,犯罪人头脑中的常态心理被发掘,而不良心理被抑制。例如,理智感、道德感增强,或顾及自己的名誉、前途、事业、家庭,有同情心、怜悯心,对犯罪后果产生悔恨,出现内疚感,同时那些非法欲望、错误观念、不良行为习惯等受到抑制。此时,在犯罪人心理上出现对立面的斗争,产生心理冲突和良性转化的动力,使犯罪心理体系出现薄弱环节和突破口,这样在进一步的教育帮助下,就很容易实现犯罪心理的良性转化。

2. 要有促进犯罪心理良性转化的动因。推动犯罪心理良性转化的动因不能是单一的,必须是复合的。既要有积极的外因,如法制健全并得以有效执行、良好的社会风气、正确的舆论导向、科学有效的教育改造、有利的人际交往和积极的榜样等,也要有激发犯罪人的内因,如道德感、责任感、良知、同情心等;既要有意识、观念上的动力,又要有物质、文化生活的保证;既要控制犯罪需要,又要满足合理需求,培养高尚需求。这一系列动因的综合作用,才能推动犯罪心理的良性转化。

3. 要遵循转化规律。犯罪心理的良性转化,应在犯罪人心理结构的各个方面同时下功夫,引起个性品质的整体改善。同时,犯罪心理的良性转化也要遵循事物发展变化的普遍规律,特别是要遵循量变质变规律。积极心理因素的增强,消极心理因素的削弱,是一个漫长的量变过程。量变一定程度后,犯罪心理明显减弱甚至消除,良性转化实现,这就实现了质变。因此,帮教工作者对犯罪人要善于疏导,不能强制硬压,要循序渐进,不可操之过急。

(二)犯罪心理良性转化的类型

1. 渐进型。通过强有力的教育措施、积极的环境影响和本人的主观努力,行为人逐渐认识到违法犯罪的危害,罪责感萌发,并有一定的悔改决心和表现,犯罪心理得到一定程度的抑制。但这种良性变化只是初步的、不彻底的,犯罪人改恶从善的态度还会动摇,甚至还会再实施一些轻微的违法违纪行为,但总的趋势是向好的方面发展。这是比较普遍的情况,大多数犯罪人犯罪心理的良性转化都属于这种类型。

2. 顿悟型。通过某一事件的震撼和启发,犯罪人对自己犯罪行为的性质及危害猛然醒悟,并以很强的意志力克服自己的不良意识和行为习惯,从而终止犯罪,改恶从善,重新做人。这种类型的转化在恶习不深的初犯和偶犯中时有发生。

3. 反复型。一些犯罪人认识到自己的错误,也有改好的愿望和表现,但由于恶习深,意志薄弱,以致在良性转化进程中经常出现反复,时好时坏,但经过教育均有所悔悟,能继续努力改正错误和恶习,经过时间的推移和几次反复后,终于改好。许多有一定犯罪经历的犯罪人大都属于这种类型。

三、犯罪心理的恶性发展

犯罪心理的恶性发展,是指犯罪心理形成后,在主体内外因素的影响下,在犯罪活动中,如果得不到有效的控制和帮助,犯罪心理变得更加稳定和牢固。这种恶性发展可以发生在长期预谋从事某种犯罪活动的人身上,但更多地表现在多次进行违法犯罪活动的累犯和惯犯身上。从初次犯罪满足犯罪欲求,到再次实施犯罪和再次满足犯罪欲求,犯罪心理必然得到强化进而恶性发展。犯罪心理恶性发展的结果,会使犯罪人形成较为顽固的犯罪动力定型。这种动力定型既有犯罪心理方面的,也包括犯罪行为方面的。

(一)犯罪心理恶性发展的条件

1. 不良诱因的刺激。在实施犯罪过程中,造成犯罪人犯罪心理恶性发展的不良诱因有很多,如被害人的引诱、挑逗、侮辱,同伙的拉拢、胁迫、教唆,以及适合于犯罪的机遇等。由于不良诱因的反复刺激,主体原有的不良心理进一步恶变,如错误认识、不良情绪和反社会意识产生,侥幸、冒险心理增强,不良欲求恶性膨胀,自我意识水平降低等。同时,主体因此产生心理紧张和焦虑。为了满足欲求,消除紧张,便产生犯罪动机,实施犯罪行为。

2. 非法欲望的满足。大多数故意犯罪是一种获利行为,它能使犯罪人获得财物,发泄性欲,获得地位升迁,释放被压抑的情绪,摆脱不快感受,满足畸形的精神需求等。这些欲望的满足,一方面强化了原有的犯罪心理,另一方面刺激犯罪人产生新的犯罪欲望、犯罪动机,胃口越来越大,非法欲望恶性膨胀,驱使犯罪人变本加厉地实施新的更加严重的犯罪行为,并反复多次实施这些行为,以致由初犯演变为惯犯、累犯。

3. 惩罚、改造措施不力。如果社会对犯罪打击不及时,就会强化犯罪人的侥幸心理;如果惩罚不当,会使犯罪人产生犯罪合算观念,强化其冒险心理;如果矫正机构或社会对犯罪人的教育改造措施不当,就会强化其逆反心理。所有这些,都会促进犯罪心理的恶性发展。

(二)犯罪心理恶性发展的特征

1. 犯罪的自觉性和主动性增强。犯罪心理在最初形成的过程中,行为人往往要经历激烈的动机斗争,这种斗争主要集中在犯罪成功的诱惑与良知之间,以及权衡犯罪的利弊得失上,斗争的焦点是作案还是不作案。而且行为人犯罪行为的发生,在很大程度上是受情境诱发、他人教唆或胁迫,有一定的情境性和被动性。但一旦作案成功,非法欲望得到满足,犯罪心理就得到强化,由原来"别人要我犯罪"转为"我想犯罪""我要犯罪"。此时,行为人就会自觉、主动寻求机会,或制造机会犯罪,犯罪的自觉性、主动性增强,犯罪次数增多,危害性加大。

2. 个人欲望膨胀。犯罪人初次犯罪活动的成功,满足了个人欲望,获得了快慰和成功体验,这就进一步刺激了新的更为强烈的个人欲望的产生,使个人欲望急剧膨胀,变得越来越贪婪,并驱使犯罪人变本加厉地实施犯罪行为。这样就形成了欲望—满足欲望—新的欲望产生的恶性循环。

3. 反社会心理增强。许多犯罪人初次犯罪,只是为了满足某一具体需要。当他们因犯罪受到社会舆论的谴责和司法机关的打击后,便逐渐意识到自己已经处于社会的对立面,于是开始仇视社会,有的甚至形成了一套反动的思想观念。在以后的犯罪活动中,常有意把矛头指向社会公共目标和无辜群众。由于反社会心理的增强,其犯罪行为的破坏性就会变大。

4. 作案经验更加丰富。经验总是在活动中不断总结、提炼的,犯罪经验的获得也是这样。一般来说,初犯还谈不上有什么作案经验,但经过多次作案后,其犯罪经验就在不断积累中得到丰富,作案技巧和逃避侦查的能力得到了提高。在作案前选择作案时机和作案手段,作案中自我控制、自我保护、伪装现场,以及作案后逃逸、销赃、毁灭罪证、制定攻守同盟等方面,都变得更为老练、狡猾,更具伪装和欺骗性。

5. 犯罪活动向多方向发展。由于犯罪人个人欲望膨胀,作案经验增多,作案技巧提高,犯罪主动性、冒险性增强,加上同伙的影响,犯罪人从单一犯罪向多方面犯罪发展,即从犯罪"一面手"发展为犯罪"多面手",成为"五毒俱全"的累犯、职业犯。犯罪活动向多方向发展,说明犯罪人的犯罪动机变得更加复杂,犯罪意识增强,犯罪经验更加丰富。其结果,必然加大犯罪的社会危害性。

6. 犯罪人格的形成。这种人格通常是由于某些犯罪人长时期从事犯罪活动,或长时期在犯罪团伙中与有犯罪恶习的人交往而形成的。在犯罪人格的人格结构中,犯罪心理占据了大部乃至全部,形成了与犯罪活动密切相关的心理倾向或心理特征。一个人一旦形成了犯罪人格,其犯罪行为的发生则不可避免,他会反复不断地实施犯罪行为,达到自动化的程度。一些人开始以犯罪为职业,把犯罪所得作为生活的主要来源,或把犯罪活动作为满足自己精神需要的手段,因而成为惯犯、职业犯。对这种人,一般的说服、教育改造,都难以奏效。

(三)犯罪心理恶性发展的阶段

根据对大量犯罪案例的研究,一般将犯罪心理的恶性发展分为以下三个阶段:

1. 定型化阶段。由于反复进行犯罪活动,犯罪心理得到强化,犯罪行为已不再是偶尔进行的情境性活动,而是相对稳定、巩固的自觉行为,成为生活中不可缺少的一部分。此阶段的显著特点是:犯罪意识定型化,形成了一套较为稳定的观念体系和行为规范;犯罪方向定型化,从事较为固定的犯罪类型,如盗窃或者抢劫;犯罪行为方式定型化,形成一套固定的犯罪技能。

2. 个性化阶段。经过定型化阶段,犯罪心理由人格的一部分逐渐成为犯罪人人格结构中的主导因素,形成鲜明的犯罪人格。或者说,犯罪人的个性心理结构逐渐被犯罪心理吞噬、取代、同化。此阶段的显著特点是:形成牢固的反社会意识,畸变的需要结构,典型的犯罪性格,犯罪行为具有习惯性、连续性、狡诈性、残忍性。

3. 职业化阶段。在这一阶段,犯罪行为已成为犯罪人生活的基本内容和生活的全部意义所在。此阶段的显著特点是:犯罪人以犯罪收入作为主要生活来源;犯罪行为向多方向发展;组织犯罪集团,并有严密的组织分工,成员一般有公开职业做掩护。

思考题

1. 犯罪人在犯罪不同阶段经历了怎样的心理变化?
2. 犯罪心理如何实现良性转化?
3. 犯罪心理在哪些情况下会出现恶性发展?

延伸阅读

犯罪倾向论①

西方一些研究者认为,正常人与犯罪者都存在侵害他人利益以满足自己欲望

① 参见罗大华、何为民主编:《犯罪心理学》,中国政法大学出版社2007年版,第150页。

的犯罪倾向。两种人之间只有倾向程度的不同,不存在生理或心理上质的区别。犯罪行为的发生,乃是外界情境诱惑对个体犯罪倾向的驱动。只要情境诱惑力达到一定的强度,“好人”也会犯罪。

英国学者梅兹(John B. Mays)、日本学者平尾靖等在他们的著作中,都持以上观点。梅兹在《我们是否都是犯罪者》一书中认为,罪犯无论在心理方面,还是在社会关系方面,都处于“常态”,与一般人是“同质”的。“无论是犯罪者,还是一般人,都是一样的”,“他是人,我也是人”。平尾靖称:“在任何优秀的人物中,都存在着犯罪的倾向”,“某人变成犯罪者时的过程的性质,与没有越轨的个人进行正常行为时的过程的性质基本上是相同的”。这就是说,犯罪行为与正常行为有着相同的机制。一个人向着哪个方向发展,在很大程度上受到情境的左右。

第八章　习惯性行为与违法犯罪

案例导入

在犯罪行为中，有一类行为不同于一般的故意或过失犯罪，行为人的动机似乎并不清晰，甚至是无意识的，行为的发生是“自动化的”，源于某种“习惯”，我们将其称为“习惯性犯罪”。从心理学意义上分析，有些行为发生在我们周围众多的“心理正常”的人身上，称为“常态”的习惯性犯罪。比如，在日常生活中，我们经常会看到这些现象：过马路时，凑够几个人一起走，也不管红灯绿灯；驾车时占用生命通道，随意抛撒杂物；在旅游景点，有人随手刻上“到此一游”，有人随意踩踏草坪；在网络上，有人一时兴起，随手发布一条道听途说或者完全由自己臆造的信息，引起社会关注甚至恐慌……这些现象我们已经司空见惯，但却鲜有人知道这些带有“习惯性”的行为已经触犯了相关法律法规，给公共安全埋下了隐患，有的甚至已构成刑事犯罪。还有些行为发生在那些“心理异常”的人身上，称为“变态”的习惯性犯罪。比如，在形形色色的犯罪行为中，有这样一些行为往往令人费解：有人盗窃财物并不是因为贪利，他把偷来的东西收藏起来或者还给失主，然后再去盗窃，乐此不疲；有人一次又一次地纵火，并不是因为报复，而是以此为乐，不可遏制；许多人一旦吸毒成瘾，就终身难以戒断，即使变卖家产甚至盗窃、抢劫，也要得到毒资，满足毒瘾……“变态”的习惯性犯罪又可以分为人格障碍类习惯性犯罪（如反社会人格障碍、偷窃癖、纵火狂等）和成瘾类习惯性犯罪（如毒品成瘾、酒精成瘾、赌博成瘾、网络成瘾等）。

第一节　“常态”的习惯性犯罪

要点提示

1.“常态”的习惯性犯罪,一般表现为破坏公共设施行为,如侵占应急车道、消防通道行为,乘车人乱扔杂物行为,随性编造网络言论行为等。

2. 习惯性违法犯罪行为频发的原因,一方面是实际执法难度大,执法成本高,执法不严,违法行为所付出的代价小;另一方面是民众的法律规则意识不强,以及普遍存在从众心理、法不责众心理。

3. 减少或防止习惯性违法犯罪行为,既需要加强社会管理,加大执法力度,也要加强法治宣传教育和道德教育。

“常态”是相对于“变态”而言的,是指“心理正常”的状态。社会上那些占多数的心理正常人,在日常生活中会不自觉地作出一些习惯性行为,很多已经触犯法律法规,甚至构成犯罪。

一、“常态”习惯性犯罪的一般性表现

社会上,有些违法犯罪行为随处可见,我们似乎已司空见惯,如以下几类现象,就是当前我们经常遇到的。

(一)破坏公共设施行为

在景点墙上刻上“某某到此一游”,随意砸坏公用电话,踩踏公园的花草,破坏小区的护栏,损坏公共健身器材等,均属于破坏公共设施行为,已经成为人们公共生活中习以为常的现象。

例如,在北京市花家地某小区,因为小区外有一家网吧,一道铁栅栏三番五次被破坏。为了抄近道,有人先是将其中三根铁栏杆掰断,后被物业补上。此后,有人又在另一处破开一个更大的豁口。无奈之下,物业只能从别处搬来两扇大大的铁门焊接在破损的栅栏处。此类破坏公共设施行为,常常会形成一种“破窗效应”。一间房子的玻璃如果破了,没有人修补,不久之后,其他窗户也会莫名其妙地被人打破;一面墙上如果出现一些涂鸦没有清洗掉,很快墙上就布满了更多五花八门的涂鸦。在一个很干净的地方,人们会不好意思扔垃圾,但是地上一旦有垃圾出现,人们就会毫不犹豫地随地乱扔垃圾而不觉羞愧。由最初一个小举措引发的一连串

"破窗效应",最终可能会产生十分严重的后果。有的是影响了城市形象,有的则会造成人们财产和人身的损害。

很多时候,这些行为已经触犯了法律法规,但是由于被追责者尚属少数,公众对这些行为的容忍度一再放大,以致成为许多人顺手为之的习惯性违法行为。根据相关法律规定,公共设施属于为国民经济运行、产业发展、居民生活提供交通、通信、能源等公共性服务的设施。盗窃、破坏公共设施的行为,如果严重影响公共设施的正常运转和公共安全,应当给予刑事处罚,还要面临经济赔偿。

(二)侵占应急车道、消防通道行为

我们经常会观察到这样的情景:早高峰时段,许多司机驾驶着爱车,通过一次又一次并线,不时地行驶在应急车道上,为的是躲避车辆拥堵,早一点到单位上班。面对采访的记者,司机很坦然:"时不时走一下应急车道,能把我上班的时间压缩半小时。""你放心,我已经把上班路上所有摄像头的位置都记熟了,肯定不会被抓到。"①

车辆侵占消防通道,这是许多小区的通病。比如,某记者在北京市花家地某小区采访,看到一个出口处的铁门上贴着"消防通道,禁止停车"的标语,结果在标语前面就停放了两辆轿车。在该小区两座楼四周的消防通道两边,也停满了各式车辆,中间留出的道路宽度只有两米左右。② 根据《建筑设计防火规范》,消防通道宽度不应小于4米,然而,车辆占道停放后,留出的道路宽度根本达不到消防通道的行车宽度。

长期以来,高速公路应急车道、小区消防通道被侵占的现象一直存在,这种行为在平时可能没什么大碍,但一旦出现交通事故或发生火灾,应急车道、消防通道被占用,将直接影响救援,导致严重的后果。为此,相关法律已明确规定,应急车道、消防通道不得被占用。

(三)乘车人乱扔杂物行为

从一辆公交车的车窗里"飞出"几张广告纸,落在了十字路口的中央。大风刮起来,广告纸不停地上下飞舞,其中一张正好贴在一辆驶过汽车的前挡风玻璃上,驾驶员由于视野受限,不得不紧急减速,想等废纸滑落后再继续行驶,可是后面紧跟着的车辆来不及刹车,直接撞了上去,造成严重追尾……

其实,乘车人向车窗外乱扔杂物的行为非常普遍。一位在北京开出租车十余

---

① 赵丽、邱超奕:《侵占消防通道应急车道现象普遍》,载《法制日报》2013年6月3日,第4版。
② 赵丽、邱超奕:《侵占消防通道应急车道现象普遍》,载《法制日报》2013年6月3日,第4版。

年的司机在谈到机动车随意抛撒杂物的现象时说："见过不少，我自己也没少扔。""我见过的有扔果皮纸屑的、扔烟头的、扔玩具的、扔塑料袋的。"他还亲眼目睹过某司机扔烟头点燃别人车上货物的险情。

乱丢杂物，往往被认为是素质低、不文明的表现。根据《道路交通安全法》(2021年修订)第66条的规定，乘车人"不得向车外抛洒物品"。乱丢杂物实际上属于违法行为，只是人们司空见惯，再加上对此并没有惩罚性措施，很多人就经常有意无意为之。

(四)随性编造网络言论行为

案例：2011年3月15日上午10时左右，浙江杭州某数码市场的普通员工"渔翁"，在自家电脑上写下一段不到50字的消息，发在了几个QQ群里，引起一些网友的关注。超出他想象的是，在此后的短短几个小时内，这条消息不胫而走，直至演化为2天后全国范围内的辐射恐慌和抢盐风波。这就是著名的"谣盐"事件。3月21日，当地公安部门发布消息称，已查到"谣盐"信息源头，并对始作俑者"渔翁"作出行政拘留10天、罚款500元的处罚。事后，"渔翁"在接受记者采访时说，他自己当时只是一时兴起，随手发布的。

2013年4月10日，贵州省贵阳市公安局发布消息称，在此前两日，警方将散布"贵阳发现H7N9病毒"虚假信息的3人抓获，对龚某处10日行政拘留，对李某、蔡某处5日行政拘留。几乎在同一时段，陕西省西安市、浙江省慈溪市、江苏省昆山市、福建省宁德市等地，共有10余人因为同样的理由被警方拘留。通过梳理各地警方发布的信息可以发现，其中许多谣言均是行为人为了增加网络空间的人气而随手发布。

人们之所以会在未经核实的情况下就"随手发布"网络信息，主要是因为网络空间的"匿名性"与"易传播性"。这些特征让随意谩骂、随意发布虚假信息成为某些网友的一种习惯性行为，不太会关注后果。

事实上，网络上的不文明言论，早已有相关法律对其作出约束。不文明发言者可能面临承担民事责任、行政责任甚至刑事责任的后果。如果所发布的言论侵犯了公民个人的名誉权或者侵犯了法人的商誉的，依据我国《民法典》的规定，要承担停止侵害、恢复名誉、消除影响、赔礼道歉及赔偿损失的责任；如果所发布言论谎报险情、疫情、警情或者以其他方法故意扰乱公共秩序的，或者公然侮辱他人或者捏造事实诽谤他人的，尚不构成犯罪的，要依据《治安管理处罚法》等规定给予拘留、罚款等行政处罚；而如果所发布言论构成犯罪的，则要依据《刑法》的规定追究刑事责任。

二、"常态"习惯性犯罪的原因和对策分析

《法制日报》视点新闻部曾经联合搜狐网站,对"习惯性违法行为"的有关问题进行在线调查,有几项调查结果值得注意:①

1. 关于态度。"你认为这些行为对社会有危害吗?"有96.5%的人认为有危害,觉得有的习惯性违法行为已经严重影响了社会秩序,甚至危害公共安全,害人害己。有3.5%的人则对这些行为无所谓,认为危害不大。

2. 关于原因。"你认为这些习惯性违法行为为什么会长期存在?"有56.1%的人认为,违法成本低甚至没有成本,缺乏对法律和生命的敬畏,使违法行为成常态;有43.88%的人认为,好的行为是在长期的他律约束下逐渐养成的,关键要有严格的法律来监督执行。"你怎么看这些习惯性违法行为的制造者?"有37.84%的人认为,法不责众,处罚力度不够,很多人都对法律置若罔闻,明知故犯;有36.25%的人认为,是个人素质问题,在他律作用不明显的情况下更谈不上自律;有25.91%的人认为,守法吃亏,绕开规则却能获益。

3. 关于对策。"你认为哪些方法对约束习惯性违法行为有效?"有69.63%的人认为,对遵纪守法的宣传再多,都不如严格执法;有20.67%的人认为,应定期开展专项整治活动,增大违法成本,促使人们自律;有9.7%的人认为,平时多开展文明行为教育活动。

寻根溯源,发生在我们身边的习惯性违法犯罪行为之所以渐成顽症,一方面是由于实际执法难度大,执法成本高,执法不严,违法行为所付出的代价小,法律失去了应有的作用;另一方面是由于当前部分民众的法律规则意识有待加强,文明素养有待提高,个别人逐利意识增强,缺乏合作意识和谦恭礼让精神,认同循规守法"吃亏论",以及从众心理、法不责众心理。因此,要减少这些习惯性违法犯罪行为,既需要加强社会管理,加大执法力度,加强法治宣传教育和道德教育,更需要每个公民从自身做起,从日常的点滴做起,养成守法习惯。习惯并非一成不变之物,不良习惯可以改变,好的习惯也可以日渐养成。

思考题

1. 什么是"常态"习惯性犯罪?主要有哪些表现?
2. 你对日常生活中的习惯性违法犯罪现象有何看法?

---

① 参见《"习惯性违法行为"暴露公众对法律缺乏敬畏》,载《法制日报》2013年6月3日,第4版。

第二节　人格障碍类习惯性犯罪

要点提示

1. 反社会人格障碍产生犯罪行为的“习惯性”特征，主要是由于情感缺陷而“难以自控”，或者由于“有案在身”而“不控制”。

2. 习惯与冲动控制障碍的主要特点是存在一种顽固、以内心体验为目的、常人难以理解的怪癖。其中偷窃癖、纵火癖更容易发生习惯性犯罪行为。

与犯罪行为相关的人格障碍有多种类型，其中与本节讨论的习惯性犯罪密切相关的主要包括人格障碍中的反社会人格障碍、习惯与冲动控制障碍中的偷窃癖和纵火癖。

一、反社会人格障碍与习惯性犯罪

无论从学者们关于反社会人格障碍内涵与特征的描述，还是从众多的案例分析中，都可以看出反社会人格障碍者产生犯罪行为的“习惯性”特征。

首先，其异常表现始于早年，并且以品行障碍为少年期的表现。也有学者认为，“反社会人格是一种早年即开始表现的人格障碍，这是一种带有先天因素或与生理问题有关的一类人格障碍。因此，他们早年出现心理上或行为上的问题时（包括违法或犯罪）就具有顽劣特点，没有理由但不断重复或让周围人感到困惑”①。比如，发生于北京的绑架案主犯王某，在面对媒体的镜头时说：“我这人从小就坏，9 岁就开始偷家里的钱。我爸爸说我，周围没有坏人呀，你怎么这么坏？我也纳闷，真的没有人教我……”这类似于意大利犯罪学家龙勃罗梭描述的“天生犯罪人”的某些特征：“某些犯罪人之所以犯罪并不是出于理性选择，而是有着不由自主的生理性问题。”当然，这种始于早年的异常表现是否与遗传有关，目前尚未得到证实。

其次，他们肆意犯罪，不会终止。这类犯罪人在策划犯罪后只会因故暂缓计划或改变计划，永远不会停止其犯罪行为，他们重复犯罪几乎具有必然的特点。这类似于意大利犯罪学家加罗法洛描述的“异常犯罪人”的某些特征：“没有什么会触动

---

① 李玫瑾：《犯罪心理研究——在犯罪防控中的作用》，中国人民公安大学出版社 2010 年版，第 63 页。

他们,也没有什么能使他们洗手不干","他们无法抑制某种愿望,只能被愿望所驱使。当他们渴望什么东西时,什么事情也无法阻止他们"。[①] 他们可以毫不犹豫地偷同伙的东西,甚至残杀同伴;可能玩弄一个又一个女人,生下许多孩子却一个也不抚养;他们并不十分认真地对待其犯罪行为,只是重复某种侵害行为。

需要强调的是,反社会人格障碍者反复出现犯罪行为,似乎是不能自控的。其实他们绝不是白痴,他们有正常的认知能力甚至比一般人更聪明。其产生犯罪行为的"习惯性"特征,是由于情感缺陷使他们"难以自控",或者是由于"有案在身"使他们"不控制"。"情感缺陷"是这类人的突出特征,他们缺乏自然情感力,没有正常人的亲情、爱心乃至孝心,"凶狠、嫉妒、可怕的自负、傲慢、敏感和过分地拘泥……虚荣永远是他们突出的标志。他们没有一丝悔恨的迹象"[②]。

二、习惯与冲动控制障碍与习惯性犯罪

习惯与冲动控制障碍的主要特点是存在一种顽固、以内心体验为目的、常人难以理解的怪癖。常见的有偷窃癖、纵火癖、谎言癖、怪恋癖等,其中偷窃癖、纵火癖更容易发生习惯性犯罪行为。

(一)偷窃癖与习惯性犯罪

偷窃癖的盗窃行为与一般盗窃行为有很大的不同,其突出特点是不以攫取金钱物质利益为目的,而是在一种无法控制的偷窃冲动的驱使下,以盗窃他人或集体财物为乐趣,从中获得某种特殊快感。在行窃的行为模式上,有的在行窃之后将东西又送还失主,下次再偷;有的偷了张三的东西转送给李四;有的则将偷来的东西扔掉或登记储藏,供以后独自欣赏,等等。

案例:某大学一名19岁的男生,偶尔一次从女生宿舍楼下经过,拾到一只从凉台掉下来的内衣,颇为好奇,见左右无人,便捡起揣在衣兜里。晚上就寝时,他拉起床帘反复欣赏,产生了性兴奋和性满足。此后便有了经常难以克制的类似举动。他时常有意从女生宿舍楼走过,顺便捡起掉下来的女生内衣,带回宿舍抚弄、欣赏。后来发展到溜进女生宿舍、水房偷拿女生晾晒的内衣。某日,因不慎被同宿舍一男生看到所藏物品,受到嘲笑。渐渐传到女生那里,有人在背后骂他流氓,而且都尽量回避他,使他感受到很大压力,于是下决心痛改前非。但不足一月,他又感到心神不宁,一见到女生内衣就有一种强烈的占有欲,焦灼难耐。一天深夜,他潜入女生宿

① [意]加罗法洛:《犯罪学》,耿伟、王新译,中国大百科全书出版社1995年版,第85页。
② [意]加罗法洛:《犯罪学》,耿伟、王新译,中国大百科全书出版社1995年版,第86页。

舍，在偷拿衣物时被一女生发现，他落荒而逃。事后深感惶恐、羞愧。第二天，该女生给校方写信要求查处。于是当地派出所民警和学校保卫部工作人员每天到女生宿舍巡查，但一直没能发现。一个月后，他终于控制不住冲动，再一次来女生宿舍作案，结果被抓获，并且在他宿舍的箱子里搜出许多女性用品。

该学生性格内向、不善言辞，很少与女生交往。事实上，他每次偷东西之后都产生强烈的自责感甚至犯罪感，可是充满幻想的性兴奋和无比的快感让他不能自拔。显然，他的习惯性盗窃行为不同于一般的盗窃犯罪，也与不良的道德品质存在显著的差异。

（二）纵火癖与习惯性犯罪

纵火癖的特点是，不以报复与有意破坏为目的，也不是过失失火，而是以纵火为最大乐趣。这类人一般先是在家中进行小规模放火、烧东西，继而到外面“无目的”地随意纵火。有的人在进行这种纵火行为时，还会产生一种特殊的性快感，这通常被称为“色情纵火狂”。

此类纵火犯一般要经历纵火前的紧张状态，而一旦火灾发生时就感到特别兴奋、冲动与满足。犯罪人对纵火的过程十分沉迷，即使事后存在某些罪过与悔意，但纵火过程的快乐、兴奋体验会持续地驱使他们再次进行纵火。其犯罪行为具有明显的周期性、强迫性、冲动性特征。精神分析学家认为，纵火狂是以火焰燃烧代表其性本能的力量释放，其间行为人仿佛体验到一种强烈的“性快感”。犯罪人往往能从火焰的颜色、温度及受害人的紧张、危险状态中感受到快乐，这是一种因原始性本能置换而产生的变态性乐趣。显然，这种纵火动机与常态纵火犯罪的报复、愤怒、获得物质利益或掩饰动机存在本质的差异。

思考题

1. 选择典型案例，分析反社会人格障碍者犯罪的特点。
2. 选择典型案例，分析习惯与冲动控制障碍者犯罪的特点。

第三节 成瘾类习惯性犯罪

要点提示

1. 毒品成瘾,是指在反复使用具有成瘾性药物(毒品)的过程中,机体与毒品相互作用所形成的一种特殊的精神和躯体病态状况。毒品成瘾的结果除影响身心健康外,也可能引发偏差与犯罪行为。

2. 酒精成瘾,从心理学意义上讲,是由于饮酒所致的对酒精渴求的一种心理状态。酒精成瘾不仅会对身心健康造成伤害,对家庭造成经济损失,还会使酗酒者的人际关系遭到破坏,甚至诱发各种意外事故或犯罪行为。

3. 赌博成瘾,是指赌博者有难以控制的赌博欲望和浓厚兴趣,参与赌博已经成为强迫性行为,并有赌博行动前的紧张感和行动后的轻松感,其目的不在于获得经济利益。赌博成瘾会诱发各种犯罪行为,如赌场争斗、诈骗、贪污、偷盗、抢劫、杀人放火等。

4. 网络成瘾,是指由于过度使用互联网而明显导致社会、心理损害的一种现象,是一种与上网有关的包括病态行为和认知适应不良的心理障碍。网络成瘾不仅影响学业和前途,危害身体健康,而且会导致心理障碍,诱发犯罪行为。

成瘾(addiction),是指由于反复使用某种致瘾源或反复刺激中枢神经,在一定的人格基础和外界条件下所引起的一种周期性或慢性中毒状态,以及发生的特有的嗜好和形成的难以舍弃的习性。成瘾的共同特点是对满足需要的强烈渴望,对物质和行为缺乏控制和节制。较长时间滥用致病源之后,身体会出现一些有特征性的病理生理改变,给成瘾者个体和社会造成严重的危害,成瘾者往往存在对致瘾源的强烈渴求,导致他们不顾后果继续滥用致瘾源。成瘾行为既是一种由生物、行为和环境因素共同作用引起的非常复杂的脑疾病,同时也是一种违反现有社会规范的偏常行为,有的还会进一步派生出盗窃、抢劫、卖淫、绑架等违法犯罪行为。成瘾包括物质成瘾和精神成瘾两类,主要有药物滥用、毒瘾、酒瘾、烟瘾、赌瘾、网络成瘾等行为。本节主要对其中的毒品成瘾、酒精成瘾、赌博成瘾、网络成瘾进行讨论。

一、毒品成瘾与习惯性犯罪

《禁毒法》第2条规定:“毒品是指鸦片、海洛因、甲基苯丙胺(冰毒)、吗啡、大麻、可卡因,以及国家规定管制的其他能够使人形成瘾癖的麻醉品和精神药品。”麻醉药品和精神药品在医疗上是不可少的药品,只有在违反药品管理法规的情况下滥用这类药品才称为毒品。从药理性和法律性的双重地位分析,毒品具有药理作用、毒理作用、耐受性、依赖潜力、相对性和危害性等特征。

(一)毒品成瘾的概念及特征

毒品成瘾,国际上的通用术语叫药物依赖。DSM-Ⅳ将依赖定义为:一组认知、行为和生理症状群,表明个体尽管明白使用成瘾物质会带来明显的问题,但还在继续使用,自我用药结果导致了耐受性增加、戒断症状和冲动性觅药行为。毒品成瘾是指在反复使用具有成瘾性药物(毒品)的过程中,机体与毒品相互作用所形成的一种特殊的精神和躯体病态状况。毒品成瘾作为一个包括认知、行为、心理综合征的内在症候群,无论文化、地域、种族及社会经济背景如何,患者都有同样的病程、体征及症状,表现为不顾药物对身体的危害和严重的社会后果而反复自我给药,因而这种成瘾往往与犯罪囚禁和社会遗弃及自我沦落相伴共生。吸毒成瘾后会出现一些明显的特征:

1. 生理依赖性。其是指在某一段时间内不断地使用某种能使人产生瘾癖的药物所带来的生理上的变化,需要继续使用该药才能维持机体的生理功能。生理依赖性是中枢神经系统对长期使用依赖性药物所产生的一种适应状态,机体必须在足量药物维持下才能保持正常状态,一旦断药,生理功能就会发生紊乱,出现一系列严重反应,称为戒断症状,表现出与药物原来作用相反的症状。

2. 心理依赖性。俗称“心瘾”,又称精神依赖性,是由于使用依赖性药物使人产生的一种欣快感觉,并且该感觉在精神上驱使用药者表现为一种连续用药的渴求和强制性用药行为,以获得心理上的满足和避免精神上的不适。精神依赖是依赖者产生顽固性复吸的一个最重要的原因。

3. 戒断症状。其是指成瘾者一旦停止原来的成瘾行为,就会出现的特殊的心理生理症状群。如吸食海洛因的成瘾者停药8~12小时即可出现戒断症状,最初表现为打哈欠、流泪、流涕、出汗等类似感冒的症状,随后陆续出现瞳孔扩大、打喷嚏、起鸡皮疙瘩、寒战、厌食、恶心、呕吐、腹绞痛、腹泻、肌肉酸痛等表现。

4. 稽延性戒断综合征。许多药物成瘾者在急性戒断综合征消退之后,仍有各种各样的不适反应,如浑身无力、感觉过敏、失眠、食欲低下、胸闷、易激惹、情绪恶劣等,且可持续数月甚至数年之久。这些稽延性戒断症状的存在,不仅影响毒品成瘾者的功能恢复,更有相当一部分人因此而故态复萌,最终复吸。

(二)毒品成瘾与犯罪行为

毒品成瘾的结果除影响身心健康之外,也可能因此引发偏差与犯罪行为。关于毒品成瘾与犯罪行为的关系目前在理论上并不十分清楚,尤其在因果关系上还存在不同的看法,但是二者之间具有密切的相关已经被许多的研究所证实。

吸食毒品容易刺激中枢神经,导致幻想,甚至激起犯罪的勇气与胆量,或者造成神志不清的状态而引发攻击性的犯罪行为。同时,毒品成瘾者为了支付日益庞大的购药费用,避免戒断症状的痛苦,很可能以非法手段(如盗窃、诈骗等)从事犯罪行为。为了确保毒品的来源,甚至可能与涉毒群体为伍,久而久之,吸毒者开始进行贩毒活动,转售毒品谋取利益,从而增加犯罪行为的次数与严重性。

案例:2008 年上半年,家住湘阴农村的何某与瘾君子吴某结婚后,禁不住毒品的诱惑,也染上了毒瘾。为满足夫妻俩平日吸毒的开支,吴某试过做生意,偷过摩托车等,但均以失败告终。经过反复考虑后,吴某决定以贩养吸。为了方便进货、与吸毒人员联系,他们把刚刚满月的女儿留在湘阴农村的老家,自己则租住在湘阴城关的一个民房内。先由吴某从广东省增城市的贩毒人员"辉哥"手中购得冰毒、麻古等毒品,运回湘阴后分装成若干小包,再由何某联系买主,贩卖给吸毒人员,从中所赚的差价便成为这对毒贩夫妻的毒资来源。2009 年 11 月到 2010 年 4 月 6 日,这对贩毒鸳鸯共贩卖毒品 6 次,贩卖冰毒 4 克、麻古 12 粒,其中有 4 次是卖给未成年人。

最终,湘阴法院依法以贩卖毒品罪和盗窃罪数罪并罚,判处吴某有期徒刑 4 年 6 个月,并处罚金人民币 1 万元;以贩卖毒品罪判处何某有期徒刑 3 年 2 个月,并处罚金人民币 8000 元。

(三)毒品成瘾的机制

应当说,毒品成瘾的确切机制迄今尚未明了,目前人们对毒品成瘾的基本认识是:当毒品进入人体后麻醉大脑的痛觉中枢,使疼痛反应迟钝或消失,产生强烈的欣快感和松弛宁静感,焦虑感、罪恶感、自卑感、疲劳感和饥饿感消除,出现肉体上和感觉上的安静,使人有一种飘飘欲仙的美妙舒适感、陶醉感与解脱感,并伴有愉快的幻想驰骋。这种感觉能满足依赖者的心理需要,为了重复这种感觉,依赖者会产生相当强烈的反复用药的病态欲望。这种精神依赖性构成了毒品滥用的基础,称为正性强化作用。停药后会产生难以忍受的痛苦,依赖者只有继续追求毒品,这被称为负强化作用。这两种强化作用使戒毒人员为了重新体验这种快感,减轻停药后的痛苦,不顾一切后果强烈渴求再次吸毒。

成瘾者在吸毒初期,往往出于好奇、模仿、解闷、追求享乐等原因而使用致瘾源,但是一旦成瘾,他们的行为完全受致瘾源的支配,甚至彻底丧失理智。现代医学研究证明,这是成瘾后脑的功能发生了诸如受体亲和力、递质释放、氨基酸代谢等成瘾性变化,并且脑的结构也发生了改变。

如果进一步追究精神依赖和复发的本质,那就是在医学上被称为“代偿性适应”的形成。简言之,就是在精神活性物质作用下,机体的某些组织细胞,特别是神经元的结构和功能发生了一系列的代偿性变化。生理心理学认为,是致瘾源使突触前神经细胞的多巴胺释放增加,进而使突触后神经细胞的兴奋提高。精神依赖源自“欣快”这种感觉,“欣快”通过人体中的“奖赏环路”产生。复发基于“终生不忘的欣快感”,它是一种病理性记忆,人脑中的海马、杏仁核、小脑、皮层是其“生理基地”。

生物学因素如遗传、生化、神经递质等在药物依赖中起重要作用。如遗传因素与药物依赖易感性有关,大脑的犒赏中枢及多种神经递质系统与阿片类药物的药理作用、耐受性、躯体戒断反应、心理渴求等密切相关。毒品的欣快反应可以解释最初使用毒品的动因,却难以解释吸毒成瘾后已无欣快作用,吸毒者仍然强制性使用毒品的行为,其原因是毒品的长期作用,导致了多巴胺等神经递质系统和奖赏通路的病理改变,毒品已经改变了毒品成瘾者的大脑功能,脑成像研究证实了这一点。例如,毒品成瘾者在长时间停止吸毒后,仍有稽延性戒断症状,这就与长期吸毒导致的大脑病理学改变有关。

(四)毒品成瘾者的心理特征

1. 价值观

价值观是人的精神心理活动的中枢系统,影响着人的行为取向,决定着人生道路的选择和人生轨迹。研究表明,吸毒成瘾者的价值观总体上是扭曲的,表现为:

(1)以吸毒为荣的价值取向。认为自己是生活的强者,是时代的弄潮儿,吸毒是富贵的象征,是挑战传统,拒绝平庸,蔑视法律的表现。

(2)以吸毒为快乐的人生追求。享乐主义作为一种人生态度,主要表现为对感性欢愉的崇尚和追求,他们认为感性欢乐是人生中最高的最重要的快乐,是最大的幸福。

(3)“视毒如命,视死如归”的生死观。世界上很多事物的价值都无法与生命相比,然而,对吸毒者来说,毒品比生命更重要,他们明知自吸毒那天起就进入了生命的倒计时,因为有了不惜一切代价享受短暂人生的坚定信念,所以依然选择让毒品送自己上路。

2. 认知特征

(1)认知方式直观片面。大多数吸毒成瘾者的文化水平较低,抽象思维能力较差。他们看问题直观,一般只能看到事物的表层,难以上升到理性水平,不善于分辨事物的表面现象和本质特征,不善于揭露事物产生的内因和外因,更缺乏了解事物的发展规律和准确预见事物发展进程和后果的能力。

(2)认知水平低下。大多数吸毒成瘾者初次吸毒时是在青年初期,思想意识尚未完全成型,分辨是非能力差,但对新生事物反应极为敏感,心理和生理各方面的需要都很强烈,易产生强烈的好奇心。“好奇和尝试”很好地反映了其轻率、主动追求的态度。而且由于他们错误地认为吸毒花的是自己的钱,即便是有害身体也是自己的事,和他人、社会无关,政府强制他们戒毒是“多管闲事”。因此,在戒毒期间,明显表现出法制观念淡薄、不认罪错、不识大体,不积极配合戒毒机关的教育改造,而是想方设法获取毒品,重温久违的麻醉与刺激。

(3)认知活动易受影响。毒品和吸毒人群的客观存在是导致吸毒成瘾者感染吸毒行为的客观因素。他们在未成年时期或成年早期,交往环境,特别是家庭成员、好朋友的观念和行为对其影响是最直接、最明显的。如果价值观偏离,认知水平低下,那么很容易感染毒品。

3. 情绪情感特征

(1)消极情绪突出,依赖心理顽固。吸毒成瘾者的主导心境是悲观低沉的,他们深知“一旦吸毒,终生难戒”,即使戒断后回到社会上,还会面临就业、婚姻家庭等方面的问题。于是,很多吸毒成瘾者悲观厌世,破罐破摔,甚至自暴自弃,缺乏戒断的决心和信心。当他们被强制戒毒后,客观上毒品来源被阻断,中止了其早已习惯的吸食行为。但是,由于他们早已形成了非常稳固的生理和心理依赖,对毒品表现出强烈的渴望。毒瘾使他们情绪异常低落,经常出现焦虑、抑郁、烦闷、身心疲惫、精力虚弱、忧心忡忡等征象,特别是戒断反应症状让他们非常痛苦。

(2)情绪不稳定,具有两极性。吸毒成瘾者的情绪表现具有明显的两极性,他们多数能认识到毒品的危害,有时也会产生戒毒的决心和信心,出现积极的情绪体验。但是这种体验往往是微弱的、短暂的,一旦发生戒断反应或受到诱惑,积极的情绪体验就会消失,消极的情绪就会油然而生。

(3)情感偏激扭曲。吸毒成瘾者的理智感狭隘而肤浅,他们所关心的只是割舍不掉的毒品。其美感和幸福感是扭曲的,对世间一切事物都熟视无睹,不屑一顾,只认为“毒品是最好的物品,罂粟花是最美的花朵”,沉浸在如云似雾的仙境中是人生最大的快事。吸毒成瘾者为满足吸食毒品的需要,不惜花费大量的钱财,坑蒙拐骗,卖淫偷抢,甚至杀人越货,表现出自私、虚伪、嫉妒、损人利己、冷酷无情的人格特征,考虑问题完全以自我为中心,缺乏对社会和公益事业的义务感,对家庭、集体、他人的责任感。

4. 意志特征

（1）缺乏戒断毒瘾的自信心。吸毒成瘾者往往缺乏对戒断毒瘾目标的坚定追求。虽然有些吸毒者在遭受毒品的摧残之后，也曾树立过戒断毒瘾的目标，但是一旦发生戒断反应症状或外界诱因刺激时，就不能自控，从而改变原有的追求，表现出缺乏自信心。在戒毒所的调查表明，大多数吸毒成瘾者表示，出所后如果遇到过去的毒友，难以保证不再吸食。

（2）缺乏戒断毒瘾的毅力。吸毒成瘾者往往缺乏自制力，对控制自己的欲望明显毅力不足。当欲望同外界诱惑合拍的时候，更加不能自制，以至于出现越轨或违法犯罪行为。这是影响他们彻底戒除毒瘾的一个重要心理因素。当然，造成他们缺乏坚韧毅力的原因，与他们对前途悲观失望、主观上夸大困难、缺乏自信心等有着密切的联系。

5. 人格特征

吸毒行为与吸毒者的人格特征有着紧密的联系，同时人格特征也是影响戒毒效果的一个重要因素。国外有心理学家的研究表明，海洛因的吸食者，在吸毒之前就存在某些典型的人格缺陷，是显性或潜在的精神病患者，当遇到威胁和挫折时，趋向于退缩到自恋程度的适应状态以及无所不能的幻想之中。其特征是信奉享乐主义和缺乏自我控制，并缺乏对未来筹划的能力，精神和情绪常常处于抑郁状态。而且，特定的人格类型感染吸毒行为的危险性较高。有关研究发现，依赖性人格易于染毒，具有依附性人格的人从快乐原则出发在吸毒中获得满足，他们只追求短暂的、即时的满足而放任吸毒的后果。①

不仅如此，毒品使吸毒成瘾者的人格发生了深刻的变化，严重影响其思维、情绪和行为，对其意志力、注意力、记忆力、耐受力、持久力等都具有明显的破坏作用。毒品的依赖性使成瘾者丧失了效率、兴趣、责任感、羞耻感等，表现出反社会性、情绪不稳定、易冲动、缺乏有效的防御机制、追求立即的满足、缺乏羞耻感、伦理道德扭曲等。还有少数成瘾者出现精神抑郁、自卑感、无能感、性心理和性行为异常、喜好刺激、逃避现实、自恋等病态心理特征。

二、酒精成瘾与习惯性犯罪

酒与人的生活密切联系，酒的消费因风俗习惯、地理区域、气候条件以及经济状况，在世界各地不尽相同。适量饮酒，能够活跃生活，缓解紧张情绪，减轻焦虑，克

---

① 参见章恩友、姜祖桢主编：《矫治心理学》，教育科学出版社 2008 年版，第 492 页。

服睡眠障碍,解除疲劳,舒筋活血,增进食欲,促进消化等;而过量饮酒,或者形成酒依赖却具有严重的危害性。

(一)酒精成瘾及其表现

酒精成瘾又称酒精依赖、酒滥用,基本上是药物滥用的一种形态,目前还没有一个公认的定义,主要是因为考量的角度不一,如饮酒量、频率、机能的受损、妨害正常活动等,均为界定的重要指标。[①] 世界卫生组织认为,超越传统习惯及吃饭时饮酒,或超越社会上一般饮酒习惯的任何饮酒形态,或不论个人的遗传体质、后天的生理疾病因素、新陈代谢及其他因素如何,凡因饮酒而导致个人健康及社会关系障碍者,均为酒瘾。美国国家酗酒标准委员会认为,酗酒的认定标准是:具有酒精断除症,对酒精的容忍度越来越高,持续性饮酒,以及由饮酒导致了重大的疾病等。从心理学意义上讲,酒精成瘾是由于饮酒所致的对酒精渴求的一种心理状态。饮酒是为了体验酒精所带来的欣快感,或者是为了避免不饮酒所致的不适感。这种渴求常常很强烈,以致成瘾者无法控制自己的饮酒行为。

酒精成瘾的主要表现是:

1. 饮酒的强迫感。酒精成瘾者多数在饮酒初期心情愉快,饮酒后喜欢交往,能缓解紧张、焦虑或苦闷。随着饮酒量的增加和饮酒时间的延长,他们慢慢被酒精俘虏,不能自拔。此时的体验不再是愉快感,而是出现一种被称为戒断反应综合征的症状,感到全身难受,无法忍耐。为了避免这种不适感,他们强烈渴求饮酒,通常会不择手段地获取酒精。

2. 戒断综合征。酒精成瘾者停止饮酒后,早期可出现焦虑、不愉快、抑郁情绪,同时伴有恶心、呕吐、食欲不振、恶寒、出汗、心悸和高血压等植物神经系统症状,还有入睡困难、睡眠浅或早醒等睡眠障碍。晚期则可能出现癫痫发作,意识不清等。震颤是酒精成瘾者戒断的典型症状之一,常表现手指及眼睑震颤,严重者可出现不能咀嚼和站立不稳。这种戒断症状可在再次饮酒后数分钟得到缓解或消失,也可在戒断饮酒后一周左右消失。

3. 耐受量增加。酒精成瘾者血液酒精水平的变化对其影响不大,这一点可能是普通饮酒者所不具备的,耐受量增加是增加依赖的一个重要标志。但依赖形成后期耐受量反而下降,即使少量饮酒也会导致身体损害。

4. 超越一切的饮酒需要。对酒精成瘾者来说,得到酒是高于一切的大事,饮酒成为一切活动的中心。为此他们可以置健康、家庭、职业、社会及生命于不顾。一个

---

① 参见杨士隆:《犯罪心理学》,教育科学出版社 2002 年版,第 131 页。

严重的酒精成瘾者，可以在戒酒一段时间后很快恢复饮酒，而且不需要几天，就会回到原来的样子。

（二）酒精成瘾与犯罪行为

酒精依赖不仅会对人体的身心健康造成伤害，对家庭造成经济损失，而且还会使酗酒者的人际关系遭到破坏，导致酒精依赖者与社会、家庭的联络功能丧失，甚至诱发各种意外事故或犯罪行为。

饮酒虽然并不必然引起犯罪，但众多的实例表明，饮酒与犯罪的相关度是很高的。在酒精的作用下，个人自我控制力与明辨是非能力降低，冒险的意念增加，进而出现违法犯罪行为，如寻衅滋事、伤害、性侵害等。许多犯罪学研究得出的比较一致的看法是：(1)失业、被社会隔离及慢性中毒的酒鬼，为了饮酒，可能在神志清醒的状态下窃取财物和酒类；(2)惯窃犯时常在行窃之前少量饮酒，以达到壮胆的目的；(3)不良少年常常与一群同伙共饮，进而产生不良后果；(4)男性大多会在酗酒的愤懑状态下，施暴于他人；(5)抢劫犯为达到犯罪目的，常痛饮烈酒以坚强意志。①

有研究者曾经调查发现，全国因打架斗殴被拘役教养或判刑的青少年中，有63%的人与酗酒有直接关系，在流氓犯罪（寻衅滋事、性犯罪等）中，有38%的人与酗酒有直接或间接关系。② 同时，每年因酒精而发生意外事故者不计其数。

学术前沿

心理学实验室研究发现，有确切的证据表明饮酒与攻击行为有关。实验采用电击的方式考察了处于不同药物条件下的被试的受攻击程度。实验者把被试随机分配到三个实验组，即药物条件组、安慰剂条件组、无药物条件组，允许他们作为“管理人员”“电击”另一个“被试”。结果发现，饮酒诱发了攻击行为，并且随着饮酒量的增加，电击达到了让“对方被试”晕死过去的地步。

（三）酒精成瘾的形成机制

酒精成瘾的形成机制相当复杂，有许多理论尝试作出解释，但目前还没有一个理论能够充分说明酗酒的成因。下面从生理因素、心理因素、社会因素三方面介绍相关的理论观点。

1. 生理因素

(1)遗传说。遗传学检查结果显示，酒精成瘾的家族聚集性非常明显，那些有

① 参见杨士隆：《犯罪心理学》，科学出版社2002年版，第133页。

② 参见师建国主编：《成瘾医学》，科学出版社2002年版，第99页。

家族酒精中毒史的人同样从13岁开始饮酒,其终生酒依赖的可能性为60%,而无家族史的人的这种可能性仅为30%。父母嗜酒的双胞胎中,单卵孪生子发病率高于双卵孪生子;寄养儿的发病率与养父母无关,而与亲生父母相关。德国科学家发现,嗜酒癖好取决于遗传基因。科学家在调查了92名嗜酒者之后,在这些人身上查明了编码血清素的基因有缺陷。另外还发现酒依赖与性别和种族有关。①

(2)生理因素说。有研究者认为部分嗜酒者身体里存在与常人不同的生理因素。例如,对酒精有过敏反应、特殊变化或生理需求者,较易沉溺于酒精。当大量饮酒时,人体内乙醇和乙醛的浓度均增加,便加速了氧化能量的代谢过程,大脑兴奋性和器官功能暂时增强。时间一长,机体这种反应逐渐变成了常规,并在大脑中形成优势固定下来,要求不断补充乙醇和乙醛。如果停止定时饮酒,那种已建立起来的反应方式遭到中断,便发生各器官和系统综合性功能紊乱。而饮酒之后,原来那种反应方式重新恢复,机体功能得以平息,症状消除。

(3)神经适应机制说。有研究者认为,神经适应是酒精成瘾的主要机制,酒精能抑制伏核神经元的传入电活动,此作用可能与酒依赖的形成有关。还有人认为,在酒精及药物成瘾的发生及维持过程中,存在共同的适应过程,而N-甲基-D-天冬氨酸(NMDA)受体在其中起中介作用。

(4)药理说。酒精具有特殊的药理性质,饮用小剂量可以使人产生兴奋和轻松的感觉,从而诱导人们经常饮用。时间长了,只有增加酒量才能保持以上的状态。所以,越饮酒量越大,形成心理上的渴望越强烈,喝不到酒时就不舒服,甚至会出现震颤、焦虑不安、出汗、烦躁易怒、心动过速、身体各部位疼痛,更甚者可出现幻觉、错觉等精神症状,于是对饮酒的控制能力显著降低,从而形成酒瘾。

(5)年龄说。美国酒精滥用及酒精中毒问题研究所的科学家,于1998年公布的一项研究报告显示,许多成年人之所以嗜酒如命,是因为他们在青少年时期就开始饮酒。研究表明,13岁开始饮酒的青少年,成年后染上酒瘾的可能性是20岁以后开始饮酒者的4倍。开始饮酒的时间越早,以后对酒精产生依赖性的可能性就越大。②

2. 心理因素

(1)人格发展缺陷说。精神分析学家认为,酗酒者在幼童时期,常因母亲的放任,父亲有时禁止满足孩子需求的矛盾的管教方式而无法习得自我控制。对于这些人而言,酒精提供他们一种接受外在现实或自我评价的机会。此外,也有精神分

---

① 参见章恩友、姜祖桢主编:《矫治心理学》,教育科学出版社2008年版,第498页。

② 参见章恩友、姜祖桢主编:《矫治心理学》,教育科学出版社2008年版,第499页。

析学家指出，在儿童早期因无法解决许多内在的冲突而影响到成年的行为，包括大量饮用并且极端依赖酒精。幼年时期的需求没有满足，是造成酗酒的主要原因。

(2)人格特质说。酗酒者的某些人格特质，为形成酒精成瘾提供了基础。这些人格特质包括：高度焦虑、欠缺成熟的情感、感情冲突、孤独、冲动性、罪恶感增加、性别角色的混乱等。这些特质特别需要依赖酒精以减轻焦虑。有调查显示，酒精成瘾常与其他精神障碍共存，近80%的酒依赖患者至少合并一种其他精神障碍，以抑郁、焦虑和反社会型人格障碍最为常见。有研究资料报道，在男性酗酒者中，50%曾被诊断为反社会人格。①

3. 社会因素

(1)环境因素。酒精成瘾不仅与遗传因素有关，而且与社会环境因素有关。长期生活在寒冷和潮湿地区的人群以及重体力劳动的工人，酒精依赖的患病率最高，其中绝大部分是与家人、同事一起饮酒，或由于体力劳动借酒解乏，或以酒促进睡眠、借酒消愁等。

案例：林枫（化名）11岁时跟随父母由东北老家迁往天津投靠大伯，后林父沉迷赌博，夫妻因此于2004年离异。13岁的林枫思念母亲，并开始用酒排解心中的苦闷。之后的几年，林枫先后在小餐馆、服装厂、塑料厂打工，收入微薄、生活拮据。2010年3月，一个本该发工资的日子，工厂老板却以林枫是外地人为由拒绝支付工资，受到打击的林枫下班后去了家门口的酒馆，空腹喝下6瓶啤酒后准备离开。走到门口处刚好碰到一个人的肩膀，对方立即大吼："你瞎呀！不看道！"林枫顿时想起了老板对自己的歧视和欺负，冲入后厨找了一把水果刀，向骂他的人狠狠捅了一刀，随后径直离开。林枫回家后便瘫倒在床，意识模糊。直到警察1小时后破门而入，他才知道自己居然杀了人。鉴于林枫作案时未满18岁，法院以故意杀人罪判处其有期徒刑15年。

(2)家庭因素。追溯酗酒的起源，家庭因素影响非常大。在一群严重的酗酒者中，其父母、兄弟常常也是酗酒者。这与遗传、角色模仿密切相关。此外，酗酒者通常是家中的老小，因为老小在过度保护的环境中成长，较为依赖，该依赖也表现在饮酒的行为上。

(3)学习理论。根据学习理论的观点，酗酒者借饮酒来减轻内在紧张，并获取愉悦的经验，此种情形与行为的奖励及强化有关。

(4)文化因素。大部分人是在社会习俗中学习喝酒的，如果长时间在有饮酒习

---

① 参见章恩友、姜祖桢主编：《矫治心理学》，教育科学出版社2008年版，第499页。

惯或饮酒文化的背景中成长,那么很有可能受饮酒文化的影响而饮用更多的酒。从不同民族的酒文化来看,酒精成瘾者朝鲜族最多,其次是满族,汉族最少。这与对酒的态度及认识上的差异有关,朝鲜族认为豪饮见知己,而汉族受儒教文化的影响,对饮酒持克制或保留态度。

三、赌博成瘾与习惯性犯罪

赌博的含义有广义和狭义之分。广义的赌博是指具有明确的欲求目的,但其全部结果或部分结果是以机会来决定的任何行为。诸如商业投资,股票买卖,职业选择,福利彩票,参与赛马、军事、外交策略的选择过程等,均被称为赌博。狭义的赌博则是指以输赢钱财为目的,参与由机会决定其结局的游戏或类似游戏的活动。法律上所禁止的赌博,主要是指涉及钱财输赢的狭义赌博。赌博活动本身随着人类物质文化水平的提高而变得形式多样,世界各地都可以见到各种各样的赌博活动。

(一)赌博成瘾及其危害

在参与赌博的人中,有些人已经发展到了病态的程度,即赌博成瘾,这种现象又称"病理性赌博""赌博癖""强迫性赌博"。所谓赌博成瘾,是指赌博者有难以控制的赌博欲望和浓厚兴趣,参与赌博已经成为强迫性行为,并有赌博行动前的紧张感和行动后的轻松感,其目的不在于获得经济利益。由于沉迷于赌博不能自拔,最终演变到影响职业甚至伤害家庭的地步。赌博成瘾作为冲动控制性障碍的一种,分别被 1980 年美国《精神障碍的诊断与统计手册》第三版和 1990 年的 ICD－10 草案,以及我国 2001 年 4 月出版的 CCMD－3,列入了精神障碍的诊断系统。

赌博成瘾具有严重的危害性。第一,病态的赌博行为极易使个体呈现上瘾行为形态,而持续地麻痹自己,逃避压力,并呈现身心症状及说谎行为。在性格上表现出冲动、自恋,容易出现极端的情绪变化,并有忧郁、人格异常、人际关系不良,甚至自杀倾向等。有学者研究发现:"赌博癖是一种慢性进行性精神障碍,患者中的企图自杀率达20%。"[①]第二,参与赌博必然占用大量的时间,不仅严重影响工作,而且妨碍休息,损害健康,还可能导致失业。第三,小者丧失钱财、造成经济损失,大者造成家庭不和、夫妻分居离婚、子女教育不良,甚至倾家荡产。第四,诱发各种犯罪行为,因赌博行为而在赌场争斗,或者演变为诈骗、贪污、偷盗、抢劫、杀人放火等,触犯法律,危害社会。

---

① 师建国主编:《成瘾医学》,科学出版社 2002 年版,第 156 页。

（二）赌博成瘾的特点

1. 赌博成瘾的临床特点

赌博成瘾者和以赌为业的职业赌家有着明显的区别。职业赌家是以生意的眼光及态度从事赌博，他们不仅具有丰富的赌博知识、纯熟的技巧和科学的理财观念，而且对输赢的状况掌握清楚，坚定不移地执行战胜赌场的正收益率原则。赌博成瘾者通常迷信或过于相信自己的赌技，废寝忘食地思考有关赌博的过程与信息，然后处心积虑想办法找钱翻本，对于周围的人和事已经感觉麻木了。有的人也曾想戒赌，但对输掉的钱财不甘心，总想捞回本利，不料越赌越大，越陷越深，情绪变得急躁易怒，身心不堪重负，到了濒临崩溃的地步。

2. 赌博成瘾的心理特点

（1）赌博行为的成瘾性，表现在他们怀有一种不可抑制的强迫性冲动，如果试图戒赌，则会出现戒断症状如焦虑、失眠等。

（2）赌博成瘾者一般人格偏离正常。以反社会人格、自恋性人格及边缘性人格居多。

（3）赌博成瘾者和物质依赖者（如毒瘾与酒瘾）在心理表现上极其相似。例如，两者都有抵制这种行为的欲望，但最终又难以抵制；在行为开始之前有逐渐增加的紧张和焦虑感；在行为过程中或行为结束后这种紧张与焦虑感减轻或消失，并伴有心理上的愉快感和满足感；这种行为的冲动和欲望在间隔一段时间后又会重现。

（4）有较高的精神障碍倾向。容易并发精神疾病，以躁郁症、忧郁症、注意力缺失过动症、酒（药）瘾为主。Roys 等对赌博成瘾者进行艾森克人格测验发现，他们的 P 分和 N 分升高，这提示他们有精神病质和神经质倾向，心理素质较差。[①]

（三）赌博成瘾的成因

1. 生理学解释

英国科学家的研究表明，引起赌博成瘾的原因并非来自金钱，而是体内可能使人产生一种异常兴奋快感的化学物质。英国科学家格里菲里博士对 15 名经常参加赌博和 15 名偶尔参加赌博的人进行了实验，测试这两组人在玩吃角子老虎机后的各种反应。结果表明，偶尔赌博的人因刺激而心跳加快，赌博后心跳恢复正常；而赌博成瘾的人心跳需要较长时间才恢复正常。[②] 心跳加快时，体内会产生一种称为“内啡肽”的化学物质，正是这种化学物质使参加赌博的人获得一种异常兴奋的

---

① 参见章恩友、姜祖桢主编：《矫治心理学》，教育科学出版社 2008 年版，第 503 页。

② 参见师建国主编：《成瘾医学》，科学出版社 2002 年版，第 32 页。

快感。

美国精神病学家研究发现,赌博成瘾者的赌博行为可影响大脑许多神经递质,这些物质的增减可以使焦虑者平静、忧郁者兴奋、精神空虚者充实等,长久下去,能致嗜赌者内分泌失调,抑郁症的发病率高,病死率高于其他人群。

2. 心理学解释

(1)人格因素说。有学者曾提出倾向于感官刺激的人格倾向者,较易从事冒险刺激的活动(含赌博)。赌徒在人格特质上倾向于追求权力、成就与获得肯定。值得注意的是,这是否为赌博的本质因素,或赌博行为是否容易受情境与机会的影响,仍有待进一步研究。

(2)精神分析学说。精神分析学家认为,赌博行为在大多数情况下被证实是一种神经症性发展过程,尤其是与自恋性和恋母情结性冲突有关。赌博成瘾的心理机制与他们对父母的认同感有关。还有人认为自恋素质以及患者试图控制一切的幻想与赌博成瘾也有一定关系。赌博是生殖器前期性驱力和攻击本能的发泄所选择的一种无意识的取代形式,是罪恶感寻求自我表现惩罚的方式,是内心冲突的反复扮演,是受虐心理在作祟,是强迫性手淫欲望的转换等。

(3)行为主义学说。行为主义学派根据巴甫洛夫与斯金纳的条件反射和动物实验,认为赌博和其他人类行为一样,是一种后天习得的行为。对赌博活动的耳濡目染是参加赌博的契机,赌博活动中的强化,是一种间歇强化。

(4)危机和压力说。赌博就像其他活动一样可以提供缓解压力的机会。生命中呈现的危机不应被视为促使赌博的因素,而可能会增加赌博的强度。例如,亲人的死亡或婚姻生活不和谐等危机。赌博满足了个人的许多需求,使个人转移压力源并提供逃避社会责任的机会。因此,危机与压力对赌博具有催化作用。

(5)综合因素说。行为人经常在几年赌博后出现赌博癖,有时是连续性的,有时是阶段性的。导致赌博成瘾的原因很多,与个人的生活经历、生活环境、性格特点等都有某种关系。赌博成瘾者往往具有程度不同的心理缺陷或障碍,或是其成长过程中的性格发育不完善等。另外,赌博成瘾的形成与嗜赌者大脑神经系统出现异常变化也有某种关系。

3. 社会学解释

(1)历史文化因素。文化对赌博机会的影响可分为三个方面:不同历史文化背景呈现不同类型与范围的赌博,不同文化的态度与风俗鼓励或禁止赌博的发展形态,法律的制定与文化规范决定了某类赌博形态是否须受处罚。例如,在白人尚未殖民前,澳洲原居民是不会赌博的,因为当时没有赌博。此外,新形态赌博的引进与立法对赌博人口的增加也有推波助澜的作用,宗教信仰的差异与赌博程度的不同也有相当的关联。例如,在澳洲不赌博被视为一种"古板"的代表。因此,历史和文化因素被视为影响一个人是否赌博的重要因素。

(2)环境因素。参考团体对个人赌博的态度影响很大。所谓参考团体,是指个人对一个团体的认同程度,而不论此人是否为该团体的一员。比如,在传统上,男性是家中经济的主要来源,而赌博被视为一种赚钱养家的方法,男性参考团体也因此鼓励赌博。工作团体可能也是影响赌博的重要参考团体,许多文化和阶层因素通过参考团体间接影响个人的赌博行为,如通过商业的接触,中产阶级比较可能购买股票,而劳工阶级则可能对运动比赛下注。

(3)社会学习。其是指通过观察和模仿而学习赌博行为。即使是最简单、直接的赌博也需要学习,如初赌者须了解其游戏规则。社会学习主要发生于参考团体内,而家庭则是训练赌博最重要的参考团体。孩子通常是在观察到父母赌博的快感后而学习赌博。另外,父母也常常通过孩子的协助而使孩子参与赌博,如叫小孩子拿钱及找寻彩券等。此外,在许多西方媒体中,充斥多种赌博的广告,并教导观众赌博带来的刺激等。因此,社会学习似乎是影响个人是否赌博及鼓励赌博的一个重要因素。

(4)社会酬赏。一般来说,赌博者周围通常有一群同好者,在频繁的接触下发展出友谊与赌博的社群,在社群中,其行为进一步获得认可与掌声。此种酬赏对赌博者而言是一种正向的回馈,进而鼓励其持续赌博行为。

(四)赌博成瘾的过程

赌博成瘾是一种渐进式的行为失调,与其他瘾癖一样,一旦染上就会渐渐失去自制能力。这一演变过程大致分为以下四个阶段:

1. 赢钱阶段。"输钱皆因赢钱起",有病态性赌博倾向的人,开始时跟大多数人一样,赌博只是为了娱乐或出于好奇。不过,普通人赢了钱,只会当自己好运,高兴一时。对于有病态性赌博倾向的人来说,这种满足感会异常强烈,一有机会,就想再去捕捉那种刺激。久而久之,这种强烈的渴望就成为理智的障碍。赌博的刺激,以小博大的心理及他人的赞美,令他们不自觉地增加赌博次数,他们也自认为赌术高明,幻想能够一朝发达。这样,赌博的次数越来越频繁,注码也越来越大。

2. 追逐阶段。这个阶段的特点是"放不下",赢了就加大注码,希望把以前输掉的钱赢回来。输了就更觉不忿,认为只要有赌本,终有一天会扭转乾坤。这种追逐思想渐渐占据了他们的生活,不管自己是否有能力偿还债务,都要不断向人借钱,欠债越多,想在赌局上赢回所失的意念越强。为了隐瞒事实,更要编织许多谎言,期望能够在短时间内扳回,不计后果,有的甚至不惜用非法的手段去获得金钱。

3. 危机阶段。在这个阶段,债主临门,家庭面临破裂,有些更会因违法而受监控。在绝望中,有些人会以最后的精力及金钱,孤注一掷,结果走投无路,情绪变得极度抑郁,甚至会有自杀的念头或行为。“一了百了”的念头在许多人的心中挥之不去。

4. 放弃阶段。经过反复的折腾之后,赌徒们终于认命了,放弃了能捞回来的想法,但并不停止赌博,情绪更加低落,不少人“借酒浇愁”,从而染上了酒瘾,还有人开始吸食毒品。

四、网络成瘾与习惯性犯罪

在信息社会,网络给人类的生活、工作带来了前所未有的便捷,但也吸引了无数“网虫”在浩如烟海的信息世界里如痴如醉地遨游。与此同时,上网成瘾并深陷其中者亦与日俱增。

(一)网络成瘾及其危害

网络成瘾,临床上也称病理性网络使用、网络成瘾障碍、强迫性网络使用等,是指由于过度使用互联网而明显导致社会、心理损害的一种现象,是一种与上网有关的包括病态行为和认知适应不良的心理障碍。有学者认为,网络成瘾是由于重复地使用网络而导致的一种慢性或周期性的着迷状态,并且带来难以抗拒的再度使用欲望,同时对上网带来的快感一直有生理及心理依赖。有关专家将“网瘾”分为强迫性信息搜集症(信息超载)、网络交际成瘾症、网络色情成瘾症、网络强迫症、游戏成瘾等几种。

网络成瘾是一种冲动控制性障碍,是随着互联网发展而产生的一种普遍的社会现象。网络成瘾不仅影响学业和前途,危害身体健康,而且会导致心理障碍,诱发犯罪行为,具有严重的社会危害性。

案例:两年前,小新开始沉浸在网络里,学习成绩陡然下降。初中没毕业便辍学。因担心儿子整天沉迷于网吧,小新的妈妈让他照看家里的台球桌。于是小新把看台球桌挣的钱拿去上网。后来家里不再提供上网的钱,小新就想到了偷。2006年6月上旬,小新偷了爸爸2000多元钱,在网吧待了一个星期。父亲的一顿打骂对他来说已经起不到任何作用。仅仅几天后,上网的欲望又像虫子一样噬咬着他的心。此时,爸爸月初给奶奶生活费时说的一番话浮现出来。小新回忆说,“爸爸说爷爷那儿有4000多块钱,当时听了也没太注意,后来就想去偷爷爷的钱。6月15日中午我就去爷爷家,晚上,看爷爷奶奶都已经睡了,就去翻,可又怕把奶奶吵醒了,就想用菜刀把奶奶砍伤了再翻。”

睡梦中的奶奶倒在了血泊中，响声惊动了爷爷。不顾一切的小新又将菜刀砍向了他。爷爷受伤后逃出家门。小新翻箱倒柜也没有找到那4000元钱，只在奶奶兜里找到了两元钱。事后，小新的爷爷说，那是奶奶为孙子准备的早点钱。小新捏着两元钱在村口的一个洞里躲了起来。后来小新告诉记者，奶奶从小最疼爱他，有什么好吃的都惦记着他。他在看守所里最想念的就是九泉之下的奶奶。小新曾说，“我当时只想着拿到钱后就去网吧，根本没想后果。如果让我在上网和奶奶之间重新选择，我肯定选择奶奶。”①

（二）网络成瘾的主要理论观点

1. 生物学理论。研究表明，成瘾行为与6种不同的神经递质有关：r－氨基丁酸、乙酰胆碱、去甲肾上腺素、多巴胺、5－羟色胺、ß－内啡肽，其中主要的是去甲肾上腺素和多巴胺。上网持续时间过长会使大脑中的多巴胺水平升高，令人在短时间内高度兴奋，但之后则令人更加颓废、消沉。

2. ACE模型理论。有美国学者研究认为，网络交往有三个特点：匿名性、便利性和逃避现实性，这些特点使上网者易于成瘾。匿名性是指在网络交往中可以隐匿自己的真实身份，可以不负责任，为所欲为；便利性是指参与网络活动所付出的代价很小，只要坐在电脑桌前，世界就掌握在“自己手中”；逃避现实性是指网络用户遇到烦心的事情时，可以不顾现实社会的约束在网上尽情发泄、倾诉。

3. 网络游戏特性说。目前我国运营的网络游戏主要是多人在线的角色扮演类游戏。这类游戏具有容易导致成瘾的特点：一是持续性，无限升级使游戏玩家尤其是自控能力弱的玩家很难控制自己的上网时间；二是互动性、仿真性和竞技性，游戏者参与其中，在虚拟社会中实现抱负。多人在线角色扮演类游戏将众多玩家在同一时间连接到共同创造的虚拟世界中，各以不同的游戏角色参与其中，游戏强调个人在虚拟社会中的地位和成就。玩家往往把自己在现实中的不愉快、挫折，通过游戏角色来宣泄，并把难以实现的理想寄托在游戏角色上，花费大量时间、精力和金钱于游戏角色的练功升级，长时间沉迷于网络游戏之中。

4. 行为主义的解释。以巴甫洛夫的经典条件反射理论和斯金纳的操作控制理论来解释网络成瘾。他们认为青少年的自我发育尚不能适应社会，常有无助、依赖、挫败感。当他们在现实生活中遭遇生理或心理上的困难或挫折时，会将情感满足

① 参见章恩友、姜祖桢主编：《矫治心理学》，教育科学出版社2008年版，第509页。

和压力释放转向网络,逃避现实生活而换取“网络人生”的幸福。随着多次使用网络,逐渐形成了行为的动力定型和依赖心理的定势。

5. 精神分析学理论。该理论认为网络成瘾的起因应追溯到口唇期,婴儿通过哺乳得到精神上的满足,并保留了代表母爱的温暖、关怀、安全等美好的感觉回忆和思念,而网络成瘾者通过上网重新获得这种从口唇期结束后就似乎消失而又隐藏在潜意识中的满足感。数以百万计的电脑联成一体的网络,在物理上和逻辑上与无边无际的海洋有相当多的相似之处,他们在茫茫网海中的冲浪行为,就好像口唇期的婴儿在摇篮里舒适、安静、幸福的入睡,对归属感的寻求得到暂时的满足。还有学者认为,患者在童年期受到了过分的娇惯、放纵,成年后遇到挫折如下岗、失恋、离婚、破产等无力应付,不敢面对现实,为了寻求解脱,便以沉溺于网络生活中的方式退行到幼年期而不能自拔。

6. 人格特质理论。台湾大学林以正教授研究指出,网络成瘾现象的产生是网络使用者的个人特质与网络功能交互作用的结果。他通过研究发现,高焦虑、低自尊、忧郁、自我概念不明确者容易网络成瘾,这四项程度越深者成瘾程度越严重。美国卡内基·梅隆大学及匹兹堡大学的研究都显示,网络成瘾者往往具有以下人格特点:孤独、敏感、抑郁、倾向于抽象思维、警觉、不服从社会规范。[①] 事实表明,青少年网络成瘾者其自我概念、人际技巧等方面都不健全,寂寞感、忧郁感较强。

(三)网络成瘾的心理机制

1. 闭锁性与交友意向的矛盾影响下的交往心理。青少年期是个体交往需求最强烈的时期,交往也是青少年社会化和心理健康发展的必要条件。但由于心理不成熟、交往经验和交往技巧缺乏等原因,青少年在交往过程中往往会出现一系列的心理问题。主要表现为自闭与防御心理、自卑心理、交往恐惧等,从而导致现实中交往的失败,交往需求得不到满足。在网络上的交往具备了人际交往的所有条件与特征,又主要是通过电子邮件、网上聊天等手段进行联系与交流,这就使交往双方逃避了在现实交流中必须要面对面的压力,而且可以向对方隐瞒真实的身份、年龄甚至性别,以一个“虚拟”的“我”来与对方进行交往,这使部分青少年觉得这种交往方式更随意、没有压力,既避免了现实中交往的紧张、不适应,又满足了交往需要,于是逐渐地乐此不疲。

2. 性冲动与自控力的矛盾影响下的性好奇心理。青少年正处于性意识从萌发到日渐明确和成熟的阶段,且时常被性意识和性冲动所困扰。同时,由于心理幼稚,

---

① 参见章恩友、姜祖桢主编:《矫治心理学》,教育科学出版社2008年版,第510页。

意志力不坚强,自觉抵制不良信息的能力较差,再加上在当前获得健康性知识和性教育的渠道不畅,青少年会有一种强烈的性好奇心理。在互联网上,却充斥着各种与黄色、暴力有关的内容,并且与其他媒体的相关内容不同的是,互联网上的这些内容几乎是对任何对象都不加限制的。这就会使青少年有意无意地接触到有关信息后而不能自拔。

3. 求知欲与认识水平的矛盾影响下的"信息占有"心理。青少年求知欲旺盛,获得和占有信息的需求较强烈。互联网上的信息丰富、直观,形式多样,易于理解和接受。这一切都会吸引求知欲旺盛的青少年,使他们成为"天然的网民"。但如果分不清这些信息的实质,对其不加选择地接受和占有,就容易走入误区。在这种心态作用下的"网络成瘾症"主要有两种类型:一种是每天从网上收集大量并不重要的信息,或下载和学习使用尽可能多的、而实际并不急需的软件,登记注册大量的免费信箱,尝试从网上购买商品和服务,参加与互联网有关的活动等,严重者甚至表现出一种类似强迫的症状;另一种是对网络技术与安全具有强烈的探究欲,并以攻击和破坏网站、非法进入机密网站来显示自己的能力,获得成就感,成为网络"黑客"。

4. 理想与现实的矛盾影响下的幻想、玩乐心理。处于青春期的青少年好幻想,但容易脱离现实,看不到现实与幻想之间的距离,从而沉溺于幻想不能自拔。网络游戏给他们的这种心理提供了一个很好的表现渠道。部分青少年之所以沉溺于网络游戏,是因为在玩游戏的过程中个体始终存在一种"自居"作用,即把自己想象成为游戏中具有超强本领的英雄人物,最终能通过努力完成伟大的使命,以此获得成就感。再加上网络游戏中多媒体和三维技术的运用,更符合青少年的接受心理,使他们乐此不疲,达到痴迷的程度。而且网络上的游戏资源更为丰富、获得更为方便,并且可以通过"联机",从传统的电子游戏的人与电脑的互动变为双方各操纵一台计算机,扮演不同角色的人与人之间的互动,且不受空间距离的限制。

思考题

1. 试析毒品成瘾、酒精成瘾、赌博成瘾、网络成瘾的特点及发生机制。
2. 通过案例,分析成瘾行为与违法犯罪的关系。

延伸阅读

网络成瘾的诊断

美国学者 Young 根据修改后的病态赌博诊断标准制定的互联网成瘾的评定项

目如下:

1. 你是否迷恋互联网或其他网上服务,并在下线后仍然念念不忘?

2. 你是否感到有必要花更多的时间去网上寻求满足感?

3. 你能控制自己是否上网吗?

4. 如果减少了上网时间或停止上网,你是否会感到不安和愤怒?

5. 你上网是否为了逃避问题或为了减轻无助感、犯罪感、焦虑、抑郁?

6. 你是否欺骗家人或朋友以隐瞒你上网的频度和在线时间?

7. 你是否为了上网而不惜冒失去某个重要关系、工作、受教育机会或谋职机会的风险?

8. 你的上网时间是否总是比原先预计的要长?

Young 指出,如果被试对其中的五个问题答"是",就被认为是"上瘾"。这一标准符合病态赌博的诊断标准,因此可以区分出正常的互联网使用和病态的互联网使用。但是,这些测验标准仍然有待进一步考察。

第九章　盗窃犯罪心理及行为特征

邪恶将人聚于一处。

——[古希腊]亚里士多德

盗窃犯罪是指以非法占有为目的,秘密窃取公私财物数额较大的行为。盗窃犯罪是世界各国最容易出现的犯罪类型,也是刑事案件中案发率最高的犯罪类型。它不仅能造成社会财产的巨额损失,更易造成民众对犯罪的恐惧感及生活的不安全感。

盗窃犯罪有诸多类型,如入室盗窃、商店盗窃、扒窃、机动车盗窃、内盗等,有研究者将盗窃犯罪比作一个“垃圾罐”,因为它种类多到难以进行分类。有证据表明大多数人在他们生活的某个时刻都犯下过罪行,而他们最可能犯的就是财产犯罪,心理因素的作用在此类犯罪中比其他类型的犯罪更小。①

我国研究者将盗窃犯罪归为财产犯罪的一种,犯罪心理学对于财产犯罪的研究远远少于暴力犯罪和性犯罪等类型。因为盗窃犯罪人最具“平常人”特征,犯罪经济学多从“经济人”角度对其进行犯罪成本和收益的分析。

第一节　盗窃犯罪理性抉择过程

要点提示

1. 犯罪人选择犯罪,也像普通人选择职业一样,是理性选择的结果,考虑了预期的收益和风险。作为最具“平常人”特征的盗窃犯罪人,其盗窃方式、盗窃行为实施

---

① 参见[英]马吉尔:《解读心理学与犯罪:透视理论与实践》,张广宇等译,中国人民公安大学出版社2009年版,第90页。

的抉择过程是一个理性的抉择过程,是一系列成本效益分析的结果。

2. 盗窃犯罪风险知觉是社会治安状况在犯罪人头脑中的投射,是盗窃犯罪人对风险的认知和其风险偏好结合在一起形成的对风险的心理表征。对犯罪风险知觉的探究可以从风险认知与风险偏好两个方面进行。

3. 风险偏好是一个个体特征,偏好是不同人稳定的价值取向,它产生知觉的适应能力。盗窃犯罪人的风险偏好是指盗窃犯罪人所偏爱的风险程度,是影响其盗窃犯罪行为决策的重要决定性因素。

犯罪经济学是运用经济学的原理和分析方法,研究、分析、探讨经济等利益因素与犯罪人的意识相互作用的规律及预防、控制犯罪的对策理论的一门新兴学科。经济学理论认为,人的犯罪行为同其他行为一样,都是理性选择的结果和表现。犯罪人选择犯罪,也像普通人选择职业一样,是理性选择的结果,考虑了预期的收益和风险。作为最具"平常人"特征的盗窃犯罪人,其盗窃方式、盗窃行为实施的抉择过程是一个理性的抉择过程,是一系列成本效益分析的结果,当其认为机会恰好合适,容易得手,报酬高,就可能进行其犯罪活动。

一、对犯罪风险的知觉

盗窃犯罪风险知觉是社会治安状况在犯罪人头脑中的投射,是盗窃犯罪人对风险的认知和其风险偏好结合在一起形成的对风险的心理表征。[①] 对犯罪风险知觉的探究可以从风险认知与风险偏好两个方面进行。

(一)风险认知

犯罪风险是客观存在的,而个人对犯罪风险的认知却存在差异。有研究者将风险认知定义为个体评估情境有多少的风险性,包括评估情境不确定性程度的概率估计、不确定性有多少可控制性以及对这些估计的信心度。[②] 盗窃犯罪人的"风险认知"是指其对犯罪风险的一般评估和反应,是用来描述其对犯罪风险的态度和直觉判断的一个概念。盗窃犯罪人实施盗窃行为时面临的最大风险是被抓住带来的刑罚风险,包括逮捕与定罪的可能性和刑罚的严厉程度两个因素。

高估风险,可以减少犯罪行为的诱惑力,而低估风险或者自信有规避风险的能力,无疑会强化对犯罪尝试的选择。同样,盗窃犯罪人对风险的认知是主观的,甚至

① 参见宋胜尊、章恩友、傅小兰:《重新犯罪风险评估的理论与方法》,载《河南司法警官职业学院学报》2006 年第 3 期。

② 参见杨刘敏:《风险认知与决策领域的研究现状分析》,载《内江师范学院学报》2007 年第 3 期。

有时是直觉的而非从思维加工的风险概率的认知，其认为盗窃犯罪风险本身是较低的，或者对犯罪风险存在低估。盗窃犯罪的破案率在各种犯罪类型中处于较低水平，威慑理论认为成功的犯罪经历倾向于破坏惩罚风险效应。实际上，对于经历过犯罪过程而又没有受到惩罚的人来说，这种经历会导致个体对惩罚风险的不切实际的高预期下降。有研究者经过调查发现，财产犯罪人对犯罪风险的认知主要属于风险偏轻型，大多数认为自己的犯罪行为可以逃过抓获。盗窃犯罪人认为相对于诈骗、抢劫等侵财型犯罪而言，盗窃犯罪的风险系数要小些，国外有学者对此问题进行过调查：有 2/3 的案犯认为，这类犯罪"几乎没有冒险"，有 50% 的案犯根本不考虑法律的惩罚，只有 20% 的案犯声称有一些考虑。①

（二）风险偏好

风险偏好是一个个体特征，偏好是不同人稳定的价值取向，它产生知觉的适应能力。盗窃犯罪人的风险偏好是指盗窃犯罪人所偏爱的风险程度，是影响其盗窃犯罪行为决策的重要决定性因素。

犯罪只能是一种带有高度风险性的活动，因为任何国家都不可能将所有的犯罪都绳之以法，并且不同的人对风险的态度是不同的。有的人生性喜欢冒险（经济学上称为风险偏好者），有的人害怕冒险（经济学上称为风险厌恶者），还有的人对风险持中性态度（经济学上称为风险中性者），②因此，不同的个体对相同的情境也会表现出不同的风险偏好。一个人面对犯罪利润的诱惑是否实际选择犯罪，还取决于其属于风险偏好、风险中性还是风险厌恶。

风险偏好结合风险认知形成了盗窃犯罪人对犯罪风险的知觉，在犯罪行为决策中起重要作用。真正的犯罪人甘愿冒被惩罚的风险而追求犯罪的风险收益，说明盗窃犯罪人在大多数情况下是风险偏好者，③而冒险性也被证明是盗窃犯罪人具有的明显特征之一。

二、对成本和收益的权衡

（一）盗窃犯罪成本

盗窃犯罪人在犯罪行为中既要耗费物质资源，又要耗费心理资源，通过付出相应的身心代价才能收获一定的犯罪"收益"，这种资源的损耗构成了盗窃犯罪成本。

---

① 参见李玫瑾：《德国入室盗窃犯罪与预防研究》，载《福建公安高等专科学校学报》2000 年第 2 期。

② 参见刘仁文编著：《刑事一体化的经济分析》，中国人民公安大学出版社 2007 年版，第 29 页。

③ 参见沈海平：《寻求有效率的惩罚》，中国人民公安大学出版社 2009 年版，第 138 页。

从时间上可以将盗窃犯罪成本分为现实成本和预期成本两大类。

1. 现实成本

现实成本是为从事犯罪活动而进行的直接的金钱和其他资源的投入,它包括:

(1)直接成本。直接成本主要指盗窃犯罪之前和犯罪过程中必要的资金和人力投入,如购买器具、作案工具的费用,打的、租车费用等。不同类型的盗窃犯罪,其犯罪的直接成本之间差异较大,入室盗窃与扒窃钱包的直接成本就不相同。直接成本与社会防控严密度成正比,社会防控越严密,所需要的犯罪直接成本就越大。

(2)时间机会成本。所谓盗窃犯罪投入的时间机会成本,是指犯罪人一旦将时间和资源用于盗窃犯罪,就必须放弃在这段时间内从事合法活动的机会和从事合法活动的收益。这种成本相对而言不是那么显而易见,一般个人所能获得的合法收入越高,则其因为设计、组织、实施犯罪而放弃的时间机会成本就越高,相反,个人的合法收入水平越低,其从事犯罪活动的时间机会成本就越小,时间机会成本与其合法收入成正比。同时,时间越长,机会成本就越大。综合来看,犯罪的机会成本取决于个人在合法部门所能挣得的收入量,而后者又取决于年龄、性别、教育、培训、地域等。据此学者们能够预计和解释在盗窃罪犯中,青少年、无业人员和低收入群体的比例较之在总人口中的比例要高的现象。

(3)心理成本或道德与痛苦成本。心理成本指当盗窃犯罪人作案后在心理上总会担心哪一天会案发而受法律的制裁,还有些刚入道的盗窃犯罪人,在初次作案时还会受到良心的谴责,会有一种负罪感。[①] 对于道德与痛苦成本,大多数人很厌恶反社会行为,面对与盗窃犯罪相同的收益时,道德与痛苦成本过高的人,即社会道德感和责任感较强的人是不会选择实施盗窃行为的。

2. 预期成本

犯罪的预期成本是指犯罪人在将来支付的成本,由于将来总有某种不确定性,所以预期成本也具有一种不确定性,这是它与现实成本最大的区别。它包括:

(1)预期惩罚成本,也称刑罚风险成本,是指犯罪人在犯罪之前对所要实施之罪可能受到的刑罚惩罚的估量,即法定刑与刑罚概率的乘积。法定刑指刑罚的严厉程度,刑罚概率指受到惩罚的可能性大小(包括被发现、被逮捕和被定罪的可能性)。

(2)预期羞辱成本。任何人都有羞辱感,尽管人与人之间的羞辱感会有所区别。在任何社会,被定罪判刑都具有一种羞辱效应,不同的罪名和刑罚幅度会有不

① 参见贺文华:《经济学视角的盗窃犯罪分析》,载《产业与科技论坛》2007 年第 9 期。

同的羞辱力度。一个人的羞辱感越强,就越不容易决定实施犯罪。人的羞辱感,不仅与个性有关,还与其社会地位、生存处境等有关,社会地位越高、生存处境越好的人,他的羞辱感也就越强。

(3)预期机会成本。如果某人因为犯罪行为而被查处和定罪判刑,那么他在支付刑罚成本的同时,还得支付一定的机会成本。预期机会成本是依赖于预期刑罚成本而存在的,因此如果预期刑罚成本很低,预期机会成本也就相应降低。对于有地位、有财富、有声望的人来说,由于其预期机会成本高,因而总的来讲他们主要不是靠预期刑罚成本而是靠预期机会成本来约束自己不去犯罪。

政府官员和大学教授是几乎不会去犯盗窃罪或抢劫罪的,因为这类犯罪能够带来的金钱收益很小,同时由于预期机会成本的污点效应导致他们付出的预期机会成本可能会远大于其犯罪收益。相反,对于没有社会地位和声望、也没有财富的人来说,预期机会成本很低,因而约束他们不犯罪主要靠预期刑罚成本。

(二)犯罪收益

犯罪收益(犯罪获利),是指犯罪人从犯罪活动能获得的功利性利益,是推动行为人实施犯罪的根本动因。盗窃犯罪的收益是指盗窃犯罪人通过盗窃活动能够获得的收益,包括货币性收益和精神性利益。盗窃犯罪人寻求的大都是货币性收益,也有研究发现部分盗窃犯罪中存在巨大的精神性收益。

不同的盗窃犯罪类别的收益是不同的,例如,小偷扒窃行人的钱包与入室偷盗,二者的犯罪收益是不同的,一般来说,后者的犯罪收益要高于前者的犯罪收益。即使同是盗窃机动车犯罪,偷盗一辆名牌跑车和普通家用车,二者的犯罪收益也相去甚远。

(三)对成本和收益的权衡

犯罪的成本与收益确定以后,犯罪人将在综合考虑各种情况后作出选择,经济学将其称为进行成本收益分析、理性决策。社会生态学则更愿意将罪犯看成一个战略投资者,其对成本和收益的权衡过程为:进行预测规划、脑海里进行预演、对成本收益进行计算。

如果把盗窃犯罪人视为能够对自己行为作出理性判断的个体,盗窃可以作为一种职业选择,一个人盗窃的原因是盗窃能为其提供比其他可选择的合法职业更大的净收益。显然只有当犯罪的收益大于犯罪成本的时候,犯罪人才会从事犯罪活动;盗窃犯罪的成本越高,盗窃行为发生的概率就越低,即盗窃犯罪的成本同其犯罪行为发生的概率呈反比例关系。

对盗窃犯罪的成本进行分析可以看出,在盗窃犯罪的现实成本中,犯罪人的直接成本(如作案工具)相当于是一种固定成本,随着作案次数的增加,其平均成本将越来越低。每次要花费的时间相当于可变成本,窃贼会根据作案对象可获利益的多少来支付时间成本。心理成本会随着作案次数的增加而递减,最后会趋于零。这是因为随着次数的增加,窃贼的道德准则和价值观念会发生蜕变,心中只有偷窃成功的窃喜,不再有负罪感。① 盗窃犯罪的预期成本是犯罪人主要考虑的成本,预期机会成本和预期羞辱成本都建立在预期刑罚成本的基础上,预期刑罚成本其实是一种或然成本,是一个概率事件,概率的高低又与窃贼的作案手段、居民的警惕性、警察的责任心和办案能力等因素相关。预期刑罚成本可以用刑罚的严厉程度与被惩罚的可能性大小的乘积来表示,犯罪人一般会以自己的风险知觉综合两者来形成刑罚风险知觉,这对其犯罪行为决策起到重要作用。

1. 理性的"经济人"角度

犯罪经济学认为犯罪人的犯罪行为是一种理性抉择。盗窃犯罪人在实施盗窃行为时会进行成本—收益分析,会追求自己收益的最大化。犯罪行为人明确犯罪行为应会受到惩罚的事实风险,其犯罪选择是主动地故意犯罪。在衡量其预期犯罪"效益"与犯罪成本之间的对比关系后,只有当犯罪人判断出其通过犯罪所获得的金钱收益或者情感满足程度大于其犯罪成本特别是刑罚成本时,犯罪人才有可能实施犯罪。有研究者试图用公式来表明盗窃犯罪行为决策中对成本和收益的权衡,并体现其与犯罪发生率的关系。

设偷窃成功的概率为 P_1,得到的收益为 R,偷窃被发现,但没被抓住的概率为 P_2,偷窃被发现并且被抓住的概率为 P_3,其中 $P_1 + P_2 + P_3 = 1$,那么其获得的预期收益为 $ER = P_1R + P_2 \times 0 + P_3 \times 0 = P_1R$。假设现实成本为 C_1,预期成本为 C_2,则窃贼的犯罪成本为:$EC = C_1P_1 + C_1P_2 + C_2P_3 = C_1(P_1 + P_2) + C_2P_3 = C_1(1 - P_3) + C_2P_3$。长期来说理性的窃贼必须是 $ER > EC$。ER 取决于 P_1 和 R 的大小,R 取决于猎取的对象价值的高低,P_1 取决于窃贼作案能力,社会提供的作案机会。EC 取决于 C_1、C_2 和 P_3,C_1 远小于 C_2,窃贼的 EC 主要取决于 C_2P_3。C_2 又与社会的惩罚机制和惩罚力度高度正相关,P_3 又与居民的警惕性、警察的责任性及办案能力正相关。如果惩罚不力且盗窃后而被逮住的概率 P_3 很小,则有增加作案数量的激励。为了减少作案的数量,必须提高 C_2 和 P_3。只要有 $ER > EC$,窃贼就很可能会进行偷窃,并且随着作案次数的增加,其边际收益可能是一条直线,具体的形状与居民的防范心理相关。如果居民的防范心强、警惕性高,窃贼作案的边际收益 MR 会向下倾斜;窃贼行

① 参见贺文华:《经济学视角的盗窃犯罪分析》,载《产业与科技论坛》2007 年第 9 期。

窃的边际成本 MC 主要取决于时间成本与预期成本，时间成本随着作案次数的增加，将会呈现递减趋势，边际成本线的形状和位置主要又与警察的责任心和办案能力及惩罚程度高度相关，整个边际成本曲线将会是一条 U 形曲线。窃贼会根据 MR = MC 来实现获取的不法利益的最大化。如图 9－1 所示，如果社会治安混乱，警察责任心不强、办案能力低则会导致作案次数激增，此时 MR 与 MC 的交点处于 MC_1 曲线上的 A 点，作案次数为 Q_1；如果居民的警惕心高，警察办案能力强，则会出现社会安定，作案次数减少，MC 曲线将会右移至 MC_2，此时 MR 与 MC 曲线的交点将会是 B 点，作案次数将会是 Q_2。

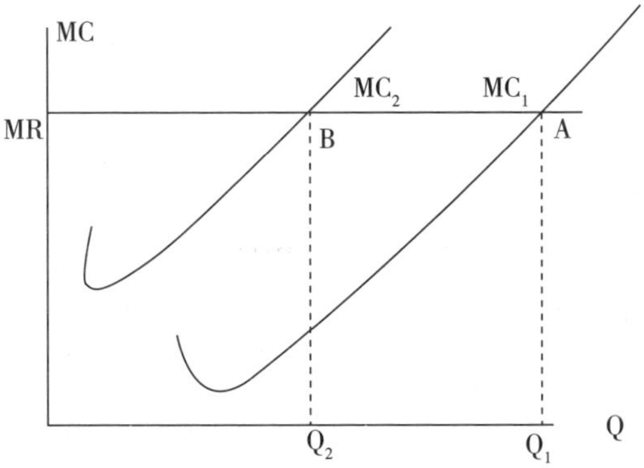

图 9－1　偷窃行为的成本与收益权衡

2. 有限理性的角度

随着犯罪经济学的发展，犯罪人有限理性的角度被提出。盗窃犯罪的收益是一种风险收益（在此意义上，如同赌博），存在很大的不确定性，在盗窃犯罪决策中，窃贼存在在风险水平上对损失和收益的权衡。人们在行为决策时，也不可能精确地计算每件事的“成本”与“收益”。由于信息不完全性等种种条件的限制，行为达到“利益最大化”也几乎是不可能的。选择犯罪总是为达到预期目的，预期目的与客观结果是否一致对选择行为并不重要。从根本上说，人的行为不是由未来的结果引导的，而是由对未来的某种心理表征所指引的。① 在此意义上，有研究者提出了犯罪行为人作出犯罪决策时的“有限理性”理论。盗窃犯罪人对成本和收益的权衡也存在有限理性的特点。

在成本收益的权衡上，Carroll 曾以下列实验来检验行为人在犯罪实施前所可能考虑到的因素。他给被试四个独立的维度变量：获益的可能性、损失的可能性、获

① 参见马皑主编：《犯罪与司法心理学研究》，中国政法大学出版社 2006 年版，第 59 页。

益的数量和惩罚的严厉性。被试包括被监禁中的成年人和未成年人。结果表明,许多被试在选择犯罪机会时仅集中注意了一个维度,而对其他三个维度,要么忽略,要么以一个或两个维度为基础作了微量调整。很少有整合基础上的全方位判断,而且几乎不可能。①

在风险知觉或对犯罪的预期刑罚成本的权衡上,被刑罚惩罚的可能性影响相对刑罚的严厉性影响要大些,这也就是贝卡里亚所说的"刑罚的威慑力不在于刑罚的严酷性,而在于其不可避免性"。设想如下两种情形:一种是惩罚非常严厉,如无期徒刑甚至死刑,但行为人被发现和被惩罚的可能性低于50%;另一种是惩罚的严厉性较低,如仅为有期徒刑,但被发现和被惩罚的可能性较高,高达80%。哪种情形更促使犯罪人不作出犯罪的决策呢?根据贝卡里亚的前述观点,自然应是后者,因为行为人在犯罪时往往首先想到的并不是惩罚有多严厉,而是能不能被发现和被抓住。②

大部分盗窃犯罪会涉及对犯罪对象的去人性化,这与暴力犯罪中经常发生的去人性化相比具有不同的意义。这种去人性化主要是指一个人或一群人会将其他的个体仅仅看作物品而不是人。当一个人看不到他人作为人的特征时,他就会很轻易地对对方实施不人道的行为。因此,违法者更倾向于将他们的犯罪对象看作物品而非人类。在大部分的盗窃和入室盗窃案中,罪犯往往避免直接与犯罪对象正面接触,从而可以避免直接面对被害者,避免体验受害人在经济、社会与心理上的痛苦。由于缺少被害人,罪犯的内在价值与社会约束将不那么起作用,这使他们可以更容易地压抑、否认自己的犯罪行为,并为自己的犯罪行为寻找借口。③

三、犯罪地点与对象的选择

盗窃犯罪人的主要收益是财物,与财物发生联系的人或单位构成了其作案犯罪的对象,基于犯罪成本和收益的考虑,盗窃犯罪人在地点的选择上,会选择对其最有利的客观环境,以减少作案的成本及能更快地逃离现场。也就是说,盗窃者总是倾向于降低盗窃成本,即在同样的犯罪收益条件下,他们更愿意从事预期成本较低的犯罪。

(一)犯罪地点的选择

一般来说,在城市,盗窃犯多把一些开放式的、流动人口较多、居住人员较复杂

---

① 参见宋胜尊、傅小兰:《犯罪行为决策的理论与研究方法》,载《心理科学进展》2005年第1期。

② 参见刘仁文编著:《刑事一体化的经济分析》,中国人民公安大学出版社2007年版,第27~28页。

③ 参见[美]巴特尔等:《犯罪心理学》,杨波、李林等译,中国轻工业出版社2009年版,第327页。

的住宅小区、人群聚集的商场、银行作为盗窃的地点。在农村，多以乡镇企业、个体户、商店等为作案地点。但盗窃罪犯究竟选择何处行窃，则与多种因素有关。盗窃犯罪人的作案很少是盲目的，作案之前他们会对作案的目标和对象进行“踩点”、筛选，许多盗窃犯罪人的心中会有一个完美的作案地点和对象的“蓝图”。有研究者发现，犯罪人选择某一地域进行盗窃的原因与该地域特征给予潜在犯罪人的意向有关。这些特征包括：

1. 物理环境特色

如果地理环境特色显得非常富裕、奢靡或可通畅无阻地进出，缺乏防卫空间的设计或管理，或者具有物流环境颓废、空屋杂陈、垃圾乱倒、废弃的汽车林立、街道坑坑洼洼缺乏管理等特点，则极易吸引盗窃犯入侵。

2. 住民之社会人口特征与行为形态

具有良好社会经济地位的居民自然具有吸引力，成为罪犯的首选目标。此外，如果居民流动性高，影响其协助治安的意愿，也容易成为罪犯的良好目标。最后，对公共事务缺乏关心，经常持冷漠态度的居民，也容易吸引罪犯注意，致使其启动作案动机。①

3. 缺乏警察的巡逻

潜在犯罪者极易认为缺乏警察巡逻的社区是被遗弃的，没有防卫的，其被捕风险明显降低许多，故可能提升其作案的动机与意愿。

4. 犯罪人得到的相关信息

犯罪人之间可能交换犯罪的相关信息，例如，了解犯罪之困难度及可能遭遇的反抗等，借以选择合适的犯罪目标，顺利达成犯罪目的。

5. 犯罪个人的专业知识

犯罪个人的专业知识也可能影响其对区域目标的选择，例如，职业盗窃者对于犯罪区域的选择相当挑剔，诸如对偷窃之对象、周遭环境之防卫情形、逃跑路线的选择等各项考虑均趋于缜密，这些特征将影响犯罪区域的选择。

这些目标区域的特征，促使许多盗窃犯进一步构思、评估犯罪可能的收益、便利性、容易到手与否及被侦查逮捕之风险，而对未来的犯罪活动做最后的研究与规划（见图9－2）。②

---

① 参见杨士隆、何明洲：《窃盗犯罪防治：理论与实务》，台北，五南图书出版股份有限公司2003年版，第65～69页。

② 参见刘邦惠主编：《犯罪心理学》，科学出版社2009年版，第188～197页。

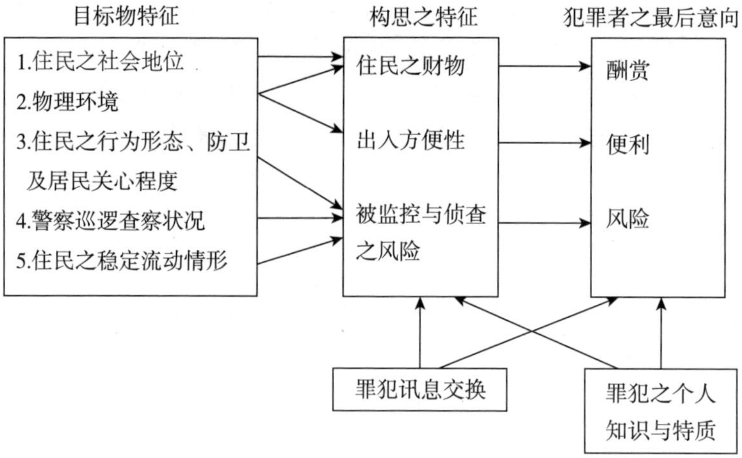

图9-2 盗窃犯选择犯罪地域涉及的因素及发展过程

资料来源:Taylor & Gottfredson(1986:396)

(二)犯罪地点的"圆周假设"

有研究者通过对一些入室盗窃犯罪人的研究发现,盗窃犯罪人的犯罪地点离自己的住宅都很近,研究者玛丽设法得到了32个夜盗犯罪人的详细资料。这些人在被抓住之前,每个人都犯下5次至70次不等的夜盗罪行。玛丽记录了这些犯罪人在作案时的居住地点和他们犯罪的地点,并给每一个犯罪人分别画出一张图,标注出夜盗行为的位置和夜盗犯罪人家庭的位置。她把犯罪人居住地点和犯罪地点都标注在同一张A4纸上,最后,她发现:所有的犯罪都发生在犯罪人居住地的附近。据此,她提出了犯罪行为的"圆周假设"。

研究者发现入室盗窃犯罪人的犯罪地点离自己的住宅很近,但是在这些犯罪人实施犯罪活动的后期,犯罪地点距自己的住宅的距离也会渐渐增加。初犯的犯罪地点离自己住宅的平均距离是2.16公里,有经验的犯罪人是3.57公里,而犯罪高手是5.52公里。

对汽车盗窃犯罪的调查研究显示,影响汽车整体被盗的重要因素主要有下列10项:停车地点出入人员是否复杂;停车场所;汽车防盗设备;上下班时间外出办公的频率;停车地点是否收费;职业;停车地点夜间的明亮度;是否经常开车出入餐厅;下班后外出活动的频率;是否警察开车出入风景游览区。①

① 参见杨士隆、何明洲:《窃盗犯罪防治:理论与实务》,台北,五南图书出版股份有限公司2003年版,第65~69页。

思考题

1. 盗窃犯罪的风险认知与风险偏好有哪些特点?
2. 盗窃犯罪有怎样的犯罪成本?
3. 如何用有限理性角度解释盗窃犯罪人对成本和收益的权衡?

第二节　盗车犯罪的心理与行为表征

要点提示

1. 自行车盗窃犯罪人中青少年和初犯占比较高,处于青春期寻求自我认同的青少年在盗窃自行车时具有恐惧、矛盾和兴奋等心理过程,盗窃行为给他们提供了一种比世俗的正常性更大的仪式性的自我形象的肯定,体验到了更多的自我感,形成了刺激的心理体验。

2. 朋友间的相互影响被认为是单一的最频繁的卷入机动车盗窃犯罪团伙的动机,周围充斥的语境和价值取向吸引了个体认同和投入犯罪。团伙的人数也给个体带来了巨大的群体压力,不良的行为伙伴与不良行为在一个动态过程中相互关联。

3. 盗窃机动车犯罪的作案方式的技术含量越来越高,在犯罪工具、作案手段上充分利用现代科学技术,努力提高犯罪的成功率和安全系数,降低了机动车盗窃犯罪风险。

一、自行车盗窃犯罪的心理与行为特点

自行车因其个体轻便、使用简单、价格低廉、环保健康等特点而成为大众化的便捷交通工具。但由于其使用效率高、流动性大、无明显标识码,因此管理难度大,被盗现象频频发生。大多数人不乏自行车被盗的经历,有调查显示,在100名有自行车的人中,自行车被盗过的有85人,其中被盗过2辆的有29人,被盗过3辆的有6人,被盗过4辆的有6人。①

自行车盗窃犯罪成本小,风险小,许多被盗车的失主甚至不会报警,即使犯罪人被逮捕,也往往因为盗窃数额小而可以免于刑罚。因此,自行车盗窃犯罪成为许多青少年犯和初犯的犯罪尝试类型。随着共享单车的大量出现,个人家庭的自行车数量大量减少,普通自行车盗窃案发数也出现了下降,而电动自行车成为主要被盗窃对象。

① 参见予林:《偷两辆自行车该不该劳教》,载《北京娱乐信报》2004年3月19日。

(一)心理特点

1.金钱至上的享乐主义价值观

自行车盗窃犯罪人多为无业人员或社会闲散人员,他们时间丰裕,精力充沛,收入较低,处于社会底层,实施犯罪行为的时间机会成本很低。随着我国物质生活水平的上升,许多不良观念,如享乐主义、拜金主义、功利主义等的渗透形成了当下较为流行的享乐主义价值观。有一项来自天津市的对已经判刑的物欲型罪犯的人生观调查显示,这些罪犯中认为人生最大的幸福是吃好穿好玩好的占35%,认为人生最美的事是生活得舒舒服服的占59%,最崇拜羡慕的人是有钱有势的人占38%,最赞同"人为财死,鸟为食亡"人生信条的占38%。物资贫乏的生活现状与享乐的欲望的矛盾,造成他们对金钱财富怀有强烈的贪欲和抵抗物质诱惑的能力低下。

2.社会化过程中的不良习惯

有些自行车盗窃犯罪人在社会化过程中养成了小偷小摸的不良习惯,不少犯罪人幼年、少年时代染上"嗜财"的癖好。例如,幼年时有随便拿别人东西的小毛病;少年时爱贪小便宜,借物不还,小偷小摸等,导致渐渐养成恶习,走上犯罪道路。自行车盗窃犯罪人的延迟满足和抵抗诱惑能力较低,同时好逸恶劳,又不敢冒太大的风险,因此选择自行车这种较容易偷窃和销赃的盗窃目标。

3.合理化的防御机制

在犯罪行为认知的选择上,自行车盗窃犯罪人在对自己和社会的认识和理解上存在偏差,对自己的相对贫困较为不满,这为自己犯罪行为的实施提供认知的支持。他们会在犯罪前后找出各种理由来自我安慰和自我辩解,使自己的犯罪行为合理化。例如,一辆自行车是小东西,那些有钱的人不会放在心上,可以轻而易举地再买一辆。

4.寻求刺激的心理体验

自行车盗窃犯罪人中青少年和初犯占比较高。处于青春期寻求自我认同的青少年在盗窃自行车时的恐惧和矛盾心理,盗窃成功时的兴奋心理使其在盗窃过程中身体发生了危险的化学反应,这种盗窃行为给他们提供了一种比世俗的正常性更大的仪式性的自我形象的肯定,相对于其无所事事的平淡生活在盗窃过程中其体验到了更多的自我感,形成了刺激的心理体验。研究者调查发现少年盗窃犯懒惰个性占首位,同时具有好奇、冒险及缺乏抑制力等特性。在内在价值观和规范认知上,少年盗窃犯倾向于追求刺激与享乐,并且具有非法行为的偏差价值观。①

---

① 参见杨士隆:《窃盗犯罪:窃盗犯与犯罪预防之研究》,台北,五南图书出版股份有限公司1997年版,第90~91页。

(二)行为特点

1. 机会型犯罪居多,较少预谋性

自行车盗窃犯罪一般是机会型犯罪,盗窃犯罪人没有明确的作案目标,犯罪行为随时间、空间和作案对象等因素而定,有适合盗窃的机会就顺手牵羊,犯罪行为偶发性强,较少预谋性。

2. 容易变成惯犯

随着盗窃手段和技能的娴熟、销赃途径的畅通,自行车盗窃犯罪人对顺手牵羊的自行车盗窃行为容易形成操作性行为反射,盗窃犯罪人易形成盗窃恶习,造成行为模式的固定化。犯罪动机强烈地甚至"自动化"地外化为犯罪行为,犯罪人对符合自己意图的盗窃情境和盗窃对象,就会产生犯罪冲动,进而毫不犹豫地实施盗窃行为,最终成为自行车盗窃惯犯。

3. 向专业化、团体化发展

用于体育锻炼的专业自行车和电动自行车的普遍使用,提高了自行车的价值,也提高了自行车盗窃犯罪的收益。被盗自行车的种类可以说是自行车市场销售的晴雨表,市场上流行什么车,犯罪人就偷什么车。从遇见什么偷什么向专业化发展,有的专偷公路赛车,有的专偷山地车。由单独作案向团体化发展,自行车盗窃形成"盗窃—中转—销售"的一条龙模式。

二、机动车盗窃犯罪的心理与行为特点

机动车通常是指由机械性动力驱动,在道路上行驶的交通运输工具。《道路交通安全法》第119条规定,机动车,是指以动力装置驱动或者牵引,上道路行驶的供人员乘用或者用于运送物品以及进行工程专项作业的轮式车辆。在机动车拥有量每年呈几何级数增长的同时,对机动车的强烈需求以及巨额利润的刺激,使一些犯罪分子铤而走险,盗窃机动车犯罪案件的数量大幅攀升。

(一)心理特点

机动车盗窃犯罪人与自行车盗窃犯罪人,在心理特点上的异同在犯罪心理学研究中缺乏实证性的数据。从具体作案手法,作案对象选择的心理层面上进行分析,笔者认为,机动车犯罪人的心理特点有以下几点:

1. 强烈的金钱需求

盗窃犯罪的根源动机往往是对金钱的强大欲望。但显然自行车盗窃的收益远远不能满足机动车盗窃犯罪人的强烈的金钱需求,他们的生活方式已经是奢华、腐朽和超前消费的。除了懒惰的个性特点,机动车盗窃犯罪人往往还有诸如吸毒、赌

博等生活恶习,不良的生活方式需要消耗大量的金钱,机动车盗窃偷车速度快、风险小、销赃快的低风险高回报的特点正好满足机动车盗窃犯罪人的金钱需求。

2. 侥幸心理

机动车盗窃犯罪人侥幸心理严重。犯罪行为是一种理性选择行为,是犯罪分子在比较了犯罪与合法工作的金钱报酬,并考虑了被发现和定罪的概率以及一旦被定罪就要遭受的处罚的严重性之后所采取的行为。目前我国公安机关对盗窃机动车犯罪打击不力,犯罪分子的犯罪风险大为减小,犯罪成本大大低于犯罪收益。销赃一辆汽车往往可获利1万~2万元,如被查获,则一般作罚款处理,罚款的数额远低于其牟取的利润。

3. 易受不良群体影响

在许多年轻的机动车盗窃犯罪团伙中,他们的犯罪行为总是在群体背景下发生的。国外研究者访谈了具有偷车史的14~35岁的青年及成人发现,朋友间的相互影响被认为是单一的最频繁的卷入犯罪的动机。他们中大多数被更有经验的年长犯罪者教以最基本的驾驶技术,有些人自认为驾驶技术优于警察。群体间的相互影响几乎毫无疑问地加强了他们的犯罪意识。模仿和观察学习成为建立不良行为模式的直接原因,周围充斥的语境和价值取向更吸引了个体认同和投入犯罪。同时,团伙的人数也给个体带来了巨大的群体压力。不良的行为伙伴与不良行为在一个动态过程中相互关联。①

(二)行为特点

1. 兼具机会性与预谋性

机动车盗窃犯罪往往兼具机会性和预谋性,一个盗窃汽车的预谋犯,在作案之前就会对作案的方式、作案的对象、作案工具、理想的作案时间、作案的路线以及作案后如何销赃灭迹并逃避打击等有关问题作一系列的设想、推理、预测等,最后选定那种他认为既不会被发现又能达到目的最好的方式方法。

2. 犯罪成员团伙化

由于盗窃机动车犯罪要涉及盗车、改装、伪造证件、销赃等多个环节,而每个环节的技术含量都比较高,单靠个人力量难以完成。因此,盗窃机动车的犯罪分子往往以亲属、乡邻为主结成紧密的犯罪同盟,团伙少则几人,多则十几人、几十人。并且,在团伙内部有着明确的分工,各有专人负责踩点、望风、盗车、改装、伪造证件和

---

① [英]马吉尔:《解读心理学与犯罪:透视理论与实践》,张广宇等译,中国人民公安大学出版社2009年版,第92~93页。

联系销赃等,事后按事先约定的方式或贡献的大小进行分赃,犯罪专业化程度日益提高,形成了盗、改、运、销链式作案的犯罪模式。同时由于男女性别差异,实施机动车盗窃的大部分犯罪人是男性。

3. 手段技能化和工具智能化

随着犯罪人盗窃机动车经验的丰富,机动车盗窃犯罪人技能化水平逐渐提高,能根据所掌握的车锁性能、车辆内部结构、线路走向等一系列专业知识,针对经常盗窃的车辆类型而制作专门的盗车工具,如俗称的“万能钥匙”。更有利用现代科技开发的智能解码器等产品破解车辆防盗报警器密码的作案,该方式大大缩短了犯罪分子作案的时间,减少了对车的毁损程度,而且容易操作。盗窃机动车犯罪的作案方式的技术含量越来越高,在犯罪工具、作案手段上充分利用现代科学技术,努力提高犯罪的成功率和安全系数,降低了机动车盗窃犯罪风险。

4. 行为方式狡诈

机动车盗窃犯罪的较大收益迫使犯罪人想出许多奸诈狡猾的犯罪伎俩。如1999年年初,美国纽约警方在短时间内侦查到有一个规模庞大、配备电子解码器及大型拖车的高科技偷车集团。此盗车集团从组织、策划、运送和销赃等环节都安排“一条龙作业”。每组偷车案犯都配备电脑电子密码扫描器,可在数十米范围内轻而易举地侦查到停在路边的汽车防盗系统的密码。案犯开着拖车在街上四处“巡逻”,当遇到猎物时便马上启动车内的电子密码扫描器,再用拖车上的电脑将目标车的防盗系统解码。然后,他们利用大型拖车吊起轿车的前轮或后轮,在众目睽睽之下将轿车拖走,一般行人虽然目睹偷车过程,却极易产生错觉,以为是此轿车出现故障而由合法的拖车公司拖走修理。①

思考题

1. 自行车盗窃犯罪有哪些心理特点?
2. 机动车盗窃犯罪有哪些行为特点?
3. 如何理解盗车犯罪心理中的“贪欲”?

① 参见吴大华:《盗窃犯罪的惩治与防范》,西苑出版社1999年版,第21页。

第三节　入室盗窃犯罪的心理与行为特征

要点提示

1. 入室盗窃犯罪中,犯罪人总是会先确定大量的潜在行动目标,然后从中选取最容易下手的,大多数犯罪人事先会基于对环境线索的评估进行计划周密的、高度理性的决策。

2. 相比一般的盗窃类型,研究者对入室盗窃犯的研究,涉及其精神方面的收益,并发现在其犯罪过程中存在非常态的心理体验。

3. 入室盗窃犯罪人为有效抗拒抓捕,全身而退,逐渐形成犯罪团伙,进行分工协作,体现出一定的职业特征,以入室盗窃犯罪所得为主要生活来源。由"体力型犯罪"逐渐发展为"智能型犯罪""职业型犯罪"。

入室盗窃是通过暴力或非暴力手段,非法进入一个建筑物,意图盗窃或进行犯罪活动的行为。① 入室盗窃是盗窃案中多发性案件,具有多发性、隐秘性和技术性等特点。本节所讲入室盗窃对象多是居民小区、商住小区住户,侵害目标多为现金、金银首饰及贵重物品,常常令人们防不胜防。我国一般将入室盗窃分为白盗和夜盗,白盗一般在9时至11时,下午2时至5时。案犯趁事主上班家中无人,趁机撬门扭锁入室盗窃。夜盗多发生在深夜1时至凌晨5时,案犯利用事主熟睡之机,采取攀登气、水管,从楼顶利用绳索下滑翻窗入室进行盗窃。国外有研究数据显示入室盗窃罪犯多数是年轻人,一般是男性。

一、心理特征

(一)理性犯罪动机

入室盗窃犯罪的动机有很多种,但职业入室盗窃犯罪人的主要动机毫无疑问是为了钱,他们将入室盗窃作为一个低风险和高回报的职业。相对于所有犯罪活动来说,入室盗窃最容易成功并且风险最低。因为入室盗窃犯罪人往往不会接触到被害者,从而不容易被识别出来,而且也不需要武器,量刑也较抢劫等犯罪类型要轻。入室盗窃犯罪人对行窃的线索培养出敏感性,在成本收益基础上有计划地

---

① 参见[美]巴特尔等:《犯罪心理学》,杨波、李林等译,中国轻工业出版社2009年版,第329页。

对犯罪目标进行选择,具有明显的理性犯罪动机。

有研究数据表明,罪犯总是会先确定大量的潜在行动目标,然后从中选取最容易下手的,大多数罪犯事先会基于对环境线索的评估进行计划周密的、高度理性的决策。通常入室盗窃不是冲动性的犯罪,但是犯罪人也做不到完全理性,对每一个细节都进行精确的计划。

（二）非常态的心理体验

相比一般的盗窃类型,研究者对入室盗窃的研究,涉及其精神方面的收益,并发现在其犯罪过程中存在非常态的心理体验。例如,许多入室盗窃者总是在被盗者家里小便或者大便,有盗窃圣物罪的象征主义,但是他也是因为身体被激起的。正如另一位侵犯者所讲的那样:“偷窃就像爱一样是一种燃烧的激情……并且我感觉得到血在脑袋和手指中沸腾,我想我自己一个人应该能够抢劫,如果可能的话。”①

专业的入室盗窃犯罪人主要是受金钱的诱惑,同时也受自我满足和成就感的激励。为了达到自我满足和自我强化,犯罪人可能会被激励去做达成预期的目标之外的事情,甚至可能和获取钱财无关。有研究者强调了入室盗窃犯的表现性成分和心理成分。他指出,对于某些入室盗窃犯而言,犯罪的挑战性和物质的回报相比要更有价值。通过对被害者和罪犯进行访谈,有研究者界定了三种表现性的入室盗窃犯:凶煞的威胁犯、神秘的工匠和支配者。“凶煞的威胁犯”会进行破坏性的行为,其在破门而入的时候会摔东西、打坏玻璃、粉碎物品,以及在屋子的各个地方大小便;“神秘的工匠”则在屋子里四处设迷局、谜题和陷阱,尽力向被害者和警察显示他们的技术技巧,他们在制造破坏的方式上具有创造性,并且可能在墙上、地上或镜子上留下信息;“支配者”乐于威胁和恐吓被害者,因此他们会闯进那些有人的房子。这三种表现性的入室盗窃犯都喜欢用自己独特的方式和被害者交流。因此,那些开发出独创性的技术并且给警察造成难题的入室盗窃犯,更有可能继续他们的非法行为,虽然外部的强化(实体性的回报)很重要,但是内在的强化也可以是一个非常有力的激励和调节因素。②

（三）对自己盗窃技能高度的自信

入室盗窃犯罪人的犯罪技巧日趋娴熟,无论是在犯罪时间和地点的选择上,还是在犯罪手段的运用上,都具有明显的技术性,并且多对自己的盗窃技能高度自

---

① [英]韦恩·莫里森:《理论犯罪学——从现代到后现代》,刘仁文等译,法律出版社2004年版,第334~335页。

② 参见[美]巴特尔等:《犯罪心理学》,杨波、李林等译,中国轻工业出版社2009年版,第335页。

信。有的入室盗窃犯罪人形容自己的开锁技术“无锁不开,手感非常好”。有研究者发现,犯罪人非常善于观察适合作案的目标物,如有盗窃犯指出,在某一个大热天,其在一个社区中慢慢地开车,倘见窗户紧闭,而空调未开动,即表示室内无人,为适合作案的地点之一。研究者进一步指出,职业盗窃犯一般进入作案住宅内不超过 5 分钟,这样即使警铃响起,亦可轻易及时脱逃,不致被逮捕。

(四)自我安全意识较强

这类犯罪人的自我安全意识较强,不同于亡命之徒。有调查显示有 45% 的入室盗窃犯若发现住宅具有安全防盗装置,或在实施犯罪前已被人注意,那么就放弃犯罪企图。我国台湾地区对入室盗窃犯问卷调查发现,39% 的盗窃犯作案前会先观察和打听。一般入室盗窃犯罪人在发现室内有人、自动报警装置发出警报等因素时会放弃犯罪行为。

二、行为特征

(一)预谋性强

入室盗窃犯罪人具有极强的预谋性。犯罪人通常是先踩点,选准作案目标,摸清被害人的活动规律。在这个过程中,有的犯罪人会与被害人直接接触、打探信息。做好犯罪预备工作后,或翻墙入室,或事先混入藏身,待关门作案后溜走。入室盗窃的会等被害人上班后行窃;盗窃农村生产资料的经常选择夜深人静时行窃。预谋型犯罪人通常是老练的惯犯,他们在犯罪预备、犯罪实行的过程中始终表现得比较镇定,具有丰富的作案经验,手段高明,技巧娴熟,往往能掩人耳目,具有隐秘性,即使被发现也能沉着应对。

(二)智能化和职业化

入室盗窃犯罪智能化是随着科学技术进步和犯罪人反侦查能力的提高而逐步发展的。犯罪人对盗窃方式、手段、过程都进行了严密、细致的分析、研究和设计,“不打无把握之仗”,有的甚至在模拟作案后真实作案,行动方案环环相扣,作案中注重自我防卫,逃避侦查打击,如戴手套、蒙面化装、男穿女鞋、小脚大套等,作案后及时消除痕迹。为有效抗拒抓捕,全身而退,犯罪行为人逐渐形成犯罪团伙,进行分工协作,体现出一定的职业特征,以入室盗窃犯罪所得为主要生活来源。入室盗窃犯罪由“体力型犯罪”逐渐发展为“智能型犯罪”“职业型犯罪”。

(三)团伙性和组织性

在目前的入户盗窃案件中,团伙作案的情况开始增多,而且团伙内部各成员之间存在明确的分工,表现出一定的组织纪律性,有人踩点,有人望风,有人行窃,有人销赃。2004 年在某县公安局刑警大队所破获的入室盗窃案件中,结伙、团伙作案的占到 80% 以上。① 2002 年 9 月 12 日,北京市翠微路附近的一栋居民楼就发生过一起入室盗窃案件,作案人竟在光天化日之下,“率领”开锁公司和搬家公司,对一住户进行“洗劫”,将屋内所有的家具和电器偷走。

(四)易向其他犯罪类型转化

入室盗窃和入室抢劫是极易转化的。很多案例中入室盗窃行为人为安全起见,常常携带凶器入户盗窃,以求获取赃物、全身而退,入室盗窃转化为抢劫、杀人的案件屡见不鲜。

不少盗窃犯谋财心切,往往在犯罪预备阶段就做好了两手推备,能偷则偷,偷不成则抢。他们在实施盗窃时身揣凶器,当被发觉时或者以刀相逼,迫使被害人交出财物,或者挥舞凶器拒捕,由盗窃犯罪转变为抢劫犯罪。有时初犯由于缺少作案经验,所以在实施犯罪、面临各种错综复杂的情景时往往心虚胆战,产生恐惧情绪。恐惧是一种影响甚至阻碍个体活动效果的因素,行为人在强烈的恐惧心理作用下,有可能停止正在进行的犯罪行为,也有可能失去自我控制,作出比预想的犯罪更为严重的犯罪行为,如入室行窃者被发现后,情绪失控而杀死主人。

三、盗窃犯罪的心理学问题

(一)不定型盗窃一般可以分为两种形态

1. 不择手段的不确定性

不择手段的不确定性表现为今天以这种方法盗窃这种东西,明天又可能用另外的方法去盗窃另外的东西。这种怎样有利怎样去偷的不固定形态,都是由盗窃者所依存的环境因素的变化造成的。例如,作案者今天在这里做烧锅炉的工作,就利用环境条件偷了两车煤卖掉;明天回家探亲,又在火车上趁人不备偷走一个旅客的包裹……

2. 各罪贯通的不确定性

各罪贯通的不固定盗窃形态就是并不以盗窃犯罪为主,而是在各种各样的犯罪中,有盗窃犯罪的内容。

(二)定型化盗窃的特点

1. 扒窃特点。因为扒窃需要机敏灵活,所以必须是头脑反应迅速,眼力够用的

---

① 参见徐红、陈瑾、刘小勇:《试论当前入室盗窃案件的特点及侦防对策》,载燕山之窗,http://www.bjys.gov.cn/export/sites/ys/fs3/b/zhonghezhili/1181724694234.html,最后访问日期:2010 年 8 月 30 日。

人,才能适应招之即来,得手即走的作案要求。感觉迟钝或行动笨拙的人是干不了扒窃的。扒窃活动不但对生理素质提出了苛刻条件,而且在年龄上也提出了要求。十二三岁到20岁左右是扒窃的鼎盛年龄阶段。低于这个年龄段或超越这个年龄段,就是不到高峰期或走了下坡路。一个在监狱里服刑15年的出名惯窃,刑满释放后已经年近40,第一次行窃就当场被捉。这说明技术再高也“弥补”不了手脚不灵和行动迟缓的短板。①

2. 撬锁特点。撬锁和扒窃不同,不需要那样机敏的头脑,也不需要那样灵活的动作,更没有那种年龄的限制,但却需要健壮的身体和敢冒风险的胆量。

3. 偷车特点。专门偷盗自行车,早已成为一种定型的盗窃形态。这种犯罪分子对于跟踪危害对象以及转移各种自行车、拆卸与倒卖各种自行车,具有丰富的经验。一个盗窃过百辆以上自行车的惯窃,很难交代全部犯罪经过。这种盗窃形态的犯罪分子具有和扒窃相似的机敏,也具有和撬锁相似的胆量,其苟且偷生中混杂着和流窜犯罪相类似的随欲性质。很难说他曾经干过些什么,以及他未来还可能干些什么。

思考题

1. 入室盗窃犯罪的心理特征有哪些?
2. 入室盗窃犯罪的行为特征有哪些?

延伸阅读

法经济学

法经济学又称“法律的经济分析”或“法律与经济学”。对法经济学研究一直以来存在两种视角:一是法学视角,认为法经济学就是用经济学研究法律;二是经济学视角,认为法经济学拓展了经济学的研究对象,把法律制度等非市场领域的问题纳入经济研究视野,进行解释。而后者为当今主流观点。

法经济学理论发端于美国,目前已成为一种具有国际影响力的法学流派。该理论认为,所有法律活动,包括一切立法和司法以及整个法律制度,事实上是在发挥着分配稀缺资源的作用,因此所有法律活动都可以用经济的方法来分析和指导。

法经济学是运用有关经济学的理论、方法研究法学理论和分析各种法律现象

① 参见高地血:《歪曲形态论》,群众出版社1984年版,第190页。

的学说。由于是交叉学科,从法学角度来说,可将其译为“经济分析法学”;从经济学角度来说,可将其译为“法经济学”;从其他学科的角度来说,可将其译为“法和经济学”或“法与经济学”。法经济学正因其研究方法的独特性而成为一门独立的法学流派。它不仅涉及有关法律价值等具有法哲学意义上的法学理论问题,而且涉及具体的法律问题和几乎所有的部门法领域。

法经济学理论的核心在于,所有法律活动,包括一切立法、司法以及整个法律制度事实上是在发挥着分配稀缺资源的作用。因此,所有法律活动都要以资源的有效配置和合理利用,即效率最大化为目的,所有的法律活动基于此论断都可以用经济学的方法来分析和指导。在西方国家,很多人曾经片面地认为法和法学所要解决的根本问题是公平或者正义这样的问题,而经济学所要解决的则是效益问题,即如何有效利用资源、增加社会财富的总量。经济学本质上是实证科学,注重数据分析。法律是调整人们相互关系的行为规范,人的行为难以作定量分析,因此人们以往极少运用经济学理论和方法去分析法律制度。但20世纪以来,尤其是第二次世界大战以后,法律在经济生活中的作用越来越大,人们开始认识到法律与经济有着不可分割的联系。对法律的经济分析在可能的条件下不仅是定性的,而且是定量的,从而使人们可以比较精确地了解各种行为之间经济效益的差异,进而有助于改革法律制度,最终有效地实现最大程度的经济效益。

与传统的法学研究相比,法经济学的研究主要具有如下特征:

1. 方法论个人主义。法律经济学是以方法论个人主义的假定作为其研究基础的。方法论个人主义的核心思想是:社会理论的研究必须建立在对个人意向和行为研究的基础之上,分析研究对象的基本单元是有理性的个人,并由此假定集体行为是其中个人选择的结果。因此,从法理学的角度来看,法律经济学实质上是研究理性选择行为模式的方法论个人主义法学,或者说,是一种以人的理性全面发展为前提的法学思潮。

由于方法论个人主义同样也是古典经济学研究方法的重要基础,并且在“边际革命”兴起后的新古典主义经济学的发展过程中得到广泛的运用。因此,法律经济学在以方法论个人主义假定作为其研究基础时,同时就不可避免地借用了与这一方法论相一致的经济学的基本概念和分析方法,如“效用”“效率”“机会成本”等概念,以及“成本—收益分析”“均衡分析”“边际分析”等分析方法。罗伯特·考特和托马斯·尤伦在阐述运用微观经济理论的工具来研究法律问题的理由时指出:“法律所创造的规则对不同种类的行为产生隐含的费用,因而这些规则的后果可当作对这些隐含费用的反应加以分析”,据此,“我们认为诸如最大化、均衡和效率之类的经济概念是解释社会,尤其是解释理性的人们对法律规则的反应行为的基本范畴”。

2. 激励分析。激励分析是现代经济学理论研究经济主体行为的一种重要分析方法,尤其适用于研究分析经济主体的预期行为。在波斯纳看来,传统的英美法学研究主要是考察已经发生的事件及案例,是一种“事后研究”(expost approach),而法律经济学主要从事的是一种“事前研究”(exante approach),因此,它必须注重分析随法律制度及相关因素变化所产生的预期行为刺激。“对法律经济学家而言,过去只是一种‘沉没了的’成本,他们将法律看成一种影响未来行为的激励系统。”例如,法律经济学在讨论由于合同条文的不明确所产生的合同履行过程中偶发性风险(损失)分摊问题时,之所以要确立一种规则:把损失分配给能以最低成本承担这种损失风险的一方,其目的就是要警告未来的签约双方法院将利用这个规则来分配不履行合同的损失,从而利用这一法院确立的规则来促使未来的签约双方设计出对损失风险作出明确分配的合同,促进经济活动效率的改善。

3. 规范研究与实证研究。规范研究和实证研究分别是经济理论中规范经济学和实证经济学的最基本的分析方法。规范经济学研究的主要问题是“为什么”,实证经济学研究的主要问题是“是什么”。法律经济学的规范研究最大的特点就是确立和突出法律的经济分析中的“效率”标准,即研究在一定社会制度中法律的制定和实施的“效率”问题。在一些法律经济学家看来,传统法学研究所强调和重视的是“公平”“正义”,而这一类概念本身的含义往往是模糊不清的,同时,在非常多的情形下,经济学的分析都可以得出与法律分析相同的结论,所以,可以用“经济效率”去取代“正义”之类的传统法律概念,甚至可以将法律转为经济学。

从具体的效率标准来看,法律经济学在规范研究中所运用的经济效率标准,主要的并不是“帕累托最优”,而是“卡尔多—希克斯补偿原则”意义上的效率标准。按照这一效率标准,在社会的资源配置过程中,只要那些从资源重新配置过程中获得利益的人,其所增加的利益足以补偿(并不要求实际实偿)在同一资源重新配置过程中受到损失的人的利益,那么,这种资源配置就是有效率的。法律经济学的规范研究所确立的这种经济效率标准,可以被认为是支撑法律经济学理论大厦最重要的“顶梁柱”,也是法律经济学展开实证分析必不可少的前提。

在法律经济学的研究中,实证研究最适合用来分析法律的效果问题,或者说,实证经济学的分析方法最适合于研究法律的“效果评估”问题,包括对法律的效能作出定性研究和定量分析。法律经济学运用实证研究来分析预测各种可供选择的法律制度安排的效果,目的是更好地说明法律的实际效果与人们对该项法律预期的效果是否是一致的,或是在多大程度上是一致的。实证研究在法律经济学中的运用,不仅促进了法律经济学研究的“模型化”和研究的“精确化”,而且使法律效果这个在法学中处于十分重要地位的法律分析问题的研究取得了极大的进展。

威慑理论

威慑理论是法经济学在刑法领域的核心贡献。威慑即通过威胁使对手屈从于自己的意愿。威慑理论认为惩罚罪犯可以从两方面减少犯罪:特殊威慑(使已经犯罪的人不再犯罪)和一般威慑(使企图犯罪的人决定不犯罪)。对于刑罚的威慑功能,尤其是一般威慑功能在理论界一直争议颇多。在经济学界,虽然边沁最早把经济学的方法引入威慑效应分析中,但之后该领域的研究被社会学家和犯罪学家主宰,他们普遍认为威慑不起作用。直到贝克尔(Becker)使用严格经济模型深入分析了最优刑罚问题,才复兴了威慑理论,并引发了大量理论和实证研究,使威慑理论更加丰满,成为法经济学在刑法领域最突出的贡献。刑罚威慑理论的主要内容包括罚金刑的威慑效应和监禁的威慑效应。

第十章　暴力攻击心理

人是难解的谜，但人类并不是谜。比方说，一个人的个性不太可知，但人类的共性是可知的。个性千姿百态，但共性是永恒的、伟大的！

——柯南·道尔

人类必须进化出解决所有人类冲突的方法，拒绝报复、攻击和复仇。这种方法的基础就是爱。

——马丁·路德·金

案例导入

2001 年 10 月 7 日，以美国为首的联军对“基地”组织和塔利班发动了一场针对“9·11”事件的报复性战争；2003 年 3 月 20 日，美国因伊拉克拥有大规模杀伤性武器（疑似）而发动的全面战争，历时 7 年零 5 个月；2011 年 3 月 19 日，法英美多国联军实施“奥德赛黎明”行动，美军位于地中海的导弹驱逐舰巴里号向利比亚发射战斧式巡航导弹，美军在这次行动共发射了 110 多枚战斧导弹。一场由利比亚本国人民引发的利比亚骚乱，经过一个多月的演变，自北京时间 2011 年 3 月 20 日 0:45，成了法英美主导的多国部队与利比亚的利比亚战争。战争可谓大规模的暴力攻击行为，交战双方往往使用所拥有的杀伤力最大的军火对对方实施打击。如何理解人类的暴力攻击？

对于生活在小群体中的古代祖先而言，几乎很少有人怀疑攻击（aggression）是一种适应性的行为。男人使用攻击的手段来获取女人、食物、住所及其他资源。女人使用攻击的手段来保卫她们的子孙后代并为他们获得资源。于是，在我们过去的进化中，那些最有攻击性的个体曾一度是最有可能把基因传递给后代的。然而，当人类变得更加社会化时，在人们赖以生存的社会群体中，指向他人的攻击变得越来越不适应社会需要，而亲社会基因则变得更为普遍。[①] 事实上，当今社会，攻击似乎被看作适应不良和具有破坏性的行为。攻击孕育着攻击，并且依靠攻击所制造的问题似乎远比所解决的问题要多得多。即便是攻击在短时间内对解决问题起到了作用，但从长远看是失败的。今天，大多数社会心理学家和犯罪心理学家感兴趣的是，人们为什么变得具有攻击性、哪些因素影响攻击行为和如何降低攻击性。

总体来讲，按照2016年的犯罪形势，当前国外严重暴力犯罪案件持续保持下降，暴力恐怖袭击和个人极端暴力犯罪案件逐步减少；电信诈骗犯罪、职务犯罪、环境犯罪、网络犯罪等是2016年社会关注度较高的犯罪类型。[②] 2017年国家公安机关刑事立案数有所下降，严重暴力犯罪数量在持续减少，犯罪治理机制不断创新，群众安全感明显提高；犯罪结构类型逐渐发生变化，传统的暴力犯罪、财产犯罪逐步减少，以电信、互联网等为媒介的非接触性犯罪逐步增多。2017年1—11月全国放火、爆炸、劫持、杀人、伤害、强奸、绑架、抢劫等严重暴力案件同比下降15.6%，[③] 比2012年下降51.8%。本章旨在论述暴力攻击的基本形式、行为发生机制、促进和抑制条件等。

第一节　暴力攻击概述

要点提示

1. 暴力是一种导致或可能导致身体、性或心理伤害的明确的或象征性的行为。

2. 攻击是故意伤害对他本身并没有伤害的他人的任何行为。

3. 区分攻击的不同类型和不同功能是有用的。我们所谓的形式是指攻击行为是如何表达的，如是身体的还是言语的，是直接的还是间接的，是主动的还是被动的。

4. 攻击行为的性别差异早在学前阶段就表现出来。男孩比女孩表现出了更高水平的攻击性。

---

① See Bushman B. J. & Huesmann L. R., *Aggression*, In S. T. Fiske, D. T. Gilbert, G. Lindzey eds, Handbook of Social Psychology, Wiley, Sonc. Ins., Vol. 2, 2009, p. 833 – 863.

② 参见靳高风、王玥、李易尚：《2016年中国犯罪形势分析及2017年预测》，载《中国人民公安大学学报（社会科学版）》2017年第2期。

③ 参见靳高风、朱双洋、林晞楠：《中国犯罪形势分析与预测（2017—2018）》，载《中国人民公安大学学报（社会科学版）》2018年第2期。

一、暴力攻击的概念

(一)暴力

在社会心理学领域,暴力是指攻击时以外在的身体伤害为目标,诸如导致损伤或死亡。一个孩子故意推倒另一个孩子是一种攻击行为而不是暴力行为。一个人故意击打、踢打、射击、刺伤另一个人就是暴力行为。如此看来,暴力行为和攻击行为两个概念间的关系是一种包含关系:所有的暴力行为都是攻击行为,但不是所有的攻击行为都是暴力行为。美国联邦调查局(FBI)将四种犯罪列为暴力犯罪:谋杀、殴打(猛烈袭击)、强奸和抢劫。我国刑法中所涉及的暴力犯罪,直接规定"暴力"为犯罪要件,如暴力危及飞行安全、抗税、强迫交易、强奸、强制猥亵、侮辱妇女、暴力干涉婚姻自由、抢劫、妨害公务、妨害作证、强迫卖血等,都被视为暴力犯罪。社会心理学家也将其他一些身体攻击行为列为暴力行为,如重重地扇某人耳光,但这些行为不符合暴力犯罪的定义。

(二)攻击

在社会心理学中,攻击通常被定义为故意伤害对他本身并没有伤害的他人的任何行为。① 攻击的概念可以理解为三层含义:第一,攻击是人们能看到的外显行为。例如,你能看到的枪击、刀刺、拳打脚踢或辱骂他人。攻击不同于情绪,情绪是一种内心体验,如愤怒体验,但愤怒不一定攻击。攻击也并非一种大脑的思维过程,不是像在心里彩排一个谋杀过程一样地发生在某些人的大脑中。第二,攻击是一种社会行为——它至少包括两个人。第三,攻击是一种故意伤害。攻击不是像酒后驾车撞倒了骑自行车的人一样的偶然行为。然而,并不是所有的故意伤害他人的行为都是攻击行为。

二、攻击的形式与功能

(一)攻击的形式

区分攻击的不同类型和不同功能是有用的。所谓形式,是指攻击行为是如何表达的,如是身体的还是言语的,是直接的还是间接的,是主动的还是被动的。②

1. 身体攻击、言语攻击与关系攻击

身体攻击,指攻击他人的身体,如拳打脚踢、刀砍枪击等。言语攻击,指用言语

---

① See Baron R. A. & Richardson D. A., *Human Aggression* 2nd ed., New York: Plenum Press, 1994.

② See Buss A. H., *The Psychology of Aggression*, New York: Wiley, 1961.

伤害他人,如叫嚷、尖叫、辱骂他人等。关系攻击,又称社会攻击,指故意伤害他人的社会关系、被接纳的感情等。例如,背后说某人的坏话,把他人排除在你的朋友圈子之外,以及给予某人"静默处置"。近期研究表明,缓解社会痛苦比缓解身体痛苦可能需要更长时间。[①] 研究要求被试回忆对他们造成的社会痛苦(如被关系很亲近的人背叛)和身体痛苦事件,评价初始痛苦程度和再次出现时的强烈程度。研究结论显示,生活痛苦和身体痛苦的初始水平并没有不同,但社会再生痛苦比身体再生痛苦要强烈得多。

2. 直接攻击、间接攻击、替代攻击

攻击可以直接或间接地表现出来。[②] 直接攻击,指现场有被害人身体;而间接攻击,则被害人是不出现在现场的。例如,身体攻击可能是直接(如击打某人的脸)或间接(如毁坏没有他或她看管的个人财产)的。同样地,口头攻击或言语攻击既可以是直接的(如当面尖叫)也可以是间接的(如在人背后散布流言)。

替代攻击中,攻击者会用一个替代品作为攻击目标。[③] 这些替代目标是没有做错任何事情的无辜者和碰巧在错误的时间和地点存在的人。例如,一个男人在工作期间被他的老板痛骂但是他没有报复,但他回家时却冲着女儿大声叫喊。有时替代目标也不是完全无辜的,他只是犯了小错或琐细的错误,而引发了替代攻击。[④] 例如,一个人被老板痛骂,回家后向他的女儿大声嚷嚷,只因为他女儿忘了打扫她的房间。人们的替代攻击产生有两个原因:第一,直接攻击所针对的唤起者不可及(如唤起者离开了这里),或者唤起者源自不可变更的实体(如高温天气)等。第二,因对唤起者进行报复或惩罚心存恐惧而抑制了直接攻击。例如,被老板训斥的雇员可能因为怕丢掉工作而不愿意报复,转而把心中的愤怒对其他人发泄。

3. 主动攻击、被动攻击、反应性攻击

攻击的形式既可以是主动的也可以是被动的。主动攻击的攻击者以一种伤害的态度作出行为反应(如击打、刺伤),被动攻击的攻击者不能以帮助性的方式作出

---

① See Chen Z. , Williams K. D. , et al. , *When Hurt Won't Heal: Exploring the Capacity to Relive Social Pain*, Psychological Science, 19(8), 2008, p. 789 – 795.

② See K. M. J. Lagerspetz, K. Björkqvist & T. Peltonen, *Is Indirect Aggression Typical of Females? Gender Differences in Aggressiveness in 11 – to 12 – year – old Children*, Aggressive Behavior, 14, 1998, p. 403 – 414.

③ See Marcus – Newhall A, Pedersen W. C. , et al. , *Displaced Affression Is Alive and Well: A Meta – analytic Review*, Journal of Personality and Social Psychology, 78, 2000, p. 670 – 689.

④ See Pedersen William C. , Gonzales Candace & Miller Norman, *The Moderating Effect of Trivial Triggering Provocation on Displaced Aggression*, Journal of Personality and Social Psychology, 78, 2000, p. 913 – 927.

行为反应。例如,攻击者可能"忘记"给某人送达一份重要信息。攻击的直接而主动的形式是相当危险的能导致伤害甚至死亡。于是,大多数人使用间接和被动的攻击形式来替代。

反应性攻击,又称敌意性攻击、情感性攻击、愤怒性攻击、冲动性攻击或报复性攻击等。主动性攻击,又称工具性攻击。反应性攻击是"热的",是由伤害某人的愿望所驱动的冲动、愤怒行为。主动性攻击是"冷的",预谋型的精算行为被一些其他目标驱动,如以获得金钱、歪曲某人的形象、亵渎正义为目标的行为。

4. 反社会攻击与亲社会攻击

通常来说,笔者认为攻击是有害的,但并非总是这样,有些攻击行为却是有益的。例如,当警察将杀害无辜群众或是绑架人质的恐怖分子击毙的时候,我们都会对警察的行为叫好。这里的关键是攻击行为是违反了还是支持了人们普遍接受的社会规范。无正当理由伤害他人的犯罪行为,诸如袭击、殴斗、谋杀、强奸等,都是违背社会规范的行为,被描述为反社会的攻击行为;而另一些行为,如法院依法强制执行死刑、适当的父母教养行为,或是战争时期服从命令等情况下的部分攻击行为,是符合社会规范的,被认为是亲社会的正义行为。

(二)攻击的功能

攻击行为也可以有不同的功能,如为捍卫自身权益的攻击行为和侵害他人利益所驱动的攻击行为所产生的功能,对社会秩序的影响是不同的。思考这样两个例子:第一个例子,一个丈夫发现他的妻子和情人一起在床上,他从衣橱里拿出枪,打死了他们两个。第二个例子,一个打手为了钱用枪打死了另一个人。这两个例子中攻击形式是一样的(都是用枪射击杀害了被害人的身体攻击)。然而,动机表现出相当的不同。在第一个例子中,那个丈夫是被愤怒驱动,当他发现他妻子与其他男人在一起时他狂怒了,于是射击杀死了他们两人。在第二个例子中,打手似乎是被钱驱动,打手可能并不恨被害人,他甚至可能不认识被害人,但他无论如何为了钱杀死了这个人。一些社会心理学家争辩说,这种区分是困难的(如果不是不可能的),因为这两种动机是高相关的或是混合的。[1] 例如,如果那个发现妻子与其他男人在一起的丈夫雇一位打手杀死了他的妻子和她的情人,那么这是一种反应性攻击还是主动性攻击?这种功能的区分在对暴力攻击犯罪的定罪量刑、主观恶性的情节判断方面有重要参考价值。

---

① See Bushman B. J. , Anderson C. A. , *Is It Time to Pull the Plug on the Hostile Versus Instrumental Aggression Dichotomy*? Psychological Review, 108, 2001, p. 273 – 279.

(三)攻击行为与攻击性情感

心理学研究表明,外显行为并不一定总是可以很好地反映人们的内心情感。有些人内心已经很愤怒了,但未必作出外显的伤害他人的行为,或者不即刻作出伤害他人的行为。社会对于大部分攻击行为不给予鼓励,即便是过去文化中所推崇的"大义灭亲"行为,到了现代社会中,也被大多数国家的刑法规定为故意杀人或故意伤害致死,理由是除了司法机关依法执行死刑,任何个人没有权利非法剥夺他人生命。如果人们不能在大多数情况下控制自己的攻击性情感以及由此演变的攻击性行为,那么社会将无法有序存在下去。

攻击性情感包括愤怒、敌意等。有效预防攻击行为,有必要了解激起攻击性情感的来源:

第一,遭受他人袭击或侵犯,是引起愤怒的最常见的原因。人们通常对别人的攻击作出报复的反应,"以牙还牙",导致攻击行为升级,如个体之间的口角发展为刀枪相见的群殴、家庭成员间的纷争发展成为严重的家庭暴力,都是由于小的攻击引发了报复,进而使攻击的暴力性升级。

第二,挫折,是愤怒的第二个来源。挫折—攻击理论已经很好地阐明了这一问题。

第三,报复的期望,会影响人们对外界信息的加工,从而强化愤怒情绪。实验研究表明,愤怒而且想进行报复的男性更倾向于记住负面信息,甚至包括那些与他们愤怒最初来源无关的信息。相反,如果没有进行报复的期望,愤怒与不愤怒的男性在对负面信息的回忆上没有显著差异。① 愤怒与预期报复,使人记住更多的负面信息,使一个攻击导致进一步攻击的可能性增加。

第四,竞争性的环境,常常是发怒、争吵以及攻击等破坏性模式产生的征兆。②

第五,归因,或对事件的认知评价,是影响情感反应的重要因素。当攻击或挫折被意识到是由他人有意造成的,尤其当这些行为被归因有挑逗、挑衅倾向时,愤怒就成为最可能的情绪反应。

三、暴力攻击的性别差异

攻击行为的性别差异早在学前阶段就表现出来。男孩比女孩表现出了更高水

① See Taylor L., *Relationship between Affect and Memory: Motivation – based Selective Generation*, Journal of Personality and Social Psychology, 62, 1992, p. 876 – 882.

② See Anderson C. A., Morrow M., *Competitive Aggression without Interaction: Effects of Competitive Versus Cooperative Instructions on Aggressive Behavior in Video Games*, Personality and Social Psychology Bulletin, 21, 1995, p. 1020 – 2030.

平的攻击性。[①] 然而,许多学前的女孩子也有身体攻击,她们也表现出了与男孩子相似或更高的言语攻击和间接攻击。[②] 到小学阶段和青春期,性别差异在间接攻击和身体攻击方面更为明显。间接攻击在女孩身上比男孩身上表现得更多些,身体攻击男孩比女孩更多些;在言语攻击方面,男孩和女孩大致相同。[③] 这些性别差异在暴力行为方面,成年早期达到极高值,在谋杀率上反映出了巨大的性别差异。但这不等于说女性永远不会有身体攻击。相反,在特定条件下,女性确实会实施身体攻击,尤其是在社会交往中,受到其他女性的激惹后,[④]女性的暴力攻击行为也会达到极为恶劣的程度。例如,当成为异性恋的家庭伴侣后,女性似乎比男性对他们的配偶,更多喜欢使用身体攻击,[⑤]然而,男性比女性更喜欢使对方遭受严重的伤害和置他们的配偶于死地。女性只有在极端情况下,如丈夫公开的不忠诚或对妻子和孩子的多次虐待后,妻子才有可能使用极端手段对男性实施后果严重的攻击行为。以大学生为研究对象的实验室研究的结论也证明了这一点,即男性有更强的攻击性,但是激惹状态对攻击性的影响超过了生理的性别差异。攻击的性别差异在高激惹状态下实际上消失了。[⑥]

思考题

1. 攻击的形式与功能有哪些?
2. 暴力攻击在不同年龄段存在怎样的性别差异?

---

① See Loeber R. ,Hay D. ,*Key Issuses in the Development of Aggression from Childhood to Early Adulthood*, Annual Review of Psychology, 48, 1997,p. 371 -410.

② See Rys G. S. , Bear G. G. ,*Relational Aggression and Peer Relations: Gender and Developmental Issues*,Merrill - Palmer Quarterly, 43,1997,p. 87 -106.

③ See Vaillancourt R. ,*Indirect Aggression in Human: Social Construct or Evolutionary Adaptation?* In R. E. Tremblay, W. W. Hartup, J. Archer (Eds.), Developmental Origins of Aggression,New York: Guilford,2005,p. 158 -177.

④ See Collins R.L. , Quigley B.M. & Leonard K. E. ,*Women's Physical Aggression in bars: An Event - based Examination of Precipitants and Predictors of Severity*, Aggressive Behavior, 33,2007,p. 304 -313.

⑤ See Arche,*Sex Differences in Aggression between Heterosexual Partners: A Meta - analytic Review*, Psychological Bulletin, 126,2000,p. 697 -702.

⑥ See Bettencourt B. A. ,Miller N. ,*Gender Differences in Aggression as a Function of Provocation: A Meta - analysis*,Aggression and Violent Behavior, 6,1996,p. 579 -599.

第二节　暴力攻击的理论与模型

要点提示

1. 人类中大多数会对激惹、激怒和攻击他的人进行伤害,从中获得愉快是人们的天性。

2. 人们通过体验学到用攻击或非攻击的反应来应对挫折。这种思想打开了用学习理论解释攻击行为之门。

3. 班杜拉提出的社会学习理论指出,攻击的行为方式是人们通过观察和模仿他人学会的。模仿是社会学习的关键。一个人不仅模仿他所看到的行为,而且他能够基于观察作出认知推断,而这些推断导致在行为方面的概化。

4. 基于挫折—攻击理论、学习理论、认知心理学等观念,伯克维茨提出了厌恶刺激攻击理论,即厌恶刺激(包括挫折)自动产生原始反应倾向(如逃走或战斗)。当人们体验到了不愉快事件,他们想要让它停止(通过战斗结束不愉快事件的继续发生)或脱离它(逃走)。"战或逃"反应,是一种发生在人或其他动物身上的适应性的"压力减降反应"。

一、攻击的本能论

暴力在人身上是一种本能,正如在许多其他动物身上一样。这一理论早在19世纪就建立起来,达尔文给予了"本能"这一概念科学的声望。攻击的本能理论认为,攻击行为不是趋乐避苦,而是一种进化适应,这种适应能够使人生存得更好些。本能的存在得到了经验证据的支持,例如,对于雄性的棘鱼来说,红色物体在一定时间内唤起其100%的攻击。① 然而,人类中大多数会对激惹、激怒和攻击他的人进行伤害,从中获得愉快是人们的天性。

在Baron的一项实验中②,一半被试首先被强烈地激怒,激怒的方法是由一个实验同盟者羞辱他们,另一半被试与同盟者保持中立的互动。然后所有被试对同

---

① See Timbergen N. ,*The Curious Behavior of the Stickleback*,Scientific American, 187,1952,p. 22 - 26.

② See Baron R. A. ,*Aggression, Empathy, and Race: Effects of Victim's Pain Cures, Victim's Race, and Level of Investigation on Physical Aggression*,Journal of Applied Social Psychology, 9,1979,p. 103 - 114.

盟者在犯错误时实施电击,同盟者每犯一次错误就被电击一次,被试可以选择电击的强度,从温和的到严重的。给予电击的人中有一半能够看到"痛苦测量仪表",假定告诉他们同盟者正在经历着来自他们的电击有多痛苦,另一半看不到痛苦信息。这一痛苦测量仪表总是显示同盟者正在经历高痛苦。当然,这些被激怒的人比未被激怒的人给予了更强的电击,但有趣的结果是痛苦测量仪表效应。某些抑制性的结果显示,当痛苦测量仪表显示同盟者正在经历痛苦时,愤怒的人们给予了高强度的电击。相反,当痛苦测量仪表显示同盟者正在经历痛苦时,非愤怒组的人们给予了较弱一些的电击。表面上,人们喜欢伤害那些激惹他们的人,然而,这并不意味着攻击对于激惹是一种自动化的本能反应。

攻击是人类的一种本能,这一观点由弗洛伊德提出。受到第一次世界大战的恐怖带来的压抑,弗洛伊德变得对解释攻击行为感兴趣。他提出了人类既有生的本能也有死亡的本能,生本能与死本能相互作用,依靠有趣的破坏欲保存生命,这种破坏欲以攻击的形式对外指向他人。毫无疑问,弗洛伊德的观点影响到了洛伦兹关于攻击是先天的本能理论,他把攻击的欲望看成一种更为特殊的累积力量(就像密封容器里的液体压力),如果不能通过某些其他活动释放出来,将不可避免地导致攻击。虽然没有什么经验证据曾经发现支持攻击的压力模型,但这种将攻击行为看作一种内在驱力或紧张的积聚并必须释放的理论,深刻影响着临床心理学。该理论一直推动着宣泄疗法,即便有数个研究表明,"液压"模型是有缺陷的。[①]

二、挫折—攻击理论

1939年,来自耶鲁大学的心理学家出版了一本名为《挫折与攻击》的重要著作。[②] 在这本书中,部分是对广泛流行的弗洛伊德理论之影响的一种反应,作者提出攻击是由挫折导致的。他们把挫折定义为:当一个人的目标受阻时所唤起的一种不愉快的情绪。该书概括了他们的理论的两个大胆的陈述:(1)攻击行为的发生总是预先假定有挫折的存在;(2)挫折的存在总是导致一些形式的攻击发生。依照他们的观点,挫折依赖于"预期"或"希望"的目标被否定,而不是简单的达不到目标。这一理论似乎解释了日常生活中发生的大量的攻击现象,这表明并非每一个

---

① Berkowitz L., *Aggression: Its causes, Consequences, and Control*, New York: McGraw - Hill, 1993; Geen R. G., Quanty M. B., *The Catharsis of Aggression: An Evaluation of a Hypothesis*, In L. Berkowitz (Ed.), Advances in Experimental Social Psychology, Vol. 10. New York: Academic Press, 1977, p. 1 - 37; Scott, J. P., *Aggression*. Chicago: University of Chicago Press.

② See Dollard J., Doob L. W., et al., *Frustration and Aggression*. New Haven: Yale University Press, 1939.

挫折都能导致攻击。然而,随着人们对挫折与攻击行为之间关系的关注,[①]《挫折与攻击》的原作者之一,首先修改了这一理论。他解释说,挫折刺激了一定数量的不同意向,这些意向包括攻击意向,如逃跑或找到一种绕开障碍实现目标的方法。他认为,人们通过体验学到用攻击或非攻击的反应来应对挫折。这种思想打开了用学习理论解释攻击行为之门。

三、攻击的社会学习理论

最早的解释人类攻击行为个体差异的学习理论,主要集中在操作条件作用方面, 当然,有时也在较小程度上用经典条件作用作出解释。操作条件学习,由行为主义心理学家桑戴克和斯金纳发展而来,提出人们受到奖励后更愿意重复相应的行为,而受到惩罚后便减少相应行为的观点。巴甫洛夫经典条件作用理论,则主张通过配对的无条件刺激和条件刺激的重复出现,由无条件刺激最后诱导出与条件刺激所诱导出的反应相同的行为反应。研究表明,儿童能通过积极强化(增加快乐)学会以攻击的方式行事[②]或通过负强化来减轻痛苦。[③] 儿童通过上述条件作用,不仅学会了攻击方式的行为,而且学会了区分什么情境下攻击是有代价的,什么时候没有。通过刺激概化,他们学会了在新情境下的反应方式。[④] 将这些过程整合起来,能较好地解释攻击行为的习得过程。[⑤]

然而,到了20世纪60年代早期,事实已经清楚,单纯的条件本身并不能解释攻击的个体差异。班杜拉提出的社会学习理论指出,攻击的行为方式是人们通过观察和模仿他人学会的。在几个经典的实验中,他表明了那些年幼的儿童模仿他们观察到的攻击榜样所展示的特殊攻击动作(如击打玩具娃娃,因为他们看到了一个演员的击打动作)。而且,他发展了攻击的间接体验学习概念,通过展现儿童更可

---

① See Miller N. E. ,*The Frustration - aggression Hypothesis*,Psychological Review, 48,1941,p. 337 - 342.

② See Cowan P. A. & Walters R. A. ,*Studies of Reinforcement of Aggression*: *I. Effects of Scheduling*, Child Development, 66,1963,p. 710 - 722.

③ See Patterson G. R. , Littman R. A. & Bricker W. ,*Assertive Behavior in Children*: *A Step Toward a Theory of Aggression*,Monographs of the Society for Research in Child Development. 32,1967,p. 1 - 43.

④ See Sears R. R. , Whiting J. W. , et al. ,*Some Childrearing Antecedents of a Aggression and Dependency in Young Children*,Genetic Psychology Monographs, 47,1953,p. 135 - 236.

⑤ See Eron L. D. ,*The Development of Aggressive Behavior from the Perspective of a Developing Behaviorist*, American Psychologist, 42,1987,p. 435 - 442.

能模仿那些实施攻击后受到奖励的榜样。① 班杜拉认为,模仿是社会学习的关键。这一思想是说,一个人不仅模仿他所看到的行为,而且他能够基于观察作出认知推断,而这些推断导致在行为方面的概化。重要的事情是这些孩子如何解读社会事件以及这些孩子感受到他们有多大的胜任能力来表演出他或她所观察到的行为。② 这些认知为处理各种情境的行为倾向的稳定性提供了一个基础。观察父母一方击打另一方,不仅增加了儿童的击打可能性,而且可能增加儿童的这样一种信念,即当有些人激惹你时,用力击打对方是可以的。

一些研究可以帮助我们理解模仿和观察学习过程。人类和灵长类幼仔对它们观察到的东西有天然的模仿倾向。③ 它们在婴儿早期模仿表情,到它们学走路时模仿行为。攻击行为在被模仿这点上与其他动作行为没什么区别。因此,儿童看到的他们周围人的或大众媒体的击打、狠抓、推搡等行为通常会立刻被模仿,除非教给孩子不要模仿。而且,关于别人脸部表情的自动模仿能导致自动的情绪活动,这种情绪活动就是他人正在经历着的情绪。例如,愤怒表情刺激了观察人的愤怒情绪。④

这些为人类自动模仿提供的经验证据,已经被神经生理学的发现进一步补充了。20 世纪 90 年代中叶,研究表明了"镜像神经元"的存在,这对理解儿童为什么模仿他人提供了强有力的基础。⑤ 攻击行为的即刻模仿不要求对所观察动作的认知表征,而仅是它的一个镜像表征。然而,那并不意味着更延期的模仿也不是复杂的认知过程。正如 Hurley 和 Charter 写道:"模仿经常被认为是一种低水平的甚至孩子般的行为。但新近的跨多种学科的研究结论认为,人的模仿能力是一种稀缺的能力,它与人类智力的基础性特征相联系,尤其是语言、文化及理解他人思想的能力相联系。"⑥

---

① See Bandura, A. ,*Influence of Models' Reinforcement Contingencies on the Acquisition of Imitative Responses*,Journal of Abnormal and Social Psychology, 66,1965,p. 575 – 582.

② See Bandura, A. , *Social Foundations of Thought and Action: A Social – cognitive Theory*,Englewood Cliff, NJ: Prentice – Hall,1986.

③ See Meltzoff A. N. ,*Imitation and other Minds: The 'Like Me' Hypothesis*,In S. Hurley,N. Chater eds. , Perspectives on Imitation: From Mirror Neurons to Memes,Vol. 2,Cambridge, MA: MIT Press,2005, p. 55 – 78.

④ See Prinz J. J. ,*Imitation and Moral Development*, In S. Hurley, N. Chater eds. , Perspectives on imitation: From Mirror Neurons to Memes, Vol. 2, Cambridge, MA: MIT Press,2005, p. 55 – 78.

⑤ See Rizzolatii, G. ,*The Mirror Neuron System and Imitation*,In S. Hurley,N. Chater eds. , Perspectives on Imitation: From Mirror Neurons to Memes,Vol. 2, Cambridge, MA: MIT Press,2005,p. 55 – 78.

⑥ See Hurley S. & Charter N. ,*Perspectives on Imitation: From Neuroscience to Social Science*,Cambridge, M. A: MIT Press,2005.

在如上所述的攻击的认知信息加工理论里,模仿被看作一个获取脚本、图式和信念的关键学习过程。从短期来看,启动和简单模仿能够解释为什么置身在暴力环境下在短时间内能增加攻击行为;从长远来看,复杂的延迟模仿、认知的观察学习、情绪减敏现象能解释为什么置身在暴力情境中能增加攻击行为。[①]

四、厌恶刺激攻击理论

基于挫折—攻击理论、学习理论、认知心理学等观念基础,伯克维茨提出了厌恶刺激攻击理论,我们将其看作挫折—攻击理论中的一种。这一思想是指厌恶刺激(如挫折)自动产生原始反应倾向(如逃走或战斗)。当人们体验到了不愉快事件,他们想要让它停止(通过战斗结束不愉快事件的继续发生)或脱离开它(逃走)。这种战斗或逃走反应,是一种发生在人或其他动物身上的适应性的"压力减降反应"。这一理论暗示着任何使我们感觉不好的事情就可能是一种厌恶的能诱发攻击的刺激。攻击是否发生,依赖于对厌恶事件的认知解释和攻击线索的呈现。[②] 例如,一个体验到厌恶事件(如挫折)和看到攻击线索的人可能发生攻击行为。

五、基于认知心理学的攻击模型

基于将认知心理学思想导入到攻击理论观点的提出,20 世纪 80 年代早期,另一个含有两个认知信息加工模型的构想得到了促进。

(一)攻击的信息加工模型

该模型由 Huesman 及其同事[③]发展而来,尤其集中在脚本、信念和观察学习方面。在一个剧本或电影中,脚本告诉演员该说什么和该做什么。在记忆中,脚本定义了情境并指导行为:一个人首先选择一个脚本来代表特定情境,然后假定自己是脚本中的一个角色,感同身受。一个例子是餐馆脚本(进入餐馆,走到桌旁,看菜单,点菜,吃饭,付餐费,离开餐馆)。脚本能通过直接体验学习或观察他人(如父

---

① See Bushman B. J. & Huesmann L. R. ,*Short – term and Long – term Effects of Violent Media on Aggression in Children and Adults*, Archives of Pediatrics & Adolescent Medicine, 160, 2006, p. 348 – 353; Huesmann L. R. & Kirwil L. ,*Why Observing Violence Increases the Risk of Violent Behavior in the Observer*, In D. Flannery eds. , The Cambridge Handbook of Violent Behavior and Aggression, Cambridge, UK: Cambridge University Press, 2007.

② See Berkowitz L. ,*Aggression: Its Causes, Consequences, and Control*, New York: McGraw – Hill, 1993.

③ See Huesman L. R. ,*An Information Processing Model for the Development of Aggression*, Aggressive Behavior, 14, 1998, p. 13 – 24; Huesmann L. R. ,Eron L. , et al. , *The Stability of Aggression over Time and Generation*, Development Psychology, 20, 1984, p. 1120 – 1134.

母、兄弟姐妹、同伴、大众传媒人物)而获得。

(二)攻击的社会认知模型

攻击的社会认知模型,由 Dodge 及其同事发展而来,并不断获得发展,[①]集中在对事件的知觉和归因方面。归因是用来解释人们行为的原因,为什么其他人使用他们的行为方式。例如,一个人冲向了你,可能作出一个敌意的归因就是这是要故意伤害你。攻击的信息加工模型和社会认知模型在 20 世纪 90 年代晚期及 21 世纪早期得到了补充和完善。

(三)攻击的通用模型

攻击的通用模型由 Anderson 及其同事将上述两个模型整合发展而来。[②] 尽管这三个模型在细节上有所不同,但都把攻击看作社会问题解决的一个结果,其中,情境因素得到了评估,社会脚本被恢复,而这些脚本也一直被评估,直到选择一种行为为止。Huesmann 和 Kirwil[③] 试图将上述三个模型整合成一个统一模型。

按照统一模型的观点,信息加工始于对社会情境的评估,止于决定遵循哪个特定脚本作为行为指南。人们也评估那样做的行为结果。如果结果是积极的,那么脚本在将来有可能再被使用。在社会问题解决中,四种个体差异在统一模型中起着核心作用:脚本、对世界的认知图式、规范性信念以及情绪倾向。对世界的认知图式是关于这个世界像什么的一种信念,它们经常被用于评估环境线索和对他人的意向作出归因,这些归因反过来影响了为行为指南寻找脚本。那些把世界理解为一个平均位置的人对于他人的意向更多可能作出敌意归因,并恢复攻击脚本。规范性的信念是关于某些行为的类型是规范性的信念,它们被用于判断攻击行为的合适与否以及过滤掉不合适的脚本和行为。例如,一个持有“打女人是错误”信念的男人可能拒绝接受关于包含打女人行为在内的脚本。情绪倾向是个体表现在多个方面的与情绪相关的差异(如情绪反应、唤醒水平),这些倾向性影响人们如何评价脚本。例如,非攻击性个体可能抵制攻击脚本,因为他们认为使用攻击方式后可能感觉很坏。

---

① See Fite J. E. , Goodnight J. A. , et al. , *Adolescent Aggression and Social Cognition in the Context of Personality: Impulsivity as a Moderator of Predictions from Social Information Processing*, Aggressive Behavior, 34(5),2008,p. 511 – 520.

② See Anderson C. A. & Bushman B. J. ,*The Effects of Media Violence on Society*, Science,295,2002, p. 2377 – 2378.

③ See Huesmann L. R. & Kirwil L. ,*Why Observing Violence Increases the Risk of Violent Behavior in the Observer*, In D. Flannery eds. , The Cambridge Handbook of Violent Behavior and Aggression, Cambridge, UK: Cambridge University Press,2007.

在任何特定的社会背景下,情境特征与上述四种个体差异因素决定了行为。许多认知过程发生在自动化的模型[1]中。负性事件自动唤起了负性情绪,这些负性情绪使攻击脚本更可利用。如果这些脚本通过了规范性、道德信念的过滤并似乎可能达到所期望的目标,人们就会使用这一脚本来指导他们的行为。因此,攻击的个体差异是与上述四种社会认知的个体差异相联系的,这四种社会认知包含在社会问题解决中。一旦这些认知具体化,他们就产生了终生的稳定的攻击倾向。

六、自我损耗理论

自我损耗理论对攻击行为作出的解释是:自我控制水平存在个体差异,每个人的自我控制水平在不同的身体状态、心理状态下也不同。例如,血液中的葡萄糖在高损耗条件下由于水平过低而导致自我控制能力下降。该理论认为,自我调节的内部标准和规范性的信念是抑制攻击的重要因素。抑制行为要满足这些标准,需要付出认知方面的努力,而这种认知努力是有限的。自我控制是一种通用能力,它能够将人的行为调整得符合社会规则和社会行为标准。那些需要一定技能的操作任务能够损耗自我控制,使攻击更有可能发生。例如,不得不练习自我控制的人(通过抑制吃巧克力或操作需要技能的认知任务)比那些不需要练习自我控制的人更有可能实施攻击行为。[2]

思考题

1. 试用攻击的社会认知模型解释暴力攻击行为。
2. 试用信息加工模型解释暴力攻击行为。
3. 试列表比较各种攻击理论的解释力和局限性。

---

① See Schneider W. & R. M. Shiffrin. , *Controlled and Automatic Human Information Processing*: 1. *Detection*, *search*, *and attention*, Psychological Review, 84, 1977, p. 1 – 66.

② See DeWall C. N. , Baumeister R. F. , et al. , *Violence Restrained*: *Effects of Self – regulation and Its Depletion on Aggression*, Journal of Experimental Social Psychology, 43, 2007, p. 62 – 76.

第三节 影响暴力攻击的因素

要点提示

1. 按照伯克维茨的厌恶刺激理论,所有不愉快事件都有可能成为诱发攻击的事件。非社会性的不愉快事件包括但不限于炎热的天气、噪声、污浊空气等。社会性的不愉快事件包括但不限于人口拥挤、社会拒绝、静默处置等。

2. 看到枪等武器而且被激怒过的被试比同样被激怒过但看到运动器材的被试出现了更多的攻击行为,这一现象被称为武器效应。

3. 情绪的生理唤醒会增加攻击性,可以有四种解释:深刻体验到高水平的生理唤醒;生理唤醒限制了人注意的范围;生理唤醒增加了优势反应;生理唤醒可能被错误标定。

4. 酒精一直被认为与暴力及攻击行为有关。酒精能增加攻击行为的现象的原因可能有:酒精降低了人们的抑制能力;酒精创造了“近视的”或使注意受限效应;酒精通过降低自我知觉增加了攻击行为;酒精破坏了大脑执行功能。

5. 攻击行为是环境与个体易感因素交互作用的一个结果。这些个体易感因素可以从人格、生理唤醒两方面观察。

一、促成攻击的事件

(一)不愉快事件

按照伯克维茨的厌恶刺激理论①,所有不愉快事件都有可能成为诱发攻击的事件。一些不愉快事件是非社会性的,如炎热的天气、噪声、污浊空气等。另一些不愉快事件则是社会性的,如人口拥挤、社会拒绝、静默处置等。

1. 非社会性的事件

(1)炎热的天气。关于暴力犯罪的来自实验室研究、现场研究、相关研究、档案研究的证据表明,较热的天气与较高水平的暴力及攻击行为相关。② 较热地区通常

① See Berkowitz L. ,*Frustration – aggression Hypothesis: Examination and Reformulation*,Psychological Bulletin,106,1989,p.59 – 73.

② See Anderson C. A. , Anderson K. B. , et al. ,*Temperature and aggression*. In M. Zanna eds. , Advances in Experimental Social Psychology, Vol.32,New York: Academic Press,2000,p.63 – 133.

比较凉爽地区有较高的犯罪率。相关研究表明,在较热的年份、较热的季节、较热的月份和较热的天气里有较高的犯罪率。现场研究和档案研究发现了类似的结果。例如,在棒球比赛中,天气越热,投掷者越可能用投球打击竞争对手,而着实伤害到对手,因为这球通常被快速地投出去(速度为大约145千米/每小时)。[①]

(2)噪声。大量的研究表明,包括交通噪声在内的强噪声也能增加攻击行为。噪声尤其是当人们无法控制的时候,与其他诱导攻击行为的因素如激惹或暴力媒体叠加在一起时更有可能增加攻击行为。强噪声背景下,人更容易烦躁不安,容易被激惹,容易产生攻击冲动。

(3)污浊空气。我们呼吸的空气刺激物能使我们有更多的攻击行为,诸如污浊的气味,二手烟和空气污染等都有可能诱发攻击行为的增加。

2. 社会性事件

(1)人口拥挤。人口拥挤是指人口密度过大,但人口密度大不一定就有拥挤的感觉。人口密度和人口拥挤之间有重要差别,人口密度是指在一定区域内人口的数量,而人口拥挤是主观的和不愉快的感受,是一定区域内人口太多造成的。就其本身而论,拥挤相比密度是一个更好的预测攻击的指标。事实上,高人口密度在一个期待的环境中能产生积极的情绪和行为,如在足球馆和音乐厅。相反,拥挤在不期望的环境中能增加攻击行为,如在过度拥挤的监狱中,罪犯的攻击行为比非拥挤状态下明显增加。[②]

(2)社会拒绝。通常的观察表明那些遭到他人拒绝的人经常变得愤怒和具有攻击性。例如,细想一下这些竞争者的反应:他们试着参加电视上的真人秀(美国偶像),但是初期筛选就未获通过。术语"大动肝火"(going postal)通常被用于描述一些不愉快的邮递员在工作中被拒绝后射击或杀死管理者、同伴、警官甚至普通市民的行为。[③] 对15个校园射手的分析表明,除了两起案件外所有案件都有社会拒绝出现。[④] 在实验室研究中,社会心理学家使用了一定数量的不同程序使被试体验

---

① See Reifman A. S. , Larrick R. P. &Fein, S. *Temper and Temperature on the Diamond*: *The Heat-aggression Relationship in Major League Baseball*, Personality and Social Psychology Bulletin, 17, 1991, p. 580 -585.

② See Lawrence C. & Andrews K. , *The Influence of Perceived Prison Crowding on Male Inmates' Perception of Aggressive events*, Aggressive Behavior, 30(4), 2004, p. 273 -283.

③ See Barling J. , Dupré K. E. & Kelloway E. K. , *Predicting Workplace Aggression and Violence*, Annual Review of Psychology, 2009.

④ See Leary M. R. , Kowalski R. M. , et al. , *Teasing*, *Rejection*, *and Violence*: *Case Studies of the School Shooting*. Aggressive Behavior, 29(3): 2003, p. 202 -214.

社会拒绝。例如,对被试进行成组测试,对其中有些被试说你被选出了这个组(就像真实的电视节目“幸存者”一样),他们被投球游戏淘汰出局,或者他们被给予一个失败的信息反馈来表明他们是孤单的以及他们的生活是被隔绝的。观测变量是被试的攻击行为,通过被试给予实验同盟者耳机的噪声的轰鸣强度或者是否给同盟者很辣的热酱吃(被试提前知道这些人厌恶吃辛辣食物)来反映。在这些实验中,被拒绝的个体比没有被拒绝的个体有更多的攻击性。① 如果一个拒绝者的小组成员是卓越的,这个被拒绝的人也有可能报复整个小组,即使其他成员并没有拒绝他。② 这种攻击的社会拒绝效应对于那些对拒绝敏感的个体尤其明显。③

(3)静默处置。静默处置是社会拒绝的一种极端形式。静默处置是指完全被其他人排除、拒绝和忽略(如给某些人一个“沉默处理”)。例如,在一个意气相投的阿门宗教派社区,当有些人违犯了社区规则,诸如欺骗他人、破坏教规或有错误的性行为,就会受到静默处置。静默处置有时也用于军队中,如一个人被确认欺骗或违犯了军队的忠诚条令,会使用这种处置方法处置他。在这种处置下,没有人和这个人说话,或者甚至没有人承认这个战士的存在。威廉·詹姆斯写道:“如果我们进屋时没有人转向我们,我们说话时没有人回答我们,或者我们做事情时没有人关注我们,我们所遇到的每个人都看似‘我们死了’,并在行动中表现得就好像我们不存在一样,那么一种愤怒和无能的绝望感不久就会涌现出来。”静默处置是非常痛苦的,它的确能增加攻击性。④

所有的不愉快事件都有一个共性——它们都把人们置于一种坏心情的境况下。但为什么不愉快的心情能增加攻击性?一种可能的解释是愤怒的人期望着攻击别人,这样做能使他们感觉舒服些。因为许多人相信发泄是降低愤怒和攻击的一种健康方式,他们为了改善他们的心境,有可能通过击打别人来发泄。系列研

---

① See Leary M. R. , Twenge J. M. & Quinlivan E. , *Interpersonal Rejection as a Determinant of Anger and Aggression*, Personality and Social Psychology Review, 10(2), 2006, p. 111 - 132.

② See Gaertner L. , Iuzzini J. & O'Mara E. M. , *When Rejection by one Fosters Aggression Against Many: Multiple - victim Aggression as a Consequence of Social Rejection and Perceived Groupness*, Journal of Experimental Social Psychology, 44(4), 2008, p. 958 - 970.

③ See Ayduk, Gyurak A. , Luerssen A. , *Individual Differences in the Rejection aggression Link in the Hot Sauce Paradigm: The Case of Rejection Sensitivity*, Journal of Experimental Social Psychology, 44(3), 2008, p. 775 - 782.

④ See Warburton W. A. , Williams K. D. & Cairns D. R. , *When Ostracism Leads to Aggression: The Moderating Effects of Control Deprivation*, Journal of Experimental Psychology, 42(2), 2006, p. 213 - 220.

究[1]重复了激惹增加攻击性的经典理论,但发现有个例外:当被试相信他们的愤怒情绪在随后的一小时内无论他们怎么做都不可能改变时(表面上是因为他们服用的一剂药的副作用而导致心境冻结),愤怒情绪不会导致攻击行为。这一结果的含义是愤怒并不直接或不可避免地导致攻击。在一定程度上,愤怒的人攻击别人是因为他们相信打别人能帮助他们消除他们的愤怒并使他们感觉舒服些。

令人厌恶的情绪状态导致攻击这一事实得到了许多研究发现的支持。然而,作为一种坏的心境,愤怒既不是攻击的必要条件也不是充要条件。并不是所有拥有坏心境的人都采取攻击行为,也不是所有实施攻击的人都处于坏的心境状态。

(二)武器效应

枪不仅仅使暴力得以发生,它们还能够刺激暴力发生。虽然食指扣动了扳机,但扳机也可能正在拉动食指。研究表明,单纯呈现武器,即使没有使用它,也能增加攻击性。关于这一主题的首个研究,[2]要求被试坐在桌前,桌上摆放着一支手枪和一支转轮手枪,而作为控制条件的一组,桌上摆放着羽毛球拍和一些羽毛球。桌上放着的这些东西,描述说成另一个实验的材料,而另外的研究者可能忘了把它们拿走。被试要决定给实验同盟者多少次电击,一组被试是事先被实验同盟者激怒过的,另一组是未被激怒过的。看到枪而且被激怒过的被试比同样被激怒过但看到运动器材的被试出现了更多的攻击行为,这一现象被称为武器效应。

武器效应在现场研究中也得到了证实。例如,一位实验同盟者驾驶一辆敞篷小型载货卡车,故意在交通信号灯处被困停留在那里,要观察的是被堵在后面的汽车司机是否会按他们车上的喇叭(作为衡量攻击的指标)。卡车上装有一个枪架和一支军用枪支,在汽车保险杠上贴有“复仇”的字样(两种攻击线索),或者有一支枪,但在汽车保险杠处贴有“友好”字样(一条攻击线索),或者既没有枪也没有粘贴任何文字。结果表明,被堵的司机看到的攻击线索越多,他们越有可能按喇叭(鸣笛)。为什么人们对一个装有军用枪支和汽车贴有“复仇”字样的司机按喇叭?这看上去很愚蠢也很危险。可以确定的是对驾驶着没有装载武器也没有在车上贴着

---

① See Bushman B. J., Baumeister R. F. & Phillips C. M., *Do People Aggress to Improve Their Mood? Catharsis Belief, Affect Regulation Opportunity, and Aggressive Responding*, Journal of Personality and Social Psychology, 81, 2001, p. 17 - 32.

② See Berkowitz L. & LePage A., *Weapons as Aggression - eliciting Stimuli*, Journal of Personality and Social Psychology, 7, 1967, p. 202 - 207.

暴力粘贴字样的那些人按喇叭更安全些。但人们可能对他们所做的事情没有思考。① 攻击线索自动唤起了攻击思维和攻击冲动,②影响着人们比常规情况下作出更多的攻击反应。一项对56个已发表的研究的元分析结果证实,仅仅看到武器就能够增加攻击行为,不论是被激怒的个体还是未被激怒的个体。③

二、生理唤醒条件下的情境刺激

生理唤醒(physiological activation)是指情绪与情感发生时所伴随的生理反应,它涉及一系列生理活动过程,如神经系统、循环系统、内外分泌系统等多种系统的活动。许多刺激,诸如激惹、媒体暴力以及炎热,增加了攻击也提高了生理唤醒水平,暗示出情绪的生理唤醒具有促进攻击的作用。对于为什么情绪的生理唤醒会增加攻击性,至少有四种可能的解释。

(一)深刻体验到高水平生理唤醒

高水平的生理唤醒,既可能像厌恶刺激一样被体验,④也可能像其他厌恶刺激一样以同样的方式刺激攻击行为的发生。厌恶刺激带来的情绪体验通常是负性的。

任何情绪都伴随着一系列的生理变化,这种生理变化使我们产生独特的情绪体验。20世纪80年代,艾克曼等研究人员让被测试者用面部肌肉来表达愉快、发怒、惊奇、恐惧、悲伤或厌恶等情绪,同时给他们一面镜子以辅助他们确定自己面部表情的模式,要求他们把每一种表情保持10秒钟,并对他们的生理反应情况进行测量。结果表明,各种面部表情的生理反应存在明显差异。其中,保持发怒和恐惧的表情时,被测试者心率会加快;保持发怒的表情时,被测试者的皮肤温度会上升。另一些研究表明,许多情绪都使人的心率加快:发怒时,被测试者脖子以下发热,感觉热血沸腾。不难看出,愤怒带来的生理唤醒是明显的,而且愤怒常常是伴随攻击行为的负性情绪。

---

① See Turner C. W., Layton J. F. & Simons L. S., *Naturalistic Studies of Aggressive Behavior: Aggressive Stimuli, Victim Visibility, and Horn Honking*, Journal of Personality and Social Psychology, 31, 1975, p. 1098 – 1107.

② See Anderson, Benjamin & Bartholow, *Does the Gun Pull the Trigger? Automatic Priming Effects of Weapon Pictures and Weapon Names*, Psychological Science, 9, 1998, p. 308 – 314.

③ See Carlson, M., et al., *Effects of Situational Aggression Cues: A Quantitative Review*, Journal of Personality and Social Psychology, 58, 1990, p. 622 – 633.

④ See Mendelson T., Thurston R. C. & Kubzansky L. D., *Arousal and Stress: Affective and Cardiovascular Effects of Experimentally – induced Social Status*, Health Psychology, 27(4), 2008, p. 482 – 489.

（二）生理唤醒限制了人注意的范围

注意范围又称注意广度，是指在同一时间内，人能清晰地把握注意对象的数量多少方面的特征。知觉的对象越多，注意的范围越广；知觉的对象越少，注意的范围越窄。

如果攻击线索在情境中是突出的，那么人们会将大部分的注意集中在攻击线索上。① 人们关注攻击线索，产生恐惧和愤怒等负性情绪，进而诱发高度的生理唤醒，限制注意范围。

情绪是影响注意范围的重要因素之一。目前，大量研究根据情绪的维度模型理论从正负情绪效价出发讨论起情绪对注意范围的影响。前文中的武器效应就是注意范围在负性情绪作用下窄化的现象：犯罪现场的目击证人往往能精准地回忆出拿着凶器的罪犯，但对于同时出现的其他信息却往往忽略掉。

（三）生理唤醒增加了优势反应

优势反应指的是对个体具有直接、即时吸引力的事物或活动所引起的个体想要获得该事物或参加某活动的冲动趋向，劣势反应与此正好相反。优势反应是一种熟练程度极高、遇到某种刺激不加思考就作出的习惯性动作，包括正确反应和错误反应。

生理唤醒增加了人们的优势反应，这种反应被定义为哪种情境中更为普遍的反应。② 因此，不管人们常规下是否倾向做某种事情（包括攻击性行为），当他们生理被唤醒后更强烈倾向于做这些事情。

（四）生理唤醒可能被错误标定

生理唤醒可能被错误地标定为在情境中正在被激惹的愤怒，于是产生了愤怒驱动下的攻击行为。这些错误标定过程已经被 Zillmann 的几个研究所证明，并将这一现象命名为兴奋转移。兴奋转移理论假定：生理唤醒，不管是怎样产生的，都会慢慢消散。如果两种唤醒事件被一个短暂的时间间隔分开，由第一个事件导致的唤醒会转移到第二个事件上。换句话说，来自第一个事件的唤醒可以被错误地归因到第二个事件上。如果第二个事件激起了愤怒，那么这种附带的唤醒将导致这个人更加愤怒。

---

① See Easterbrook J. A., *The Effect of Emotion on cue Utilization and the Organization of Behavior*, Psychological Review, 66, 1959, p. 183 – 201.

② See Zajonc R. B., *Social facilitation*, Science, 149, 1965, p. 269 – 274.

在一项研究中,[①]一半被试被要求练习骑静止的自行车,在研究的第二部分,被试被实验同盟者唤起或不唤起,然后给被试机会可以电击实验同盟者。结果表明,未被唤起的被试没有出现攻击,不管他们是否骑了自行车。然而,被唤醒的被试组,骑自行车组比没有骑自行车组有更多的攻击行为。兴奋转移理论也表明愤怒是可以被延迟很长一段时间的,如果这个人将他或她的高度唤醒水平归因为愤怒并反复思考它,那么愤怒就会被延长。

三、弱化攻击抑制水平的因素

分析了促进攻击的厌恶刺激后,我们不禁会问:在过去的岁月里,谁没有经历过挫折、愤怒、羞辱或炎热的天气? 而大多数人并没有伤害或杀死任何人。这些因素可能提高了暴力冲动,但大多数人约束了他们自己的行为。人们不是必须学会如何实施攻击行为,它是一个自然的过程。相反,人们必须学的是如何抑制攻击的冲动。然而,即便学习了抑制攻击的方法,情境因素也会干扰攻击抑制水平。那么,哪些因素会干扰、降低人们对攻击的抑制呢?

(一)酒精

酒精一直被认为与暴力及攻击行为有关。数个研究已经发现,超过 50% 的暴力犯罪人在犯罪发生时是醉酒状态。[②] 有充足的证据表明酒精与攻击之间存在正相关关系。例如,一项对 130 项研究的元分析的回顾发现酒精与犯罪及家庭暴力之间都存在正相关关系。[③] 然而,要运用相关研究的证据建立酒精与攻击之间的因果关系还有几个困难。[④] 例如,攻击者可能误报酒精的摄入量以逃避惩罚。但对实验研究结果的元分析还是发现了酒精增加了攻击行为。事实上,酒精有时被故意用来增加攻击行为。许多世纪以来一个标准的实践就是在战士参加战斗前给他们一些酒喝,既增加了攻击性,又克服了恐惧。[⑤]

---

① See Zillmann D. , Katcher A. H. & Milavsky B. ,*Excitation Transfer from Physical Exercise to Subsequent Aggressive Behavior*,Journal of Experimental Social Psychology, 8, 1972,p. 247 – 259.

② See Innes C. A. ,*Drug Use and Crime*, Washington, DC: U. S. Department of Justice. See Pernanen K. ,*Alcohol in Human Violence*,New York: Guilford,1991.

③ See Lipsey M. W. , Wilson D. B. , et al. ,*Is There a Causal Relationship Between Alcohol Use and Violence? A Synthesis of the Evidence*, In M. Galanter eds. , Recent Developments in alcoholism: Vol. 13. Alcohol and Violence: Epidemiology, Neurobiology, Psychology, and Family Issues New York: Plenum,1997, p. 245 – 282.

④ See Brain P. F. ,*Multidisciplinary Examinations of the "Causes" of Crime: The Case of the Link between Alcohol and Violence*,Alcohol and Alcoholism, 21,1986,p. 237 – 240.

⑤ See Keegan J. ,*A History of Warfare*, New York: Knopf,1993.

是否所有上述这些都意味着酒精是导致攻击的直接原因呢？不是。酒精似乎主要是与其他因素组合起来增加了攻击行为。一般能引起攻击性的因素（如挫折、激惹）对醉酒的人比对那些未醉酒的人有更强的效应。① 如果一个人被羞辱，他或她在喝醉时会比未喝醉时更可能实施暴力。然而，当没有被激惹的时候，酒精对攻击的效应可以忽略。那么，如何来解释酒精能增加攻击行为的现象呢？主要从以下几个方面进行解释：

1. 酒精降低了人们的抑制能力。正常人群对于攻击行为有很强的抑制能力，而酒精降低了这种抑制。用汽车作为类比，酒精增加攻击行为与其说是通过切断闸线不如说是踩到了油门。基于以前论述的自我损耗理论，一个有趣的理论，提供了一种可能的解释即酒精可能切断了闸线。大脑活动几乎无一例外地依赖于葡萄糖提供的能量。自我控制消耗大量的能量，自我控制行为相应地消耗了大量的葡萄糖。酒精通过大脑和身体降低了血液中的葡萄糖，并损伤了多种形式的自我控制，包括抑制攻击冲动的自我控制需要。

2. 酒精创造了"近视的"或使注意受限效应。这导致人们把注意力更集中在情境中突出的唤醒特征上而对抑制的细节特征给予较少的注意。在几个实验中已经发现了对这一理论的支持。②

3. 酒精通过降低自我知觉增加了攻击行为。当人把注意集中在自我身上时会对内部标准变得有更多的知觉。大多数人对攻击行为有自己的内部标准，但酒精降低了人们集中注意这些标准的能力。

4. 酒精破坏了大脑执行功能。大脑的执行功能是一种帮助我们计划、组织、推理、达到目标、控制情绪和抑制行为倾向的认知能力。执行功能似乎既是与酒精相关的攻击的媒介又是调节器。说它是媒介是因为醉酒状态破坏了执行功能，反过来，又加速了攻击的可能性。

酒精与攻击之间有着太密切的关系，以致人们甚至不用饮酒来取得这种效应，仅仅是看到酒瓶或酒的广告就能增加对他人的攻击思维和敌意归因。③ 更进一步

---

① See Bushman B. J. , *Effects of Alcohol on Human Aggression*: *Validity of Proposed Explanations*, In D. Fuller, R. Dietrich, E. Gottheil eds. , Recent developments in alcoholism: Alcohol and violence Vol. 13, New York: Plenum, 1997, p. 227 – 243.

② See Giancola P. R. , Corman M. D. , *Alcohol and Aggression*: *A Test of the Attention – Allocation Model*, Psychological Science, 18(7), 2007, p. 649 – 655.

③ See Bartholow & Heinz, *Alcohol and Aggression Without Consumption Alcohol Cues*, *Aggressive Thoughts*, *and Hostile Perception Bias*, Psychological Science, 17(1), 2006, p. 30 – 37.

的是,仅有消费酒精信念都能增加攻击行为。①

(二)匿名性

另一个降低攻击抑制水平的因素是匿名性,因为潜在的攻击者认为他们较少可能被抓住和对攻击行为很少可能负责任。当人们匿名时他们失去了个性化的感觉,呈现出一种被称为去个性化的状态。人们能达到匿名状态的几种方法有,可以通过戴面具或伪装,成为大群体中的一部分,或在黑暗中实施行为。这有可能解释为什么抢劫银行的人在他们犯下暴力罪行时头戴面具,为什么较多的人群更有可能嘲笑一个从楼房、桥梁或塔上跳下的自杀者,②以及为什么暴力犯罪发生在夜深人静的数量比发生在光天化日之下的数量多得多。③

匿名性增加攻击性的假设,在实验室外也得到了验证。在对北爱尔兰500例暴力袭击的分析中,头戴面具(经过伪装)的攻击者比没有戴面具的攻击者导致了更严重的身体伤害,在现场攻击了更多的人,在攻击后更有可能威胁被害人。④ 在一项现场研究中⑤,一位实验助手假扮司机在绿灯变亮时在十字路口停车。被试作为被堵在后面的司机,正驾驶着顶棚可以起降的吉普车(在这项研究中不包含其他类型车辆驾驶员)。研究结果表明,驾驶顶棚升起的司机按喇叭的次数(司机的相貌不容易被看见或看清,增加了匿名性)比顶棚降下的驾驶员按喇叭的次数更多,按喇叭的时间也更长。

这些研究结果表明了不论是酒精还是匿名性增强,在一定程度上都提高了攻击性。有效预防这些因素对攻击行为的促进影响,可通过控制酒精摄入量、提高抑制水平等方式。

四、个体易感因素

攻击行为是环境与个体易感因素交互作用的一个结果。这些个体易感因素可

---

① See Bègue L., P Arvers, et al., *A message in a Bottle: Extrapharmacological Effects of Alcohol on Aggression*, Journal of Experimental Social Psychology. 45(1), 2009, p. 137 – 142.

② See Mann L. *The Baiting Crowd in Episodes of Threatened Suicide*, Journal of Personality and Social Psychology, 41, 1981, p. 703 – 709.

③ See Bushman B. J., Wang M. C. & Anderson C. A., *Is the Curve Relating Temperature to Aggression Linear or Curvilinear? Assaults and Temperature in Minneapolis Reexamined*, Journal of Personality and Social Psychology, Vol. 89(1), 2005, p. 62 – 66.

④ See Silke A., *Deindividuation, Anonymity, and Violence: Findings from Northern Ireland*, Journal of Social Psychology, 143(4), 2003, p. 493 – 499.

⑤ See Ellison P. A., Govern J. M., et al., *Anonymity and Aggressive Driving Behavior: A Field Study*, Journal of Social Behavior & Personality, 10(1), 1995, p. 265 – 272.

以从人格、生理唤醒两方面观察。

从人格的角度看,病态人格、自我中心、低自我控制水平是易于攻击的三个突出方面。

从生理易感因素角度看,较低生理唤醒水平(容易被生理唤醒水平),如心率、血压等生理指标的唤醒水平低于人们的基线水平,更倾向于实施攻击行为。一种解释认为这种低水平状态使人在评价行为的攻击脚本时易于体验到负性情绪。另一个生理易感因素是低血清素(5-羟色胺)水平。血清素水平过低,个体的自我控制能力会下降,从而易产生攻击行为。雄性激素水平高的人,比其他人更容易产生攻击行为。大脑执行功能缺乏者、智力低下者易于产生攻击行为;多动症患者易于产生攻击行为;具有攻击遗传因素者,在DNA序列中存在异常者也易产生攻击行为。①

思考题

1. 促成攻击的不愉快事件有哪些?有哪些证据支持?
2. 生理唤醒条件下的情境刺激如何促进了攻击行为?
3. 酒精为什么能促进攻击行为?
4. 攻击的个体易感因素有哪些?

延伸阅读

社会学习理论对攻击行为的解释②

攻击行为作为一种社会行为,受到了研究者的重视。社会学习理论认为,人类的攻击行为是一种习得的社会行为。该理论围绕着个体的攻击行为如何获得的、个体在具体情境中如何启动攻击行为、如何将所获得的攻击行为方式保持下来并在未来的情境中加以运用以及个体内部是怎样实现对自己攻击行为的控制等问题给出了解释。

攻击行为的获得机制。人类的攻击行为主要是通过两条途径获得的:观察学习和亲历学习。(1)观察学习包括四个相互联系的子过程:注意过程,是个体把学

① See Bushman B. J. & Huesmann L. R. ,*Aggression*,In S. T. Fiske, D. T. Gilbert,G. Lindzey eds. , Handbook of Social Psychology, Vol. 2,Wiley & Sons, Ins. ,2009,p. 833-863.

② 参见刘邦惠主编:《犯罪心理学》,科学出版社2004年版,第47~51页。

习的榜样从众多刺激中选择出来,以便集中观察吸取榜样的行为方式;保持过程,是个体在经历了注意过程之后,观察者通常以符号的形式把示范者的行为保持在长时记忆中;动作复现过程,这是一种由内向外的过程,个体把记忆中的构成攻击行为的动作表象整合为一种新的反应模式,不断地悉心练习,进行自我修正的调整,熟练地掌握该项行为技能;动机过程,个体在完成了上述三个过程之后,对已经习得的攻击行为并不一定表现出来,而是当环境中出现了适当的诱因时,个体才表现出攻击行为。(2)亲历学习是一种凭借直接经验的学习,个体通过一系列"试误"过程掌握行为技能。

攻击行为的启动机制。诱发启动攻击行为的因素有:(1)厌恶性鼓动者,指那些能够唤起攻击情绪、激起攻击行为的令人厌恶的外界刺激因素,如暴力殴打事件、言语威胁和侮辱、生活条件的恶化、目标行为的受阻等。(2)激励性鼓动者,指对主动攻击者而言的主体对攻击行为结果的预期。(3)示范性鼓动者,是指榜样的示范行为。(4)训导性唆使者,指在命令的强迫下,人们因服从而实施攻击行为。(5)妄想性唆使者,指精神病人稀奇古怪的信念、被害妄想诱发的攻击行为。

攻击行为的保持和调节机制。社会学习理论认为,个体行为得以保持,是外部强化、替代强化和自我强化共同作用的结果。(1)外部强化是指攻击行为所导致的直接有利的结果,强化了个体的攻击行为使其保存下来,如实物报酬、社会赞许、排除痛苦、被害人的痛苦表现等都是外部强化物。(2)替代强化是指他人实施攻击行为受到奖励或惩罚的后果对观察者有影响。(3)自我强化是指个体根据自己设立的行为标准,以自我奖惩的方式对自己的行为进行调节。个体内在的行为标准,是通过接受各种教育而内化了的行为规范,这种标准不仅与文化有关,也与个人有关。

攻击行为就是通过上述一系列心理机制获得、启动和保持下来的,个体的自我调节在攻击行为的学习过程和诱发过程中起着重要作用。

第十一章　恐怖犯罪的社会心理基础

恐怖主义，今天威胁到每个社会，每个公民。在全世界采取行动打击恐怖主义分子时，值得我们大家注意的是，必须处理所有导致产生这种仇恨和邪恶的情况。我们必须更加坚决地对抗暴力、偏见和仇恨。联合国必须继续开展工作，要设法消除我们这个时代的各种祸害——冲突、无知、贫穷和疾病。虽然这样做消除不了仇恨的每个根源，也阻止不了每一个暴力行为——即使消除了所有不公正现象，仍会有满怀仇恨的人，仍会有要行凶的人。但是，如果世界能表明它将继续前进，它将努力不懈，建立一个包容所有宗教和种族的更强大、更公正、更仁慈、更名副其实的国际社会，那么恐怖主义就失败了。

——摘自科菲·安南在联合国大会上的讲话《团结起来，反对恐怖主义》

第一节　恐怖犯罪分子的心理分析

要点提示

1. 厘清恐怖主义、恐怖主义犯罪与恐怖犯罪的概念。
2. 系统了解恐怖犯罪分子的个体心理及群体心理。
3. 了解国内外学者对恐怖犯罪分子人格的研究。

恐怖组织的犯罪活动日益成为严重的国际问题，有人把它和政治腐败、环境污染一起作为21世纪人类面临的三大威胁。面对愈演愈烈的恐怖犯罪活动，国际社会加大了打击的力度。恐怖犯罪作为一类特殊的危及国家与社会安宁、威胁不特定人的生命财产安全的犯罪类型，由于其犯罪的行为特点、犯罪人心理的特殊性，成为近年来学术界研究的一大热点。目前世界上出现的恐怖犯罪活动形形色色，复杂多样，但都受制于一定的心理影响和支配。这种影响、支配恐怖犯罪行为的心理在恐怖犯罪组织中具有普遍的共性，对恐怖犯罪分子的行为起着重要的影响作用。为此,本章专门阐述关于恐怖犯罪分子的心理与行为特征、恐怖犯罪的社会互动基础、恐怖犯罪的社会风险知觉及恐怖主义组织的信念及价值取向。

一、恐怖犯罪概述

(一)恐怖主义与恐怖主义犯罪

在学者们的研究中,经常提到“恐怖主义”“恐怖活动”“恐怖主义活动”“恐怖主义犯罪”“恐怖犯罪”“国际恐怖主义”等一系列概念。然而,基于意识形态的差异、国家利益的考虑以及民族、宗教和文化等因素的影响,世界各国对恐怖犯罪的认识仍然存在很大差异,直至今日仍然不存在一个国际社会普遍接受的有关恐怖犯罪的定义。

从词源学的角度考察,“恐怖主义”(terrorism)源于法语“terrorisme”[法语“terrorisme”源于拉丁语“terrore”(恐怖)],由 terror 加上词根 ism 构成。词根 ism 为主义之意。因此,“恐怖主义”从字面上理解是指一定的思想体系及其指导下进行的运动(恐怖行为),是个人、团体、组织奉行的行为教条、宗旨和一贯作风,是带有浓厚的政治色彩的产物,它涉及了某个阶层、民族或个人的意识形态的倾向,代表着一种实现政治或社会目的的理论,属于政治学的范畴。在反恐怖主义的国际法文献和外国的刑事立法中,“恐怖主义犯罪”泛指各种因信奉恐怖主义而实施的犯罪行为。恐怖主义犯罪不同于恐怖主义。恐怖主义是一种思想体系和信念,属于思想范畴的东西,而不是由法律来规范。恐怖主义犯罪则是在恐怖主义理念支配下实施的犯罪行为,是一种反社会的行为方式,其中包含了行为的内容,是可以从法律意义上予以评价的概念。但由于国际社会将基于恐怖主义理论所实施的行为都评价为犯罪行为,导致这两个概念在实质上并没有很大的区别。当人们使用“恐怖主义”这一概念时更多地将其视为政治学或社会学的概念,而当人们使用“恐怖主义犯罪”这一概念时更多地把恐怖主义作为一种犯罪或刑罚概念来对待。

恐怖主义强调的是一种思想体系和信念,以及基于这一信念的恐怖行为,因而侧重其政治性。而恐怖主义犯罪更强调恐怖行为的犯罪性。显然当我们把恐怖主义作为一种犯罪现象来进行研究时,恐怖主义就是指恐怖主义犯罪。所以,从研究犯罪的角度来看,“恐怖主义”与“恐怖主义犯罪”实为同一概念。

(二)恐怖犯罪的界定

许多学者认为,恐怖犯罪是一个纯粹的犯罪学概念,是“以暴力或暴力威胁侵害不确定的受害者,制造社会心理的恐怖感,给国家、社会和公民造成严重损失的犯罪行为"①。恐怖犯罪不等于恐怖主义犯罪。恐怖主义犯罪必须是出于政治、经济、宗教等特定目的,在恐怖主义理念支配之下实施的犯罪。犯罪分子只有在某种世界观的驱使下实施的各种恐怖活动才是恐怖主义犯罪。如果他所实施的恐怖活动不是建立在某种内心信仰或世界观之上,也没有自身的思想主张,那么,其行为只能算得上是一种恐怖活动,而不是恐怖主义活动。充其量有可能构成恐怖犯罪,而不能说是构成恐怖主义犯罪。恐怖犯罪范围很广,恐怖主义犯罪只是其中的一种。一般意义上的恐怖犯罪能否进一步构成恐怖主义犯罪,还要看该恐怖行为是否以内在的信仰或世界观为前提。

与恐怖主义犯罪相比,恐怖犯罪有其自身特点,不管其行为是不是在恐怖主义理念或信仰支配之下实施的,只要其恐怖行为具备了犯罪的条件,就可以被认为是恐怖犯罪。从国际法文献和学者们的研究中可以看出,恐怖犯罪的主要特征有以下几点:

1. 恐怖犯罪的手段主要是暴力行为或其他危险方法。

2. 恐怖犯罪侵害的是他人的生命、财产安全和社会公共秩序。

3. 恐怖犯罪活动总是在社会上制造一定的恐怖气氛,给人们带来极度的恐惧感和不安全感。

4. 恐怖犯罪的具体目标具有多样性,恐怖犯罪活动只是实现某一个具体目标的手段,其犯罪行为对象与犯罪对象往往相分离。

在我国,以法律形式确定恐怖犯罪的"非政治化",是有效打击恐怖犯罪、争取更多国际合作的重要措施。众多学者认为恐怖犯罪是一个纯粹的犯罪学概念,是否有政治目的不是界定恐怖犯罪的必要条件。基于此,可以将恐怖犯罪定义为:个人或组织为实现某一特定的目标,系统采取暗杀、劫持、绑架人质等暴力行为或其他危险方法,制造恐怖气氛、扰乱社会公共秩序的行为。

二、恐怖犯罪人的一般心理特征

恐怖分子的心理特征,是人们很关心的课题之一。恐怖分子作为一种特殊性质的行为主体,其个性心理可能存在一些特殊性(或变态性)。已有研究表明,恐怖分子在认知、情感和意志特征方面与常人有一定的区别。"一些专家指出,他们的认知方式偏激,情感反应和情感唤起的强度异常偏离,人际关系紧张,而且存在严重的情绪冲动性和控制障碍,其共同点在于他们的犯罪动机按常人来讲比较荒谬,

① 周良沱、章剑:《恐怖犯罪三题》,载《江苏警官学院学报》2002年第5期。

具体实施行为不符合常理,损害结果与他的初始动机不相适应。”[①]具体表现在认知特征以及情绪、情感特征和意志特征三个方面。

(一)认知特征

关于恐怖犯罪分子的认知特征,有研究认为主要有两点:一是认知过程的强烈的偏执性,二是认知结构中强烈的反社会的恐怖哲学和合理化认识。这两点是与他们极端的民族意识和极端的宗教思想分不开的。[②] 具体来说,恐怖犯罪分子的认知特征有以下四点:

1. 认识的偏执性。恐怖犯罪分子由于受一定区域社会历史背景、文化、意识形态等内容的影响,尤其是受这些区域亚文化因素的影响,他们都容易形成与社会主流文化不一致,甚至是相反的认识。

2. 意识的歪曲性。恐怖犯罪分子受极端民族意识和极端宗教思想的影响,受到亚文化,甚至犯罪亚文化熏染,头脑中形成一系列歪曲的精神活动和意识内容。

3. 蔑视法律。恐怖分子在他们所接受的极端民族意识、极端宗教意识的洗脑式的奴化训练中,在个体主观需求与客观现实的冲突中,在反社会意识的驱使下,应用“合理化”的心理防御机制,置国家法律于不顾,崇尚暴力,选择极端暴力来实现其愿望。

4. 归因的偏见性。恐怖犯罪分子在面对别的群体或组织,面对政府的各项政策,以及社会民众的一句话、一个行为、一件事情的发生时,都持怀疑的态度,其解释都会归因于别的群体或组织、政府“别有用心”,“是圈套”“是迫害”“是强者对弱者的欺压”。

(二)情绪、情感特征

有学者认为:“由于对世俗社会的极端失望和对敌手的极端仇视,对自己追求目标的极端绝望,恐怖犯罪分子大多持有一种极端麻木冷酷的情绪状态,根本谈不上同情怜悯之心。”[③]已有研究表明,恐怖犯罪分子情绪、情感上具有以下特征:

1. 自卑的超越性。恐怖犯罪分子大多生活于经济落后、贫困的地区,而社会迅速发展,科技迅猛进步,在更多现代化观念的冲击下,恐怖分子自感能力弱,自卑情绪强烈。在自己的信仰、追求无法实现的状态下,内心绝望,长期压抑。当外部势力或力量稍有举动,他们就会积极、踊跃、争先恐后地以暴力来实现自卑的超越(自尊的补偿性),以此告知世人不能轻视他们的存在。

---

① 关一航:《个体恐怖犯罪的归因分析及预防对策》,载《公安教育》2004 年第 7 期。

② 参见张保平:《关于恐怖主义犯罪心理和行为特点的初步研究》,载《犯罪研究》2003 年第 5 期。

③ 张保平:《关于恐怖主义犯罪心理和行为特点的初步研究》,载《犯罪研究》2003 年第 5 期。

2. 愤怒的易燃性。恐怖犯罪分子基于共同的信仰、歪曲的人生哲学,并在长期积压的消极情绪基础上,个体因小事引发的愤怒情绪也在组织内迅速传播,演变为群体的愤怒,并在愤怒情绪的催化作用下,推动暴力犯罪行为发生。

3. 仇恨体验的深刻性。仇恨是恐怖犯罪分子最为典型的情感特点,恐怖主义极端犯罪行为的发生就是在日积月累的歧视、偏见、仇恨中爆发的。由于对世俗社会的极端失望,对强势力的极端仇恨,对渴望实现目标的极端绝望,恐怖分子对生命麻木,只要恐怖组织需要,随时可"献出"生命。

(三)意志特征

恐怖犯罪分子意志品质具有"坚韧性"、残忍性。与一般暴力犯罪不同,恐怖犯罪活动绝无临时起意或偶发性情况,都是在精心策划下,有目的、有计划、有步骤地进行的,是一种"意志努力"的结果,因为他们只有"克服困难"才能实现目的。他们要克服的"困难":一是克服明知是违背道德和法律的行为,仍然要坚持下去的动机冲突;二是克服自身的恐惧和紧张情绪;三是克服犯罪行为实施中有可能遇到的各种障碍。在整个犯罪过程中,恐怖犯罪人凸显出意志力十分"坚定"的特性。

三、恐怖犯罪的群体心理特征

我国学者对恐怖犯罪的群体心理也进行了研究,这里归纳如下:①

(一)恐怖主义犯罪心理动力基础

1. 恐怖主义犯罪组织的凝聚力。恐怖主义犯罪组织凝聚力的作用表现为三个方面:一是组织成员共同地出于某种反社会的信仰和价值观;二是组织成员高度一致地对政府对强权力量的仇恨情绪,使个体的情感体验相互紧密联结在一起;三是组织成员在应对内外压力和各种危险中相互鼓励、安慰,建构起牢固的情感相融的精神纽带。

2. 恐怖主义犯罪组织的聚众效应。恐怖主义犯罪组织的群体心理已经不是各个恐怖分子心理的简单相加或总和,是既建立在恐怖分子个体心理之上,又超越了个体心理,表现出心理共同的特征。个体所做的一切都是恐怖主义犯罪组织意志的体现,不需要去承担恐怖组织实施恐怖活动的责任,这种去个性化的聚众效应加速恐怖主义犯罪组织的发展。

(二)恐怖主义犯罪群体心理特征

恐怖主义犯罪组织类型复杂多样,但就犯罪组织成员的犯罪心理来说,仍然有

---

① 参见黄泽珊、白群:《恐怖主义犯罪心理分析》,载《云南警官学院学报》2010 年第 1 期。

共同点。

1. 相同与一致性。恐怖主义犯罪分子之所以汇集到恐怖犯罪组织中,取决于他们有许多相同的地方,即性格中认识歪曲的相同,崇尚暴力的相同,“犯罪有理”心理防御机制运用的相同。他们都斥责强者,美化自己,怪罪被攻击对象,推诿责任。一致性为,恐怖主义犯罪组织内的成员虽然形形色色,但他们的政治信仰或宗教信仰是一致的,他们仇恨强权政治,仇恨强势力。他们的情绪体验和反社会的特性是一致的。

2. 相异与互补性。恐怖主义犯罪分子成长环境条件不同,个体能力大小不同,心理所遭遇创伤不同,认知水平不同,错误认识的深度不同等。这些不同都在恐怖主义组织的犯罪活动中得到代替性的补偿,正是这种互补性,使恐怖主义犯罪分子相互学习、模仿,相互鼓励,相互感染,自信增长,犯罪能量增强,实施个体不敢想不敢做,即使做了也难实现的犯罪活动。

3. 互动性。互动性主要表现在恐怖主义犯罪组织内的人际交往中。首先,加入恐怖主义犯罪组织的人员,一律要接受恐怖组织首领“洗脑式”的精神训练,这种互动具有强制性;其次,有经验的、资历长的、年长的恐怖犯罪分子,会向年轻的、缺乏经验的、资历短的恐怖组织成员进行心理、行为示范;最后,一般成员相互之间的愤怒情绪的感染。互动性使得恐怖犯罪组织内部的心理联系更加紧密,行为分工合作更为明确,犯罪行为实施更协调、配合,实现目标更加迅速准确。

四、恐怖犯罪人的人格特征

恐怖分子卷入恐怖行为当中,可能是因为某些特别的人格特征。研究表明,恐怖犯罪分子大多存在人格障碍或缺陷,对社会的适应能力普遍较差,在正常社会中显示不出自己的价值来。人格缺陷是个体恐怖犯罪产生的内在原因。

(一)国外学者对恐怖分子人格的研究

国外学者关于恐怖分子人格的研究,主要集中在两个方面:一是恐怖分子具有变态人格;二是恐怖分子具有与非恐怖分子不一样的人格组成。但研究者对恐怖分子是否具有统一的人格特征,以及恐怖分子具有什么样的人格特征,并没有形成一致的看法。

1. 恐怖分子人格常态与非常态并存

关于恐怖分子具有变态人格的观点,在国外关于恐怖分子的研究中占有一席之地。然而,在总体上,很少有文献支持恐怖分子具有变态人格的观点。学者们的研究并没有发现有多少证据能证明恐怖分子经历了精神病理学的影响。国外学者对恐怖分子人格的研究已经形成基本共识,即恐怖分子并非变态人格者。恐怖分子和绝大多数普通人一样,具有常态人格。恐怖分子从总体上来说,是精神正常者。具有精神障碍的个体,是不适合进行有严格的认知与情绪、意志要求的恐怖活动的。但是,在恐怖组织中,不可能所有的人都具有常态心理。根据恐怖分子所从事活动的暴力性、违法性及其认知和行为特点,可以推论恐怖分子中会存在某些人格障碍者,其主要的人格障碍类型是反社会人格障碍及偏执型人格障碍。

2. 人格的分裂

关于恐怖分子具有某些特别人格特质的研究,很多学者认为,应当存在某些特别的人格,导致恐怖分子与非恐怖分子有所不同。国外有学者认为恐怖分子群体中有相当一部分人具有分裂机制。具有分裂机制的个体,只能认识到自我中的"好我",而将一些负向情绪和认知,投射到其他人身上。对分裂机制有很高依赖的个体,对困难倾向于从外部寻找原因。他们需要外部的敌人,这是他们可以责备的对象。对于具有分裂机制的个体恐怖分子而言,他们自身有一些缺陷,但却否认自己的缺陷人格。他们不能正面接受自己的人格缺陷,而是将有缺陷的部分投射到敌对者身上。这样,在攻击敌对者时,由于敌对者已经具备了自己所厌恶的人格特征,因而其有充足的理由与动力,不会发生内心冲突,这些个体会发现恐怖主义组织的"正当化"特点对自己具有极大的吸引力。

(二)国内学者关于恐怖分子人格的研究

尽管已有研究表明,恐怖分子并没有统一的人格特征,但是某些因素仍然决定了恐怖分子具有某些特殊的人格。因为,恐怖组织在招募新成员时,人格特征是或多或少要加以考察的;恐怖组织的特殊心理氛围会潜移默化地影响成员的人格;执行各种恐怖活动时,成员必须具有相应的人格才有利于任务的完成。因此,恐怖分子在人格方面应当有某种特别的构成。根据国内学者的研究,下文对恐怖分子的人格特质进行概括:①

1. 有较高的智能

有研究指出,极端型的宗教团体领导人具有五大典型特征:(1)他们年轻,大多数是二三十岁;(2)80%的人是大学生或研究生;(3)半数以上来自精英院校或来自智力要求较高的技术专业领域,如医学和工程领域;(4)70%以上的人来自中间阶级,即"中等而不贫穷的背景",是他们家庭中第一代受到高等教育的人;(5)他们在

① 参见赵桂芬:《个体恐怖分子的人格探究》,载《中国人民公安大学学报(社会科学版)》2007年第6期。

小城镇或农村度过童年,但成了大城市的居民。由此可见,学生和知识分子组成了极端宗教运动中的骨干和突击队,大多数活跃分子是由城市中间阶级构成的。个体恐怖分子一般具有较好的教育背景,在智力上,很多恐怖分子具有平均水平以上的智能。研究者强调恐怖分子的理性并且把他们看成冷静的、符合逻辑的有计划的人,他们的回报是意识形态的或政治的,而不是金钱。

2. 有较强的压抑感

恐怖分子所在群体的特殊性及恐怖任务的要求,使他们具有高自律性,这种高自律性的表现,是自己的行为受他人的支配,言行与群体其他成员高度一致。长期的高自律性,会导致恐怖分子在心理上产生压抑感。恐怖分子所在的群体要求在意识形态上绝对一致化。在这样的群体中,作为个人的恐怖分子,一般是不能任意表达自己观点的,他们必须服从在群体中占主流的思想、观念和信仰。作为有思想的个体,他们必然有自己不同于他人或社会、群体的认识。然而,在恐怖主义组织中,他们被假定是无个人思想的个体。这种意识形态的一致性,对恐怖分子来说,一方面是他们所追求的,另一方面也抑制了他们思想的自由表达。

3. 冒险敢为

恐怖犯罪所采用的犯罪手段既包括直接使用暴力,也包括使用暴力或其他破坏手段相威胁。犯罪人直接使用的暴力手段有很多种,如爆炸、暗杀、绑架、劫机等。这些手段一方面破坏性强,极具杀伤力,能够造成众多人员伤亡和财产被毁的严重后果,严重影响群众的安全感;另一方面,实施这些手段的个体,也将自己处于一种高度紧张和危险的情境中。这种情境要求置身其中的人必须具有敢于冒险的精神和不畏惧死亡。恐怖分子冒险敢为的人格特征的形成,与以下因素有关:一是恐怖分子对组织宗旨的强烈信仰使其淡化了个人的利益,甚至是生命;二是恐怖分子自身可能具有强烈的攻击性特征。

4. 狂热性

人们经常将恐怖主义者"标签"为狂热分子,在导致自我毁灭,如自杀性爆炸的行动中,人们尤其持此种看法。极端宗教型个体恐怖分子的狂热性,一方面与其对宗教的偏执信仰有关;另一方面与他们对社会现实的强烈不满有关。在整个民族都信仰同一宗教的环境中,个体在社会化的过程中,在其认知与情感活动中,都深深地打上了宗教的烙印,这种烙印支配着他们的人生态度、价值观等方面。

思考题

1. 恐怖主义、恐怖主义犯罪、恐怖犯罪有什么区别与联系?

2. 恐怖犯罪人的一般心理特征有哪些?
3. 恐怖犯罪的群体心理有什么特征?
4 恐怖犯罪人的人格有哪些共同特质?

第二节　恐怖犯罪的社会互动基础

要点提示

1. 明确社会互动的内涵、构成要素与主要形式。
2. 系统了解恐怖组织内的人际互动,明确恐怖组织实现目标的途径。

一、社会互动概述

"社会互动",即社会相互作用,是指在一定的社会关系背景下,人与人、人与群体、群体与群体等在心理、行为上相互影响、相互作用的动态过程。构成社会互动,应具备三个要素①:(1)应有两方以上主体。既然是相互作用,主体必然不能少于两方,至于每方人数具体是多少则没有明确限制,其既可以是个人,也可以是群体。因而不论在个人与个人、个人与群体还是群体与群体之间,互动都可发生。(2)主体间应有某种形式的接触。这种形式既包括语言,也包括非语言,如身体感官或其他媒介等。换言之,一方主体应向他方发出一定的"符号"即通过行为或意思表示的方式传达给对方。(3)各方主体都能意识到"符号"代表的意义。对于一方主体作出的意思表示或行为,其他主体不仅能清楚认知,而且能对此积极回应。

德国社会学家齐美尔(Simmel)早在1908年所著的《社会学》一书中就曾使用"社会互动"一词。德国社会学家马克斯·韦伯也是较早就强调"互动"的社会学家之一。之后,在美国形成了相关的系统理论,主要代表人物有G. H. 米德和H. G. 布鲁默以及C. H. 库利等人。他们的基本观点是:人的自我意识来源于社会互动,在社会互动中学习和使用语言符号,通过角色扮演和他人对自己扮演角色的反馈,逐步形成自我意识。社会是一个舞台,全体社会成员是在这个舞台上按照特定规则扮演不同角色的演员。社会互动的重要特征就是"印象管理"或"自我呈现"。在齐美尔研究的基础上,后人区分并分析了社会互动中的主要形式——交换、合作、冲突、竞争和强制。社会互动理论的核心内容是互动方法。以方法不同为标准,理论

① 参见柴志明、冯溪屏主编:《社会学原理》,浙江大学出版社2005年版,第112~113页。

界形成了常人方法论、符号互动论、拟剧论、社会交换论和参照群体论等几种主要观点。

二、恐怖组织内的人际互动

恐怖组织中每一个恐怖犯罪分子的成长环境条件不同,个体能力大小不同,心理所遭遇创伤不同,认知水平不同,错误认识的深度也不同,但是一旦加入了恐怖组织,便融入了这个集体,形成了共同的信仰和价值取向,这些说明恐怖犯罪分子有坚实的社会互动基础。

(一)强制洗脑训练

强制是社会互动的一种主要形式。从本质上讲,所有形式的强制都是以使用物质力量或暴力的威胁为最终基础的。强制通常被看作一种负面的社会互动形式,但也有正面的社会功能。

恐怖组织内的强制是一种主要的社会互动形式。加入恐怖组织的人员,一律要在极其秘密的环境下,接受恐怖组织首领的“信仰”强化训练,再通过组织内的各种仪式、组织内特有的宗教氛围和教义的灌输,从而受到恐怖组织的精神控制,这种洗脑式的精神训练具有强制性。这种强制的互动形式使新成员很快形成并接受恐怖组织的信仰和价值取向,从而形成一种偏执狂式的宗教狂热,最终达致漠视无辜生命的价值,坚信恐怖手段的合法性和必要性。

(二)恐怖组织的规范作用

美国社会心理学家海曼等人提出的参照群体论认为,参照群体具有规范作用和比较作用,该理论强调榜样的规范和比较作用。在恐怖组织内,恐怖分子以恐怖组织为参照群体,恐怖组织是恐怖分子为之努力和奋斗的目标群体。恐怖分子以恐怖组织的信仰和价值取向作为塑造自我价值观和行为准则的依据,以该组织的目标、行为标准、伦理观念、价值判断、理想、愿望和生活方式来要求自己,并自觉或不自觉地以恐怖组织的规范对照自己的行为、态度,并修正自己的行为态度。恐怖犯罪分子相互学习、模仿,相互鼓励,相互感染,通过规范和比较,增长了自信,增强了犯罪能量。

(三)符号互动形成了恐怖分子共同的信仰和价值取向

美国社会心理学家米德和库利等人提出了符号互动论,该理论认为符号是社会互动的媒介,互动是通过符号进行的,是一种“符号运动”。在恐怖组织内,恐怖分子都能意识到组织内“符号”代表的意义。这些符号是那些具有某种意义的事物,包括语言、文字、动作、物品甚至场景等。恐怖分子通过这些符号进行互动,借助于符号理解他人的行为，也可以借此评估自己的行为对他人的影响。正是通过这种语言、非语言的“符号”互动，恐怖组织成员通过不断互动协商、规范和比较，形成了特定的行为方式，融入了恐怖组织，形成了共同的信仰和价值取向。

（四）合作增强了恐怖分子的犯罪能量

合作是社会互动的一种主要形式。由于有些共同的利益或目标对于单独的个人或群体来说很难或不可能达到，人们或群体就联合起来一致行动，于是就产生了合作。由于个人的能量有限，恐怖分子往往联合起来一致行动，在行动中能同仇敌忾。所以，在恐怖组织内，轻微的一事，便引起强烈的情绪反应，成员之间的这种强烈的情绪感染力，使恐怖犯罪组织内部的心理联系更加紧密，行为分工合作更为明确，对犯罪目标理解更深刻，犯罪行为实施更协调、配合，实现目标更加迅速准确。通过合作，恐怖犯罪分子可能实施个体不敢想不敢做，即使做了也难实现的犯罪活动。

三、恐怖组织实现目标的途径：制造恐怖气氛

美国社会学家戈夫曼提出的拟剧论（又称戏剧理论）认为，社会是一个舞台、每个人都在其中扮演一定角色，他们之所以努力表演，目的是想给别人留下深刻印象以使自己在互动中占据优势、对他人行为进行有效控制，从而使对方理解自己的行为并作出预期反应。

根据拟剧论，恐怖分子就是使用暴力或以暴力相威胁等手段来制造恐怖气氛，造成社会公众的恐怖心理，引起全社会对他们追求目标的注意，希望借此来达到对自己有利的局面，实现自己的利益。恐怖犯罪所追求的目标具有多层次、多侧面的特点，具有多种多样的表现形式，但不论实施恐怖犯罪的主体是恐怖组织还是个人，也不论他们实施恐怖犯罪追求的最终目标是什么，他们在主观上都有一个不同于其他刑事犯罪的共同目的——尽可能扩大恐怖犯罪在社会中造成的恐怖效果。所以，“制造恐怖气氛的目的”不仅是一切恐怖犯罪所共有，同时也是恐怖犯罪区别于一般刑事犯罪所特有的特征。与一般刑事犯罪不同，恐怖犯罪活动大多经过精心策划、严密准备，包括物质准备和心理准备。在实施恐怖活动之前，恐怖分子并无一般犯罪较为常见的动机斗争和心理冲突，投机冒险心理极为强烈，一旦抓住机会，便孤注一掷不惜牺牲自己的生命，不顾伤及无辜，也要保证恐怖活动实现预期目的。

从上述分析可以看出，恐怖犯罪有着坚实的社会互动基础。正是恐怖活动这种严密的组织性、狂热性、残忍性，给国际社会造成了巨大的灾难，严重地威胁世界

各国的经济发展、社会繁荣和人民的生命安全。

恐怖分子的心理特点和恐怖主义文化的反人类性决定了恐怖组织与国际社会的冲突不可避免。因此,国际社会应加强反恐合作,联合打击和惩治恐怖犯罪,最终消除恐怖犯罪。

思考题

1. 恐怖组织内的人际互动有哪些主要形式?
2. 如何理解恐怖犯罪与一般刑事犯罪的根本区别?

第三节 恐怖犯罪分子的风险知觉与风险偏好

要点提示

1. 理解风险的内涵与特点。
2. 了解风险认知的含义与三个阶段。
3. 根据恐怖犯罪分子的风险偏好理解恐怖犯罪的危害性。

随着后工业社会的发展所带来的人为灾难不断发生,人们生活的各个领域都能感受到潜在风险,风险问题由此成为当今社会争论的主题。“风险认知”的研究为人们提供了一个认识和理解公众对于风险事件反应的基础,也可增进公众与技术专家、决策人员之间有关风险信息的沟通。恐怖犯罪分子对犯罪行为带来的风险的知觉程度,有可能影响到恐怖活动的选择和判断。本节主要探讨恐怖犯罪分子对风险的知觉状况及其对恐怖活动的影响。

一、风险的基本含义

1986 年,德国著名社会学者乌尔里希·贝克在《风险社会》一书中首次提出“风险社会”这一概念,随后,“风险”一词在现代生活中出现的频率越来越高,但迄今为止也没有一个完全统一的关于风险的定义。

从语义学角度来看,“风险”(risk)一词的词根为意大利语“risco”,含有暗礁或礁石的意思。在西方文化中,风险被理解为危险的潜在性或财产和价值的损失(the potential for danger or loss of an asset)。

英国社会学家吉登斯从词源的分析中认为风险的内涵“与可能性和不确定性

概念是分不开的”。贝克认为,风险具有不确定性和损失性的特征:一方面,在一定时期内人们对客观事物的认知能力是有限的,所以人们对风险的把握和预见就不可能完全正确。另一方面,风险是一个预期性概念,客观存在的损失性只有可能性,没有必然性,因而风险就具有不确定性特征;损失性揭示风险中“险”的内涵,没有损失性,也就无所谓风险。[①] 有学者认为:“风险既具有损失性,又具有不确定性”,“如果说风险仅指不确定性,不具有损失性,既指向坏的结果,也指向好的结果,那么就不能提‘防范风险’‘规避风险’‘化解风险’等”,“在风险的不确定性和损失性这两种属性中,损失性是更为根本的属性”,“风险的本质应当是指损失的不确定性。”[②]也有观点认为风险有两种定义:“一种定义强调了风险表现为不确定性;另一种定义则强调风险表现为损失的不确定性。若风险表现为不确定性,说明风险产生的结果可能带来损失、获利或是无损失也无获利,属于广义风险。若风险表现为损失的不确定性,说明风险只能表现出损失,没有从风险中获利的可能性,属于狭义风险。”[③]

从学者们的研究可以看出,“风险”的基本含义是“未来结果的不确定性或损失”,具体来讲,有三层含义:第一,风险是潜在的、还没有发生的情况;第二,风险是面向未来的,是不确定性的,理想状况下可以用概率来描述;第三,风险意味着损失或者不利的事件。风险具有客观性、偶然性、损害性、不确定性、相对性(或可变性)等特点。

二、风险认知

“风险认知”是用来描述人们对风险的态度和直觉判断的一个心理概念,是人们对影响日常生活和工作的各种因素的心理感受和认识。广义上讲,风险认知包括风险感知、风险评估和风险决策三个阶段。[④]

(一)风险感知

风险感知是个体对外界环境中是否存在风险的知觉。风险本身是客观的,但因为个体的主观状况的差异,个体的风险知觉也带有明显的主观特征。

首先,风险感知与主体所掌握的与风险相关的经验多少有很大关系。同样的活动或同样的技术设施在不同的人看来,所感受到的危险程度有所不同。其次,风

---

① 参见刘富厚:《金融危机背景下的社会风险分析》,载《长沙大学学报》2010 年第 1 期。
② 参见冯必扬:《社会风险与风险社会关系探析》,载《江苏行政学院学报》2008 年第 5 期。
③ 杨全军:《社会风险感知综述》,载《商情(财经研究)》2008 年第 5 期。
④ 参见许科:《风险视角的信任研究》,华东师范大学 2008 年博士学位论文。

险信息的沟通也是影响风险感知的重要因素。人们接收信息的渠道,信息传播的时间顺序、方式和范围都会影响个体的风险感知。风险信息的传递不仅取决于风险事件本身的性质,而且取决于公众如何获得相关信息以及如何知觉和解释这些信息。此外,风险态度影响着个体对风险的感知。风险态度一般有三种:风险偏好、风险厌恶、风险中性。风险偏好者倾向于追求风险,他们不畏惧风险带来的损失,对可能付出的代价不敏感,不易产生风险知觉。风险厌恶者倾向于采取保守可靠的方式行事,他们对风险敏感,稍有风吹草动就会感知到风险的存在而裹足不前或迟疑不敢下决断。风险中性者则表现出较为中庸的行为。对于收益,人们是风险厌恶的,倾向于获得稳定回报。而对于损失,则是风险偏好的,倾向于冒风险将损失最小化。

(二)风险评估

风险评估是个体在意识到风险存在之后,对风险大小和强度进行评判的过程。研究者认为,风险包括四个基本维度:获益的概率、获益的量、损失的概率、损失的量。个体就是通过这四个基本维度,去整合所获得的各种信息,从而对面临的风险情境作出评估。

研究者认为,个体在考虑如何规避风险,或尽可能减小风险带来的损失时,情境要素起到了重要作用,它主要包括:(1)风险情境与以往情境的相似相关程度,相似程度越高,个体感知到的风险程度越小,尤其是在过去曾经有过成功应对风险的经验时,相似程度与风险评估的负相关关系就更加明显;(2)对风险情境结构方面质的特征的认识,如风险的可控性等。风险评估时需注意风险事件导致的不良后果,在多大程度上依赖内在和可控的因素(如个人的知识、技能、动机等),或者依赖于外在的、不可控的因素(如任务难度、运气、其他人的行为等),即风险可控性是影响风险评估的又一重要因素。

(三)风险决策

在对风险强度进行判断之后,就需要个体对风险任务进行决策。不同的人对同一风险任务的决策会有很大差异。

研究表明,决策者进行风险决策时,需要以下几个步骤:

1. 对风险决策任务作出内部表征,在决策者的头脑中建立起相应的认知模型。风险决策的有效性如何,取决于决策者所建立的认知模型与决策任务是否适应。只有适应于决策任务的认知模型,才能有利于决策任务的实现。

2. 进行概率—价值判断,即决策者对决策任务及其结果,运用概率—价值函数进行描述,如果决策者对决策后果无法作出确定性的预测时,就只能采取概率性估计。

3. 对判断结果进行归因排列，即决策者对决策任务的风险性按其重要性程度加以排列，在头脑中形成把每种决策方案的风险排列起来的模型。价值观或偏好对风险决策任务的归因排列有重要影响作用。这种归因排列可以帮助决策者对各种决策方案的风险性进行权重分析。

4. 进行确定性构想，即决策者在面对风险决策任务时，在头脑中构想这项任务应如何完成。即在遵守事先定好的规则之上，把本来不确定性问题转化为确定性问题，把风险问题转化为具有理性的、可以找出确定性规则的问题。

许多研究者认为，决策时的风险态度与风险认知有关。冒险行为一般有两种情况：一种情况是由于对风险大小的知觉低于实际风险水平，或者说是对风险不敏感（感受阈高）而引起的无意识冒险，这种人的可接受风险水平也比较高；另一种情况是被试对实际风险有较客观的评价，但由于其偏好风险水平高而有意冒险。①

三、恐怖犯罪分子的风险知觉与恐怖活动

（一）恐怖犯罪分子的风险认知能力较强

根据风险感知的“知识理论”，人们根据其所掌握的知识和信息来判断风险的强度。研究表明，受教育程度越高的人风险认知能力越强。一般而言，受教育程度高的人应当比受教育程度低的人掌握更多的知识和信息。另外，从某种程度上看，受教育程度也是反映人们认知能力的一种客观指标。媒体接触越是频繁的人，其风险认知能力越强。风险的社会扩大理论认为媒体在人们的风险感知中存在重要作用，虽然“扩大”包括放大和衰减两层含义，但是在危机管理不完善、不及时的情况下，媒体的作用主要表现为放大。因而，与媒体（如电视、报刊、网络等）接触的频率越高，其感知风险的机会也就越多。②

从前面对恐怖犯罪分子的人格特质的分析，我们知道恐怖犯罪分子普遍具有较高的智能，一般具有较好的教育背景，很多恐怖分子在智力上具有平均水平以上的智能，是冷静的、符合逻辑的有计划的人。所以，恐怖犯罪分子会根据其所掌握的知识和信息来对风险进行冷静的、理性的分析，对恐怖犯罪活动带来的风险认知是清晰的、明确的。所以，恐怖犯罪分子制造恐怖活动并不是盲目的，而是有着明确的

---

① 参见何贵兵：《决策任务特征对风险态度的影响》，载《人类工效学》1996 年第 2 期。

② 参见王甫勤：《风险社会与当前中国民众的风险认知研究》，载《上海行政学院学报》2010 年第 2 期。

犯罪动机,是经过深思熟虑的冒险行为。

(二)制造恐怖活动是恐怖犯罪分子的风险偏好

风险偏好(risk preference)指决策者在决策时对风险的偏好程度。人的风险偏好模式大致有单调模式(monotony model)、单峰模式(one - peak model)、反转模式(inverted model)、不可传递模型(Intransitivity) 四类。① 研究显示,决策者的风险偏好模式普遍遵循单峰模式,即决策者既不一味地追寻风险,也不一味地回避风险,而是对具有一定风险水平的备择方案表现为最为偏好。决策者在面临损失的情况下,表现为追寻风险。决策者对实际风险即使有较客观的评价,但由于其偏好风险水平高而会有意冒险。恐怖分子的风险认知能力强,并不回避恐怖活动的风险,而是追求风险,使用暴力或暴力威胁在社会上制造恐怖气氛,以期引起全社会对他们追求目标的注意,借此来达到自己的目标。所以恐怖活动大多经过精心策划、严密准备。恐怖犯罪分子投机冒险心理极为强烈,一旦抓住机会,便孤注一掷不惜牺牲自己的生命,不顾伤及无辜,也要保证恐怖活动实现预期目的。

从上述对恐怖犯罪分子风险知觉特点的分析可以看出,恐怖犯罪比起一般刑事犯罪更具有顽固性、残酷性、狂热性,对社会和民众的危害更大。因此,打击和防范恐怖犯罪将是一项长远而艰巨的重任。

思考题

1. 恐怖犯罪分子的风险认知有什么特点?
2. 恐怖犯罪分子有什么风险偏好?

第四节 恐怖主义组织的信仰与价值取向

要点提示

1. 正确认识宗教与恐怖主义的关系。
2. 系统掌握恐怖主义组织的信仰与价值取向,预防和控制恐怖犯罪的发生。

恐怖主义犯罪组织内的成员虽然形形色色,但他们的政治信仰或宗教信仰是一致的,他们仇恨强权政治,仇恨强势力。可是当代恐怖主义的组织和活动,有许多

---

① 参见彭移风等:《中美大学生风险知觉比较研究》,载《泰州职业技术学院学报》2003 年第 4 期。

打着宗教的旗号,或带有狂热的宗教色彩,从而产生“宗教恐怖主义”“伊斯兰恐怖主义”等似是而非的观念。从学者们的研究可以看出,虽然恐怖主义组织有自己共同的信仰和价值取向,但宗教与恐怖主义没有必然联系。

一、宗教与恐怖主义的关系

宗教作为一种社会历史文化现象是十分复杂的,其社会功能也是多种多样的。但其最主要的功能是通过共同的信仰以及相关的宗教感情和认同意识,使各个群体、个人和社会集团凝聚为统一的整体,并以教义或传统礼仪的力量,使现存社会秩序合法化和神圣化。这就是所谓的社会整合和控制功能。因此,一般来说,宗教作为上层建筑和意识形态,以继承文化传统、缓解社会矛盾、维护既有秩序为其使命,在政治上偏于保守而趋向温和,在行动上崇尚中庸而抵制极端,在社会生活中大多谴责暴力,关爱生命,反对恐怖活动。

从宗教的产生背景来看,宗教在本质上反对恐怖主义。虔诚的信仰、严格到近乎苛刻的仪式,只不过是早期人类以人自身行为的节制来表示对先在力量尊重的尝试,也是人类试图通过人为的仪式来获得先在力量的启示,从而缓解生存中种种恐惧的努力。宗教从产生伊始,就表达了人类对一个没有恐怖的世界的寻求。任何一种宗教都设置了一个远离现实世界的彼岸世界,这个世界或者是上帝的天堂,或者是人性尚未堕落的伊甸园,或者是众神皆乐的极乐世界。作为人类追求极乐世界的精神产品,宗教是和平的力量,它不喜欢暴力带来的恐惧。

从历史上看,恐怖主义与宗教也没有任何必然联系。在古代和中世纪,宗教在社会结构中处于万流归宗的地位,从教育到法律,从农夫牧民到学者官吏,在世界观和方法论上,在社会制度和日常生活中,都或多或少地受到宗教的影响。人们的思想和行动都会自觉或不自觉地以宗教为圭臬。因此,所有的政治、军事及经济活动都会程度不同地带有宗教色彩,披上宗教的外衣。在数千年的宗教史上,宗教迫害、宗教战争一类的暴力、血腥事件不绝于书,如中世纪的十字军东侵、13—16 世纪欧洲基督教的宗教裁判所,都造成长时期和大范围的恐怖。但与当代恐怖主义相似的事例在宗教史上尚不多见。①

宗教作为一种信仰,在一定条件下,易于出现极端化倾向而表现出狂热的特征。究其原因,有以下两点:一是信仰本身具有的非理性特征,即不论信仰的内容如何,其外在表现形式都呈现出一种极度信服和尊重的心理态度,并且其获得的方式

---

① 参见周燮藩:《恐怖主义与宗教问题》,载《西亚非洲》2002 年第 1 期。

可以是非理性的方式;二是宗教自身的无法验证性,使其自然具有了神秘感和非理性特征。宗教本身具有的非理性特征,易于使信仰者不加分析而接受宗教的教义。

恐怖主义在当代的兴起,既有孵育其成长的社会温床,也有适合其发展的外部环境。其中民族冲突、地区争端、宗教矛盾长期得不到解决,导致暴力活动的升级,诱发恐怖主义的活跃。这些问题常常交织在一起,使由此导致的恐怖主义呈现错综复杂、似是而非的面貌。但是,政治权力和物质利益的争夺是一切问题存在和结合的基础。当矛盾向尖锐化和畸形化发展后,原有的民族和宗教对立会使冲突具有异乎寻常的顽固性和偏执性。宗教极端主义和民族分离主义思潮会推动一些人走上恐怖主义的道路。

通过考察宗教的历史和分析宗教的本质,可以看出,宗教自人类社会早期出现以来就在人类生活中扮演着重要角色。宗教在中世纪的强势地位,使教会成为真正的统治者,并发动了血腥的宗教斗争和宗教迫害。但与当代恐怖主义相似的事例在宗教史上并不多见,这些事例只是在民族矛盾突出、社会动荡和政治斗争激烈的民族和地区出现,并由少数宗教狂热分子所为。宗教在漫长的历史发展特别是20世纪之前的发展变化过程中并未催生恐怖活动的事实,充分证明了宗教与恐怖主义并无必然联系。

二、宗教被恐怖活动所利用

按流行的看法,伊斯兰极端主义几乎成为恐怖主义的代名词。但是,恐怖主义并不是伊斯兰世界特有的现象,也不是伊斯兰教本身的产物。从上述分析可以看出,宗教与恐怖主义并无必然联系,宗教只是被恐怖主义组织利用来从事恐怖活动的武器。

(一)宗教往往被恐怖主义组织所利用

当代国际恐怖主义十分复杂,学者们将与宗教矛盾或宗教极端主义有关的恐怖主义活动大致分为三类:一是与民族分离主义相结合的恐怖主义;二是以宗教极端主义为主的恐怖主义;三是宗教膜拜团体的恐怖主义。①

与民族分离主义相结合的恐怖主义活动产生的原因比较复杂。简言之,利益的分配和冲突,权力的追逐与争夺,到处都是民族分离和宗教极端势力结合的基础。当某一民族的利益集团为自身的权力和利益与主体民族或其他民族发生矛盾和冲突时,它往往打着宗教和全民族的旗号进行民族分离活动。因为宗教的虔诚、

① 参见周燮藩:《恐怖主义与宗教问题》,载《西亚非洲》2002年第1期。

信仰的象征、传统的力量可以为民族分离的政治目的提供神圣的光环、文化的色彩、狂热的激情,成为动员和组织民众争取或捍卫本民族利益的最便利和最有效的力量,从而使民族分离主义具有异乎寻常的顽固性和偏执性。

宗教膜拜团体或伪宗教的恐怖主义,被人称为伪宗教,也称邪教。由于邪教的恐怖活动有较少政治目的,对社会的危害尚不特别严重而不受重视。但是,自20世纪90年代“冷战”结束后,各种狂热的膜拜团体,或披着宗教外衣的伪宗教组织,在世界各地发展迅速,也引起国际社会的重视。

在以宗教极端主义为主的恐怖活动中,伊斯兰世界最为突出,以伊斯兰为名义的极端主义与恐怖主义几乎相伴而生。但是,应将作为宗教的伊斯兰教及宗教界与被极端主义曲解的教义及恐怖组织区分开来。伊斯兰复兴主义或宗教激进主义,是伊斯兰教教义在现代条件下的转换,是为其政治社会主张而作的重新解释。当宗教用于动员和组织群众,批判和否定现实,则出现政治宗教化、宗教政治化的趋向。伊斯兰复兴运动或宗教激进主义不等于伊斯兰教,而伊斯兰教极端主义也不等于伊斯兰复兴主义,热衷于搞恐怖活动的毕竟只是极少数人。从事恐怖活动的伊斯兰极端分子,主要是伊斯兰各国的政治反对派或激进组织分化出来的激进派别,他们策划的恐怖活动,就其实质而言是一种激进的政治行动而与宗教无涉;他们的观念和实践有着强烈的宗教色彩,但更加远离伊斯兰教本身,是对伊斯兰教的利用和曲解。但就其外在表现而言,被视为带有强烈的宗教色彩。

（二）恐怖活动在伊斯兰世界异常活跃的原因

第一,伊斯兰世界各国的现代化进程普遍受挫和传统社会向现代社会急剧转变所带来的心灵困惑和社会失衡,使部分民众对东西方发展模式感到失望。

第二,伊斯兰教和伊斯兰文明辉煌的历史成就,使在西方霸权影响下寻找出路以图自强的各伊斯兰国家,培育出一种将历史成就与未来发展相结合的意识。他们从历史的榜样和教义中汲取力量,希望在探索解决现实问题的道路时有助于他们的变革和转换。但是,在回顾历史时常常浮现屈辱的记忆,在探索前进道路时又始终看不到前景,部分人就会因此陷入绝望。而绝望是产生恐怖主义的酵母。

第三,阿以冲突久拖不决,阿拉伯人屡战屡败,严重伤害了穆斯林的宗教和民族感情,从而成为伊斯兰极端主义和恐怖主义产生的原因之一。在争取民族解放和权益的号召下,许多人受此刺激而参加极端组织和成为恐怖分子,也因此结下对美国和以色列的仇恨。因此,“有人认为,阿以冲突能否公正合理解决,是事关中东能否持久和平、恐怖主义能否被有效遏制乃至消失的关键。否则,纵使采取最严厉的镇压及反恐怖国际合作,也断难从根源上彻底铲除恐怖主义”。[①]

第四,大国对恐怖主义采取双重标准和实用主义政策,纵容某些恐怖行为和恐怖分子,造成养虎为患的恶果。仅仅用宗教或民族冲突来解说伊斯兰世界恐怖主义活跃的原因,并不能完全揭示其真相,因为在宗教或民族争执的背后,其实有更关键的因素,那就是政治和经济利益的冲突。

应当指出,伊斯兰教的基本教诲和教法原则要求穆斯林行事处世时宽厚仁慈,反对滥施暴力,禁止伤害无辜平民。那些以伊斯兰教名义搞恐怖活动的人,不可能在《古兰经》中找到依据。打着宗教旗号的恐怖主义具有极大的欺骗性和迷惑性,且在事实上违背和损害人民的利益。打着宗教旗号的极端分子,是在宗教的名义下犯下种种罪行。他们的目的是政治,不是宗教。可以说他们在利用、曲解宗教的同时,又在损害、破坏宗教。因此,消除宗教之间的隔阂,消除极端贫富差距,采取公正合理的政策处理国家之间、民族之间以及各国家和民族内部各成员之间出现的矛盾和冲突,才是从根本上消灭恐怖主义的唯一有效途径。

三、恐怖分子的共同价值取向

恐怖主义文化被认为是恐怖分子的价值取向。有一种比较流行的观点认为,贫穷产生恐怖主义,消除了贫穷也就消除了恐怖主义。的确,恐怖主义与贫穷存在复杂的关系。然而,如果没有恐怖主义文化的诱导,仅仅是贫穷不足以产生恐怖主义。我们看到,走上恐怖主义道路的,既有一无所有的贫困者,也有丰衣足食的中产阶级成员,还有像本·拉登那样腰缠万贯的大富豪。所以,贫穷能不能使人走向恐怖主义,取决于贫困者有没有受到恐怖主义文化的影响和支配,取决于贫困者是否用恐怖主义文化的思想观念去诠释自己的贫穷状况。

在当今世界,恐怖主义文化的表现形式多种多样,如宗教极端主义、民族极端主义和种族极端主义,具有暴力性、非人性、反理性、狭隘性、颠覆性等基本特征。[②]组织文化是特定社会群体的成员共有的社会心理、思想观念和价值取向,只有通过组织文化,一个人才能够在特定群体中获得认同感和归属感。正是通过恐怖主义文化这个精神纽带,恐怖组织才得以把恐怖分子凝聚在一起。

恐怖主义文化是反映少数极端分子的意志、情感、价值取向的共同意识,它所聚合的社会群体通常比较小。但是,这种共同意识为了扩大自己的影响,往往披着宗教、民族的共同意识外衣,具有很大的欺骗性和影响力,很容易利用人们的宗教

---

① 参见周燮藩:《恐怖主义与宗教问题》,载《西亚非洲》2002年第1期。

② 参见任红杰:《恐怖主义的文化分析》,载《中国党政干部论坛》2006年第10期。

情感和民族情感而得到普遍的认同和支持。因此,有时候,恐怖主义文化也会产生强大的聚合力,形成阵容强大的社会群体。

作为恐怖分子的共同价值取向,恐怖主义文化为恐怖活动和恐怖行为提供合法性辩护。无论恐怖分子的目标多么偏执、极端,手段多么血腥,他们危害社会、滥杀无辜的行为都会得到恐怖主义文化的认同和辩护。在恐怖主义文化中,滥用暴力、残杀无辜不但是合理的,而且是正义的甚至是神圣的。以正义、上帝、真主、民族的名义为招牌,恐怖分子可以蔑视现实社会的一切规范、规则和禁忌,可以随心所欲。①

思考题

1. 为什么宗教往往成为被恐怖组织利用来从事恐怖活动的武器?
2. 恐怖分子的共同价值取向有哪些?

① 参见任红杰:《恐怖主义的文化分析》,载《中国党政干部论坛》2006年第10期。

第十二章　邪教犯罪主体的认知与人格基础

信仰不只是一种受头脑支配的思想，它也是一种可以支配头脑的思想。

——Robert Oxton Bolton（作家）

邪教犯罪是一种有组织的信仰型犯罪，是当今人类社会面临的最危险、最复杂的犯罪现象之一。信仰型犯罪又称信仰型动机犯罪，是犯罪人出于政治、宗教、封建迷信等方面的错误认知或反社会信仰而实施的、对国家和社会造成负面影响和危害极大的一类犯罪。一般表现为扰乱社会秩序和侵害广大人民群众利益的群体性犯罪，具有反社会性、反科学性和危害性。20 世纪 90 年代以来，邪教组织犯罪呈现出愈演愈烈的趋势，引起了世界各国政府和人民的关注与担忧，被称为与国际恐怖主义同样可怕的“欺世恐怖主义”。在我国，这一类型犯罪的典型是“法轮功”邪教组织犯罪。

第一节　邪教犯罪概述

要点提示

1. 邪教犯罪，也称邪教组织犯罪，指披着宗教信仰的外衣，组织和利用邪教组织，以达到不可告人目的的邪恶动机所导致的犯罪。

2. 社会矛盾和社会心理的躁动是导致邪教犯罪的心理动因之一。邪教的存在和蔓延反映出某一阶段社会心理的无序、混乱的状况。特别是在社会大变革、大动荡的年代，传统的价值观受到冲击，而新的价值体系又尚未成形，这就为邪教的产生和蔓延提供了温床。

3. 他们对日常生活的不满意产生了“情感上的痛苦”，而情感上的痛苦事件，使其在回味痛苦时感同再受，既能记起当时的情景又能记起痛苦的程度和特点，甚至有时比当时的真正感受还要强烈。这种心境上长期的不愉悦感会导致人大脑中多巴胺的降低,并引起内啡肽的减少。其在加入邪教后,在邪教组织中找到了精神的归属感和安全感,在邪教的教义中找到了认同感,在邪教仪式中找到了成就感,大脑的多巴胺水平有所提高,又随着内啡肽分泌量的增多,产生了以前没有的愉悦感,并对教派活动产生强烈的诱惑性期待。

4.心理作用在思想行为控制中也起到了主要的作用。我国研究者提出对教徒的心理控制所使用的手法原理有感觉剥夺与反复强化、暗示与催眠、偶像崇拜与服从、从众与去个性化等的作用。

一、邪教犯罪的概念

邪教犯罪是行为人由于相信某种异端邪说而实施的犯罪行为。对于邪教犯不犯罪的问题,学界普遍认为只要没有危害社会的行为,仅仅在思想上信仰邪教,仍然是一个思想问题。无论这种思想如何邪恶,也不能认为是犯罪。而许多研究表明,邪教组织在外部表现上与犯罪组织有着诸多类似之处,其内部关系网络也有着类似于犯罪组织的关系网络结构特征,体现出其犯罪特性。①

(一)邪教

邪教(cult)在英语世界里被称为具有严重犯罪性质的伪宗教组织(Pseudo Religion)。西方倾向于从心理学和社会学的意义上来界定,认为“邪教”是指所有那些采取可能破坏(搅乱)或严重损伤其信徒的固有性格这样一种胁迫手段来招募徒众和传布教义的团体或集群,那些为了自己的存在而完全(或严重)破坏其信徒同原有的社会生存环境,乃至同其自身的感情联系及有效沟通的团体或集群,以及那些用他们自己的运作机制破坏、践踏在一个法治国家里被视为不可侵犯的法定权利的团体或集群。② 邪教的概念具有相对性,不同的社会、不同的时代、不同的文化体系以及不同的阶级政权,对邪教都有不同的界定。

我国偏重于从政治学和法学意义上来定义,“邪教组织”是指冒用宗教、气功或者其他名义建立,神化首要分子,利用制造、散布迷信邪说等手段蛊惑、蒙骗他人,发展、控制成员,危害社会的非法组织。

据统计,目前,全世界邪教组织约有1万多个,信徒数亿人。仅在美国就有

---

① 参见张泉、张昕:《邪教组织犯罪特性的实证分析——基于当前反恐怖形势背景》,载《四川警察学院学报》2016年第28卷第1期。

② 参见[西班牙]佩佩·罗德里格斯:《痴迷邪教:邪教的本质、防范及处置》,石灵译,新华出版社2001年版,第14~15页。

2500 个教派,西欧和南欧有 1317 个狂热教派,英国有 604 个,法国有 173 个,西班牙全国现有 200 个“具有破坏性”的邪教组织。这些组织均由某个具有险恶用心的教主操纵与主宰,推崇荒谬的信仰,实施反科学、反社会、反人类的违法犯罪活动。在未来社会,由于人类情感的需要和人格的变异,邪教组织具有进一步发展扩大的趋势。

(二)邪教犯罪

邪教犯罪,也称邪教组织犯罪,指披着宗教信仰的外衣,组织和利用邪教组织,以达到不可告人目的的邪恶动机所导致的犯罪。

我国最高人民法院和最高人民检察院相关司法解释中对邪教犯罪进行了列举式的规定:邪教犯罪包括组织、利用会道门、邪教组织、利用迷信破坏法律实施罪和组织、利用会道门、邪教组织、利用迷信致人重伤、死亡罪,以及利用邪教组织进行的其他犯罪。世界各国刑法往往是将由邪教组织引发的犯罪分别归入其他具体的罪名进行处理,而很少对邪教组织犯罪作出专门规定,如邪教组织致使教徒或他人死亡,可以归入侵犯公民人身权利罪;邪教组织邪教徒放火、投毒可以归入危害公共安全罪。邪教犯罪从来都是一种危害大、影响广的严重犯罪行为。1995 年,奥姆真理教在东京地铁毒气事件中造成 5500 人中毒,12 人死亡。2000 年 3 月 27 日,乌干达邪教“恢复上帝 + 诫运动”530 多名信徒在一所教堂里被烧死。乌警方后来又在教堂附近挖掘出数百具被害教徒的尸体,死亡人数超过 1000 人,其中有 200 余名儿童。我国法轮功邪教组织发展成员约 210 万人,先后组织、策划、煽动法轮功痴迷者围攻党政机关和新闻媒体 300 多次。因法轮功自杀或拒绝治病而致死者多达 1600 多人。2003 年 5 - 6 月间,浙江省苍南县龙港镇连续发生投毒杀人案,导致 17 人死亡。我国“三班仆人派”的教主徐文库曾经创办“杀手培训班”,据公安部门统计,先后有 16 人被他们的杀手处死。邪教犯罪活动给社会和人类带来了巨大的危害。①

二、邪教犯罪主体的认知基础

邪教犯罪主体,为一般主体,多为邪教组织的骨干成员,是邪教的组织者、邪教犯罪活动的阴谋策划者和驱动者。已有研究表明,邪教犯罪主体的认知偏差和认知失调使他们长期处于不良情绪状态,形成稳定的不良个性倾向和反社会意识,诱发从事邪教犯罪活动的动机,这是邪教犯罪主体从事邪教犯罪活动的认知基础。

(一)偏执与错误的认知

邪教本身就是一种“歪理邪说”,具有反科学性。邪教教主往往自己形成一种

---

① 参见戴飞扬:《邪教犯罪及其特点》,载《科学与无神论》2014 年第 3 期。

对宇宙、社会以及道德伦理等方面的错误认识，然后给这种认识披上一种宗教的外衣，形成反科学性的歪理邪说组成的教义，诱导不明真相并且缺乏信仰的人信服自己。邪教教主错误学说的形成，是基于其自身对社会及道德伦理等方面具有的偏执认识。邪教教义的内容对邪教徒的思想行为控制起着决定性作用，也是其犯罪活动得以实施的基础。

邪教信徒认知的迷信色彩十分浓厚，崇尚鬼神，深信超自然力量，带有明显的唯心主义特征。邪教信徒一旦接受了教主的学说，受邪教群体心理的影响，极易形成对教主学说的盲目崇信。中国科学院心理研究所“反邪教”课题组对“法轮功”痴迷者的心理特点进行调查研究的结论是，“法轮功”痴迷者的共同特点是幼稚、看问题比较片面，不能良好地适应社会生活。

（二）宿命论的人生价值观

邪教犯罪人的价值观带有明显的“宿命论”的特征，本质上就是一种宿命论的人生价值观。他们将人生的意义和作用看作完成宿命的目标而努力，否定现实生活的意义和作用，甚至诱使或强迫邪教徒抛弃正常的社会生活和工作，如“法轮功”认为人生在世一切行为的价值都是为了“消业”，即还前世的债，去掉做了坏事以后看到的“黑色物质”，通过修炼“法轮功”，不断“上层次”，以达到“最后的圆满”，重新升入“天国”。从这些说法可以看出，“法轮功”的“业力说”是十分荒谬的人生价值论，只要痴迷于它，就会对原来已经形成的人生价值观造成严重的冲击，怀疑以至于彻底否定原来的人生信念、理想、价值目标，抛弃正常的社会生活，丧失丰富多彩的生活乐趣。同时，人生价值的裁定权完全集中到邪教教主手上，教主说人生有价值就有价值，教主说人生无价值就无价值，教主还通过“因果报应”等歪理邪说，恐吓和控制痴迷者，让他们心甘情愿地放弃世俗生活，充当邪教教主的仆人，为邪教教主而献身。

（三）扭曲的道德观

邪教通过自己的教规、教义重建了一套与正常社会道德标准大相径庭的行为规范，要求信徒严格遵守。这些行为规范的价值取向往往是不道德的，甚至是反道德的。邪教犯罪人把人类的道德堕落作为“世界末日论”总根源、总前提，利用人们对现世道德状况的不满和担忧心理，诱骗痴迷者对人类即将毁灭的鬼话深信不疑。邪教教主将自己化为大德、至善的救世主，神化自我，将邪教编造的歪理邪说说成人类从道德堕落中被解救出来的唯一根据和希望，邪教徒只能按照他们道德观的标准来判断是非对错，不能有丝毫的怀疑。

为了增强其邪说的可接受性，邪教故意曲解某些基本道德概念的内涵，再以诡辩的逻辑将这些面目全非的道德概念组合、包装成极具欺骗性的道德观念,扰乱信徒的思想。研究表明,邪教教徒虽然在智力的发展上与正常人无太大区别,但其道德良心的发展具有严重缺陷,这些人在从事非法邪教活动的时候,并不感觉紧张与焦虑,事后也缺乏罪责感,可以说毫无悔意。正是因为缺乏罪责感,邪教徒在实施犯罪行为后仍觉得自己在为正义而斗争,所以成为难改造的顽固分子。

三、邪教犯罪的社会影响因素

社会矛盾和社会心理的躁动是导致邪教犯罪的心理动因之一。邪教的存在和蔓延反映出某一阶段社会心理的无序、混乱的状况。特别是在社会大变革、大动荡的年代,传统的价值观受到冲击,而新的价值体系又尚未成形,这就为邪教的产生和蔓延提供了温床。同时,邪教信徒对社会中产生的犯罪、腐败、分配不均等现象不能正确理解时,也会产生对政府和社会不满的心态,从而诱发邪教犯罪。

(一)信仰真空

邪教等伪科学能够存在和繁衍的根本原因在于人们的精神信仰出现了危机,或称信仰真空。当人对传统的信仰动摇、怀疑时,会寻找新的精神寄托,而新的信仰价值体系又没有及时提供给人们满意的答案时,人们开始形成信仰真空。信仰真空往往是个体成长、社会转折、价值观交替之际,在人们内心精神世界中必然出现的现象,其实质就是精神信仰危机的结果。

因为个体的信仰内容都是来自社会,从社会根源上说,由社会转型或社会变迁所造成的社会解构、文化失范,为邪教的组织活动和歪理邪说提供了生存和发展的社会空间。例如,在我国社会经济发展处在由过去的计划经济向市场经济转轨过程中,市场经济在改善人们生活条件,给人们提供竞争和改变命运机会的同时,也带来了由竞争及社会变化所产生的心理压力,如升学压力、工作压力、住房压力、晋升压力、养老就医压力等,市场经济对传统的伦理道德观念,以及传统的人际关系模式也产生了巨大的冲击。社会转型对家庭婚姻观也产生了巨大的冲击,使一些家庭成员处于感情婚姻的危机之中。以上社会问题使一些人感到精神压力,甚至少数人处于极度的焦虑和紧张状态。

邪教的组织者们也看到了这一点。他们看到了社会上的部分非主流群体、弱势群体在寻找一种消极方式来解脱精神上的紧张和不安。虽然邪教的组织者们文化程度并不高,但他们却可以轻而易举地对各种传统宗教的教义进行断章取义、剽窃嫁接,拼凑起新宗教的"精神快餐",以欺骗和拉拢信徒,满足信徒的精神需要。

(二)封建迷信

迷信是指人类非理性、无根据地盲目信仰和崇拜超自然力量的思想和行为,是对客观世界的一种虚幻、歪曲的反映，其根源是人对于未知世界的认识局限性。它是在生产力水平低下、科学技术不发达的情况下，人们对许多自然现象无法解释而产生种种错误认知，是愚昧落后的一种表现。在社会历史因素上邪教利用了迷信的因果报应理论，威胁那些试图脱离这一邪教团体的修炼者。这种因果报应的理论和天人感应理论的迷信思想早在中国两千多年前的奴隶社会、封建社会就已经存在，并在汉代发展得相当完备，历史上也有朝代因迷信盛行导致衰败的实例。中国有两千多年的封建历史，封建迷信思想对人们的影响是极其深刻的，中华人民共和国成立后封建迷信思想的影响还没有肃清。落后和愚昧是封建思想和迷信思想存在的土壤，尤其是在有些农村等不太发达的区域，科技教育文化普及率偏低，也成为邪教滋生的土壤。

邪教往往利用唯心主义的迷信观点来宣扬身体和灵魂二元论的观点，鼓吹自杀升天论，用自杀无痛苦、自杀最圣洁、自杀是升入“天国”“天堂”的唯一途径等思想来残害人们。让邪教徒“放下生死”，如“法轮功”邪教主李某志要求邪教徒“肉身留下，元神离开”，才能升到“天国”。同时，散布“世界末日论”“地球毁灭论”来吓唬邪教徒，用“来世幸福论”来诱惑邪教徒。

（三）救世主情结

在中国长期的封建社会中，很多百姓认为封建统治者——皇帝，是天子、是万民之主，是救星。中国传统文化，尤其是儒家文化也刻意宣扬统治者的神圣，将英明、伟大的统治者与治世相连。一般的老百姓都期盼圣君降临人间，期盼救世主。这是中国文化的救世主情结。救世主情结在当代主要表现在老百姓对政府官员的态度上。人们总是期待“包青天”再世，以维护弱者的权利，而不是用法律武器去争取自己应有的权利。在这种背景下，邪教组织如“法轮功”组织者李某志将自己装扮成救世主，使一些“期盼神圣”的人与自称“万能之神”的李某志非常必然地走到了一起，新的“法”、新的“神”赢得旧式的尊崇和追随，追随者无意中陷入了别有用心者的圈套。

四、邪教犯罪中的思想行为控制

邪教犯罪中最为让人费解的是邪教犯罪行为的发生机制，也就是邪教犯罪中邪教主及邪教组织对邪教徒的思想行为控制。有些研究者将其称为“洗脑”“痴迷”“思想管制”“精神控制”“精神依赖”等。很多正常人从旁观的角度往往会认为这种控制是不可思议的，甚至有人用“中邪”等神秘化的用语来形容这种状态。随着生理和心理学研究的发展，这层神秘的面纱渐渐被揭开，我们可以从大脑生物学反应和心理作用原理两个方面来解释这个现象。

(一)生物学基础

邪教徒痴迷邪教的生物学基础,与成瘾心理形成的生物学基础类似,主要是多巴胺神经组成的奖赏回路,以及几个区域相互连通形成大脑回应系统的作用。

心理学家奥尔兹和米尔纳在20世纪50年代中期研究同睡眠有关的神经结构时发现,有一只大脑装上了电极的老鼠,一次又一次猛烈地冲压将微弱电流导入其大脑的电极杆,而且那只老鼠能够继续对电极安装点自行实施脑刺激,其间,竟然会对自身生存的问题全然弃之不顾(对吃、喝和生殖失去兴趣),直到最后死在了那根使之痴迷成瘾的电极杆旁边。随后他们发现了人类大脑中的“快乐中枢”和“痛苦中枢”。

对邪教依赖或痴迷的邪教徒,多是有心理痛苦根源的人,如严重不良人际交往、与世隔绝、家庭生活不和谐、心理不够健康,经历了重大创伤性事件难以恢复等。他们对日常生活的不满意产生了“情感上的痛苦”,而情感上的痛苦事件,使其在回味痛苦时感同再受,既能记起当时的情景又能记起痛苦的程度和特点,甚至有时比当时的真正感受还要强烈。这种心境上长期的不愉悦感会导致人大脑中多巴胺的降低,并引起内啡肽的减少。其在加入邪教后,在邪教组织中找到了精神的归属感和安全感,在邪教的教义中找到了认同感,在邪教仪式中找到了成就感,大脑的多巴胺水平有所提高,又随着内啡肽分泌量的增多,产生了以前没有的愉悦感,并对教派活动产生强烈的诱惑性期待。

当过大的压力导致内啡肽减少的时候,一个人就失去了他的天然麻醉剂。由于多巴胺操纵着大脑的回应系统或“快感中心”,如果压力干扰了多巴胺的功能,这个回应系统就会不起作用,于是,平时原本能够令人感到愉悦的活动,就不再产生舒适感了。多巴胺和内啡肽的严重机能障碍,会使一个人的生活变成无休止的痛苦,毫无乐趣可言。如果形成痴迷的邪教徒没有参加教派活动的刺激,就会出现一种反感状态(负面刺激),如焦虑、压抑、麻木、易怒等烦躁情绪。人处在这种状态下,由于不再能够因自然刺激而兴奋,便倾向沉浸于各类能够通过多巴胺的作用快速引发强烈感觉的人为刺激(物质或行为)。同时控制理性思维和逻辑梳理的前额皮层部分在痴迷状态下,会骤然发生紊乱,处理假想麻烦的能力就会受损。

因此,形成了教派依赖的人,通过对其所属教派的依赖来缓解自己的日常烦恼,并学会借用教派中教义和仪式等事务,来改善自己的心境。但是如果离开了教派的事务就又会重新陷入烦恼,引发更大的焦躁,如此反复。形成了教派依赖的人对教派迷恋的程度呈螺旋上升的趋势,被牢牢地捆绑于教派机制之上。

(二)心理作用原理

心理作用在思想行为控制中也起到了主要的作用,心理学家埃德加·斯科恩探讨了人们受邪教环境的控制、洗脑前后教徒的态度变化情况，并提出“解冻期、转变期、再凝结期”三大阶段。[①] 我国研究者提出对教徒的心理控制所使用的手法原理有感觉剥夺与反复强化、暗示与催眠、偶像崇拜与服从、从众与去个性化等的作用。[②] 综合前人的研究成果，我们基本可以从时间顺序上看到每个阶段发挥主要作用的心理原理。

1. 网罗教众。邪教网罗徒众的工作通常都是以隐蔽的方式进行的，或通过套近乎、讲交情的个别接触（经常是以向遇到某种麻烦的人提供支持或帮助开始），或通过有掩护身份的招募人员（通常很难让人联想到其所属的邪教）向选中的对象推荐各类活动和培训班，以人们的基本需求、迫切需要为诱饵，以便达到成功接近的目的。人作为社会动物，都有亲和动机。有心理学研究表明，在能引起较高焦虑的情境下，个体与别人亲近的需求就会增加。[③] 邪教组织对于有意识或在潜意识中强烈渴望被人爱护、被人关怀的人有着极强的诱惑力。对这些有着强烈心理需要的人，邪教有可能会给予他们指导、守护、关怀、一种归属感、个人冲突的解脱和这些人迫切寻求的自我控制力等。招募人员会对某些正被焦虑、压抑、孤独和恐惧等负性情绪或问题困扰的人尤其敏感，瞄准那些看起来较脆弱和孤独的人，戴着伪善的面具主动接近；一旦成功，就派教徒经常前去探望，提供需要的帮助，并许诺解决其问题。处在软弱、无助状态下或缺乏社会承认的人很难拒绝这样的吸引力。邪教招募人员使具备这些条件的人在自愿的情况下进入了邪教，也为下一步邪教控制操纵打下了基础。

2. 教化。邪教组织内部通过演讲、建议、奖惩和其他手段使邪教成员对过去的行为和选择感到不安。当他们回想起所处的世界、自己的行为和价值观时会被新制度所困扰，它暗示他们过去所做的都是错误的。这种回想过程让邪教成员困惑不解，不知道哪些是正确的、该做什么以及如何选择。在邪教成员正常的世界观发生变化时，邪教会使用感觉剥夺与反复强化的手段给他们灌输新的该组织认可的世界观。当组织攻击邪教成员以前的世界观，使他们困惑、内心混乱时，还要求他们不能说出这种困惑，也不能反对它，因为邪教领导者会不停地提问题、不停地对付邪教徒的抵触。通过这个过程，邪教成员内心的信念便被剥除了。而且，如果他们身

---

① 参见［美］斯蒂文·哈桑：《走出邪教：摆脱邪教的控制》，杨善录、杨菲译，安徽文艺出版社 2001 年版，第 55 页。

② 参见焦其和：《对邪教“法轮功”现象的心理学思考》，载《新疆社科论坛》2003 年第 1 期。

③ 参见张春兴：《现代心理学：现代人研究自身问题的科学》，上海人民出版社 1994 年版，第 517 页。

体也疲劳的话,就更能促进这种效果,这就是邪教必须使邪教成员过度劳累的原因。

案例:哈利曾参过军,30岁以前他对自己都很有信心。但是当他加入了一个邪教组织以后,领导者反复告诫他话不能说得太快,这是他过去邪恶的象征。他就这样被告知、被教诲。不久,哈利似乎失去了自信,甚至对自己在部队中获得战绩的记忆都感到怀疑。这样,他以前对自己的态度及其行为方式都已经解冻、剥除了。许多邪教组织就是利用“困境”的技巧或者其他的批评手法达到动摇教徒已有观念和行为的目的。

3. 转变。在此阶段,邪教成员逐渐意识到接受教规,使用教派思维减少了恐惧、焦虑等负性情绪。而且,在从众心理作用下,邪教成员开始注意观察其他教徒的举止,决定赶超他们,并在自己承诺的压力下强化教徒行为。随着在邪教环境中花费时间的增多,教徒个人经历和邪教便紧密相连并相互作用。

这个过程中,邪教会有条理地在入教者身上制造无力感。邪教通过剥夺人的支持体系和独立行动能力使人产生无力感。邪教追随者在剪断了以前的友情及亲情网之后,便脱离了正常的环境,有时还会迁到偏僻之处居住。邪教制造无力感的另一种方法是剥夺人的主要职业和财富来源。为达此目的,许多邪教组织让成员辍学、放弃工作或职业,上缴财产、遗产及其他资产,这是制造对组织的依赖感及个体无力感的步骤之一。一旦失去了惯有的支持体系,很多情况下是收入来源减少,个人对自己认知能力的自信就会削弱。随着无力感的增加,个体的自信心逐渐削弱,就会感到沮丧。这使个体更广泛地采纳邪教的建议,也更加依赖环境。

感觉剥夺的作用在这一阶段非常明显,邪教徒的睡眠时间常常被剥夺,思维一片混沌,根本谈不上理性思维能力。有的同时采用思维闭塞的手段,思维闭塞是邪教组织用来杜绝教徒向邪教教义或领导挑战的任何思想、言语和信息。在印度“克利须那”教派中,信徒不准询问、怀疑或“思考”。[①] 最后邪教成员长期被封闭在邪教的生活圈子里,与外界隔绝,久而久之,他们的视野就会变得狭窄,意识就会变得模糊,感觉敏锐力下降,甚至失去对现实世界的正确理解和判断能力。

催眠和暗示的方法也经常被使用,如一些邪教活动中,使用大喊、大笑等暗示和催眠手段使人进入混沌状态,还有的邪教使用邪教语言、邪教思维控制教徒对自我和外界的认知方式。这时候如果有教徒想要离开邪教,就会受到某些精神控制的威胁。

---

① 参见[美]斯蒂文·哈桑:《走出邪教:摆脱邪教的控制》,杨善录、杨菲译,安徽文艺出版社2001年版,第148页。

案例：一个“法轮功”练习者曾经产生过一个“不想练了”的念头，当她出门买东西时，摔了一跤，于是她马上就想“这一定是我不虔诚（专一）遭到的报应”。因为害怕报应，她打消了原来不想继续“练”的念头。这种用恐吓惩罚形式来加强一种信念的方法，在心理学上称为“负强化”。

4. 教徒形成。通过以上三个阶段，并伴随着邪教痴迷的生理反应，邪教成员最终在思想和行为上彻底转化为“忠诚”于教主和教规的邪教徒。他们的心里只有教主、师傅，他们自愿放弃自我，愿意为组织奉献一切，既不会抱怨，也不会对教主提出任何疑问。他们既不会抱怨组织的活动，也不会对组织者的权威提出任何质疑，并且非常难以脱离。

思考题

1. 什么是邪教与邪教犯罪？
2. 邪教犯罪的社会影响因素有哪些？
3. 邪教犯罪中思想行为控制的心理作用原理有哪些？

第二节　邪教主的人格特征与认知偏差

要点提示

1. 国内外研究者通过对一些邪教主生平资料的分析，认为邪教主至少都有着自命不凡的妄想型病态心理，伴有自恋性和偏执性人格特征。

2. 在邪教主的心目中，只有他自己才是最重要的，他们只为自己而活。这种自命不凡的感觉是过度自恋癖的直接表现，是对自己成年后在生活中屡屡受挫的现实的一种不切实际的补偿。

3. 有偏执狂的人，一方面，“自得其乐”地独处于世，以一种越来越严密的妄想机制来抵御外来的刺激与侵害，这种机制使之几乎刀枪不入，并疏远那些一旦接近就可能让其受到伤害、攻击或批评的人。另一方面，龟缩于妄想又阻止了自己的性情发生任何改变，使之永存本色，从而可以继续表面上若无其事地天马行空。

邪教主是邪教犯罪的主体、邪教组织的灵魂，就整体而言，邪教组织是其领袖的人格与教导的扩展。有研究者认为，邪教的追随者和邪教领袖之间的特殊关系非常类似于有自恋性人格的病人和他们的心理治疗师之间的关系；也有研究者认为,杀人邪教组织的领袖不是精神变态者,就是精神病患者,或者两者兼有之。一旦他们陷入疯狂,就会把他们的追随者一起拖下深渊。①

一、邪教主的人格特征

从邪教犯罪的行为特点可以看出,邪教主往往具有明显的反社会意识,性格上自私残暴、狡猾奸诈,同时善于伪装,以亲切和善的面貌示人,因此有很大的迷惑性。由于人格的复杂性,不能断定所有的邪教主都具有相近的人格特征,或认为存在"邪教主人格"。国内外研究者通过对一些邪教主生平资料的分析,认为邪教主至少都有着自命不凡的妄想型病态心理,伴有自恋性和偏执性人格特征。② 大多数邪教教主都是以某种人格类型为主,同时兼具其他多种人格特质,而这些特质相互兼容,有机地统一于邪教主身上。

(一)偏执型人格

不少邪教主是偏执型人格,甚至具有某种偏执型人格障碍,表现为对自己过分关心,自我评价过高,常把挫折归咎于他人或推脱于客观,对他人则特别嫉妒,不信任别人,怀疑别人存心不良,总是过多过高地要求他人。这种人固执、敏感、多疑、狭隘,易与周围人发生摩擦,偏执型人格者的人际交往障碍会使其身心受损、心情郁闷,加重其变态人格的表现,而持续遭受的挫折、嘲讽和心理打击,可能使其继续发展成偏执型精神病。

有偏执狂的人,"自得其乐"地独处于世,以一种越来越严密的妄想机制来抵御外来的刺激与侵害,这种机制使之几乎刀枪不入,并疏远那些一旦接近就可能让其受到伤害、攻击或批评的人。另外,龟缩于妄想又阻止了自己的性情发生任何改变,使之永存本色,从而可以继续表面上若无其事地天马行空。③ 例如,"太阳圣殿教"头目约瑟夫·迪·芒布罗就是严重的偏执狂,他性格古怪,疑心重且好争斗,虽然很少公开露面,却有极强的控制能力。"人民圣殿教"教主吉姆·琼斯在教团内鼓励信徒进行忏悔和告密,并建立了信徒的秘密私人档案,对某些有叛离倾向的信徒进行监视。其他邪教教主们也或多或少地具有偏执型人格的某些特征,这也是他们难以适应正常社会,而要从事邪教活动的原因之一。

---

① 参见[美]罗伯特·西蒙:《好人·坏人:透视人性的阴暗面》,韩斌、叶隽译,新华出版社2001年版,第155页。

② 参见[西班牙]佩佩·罗德里格斯:《痴迷邪教:邪教的本质、防范及处置》,石灵译,新华出版社2001年版,第142页。

③ 参见[西班牙]佩佩·罗德里格斯:《痴迷邪教:邪教的本质、防范及处置》,石灵译,新华出版社2001年版,第141页。

（二）自恋型人格

有自恋型人格者显示出强烈的自我重要感。他们自视甚高，自命不凡，喜欢过高估计自己的实际成就，喜欢为引人注意而炫耀自己的欲望；他们渴望成功、权势、受人尊重或爱慕，对别人的批评易产生不正常的情绪反应；他们缺乏社会责任感，蔑视社会生活的常规，认为自己可以不受任何社会准则和规范的约束。如"人民圣殿教"教主吉姆·琼斯的儿子斯蒂·琼斯在谈及他父亲时说："我相信驱使他做这一切的动力是他需要成为中心人物。他梦想成为万物的中心，最终没有什么能够满足他，他已经极其亢奋，各种疯狂的念头都会出现。他想尽一切办法使自己更特别、更引人注目、更强大、更果敢。我想即使他成了上帝也不会满足。我们都知道，他的欲望是没有尽头的。"并非只有吉姆是这样，当今世界邪教主均把自己视为天下最伟大、最重要的人物，他们狂热地坚信自己无论什么时候都是正确的。他们把芸芸众生视为凡夫俗子加以鄙弃，把信徒视为愚昧之人随意玩弄于股掌。在邪教主的心目中，只有他自己才是最重要的。他们只为自己而活。这种自命不凡的感觉是过度自恋癖的直接表现，是对自己成年后在生活中屡屡受挫的现实的一种不切实际的补偿。

自恋的邪教主大多自封为神或神的再生，通过各种造神手段及部分教徒的有意渲染把教主抬升为"神"。但通过对个人综合材料进行分析会发现，教主无一例外都是平凡的人，几乎都是男性，且大部分文化程度不高；大多出身为农民，经济状况一般，这决定了大多数教主对物质的强烈追求和对性的偏好。由于邪教主自身知识构成、人格魅力并不出众，这也就造成教主主要是靠神化自身、利用传统宗教来迷惑教众达到吸引人入教的目的。

（三）支配型人格

多数邪教教主都具有支配型人格，有强烈的控制欲和权力欲或领袖欲，他们不甘居于人下，喜欢按自己的意志行事，并将自己的意志强加于他人身上；他们独断、专制，不接受他人的尤其是下属的意见或建议；他们虽然具有一定的管理和领导能力，但竞争意识强烈，缺乏容忍与合作精神，尤其难以忍受他人违拗自己意愿的行为。邪教主对教徒实行专制统治是所有邪教的共同特点。在这种专制统治下，整个邪教群体的意志浓缩为邪教主个人的意志，成百上千的邪教徒只不过是邪教主的傀儡，是实现邪教主个人意志的工具。支配欲极强的邪教主绝不容许邪教徒哪怕丝毫的不忠与背叛，更不容许邪教徒对自己的言行或教义提出质疑。不少邪教如"大卫教""太阳圣殿教""奥姆真理教"等都让信徒过一种封闭式的、没有自由的集体生活。在这种公社式的集体生活中，邪教主对教徒实行绝对的控制，教徒的思想、财产乃至整个生命均由他们所支配。

二、邪教主的认知偏差

在社会认知过程中,由于认知主体是处于社会背景下的个体,其往往会受到主观、客观等多种因素的影响,导致一些认知偏差。邪教主的认知与人格之间存在相依的关系,受其人格特征的影响,其对社会、他人和自我会存在认知偏差。

(一)对他人偏执型认知

偏执心理严重的人,由于总是认为自己的看法对,看问题、处理事务往往抓住一点就无限扩大,自以为看到了事物的全部,常常不能公正地对待别人。固执己见,刚愎自用,敏感多疑,心胸狭隘,嫉妒心、报复心强,自我评价过高。邪教主典型的偏执型人格使他们有明显的不安全感,因此对他人过分警惕和防卫;遭遇挫折或失败时常归咎于他人,总认为自己正确,不原谅他人的过错;好争辩和敌对,不接受与自己的观点相左的客观证据或意见;总是不切实际地、固执地追求个人不够合理的“权利”和“利益”。

邪教主型犯罪人在日常生活中往往对别人作出的成绩不屑一顾,甚至进行诋毁;当别人不如自己时,冷嘲热讽、奚落挖苦。当然,这样的人也不能全面客观地看待自己,以致人际关系多不融洽。头脑中存在对人和事的歪曲认知和非理性观念,如“世上只有自己完美无缺,其他人都是坏蛋”“我是独一无二的强者,对他人必须以牙还牙,让对手尝尝自己拳头的厉害”等都是非理性观念。有些人总爱用挑剔的眼光看待他人,用苛刻的标准评价别人。这些人可能有两种表现:一种是与人交往时总抱有一种防卫式的态度,过分留心,处处算计,唯恐吃亏上当;另一种是拒绝与他人接触,神经过敏,对周围人常有戒备之心,不愿表露真实情感,喜欢独来独往,但时常感到寂寞空虚。不管是哪种表现,都是因为存在对他人认知的偏差。

(二)自我认知偏差

邪教主自我认知中对自己的评价非常高,自我重视、自我夸张,处于常常想入非非,渴望持久地被人关注和赞美的一种极端以自我为中心的心理状态,也称自恋或自负。邪教主对自身的长处无限夸大,喜欢炫耀自己,反之则会感到愤怒、耻辱或暴跳如雷,喜欢对他人发号施令,要他人为自己服务,对别人却缺乏同情心,很少能设身处地地理解别人,所以现实生活中其未做邪教主时容易遭受失败,人际关系也很紧张。

邪教主一般自封为“神”“主”“上帝”“活基督”,或称“弥勒佛”转世临凡,称王称帝。他们幻想充当着世界创造者、主宰者和救世主的角色,宣扬自己有种种特异功能,迷惑信众。

（三）迫害妄想

变态心理学和精神病学的研究让我们对邪教教主有了一个全新的认识。美国精神病学会依据《精神疾病诊断与统计手册（DSM－Ⅳ）》提出的标准，分析了近50个"邪教领袖"，其中包括当今世界范围内影响较大的教派团体组织者的生平资料之后，得出的结论是，这些人都有着自命不凡的妄想心理。

研究表明，一个在破裂、忽视、惩罚、冷漠家庭中长大的孩子更容易成为一个具有妄想、偏执、自恋等病态人格的人。童年或少年时的不幸经历和不良生活环境对邪教主内心造成了挫折和创伤，导致其心理上产生了强烈的自卑感和迫害妄想。那些有着迫害妄想的邪教主们，大多数生长于极度不睦或破裂的家庭，精神和肉体上受到过父母的虐待，严重缺少关爱（常常还备受金钱困扰），受教育程度不高和不够成熟，孤僻，有的早在童年时期就受到过来自社会和学校的明显心理创伤，具有将幻想当现实的倾向。如"人民圣殿教"教主吉姆·琼斯具有迫害妄想，认为"人民圣殿教"将受到外部世界的迫害，强烈的不安全感促使他率先向政府官员发动袭击，并在政府采取措施之前率领九百多名信徒集体自杀，酿成震惊世界的惨案。精神病型的邪教领袖抹杀了现实与幻想的界限。他们夸大了自我地位和被迫害信念，并且坚信世界末日在即。

——思考题——

1. 邪教主的认知偏差有哪些？
2. 邪教主的人格特征有哪些？
3. 如何理解邪教主的"被害妄想"？

第三节　邪教徒的认知偏差与人格特征

要点提示

1. 邪教教徒入教的动机具体分析可表现为以下几种：第一，渴望治病强身、健康长寿而入教；第二，期望摆脱厄运、寻求解脱而入教；第三，为排遣孤独和空虚，寻求群体认同和归宿而入教；第四，为了追求某种人生价值而入教。

2. 具体来说，判断一个人是否为邪教信众，应该同时从以下三个基本条件来分析：首先要看他在思想观念上即在主体意识层面上，是否认同邪教的"教义"或者它所宣扬的观点、内容；其次要看他是否在一定程度上膜拜教主，或者说在一定程度上对教主存有神秘感和敬畏感；最后要看他在社会实践层面上有无具体的社会行为，即个体是否参与了邪教组织的活动。

3. 邪教徒的认知偏差包括入教前的一些负面认知、思维特征，及入邪教后强化和形成的认知模式和认知偏差，这些认知特点使他们在解释外界环境与自我时，较容易产生认知上的扭曲，进一步受到邪教主的精神控制。

4. 纽约的精神病学家马克·加兰特研究了大批邪教徒尤其是女信徒的情况后发现，几乎所有的人都经受着“巨大的感情痛苦”，她们往往没有什么技能，没有受过高等教育。对她们来说，与人建立关系和信任别人都是不容易的事。

邪教信徒痴迷邪教，固然与邪教组织有意识的欺骗和精神控制有重要关系，但作为信徒个体的认知偏差与不良人格因素则是他们能被邪教组织利用而痴迷其中的主因。社会中一部分人在社会生活中由于各种复杂因素形成了认知偏差与不良人格，在受到邪教人员蛊惑时，容易为邪说所俘获，成为邪教信徒。

一、邪教徒加入邪教的动机

教徒加入邪教的动机与目的和邪教主建立邪教的动机与目的截然不同。绝大多数邪教徒是被诱骗加入邪教组织的。他们既没有邪教主那样的敛财欲望，也没有什么政治野心，其往往是为了寻求庇护或解脱、治病或健体、平复心灵的创伤、满足好奇心或寻求超常体验等而加入邪教。邪教教徒入教的动机具体分析可表现为以下几种：

1. 渴望治病强身、健康长寿而入教。此类入教者多为年龄较大的个体。

2. 期望摆脱厄运、寻求解脱而入教。

3. 为排遣孤独和空虚，寻求群体认同和归宿而入教。例如，邪教组织“法轮功”的一个显著特点就是活动的群聚性，它不仅要求练功要有众多学员共同进行，而且学员间还必须经常一起学“经文”，谈“心得”，交流“经验”和“体会”，“互帮互助”，“共同提高”。这无疑对于人的归属与亲和心理有着极大的吸引力。①

4. 为了追求某种人生价值而入教。邪教虽然不提供真理，但它提供貌似真理实则与真理背道而驰的生活意义。对于追求生活意义和神通的人，邪教教主宣称自己掌握了某些特殊的知识，追随者只要加入就能获得不寻常的体验，从而蒙骗了那些对现实人生丧失信心的个体加入。

这些心理动机有主次之分，也有原发和继发之分。在原发动机中，以渴望治病

---

① 参见郭子贤：《邪教现象的社会心理分析》，载《邵阳学院学报(社会科学版)》2003 年第 4 期。

强身、健康长寿的心理为主导性动机。例如，“法轮功”痴迷者的动机多表现为实现初始的治病强身和继发的“升天圆满”的需求。[①]

分析一个人的个体行为是否符合邪教信众的标准，应该综合主观、客观两个方面来界定。主观上就是看个体内心对邪教的态度，即自我对邪教的认同以及自身的邪教意识；客观上就是指个体参与邪教活动的情况，即参与邪教的社会行为。具体来说，判断一个人是否为邪教信众，应该同时从以下三个基本条件来分析：

第一要看他在思想观念上即在主体意识层面上，是否认同邪教的“教义”或者它所宣扬的观点、内容。

第二要看他是否在一定程度上膜拜教主，或者说在一定程度上对教主存有神秘感和敬畏感。

第三要看他在社会实践层面上有无具体的社会行为，即个体是否参与了邪教组织的活动。

上述三个条件是一个有机统一的整体，缺一不可，其中个体的社会行为活动为基本的判断标准。可以这样说，只要个体积极参与了邪教组织的活动，他就是一个邪教信众。[②] 邪教徒加入邪教后从事各种邪教犯罪活动，并且在犯罪活动中表现出忠于其邪教信仰的愚顽与坚韧性，以及在教主指使和暗示下实施犯罪行为的凶狠与果断性。

二、邪教徒的认知偏差

邪教徒的认知偏差包括入教前的一些负面认知、思维特征，以及入邪教后强化和形成的认知模式和认知偏差，这些认知特点使他们在解释外界环境与自我时，较容易产生认知上的扭曲，进一步受到邪教主的精神控制。“练习者”之所以对漏洞百出的“法轮功”歪理邪说深信不疑，关键在于他们已丧失了正常思维，丧失了判断善恶、是非的标准。有研究者通过与“法轮功”痴迷人员的接触，并结合专业心理个性测评工具明尼苏达多项人格测验，分析发现这部分人群在考虑问题时不善于把握事物的本质，难以分清主、次，习惯于将事物看成单一的个体；在认识事物时常以点代面，以偏概全；在解决问题时习惯于用同一种解决方案，欠缺解决问题的灵活性；在进

① 参见韩跃红：《致使邪教教徒入教个体心理动机探析》，载《广西大学学报（哲学社会科学版）》2003 年第 1 期。

② 参见吴东升：《当代中国邪教信众的分析》，载《江海学刊》2005 年第 1 期。

行逻辑推理时常以毫无根据的设想为前提,迷信权威,人云亦云,无独立见解。[①]

(一)自我认知偏差

邪教徒对自我的认知与邪教主恰恰相反,倾向于过低地评价自己,即自卑。自卑是由于过多地自我否定而产生的自惭形秽的体验,即对自己的知识、能力、才华等作出过低的估价,进而否定自我。有自卑感的人轻视自己,过分看重自身短处,因而常表现出胆怯、畏惧、怀疑,担心被人嫌弃和拒绝,因而行为上采取逃避的方式。形成这种软弱无力的心理品质的原因很多,如生理缺陷、成绩不好、能力差、失恋、社会地位低等,而其直接原因则是自己的认知方式不正确,产生了认知偏差。中国科学院心理研究所"反邪教"课题组对"法轮功"痴迷者的心理特点进行的调查表明,"法轮功"痴迷者中大部分人比较内向、安静,不善社交,有时还比较固执,总体来说是一个社会弱势群体。

(二)思维过程偏差

邪教徒入教前往往存在一些思维过程偏差:

1. 绝对化要求。以自己的意愿为出发点,对某一事物怀有必定会发生或不会发生的绝对化倾向,它通常与"必须""应该"这类词联系在一起。持有这种认知的人往往把生活看成非黑即白的单色调,没有中间色,因而极易陷入情绪困扰中。

2. 过分概括化。这是一种以偏概全、以点概面的不合理思维方式。它一方面表现为对自身的不合理评价,另一方面则表现为对他人的不合理评价。别人稍有过失就认为其很坏,无一可取,从而一味地责备他人,乃至产生愤怒、敌意等情绪。持唯心片面绝对化思维方法者,对发展中的社会感到不适应和不满意,倾向于片面孤立地看待社会现象,易形成消极悲观偏执的心态,对身心健康造成危害,即便身处和平安定衣食丰足的生活环境里,也没有快乐幸福感,更不会有感恩之心。"非黑即白"等绝对化、片面化思维有"一刀切"的特点:要么全对,要么全错;要么洁白无瑕,要么漆黑一片。这是一种完全断裂和对立的思维方式。如此丧失了批判能力,就容易全盘接受邪教的歪理邪说,如只要现实社会中有任何瑕疵,"法轮功"教徒都可以用来印证"法轮功"邪教教主所说的"地球是宇宙的垃圾站"之类的谬论。

3. "糟糕至极"的想法。这种不合理的认知以夸大失败或痛苦的体验为特征,认为某一件事情发生必定非常可怕、非常糟糕,后果不堪设想。这种认知方式会使个体陷入不良的情绪体验之中,难以自拔。以偏概全的思维定式,打开了邪教徒消

---

① 载 http://www.zhanlu.org.cn/eastday/kl/xyzt/zhlwz/u1a798723.html,最后访问日期:2018 年 6 月 30 日。

极信息的过滤器,社会阴暗的资料越想越多,越钻牛角尖,然后统统印证了邪教中诸如"人类在败坏,到处都是魔"的说法。

(三)邪教思维

邪教往往糅合了多种宗教信仰甚至现代文化中的内容,大量使用其概念并进行歪曲解释和无知臆断,具有很大程度的迷惑性。同时,对神秘现象的着迷,相信道听途说,基本丧失了批判能力。另外,邪教语言会产生邪教思维,邪教思维往往使信徒思维能力退化,使其存在混乱的逻辑思维。

1. 思维过程的歪曲和矛盾性

邪教的歪理邪说扰乱了其练习者正常的逻辑思维过程,使之出现思维定向方面的障碍,在分析、综合、抽象、概括、比较、联想时,形成了一些异乎一般人的逻辑概念,如"法轮功"犯罪人把不练"法轮功"的人比作正常人,把自己称为修炼者,把阻止其练功的人称为"魔"等,这明显是抽象概括过程的歪曲。他们有时还会进行诡辩或出现思维结构障碍、思维逻辑进程的障碍等,其语言内容往往是空泛的或自相矛盾的。

2. 自我概念的封闭性和虚假性

自我概念是指人的自我知觉的整个系统和看待自己的方式。[①] 借助自我概念,人会产生自己的知觉和认识。如"法轮功"类犯罪人的自我概念是歪曲的、封闭的,他们很少有足够勇气承认自己所面对的矛盾。同时,他们有强烈的自我保护倾向和心理防御机制。他们竭力否认外界的经验,目的是维持自身业已形成的自我概念。他们往往利用否认的方法,把已经发生的令人痛苦的事实说成根本不存在的东西,好像什么也没有发生过,来避免心理的不安、痛苦或矛盾。他们的自我认识、自我观察和评价不真实,他们自我意识中的自我不是一个真实的客观的自我,而是一个主观的、歪曲的,甚至是虚构的自我,如他们认为自己不是常人,而是具有宇宙特性的修炼之人,不承认自己是违法犯罪者,认为自己是好人,国家总有一天会为自己平反。

他们遇事不会依从客观事实进行分析、判断、推理、寻找方法,而是"经文"上怎么说就怎么做,企盼事事顺利,逢凶化吉。例如,"法轮功"习练人员认为已转化人员与"大法"无缘,是"叛徒",不是因为认识到"法轮功"的邪教本质而自动与"法轮功"决裂的;对于正在接受的教育转化学习则是"师父"对自己的"考验",是自己在"消业"。

心理不相容即是在人际交往中,当他人不能与自己观点一致或自己不能引起他人的认同时,而产生苦恼焦虑,导致其与社会和他人相隔离,自我封闭。在心理上有相容障碍的人,总是将自我束缚在一个狭小的交往范围内,对他人的一些个性特

---

① 参见章恩友、姜祖桢主编:《矫治心理学》,教育科学出版社2008年版,第405页。

点往往“看不惯”,因而懒得与他人交往。

三、邪教徒的人格特征

一些邪教徒表面上看起来是出于强身健体或宗教信仰的动机加入邪教,但其最终成为邪教徒,并被利用进行犯罪行为,根源仍主要在于其人格特征。邪教徒易接受邪教宣传,主要受以下人格特点的影响:(1)易受暗示性。有调查发现,信仰邪教的老年人大多数读书少、文化素质低,加上长期受封建思想的侵蚀,对科学的东西难以接受。调查还发现,一些邪教信仰者本身就患有心理疾病,其中以受暗示性高的癔症病人为最多。(2)易盲从性。邪教信仰者大多心灵空虚、相信命运、相信神灵、相信有一种神秘的力量主宰人生。邪教操纵者正是利用信仰者容易盲从的人格特点,采用“找托”、魔术方法制造某些轰动效应,使一些文化素质较低、平时又相信各种迷信、缺乏主见的人奔走相告,以讹传讹。那些胸无信仰的盲从者则对其深信不疑,以填充心中的空缺。①

国外学者对邪教犯罪者人格特征的研究表明,邪教犯罪人性格偏激,人格不健全,焦虑、压抑、忧郁、孤独,缺乏亲情,对未来恐惧,得不到咨询和帮助。② 国内研究表明,邪教徒在人格特点上往往表现为内向、怯懦、孤独、自卑、敏感、脆弱、情绪化、依赖、幼稚、轻信、厌世、叛逆、贪婪、易受暗示、不善交往、耐挫力或社会适应力差等。③ 一般而言,女信徒往往比男信徒更善良,更单纯,也更轻信花言巧语。纽约的精神病学家马克·加兰特研究了大批邪教徒尤其是女信徒的情况后发现,几乎所有的人都经受着“巨大的感情痛苦”,她们往往没有什么技能,没有受过高等教育。对她们来说,与人建立关系和信任别人都是不容易的事。

(一)经验归纳的邪教徒人格特征

从现实生活来看,以下几种人格类型在邪教徒身上较为常见:

1. 理想主义人格

理想主义者们对现实社会往往怀有较高的期望和诸事求完美的心理倾向。他们对现实生活中的种种消极、丑恶现象缺乏足够的心理准备和客观冷静的分析,也缺乏积极的心理调适手段,因而产生了对现状的不适感、不满感和厌弃感。他们幻

---

① 参见阴国恩、戴斌荣:《运用心理学理论分析与转化邪教信仰者》,载《天津师范大学学报(社会科学版)》2003 年第 5 期。

② 参见[西班牙]佩佩·罗德里格斯:《痴迷邪教:邪教的本质、防范及处置》,石灵译,新华出版社 2001 年版,第 6 页。

③ 参见陈华:《邪教犯罪的心理学分析》,载《四川警官高等专科学校学报》2003 年第 1 期。

想和期待着一种美好的社会环境和人际关系，而邪教所描绘的“天国”与他们的理想不期而遇、不谋而合，于是步入迷途。许多受过高等教育的知识分子也被邪教所惑，在很大程度上是由于这一原因。

案例：一名曾经练“法轮功”的博士生回顾自己身陷邪教的原因时说：“我出生在知识分子家庭，从小受着良好的教育，特别是中国传统的伦理道德观念在我内心播下了向往正直善良的种子。由于这种观念的影响，我对现实社会中的一些不良现象看不惯，因而在思想上产生了一种消极避世的心理。而‘法轮功’打着‘真善忍’的牌子，构造了一个‘无忧无虑，一片祥和，没有污秽及尔虞我诈的神仙世界’一下子就吸引了我。我走进了‘法轮功’的圈套，还以为是找到了人间的一片净土……”现实生活中，一些具有“完美主义”“理想主义”人格倾向或“幻想型”人格特点的人，往往因上述原因误入邪教。

2. 逃避型人格

逃避型人格者由于自我评价偏低，对自己的成就信心不足，而对自己的弱点过分沮丧，在人际交往时对他们可能受到的冷落过分敏感。因而除生活与工作所必需的人际交往外，他们总是回避社交活动。他们遇到挫折或失意时，找不到积极的方法去面对，总是采取消极逃避的办法寻求精神解脱，因此容易为邪教所营造的虚假的温馨氛围所欺骗而主动加入邪教。

3. 依赖型人格

依赖型人格者往往没有主见，缺乏自信，总觉得自己能力不足，甘愿置身于从属地位，遇事总想依赖他人，不敢独立思考，容易屈从于他人的要求，显得过分顺从。当所依赖的人不在身边时，其就容易发生焦虑和抑郁。依赖型人格的形成与个体成长环境及文化传统有关。

4. 幼稚型人格

这种人人格发展不成熟，思维方式简单，缺乏稳定的价值观。处理问题有明显的情绪化倾向。他们易受暗示，缺乏理性和独立意识，有寻求保护的倾向。邪教徒中有相当一部分人属于这种人格。在西方，有许多邪教把少不更事的年轻人作为引诱的主要对象。在我国，也有相当一部分青少年因为幼稚无知、难辨真伪而被卷入邪教。

5. 封闭型人格

这种人个性孤僻、内向，自我封闭，不善于主动与社会交往和接触外界。由于缺乏人际交流和人际支持，他们很容易陷入生活困境或遭遇挫折，且在此种情况下往往不能及时地得到帮助、鼓励和安慰。这样，其就比常人更容易产生焦虑、忧郁、烦闷、痛苦和厌世情绪。加入邪教组织，不但缓解了他们内心的孤独感，也使他们暂时摆脱了现实生活中的烦恼,所以邪教徒中有不少人属于封闭型人格。

(二)邪教徒人格特征测量

首先,有访谈结果表明,原“法轮功”痴迷者最突出的个性特点大多数人表现为思想观念中理想主义色彩浓厚,显得有些幼稚、不够成熟,表现出这一点的人占72.5%。其次,他们也非常狭隘、固执、封闭、抑制,同时也有比较真诚、自律的一面和自卑、顺从的人格特性。

西班牙司法部的教派问题工作组于1988年主持进行了一项调查,发现痴迷于某一教派的危险组群的人格特征是敏感、孤僻、易于激动、自卑、压抑、焦虑、缺乏自信、犹豫、理想主义和追求绝对等;中国科学院心理研究所在对“法轮功”痴迷者所做的一项调查研究中同样发现,“法轮功”痴迷者最明显的个性特征是幼稚、理想主义、自卑、顺从、封闭等。因此,在症状表现上,神经症所具有的诸如焦虑、恐惧、易激惹等情绪症状,强迫观念、强迫意向、强迫动作及行为,疑病观念和植物神经症状群等几乎在“法轮功”痴迷者身上都有不同程度的体现。①

同时有研究发现,原“法轮功”痴迷者中,大部分人经历了一些重大负性生活事件,包括身体上的、工作中的、人际交往上的以及家庭生活等方面的重大变故。这些应激环境无不对个体人格形成具有深刻影响,因为生活事件的增加而产生的应激体验与各种各样的生理心理障碍有着明显的关系。在对生活事件与个性心理健康发展间的关系进行解释时,一般都认为由于生活事件的产生增加了个体适应环境的压力,个体要适应变化的生活所付出的努力也需要相应地增加,因此,如果在一段时间内发生太多的生活事件,个体的躯体和心理健康状况就会受到影响。②

艾森克人格问卷(EPQ)调查显示,原“法轮功”痴迷者在内外向维度上的得分低于正常人,表明他们具有安静保守、孤僻离群、性格内向、不善交际以及严谨、自律、悲观等人格特质。其在神经质项目上的得分显著低于正常人,说明他们情绪反应缓慢而弱,经常进行自我控制和压抑。综合访谈和问卷两种调查结果以及前述研究者的看法和研究得出结论,这种一致性说明原“法轮功”痴迷者心理上确实存在一些问题,存在相当程度的人格缺陷,心理健康水平偏低。原“法轮功”痴迷者在面对应激事件或环境时,常以自责、幻想和退避这类不成熟的方式应对,较少运用解决问题这类积极的应对方式,表现出一种神经症性的人格特点。

---

① 参见庄东哲、刘景堂:《从心理学角度看迷信、邪教痴迷及其与神经症的关系》,载《中国人民公安大学学报》2003年第2期。

② 参见刘时勇:《大学学历者痴迷“法轮功”现象的心理因素调查分析》,辽宁师范大学2003年硕士学位论文。

国内研究人员对邪教痴迷者的人格倾向与心理模式进行实证调查分析发现，痴迷者明尼苏达多项人格测验（MMPI）测量，大于正常分值，显示异常的项目有精神病态、妄想狂、偏执、精神衰弱、轻躁狂、癔症。痴迷者 MMPI 测量反映出的人格倾向为：偏执型人格及强迫型人格倾向占 25.00%；分裂型人格占 34.09%；癔症型人格占 29.55%；冲动型人格占 10.23%；神经质型人格占 22.73%，男性痴迷者除异性化外其他九项均高于国内常模且达到统计学显著性，揭示了男性痴迷者存在明显的人格扭曲和心理病态现象。痴迷者与吸毒者在妄想、癔症的比较结果上呈强相似性，说明二者具有相同的人格特征——掩饰性和不真实性，揭示了精神鸦片与药物鸦片对人身心毒害有相同之处。痴迷者与精神病者比较，二者在支配性、偏见性、轻躁狂、精神病态、控制项目上表现出强相似性，说明痴迷者也具有精神病样的病理人格特质，存在类似的人格变态和意识变态。①

思考题

1. 联系邪教徒的人格特点谈谈如何理解邪教徒加入邪教的动机。
2. 邪教徒的认知偏差有哪些？
3. 邪教徒的人格特征有哪些？

延伸阅读

如何识别邪教徒

研究者发现识别邪教徒的二十一种特征，可以分为五类：生活习惯方面的改变、言辞方面的改变、性格方面的改变、肌体方面的改变和交际关系方面的改变。②

一、生活习惯方面的改变

1. 着装方式的明显变化：一般是从随随便便到比较讲究，以致到了与其惯常的交际与职业活动的需求不相般配的地步，同其本人直到变化之前的性格也不相符。

2. 饮食习惯的突然而明显的变化：恪守某一食谱或极端反常及毫无道理地专吃或拒吃某些食品。

3. 卫生保健习惯的巨大变化：采用强制或病态的怪异洗浴方式（以“净化”为借

---

① 参见陈青萍：《关于邪教痴迷者的人格学研究》，载《宗教学研究》2004 年第 1 期。

② 参见［西班牙］佩佩·罗德里格斯：《痴迷邪教：邪教的本质、防范及处置》，石灵译，新华出版社 2001 年版，第 226 ~ 231 页。

口),改变头发、汗毛和指甲的护理方式(或任其随便生长、或截然相反),断然拒绝看病吃药,等等。在这一方面需要特别慎重,不应将看似非常怪异但却效果极佳并值得推荐的自然疗法或瑜伽疗法看作邪教影响,一般情况下,应该关注的是怎么做(当事人的态度)而不是做什么(采用的方式)。

4. 癖好的断然变化:无缘无故——或以教规为理由——戒除吸烟、饮酒、癖嗜药物或毒品的习惯。

5. 性行为的骤然变化:没有任何必然理由地改变对配偶的态度,可能是完全拒绝性关系,也可能是提出反常的性要求,诸如:不射精性交(原本是瑜伽坦陀罗提出的一种要求,但是某些邪教和无知者没有任何理由地强迫其追随者们也要这样做),在特定的条件、地点和时间做爱,借口教义规定强逼配偶接受滥交、双性性交或其他类型性交观念,等等。需要指出的是,在成年夫妻间,只要双方同意,任何合法的性行为都是可以的,但不能是一方在违背另一方意愿的情况下强行施行。

6. 阅读内容朝向非常偏狭和单一方面的变化:专注于同一个作者或倾向特定的领域(一般同宗教、形而上学、密宗、政治或其他方面的理论有关)的读物,意在虔诚而不是出于健康的求知兴趣。

7. 音乐兴味的明显而持久的变化:比如,从一贯喜欢适合其年龄(或自己偏爱)的音乐到彻底厌弃这类音乐,转而沉醉于神秘的、仪典的或一般引导内省的音乐(如果不是出于教派或意识形态的压力,这种转变倒是可取的和具有正面意义的)。

8. 休闲习惯的截然变化:以极其荒谬和完全不符合其性情的理由,不再观看电影和戏剧演出或不再光顾某些(符合其年龄和所喜欢的气氛、从前一直被其看好的)娱乐场所,或将"省下来的"时间用于参加各类业余或周末"培训班"和听与那些"培训班"有关的录音报告。

9. 兴趣爱好的明显变化:没有符合逻辑的理由而断然不再参加以前非常喜爱的体育、文化、休闲等类的活动。

10. 对时事兴趣的突然变化:不再阅读报纸、刊物,不再看电视、听广播,完全回避谈论时事。

二、言辞方面的改变

11. 言谈风格发生重大变化,诸如:喜欢使用新词,常用词汇减少,语句变得越来越简洁(思维能力退化的征兆),语调明显不同从前(各个教派的徒众都有其独特的讲话方式),表达能力变差,思维反常地单调,几乎只谈其新朋友、新思想、新打算,常常借助口头禅或很不常见的和与其惯常的思想方法很不相同的套话,动辄借用《圣经》语句或类似说法评论或解释日常生活中的事件和现象,一反常态地不再在谈话中使用恶语秽言,等等。

三、性格方面的改变

12. 感情的变化:明显地逐渐疏远一向亲近的人(家人、朋友、恋人),对直系亲属尤为冷漠,不信任感与日俱增。

13. 性情的明显变化:越来越敏感、暴躁、深沉、寡言、麻木、热情、活跃、长时间不在家里(又不做解释)、工作效率或学习成绩下降,等等。

14. 表达方式的变化:越来越冷漠,失去原有的幽默感,给人以做作、虚假和躲闪的印象,等等。

15. 人生兴趣的明显变化:舍弃原来非常看重的人生追求(完成学业、就职行业或从业地点、购置产业、旅行、做某个团体的志愿者等),而理由只不过是"那是过去的事情了""已经不在乎了""我有了更高的追求"而已。

16. 意识形态的极端变化:从一种思想立场或信仰转向其对立的极端(最常见的变化是从开放和开明转向冥顽和反动、从无神论者和不可知论者或不信教者变成无比虔诚的教徒)。

17. 理智上的深刻变化:比如相信并致力于开发特异的思想功能,即指相信单纯通过思想、语言或动作就完全可以或可能引起或阻止某一事态的发生,尽管这种信念违反逻辑理论和因果关系的基本规律。这类思想常常会变为模式化的仪式和迷信。

四、肌体方面的改变

18. 肌体上的有形变化:体态僵硬或强直和五官紧绷(有时眼球会晶化、眼神迷离,亦称"千里眼"),尤其是在其某种行为受到谴责或与之讨论其新思想或信仰的时候;不明原因的反常消瘦,等等。

五、交际关系方面的改变

19. 朋友圈子的骤然变化:迅速地摆脱直到某个特定时期过从甚密的朋友,转而偏爱或专门同一些直到不久前还完全陌生、仿佛不知从什么地方突然冒出来的新人亲密往来。一般情况下,故交对其思想、信仰、关系或举止批驳得越重,疏远就越果断和越迅疾。

20. 社会活动的断然变化:无缘无故地放弃工作或学业(或没有充分理由地请求更换班次、调动或停薪留职)和工作效率或学习成绩大幅度下降(因为疲劳、不专心、难以集中精力等)。

21. 履行社会义务方面的无端变化:比如,以宗教性质的理由或以无法推诿的培训班、旅行、会议或事务为借口,拒绝参加婚礼、洗礼、生日、探病、殡葬等重要的家人(或朋友)的活动。从这类拒绝的频率和断然态度可以看出其对教派依赖的程度。

第十三章　诈骗犯罪心理

案例导入

张某有一个许多年没有联系的高中同学邱某，听周围认识的人传言他从部队回来后有权有势，可以委托其办事，他帮助过一些人通过军检办理入学。正好张某家有一独子赶上高考，他便拿着礼物上门拜见请求帮忙。

邱某一口答应，他说军校并不难进，以前他在省招生办的朋友每年都有委培名额，录取分数可以适当降低，并且有的学校因为扩建校舍经费不足，也会根据上级部门要求扩招部分议价生。而邱某本人每年都会去帮助那个朋友招生，只要大家面子上过得去，都是朋友，帮助张某不过是举手之劳。而且这部分学生是随着所办学校的批次同时录取，专业可以挑选，在网上可以查到录取信息，教育部的网站也可以正常注册，一切都是正常渠道。邱某还特别保证："每年省招生办办理这些学生入学时，都是集体操作，不是个人行为，可以放一万个心。"

邱某面对质疑时信誓旦旦的态度最终让张某选择相信。张某在等到儿子分数出来后，立刻找到邱某请求办理入学，邱某提供了几份可以办理的学校名单供他们选择。并在一周后联系张某，说已经确定其儿子可以上所选大学的网络工程专业，所需的费用是8万元，关系走动费是2万元。他强调该校只有3个额外指标，先到先得，需要张某赶紧付款，钱到位后就发录取通知书，不然等名额被别人占了，就完全没办法了。

在这种紧张的气氛下，张某马上把钱汇给邱某。在张某申请提交完录取儿子专科学校的退档后，邱某却一拖再拖，甚至故意安排一些无实际意义的事，让张某一直奔波，制造"正在运行"的气氛。

最终，在警察把邱某带走并揭露他是诈骗犯时，张某夫妇才知道自己上当受骗。

面对权威和有权力者，普通人总会选择相信，邱某正是利用这一点伪造出自己有门路、有身份、有权力的形象，再加上本来的同学关系，使张某分外信任和依赖邱某，甚至不会去怀疑和检查其真实性，进而轻易地受到邱某的迷惑。在邱某诈骗的过程中，重复利用张某爱子心切的情绪，在其不凭借高考分数就上好大学的不劳而获的期待心理的刺激下，最终落入邱某编织的谎言之中，被骗取大量钱财。

案例反映出诈骗犯罪最主要的特点是以欺诈方式使被害人产生错误的意识，让被害人认为自己是"心甘情愿"地把财物主动交给犯罪者，这使诈骗犯罪不同于抢劫、盗窃等其他侵财型犯罪，也往往不会涉及杀人放火之类的暴力犯罪行为。诈骗犯们利用的是受害者的虚荣心、贪小便宜、封建迷信以及投机等心理进行犯罪活动，他们一般具有良好的交际能力和敏捷的思维能力，并且善于观察、获取受害人的心理特点，从而抓住其心理弱点，实施蛊惑性言语和行动，进而实施犯罪。这对于实施诈骗的犯罪人而言，是一项无本万利的"买卖"。

第一节　诈骗犯罪概述

要点提示

1. 诈骗犯罪是传统意义上的智能犯罪，是指以非法占有为目的，使用虚构事实或者隐瞒真相的方法，骗取数额较大的公私财物的行为。概念内涵包括：首先，行为人以非法所得为目的，实施欺诈行为。其次，欺诈行为使被害人产生错误认识。再次，被害人基于错误认识作出财产处分。最后，欺诈行为使被害人处分财产后，行为人便获得财产，从而使被害人的财产受到损害。

2. 当前我国诈骗犯罪的主要特点：传统诈骗持续高发，诈骗手段不断翻新；诈骗活动的范围扩大，受害对象广泛；金融诈骗呈高发态势，涉案金额巨大；电信网络诈骗呈上升态势，新的诈骗形式定位准确；跨境犯罪越来越突出；诈骗团伙呈现集团化、专业化操作模式。

3. 主要的诈骗手段包括：冒充各种身份行骗、金融诈骗、通信网络诈骗、街头诈骗、合同诈骗、以刊登假广告进行诈骗。

诈骗是一种较为常见的侵犯财产方面的犯罪，与其他侵财类犯罪不同的是，诈骗犯罪手段无奇不有且不断与时更新，具有很大的迷惑性和欺骗性，社会危害性极大。正因如此，诈骗犯罪历来都是刑法打击的重点犯罪类型。按照我国《刑法》第266条的规定，"诈骗公私财物，数额较大的"构成诈骗犯罪。我国在1979年《刑法》中只规定了一种诈骗罪，但随着社会经济生活的不断发展变化，刑法所保护的社会关系日趋多样化、复杂化,1997 年修订的《刑法》采用了“罪群”的立法方式对诈骗罪加以规定,即除在“侵犯财产罪”一章中规定了普通诈骗罪外,还在“破坏社会主义市场经济秩序罪”一章中规定了十种特殊形式的诈骗罪,包括集资诈骗罪、贷款诈骗罪、票据诈骗罪、金融凭证诈骗罪、信用证诈骗罪、信用卡诈骗罪、有价证券诈骗罪、保险诈骗罪、骗取出口退税罪和合同诈骗罪。一方面,传统的编造各种理由向朋友、亲戚借钱、借物诈骗,公交车上、街头巷尾购物、易拉罐中大奖、丢物分钱等诈骗手法,并未因时代的发展和技术的进步而退出历史舞台;另一方面,以电信、网络为工具的新型科技含量高的诈骗,近年来发展迅速。2020 年,受新冠肺炎疫情的影响,我国电信网络诈骗犯罪在各类涉疫情犯罪发案量中,排名“榜首”。

一、诈骗犯罪的概念

诈骗犯罪是传统意义上的智能犯罪,是指以非法占有为目的,使用虚构事实或者隐瞒真相的方法,骗取数额较大的公私财物的行为。这一概念包含以下几个方面的内涵:

首先,行为人以非法所得为目的,实施欺诈行为。用欺诈行为占有他人财物,是诈骗犯罪区别于盗窃、抢劫等其他侵财犯罪的主要特征。犯罪人在犯罪过程中依靠自身的伪装能力,使被害人产生认知错误,主动将财物的某种处分权转移给自己。因此,诈骗犯罪的行为要素至少要包括两个方面:一是欺诈,二是取财。“欺诈”作为诈骗犯罪的行为要素,是指虚构事实或者隐瞒真相的行为。其中,虚构事实通常采取“作为”方式;隐瞒真相则以“不作为”方式居多。虚构事实或隐瞒真相的行为,要求行为人有较好的智力条件,并且具有令被害人产生信任感的能力,因此,实施诈骗犯罪的个体,在年龄、性别等方面有着不同于盗窃、抢劫等犯罪行为人的特点。根据有关研究,诈骗犯罪中中年人是犯罪主体,而盗窃犯罪中始终是青少年为犯罪主体。另外,女性实施的诈骗犯罪高于女性的其他犯罪。

其次,欺诈行为使被害人产生错误认识。诈骗犯罪分子通过欺诈行为,使被害人产生了错误认识,“自愿”交出财物,就构成了诈骗犯罪。如常见的“招工诈骗”,诈骗犯罪人以自己有特殊门路的虚假事实,骗取对方信任,在成功诈骗其中介费、手续费后消失得无影无踪。虽然受害方在找工作的迫切心理影响下,作出了错误的判断,但是只要被害人产生错误认识是行为人的欺诈行为所致,即使被害人自身在判断上有一定的错误,也不妨碍欺诈行为的成立。如果对方不是因欺诈行为产生错误认识而处分财产,就不成立诈骗罪。

再次,被害人基于错误认识作出财产处分。被害人作出财产处分是基于诈骗犯罪人的欺诈行为导致的错误判断,主动将自己的财物交给诈骗犯罪人。这种所谓“自愿”交出自己财物的行为,并非出自被害人的真正意愿。因此,行为人所实施的欺诈行为使他人形成错误认识,从而作出上述财产处分行为的,就是诈骗犯罪。

最后,欺诈行为使被害人处分财产后,行为人便获得财产,从而使被害人的财产受到损害。根据我国《刑法》第266条的规定,诈骗公私财物数额较大的,才构成犯罪。最高人民法院、最高人民检察院《关于办理诈骗刑事案件具体应用法律若干问题的解释》(法释〔2011〕7号)第1条规定:“诈骗公私财物价值三千元至一万元以上……应当分别认定为刑法第二百六十六条规定的‘数额较大’……”故诈骗罪的数额较大,以3000元至10 000元以上为起点。诈骗未遂,情节严重的,也应当定罪并依法处罚。

二、当前我国诈骗犯罪的特点

近年来,我国诈骗案件数量不断增加,对社会造成的经济损失巨大。传统诈骗犯罪在对人民安全感造成严重影响的同时,也开始借助网络空间媒介不断发展和演变形成电信网络诈骗,逐渐成为当前“互联网+犯罪”的突出犯罪类型。2020年新冠肺炎疫情爆发期间,电信诈骗犯罪分子利用疫情期间信息流通不畅及信息不对称等情况大肆行骗。据最高人民检察院统计,截至2020年4月16日,检察机关对诈骗犯罪起诉的人数超过所有涉疫情犯罪案件的40%,批捕人数超过50%。和2019年同期相比,检察机关批捕、起诉利用电信网络手段实施犯罪的人数同比上升。[①]目前,我国诈骗犯罪的特点主要有以下几个方面:

1. 传统诈骗持续高发,诈骗手段不断翻新。传统的诈骗形式包括假冒公、检、法诈骗,冒充熟人诈骗,利用伪基站发送木马链接诈骗,兼职诈骗,考试诈骗,贷款诈骗,民族资产解冻诈骗,投资返利诈骗,网购诈骗等。同时传统犯罪加速向网络空间蔓延,特别是利用网络实施的诈骗和赌博犯罪持续高发,2020年已占网络犯罪总数的64.4%。随机诈骗与精准诈骗相互交织,冒充公检法人员诈骗、交友诈骗、退款诈骗、信用卡贷款提额诈骗、刷单诈骗等较为突出。近几年发生的山东女大学生徐某玉、甘肃省秦安县西川中学教师范某贵、广东揭阳市惠来县蔡某妍等被骗自杀案以及清华大学教授被骗1760万元等案成为社会关注的焦点,这也显示出这类利用高科技手段实施非接触性的诈骗犯罪对群众的损害和影响远远大于传统的侵犯财产犯罪。

---

① 参见李建军、熊俊:《涉疫情类电信网络诈骗犯罪案件侦查对策研究》,载《江西警察学院学报》2020年第5期。

2. 诈骗活动的范围扩大,受害对象广泛。20世纪80年代末90年代初,诈骗犯罪活动主要涉及的是人们的日常生活领域,其诈骗手段多以封建迷信、引诱赌博等为主。近年来,诈骗犯罪活动领域已经由人们的生活领域逐渐扩展到诸如行政、金融、经济等领域。诈骗犯罪在侵害目标的选择上也发生了一定的变化,受害对象有机关、企业、学校、医院、商业场所、金融场所、服务场所、建筑行业等,一方面涉及的领域非常广泛,另一方面诈骗犯罪的侵害对象更多的是单位。从个体受骗者的情况来看,男性多于女性,农民、工人、社会闲散人员、个体经营者多于其他职业者。诈骗受害者范围的广泛性,还表现在诈骗犯罪的个案中也不乏颇有知识的专家、教授和离退休干部。

3. 金融诈骗呈高发态势,涉案金额巨大。近年来,随着我国金融体制改革的不断深入,新旧金融体制在转换过程中存在亟待完善的方面,加上新的支付工具不断出现,金融诈骗犯罪进入了一个特殊的高发期,一些犯罪分子为了追求享受,疯狂作案,金融诈骗犯罪动辄上百万元,超过亿元的大案亦有之。2003年,全国公安机关经济犯罪侦查部门共侦办金融票证类金融诈骗犯罪案件3800余起,涉案金额高达34亿元。这些案件案值之大、涉及面之广、受害者之多、社会影响之恶劣,无不令人震撼。

4. 电信网络诈骗呈上升态势,新的诈骗形式定位准确。在新冠疫情发生前,我国电信网络诈骗在发案数量上呈现下降态势。特别是一些高发地区下降趋势尤为明显,北京、江苏、浙江、上海、广东等地案件降幅高达50%以上。然而,随着新冠疫情的影响,电信网络诈骗发案数量又呈现出上升态势。仅2020年上半年,全国共破获电信网络诈骗案件10.1万起,抓获犯罪嫌疑人9.2万名,同比分别上升73.7%、78.4%。同时,电信网络诈骗犯罪的精准化作案尤为突出,诈骗模式由"地毯式"诈骗向个性化的"精准式"诈骗转型,典型的如"午夜幽灵"诈骗案。① 2017年2月,深圳的何先生一觉醒来,发现手机被锁定了,账户被盗刷了5万余元。不法分子利用互联网金融借贷和信用贷款,把钱款通过银行卡转账和ATM机无卡提现进行了窃取,可以说"隔空取钱",令人恐慌。类似这样的午夜幽灵电信诈骗案件连续发生了很多起,引发了公众的广泛关注。②

5. 跨境犯罪越来越突出。跨境犯罪是当前我国诈骗案件的一个突出特点。近

---

① 参见靳高风、朱双洋、林晞楠:《中国犯罪形势分析与预测(2017—2018)》,载《中国人民公安大学学报(社会科学版)》2018年第2期。

② 参见《"午夜幽灵电话"隔空取财 警惕黑客电信诈骗新途径》,载央广网:http://www.xinhuanet.com/legal/2017-04/14/c_1120809932.htm。

年来,破获的诈骗案件中,特别是一些涉案金额较大的诈骗案件,相当比例为跨境犯罪。2017 年电信网络诈骗的国际化趋势越发明显,来自中国境外的诈骗电话数量大幅增长,诈骗电话来源地已多达 70 多个国家和地区,来自国外的诈骗短信量已占到全部诈骗短信的 5% 左右。①

6. 诈骗团伙呈现集团化、专业化操作模式。诈骗由过去的随便编个理由骗点钱财,发展到成立专门的诈骗公司,聘请专业运作团队实施诈骗行为。2015 年,公安部指挥 25 个省(区、市)公安机关开展打击网络投资诈骗犯罪专案的收网行动,共打掉网络投资诈骗公司 133 个,抓获犯罪嫌疑人 2000 余名,冻结涉案账款 1. 3 亿元。这类诈骗多呈现集团化、专业化的特点,涉案金额巨大,社会影响恶劣。

三、诈骗手段多种多样

(一)冒充各种身份行骗

最常见的诈骗行为就是冒充各种身份犯罪,这类诈骗者通常到处行骗、流窜作案,为了达到诈骗的目的,诈骗者常会针对不同的诈骗对象,冒充那些有一定社会地位、经济实力或特殊权力的人,主要包括:冒充领导干部或其亲属;冒充特殊职业人员,如冒充军人、公检法、海关、工商、财税人员等;冒充知识阶层人士,如冒充作家、导演、记者、工程技术人员、大学生、研究生、专家、教授、留学生等;冒充港澳台同胞、华侨和外国人;冒充经济领域的人员,如冒充企业家、董事长、经理等;冒充特殊身份的工作人员,如冒充负责国内外的招生、招工和招演员、招兵等的工作人员。例如,只有小学文化的山西农民张某全自称“巴特尔中将”,伙同其他两名犯罪嫌疑人,编造出一个工程量以千亿计的“国防工程”,吸引来自全国各地的建筑公司前来参加工程招标,巧立名目骗取巨额资金 3400 万元。

(二)金融诈骗

金融诈骗一般包括以下几种:

1. 贷款诈骗。贷款诈骗是指以非法占有为目的,编造引进资金、项目等虚假理由,使用虚假的经济合同、虚假的证明文件、虚假的产权证明作担保,超出抵押物价值重复担保或者以其他方法,诈骗银行或者其他金融机构的贷款,数额较大的行为。例如,何某为某企业的法定代理人,从 1995 年起至案发,何某指使王某、臧某等人,在全国各地先后成立了 140 多家关联公司。然后采取关联公司之间互相提供担

---

① 参见靳高风、朱双洋、林晞楠:《中国犯罪形势分析与预测(2017—2018)》,载《中国人民公安大学学报(社会科学版)》2018 年第 2 期。

保、向银行提供虚假财务报表、虚构供销合同等手段,向银行骗取贷款10余亿元,至案发,何某归还了部分贷款,造成银行实际损失为11.7亿余元。

2.保险诈骗。它是随着我国保险业的发展而产生的一种罪种,严重阻碍了国家保险市场的正常运行,危害了金融秩序,严重损害了国家、集体、人民的利益。所谓保险诈骗,是指投保人、被保险人或受益人以骗取保险金为目的,以虚构保险标的,编造保险事故或保险事故发生原因,夸大损失程度,故意制造保险事故等手段,致使保险人陷入错误认识而向其支付保险金的行为。

3.信用卡诈骗。信用卡诈骗是指以非法占有为目的,违反信用卡管理法规,利用信用卡进行诈骗活动,骗取财物数额较大的行为。其常见的诈骗手段有:伪造信用卡、骗领信用卡、使用作废的信用卡、冒充他人的信用卡、恶意透支等。例如,2013年12月,某市公安局经侦支队破获一起特大信用卡诈骗案,据了解,受害人的银行卡在未离身且非本人操作的情况下,被人连续两晚通过某市多家商业银行的20余台ATM机进行转账或取现交易,涉案金额700余万元。

(三)通信网络诈骗

通信网络诈骗犯罪是指利用现代通信技术、网络技术、网银等手段进行的诈骗。随着通信和互联网技术的不断发展,通信网络诈骗越来越多,诈骗的手段也越来越多样化。通信网络诈骗虽然在我国出现较晚,但来势凶猛,涉案金额大,受害对象广,严重侵害了人民群众的利益。

通信网络诈骗主要包括以下几种形式:

1.冒充特定身份人员实施诈骗。诈骗者采用任意显号软件,冒充电信局、公安局等国家机关工作人员,以身份信息泄露、涉嫌犯罪、要求核查个人财产为名,诱骗受害人将资金转到指定账户。例如,山东“徐某玉案”就是这类诈骗犯罪的典型案例。2016年,高考生徐某玉以568分的成绩被南京邮电大学录取。8月19日下午4时30分左右,她接到了一通陌生电话,对方声称有一笔2600元助学金要发放给她。在接到这通陌生电话之前,徐某玉曾接到过教育部门发放助学金的通知,所以当时并没有怀疑这个电话的真伪。按照对方的要求,徐某玉将准备交学费的9900元打入了骗子提供的账号,发现被骗后,徐某玉万分难过,当晚就和家人去派出所报了案。在回家的路上,徐某玉突然晕厥,不省人事,虽经医院全力抢救,但仍没能挽回她18岁的生命。①

---

① 参见《临沂警方成立专案组 全力侦破徐某玉被骗事件》,载新浪网,最后访问日期:2018年3月2日。

2. 冒充熟人实施诈骗。诈骗者通过互联网或其他途径获得受害人的个人信息，然后冒充受害人的亲戚、朋友、领导、同事等，编造理由，向受害人“借钱”或者要求受害人向指定账户汇钱。

3. 谎称银行卡消费实施诈骗。通过任意发送：尊敬的银行卡用户，您于×月×日在××商场刷卡消费×元整，将在您的账户中扣除，如有疑问请咨询银联中心、公安经侦部门。连环设套，将受害人银行卡中的钱款转入所谓的“安全账户”或套取受害人的账号、密码。

4. 发送虚假中奖消息实施诈骗。采用电话、短消息、网络等向受害人发送虚假中奖消息，诱骗受害人与诈骗者取得联系，然后以需要先缴纳“个人所得税”“公证费”“手续费”等为由，诱使受害人将钱款汇入指定账户。

5. 虚构股票走势进行诈骗。诈骗者以证券公司或专家的名义，通过互联网、电话、短信的方式散发虚构的个股内幕消息和个股走势，实行会员制，按照会员等级收取一定的费用。若指定的个股走势碰巧吻合，则再以索要咨询费并许诺将继续提供个股内幕消息或走势的方式实施诈骗。

6. 谎报险情诈骗。向受害人谎称其亲人、朋友或同学遭遇车祸或其他重大交通事故，急需用钱，使受害人在一时心慌，情急之下来不及思考、查证的情况下，仓促间误信诈骗者而上当破财。在实施这种诈骗行为时，诈骗者事先通过友好的交谈或以帮助受害人解决困难的方法博得受害人亲友的好感和信任，了解其家庭的基本情况，然后实施诈骗。

（四）街头诈骗

街头诈骗是指在公共场合，针对不特定的受害者，以非法手段骗取钱财的犯罪行为。其特点主要有：以团伙作案为主；时间多为白天上班、银行营业期间；地点多选在居民区附近；对象多为老年人和家庭妇女。

常见的街头诈骗主要包括以下几种形式：

1. 以拾钱物平分为诱饵实施诈骗。诈骗者通常以团伙作案为主，一个负责“掉”钱物，另一个负责“捡”钱物。诈骗者故意在被害者附近“掉”钱物，然后“捡”钱物的诈骗者以“见者有份”为诱饵，诱骗被害者去偏僻处分钱物，并以“捡”到的钱物归被害者，被害者携带的钱物归诈骗者的方式实施诈骗行为。

2. 利用封建迷信活动实施诈骗。诈骗者通常以“找人看病”“亲人失踪”等借口与被害人搭讪，然后另一名诈骗者插话称认识某“神医”或“大师”，能够帮助其“治病消灾”“找到失踪的亲人”。随后将被害者带到“神医”或“大师”处，以“施法”“破财消灾”等方法骗取被害人的钱财。

3. 以寻宝为由实施诈骗行为。诈骗者编造寻找亲人所埋的宝物为由,诱骗被害者为其带路,并承诺给予高额报酬。然后一起寻得诈骗者事先埋好的假宝物,此时诈骗者又称没带钱,只能将“宝物”留在被害人处,同时编造急需用钱的理由,骗取被害者的钱财。

4. 以销售货物为由进行调包诈骗。在繁华街头,诈骗者通常以低价出售手机、电脑等物品为诱饵,将被害者诱骗至偏僻处进行交易,然后趁被害者不注意,将被害者原先看中的物品进行调包,实施诈骗行为。

5. 假扮乞讨者进行诈骗。这类诈骗的作案人多为老年人、妇女儿童或是残疾者,谎称天灾人祸,诱引善良的人们捐助钱财,使好心的人上当受骗。这种诈骗有时会有一个庞大的组织控制着这些乞讨型的诈骗者,要打击这样的诈骗案件,必须从源头上整治。

(五)合同诈骗

诈骗者常以合同的名义为其非法活动披上“合法”的外衣。多利用皮包公司进行诈骗,这些公司一般无固定场所、无从业人员、无资金、无货源,常以物美价廉的商品为诱饵,签订虚假的供销合同,一旦定金或款项到手即逃之夭夭。例如,2004 年 6 月至 2005 年 8 月,潘某伙同他人共同预谋实施诈骗,并进行了具体分工,采用欺骗手段骗取对方的信任并与其洽谈合同事项,然后由潘某作为公司法定代表人负责签订合同。合同签订后,潘某采取支付货款的方法,诱骗对方当事人继续签订和履行合同。当对方当事人按照合同约定发送货物后,潘某就将货物低价处理。当厂家索要剩余货款时,潘某先后在河南省、安徽省、山东省、江苏省、浙江省和上海市等地诈骗作案 11 起,骗取被害单位货物共计价值 2000 余万元。

(六)以刊登假广告进行诈骗

诈骗者刊登一些高档产品急需低价出售的广告来引诱消费者,以骗取定金、邮寄费等,也有的以登假征婚广告来诈骗钱财。

思考题

1. 结合当前我国诈骗犯罪的特点,分析其发展现状。
2. 了解诈骗犯罪的主要手段。

第二节　诈骗犯罪人的心理及行为特征

要点提示

1. 诈骗犯罪人的心理特征包括：(1)认识特征：自我评价高，过于自信；具有较高的认知水平，思维敏捷，反应灵活；熟谙人际交往技巧和人性的弱点；道德的自我谴责感低。(2)情绪特征：诈骗犯罪人在犯罪实施过程中，没有明显的情绪色彩。但为了行骗需要，诈骗犯罪人往往具备较强的情绪表演能力。(3)性格特征：在性格特征上，诈骗犯罪人给人的外部印象往往是活泼、善于交际、待人和气、乐于助人等特点。(4)需要特征：诈骗犯罪人的主要犯罪动机是贪利，因而其犯罪需要主要是骗财。

2. 诈骗犯罪人的行为特征包括：非暴力性、牵连性、狡诈性、多样性、智能化、集团化。

一、诈骗犯罪人的心理特征

(一)认识特征

诈骗犯罪人通过虚构事实或隐瞒真相的方法非法获取他人的财物，以满足自己对财物的贪婪欲望。诈骗犯罪人较为突出的心理特征主要表现在认知特征方面。具体来讲，诈骗犯罪人具有以下认识特征：

1. 自我评价高，过于自信。诈骗犯罪往往被认为不如杀人、放火一类犯罪凶狠，但却是无本万利。诈骗犯罪人自恃手法高明、经验丰富、足智多谋，骗局不会被揭穿，具有很强的侥幸心理。这种自我评估过高的心理特点，使一些诈骗犯罪人连续行骗，直至露出马脚，陷入法网。

2. 具有较高的认知水平，思维敏捷，反应灵活。诈骗犯罪人往往具有较高的认知能力和水平，这主要体现在他们非常了解和善于把握社会各阶层人士的心理状态，能够在短时间内根据人的外貌特征，快速判断出对方的身份、职业，能够在寥寥数语中，准确判断对方的喜好、兴趣及需求等，然后有针对性地施以不同的骗术。近年来精准诈骗方式的出现，也体现出诈骗犯罪人在认知水平，以及思维敏捷度和反应灵活性方面的特点。

3. 熟谙人际交往技巧和人性的弱点。诈骗犯罪人在认知方面突出的特点是对社会心理状态和人性的弱点十分熟悉,如利用人们对社会某些角色的崇敬心理,利用人们的虚荣心、同情心和贪便宜的心理,或者对某些现象的愚昧认识,或者易受暗示等心理,实施诈骗。本章案例导入中的犯罪人邱某就是将自己伪装成有权有势、有门路的人,诱使想通过特殊关系帮孩子办理入学的张某钻进他设下的圈套。

4. 道德的自我谴责感低。诈骗犯罪人往往认为自己是凭个人的聪明才智获取利益的,而不是在从事违法犯罪行为。在他们看来,受害者之所以上当受骗,都是源于其自身的虚荣、贪利、急需等心理弱点,他们始终认为是受害者自己主动自愿地交出钱财的。犯罪人这种缩小自己责任、转嫁过错的心理,是其认知错误、道德感低下的表现。据了解,很多电信诈骗犯罪人并不觉得自己的行为不道德,作案时也丝毫不慌张,他们认为,“没什么可紧张的,不跟受害者靠近,又不是偷你的,又不是抢你的,只是一个电话,然后就转账过来了,就像谈恋爱一样,你自愿转过来的,你情我愿的事情”。

(二)情绪特征

与盗窃、抢劫等财产犯罪和伤害、杀人等暴力犯罪相比,诈骗犯罪人在犯罪实施之前、犯罪过程中以及事后,都没有明显的情绪色彩,很难从外部言行中发现其犯罪或可能犯罪的痕迹。但为了行骗的需要,诈骗犯罪人往往具备较强的情绪表演能力,常常根据“剧情”需要,情感变化多端,或热情洋溢或声泪俱下或故弄玄虚或痛苦不堪。比如,伪装成弱势群体寻求帮助,从而激起人们的同情心和怜悯心;或伪装成某领域的专业人士,花言巧语,诱使被害人上当。即使是在欺骗被害人的过程中,他们因急于获取被害人的信任而有急躁的情绪或成功后有强烈的兴奋感,也仍旧非常善于掩饰自己的情绪,能够做到不喜形于色,表现的情绪稳定,很难被受害者识破。

(三)性格特征

诈骗犯罪人的作案手法要求其在陌生人面前具有亲和力,因此,在性格特征上,诈骗犯罪人往往给人的外部印象是活泼、善于交际、待人和气、乐于助人等特点。另外,诈骗犯罪人明知自己装扮的身份和行为都是虚假的,却敢于在大庭广众之下行骗,夸夸其谈、故作姿态,除了显示出其高于常人的冒险性个性特征外,也说明其具有较强的适应能力、应变能力和模仿能力,这就使他们能有效地适应环境变化,不断地以新的圈套和花招做到以假乱真,针对不同的对象实施诈骗。

(四)需要特征

诈骗犯罪人的主要犯罪动机是贪利,因而其犯罪需要主要是骗财,如何既不费力又能在短时间内骗取大量财物是其实施诈骗行为需要思考的重点。无论采用何种方式,骗取对方钱财都是诈骗者的第一目标,其他诸如骗色、满足虚荣心等目标则退居其次。

二、诈骗犯罪人的行为特征

(一)非暴力性

诈骗犯罪既不同于盗窃——秘密地窃取,也不同于抢劫——公然地暴力劫取,而是以非暴力的方式骗取。因而,诈骗犯罪主要是通过非暴力手段,使被害人在一种自愿而非被强迫的情形下受害的。

(二)牵连性

行为人在为实施诈骗犯罪进行准备和作案过程中往往又牵连了其他犯罪行为。比较常见的牵连行为有:(1)盗窃。一些犯罪分子为进行诈骗做准备,往往先盗窃用作诈骗工具的物品,如盗窃空白支票行骗,盗窃公安人员制服、警械甚至枪支,用以冒充公安人员行骗等。(2)伪造公文、证件、印章。诈骗犯罪分子为冒充具有某些身份的人员,常常伪造公文(如批文、通知、文件等)、证件(如身份证件、工作证、介绍信等)、印章。(3)伪造有价证券,涂改有价票证。如为骗取对方信任,伪造提货单、经济合同等。

(三)狡诈性

诈骗犯罪人是极其狡诈的。这主要表现为他们善于观察、获知受害人的心理弱点。一般来说,受害人所具有的一些不良的或幼稚的心理特点,如虚荣心理、爱贪占便宜心理、封建迷信思想等,是诈骗分子能轻易诈骗得手的关键。另外,诈骗犯罪人的言语能力、模仿能力、人际交往能力都比较强,有些还具有某一方面的专业知识。他们善于随机应变,"见什么人说什么话",随时根据现场情况进行调整,以达到使对方丧失警惕,陷入麻痹状态,主动交出财物的目的。

(四)多样性

诈骗犯罪的发展变化,通常总是随着其作案手段的不断翻新,不仅涉案范围广、类型繁多,其手段更是与时更新。2020 年以来,受新冠肺炎疫情的影响,涉疫情诈骗犯罪的发案量有所增长。数据显示,仅 2020 年全国公安机关共破获电信网络诈骗案件就有 25.6 万起,抓获犯罪嫌疑人更是多达 26.3 万名。在这些涉疫情的电信网络诈骗犯罪中,出现了如专门针对防疫物资、疫情期间兼职、推销防疫"新药"、冒充相关工作人员退票退款以及借抗疫"献爱心"等多种诈骗手段。

(五)智能化

随着科学技术的不断发展,诈骗案件中的智能化程度也越来越高。许多诈骗案件表现出专业化的特点,犯罪技术含量非常高。例如,诈骗犯罪人将取款机接上可记忆的外挂键盘,用来窃取用户的卡号和密码。

(六)集团化

诈骗犯罪集团化趋势越来越明显。一些普通的街头诈骗犯罪都是由多人配合协作来完成的。在经济诈骗案件中,自2009年以来,借助手机、固定电话、网络等通信工具和现代网银技术实施的非接触式的诈骗犯罪迅速地发展蔓延,团伙犯罪甚至是跨境的有组织犯罪也日益突出。

思考题

1. 诈骗犯罪人的心理特征主要体现在哪些方面?
2. 诈骗犯罪人的行为特征主要体现在哪些方面?

第三节　行骗者与被骗者之间的心理互动

要点提示

1. 行骗者与被骗者之间的心理互动过程包括:物色—怀疑期、引诱—松弛期、行骗—受骗期、逃避—悔恨期。

2. 被骗者受骗的心理原因:(1)有心理弱点的被骗者受骗心理:急功近利心理、盲目崇拜心理、需求迫切心理、盲目轻信心理、投机钻营心理、趋炎附势心理、易受暗示心理。(2)无过错的被骗者受骗心理:恐惧心理、好奇心理、同情心理、相近心理。

从心理学的角度而言,诈骗犯罪的过程,也就是行骗与受骗双方的心理互动过程。诈骗犯罪心理是在受害人的不良心理意识的基础上形成和发展的。诈骗犯罪人从一开始就有目的地引导受害人心理向既定方向发展,受害人心理的发展变化很大程度上决定着诈骗犯罪动机的实现程度。①

一、两者之间的心理互动过程

诈骗犯罪主要是诈骗犯罪人利用被害人的"合作"完成的。在诈骗过程中,诈骗者与被骗者有一段较长时间的接触,并且以取得被骗者的信任作为其得逞的基

① 参见张保平、李世虎编著:《犯罪心理学》,中国人民公安大学出版社2015年版,第192页。

础。因此,在这一过程中,诈骗者和被骗者始终存在相应的心理变化规律,其表现为物色—怀疑期、引诱—松弛期、行骗—受骗期、逃避—悔恨期。①

(一)物色—怀疑期

诈骗者物色目标,观察被骗者,并借机接近被骗者以了解情况,决定是否下诱饵,如彬彬有礼地向对方询问事情,随即找机会搭上话,然后根据对方的反应,再判断所物色的目标是否为合适的诈骗对象。此时,被骗者多保持着高度的谨慎,不会轻易地相信诈骗者。这一时期是双方心理交往的开始期。此时,如果诈骗者发现被骗者的疑心占上风,则可能会中断交往。随后,另外物色其他合适的目标,反之就进入了引诱—松弛期。

(二)引诱—松弛期

在这一时期,诈骗者会想尽一切方法使交往能够更深入地进行下去。他们多会投其所好, 如对贪利者夸口有一个能赚大钱的好机会,对希望找门路调动工作或升学的,则吹嘘自己有特殊关系等,以博得对方的好感和信任,然后伺机寻找被骗者的心理弱点,步步铺设圈套,引对方上钩。与此同时,被骗者也慢慢开始放松警惕,不仅愿意与诈骗者交谈,而且愿意相信诈骗者所言,这就为诈骗者留下了可乘之机。有的诈骗者为了达到诈骗目的,不惜牺牲自己的利益,以“利”相诱,这其实是放长线钓大鱼,为顺利行骗做铺垫,如近年来频频发生的“杀猪盘”等新型的网络诈骗。

(三)行骗—受骗期

行骗—受骗期是诈骗者与被骗者心理互动的关键阶段,一旦诈骗者选准目标找到被骗者的心理缺口后,诈骗者的行骗动机得到强化,觉得时机已经成熟,就会按其事先精心设计、周密计划的方案实施诈骗。处于这一关键性阶段的被骗者,对诈骗者的信任程度,以及被骗者个人处理问题、应对情况的理性和谨慎程度,都决定着诈骗者行骗的难易及其后果。所以,这一阶段不仅是诈骗者和被骗者双方心理互动的关键期,而且是诈骗犯罪行为能否顺利实施的关键阶段。

(四)逃避—悔恨期

诈骗一旦得逞,由于惧怕骗局败露, 诈骗者便会想尽一切办法迅速逃离现场。被骗者则经过了一定时间的思考,多能恢复一定的理性,变得忐忑不安,但也有的仍是痴痴地等待,最后才恍然大悟,方知上当受骗,后悔莫及。

通过上述分析,可以看出诈骗形成的过程,充分表现了这样一个特点:诈骗行

---

① 参见张家源:《狱内侦查学》,辽宁省警官专科学校内部印行 1985 年版,第 116 ~ 117 页。

为的得逞正是诈骗者与被骗者之间的心理空间缩小,直至双方心理上融会贯通,彼此相融为止。①

二、被骗者受骗的心理原因

(一)有心理弱点的被骗者受骗心理

瑞士犯罪学家克莱历克曾专门研究诈骗犯罪中的被害人,他指出被害人的愚蠢、软弱、轻信和贪婪等心理特征为诈骗成功提供了条件,在诈骗成功的案件中起了很大的作用。因此,在诈骗犯罪中多数的被骗者存在一定的心理弱点,而诈骗者正是利用了人们的这些心理弱点才屡屡得逞。有心理弱点的被骗者的受骗心理主要有以下几种:

1. 急功近利心理。贪财好利是被骗者最大的心理弱点,许多诈骗者之所以屡屡得逞,正是利用了人们的这种贪利心理。诈骗者针对一些人贪图小利、急功近利的心理,先以各种利益相诱,如"幸运中奖""退税分红""低息贷款""高薪招聘""重金求子"等,使被骗者在利益面前,因贪欲而蒙蔽了理智,抱着"以小利,赚大钱"的心理,丧失了基本的辨别真伪的能力,从而对诈骗者的所作所为不加思考和分析,这类人是诈骗犯最喜欢物色的诈骗对象。

2. 盲目崇拜心理。崇洋媚外,对国家干部、司法工作人员的敬畏,封建迷信都可以归为盲目崇拜心理。一些人在盲目崇拜心理的作用下,当遇到境外"洋老板""归侨""某国家领导干部""公安干警"或是"能驱魔降妖的大师"时,就像鬼迷心窍一般,认为他们所说的都是对的,从而上当受骗。

3. 需求迫切心理。这种心理主要是资金短缺,急于求货,产品滞销,"等米下锅",急需人才,急需药品,急于升学、就业、婚恋等因素造成的,这种心理状态下的人最容易上当受骗。心理学研究表明,人一旦有了某种强烈需求,就总是渴望得到满足。因此,当诈骗者提出能够满足其需求时,被骗者那种积压已久的欲求不能的心理,会顿时转化为高度的兴奋和迫切的冲动。人在这种状态下作出的判断往往都是缺乏冷静思考的。

4. 盲目轻信心理。人们往往会对具有一定权威性和知名度的单位或是与其有一定亲密度的人产生信赖心理。诈骗者正是利用了被骗者的这种信任心理,冒充权威角色或熟人角色,向受害人传递"可信任"信息,从而骗取信任,达到骗取钱财的目的。此类犯罪中,犯罪分子可能冒充公检法、邮政、金融、电信等单位工作人员,

---

① 参见任克勤:《诈骗及其对策》,陕西人民出版社1990年版,第59页。

可能冒充亲戚、朋友等角色。比如,犯罪分子冒充公安民警,谎称受害人邮包有毒品,强调受害人可能涉嫌犯罪,要求受害人立即缴纳保证金证明清白,引诱受害人将奖金汇入指定账户。若犯罪分子使用任意显号软件,通过网络拨号,将自己的号码显示成国家机关的热线号码、总机号码,则更容易骗取受害人的信任。在这种情况下,被骗者很难从诈骗者的行为中发现漏洞,无法做到深入思考和理性分析,对事情认识较为肤浅和片面,容易上当受骗。

5. 投机钻营心理。改革开放以来,经济的不断发展给人们带来了更多的机遇,同时也助长了部分人走捷径、赚大钱的投机心理。这就使诈骗者有机可乘,这种"博彩"心理使一些人步入了诈骗者所设的圈套,结果是"聪明反被聪明误"。例如,类似炒原油、贵金属、邮币卡为代表的诈骗犯罪不断增多;购买虚拟货币成为会员可短期获利,介绍"拉人头"发展下线得到奖励,从事网络销售快速返利等一夜暴富形式的诈骗手法不断翻新。另外,网络传销与传统传销的相互交织,使诈骗者的作案手段更加隐蔽,短期内难以识破。

6. 趋炎附势心理。如今,尽管人们的生活水平在不断地提高,但同时,人与人之间的贫富差距也在不断扩大。正是这种不断扩大的贫富差距,造成一些人企图利用不正当关系,"攀高门""依权势",妄图赚大钱,提高社会地位。诈骗者利用了人们的这一心理,欺世盗名、装腔作势、信口雌黄、胡诌各种显赫的身份,以能帮助解决落实政策、提干、调动工作、分配住房、找对象、谈恋爱等为诱饵,使人上当受骗。

7. 易受暗示心理。这种心理最主要的表现就是"随大溜"被骗的盲从行为。人或多或少地都有一种从众心理,而其总是处于一定的群体之中,这样群体的选择就会对个体产生无形的压力。在这种情况下,意志薄弱的、对自己的选择和判断缺乏自信的人,往往会失去理性的思考而盲目地跟从。利用被骗者的这一心理进行诈骗的通常是团伙作案。

(二)无过错的被骗者受骗心理

有时候被骗者遭骗,本身心理上并没有什么可受谴责的原因,我们称这种心理为无过错的被骗者心理。无过错的被骗者心理可分为以下几种:

1. 恐惧心理

紧张、焦虑、恐惧等心理会使人减少理性思考的机会和时间,在短时间内很难作出正确的理性判断,容易上当受骗。如犯罪分子会冒充"黑社会""杀手"打电话、发短信给被骗者,以"替人报仇""了结恩怨""将你打残""要你命"等口气威胁,采用"电话欠费""账户被盗""仇家报仇""杀手索钱""子女有难"等诈骗手段,使受害人内心产生恐惧和紧张,短时间内失去作出理性判断的能力,这时再提出"拿钱消灾”,迫使受害人向其账号汇款。

2. 好奇心理

好奇心理是人们对未知事物、新生事物的关注及探索,它也是人类的一种本能。诈骗者以“猜猜我是谁”“售卖违禁品”“收听点歌”“网络交友”“节目嘉宾”等手段,引诱好奇的受害人打电话咨询,再以缴纳定金、风险抵押金、托运费等为由骗取受害人钱财。

3. 同情心理

扶贫济弱、仗义疏财,是人的美德。诈骗者正是利用了人们的这种美德,通过假扮残疾人街头行乞,或者编造个人或家庭遇到经济困难,如亲人生病无钱医治等理由,伪装成弱小者出现,骗取他人的同情,以达到诈骗钱财的目的。

4. 相近心理

相近既可指观念上的相近,如“军民一家亲”;也可指实质上的相近,如老乡、同学、孩子的家长、同事等。在社会学和心理学中,相近心理易产生情感共鸣,进而影响到人与人之间的关系。诈骗者正是利用了这种相近心理,在选择了作案对象后,经试探摸底,以“老乡”“同行”等名义出现,拉近与被骗者的距离,进而取得对方的信任,最终达到骗取财物的目的。

思考题

1. 分析诈骗犯罪中诈骗者与受害者之间的心理互动过程。
2. 诈骗犯罪中,被骗者受骗的原因有哪些?

第十四章　职务犯罪的“易感”心理特质

我们的需要越少，我们越近似上帝。

——[古希腊]苏格拉底

职务犯罪，广义上是指国家工作人员和其他在社会团体、企业、事业单位中依照法律、法规或者组织章程等从事公务的人员，在履行职责过程中利用职务上的便利条件或者滥用职权，或者不正确履行职权所实施的违背职责要求的依照刑法规定应受刑罚处罚的行为的总称，也就是一切利用职务所实施的犯罪。狭义上的职务犯罪，是指国家工作人员利用职务上的便利贪污受贿，非法牟取经济利益，或者滥用职权，玩忽职守侵犯公民人身权利和民主权利，破坏国家的社会、组织管理职能，依照刑法规定应当受到刑罚处罚的犯罪行为。本章所讲的职务犯罪，限定于国家工作人员的职务犯罪，也就是狭义的职务犯罪，大致从贪污受贿犯罪和渎职犯罪两个类别进行犯罪心理探讨。

“易感”通常指对某些因素易于感受的性能。“易感”心理特质指的是人对不同外源刺激的一种内源性的敏感性，不同心理特质的人对相同外源刺激有相应不同的反应方式。换句话说，职务犯罪的“易感”心理特质就是指在相同的情境下，对情境中能够引发职务犯罪行为的外源刺激具有内源敏感性的心理特质。

第一节　贪污受贿犯罪的“易感”特质

要点提示

1. 贪污受贿犯罪心理“易感”特质的核心是推动犯罪人实现个人私欲的内部动力和愿望，可以从认知、动机和人格三个方面来分析。

2. 在犯罪动机层面上，贪污受贿犯罪人的核心驱动力仍然是其巨大的物质占有欲,并直接影响犯罪人的意志,降低其对外界不良环境的免疫力,成为其贪污受贿犯罪“易感”特质的动力机制。

3. 贪腐心理主要包含五种类型,由高到低的排列顺序是:贪婪心理、享乐心理、失衡心理、侥幸心理和权势心理。

贪污犯罪,是指国家工作人员利用职务上的便利,侵吞、窃取、骗取或者以其他非法手段占有公共财物的行为。受贿犯罪,是指国家工作人员利用职务上的便利,索取他人财物,或者非法收受他人财物,为他人谋取利益的行为。贪污受贿犯罪是职务犯罪中危害最为深切和直接的,也是目前全世界各个现代国家大力推行反腐败斗争的重点。我国犯罪心理学研究中一般将其归入“物欲型”犯罪①或“财产型”犯罪②来加以研究。

当今社会上,社会中很多因素是对我国权力主体的考验,堡垒往往从内部炸毁,在外部各种因素的作用下,具有贪污受贿心理“易感”特质的国家工作人员就更加具有危险性。贪污受贿犯罪心理“易感”特质的核心是推动犯罪人实现个人私欲的内部动力和愿望,可以从认知、动机和人格三个方面来分析。

一、认知偏差

贪污受贿犯罪人认知能力并不低于平常人,有些还具有较高的智力文化水平,但在认知选择上其更容易对某些奢华、腐朽的生活态度和超前消费观念进行感知。在当前社会“金钱万能”等不良思潮影响下,他们在由羡慕到追求的认知过程中,受社会上和身边的一些现象影响产生认知偏差,降低了对外界不良诱因的抵抗力,这在形成其犯罪“易感”特质中起到很大的作用。

(一)对人生观、价值观的认知偏差

人生观是每个人对人生的根本看法和相应态度。人们经常会考虑自身活着的意义、目的、社会地位和道德标准等问题,并要对群己关系、人己关系和自我修养等问题持一定的观念。个体人生观的变化与形成是受社会意识制约的,但个体意识并不是机械地接受社会意识,而是根据个体原有的体验能动地加以接受,逐步内化而成。因而个体人生观具有鲜明的个人特点,并不断地发展和变化。

贪污受贿犯罪人在自身人生观学习发展中对社会上资产阶级各种思潮没有足够的防御能力,原有科学、正确、健康的信仰发生变化,甚至在形而上学的畸形心理

---

① 参见罗大华、刘邦惠主编:《犯罪心理学新编》,群众出版社2000年版,第105页。

② 参见张保平编著:《犯罪心理学》,中共中央党校出版社2001年版,第179页。

支配下，对社会主义制度、共产党的领导、共产主义的前景等重大问题都产生了不同程度的怀疑，逐步衍生出一些有偏差的价值观，如不以对社会、对人民贡献大小衡量人的价值，产生“以权势论英雄、以金钱论价值”的错误观念。把对金钱、财物的占有，作为度量人的价值、能力的唯一砝码，人生观和价值观的认知偏差直接导致了信仰基石的动摇。

（二）对社会风气的认知偏差

每个人都通过狭小的环境（很小的社会集团）同更广阔的社会构成，以及在社会中占统治地位的思想、精神与道德体系的广大环境发生关系。人的交往范围最终取决于他最接近的环境——直接环境。贪污受贿犯罪人由于各种因素的影响，往往从社会现象的局部来推断整个社会的前景，如看到某些以权谋私者暂时没有被发现而得意，就认为清廉者吃亏，“撑死胆大的，饿死胆小的”，或者产生大家都这样的投射心理，认为社会风气如此，自己只有随波逐流。这种以偏概全的认知偏差促使犯罪人产生了错误的行为导向。

（三）对权力使用的认知偏差

经济权力化和权力经济化，为“权钱交易”等职务犯罪打开了方便之门。贪污受贿犯罪人也通过将权力视为商品，认为在权钱交易中，受贿人与行贿人互有所求，各得其利，遵循等价交换的原则，并会逐渐把这一原则引入党务、政务管理，公开以权谋私、权钱交易。为别人办事、帮忙，就惦记着回报，认为这是理所应当的。

（四）对自我能力的认知偏差

一位名人曾经说过这样一句话：“许多人抱怨自己的记忆力，却很少有人抱怨自己的判断能力。”大多数人对自己的判断能力有着过高的自信，随之而来的是主观上认为可以逃脱犯罪惩罚的侥幸心理，有调查显示贪污受贿犯罪中具有侥幸心理的约占30%。

贪污受贿犯罪人作为领导干部群体，都有一定文化知识，深知贪污受贿是一种犯罪行为，甚至还考虑到了自己的地位、荣誉、家庭等因素，因此在实施犯罪行为之前往往有激烈的动机斗争，但斗争的结果，是消极心理因素战胜积极心理因素，主要是因为自认为法律有空子可钻，自信作案前准备充分和作案时技巧诡秘，自恃作案后可利用自己的权力和专业技能进行掩饰，天衣无缝。同时，由于犯罪人主体往往具有职务便利的特殊性，小环境具有关系网的保护，大环境中对职务犯罪行为的打击不力，致使其对自我能力高估，侥幸的心理逐步得到强化，对刑罚的恐惧心理也日益淡薄，明显存在对自我脱逃能力认知的高估倾向。

二、畸变需要与动机冲突

马斯洛的需要层次论表明人具有不同层次的需要。各种层次的需要都直接表现为人的各种欲望。马斯洛指出:“在一定程度上,需要越高级,就越少自私。”[①]可以说,越是与高级需要相联系的欲望,越有益于社会,有益于人类,而需要越低级,作为其直接表现形式的物质欲望就越自私。在犯罪动机层面上,贪污受贿犯罪人的核心驱动力仍然是其巨大的物质占有欲,并直接影响犯罪人的意志,降低其对外界不良环境的免疫力,成为其贪污受贿犯罪“易感”特质的动力机制。

(一)畸变的需要

1. 钱、色等低级需要的刺激与膨胀

随着我国的经济建设速度的加快,人们的物质生活水平有了很大的提高,市场经济的发展也极大地刺激了人们的物质消费欲望。这种外部环境很容易刺激个体产生更高层次的衣、食、住、行等物质需要,或某些独特的喜好,如美食、美景等。这些刺激消费的文化环境理念对普通社会人都会产生很大的影响。贪污受贿犯罪人在物质享受等不良行为发生的过程中,各种贪图享乐等不良行为作为一种因素,反过来作用于主体的心理,导致其心理的改变或变化,形成心理学上的“反馈原理”,与其本身的物质占有欲相结合就会产生强大的低层次物质需要。同时,在这个主体受内外因素相互作用的过程中,犯罪人的需要结构畸化,从量变到质变会产生强大的物质占有欲。有研究显示贪污腐败犯罪动机中贪图享乐、满足嗜好的动机占犯罪动机的38%。[②]

2. 过分自尊的需要

过分自尊的需要在这里表现为强烈的虚荣心理,面子心理。这种需要可能在外人眼中有时也表现为追求物质财富的行为,但满足自己强烈的虚荣心理却是其潜在的需要欲求。爱慕虚荣的贪污受贿犯罪人希望获得普遍关注与周围人的羡慕,自认为职位过人,衣食住行不气派有失体面。

同时,自我虚荣动机的泛化还产生诸如光宗耀祖、封妻荫子的动机。有些贪污受贿犯罪人用手中职权大肆捞钱,积聚财富,用于建造楼堂亭阁,美化别墅,不仅自己享乐,还为儿子、孙子建造了安乐窝,做着发财致富、光宗耀祖、世代幸福的梦。

---

① 参见[美]马斯洛:《动机与人格》,许金声、程朝翔译,华夏出版社1987年版,第116页。

② 参见郝银飞、孙健:《中国职务犯罪行为的经济学理性分析——基于300个贪污贿赂案例的考察》,载《中国社会科学院研究生院学报》2008年第3期。

3. 自我实现和成长的需要

贪污受贿犯罪主体在年龄上一般处于成年期，大部分可以归为发展心理学中的成年中期(35～55岁)。这个时期生理、安全、归属和爱等层次的需要已基本满足，出现强烈的成长和自我实现的需要，形成高的成就动机。这种成就动机驱使下，中年人不断进取，努力使自己的才能和学识更趋于完善，作出更多的成就，这本是一种好的动机趋向，然而，在度的把握上，贪污受贿犯罪人却出现了问题。对一些贪污腐败犯罪人的年龄与职务级别进行考察，就不难发现一个重要的特点，那就是这些人往往都是四五十岁或以上、功成名就、事业有成的人物，他们认为自己已经达到了相当高的、能够得心应手地放开胆子干的地位了，经过了以前的谨小慎微、一步一个脚印地在各种复杂的人际关系中所进行的艰苦挣扎与开拓，时至今日也应该到了自己收获的季节了，追求地位、拥有金钱、受到尊重和自我实现的愿望十分强烈，认为自己到了应该享受成果的时刻，于是肆无忌惮地贪污受贿。更有甚者将贪污受贿得来的财物用来进一步向更高官位置换，以图执掌更强大的权力。

(二)补偿动机

1. 盲目的利益比较引起心理失衡

有研究发现，贪污受贿犯罪主体中攀比补偿心理的占26%，[①]有些犯罪人认为自己为工作费心劳神，劳苦功高，正常收入低，通过“额外灰色收入”予以补偿，合情合理，怀着“有权不用，过期作废”的思想，通过权力寻找补偿经济办法；还有些公职人员，尤其是那些上了年纪、接近退休的领导干部，在改革开放的新形势下心态严重失衡，感到自己辛苦一辈子，什么东西也没得到，于是萌生出了退休前利用手中的权力，为自己、为家人、为朋友安排好路的想法。这种失衡心理引起犯罪人的“弥补损失”“寻求补偿”的动机，以致走上贪污受贿的犯罪道路。

2. 过度补偿

心理学家阿德勒将过度补偿概念从生理学领域扩展到心理学领域，将其定义为个体通过极大努力使以前的缺陷转变为优势的过程。将其归纳为犯罪动机形成的模式为：自卑感→过度补偿→犯罪动机。在社会生活中，过度补偿以有意识或无意识的、建设性的或破坏性的形式发挥作用。当过度补偿机制使用不当时，就可能会将个人的心理和生理活动引向危害社会的方向，使过度补偿的倾向转化为犯罪动机，导致犯罪行为的发生。

---

① 参见郝银飞、孙健：《中国职务犯罪行为的经济学理性分析——基于300个贪污贿赂案例的考察》，载《中国社会科学院研究生院学报》2008年第3期。

心理学有个有趣的实验,穷人的孩子画的硬币要比实际的硬币大,富人的孩子画的硬币要比实际的硬币小。这个实验从某种程度上可以解释为穷人的孩子相对富人的孩子更看重钱财的一种无意识动机。研究者对山东某监狱70名贪污受贿犯的问卷调查表明,儿童时期家庭经济情况一般的占44%,较差的占32.4%,儿时羡慕富裕家庭的占34.4%,因家庭经济条件差、有自卑感、立志长大后多赚钱改变家庭贫困状况的占60.1%。此外,存在一种膨胀的物欲,他们普遍认为金钱很重要,越多越好,对国家发的工资不满足,认为不够花的占56.4%,作案所得钱财用于发家致富,从事营利性经济活动的占51.6%。[①] 受出生断代(出生时所处的历史时代)的影响,在我国艰苦的时期,家庭生活贫困的孩子在日后对物质的占有欲容易补偿性增大。

3. 职务优越感与自卑感

贪污受贿犯罪人作为国家工作人员既有一种职务优越感,又有一种自卑感,两种状态交织在一起,使他们的心理充满危机和矛盾。所谓职务优越感是因为自己身为国家工作人员,享有崇高地位,自己能通过权力、通过工作结交各种关系,能够运用手中的权力为他人解决各种困难和处境,因此职务优越感基本上是一种精神上的优越。职务自卑感,是因为受不良社会风气的影响,不自觉地接受了金钱至上的价值观,认为自己作为国家干部,虽然是科级、处级,但所挣工资无几,只够糊口,不足养家,认为自身的价值没有得到体现。其在这样两种感受的互动下,便产生了利用职权为自己谋得利益的意识,认为利用职务优越感既可为自己谋取钱财,同时又能消除自卑感,便发展出这种补偿动机。

(三)犯罪动机斗争复杂、激烈

贪污受贿犯罪人在犯罪过程中,始终伴随复杂、激烈的动机斗争。初犯面对垂手而得的财物,产生了利用权力大捞一把的心理,但由于身为公职人员,其对相关法律和法规非常熟悉,基于法律的威严,内心往往缺乏以身试法的勇气,犯罪之初的动机斗争十分复杂激烈。许多人明显地表现出心烦意乱,疑虑重重,寝食不安的状态。为了保持心理平衡,他们常常寻找各种理由或借口为自己辩解,以减轻压力,进行自我安慰,寻求自我解脱,最终在对金钱和物质的占有欲还是占了上风的情况下出现了贪污受贿行为。

贪污受贿犯罪人在占有了钱物,获得了物质享受的同时,又惧怕因罪行败露而受到严惩。他们常常外表镇静,内心却十分紧张、恐惧、焦虑不安,害怕罪行暴露后,

① 参见章恩友、姜祖桢主编:《矫治心理学》,教育科学出版社2008年版,第344页。

身败名裂,拖累亲人。这种惊恐心理具体表现为行为慌乱,心理敏感,疑虑重重。外界的各种有关刺激信息,都会引起他们巨大的情绪波动。在这种心理作用下,行为人或就此停止犯罪,或选择携款潜逃,或产生孤注一掷的赌徒心理为了摆脱内心压抑恐惧而疯狂聚敛金钱。

三、双面人格

贪污受贿犯罪人往往具有双重人格,在公开场合总是展现阳性人格,其语言和行为非常符合道德标准和社会规范,给人留下美好的印象;而在私下场合则表现阴性人格,其语言和行为发生变异,不三不四的话说得出来,损人利己的事也做得出来。①

有研究者对贪污受贿犯罪人的人格进行了一系列定量研究后发现:②

(一)气质类型

气质可以使一个人的整个心理活动及其行为表现带上个人独特的色彩,影响个体活动的一切方面,它不以个人活动的动机、目的和内容而转移,具有某些气质特点的人,常常在不同的活动中显示出同样性质的动力特点。气质受个体生理组织特点的制约,比其他心理特点更具先天倾向,所以一个人的气质具有极大的稳定性。但是,气质并不是完全不变的。在生活条件和教育的影响下,它可以被掩盖并且缓慢地发生变化,直至符合社会实践的要求。

对贪污受贿犯罪人的气质类型进行研究发现,黏液质的气质类型占了总人数的81%,而黏液质的人具有安静、稳重、坚强、克制自己等内倾性特点,思想情绪比较稳定、适应环境能力较强、有良好的人际关系、思维较为敏捷,但是如果在不良的环境下,形成了坏的品质甚至走上犯罪道路时,则会表现为奸诈、狡猾、不容易暴露和难以改造。他们接受外界影响比较慢,但一旦产生某种情绪,就既强烈而又稳固、深刻。这种人做事稳重,爱思考,所以一旦作案,就更有预谋,有周密的计划,难以侦破和矫治。

(二)人格特质

1. 性格外向

有研究显示,对贪污受贿犯的EPQ测试结果发现P分偏低,表明该类罪犯待人热情、家庭观念较强、社会适应性和合群性良好;E分偏高,说明该类罪犯性格普遍

---

① 参见章恩友、姜祖桢主编:《矫治心理学》,教育科学出版社2008年版,第345页。

② 参见苏进军:《对贪污受贿犯的心理特征分析及矫治对策》,载《中国司法》2002年第6期。

外向、好交际、好冒险、自信、乐观、随和;N 分偏低,说明这类罪犯思维比较稳定、为人较为理智,不易冲动;L 分偏低,说明这类罪犯对测试比较诚实。

2. 处世练达

对贪污受贿犯罪人的卡特尔 16PF 测试结果显示,因素 A、F、H、N、Q 得分较高,因素 I、L、O 得分较低。这表明这类罪犯性格外向、为人热情大方、合群、活泼、健谈、处事老练、精明能干、富有开拓精神、时常处于不满足现状的状态;能正视现实、比较理智、不感情用事、人际关系较好。

四、心理发展变异

对贪污受贿犯罪人的调查研究显示,其年龄范围具有一定的特点,以中老年为主,"29 岁现象""59 岁现象"也较为突出,因此某些年龄段的心理发展上存在一些"易感"因素。

(一)青年后期

刚刚走上领导岗位的领导干部,存在是非观念不清,法治观念淡薄,还没有完全树立起正确的世界观的现象,信念体系还不成熟,意志较为薄弱。因此,在这些新干部中,较易认为"人生最大的幸福就是吃、喝、玩、乐",凡事都追求时髦。这种思想动机与他们那种极大极强的个人需求心理相结合,而与其工资相比又反差太大。因此一旦犯罪人的手中拥有了一部分人权、财权或物权,为了达到所谓的"幸福",便形成拼命地牟取非法收入、捞取不义之财的意念,甚至陷入经济犯罪深渊而不能自拔。

(二)中年期

贪污受贿犯罪人中一大部分是中年人。进入壮年期以后,人的生理发育完全成熟,并保持着较高的机能水平。与青少年相比,中年人的认知范围广,理解能力强,除了受教育较少或没有受教育,生活和心理发展有缺陷以及经济贫困造成社会化缺陷等因素外,大多数中壮年人具有较为广泛的认知范围,除了具备所从事的专业技能外,其对上至国家大事,下至民情风俗,都有一定程度的了解。认识内容丰富,他们能根据自己的人生观、价值观及所形成的思维模式,判断识别所遇到的各种问题,得出自己的结论。同时,由于他们积累了较多的知识和经验,所以能很快地学会一些犯罪的手段和技术,实施犯罪行为。另外,中年人由于经受了长期的生活锻炼以及挫折和困难的磨炼,因而意志坚定,这与青少年时期的意志薄弱形成鲜明对比。这表现在犯罪行为上就是当中年人确定某种犯罪目的后,就会不惜一切代价,以不懈的努力去实现这种目的,不达目的誓不罢休。正是由于中壮年人的意志坚定而顽固，所以，一旦他们形成了错误的思维方式和坏习惯等就不容易改变。

而且，在个性倾向性方面，中年人的需要复杂多样，既有衣、食、住、行、性等方面的生理需要，又有躲避危险和痛苦，追求安乐、健康和幸福的安全需要，同时还具有组建幸福家庭、与人交往，获得亲朋好友的爱等归属需要，以及追求一定的社会地位和名誉、获得社会赞许与承认、追求权力来获得自尊的需要。由于这些需要广泛而复杂，加之中壮年人正处于“上有老，下有小”的时期，社会负担较重，如果正常渠道和手段不能满足以上需要，有的中壮年人就有可能用非法的手段来获得满足，甚至不惜以犯罪的方式来满足个人私欲。①

（三）老年期

“59 岁现象”在贪污受贿犯罪中极为典型。某些老干部、老党员蜕变为腐败犯罪分子，有其心理发展的不良过程。一方面，在受到资产阶级思想的侵蚀和社会上不正之风的影响下，他们开始考虑个人得失，认为自己艰苦奋斗了大半辈子，也应该享受现代化生活，如果再“有权不用”，一旦离退休下来，仅靠合法收入无法满足其追求现代化生活的需要；另一方面，进入老年期后，人的神经系统会发生相应的衰老变化，其就会认为自己来日不多，而子孙们却来日方长，怎么也应该在有职有权时为儿孙留点遗产，积累点“家业”，于是铤而走险，宁可牺牲自己的名声、自由，也要尽力满足子孙的各种要求，在这种错误认识的支配下，多年建立起的思想防线在金钱的诱惑下崩溃，以及会实施各种以权谋私或者贪污、受贿等犯罪行为。

综上，贪污受贿犯罪心理是比较复杂的，有的是单纯存着贪污或受贿的动机，有的则是多重因素的合力作用。在不良环境下，某些心理“易感”特质显然在萌生犯意时起到了主要作用。

思考题

1. 贪污受贿犯罪人的认知特点有哪些？
2. 贪污受贿犯罪人的动机特点有哪些？
3. 贪污受贿犯罪人的人格特点有哪些？

---

① 参见裴杰主编：《职务犯罪心理分析与侦查对策》，河南人民出版社 2006 年版，第 482 页。

第二节　渎职犯罪的“易感”特质

要点提示

1.“高人一等”的特权心理,仍然残留在某些国家公务人员的潜意识中,他们的“官本位”意识极强,一旦走上领导岗位,就以官为重,少了责任,多了权力。这种认知偏差容易使其将人民赋予的权力视为自己的私有物,在这种以官、以自我为中心的认知倾向下来解读周围环境和人的行为,认为自己是一种特殊人物,拥有某种特权是自己的本事,享受政府职务所带来的特权正是自己有别于一般公民的地方,好大喜功,听不进不同意见,不能忍受任何监督和制约,从而更容易发生滥用职权的犯罪行为。

2. 渎职犯罪人在角色认知上易将众多社会角色的冲突简单解决,不考虑掌权者角色的特殊性,反而认为时时处处都可以随便使用掌权者的角色为自己解决问题,造成角色认知的偏差,进而在角色行为上越轨,发生渎职犯罪行为。

3. 当前渎职犯罪的突出表现就是群体性犯罪现象日渐增多,并且规模、形式、影响呈不断升级之势。这种现象的产生有其深刻的社会、政治、经济、文化原因,但也与公职人员的个体、群体及其相互影响有很大的关系。

渎职犯罪是指国家机关工作人员滥用国家赋予的职权或不履行、不认真履行自己的职权,致使公共财产、国家和人民的利益遭受损失,破坏了国家机关正常活动的行为,如玩忽职守罪、滥用职权罪等,被称为国家机关工作人员“不揣腰包”的犯罪。其本质是权力与责任的严重脱节,导致权力的失用和滥用。

导致渎职犯罪的主要原因就是不正确履职,如公务行为不规范、程序意识不强,瑕疵履职;受利益、人情驱动,越权履职或消极履职;责任心不强,马虎履职;防范的意识不强,盲目履职,等等。上述不尽职的行为,一旦发生刑法规定的重大损害结果,渎职犯罪的风险即成现实。有人认为渎职犯罪是过失犯罪,或者只是领导干部的决策错误,不能算是犯罪,但是我们仍然能从渎职犯罪人的认知、动机和社会情境三个方面来看到其犯罪行为存在的必然性。

一、认知偏差

认知过程是人心理活动的基本过程,通过认知过程才能完成外界刺激向人主观意识的转化。不同人认知结构不同，对外界信息吸收的程度、侧面就有不同的选择、不同的认识和理解，当然所产生的对外界刺激的反应也不尽相同。这样，我们就不难理解，为什么在相同的社会条件下，有的人就容易接受那些消极影响而形成犯罪的心理“易感”因素，而有的人就对那些消极因素具有免疫力不受其左右。

渎职犯罪主体大部分曾经是国家公务人员，同贪污受贿犯罪人一样，具有较高的文化水平，智力水平也与常人无异，很难用生物发生论或心理发生论来解释他们的犯罪行为。社会认知与自我认知中的错误认识和偏差，支持甚至强化犯罪行为，并为犯罪人提供缓解罪恶感和犯罪焦虑的错误心理暗示，构成了其渎职犯罪的认知心理“易感”特质。

（一）对权力的认知偏差

中国两千多年的封建专制制度中权力的高度集中所造成的特权思维一直主宰着从政治领域、经济领域到思想领域、文化生活领域中的一切思维活动。“高人一等”的特权心理，仍然残留在某些国家公务人员的潜意识中，他们的“官本位”意识极强，一旦走上领导岗位，就以官为重，少了责任，多了权力。这种认知偏差容易使其将人民赋予的权力视为自己的私有物，在这种以官、以自我为中心的认知倾向下来解读周围环境和人的行为，认为自己是一种特殊人物，拥有某种特权是自己的本事，享受政府职务所带来的特权正是自己有别于一般公民的地方，好大喜功，听不进不同意见，不能忍受任何监督和制约，从而更容易发生滥用职权的犯罪行为。

（二）对责任、法律的认知偏差

因为渎职犯罪受害客体的不明显、不明确性，一些渎职犯罪源于渎职犯罪主体缺乏明确的责任、法律意识，对工作责任和法律界限的认知存在偏差。如有些人认为“钱不进腰包就不算犯罪”，即使明知自己的行为违背了有关法规和政策，却仍打着为地方经济建设谋发展的幌子，搞所谓的政绩、发展；有些人对玩忽职守罪的危害性认识不足，一般都认为这是“工作中缺乏经验而出现的问题”，谈不上什么犯罪；还有些人存在工作“混日子”“做一天和尚撞一天钟”的严重不负责任的工作态度，工作作风涣散，审查不细，把关不严，容易埋下严重隐患。

（三）对角色认知的偏差

每个人在社会中往往有多个社会角色，而且不同的社会角色之间时常还会出现角色冲突。有些渎职犯罪人不能很好地把握自己手中的权力，“责、权、利”不明，对于角色冲突的处理极为不当。例如，作为一个官员的角色需要执政为公，执法为民；作为一个朋友的角色需要给朋友帮忙。当两个角色发生冲突，需要利用权力执行者的角色来完成好朋友的角色时，这时候如果对两个角色的责任、义务及权力认知发生偏差、混乱,认为都是自己的事情,"不讲原则"的徇私、徇情就会出现滥用职权的情况。更有甚者将众多社会角色的冲突简单解决,不考虑掌权者角色的特殊性,反而认为时时处处都可以随便使用掌权者的角色为自己解决问题,造成角色认知的偏差,进而在角色行为上越轨,发生渎职犯罪行为。

(四)自我认知的偏差

过度自信是指人们独断性的意志品质,是与自觉性品质相反的一种心理和行为偏差。过度自信的决策者总是对自己的决定具有独断性,坚持己见,以自己的意愿代替实际客观事物发展的规律,当客观环境发生变化时也不肯更改自己的目的和计划,盲目行动,一概拒绝他人的意见或建议,这是缺乏自觉性和意志薄弱的表现。在一定意义上,也是一种认知偏差,有些渎职行为的发生是由于过度自信,是职务犯罪的犯罪主体已经预见到自己违反职责的行为可能发生危害社会的结果,但轻信能够避免的心理态度。

二、需要畸变

动机是直接推动个体活动以达到一定目的的内部动力,产生于本能和需要,不论是故意的滥用职权还是在疏忽大意的情况下过失性质的玩忽职守,都存在其相应的内部动力系统。渎职犯罪行为也不是凭空产生的,需要结构的异化,某些渎职"易感"动机的存在为其犯罪行为发生提供了动力基础。

(一)过分自尊的需要

这种需要一般表现为急功近利的虚荣心理。虚荣心是自尊心的过分表现,是为了取得荣誉和引起普遍注意而表现出来的一种不正常的社会情感。虚荣心通过炫耀、显示、卖弄等不正当的手段来获取荣誉与地位。这种急功近利的虚荣心理极易使人利用手中的职权贪大而不务实,如有些犯罪人认为公家的钱"不用白不用,用了也白用",为了作出政绩,动辄就劳民伤财地大兴土木,大搞形象工程;有些领导上任后不是继承和发展连续工作,而是标新立异,项目是建了拆,拆了建。在这种心理驱使下,他们挥霍得再多也毫不心疼,给国家和单位造成巨大经济损失。

(二)安全感缺失产生的权力需要

有些渎职犯罪人虽然在权力使用上出现了错误,但其权力支配欲和占有欲却很强烈。这类人在以往的工作中作出过一定成绩,被提拔重用后居功自傲,蜕化变质,其中许多人曾表现较好,也为国家和地方作出过不少贡献,但随着地位的升迁,权力的变化,就开始飘飘然了。他们的犯罪往往不是为金钱所诱惑,而是自我权力欲望的极度膨胀,这类犯罪具有更大的欺骗性。这种欲望的根源是安全感的缺失,需要通过使别人屈服自己来满足的权利欲、支配欲。

三、社会情境影响

当前渎职犯罪的突出表现就是群体性犯罪现象日渐增多，并且规模、形式、影响呈不断升级之势。这种现象的产生有其深刻的社会、政治、经济、文化原因，但也与公职人员的个体、群体及其相互影响有很大的关系。

（一）责任分散心理

我国古语有云“法不责众”，即使需要惩罚也只惩罚群体，而不会惩罚个人。因为个人行为的责任是由群体来承担的，这样个人的责任心就大大减少，对自己的行为当然也就更加不负责任，以致胆大妄为，滥用职权。“法不责众”是导致渎职犯罪的常见心理，造成权力被滥用的一个最主要的原因就是“责任分散效应”，主要表现为一个人在单独使用权力来履行职责的时候，往往就能尽量约束自己，做到谨慎行事，慎用权力，尽职尽责，可是在群体中，其成员就会感到其使用权力的行为是以整体出现的，责任落实到群体身上，或者分散到每个个体身上，责任就会难以界定，那么个人就可以避免承担群体行为造成的后果所招致的惩罚。这种心理使有些单位领导以集体决议通过的形式来使原本是自身的渎职行为转化为一个单位的集体渎职行为，从而规避自身责任，逃避制裁；或者一些机关工作人员由于受现实社会大环境的不良影响，对工作麻木不仁，敷衍了事，集体采取不作为的方式来对待自身的工作，出了问题后，就采取相互掩护的方式来逃避处罚。

（二）群体化效应

由于犯罪人个体的权限往往有很大的局限性，渎职和贪污受贿犯罪常常交织在一起，构成职务犯罪主体的群体化。由多层次、多岗位的公职人员结成一定的集合体，他们遵守共同的行为规范，相互依赖，相互影响，并且有着共同的犯罪目标。如曾一度轰动全国的两大群体走私案件，仅湛江海关走私案中涉案的公职人员就多达 132 名，而在厦门特大走私案中，海关与党、政、军、警、金融的数百名官员参与其中，大面积的公职人员犯罪令人触目惊心。

社会心理学的理论告诉我们，当群体成员拥有相似的态度或目的时，他们就会彼此吸引，自发地聚集在一块。在群体化的职务犯罪中，每个公职人员处于大致同级的需求层次，这是犯罪群体形成的重要引力。为达到某种目标，他们在一定条件下就可能走到一起，结成犯罪的群体，并且对所在的群体有强烈的认同感和归属感，还拥有不成文的群体规范，这种行为标准大多数是不成文的规则，并且每个成员都是心知肚明的，他们在相互的共同行为过程中会产生类化作用，即这些行为标准彼此趋同,群体成员逐渐接受,并受其约束。[①]

思考题

1. 渎职犯罪人的认知偏差有哪些?
2. 渎职犯罪人畸变的需要有什么特点?
3. 渎职犯罪的社会情境影响有哪些?

第三节 职务犯罪的风险知觉与决策规律

要点提示

1. 职务犯罪人作为国家工作人员,一般情况下,对其犯罪行为法律风险的存在是有客观认知的,但由于其某些违法行为未被处罚或自己曾有轻微职务犯罪行为或多次职务犯罪行为未被发现,使其行为动机得到强化,或者因为职权使用的便利性及对职务程序特点的熟知,认为自己可以轻易逃过法律制裁,导致对法律风险的认识相对减弱。

2. 职务犯罪人的风险知觉受个人接收信息的效力、环境因素、时间因素等多因素的影响,不同因素互相联系,互相渗透,互相作用。

3. 职务犯罪行为作为犯罪人的一种行为决策,是其在对整体环境和自我条件进行认知和衡量的基础上,对哪个选择会带来更大的收益或哪个选择会带来最小的损失,也就是通常所说的趋利避害心理影响的判断下,所作出的行为选择。

鉴于职务犯罪人的高文化水平,正常的人格和人际关系特点,现代犯罪学倾向于借用行为经济学的理论,将其犯罪行为看作一个风险决策,具有与普通人的投资收益决策相类似的规律。

一、职务犯罪的风险知觉

(一)风险知觉的特点

职务犯罪人作为国家工作人员,一般情况下,对其犯罪行为法律风险的存在是有客观认知的,但由于其某些违法行为未被处罚或自己曾有轻微职务犯罪行为或

① 参见韩剑尘:《社会心理学视域中的群体化职务犯罪》,载《安徽理工大学学报(社会科学版)》2006年第2期。

多次职务犯罪行为未被发现，使其行为动机得到强化，或者因为职权使用的便利性及对职务程序特点的熟知，认为自己可以轻易逃过法律制裁，导致对法律风险的认识相对减弱。对不同犯罪类型的犯罪人对风险的认知情况的调查表明，财产犯罪、经济犯罪的犯罪人，大多数人认为自己的犯罪行为属于风险偏轻型的，可以逃脱抓捕。

（二）职务犯罪风险知觉影响因素

职务犯罪人的风险知觉受到很多因素的影响，个人接收信息的效力、环境条件影响等因素互相联系，互相渗透，互相作用，具体影响作用可以归纳如下：

1. 信息效力

职务犯罪人对风险的感知在很大程度上取决于我们所获取信息的可用性、有效性或效力。信息歪曲和信息缺失都会影响我们对风险的正确感知。例如，一个熟悉刑法的刑庭庭长对触犯法律受法律制裁的可能性估计较高；一个户籍处电脑科技专业司法人员对这种可能性的估计较前者低。两人在被讯问时，虽然都有掩饰罪责的言行，但掩饰程度和技巧则有明显差异。前者在被讯问中没有确凿的证据难以攻破；后者在掩饰自己贪污罪行时却暴露了受贿的罪行。① 职务犯罪被刑罚的信息扩散范围小而慢，使一些犯罪风险的信息效力减弱，导致了职务犯罪人对刑罚风险低估的现象。

2. 环境因素

当前社会环境中存在一些不利于职务犯罪风险知觉的特点，如一方面法律规定对权力的监督和制约流于形式，社会上流传着“人大把法‘制全’了，大盖帽把天‘遮严’了，司法机关把案‘办粘’了”的俗语，反映了有法不依的社会现象仍大量存在，依法治国任重道远。如我国《行政诉讼法》颁布以来，行政案件却越来越少，“民告官”难于上青天。一些司法机关滥用权力抓人、放人、冻结资产、严重干扰经济发展、侵犯人身权利和民主权利，对此类现象法律虽有处罚规定，但缺少程序上的保障，对权力的监督和制约流于形式。此外，法律职业道德教育和职责的权利义务教育薄弱，权利和义务、权力和责任之间不对等，制度上的漏洞增加了滥用权力或违法犯罪的可能性。另一方面对职务违法及犯罪处罚偏轻。党纪、政纪处分，即警告、严重警告、撤销党内职务、留党察看、开除党籍；警告、记过、记大过、降级、撤职、开除等。这些处分是对违纪人的名誉或权力的有限度的制裁，在市场经济条件下，上述

① 参见张继英：《司法人员职务犯罪的法律风险意识研究》，载《国家检察官学院学报》1995 年第 1 期。

处分很难起到惩罚训诫之效,处分与经济利益相脱离,在趋利价值观引导下,一些职务犯罪人对犯罪风险的存在大大低估了。

3. 时间因素

风险感知颇受时间因素的影响。例如,一件事的不利后果会在很长时间以后起作用或显现出来,这和立即显现出来所造成的风险感觉是不一样的。不利后果从隐蔽到显现的时间间隔越长,人们越容易低估这种不利的程度,降低所感知到的风险水平。在潜意识里,人们希望不利后果的程度会被时间这一溶解剂给“稀释”掉,人们相信“时间会改变一切”,好像时间越长,不利的程度就会必然自动减轻似的。这是一种心理上的错觉,或是心理自我防御机能所起的屏障作用。因为人们本能地回避或只往好处想而忽视可能存在的不利后果,于是寄希望于时间的流逝会削弱这种不利后果带来的心理上的不安与失衡。由于很多职务犯罪行为被发现和被刑罚具有一定的滞后性,在时间的影响下职务犯罪人便逐渐放松了对风险的知觉。

二、职务犯罪的决策规律

决策就是为解决某一问题制订所有可能的备择方案并加以选择与决断的过程。所谓犯罪人的犯罪决策,是指罪犯决定是否实施犯罪、实施何种犯罪、何时实施犯罪时,通过对其犯罪“效益”与犯罪成本、刑罚成本尤其是预期刑罚成本的对比分析而作出的选择。① 职务犯罪的决策规律指的是职务犯罪人在不确定条件下作出实施犯罪行为决策的规律。

职务犯罪行为作为犯罪人的一种行为决策,是其在对整体环境和自我条件进行认知和衡量的基础上,对哪个选择会带来更大的收益或哪个选择会带来最小的损失,也就是在通常所说的趋利避害心理影响的判断下,所作出的行为选择。但是,出现两难情况时,或人们对收益或损失的判断不再直接或明确的时候,决策规律就变得复杂了。

(一)基于成本—收益分析的决策规律

如果撇开职务犯罪的犯罪情境,在相同或相似情境下不同个人具有不同的行为选择原因。同样,职务犯罪人的认知能力是有限的,选择实施犯罪行为是一种决策,也是故意犯罪中的预谋犯罪,这种理性表明个体决定追求的行为目的是众多可

---

① 参见陈正云:《罪犯的犯罪决策的经济分析》,载《法律科学(西北政法学院学报)》1996 年第 6 期。

选择预案中可能产生最大利益的一种。进行某种选择,是在职务犯罪的各种易感特质的动力作用下,是主体在完全意志自由的前提下,在进行“成本—收益”比较之后的最理想化的选择。

1. 职务犯罪的成本

职务犯罪的直接成本是指犯罪人在犯罪过程中直接投入的物力和人力。由于职务犯罪的犯罪人多为国家机关工作人员,手中握有一定的权力和财务支配权,加之权力制约不强、制度不完善,所以该类犯罪的犯罪人自身的直接物质投入一般都较低,甚至为零。但是犯罪人在实施犯罪前的智力心理投入却相当大,很多情况下能直接决定犯罪人是否采取犯罪行为。这主要包括在预谋、策划阶段所耗费的智力资源,以及对实施犯罪后可能遭到的社会道德的谴责和法律惩罚的恐惧,从而产生的精神压力和心理负担。尤其是犯罪人在犯罪后,由于受到正面思想教育力量的感召和牵制,往往会产生一种自责、忏悔心理,同时也因害怕自己的行为败露而会产生一种怯懦、恐慌心理。这种智力心理成本在犯罪直接成本中所占比例较高。职务犯罪的机会成本是指由于犯罪人在一定的时间、利用某种机会从事职务犯罪活动,使他从事其他合法活动的时间减少,因此所自动放弃的合法活动中可能的纯收益,或者说不进行职务犯罪活动而从事合法活动能得到的纯收益。犯罪的机会成本越低,人们越倾向于犯罪。由于职务犯罪的机会成本与犯罪人的受教育程度、工资收入、就业机会和年龄相关,且一般呈正比关系,而国家机关的工作人员一般在学历、个人素质方面都较高,且有些还担任领导职务,因此相对而言,职务犯罪人的机会成本比较高。犯罪的惩罚成本是指犯罪被司法机关侦破并判处刑罚对犯罪人造成的经济损失。由于并非所有犯罪都能被破获而实现惩罚成本,所以犯罪的惩罚成本实际是一种预期成本。它与两个因素有关:一是犯罪败露受到惩罚的概率即惩罚概率,二是接受惩罚的损失,即惩罚成本 = 惩罚损失 × 惩罚概率。由此可见,惩罚成本同惩罚概率和惩罚的实际损失成正比。职务犯罪的惩罚成本表现为被司法机关侦破并判处刑罚,或被纪检监察机关查获给予的党纪政纪处分,以及由此所造成的物质和经济损失。当然,这些可能的损失能否变成职务犯罪的惩罚成本,还取决于司法、纪检、监察机关的破案率。

通过上述分析,职务犯罪的成本可以表示为:犯罪成本 = 犯罪的直接物质成本 + 犯罪的直接心理成本 + 犯罪的机会成本 + 犯罪惩罚成本 × 破案率。

2. 职务犯罪的收益

任何人犯罪都是为了寻求一定的收益或效用,这一点对于故意犯罪来说自不待言,即使是过失犯罪,行为人也是为了寻求某种适法或非法行为的收益,并为了节省行为(在时间上的、精力上的、注意力上的或金钱上的)成本而潜意识地(而非故意地)放任其他损害结果的发生,这实际上也是为了寻求一种间接收益。行为人不为寻求某种收益或效用而去实施犯罪的情形几乎是不存在的。所以,收益或效用是推动行为人实施犯罪的根本动因,这也是对犯罪行为可以进行经济分析的重要原因。①

职务犯罪的收益是指犯罪人通过实施职务犯罪行为所得到的非法利益。一方面是通过职务犯罪所得到的直接物质经济利益;另一方面是由于实现了自己的占有欲,获得心理上的满足,从而形成的心理收益。

3. 成本—收益分析与决策

从职务犯罪的角度来说,犯罪人一般是具有稳定的偏好,追求犯罪"收益"极值的理性主体,在决定是否犯罪、实施何种犯罪、何时实施犯罪时,既要考虑其预期的犯罪"收益",又要考虑其犯罪成本,尤其是犯罪后所可能支付的惩罚成本,同时还要平衡其预期犯罪"收益"与犯罪成本、惩罚成本之间的对比关系。这种平衡的结果无非是决定不实施犯罪、实施犯罪以及选择最佳的犯罪时机三种情况:②

第一种情况,当预期惩罚成本高于预期犯罪"收益"时,职务犯罪人一般都能保持清醒的认识,不会实施犯罪。由于犯罪人是理性人,是追求收益极大值的主体,因此,当判断预期惩罚成本高于预期犯罪"收益"时,他将不会实施犯罪。因为,由于成本高于收益,犯罪反而得不偿失,犯罪人实施犯罪将会无利可图,因而犯罪人极可能放弃犯罪。如果犯罪"收益"过低,则犯罪人也很可能不愿去实施犯罪,因为为了追求微不足道的"收益"而实施犯罪,在犯罪人看来,仍是代价太大,成本过高,在这种情况下,实施犯罪是不合算的,因此,犯罪人最有可能作出放弃犯罪的决策。

第二种情况,当预期惩罚成本低于预期犯罪"收益"时,职务犯罪人将可能实施犯罪,同时在犯罪严重程度的上、下限幅度内进行选择。由于在这种情况下,犯罪所获得的"收益"大于所付出的预期惩罚成本,犯罪是一种有利可图的行动,因此,犯罪人最有可能作出实施犯罪的决策。但值得指出的是,犯罪人可能实施的犯罪的严重程度存在一个上、下限的问题。首先,关注犯罪严重程度的下限的决定。虽然预期惩罚成本会随着犯罪严重性程度的降低而降低,但是,犯罪人的预期犯罪"收益"也会随之减少。此外,由于国家为了获得应有的惩罚效果,其惩罚量的投入水

---

① 参见沈海平:《寻求有效率的惩罚:对犯罪刑罚问题的经济分析》,中国人民公安大学出版社2009年版,第136~137页。

② 参见张峰、于仁娈:《职务犯罪的经济学分析》,载《中国人民公安大学学报》2003年第5期。

平也一定保持着某一最高水平，而不管犯罪人的犯罪“收益”是否极小或者等于零，而且惩罚的概率也并不随着犯罪严重性程度的降低就必然地降低。所以，当犯罪的危害程度较低的时候，其预期的惩罚成本仍然维持在相当的水平，并且高于犯罪人的犯罪“收益”，从而要求犯罪人所实施犯罪的严重程度也必然达到一定水平，方可获得犯罪的净“收益”。其次，犯罪人所实施犯罪的严重程度的上限也不能毫无限制，否则，最终会因为犯罪程度的增加而导致预期惩罚成本的增加，出现预期惩罚成本高于预期犯罪“收益”的情形，从而使犯罪的净“收益”成为负数，犯罪成为无利可图的事情。所以，犯罪人为了获得更多的犯罪“收益”而使犯罪的严重性增加时，必然会存在一个最高限度。在这种情况下，理性的职务犯罪人在决策时，必然将其所实施犯罪的严重程度控制在超过一定的低限又低于一定的高限的范围内，这样方可产生犯罪的净收益。

第三种情况，职务犯罪人实施犯罪选择的时机往往位于其边际预期惩罚成本等于其边际犯罪“收益”时。罪犯虽然在预期惩罚成本低于其预期犯罪“收益”的区间内实施任何程度的犯罪都可能获得犯罪的净收益，但是并不意味着其所作出的实施任何程度犯罪的决策都是最佳的，也就是使预期的惩罚成本最低，而同时预期犯罪“收益”处于最大值时，实现“收益”与成本的比值最大。因此，犯罪人必然选择最佳的犯罪机会，以实现其犯罪“收益”的最大值。这个最佳的犯罪机会就是犯罪人的预期惩罚成本的增加量等于犯罪“收益”的增加量，即犯罪人所实施的犯罪的严重性给罪犯所带来的边际效用值等于其所导致的预期边际负效用值。当然，职务犯罪人在实际的犯罪时机选择时，不可能精确到依赖数学模型的地步，而往往是凭借职务特点和工作经验综合考虑犯罪环境、犯罪条件、现实利益与预期成本、收益的比较以及风险规避等因素，加以权衡从而确定最佳时机，但是我们应该看到这里的各个因素恰恰是经济分析时应考虑的变量，其选择的过程符合犯罪成本最小化而犯罪“收益”最大化的主观愿望和要求。

从成本收益的权衡可以说明，当基本法治环境、惩罚力度在一定范围内时，在职者在临近退休前，选择职务犯罪是其理性策略，这一点可以近似地理解成经常看到的所谓“59 岁现象”。这一结论的直观解释是：在临近退休前因从事不法活动的机会损失低于较早时从事不法活动的机会损失。比如，一个在 30 岁时因贪污而被判无期徒刑的人的损失将远远高于一个在 59 岁时因贪污而被判无期徒刑的人。具体来说，从惩罚的角度来看，由于寿命是有限的，后者距离生命结束的时间近一些，因此惩罚带来的负效用会低一些；从收入的角度考虑，很明显，后者可能的损失也会低一些。①

(二)基于行为经济学的决策规律

对职务犯罪基于成本—收益分析的决策规律分析是建立在传统的犯罪经济学把人假设为自利和追求利益最大化的理性人的基础上的。在实际中,人对环境的计算能力和认识能力是有限的,信息是不完全的,所以,人并不能做到完全理性。基于传统经济学的对犯罪行为的分析有时与实际的情况存在偏差。如在近年来披露的一些职务犯罪案件中,犯罪人普遍受到了严惩,有的还被追究了刑事责任,可以说犯罪成本远远超过收益,但是在这种明显的成本大于收益的条件下,职务犯罪仍然大量存在,这明显违背了传统经济学的理性人假设。在现实中,有经验的职务犯罪人拥有大量的技术和人际关系技能以及与特殊犯罪机会相关的知识,惩罚的确定性与严厉性并不是犯罪所带来的一种必然结果,而是部分地控制在犯罪人手中。职务犯罪人具有的特殊犯罪技能和人际关系技能帮助他们有效地逃避惩罚,顺利地实施犯罪行为,因此能改变其犯罪行为决策中一些重要维度的权重值。职务犯罪人长期理性的人生规划与受到短期利益驱动所作出非理性的犯罪选择之间的矛盾也是传统经济学无法解释的,用传统经济学中的"理性人"假设来分析复杂的犯罪行为,缺乏必要的变化性与灵活性。当前行为经济学揭示出人的行为特征可以概括为三个方面,分别是"有限利己"、"有限理性"和"有限意志力",犯罪决策包含了社会、心理、人口学等多种因素并在此基础上对犯罪决策规律进行了分析。②

1. 有限利己

有限利己理论认为,虽然大多数的犯罪是损人利己的,但是只要犯罪人不是反社会型人格障碍者,都或多或少有利他倾向,在犯罪决策的时候会将他人的利益考虑其中。在职务犯罪决策中我们可以看到,有些犯罪人作出犯罪决策的原因是让家人的意愿得到满足,或家中有重病待治的父母,这种情况显然符合了有限利己理论的假设。

2. 有限理性

对应于完全理性,有限理性包括以下三层含义:人们在认知过程中会存在大量的启发式偏差;人们的偏好也并不总是稳定一致的;在不确定情况下,人们用前景理论(prospect theory)揭示的过程来评价效用。

(1)启发式偏差。认知心理学研究发现,人们在认知对象时往往为了节约智力

---

① 参见张荣:《基于生命周期假说的职务犯罪经济学模型》,载《系统工程理论与实践》2007年第8期。

② 参见牟䶮静、刘安丽:《犯罪决策的行为经济学分析》,载《经营管理者》2010年第3期。

资源而走思维捷径，这样却极易造成认知的偏差。科尼曼等讨论了三种常见的“思维捷径”，并分别讨论了它们可能造成的启发式偏差，分别是：①代表性，指人们在判断两事件的关系时单纯从两事件的相似程度出发，实际上犯罪人是不可能对犯罪行为进行多方面的精确分析的，使用单一理由决策，如最少化启发式、采纳最近启发式等进行决策，导致决策片面。②可得性，指人们往往依靠最容易得到的信息进行判断，这样的话，可追溯性强的、明显的、容易得到反应的信息更容易影响人们对事实的判断，而那些相对隐晦、不熟悉的信息则常常被忽略掉。③锚定效应，指人们在调整估值时无法摆脱初始估值的影响，倾向于高估连续事件发生的概率而低估独立事件发生的概率。职务犯罪人多数是因为开始一两次的犯罪行为没有暴露，就认为其被绳之以法的可能性很小，之后犯下更多、牵涉数目更大的罪行。另外，信息的不完全性也是造成偏差的重要原因。犯罪人不可能知晓所有与犯罪收益和风险有关的一切信息，例如，犯罪人可能并不熟悉侦查程序和技术，所以在犯罪现场留下某些明显的痕迹而不自知。

(2)偏好的不稳定性。行为经济学的研究表明，人们的偏好关系中存在经常性的偏好逆转现象。特沃斯基等认为偏好逆转的关键原因是人们在偏好评价过程中违反了程序一致性这一主流经济学的隐含假定，这表现为人们倾向于给回报很高但可能性很小因而期望值较低的选择以相对较高的价格。这可以解释大多数含有侥幸心理的犯罪。另外，人们面对的选择对象的集合也会影响人们对两个对象的偏好关系。

(3)前景理论。前景理论由卡尼曼和特沃斯基最早提出，行为经济学发现，决策者在不确定条件下的效用评价具有下列特征：第一，决策者真正关心的并不是收益的绝对值，而是相对于某一参照水平的相对值。第二，人们面对收益和损失时对待风险的态度是不一样的，大部分人在面对收益时是风险规避的，而在面对损失时却是风险喜好的。

3. 有限意志力

有限意志力理论对犯罪决策的分析认为，在犯罪人实施案件过程中，其并不是始终按照最优化的规则来行事，而是融入了懒惰、贪婪而不知及时收手等特点，故未能完美地规避惩罚、获得最大利益。

泰勒和谢夫林建立了一个两重自我模型。这个模型把人看成一个组织，这个组织中包含了一个计划者和一个执行者。计划者关心的是此人一生的效用，而执行者只关心此人的当期效用。因此计划者要使用一些方法来影响执行者的行为，但是，计划者这样做是有成本的，计划者对执行者的影响将在某个临界点失效。拉宾等人则通过将行为变量引入传统的贴现效用模型来分析自我约束问题,而时间贴现与跨期选择的理论最能说明激情犯罪的决策过程。跨期选择指的是在不同时间段上进行成本收益的权衡。经验研究发现,在不同时期中的贴现率并不是不变的常数,而可能是递减的,这个理论可以解释犯罪行为中的冲动,经常被称为双曲线贴现理论。如果按照理性人的假设,犯罪人明知犯罪会带来对自己不利的后果,却因为即时效用的增加,而选择了冲动的行为。有限意志表明行为人不能形成有序的效用函数,在多重目标的冲突中,没有追求整体效用的最大化,而是追求了当前效用的最大化。

思考题

1. 职务犯罪风险知觉影响因素有哪些?
2. 什么是职务犯罪基于成本—收益分析的决策规律?
3. 什么是职务犯罪基于行为经济学的决策规律?

延伸阅读

决策的前景理论——《赌客信条》

前景理论:前景理论是心理学及行为科学的研究成果。"前景理论"由卡尼曼和特沃斯基提出,通过修正最大主观期望效用理论发展而来。卡尼曼(Kahneman)因前景理论而获得2002年诺贝尔经济学奖。

前景理论是描述性范式的一个决策模型,它假设风险决策过程分为编辑和评价两个过程。在编辑阶段,个体凭借"框架"(frame)、参照点(reference point)等采集和处理信息,在评价阶段依赖价值函数(value function)和(主观概率)权重函数(weighting function)对信息予以判断。价值函数是经验型的,它有三个特征:一是大多数人在面临获得时是风险规避的;二是大多数人在面临损失时是风险偏爱的;三是人们对损失比对获得更敏感。因此,人们在面临获得时往往是小心翼翼,不愿冒风险;而在面对失去时会很不甘心,容易冒险。人们对损失和获得的敏感程度是不同的,损失时的痛苦感要大大超过获得时的快乐感。

《赌客信条》一书中,作者孙惟微将前景理论归纳为五句话:

1."二鸟在林,不如一鸟在手",在确定的收益和"赌一把"之间,多数人会选择确定的好处。所谓"见好就收,落袋为安"。这称为"确定效应"。

2.在确定的损失和"赌一把"之间,做一个抉择,多数人会选择"赌一把",称为

“反射效应”。

3. 白捡的100元所带来的快乐，难以抵消丢失100元所带来的痛苦，称为“损失规避”。

4. 很多人买过彩票，虽然赢钱可能微乎其微，你的钱99.99%的可能支持福利事业和体育事业了，可还是有人心存侥幸博小概率事件，称为“迷恋小概率事件”。

5. 多数人对得失的判断往往根据参照点来决定，举例来说，在“其他人一年挣6万元你年收入7万元”和“其他人年收入为9万元你一年收入8万元”的选择题中，大部分人会选择前者。这称为“参照依赖”。

第十五章 女性犯罪心理

案例导入

2019年11月28日，身负7条人命、潜逃23年的女逃犯劳某枝在厦门落网。劳某枝，曾是一家石油化工公司子弟学校的小学教师，不到20岁时认识了有抢劫罪前科的法某英，她听信了男友法某英的教唆，辞掉了小学教师的工作，跟着男友前往南昌经商。法某英所谓的经商，就是让劳某枝去歌舞厅坐台，然后勾引大款到出租屋内，实施仙人跳。从1996年到1999年，两人先后逃窜至南昌、温州、合肥，并杀害了7人。

1996年7月在江西南昌，劳某枝在舞厅坐台，以出台的名义将老板熊某义骗到出租屋，法某英在出租屋守株待兔。两人杀害熊某义后，将其尸体肢解，又找去他家里，将他妻子和3岁的女儿杀害后，抢得钱财逃跑。1997年10月，劳法二人逃窜到温州。法某英在找房东面谈租房事宜时，发现女主人梁某春很有钱，回去和劳某枝商定抢劫。于是二人对梁某春及其手下工作的一名坐台小姐刘某清实施了抢劫，并用电话线将二人勒死。1999年7月，劳某枝故技重施，在合肥某歌舞厅坐台，物色到了绑架对象殷某华。劳某枝将殷某华约到出租房，法某英持刀胁迫，将他关在提前定制的铁笼子里，并勒索赎金。为了让殷某华相信自己有性命之虞，他决定"找个人来杀"，之后劳某枝去市场买了冰柜，他出门叫来木工陆某明将他杀死，之后把陆的尸体放在了冰柜里。然后，法某英去殷某华家里找其妻子要钱，对方报警，他被抓获。法某英被抓捕后，独自逃亡的劳某枝先后在多个城市流窜，在酒吧、KTV等场所打零工、短工为生，直到在厦门落网。2020年12月21日，劳某枝案在南昌市中级人民法院开庭审理，劳某枝被控故意杀人罪、绑架罪和抢劫罪。劳某枝本是一个年轻漂亮的小学教师，为何最终会走上犯罪道路，其中原因值得我们深思。

近年来，女性参与社会活动增加，女性犯罪问题日益突出。女性犯罪在数量上呈快速上升趋势，犯罪性质也有严重化趋势。女性犯罪涉及领域及危害程度也发生了很大变化，从犯罪类型来看，女性犯罪涉及的种类很多，如杀人、抢劫、盗窃、诈骗、贪污、卖淫、贩毒等，其中以财产犯罪、性犯罪最为突出。女性犯罪在数量上相对于男性来说虽然是较少的，但其社会危害性非常深远。因此女性犯罪成为全社会共同关注的一个社会问题，对女性犯罪的研究在世界范围内越来越受到重视，研究女性犯罪问题具有重要的现实意义。本章主要探讨女性犯罪的特殊性与主要发展趋势、女性犯罪典型的心理特征、女性杀人犯罪心理分析等内容。

第一节　女性犯罪的特殊性与发展趋势

要点提示

本节主要探讨女性犯罪的特殊性与主要发展趋势。与男性犯罪相比较，女性犯罪的特殊性主要表现为：犯罪数量远低于男性犯罪；犯罪类型具有一定集中性；犯罪手段以非暴力性为主，具有隐蔽性，性色彩浓厚；犯罪侵害对象多是熟悉的人或物；女性犯罪具有从属性；在量刑与行刑上有一些特殊待遇；犯罪危害具有深远性。女性犯罪的主要发展趋势有：犯罪数量近年呈现上升趋势；犯罪类型中毒品犯罪与职务犯罪呈上升趋势；犯罪手段暴力性日益突出。

女性犯罪与男性犯罪相比，在犯罪数量、犯罪类型、犯罪手段、犯罪对象等方面都有着自己的特殊性。近几年，我国女性犯罪在犯罪数量、犯罪类型、犯罪手段等方面表现出一些新趋势。

一、女性犯罪的特殊性

由于女性与男性在生理特征、心理特征、社会角色、社会地位、社会参与度、受教育程度等方面有着不同，所以女性犯罪与男性犯罪相比，有着自己的特殊性，具体表现为以下几个方面：

（一）犯罪数量远低于男性犯罪

女性犯罪在犯罪数量上远低于男性犯罪。根据深圳市人民检察院 2006 年至 2011 年的数据统计来看，深圳市因涉嫌犯罪被检察机关提起公诉的人员中，2006 年至 2008 年，女性所占比例比较稳定，约占 7%；2009 年女性所占比例已近 8%；2010

年至2011年,女性所占比例已超过9%。①

2012年3月10日《法制日报》消息,重庆市人民检察院第一分院侦查监督处副处长李海燕,在接受《法制日报》记者独家采访时披露,2009年至2011年该院辖区共批捕各类刑事犯罪嫌疑人20 363人,其中女性犯罪嫌疑人1857人,占总数的9.12%。②

从上述调查数据可以看出,女性犯罪与男性犯罪的数量之比大概是1∶10,也有一些其他调查数据显示女性犯罪比例上升至百分之十几,但总体来说,男性犯罪数量占绝对优势,女性犯罪在犯罪数量上远低于男性犯罪。

(二)犯罪类型具有一定集中性

女性犯罪类型主要集中于与其社会联系较为密切的财产型犯罪和家庭方面的犯罪:盗窃、诈骗、卖淫、杀人(溺婴、奸杀居多)、拐卖人口、重婚等。据统计,从2009年至2011年,重庆市人民检察院一分院辖区共批捕女性犯罪嫌疑人为1857人,女性犯罪涉及的具体罪名人数排列在前四位的分别是毒品犯罪503人,盗窃罪265人,诈骗罪226人,组织、强迫、介绍、容留妇女卖淫罪222人,这四种女性人员合计就占了女性犯罪总数的65.48%。③ 有学者2017年1月对某省2870名第三代女犯的统计调查表明,财产型犯罪的有1551名,占被调查人数的54.04%,居于主导地位。随着市场经济的发展,新型财产犯罪增长迅猛。比如,犯集资诈骗和非法吸收公众存款罪的,某省女子监狱2011年5月31日至2017年5月30日收监总数分别为:2012年16人,2013年36人,2014年113人,2015年200人,2016年339人,2017年545人,呈明显递增趋势。④

(三)犯罪手段以非暴力性为主,具有隐蔽性,性色彩浓厚

女性由于生理原因天生体力弱,因此在选择犯罪手段时一般以非暴力行为手段为主,除非在不得已的情况下才会采取暴力手段。女性作案方式的攻击性、暴力性、灵敏性差,多利用亲和力、色相从事诈骗、盗窃、拐卖人口、卖淫、制作假证、投毒等非暴力型犯罪活动。由于女性心理细腻,做事谨慎,其在实施杀人犯罪时,为了不暴露自己,往往经过仔细策划和精心准备,多是采用投毒、电击、麻醉、色诱、雇凶等

---

① 参见王纳:《女性犯罪占比逐年上升》,载新浪网,http://news.sina.com.cn/o/2012-03-09/042124084555.shtml。

② 参见徐伟:《调查显示婚外情引发女性犯罪呈上升趋势》,载中国新闻网,http://www.chinanews.com/fz/2012/03-10/3733182.shtml。

③ 参见徐伟:《调查显示婚外情引发女性犯罪呈上升趋势》,载中国新闻网,http://www.chinanews.com/fz/2012/03-10/3733182.shtml。

④ 参见连春亮:《论女性犯罪的新特点》,载《山东警察学院学报》2019年第2期。

相对平静的手段去犯罪,很少实施力量型暴力犯罪,这显示出女性犯罪的手段具有隐蔽性。在一起女性参与的抢劫案中,被告人王某(系卖淫女)以介绍卖淫为由,与男性同伙将被害人(系卖淫女)骗到事先安排好的某宾馆后,将被害人衣物藏起,以拍裸照威胁,逼迫被害人说出银行卡密码,并从被害人银行卡账户内提取人民币8万余元。投毒是女性的惯用手段,在所有的投毒杀人案件中,女性作案比例占到60%,投毒几乎成了女性的“专利”。许多女性犯罪与购物有关,女性多是在商店或公共汽车上趁人们不注意顺手牵羊,在商场中伪装成顾客行窃财物的也很多。例如,一女子许某利用自己3岁女儿作“掩护”到珠宝店窃取黄金600多克,她每次作案都带着3岁女儿,目的就是掩人耳目。她以购买黄金首饰为由,让店员一次性拿出多件黄金首饰供她挑选,因为小女儿长得非常可爱,吸引了店员的注意,而许某则趁店员不注意把黄金首饰装进自己的口袋。用此方法许某多次盗窃得逞,涉案金额达20余万元。

女性犯罪手段性色彩浓厚。女性犯罪在多数场合与性有密切联系,除了直接实施性领域犯罪(如卖淫、淫乱等),在诈骗、抢劫、盗窃等其他类型的犯罪中,“性”往往也起着重要作用。如以性别为掩护,以色情为诱饵进行诈骗犯罪等,获取他人钱财或其他利益,通常所说的“放飞鸽”就是一种典型的以“性”为诱饵的犯罪手段。一些消费场所为了盈利,公开容留卖淫女以吸引顾客,一些妇女也把卖淫作为“短平快”的发财致富途径,导致女性性犯罪案件数量不断攀升。有的女性因放纵自己的性欲而陷入情感纠纷,导致奸情杀人案件的发生。

(四)犯罪侵害对象多是熟悉的人或物

因为女性的社会参与度低于男性,人际交往的圈子相对较小,多是亲戚、朋友、同学、邻居等交往密切的人,所以女性犯罪侵害对象多是熟悉的人,如侵财案件中犯罪对象往往是女性犯罪人的同事、亲朋、邻居等。女性暴力犯罪侵害对象的特定性更加明显,往往是与犯罪人关系较为密切,而且早就有矛盾和纠纷的人,包括丈夫、情夫、男友、情敌、子女、其他亲戚、邻居、同事、同学等。如浙江省的一项调查显示:女性暴力犯罪的被害人中,丈夫占比为51.2%;情夫、恋人占2.4%;其他亲人占12.2%;邻居占24.4%;同学同事占9.8%。[①] 例如,在慈母毒杀脑瘫双胞胎案中,犯罪人武某英毒杀的是自己的双胞胎脑瘫儿子;上海松江杀婴案中的犯罪人雷某杀死了弟媳4个月大的儿子;南京饿死女童案凶手乐某2013年9月18日被南京市人

① 参见孙青松、万年星:《论女性犯罪的现状、特点及对策》,载《胜利油田职工大学学报》2008年第6期。

民检察院以故意杀人罪起诉,被饿死的是乐某的3岁和1岁的女儿;深圳千万富婆买凶砍出轨男友二十多刀;女医生不堪虐待杀死前夫碎尸;女子屡遭家暴刺死丈夫等。从众多类似的案例中可以发现,女性犯罪侵害对象的特定性是很强的,多为熟悉的人,越是严重的犯罪,其特定性越强。

(五)女性犯罪具有从属性

由于女性依附心理较强,因此,女性犯罪具有从属性,常常利用他人的力量来满足自我,并非自己亲自动手。一般女性在共同犯罪中只充当次要角色,起协助男性实施犯罪的作用。在一些如贩卖毒品、诈骗、走私等共同犯罪中,容易成为从犯。在盗窃、抢劫等犯罪中负责踩点、望风、掩护和提供犯罪工具,犯罪得逞后负责藏匿和掌管财物等。在劳某枝案中,劳某枝就是这样一个角色,负责利用在歌舞厅坐台诱骗有钱的作案对象前去出租屋,购买作案工具,法某英守株待兔实施抢劫、杀人。

(六)女性犯罪在量刑与行刑上有一些特殊待遇

在犯罪的处罚上,女性犯罪人适用缓刑和轻刑的机会较多。《刑法》第72条规定:"对于被判处拘役、三年以下有期徒刑的犯罪分子,同时符合下列条件的,可以宣告缓刑,对其中不满十八周岁的人、怀孕的妇女和已满七十五周岁的人,应当宣告缓刑……"根据我国《刑事诉讼法》(2018年修正)第67条的规定,犯罪嫌疑人、被告人系怀孕或者正在哺乳自己婴儿的妇女,采取取保候审不致发生社会危险性的,可以取保候审。根据《刑事诉讼法》第74条的规定,对符合逮捕条件,但有特殊情形的犯罪嫌疑人、被告人,可以监视居住,其中就包括怀孕或者正在哺乳自己婴儿的妇女。根据《刑事诉讼法》第265条的规定,对被判处有期徒刑或者拘役的罪犯,如系怀孕或者正在哺乳自己婴儿的妇女,可以暂予监外执行。除此之外,还体现在专门针对孕妇的规定中:根据我国《刑法》第49条的规定,审判的时候怀孕的妇女,不适用死刑。根据《刑事诉讼法》第262条的规定,在执行死刑的过程中,发现罪犯正在怀孕的,应当停止执行,并且立即报告最高人民法院,由最高人民法院作出裁定;裁定停止执行的,应当报请最高人民法院依法改判。上述规定体现了对"两怀妇女"的特殊关照。

(七)女性犯罪的危害具有深远性

女性犯罪在数量上相对于男性来说虽然较少,但其社会危害性非常深远。除了一般意义上的犯罪危害性之外,由于女性较男性承担着更多的教育子女的责任,女性犯罪在破坏正常家庭生活和社会秩序,影响社会和谐与稳定的同时,对其子女的不良影响也是潜在的和长远的,可能会导致青少年犯罪的增加,引发一系列的社会问题。因此女性犯罪成为全社会共同关注的一个社会问题,对女性犯罪的研究在世界范围内越来越受到重视,研究女性犯罪问题具有重要的现实意义。

二、女性犯罪近年来的主要发展趋势

从近几年关于女性犯罪的统计数据来看,女性犯罪数量呈现明显上升趋势,犯罪类型不断扩展,其中毒品犯罪与职务犯罪数量明显上升,女性犯罪的手段暴力性日益突出。

(一)女性犯罪数量近年呈现上升趋势

女性犯罪总量虽然远低于男性犯罪,但近几年,女性犯罪数量有着明显上升的趋势。

根据深圳市人民检察院2006年至2011年的数据统计来看,女性犯罪的比例与数量都整体呈现了上升趋势。据统计,2006年至2008年,深圳市检察机关每年提起公诉的女性涉嫌犯罪人员约1400人,而2009年已上升至近1800人,2010年至2011年连续两年均为2200人左右。[①]2013年1月至5月,在上海市静安区人民法院判决的刑事被告人中,女性犯罪人数占比为12.84%,与上一年同期相比,女性犯罪人数上升了35.71%。[②]2013年3月8日《新闻晚报》消息,根据青浦区人民检察院提供的一份调查报告来看,近年来女性犯罪的比率与数量均呈现上升趋势。据统计,2009年至2012年,青浦区因涉嫌犯罪被检察机关提起公诉的人员中,女性所占比例较稳定,并呈逐年递增趋势,2009年女性所占比例近5.1%,2012年上升到9%。2012年,青浦区检察机关每年提起公诉的女性涉嫌犯罪人员与2009年相比,几乎翻了两倍。[③]

新华网苏州频道2014年3月6日电:苏州市姑苏区人民法院对2011年至2013年审理女性犯罪的情况进行统计,数据反映每年女性犯罪所占比例都在百分之十几。从统计数据看到,女性犯罪比例有上升趋势,2011年女性犯罪所占比例达12.5%,到2012年占13.6%,2013年这一比例则上升到16.3%。[④] 2014年3月7日顺德城市网消息,佛山市顺德区人民法院调研报告显示,女性犯罪数量激增,犯罪率明显

---

① 参见王纳:《女性犯罪占比逐年上升》,载新浪网,http://news.sina.com.cn/o/2012-03-09/042124084555.shtml。

② 参见李鸿光:《被判刑案中女性涉毒案升幅大》,载新浪网,http://news.sina.com.cn/o/2013-06-18/151427431580.shtml。

③ 参见茅冠隽:《女性犯罪数量三年翻两倍贪虚荣、重感情成"催化剂"》,载新浪网,http://news.sina.com.cn/o/2013-03-08/132026470567.shtml。

④ 参见耿莉:《女性犯罪数量呈现上升趋势》,载http://js.xhby.net/system/2014/03/06/020453486.shtml。

上升。2011年至2013年,佛山市顺德区人民法院共审理各类型女性犯罪723件842人。其中,2011年佛山市顺德区人民法院审理女性犯罪案件154件涉187人,2012年为255件279人,2013年为314件376人,呈逐年上升趋势。[①]

有学者2017年对某省2010年至2017年女性罪犯的总数进行了统计调查,女性罪犯的绝对数字如下:2010年女犯总数为4604名,2011年女犯总数为4679名,2012年女犯总数为4682名,2013年女犯总数为5167名,2014年女犯总数为5387名,2015年女犯总数为5686名,2016年女犯总数为5916名,2017年女犯总数为6388名。8年间女犯总数由2010年的4604名增加到2017年的6388名,多了1784名,[②]增长比为38.75%。

上述不同地区的调查数据充分显示,女性犯罪正悄然增多,不容忽视。

(二)女性犯罪中毒品犯罪与职务犯罪呈上升趋势

女性犯罪主要集中于与其社会联系较为密切的财产型犯罪和家庭方面的犯罪:盗窃、诈骗、卖淫、杀人(溺婴、奸杀居多)、拐卖人口、重婚等。但近几年,女性犯罪的类型有扩展趋势,表现为毒品犯罪、职务犯罪等呈明显上升趋势。

从上海市静安区人民法院获悉,从2012年6月至2013年5月,该院所判刑事案件中女性犯罪案件达104人,较之上一年度的女性犯罪人数上升73.33%。这些女性犯罪案件类型主要为涉毒、盗窃案件等,女性涉毒案件占到女性犯罪的25%以上。[③] 深圳市人民检察院报告中指出:女性犯罪在犯罪类型上集中在贩卖毒品罪、盗窃罪和组织、强迫卖淫罪这三个罪名上,几乎历年都排在前三的位置。2006年至2008年,深圳因涉嫌贩卖毒品罪而被提起公诉的女性每年大约200人,2011年已上升到502人,占2011年女性涉嫌犯罪被提起公诉总人数的近1/4。[④] 据广州多家法院审理的涉毒案件显示,女毒犯占总涉毒罪犯约10%。广州市天河区人民法院2011年至2014年审理的毒品犯罪案中,女毒犯约占全部涉毒犯罪人数的12%;广州市白云区人民法院同期审理的毒品犯罪案中,女毒犯约占全部人数的10%;广州市花都区人民法院的同期数据中,这一比例为7%。且涉毒案件中女性被告人数量呈现逐年递增趋势。例如,广州市花都区人民法院2011年至2014年毒品犯罪案

---

① 参见湛承姝、周海民:《女性犯罪数量激增,侵犯财产案明显上升》,载顺德城市网,http://www.shundecity.com/a/shwx/2014/0307/124387.html。

② 参见连春亮:《论女性犯罪的新特点》,载《山东警察学院学报》2019年第2期。

③ 参见李鸿光:《被判刑案中女性涉毒案升幅大》,载新浪网,http://news.sina.com.cn/o/2013-06-18/151427431580.shtml。

④ 参见王纳:《女性犯罪占比逐年上升》,载新浪网,http://news.sina.com.cn/o/2012-03-09/042124084555.shtml。

中,女毒犯有 83 人,其中 2011 年 13 人,2012 年 15 人,2013 年 20 人,2014 年 35 人。[①] 在 2015 年对某省 3128 名女犯的调查中,涉毒罪犯 421 名,占被调查人数的 13.46%。[②] 从上述统计数据可以发现,女性毒品犯罪数量和犯罪人数都呈现出上升趋势。

北京市石景山区人民检察院公布的一份报告显示,2005 年至 2011 年该院侦办的女性职务犯罪案件数占立案总数的 16%,女性职务犯罪呈上升趋势。[③] 2010 年至 2012 年,北京市东城区人民检察院共立案查处女性职务犯罪嫌疑人 20 人,已占全部职务犯罪案立案人数的 21.9%,这是多年来比较少见的。其中半数以上是贪官情人,30 岁至 50 岁的有 14 人,约占女性职务犯罪嫌疑人总数的 70%。这些女性涉案人员,除一人涉嫌贪污罪以外,其余 13 人均涉嫌行受贿犯罪,而且都是共同犯罪。[④] 上海市青浦区人民检察院检察官顾青分析,2009 年至 2012 年女性犯罪主要表现为侵犯财产类犯罪与破坏社会主义市场经济秩序类犯罪。侵犯财产类犯罪 124 人,破坏社会主义市场经济秩序类犯罪 57 人。值得注意的是,往年女性犯罪涉及很少的贪污、职务侵占、挪用公款等职务类犯罪也在抬头,近 4 年来发生比例共占女性犯罪的 5%。[⑤] 据深圳市人民检察院统计,2012 年到 2014 年,3 年间,深圳市检察机关立案查处的女性职务犯罪 54 人,其中 2012 年 9 人,2013 年 18 人,2014 年已高达 27 人,可以说这 3 年间深圳市查处的女性职务犯罪的人数占深圳市检察机关查处的职务犯罪总比例虽不算高,但其上升态势却很明显。[⑥] 女性职务犯罪的上升趋势与近年来我国不断加大反腐力度有一定关系。

(三)女性犯罪的手段暴力性日益突出

由于女性特殊的生理特征,女性犯罪的手段一般以非暴力为主,但对于一些特殊情况,女性犯罪的手段日益接近男性,暴力性日益突出。有的甚至在杀人后碎尸、焚尸、抛尸等,手段极其残忍,令人发指。例如,贵州一名女医生彭某,因结婚后不堪

---

① 参见章程:《每十个毒犯就有一女性多为"爱"成毒犯》,载 http://society.people.com.cn/n/2015/0706/c136657-27257065.html。

② 参见连春亮:《论女性犯罪的新特点》,载《山东警察学院学报》2019 年第 2 期。

③ 参见张大辉:《北京检察院公布报告称女性职务犯罪呈上升趋势》,载 http://news.sohu.com/20120505/n342434261.shtml。

④ 参见王蔷:《女性职务犯罪多是贪官情人》,载 http://news.iqilu.com/china/gedi/2013/0810/1627413.shtml。

⑤ 参见茅冠隽:《女性犯罪数量三年翻两倍贪虚荣、重感情成"催化剂"》,载新浪网,http://news.sina.com.cn/o/2013-03-08/132026470567.shtml。

⑥ 参见《女贪官感情生活匮乏 女性职务犯罪人数上升态势明显》,载 http://www.qlwb.com.cn/2015/0312/334967.shtml。

丈夫的打骂和虐待心生怨恨,趁丈夫不备,用刀猛砍其脖子,后又用鞋带将其勒死并将尸体肢解成10块,分别包装,带到客运站丢弃。36岁的女子周某通过QQ聊天认识了27岁小伙樊某,两人自从网上相识后接触非常频繁。周某的丈夫杜某怀疑妻子与樊某两人关系暧昧后,一不顺心就殴打周某。周某实在无法忍受,就与情人樊某商量此事。二人先是准备制造假车祸无果,一天夜里樊某来到周某家,二人一起将杜某打倒,后又用手掐死杜某。两人将杜某的尸体装在杜某吉普车的后备箱内,开到库伦旗境内的一个小沟内,在加油站买来汽油将杜某尸体焚烧后将头和右臂用铁锹砍下,扔在一个垃圾箱内,又将身体扔在一处水井房内。类似的案件报道屡见不鲜,很难让人相信柔弱的女性会与杀人碎尸的行为发生联系,然而现实生活中此类案件却时常发生。

思考题

1. 女性犯罪与男性犯罪相比有哪些特殊性?
2. 女性犯罪主要发展趋势有哪些?

第二节 女性犯罪的心理特征

要点提示

1. 女性犯罪人的认识特征、情绪情感特征、意志特征与个性特征。女性犯罪人在认识特征上主要表现为:文化程度低,认识范围狭窄;认识水平低,判断是非能力差;法治观念淡薄。

2. 女性犯罪人在情绪情感特征上主要表现为:情感体验深刻,易感情用事;自尊心较强,易产生嫉妒心理;情绪不稳定、易波动,自我调节能力差。

3. 女性犯罪人在意志特征上主要表现为:意志受情绪影响大,带有明显的情绪色彩;意志力薄弱,行为易受环境或他人的暗示。

4. 女性犯罪人在个性特征上主要表现为:畸形的需要;物欲、情欲、性欲等多样化动机;不正确的人生观、价值观;不良的性格特征;特定的能力特征等。

由于女性在生理上与男性有着显著的区别,加上在社会化过程中形成的性别角色意识的影响,使女性在心理特征上表现出一些不同于男性的独特性。与守法女性相比,女性犯罪人在认识、情绪情感、意志、个性等心理特征方面又表现出其特殊性。

一、女性犯罪人的认识特征

男女两性存在认知差异,相对于男性而言,由于受中国封建文化、男尊女卑的封建思想影响,女性受教育的水平相对较低。相对于女性非犯罪人来说,女性犯罪人的受教育程度低,认识范围狭窄,认识水平低下,判断是非能力差,法治观念淡薄,自我调整认识的能力差。这些因素对她们走上犯罪道路起了重要作用。

(一)文化程度低,认识范围狭窄

随着社会的发展和进步,女性的社会地位和受教育程度有了明显提高,但女性的文化素质总体上低于男性,其中女性犯罪人的文化程度更是普遍低于社会女性的平均文化程度。大多数女性犯罪人文化程度偏低,有的是文盲或半文盲,知识面狭窄,其认识水平和范围都受到了限制,认识问题经常带有很大的片面性、局限性,不能从多方面认识事物之间的相互关系。大多数女性犯罪者对政治、经济等国事不感兴趣,只关心家事,并且热衷于讨论身边琐事,特别容易因为家长里短闹矛盾,由此引发犯罪行为。

(二)认识水平低,判断是非能力差

女性犯罪人的认识水平低,带有肤浅性和直观性。其观察力、思维力低下,观察事物往往停留在表面,不能透过现象看本质,常被表面现象所迷惑;判断是非能力差,常常分不清真伪、善恶和是非的界限,盲目轻信、易上当受骗,被他人拉拢引诱实施犯罪行为。在团伙犯罪中,女性多由家人、朋友拉入犯罪团伙,实施犯罪行为。一些女性犯罪人由于视野不开阔、心胸狭隘、认识偏执、遇事喜欢钻牛角尖,因而当遇到问题和挫折时,不能正确对待,消极的情绪难以化解,积累到一定程度就可能导致情绪型犯罪。

(三)法治观念淡薄

在我国,法治观念淡薄是许多女性犯罪人的共性特点之一。一些女性不关心法律,不知法、不懂法,没有形成正确的法治观念,习惯于按照个人的主观需要和歪曲的道德观来衡量自己的行为,往往因愚昧无知而触犯法律。一些女性当自己遭到不幸和侵害时不知道寻求法律的保护,而是逆来顺受,实在忍无可忍时,易产生“恶逆变”倾向,由被害人演变为犯罪人。尤其是在广大农村妇女中,法治观念朴素,只知道杀人偿命、欠债还钱,认为拐卖妇女儿童、组织卖淫、替人运送毒品等这些事项都与犯罪无关,因此极易由于对法律的无知而犯下罪行。不少女性犯罪人的行为已经构成违法犯罪,其还浑然不觉、不以为然。城市中的女性犯罪人虽然法律

意识增强,但没有守法观念,被膨胀的物质欲望或情感需求冲昏头脑,不能抵制外界的诱惑,可能在侥幸心理的支配下实施犯罪行为,而滑入犯罪的深渊。

二、女性犯罪人的情绪、情感特征

女性特有的情绪情感特征使女性犯罪和情感有着密切的关系,许多女性犯罪是由情感原因而引起的。其中,和犯罪相联系的情绪情感特征主要有以下几个方面:

(一)女性情感体验深刻,易感情用事

女性由于高级神经的兴奋过程较强、抑制过程较弱,因此相对于男性而言情感较丰富、强烈,处理问题比较感性,热衷于情感体验,用情较深,遇到事情很容易动感情,常因一些小事而引起强烈的情感反应,特别是在否定性质的情绪中体验深刻,易受情绪的感染而感情用事。这种丰富的情感使女性表现得更有爱心,其大多体现在母爱、情爱和性爱中。然而,也正是由于女性情感丰富而又多富于幻想的特征,容易产生情感问题上的错位,如扭曲的母爱、悲剧的情爱以及异化的性爱等,成为女性犯罪非常重要的原因。女性杀人和伤害的犯罪中绝大多数是情感原因引起的。结婚后夫妻感情破裂,双方不忠,由感情纠葛引发杀人、伤害等犯罪举不胜举。有的女性认为孩子是自己生的,自己可以随便处置;或者作为要挟丈夫的手段,打骂虐待孩子;或者“恨铁不成钢”,教育不当而过失伤害孩子。如我国青海发生的夏某事件,母亲打死孩子,而后自杀,就是典型例子。一些年轻的女性,大多是爱情理想主义者,对爱情十分投入,一旦“被分手”,便可能会遗恨报复他人,或者自暴自弃,堕入犯罪的泥潭。

(二)女性的自尊心较强,易产生嫉妒心理

女性的自尊心较强,当自尊心得不到满足时,其容易产生挫折感和内在心理矛盾冲突,如果又碰到了一些在各方面条件都比自己好的人,容易自尊心受挫,产生嫉妒心理。由此可能诋毁别人,甚至产生仇恨、报复心理,在不能正确调整时,容易不计后果地走上犯罪道路。

(三)情绪不稳定、易波动,自我调节能力差

女性的情绪情感复杂多变,具有不稳定性,比较容易受周围环境的影响,情绪变化迅速,波动幅度大,而且自我调节能力差,很小的事情常常会引起轩然大波,行为也随着情绪变幻莫测。女性一方面容易产生满足感,表现出正向情绪;另一方面容易产生挫折感,并且抗挫折能力差,容易产生负向情绪。处于情绪两端的女性都比较容易实施犯罪行为。处于抑郁状态的女性,为了逃避与摆脱这种压抑的状态,

容易实施暴力犯罪;处于兴奋状态的女性容易被人蒙骗、拉拢实施犯罪行为。学者对盗窃犯罪、暴力犯罪、毒品犯罪、性犯罪和职务犯罪五类女性的人格测量显示,除职务犯罪女性外,其他四类女犯均倾向于情绪不稳定,易紧张和好抱偏见。①

在特定的生理周期内,女性的情绪更易波动。女性一生中基本上都要经历月经期、怀孕期、产期、哺乳期、绝经期这五种生理变化。研究表明,在上述五期内女性会出现植物性神经紊乱、大脑皮层失调,引起情绪的变化,会出现如心烦易怒、焦虑烦躁、情绪失控等现象。女性这些特殊的生理变化并不会直接导致犯罪,但如果社会和家庭对女性的特殊生理期不注意监督和保护,女性自身处理不当,加之社会不良刺激和诱发因素,处于这些特殊生理期的女性则更容易实施犯罪行为。

三、女性犯罪人的意志特征

(一)意志受情绪影响大,带有明显的情绪色彩

女性的意志力带有明显的情绪色彩,通常被情绪所左右,当情绪高涨、心情好时,其意志也相对坚定,不甘落后,不达目的誓不罢休;相反,当情绪低落、心情恶劣时,意志便缺乏坚定性,稍遇挫折即灰心丧气,工作学习缺乏信心,产生自暴自弃的悲观心理,从而引起犯罪报复他人,报复社会。这在未成年犯罪女性身上表现得尤为明显。

(二)意志力薄弱,行为易受环境或他人的暗示

犯罪女性的自我意识特点常表现出幼稚性、歪曲性和盲从性,其意志动力特点表现为冲动性、偏激性和无批判性等。犯罪意志有以下两种表现:一是对自发形成的内部欲望的过度依赖,欲望越强烈,意志力也越强;二是对自发的、偶然的外部情境的依赖,即外部环境有利于自己的犯罪行为(如看到熟睡的仇人,看到他人的财物、自己保管的他人或公家的财物、双方发生争吵而怀恨在心等),她们往往难以控制自己的强烈犯罪欲望而实施犯罪行为,犯罪意志也更加坚定。

四、女性犯罪人的个性特征

(一)需要特征

心理学原理告诉我们,人的行为是由一定的动机支配并推动的,而人的动机来源于人对物质和精神的需要。需要是犯罪动机产生的基础,是犯罪行为发生的源

---

① 参见张敏强、王海燕、牛端:《五类成年女犯的人格特质及相关因素比较》,载《中国心理卫生杂志》2006 年第 9 期。

泉。根据马斯洛的需要层次理论,人的需要首先就是生理需要,这是人类自下而上的本能,是最基本、最原始的需要,包括对食物、衣服、睡眠、性的需要等。高层次的需要是建立在正确的人生观、世界观基础上的。当一个人的需要超出了现实时,其就会产生畸形心理,结果使个人需要与社会需要相对立,变成极端的利己主义者,就可能导致犯罪的发生。

1. 畸形的物质需要。某些女性的需要类型主要集中在物质性需要方面,贪图物质享受,精神需要较少,并且通常较低级。一些女性爱显示自己,喜欢被别人注意,喜欢时髦服装和其他高消费品,当自己对物质方面的要求超过其自身合理收入的范围时,或者是当自己不能用合理的方式来满足自己对物质的欲望时,一些女性往往就会采用一些不正当的手段去获取,如盗窃、诈骗、贪污等,而且行为手段表现为多次进行。目前女性犯罪,特别是农村的女性犯罪具有明显的以满足物质需要为目的和"有利即图"特征,如小偷小摸、卖淫、引诱他人卖淫等。调查表明,贫困是云南边境女性毒品犯罪的一个重要原因。这些女性生活在边远农村,家庭温饱问题尚未解决,作为女性本来就难以承受重体力的劳作,超生更使她们背上了沉重的家庭负担,为了满足最基本的需要,她们利用当地的地理优势及自身独特生理条件进行一本万利的贩卖毒品活动。当然,过分膨胀的物欲也是女性犯罪心理的诱因之一。为了实现自己的目标,满足个人私欲,她们不受社会道德规范和法律的约束,铤而走险,以犯罪手段来满足不正当需要。这种女性犯罪主要是以追求"钱财""打扮""淫乱"为特征的财产型犯罪和性犯罪。①

2. 畸形的情感需要。女性大都需要情感寄托,爱情、婚姻在她们的生活中占据极其重要的位置,有些女性就是因为不正确的婚恋观导致了行为的偏执,为了维护自己的情感需要而走上犯罪道路。例如,有的女青年认为爱情高于一切,不惜为了爱情挪用公款;为了争夺所谓的爱情,不惜伤害他人。另外,当她们在婚恋中遇到困难、障碍甚至挫折时,就可能丧失理智,不择手段。例如,某知名公司女会计方某,因为家庭经济困难,夫妻关系不和睦,后在单位总经理田某的甜言蜜语下,成了田某的情妇。此后她便利用自己在公司任财会职务的便利,和田某多次挪用、贪污公款,共同挥霍。作为一名财务人员,她应该很清楚自己的行为是在违法,是在犯罪,然而为了自己和情人的享乐,在事业和感情方面她以犯罪方式选择了感情,以至于吞下了自种的苦果。

3. 畸形的性需要。有些女性为了追求性解放、性刺激,任意玩弄男性。为了满

① 参见邱格屏:《当代女性犯罪心理分析》,载《妇女研究论丛》2000年第1期。

足畸形的需要，她们大肆进行流氓淫乱活动，而流氓淫乱活动还会强化这些女性的畸形性欲。

4. 自尊和自我实现的需要。随着社会的进步和发展，女性的社会参与程度不断提高，她们思想解放，注重自强、自立，追求自我实现，广泛参与社会活动，与男子一同竞争，以表现自尊和实现自我价值。如果实现这种需要的手段不当就会导致犯罪行为。女性的职业生活可能遭到更多的挫折，社会上还存在对女性不同程度的歧视，这就导致了职业女性隐忍、委屈的不正常心理的形成和心理冲突的加剧。某些事业上小有成就的女性走上犯罪道路就是这种角色心理冲突的结果。在现实生活中，注重事业的女性由于照顾家庭的时间相对较少而受到丈夫和子女的抱怨，也不被其他人所理解，这使其面临着家庭和事业的冲突与选择。如在高知女性的职务犯罪中，一个女性进行贪污、受贿往往不是为了自己挥霍享受，而是为了给家庭创造更好的条件，以示补偿，因为许多女性在中国传统文化的影响下，仍具有为夫为子为家的“牺牲精神”；再如少女为面子而实施的故意伤害等。

（二）动机特征

动机是在需要的基础上产生的，引发女性犯罪的动机主要是物欲和情欲。女性犯罪的动机主要有以下几种：

1. 由虚荣心、享乐主义引起的物欲型犯罪动机。相比男性，女性虚荣心较强，容易被物质诱惑，贪图享受、希望不劳而获是女性侵财型犯罪的主要心理原因。例如，有些女青年缺乏正确的人生观、价值观，认为人活着就是追求享乐，她们信奉“人生在世，吃喝二字”“青春不美，老了后悔”的信条。近年来西方的性解放、拜金主义、一些腐朽思想和一些社会不良现象（如“包二奶”等），容易导致女性价值观扭曲而走上犯罪道路。个别成功女性在走上领导岗位或者握有财会大权后，因为虚荣心而贪污、挪用公款或大搞权钱交易，进而把自己推向犯罪的深渊。例如，犯罪嫌疑人张某通过朋友关系开了个虚假的10万元年收入证明，去银行办了信用卡，明知自己没有还款能力，但在周围人的刺激以及自己的物欲下，仍克制不住不停地刷卡消费，买手机、衣服等物品。银行方面跟她联系过，她也收到过催款电话和催款信，但依然我行我素。最终，上海市青浦区人民检察院认定张某恶意透支信用卡31 787元，并以信用卡诈骗罪向法院提起公诉，追究其刑事责任。

2. 由情感需要、自尊和嫉妒心引起的情绪型犯罪动机。由于女性情感丰富、细腻，情感体验深刻，情绪波动大，易感情用事，在遇到一些挫折的情况下，容易引发犯罪动机，这种情绪型的犯罪动机多为报复性动机。北京市第一中级人民法院的一份调研报告显示，在对2008年至2011年一审刑事案件的调查中发现，全部69名女性被告人中有近四成女性被告人是因为感情纠纷、家庭纠纷而引发的报复型犯罪。① 女性的报复动机大多是由于客观上存在的“不法侵害”,如受到诬陷、凌辱或虐待及其他不公平对待等。这种情况的出现,一方面是因为我国女性长期以来在社会各方面受到歧视,受夫权、父权、族权的压迫;另一方面则是由于女性法律意识差,法律观念淡薄。在中国传统思想的影响下,女性应当温顺、服从,她们在受到侵害时往往选择隐忍,而使怨恨逐渐堆积,到最后以犯罪的方式来报复。这样的女性犯罪人往往经历了一个从被害人到加害人的恶性转化过程。

常见的女性情绪型犯罪动机主要有以下几种:

一是由恋爱挫折引发的报复动机。年轻女性大多是爱情理想主义者,一旦恋爱就非常投入,而有些男性以对爱情忠贞为由,要求女方以身相许,目的达到后,又抛弃她们。女性易相信、被利用,一旦失身遭到恋人的抛弃,心中充满怨恨,既不想借助法律,又无法排遣,便可能报复对方或自暴自弃,自甘堕落,走上犯罪的道路。例如,某储备物资管理局工人张某,与某豫剧团服装工冀某恋爱,此后该二人一直维持不正当的关系。冀某把张某紧紧抓在手里,任意玩弄,并肆意对其进行虐待。一天下午冀又窜入张的住宅,硬要与她发生关系,还要她烫奶粉为他“滋补身体”,这时一股复仇烈火在她心头燃起,她将自己平时服用的安眠药掺进杯中,冀某喝后沉睡,张某就用绳将其勒死。其后原想自杀了事,但“又怕人不知道自己的冤屈”,于是投案自首。她交代犯罪心理说,“他对我太残忍了”“我觉得再找个男的也不会幸福,人家知道后也受不了,他说过如果需要我还找我。我想他不让我好过,我也不让他好过”“我认为我是胜利者,我的私仇报了”。

二是由婚姻家庭生活不如意引发的报复动机。对女性而言,家庭生活琐事往往占据其大部分时间,如果家庭生活不和谐,其得不到家庭成员的尊重与理解,日积月累就会引发家庭纠纷甚至是家庭暴力,进而引发报复型犯罪。这种报复动机一般是丈夫不检点或鄙视、虐待妻子造成的。有的女性长期处于家庭暴力的阴影中,在忍无可忍的情况下,就可能以暴制暴。

三是由嫉妒心理而产生的报复动机。如一女孩因嫉妒同宿舍的女孩在长相、工作、人缘等各方面都比自己强,一天早晨二人发生了争执,于是趁其不备用铅球将她砸死。

四是反社会性报复动机,这种类型的犯罪较少,是极少数女性由于生活中不断遭受磨难,女性个体反复地与社会发生冲突而产生的。她们多生于不健全家庭或

---

① 参见李松、黄洁:《调查显示女性犯罪案大幅攀升 人身侵权犯罪占六成》,载 http://legal.people.com.cn/GB/14219369.html,最后访问日期:2011 年 3 月 23 日。

不良的社会环境中,由于缺乏家庭温暖或身处逆境,渐渐形成不良个性,当踏上社会后,她们对复杂的社会和生活的挫折更不适应,形成个性障碍,表现为思想、信念和行为常常与社会发生冲突,甚至伺机报复社会。

此外,情绪型的犯罪动机还有因爱亲人而包庇其罪行的,因对子女"恨铁不成钢"而将其打死或打伤的等。

3. 由畸形性需要引起的性欲型动机。一些女性需要层次较低,特别是生理需要占据了较重的地位,表现出性欲畸形发展的特点。为了满足畸形的性欲,她们大肆进行流氓淫乱活动,流氓淫乱活动还会产生一种所谓"性心理负性强化作用",强化这些女性的畸形性欲。

女性最初违法犯罪的直接动机常常是由外部原因引起的,如渴望满足物质需要时看见别人有钱就容易产生财产犯罪动机,看到经常虐待自己的丈夫酣睡而产生杀人动机等。女性犯罪动机中常带有强烈的恐惧感,因此其在犯罪动机产生的最初阶段带有很大的侥幸心理和激烈的动机斗争。害怕周围舆论的谴责,害怕父母、同学、朋友们知道,因此犹豫不决,动机斗争激烈,最后抱着"只此一次"的态度在忐忑中实施犯罪行为。①

(三)人生观、价值观特征

女性犯罪人大多缺乏正确的人生观、价值观。一些女性在青少年时期没有树立良好的人生观和价值观,对于周围事物的意义、好坏没有自己正确的评判标准。这些错误的、迷茫的价值观导致青少年女性不能正确对待人生、事业、爱情,极易受到腐朽思想的侵蚀而盲目追求物质享受和不正当的需要。

(四)性格特征

女性一般具有以下性格特征:温柔、文静;感情色彩较浓,富于内心体验,往往不善于用意志控制感情,情绪的稳定性差,行为举止容易受心境的影响和支配;细心、办事认真,但思路较窄,常对事物的局部或琐事感兴趣,看问题有时失之全面;胆小,信心不足,有依从性;嫉妒心强。女性的这些性格特征使她们一旦遇到挫折或不快时,容易走上极端,对生活失去希望,从而破罐子破摔或感情用事,实施某些在正常状态下不可能实施的犯罪行为。女性犯罪人不良的性格特征主要表现为以下几个方面:

1. 认识偏差,个性偏执。女性犯罪人一般认识水平低,思维狭窄,看问题片面偏激,往往认死理,易钻牛角尖,固执己见,听不进别人的劝告,表现出个性倔强、偏执、

---

① 参见罗大华主编:《犯罪心理学》,中国政法大学出版社 2007 年版,第 340 页。

难与人相处等特征。

2. 依附性强、独立性较差。大多数女性犯罪人特别是农村女性犯罪人,因文化程度低,缺少一技之长,几乎没有独立的、稳定的经济收入,因此她们对婚姻、家庭除了寄托感情因素外,还有着较强的经济依附性。在家庭和社会生活中,女性较多地处于受支配的地位,当她们遭到丈夫和家人的欺侮、虐待时,总是逆来顺受,尽力维持家庭关系。

3. 心胸狭隘、自卑、多疑。一些女性犯罪人由于多次受到来自家庭和其他方面的欺侮,在性格上慢慢变得内向、自卑,许多事压抑在心中,无人可诉,愤怒和不满日积月累,就容易产生报复心理。有些女性心胸狭隘,敏感多疑,凡事都爱往坏的方面想,由于认识偏差,既不能正确对待自己,也不能正确对待别人,不能理解人、宽容人,遇到矛盾和冲突时,极易走向极端。

4. 好逸恶劳、虚荣好胜、嫉妒心强。一些女性贪图享乐,虚荣心强,对物质生活的需求越来越强烈;而她们又好逸恶劳,不愿意付出辛苦劳动来获取金钱,因此当享受和攀比的欲望脱离个人的支付能力时,便可能会不惜一切代价,铤而走险,陷入犯罪的深渊。

(五)能力特征

研究表明,男女两性在智力发展水平上并没有优劣之分,只是在能力上有所区别,比如,女性的体力不如男性,而女性的语言能力较好,一般能说会道。所以,女性犯罪的类型通常是盗窃、诈骗、拐卖人口等较少体力的犯罪。另外,女性的自信心较男性差,因此在共同犯罪中,女性经常是处于被支配即从犯的地位。

思考题

1. 女性犯罪人的认识特征主要有哪些?
2. 女性犯罪人的情绪、情感特征主要有哪些?
3. 女性犯罪人的个性特征主要表现在哪些方面?

第三节　女性杀人犯罪的心理分析

要点提示

本节主要分析了女性杀人犯罪的一般心理特征和几种常见的女性杀人犯罪心理。女性杀人犯罪的心理特征主要表现为:认识水平低下,法治意识淡薄;心胸狭窄，报复心强；杀人起因多是情欲纠葛；女性杀人犯罪的动机斗争明显，情绪性较强。本节在分析女性杀人犯罪心理特征的基础上，结合具体案例，对以下几种常见的女性杀人犯罪心理进行了分析：家庭纠纷、矛盾激化杀死亲戚；女性不堪忍受家庭暴力而杀死丈夫；第三者插足引起的杀人；母亲杀死自己的子女。

女性犯罪涉及的类型较多，但主要集中在财产犯罪、杀人犯罪和性犯罪等方面，其中女性杀人犯罪的性质恶劣，社会影响巨大，因此，在这里我们只就女性杀人犯罪的一般心理特征和常见杀人犯罪类型进行分析。

一、女性杀人犯罪的心理特征

（一）认识水平低下，法治意识淡薄

多数女性杀人犯文化水平低、知识面狭窄，视野不开阔，认识能力低下，认识偏执、遇事喜欢钻牛角尖，遇到问题和挫折时，不能正确对待。法治意识淡薄，缺少正确的法律意识，愚昧无知，当自己遭到不幸和侵害时，不知道运用法律保护自身的权利，而是逆来顺受、一忍再忍，当忍无可忍时，便采取非法手段，以恶抗恶，用暴力去解决问题，盲目地走上了犯罪道路。

（二）心胸狭窄，报复心强

女性杀人犯由于认识水平低，存在认识偏差，往往心胸狭窄，敏感多疑，凡事常常往坏的方面去想，既不能正确对待自己，也不能正确对待别人，不能理解人、宽容人，遇到矛盾和冲突时，极易走向极端。

有的人为恋爱、婚姻中的矛盾和纠葛而杀人；有的与丈夫为家庭琐事发生争吵，一时冲动而杀人；邻里之间发生矛盾，长期未得到化解，遇到刺激性事件可能导致报复性杀人；有的为满足物质上的享受而杀人；有的为追求权势、性欲的满足而杀人；有的嫉妒他人各方面比自己强而杀人；有的长期遭受虐待或威胁，不懂得寻求法律的帮助，走投无路之下而杀人；有的在工作中遇到不公正待遇而导致报复心理，杀害领导、同事等相关人员；有的因第三者介入家庭或自身充当第三者而导致杀害情敌、情人甚至自己丈夫。上述种种情况的发生，正是由于她们认识水平低，心胸狭窄，报复心强，其冲动之下杀了人，事后冷静下来往往后悔不已。

（三）杀人起因多是情欲纠葛

女性杀人犯罪的原因主要有恋爱受挫、婚后夫妻感情不和导致矛盾激化、遭受家庭暴力、第三者插足、家庭成员之间关系恶化、邻里纠纷、嫉妒他人等，其中大多数与恋爱、婚姻、家庭等方面的纠纷有关，被害人具有特定性，多是她们熟悉而且与她们联系密切的人，如丈夫、公婆、子女、亲戚、邻居等。

(四)女性杀人犯罪的动机斗争明显,情绪性较强

女性犯罪人在杀人犯罪前往往心理矛盾剧烈,动机斗争明显。被害人多是自己的熟人、亲属甚至是自己的爱人、子女,在爱与恨、得与失、杀与不杀等问题上非常矛盾,心理冲突异常激烈,反复权衡利弊才确立犯罪动机。在犯罪过程中,情绪性较强,自控力差,理智被情绪所左右,其犯罪行为往往表现为冲动性、残忍性和疯狂性,不计后果。女性在杀人犯罪前常常有一定征兆,如心神不定、情绪低落、丢三落四等。

二、几种常见的女性杀人犯罪心理分析

(一)家庭纠纷、矛盾激化杀死亲戚

家庭成员之间关系不和睦,经常为琐事发生争吵,导致家庭矛盾冲突日益激化,女性在感情冲动的情况下,可能丧失理智而杀人。主要侵害对象有公婆、小姑、嫂子甚至亲戚家的小孩儿等。例如,2013 年 11 月 24 日,住在上海松江的一名 4 个月大的男婴突然不见了踪影,3 天后男婴的尸体居然出现在了自家一台长期不用的洗衣机内。随后,警方公布嫌疑人锁定为男婴的大伯母雷某,其作案动机是家庭纠纷导致的心理失衡。

雷某案发时 22 岁,与公婆和弟媳之间矛盾由来已久,2012 年 5 月嫁到婆家后产下一女。2012 年 7 月,弟媳的到来让雷某的内心开始失衡,雷某认为公婆在各方面都偏袒弟媳,于是迁怒于弟媳才 4 个月大的儿子。她说:“我结婚的时候,公公婆婆给了我 4.6 万元彩礼,但弟媳夫妇结婚时他们要 10 万元。”她揣测公公婆婆给弟媳的彩礼比自己多很多,是因为弟媳生了孙子,功劳大,所以公婆总是偏向弟媳。11 月 24 日上午,独自一人在家看孩子的雷某想拿弟媳家宝宝出出气,然后就把他抱到卫生间里,听到公公回来了,情急之下用手捂住了婴儿的鼻子和嘴巴,然后将婴儿藏匿在洗衣机中。在接下来的近 80 个小时里,雷某始终保持沉默,直到 11 月 27 日晚雷某的弟媳在洗衣机发现死亡的婴儿。

该案例中的犯罪人雷某存在明显的认知偏差,她认为公婆偏心,因而产生不满情绪,这种不满情绪加上平时的生活琐事与矛盾,导致其心理严重失衡。贪图公婆的彩礼,表现出雷某自私、狭隘的性格特征;对小婴儿下手体现出其冷酷、残忍的性格特征。另外,雷某情绪冲动,自控力差,最终迁怒于弱小无辜的婴儿,导致了悲剧的发生。

(二)女性不堪忍受家庭暴力而杀死丈夫

女性在遇到家庭暴力时,最初的容忍往往是源于“家丑不可外扬”的心理,怕丈

夫报复、怕亲友、领导知道。当这种侵害积累到一定程度，女性忍无可忍时，便采取伤害或杀人的方式进行“反抗”。这种不被遏制的家庭暴力，终因施暴者有恃无恐而变本加厉，使受虐女性在积愤难消的情况下，走向疯狂报复的极端。

案例一：2007年，安徽淮北一女子张某嫁给了李某，但不久丈夫便露出狰狞面目。结婚8年，张某常年受丈夫家暴，她不知遭受了多少殴打，多次报警求救，但丈夫不仅没收敛反而愈加猖狂。2015年10月10日，喝了酒的丈夫准备乘车离去，张某忍不住质问其为什么多日不回家。李某随即便同张某扭打起来。张某收拾衣服准备离家出走，还顺手拿了把匕首。李某拦住她并当场把她打倒。张某掏出匕首，刺中了李某的心脏。李某后经抢救无效死亡。案发后，女子的婆婆多次找到法院为儿媳求情，还有上百位村民联名签名摁手印为其请愿。省高级人民法院对其作出了有期徒刑3年、缓刑5年的判决。

案例二：泸州市合江县团结村女子许某芳嫁给周某军，丈夫性情暴戾，经常喝酒后殴打妻子和孩子，有时甚至动刀子。面对丈夫周某军近20年的虐待，她没有还过手，没有向外界求助，也没有别人帮她。在许某芳的记忆中，被打得“起包”是经常的，但出血的次数还好，不算太多，她认为“不出血就不算受伤”。许某芳自己从来没有想过要反抗，也不知道如何反抗。许某芳也没想过报警，最初是不知道有找公安这回事，后来听人说可以去公安局报案，但她连报警电话是多少也不知道。她也没想过离婚，她认为离婚后，自己就见不到孩子了。在多年的压抑后，从来打不还手骂不还口的许某芳终于在2014年12月26日凌晨爆发。不堪打骂的许某芳先是用木棍打破了丈夫周某军的头，然后又在打斗中掐死了他。这是20年来她唯一一次反抗，她掐死了周某军。151名村民随后写联名信为许某芳求情，妇联、公安局、司法局和法院通过各种渠道帮助了这个贫困的家庭。但在未出人命前，她难以从外界获得这种支持。不识字的许某芳对自己经受的“家庭暴力”至今仍浑浑噩噩，她仍认为“不出血就不算受伤”。

上述两个案例中的犯罪人，都是长期遭受了丈夫的家庭暴力，最初都是忍耐，到最后实在忍无可忍，便采取了极端的方式进行反抗。她们原本可以选择合法途径摆脱自己的困境，但因为这些女性大多受教育程度低，甚至有的不识字，根本不懂法或法律意识淡薄，不知道可以用法律武器保护自己的权益，不懂得向相关部门寻求帮助。性格软弱，被对方威胁要杀害亲人后，害怕对方真的会对自己的亲人下毒手，加上家丑不可外扬的自尊心在作祟，最后大多就任由对方摆布。周围的亲戚、邻居一般也不会伸出援助之手，甚至很多人认为丈夫殴打妻子没有什么不妥，这种行为不构成犯罪，这些错误的观念使周围的人对家庭暴力行为听之任之，助长了丈夫的嚣张气焰,最终引发悲剧。案例一中的张某虽多次报警求救,但其所受暴力没有得到妥善解决;案例二中的许某芳从未寻求过帮助,直到悲剧发生后,妇联、公安局、司法局和法院才通过各种渠道帮助了这个贫困的家庭,如果工作做到前面,也许悲剧就不会发生。

根据全国妇联和国家统计局2011年的调查,有24.7%的受访女性在婚姻中遭受过不同形式的家庭暴力,有7.8%的农村妇女明确表示受过配偶的殴打。这意味着,在中国的3.3亿乡村妇女中,有一个绝对数量十分庞大的群体生活于恐惧中。联合国儿童基金会资助的一项研究显示,受访农村妇女遭受家庭暴力后,最常见的四类反应是:不理睬丈夫,到没人的地方去,自己躺着不吃不喝,不跟任何人讲。有以上行为的妇女分别占42.3%、40.2%、35.5%和22.3%,只有0.7%的妇女会选择报警,1%的妇女会去法院,6%的妇女知道找妇联和村委会。由此可见,在乡村中,遭受家暴后,女性更愿意"一个人忍",外界一般也不会主动给予帮助。李银河曾在她的一篇文章中指出:许多人提出疑问,为什么这些受虐的妇女还要继续留在充满暴力的家庭里,答案是她们的自信心被暴力摧毁了。有调查表明,被动接受和麻木不仁是受虐妻子的典型特征。妇女挨打一般要经过三个阶段:挨打时,她们感到吃惊,竭力躲闪;然后感到恐惧,竭力讨好丈夫;最后感到抑郁,躲到一边自责。妻子挨打的社会后果除了伤害、致死之外,还可能成为下一代的效仿行为。妻子的挨打还常常随着子女的挨打和受性虐待;待子女长大成人后,有可能继续这种受虐的生活模式。①

(三)第三者插足引起的杀人

丈夫有外遇,对妻子不管不问甚至虐待,女性由于不满可能杀死情敌甚至自己丈夫;女方出轨被丈夫发现,可能与丈夫合谋杀死情夫或与情夫合谋杀死丈夫;女方发现男友移情别恋,愤怒之下杀死男友或情敌。

案例一:向某(女)与杨某系夫妻关系,家有一个懂事的儿子,二人在菜市场鸡鸭行起早贪黑做生意,收入颇丰,本有一个温馨的家庭,但2007年5月杨某为寻求刺激与张某通奸,后被向某发现,双方家人经多次劝说无效,无奈之下,向某将一腔愤怒指向了丈夫的情人张某,利用冰雪之夜,爬进张某的家中,用她娴熟的宰杀鸡鸭的技巧无情地举起手中刀结束了张某的生命。

案例二:27岁的女子袁某琳因男友提出分手,就在半夜持刀杀死男友,后自杀

① 参见潘幸知:《也许你不会点开这篇文字,但家暴真的就在身边》,载http://www.sohu.com/a/52887290_117399,最后访问日期:2016年1月7日。

未遂。在朋友的眼中,这个个子不高、身材微胖的姑娘是个较真的人,而偏偏男友路某脚踏两只船。路某和袁某琳是通过玩网络游戏认识的,后来发展成为男女朋友关系。但是,路某同时还交了个女友黄某。后来路某觉得袁某琳岁数有点大,两人不合适,就提出分手。2009 年 5 月 10 日凌晨,袁某琳和路某在招待所内,因发生感情纠纷,其便趁路某熟睡之机,持事先准备好的尖刀,猛刺路某胸部数刀,致路某死亡。作案后,袁某琳自杀未遂,其家人立刻报案。袁某琳在法庭上说,她太爱路某了,本想挽救双方的感情,没想到她的努力,还不如黄某半夜发给路某的一个短信。于是,她才杀了路某,并割腕自杀。①

上述两个案例皆因第三者插足引起,向某因嫉妒、报复心理杀死了情敌张某,犯罪手段上选择了自己娴熟的用刀宰杀鸡鸭的技巧。袁某琳因自己倾注了全部感情未能得到回报,男友移情别恋提出分手,强烈的挫折感和报复心理促使她选择趁男友熟睡时用刀刺死他。她们本来可以选择不一样的路,但是思维的狭窄、情绪的冲动、强烈的报复心把她们推入了犯罪的深渊。

(四)母亲杀死自己的子女

俗话说虎毒不食子,作为人们心目中温柔善良、慈爱可亲的母亲,有的却亲手杀死自己的子女,让人们感到痛心和不解。分析女性杀子的案件,主要有以下几种常见的心理特征:

一是强烈的报复心理驱使。因为家庭矛盾,有的女性可能会将对丈夫或夫家的恨转移到弱势的子女身上,愤怒之下杀死亲生子女以报复丈夫或夫家。例如,30 岁的王某,自从 25 岁结婚后,就因生活琐事长期受到丈夫的殴打和虐待,有病不给治,娘家人劝其离婚,她觉得离婚太丢脸,同时也舍不得孩子,虽然恨丈夫恨得咬牙切齿,却因丈夫的强悍,无力与之抗争。日积月累,她终于无法再忍受,竟把怨恨发到只有 5 岁的儿子身上:“我要让你断子绝孙!”为报复丈夫,她竟然亲手掐死了自己的儿子。

二是强烈扭曲的情感需要。情感生活对女性来说至关重要,有的女性为了实现婚姻美满、家庭幸福的愿望,不惜牺牲一切。这种欲求一旦得不到满足,或者遭遇了挫折,为了维护所谓的爱情和家庭,女性甚至可以实施违背常理的犯罪行为,对亲生子女也痛下毒手。例如,再婚后,为维护新的婚姻生活的需要,达到自己再次生育的目的,李某芳竟与他人合谋,于 2006 年 11 月 24 日,将自己与前夫所生的 9 岁

---

① 参见《女子不愿分手杀了男友,杀人为何不判死刑》,载 http://www.gaochengnews.net/guonei/10018_2.html, 最后访问日期:2015 年 9 月 11 日。

儿子残忍勒死。李某芳陈述,她害死自己亲生儿子是想给现任丈夫侯某生个孩子,为自己生育清除障碍。强烈而扭曲的情感需求引导其走上了犯罪的不归路,亵渎了身为母亲的神圣职责。有的母亲在重男轻女、传宗接代思想的影响下,为了“延续香火”,总希望能生个男孩儿,如生的是女孩儿,便想再生一胎,在这种旧的、腐朽的封建观念的影响下,失去理智的母亲可能狠心杀害女婴。也有未婚先孕女子不想被人知道自己生子而溺死或丢弃刚出生的婴儿的。

三是对子女过高的期望未能实现。母亲对子女的学习要求较高,而孩子的表现和成绩未能如母亲所愿,母亲恨铁不成钢,气愤之下可能将子女打死;也有的母亲是在万不得已的情况下杀死忤逆子;还有的母亲自己不想活了,在自杀的同时,想起不能让孩子在这个世界上受罪而搞扩大性自杀等。

四是为生活困境所累而感到绝望。有的女性因家庭贫困,生活负担重,长期努力过着艰辛的生活却看不到生活的希望,在特殊刺激作用下,可能失去控制而杀死自己的子女。例如,女子武某英 20 年前因为不堪家暴,在怀上双胞胎时喝农药轻生,虽然被抢救过来,但结果是生下了脑瘫双胞胎。此后 20 年,武某英含辛茹苦地照顾着这两个孩子,每天给双胞胎穿衣、喂饭、抱出去晒太阳、洗刷屎尿裤,武某英每天像钟摆一样机械重复。一家晚报曾三次报道她辛劳照顾两个脑瘫儿子的事迹,报道中,照顾脑瘫儿子 19 年的武某英被称为“慈母”。她曾对记者说:“只要我活一天,就会照顾他们一天。”这承诺在一个月后破碎。2012 年 2 月 10 日早上,她和丈夫又爆发了一次激烈的争吵,丈夫踢翻了板凳,蜷缩在床上的双胞胎儿子被父亲的吼声吓得直哆嗦。随后,在大儿子的哀求下,她把早先买来喷小麦和棉花的半瓶农药递给了双胞胎儿子,致二子死亡。10 个月后,武某英主动到公安机关自首。本案中武某英是个弱女子,是个文盲,她爱自己的儿子,虽然儿子是脑瘫,但她依然无微不至地照顾他们,每天的辛劳使她早早就白了头发。家里很穷,起初脑瘫双胞胎没有低保(在媒体报道下才有了低保)、没有录入残疾人信息表,导致 3 年前河南实施贫困残疾儿童抢救性康复项目时,脑瘫双胞胎未能参加。在武某英最艰难的时候,没有人关心和帮助她,丈夫对照顾两个脑瘫儿子不曾搭一把手,还经常对她家暴。她甚至怀疑丈夫“在外面有女人”,说偷听到他和别的女人打电话,她对感情感到绝望。这众多因素的长期积累把这个弱女子逼上了绝路。这一悲剧值得人们深思。

上述几种类型的女性犯罪人表现出认识水平低下,认识范围狭窄;法律意识淡薄甚至不懂法;情绪稳定性差、冲动性强;意志薄弱,自我调节与自我控制力差;性格软弱、自私等心理特征。犯罪人自身存在的消极心理特征与其他外在的不良家庭、社会等环境因素共同作用,导致了悲剧的发生。

思考题

1. 女性杀人犯罪的心理特征主要有哪些?
2. 试举例分析女性杀人犯罪心理。

延伸阅读

关于女性犯罪心理特征的研究

1. 王锐:《侵财犯罪女性 PHI(心理健康)问题研究》①

王锐以某市看守所女性在押人员共36例作为调查对象,其中财产性质犯罪31例,取得其中有效问卷30份,对上述人员进行PHI(心理健康)测查,结果显示这些犯罪女性与正常女性比较在多项因子上存在显著差异,反映出这些财产犯罪女性心理健康状况存在较多问题。SOM(躯体化)因子分数提高,可能显示实验对象有说不清的身体不适感,这是躯体化症状,可能与被判刑监禁而有高度精神压力有关,是因心理问题导致的躯体化表现,属心身症状,实验对象常感到不愉快、需要同情、想诉苦等。建议监管机构在对女犯人进行必要的教育劳动改造时,给予她们一定的同情和心理关怀,这会使矫治女性犯人工作更有成效。PSD(病态人格)因子分数高,表明实验对象有病态人格倾向,会导致她们在遵守制度和纪律方面存在困难,实验组成员触犯刑律行为与病态人格倾向是吻合的。UNR(脱离现实)因子分数高,说明实验对象有个性退缩、逃避现实、紧张、胆小、心绪混乱倾向,她们思维奇特脱离实际,缺乏判断能力,这是她们犯罪的重要心理原因。本研究中实验对象走上犯罪道路,与她们脱离现实、爱幻想、接触现实能力差等个性倾向有密切联系,这是犯罪女性的致命弱点,帮助犯罪女性克服脱离现实爱幻想的不良个性,应是监管机构做好矫治女性犯人工作的重要内容。HMA(兴奋状态)因子分数高,表明实验对象有冲动、外露、精力过度充沛、无拘无束、轻浮、夸张、绝对乐观、过高估计自己、易怒等个性倾向,过度兴奋会降低人的自控能力,对事物缺乏信念,甚至可能破罐破摔,了解犯罪女性的心理特点,采取有针对性的工作对策,是做好女犯人矫治的最有效手段。

本研究结果提示,对在押财产犯罪女性,除了必要的劳动改造外,加强文化知识补习教育和心理健康教育是十分必要的,用刑罚惩罚罪犯只是手段,矫治教育使

① 参见王锐:《侵财犯罪女性 PHI(心理健康)问题研究》,载《辽宁警专学报》2013年第6期。

她们成为对社会家庭有用的人才是根本目的,故建议有关部门对犯罪女性心理健康问题给予必要的关注。

2. 秦素琼、赵春玲:《多犯罪类型女性犯罪者人格特征研究》①

秦素琼、赵春玲研究的对象选自广西某监狱,年龄范围16~54岁,平均年龄为29.65岁;已服刑时间由1年到12年不等。侵犯公民人身权利、民主权利型犯罪(故意杀人、故意伤害、绑架等)的人数为121人,占30.6%;侵犯财产型犯罪(抢劫、盗窃、诈骗等)的人数为10人,占25.6%;涉毒型犯罪(贩卖毒品、运输毒品等)的人数为134人,占33.9%;贪污贿赂犯罪(贪污、挪用公款、受贿等)的人数为39人,占9.9%。小学以下学历的人数为19人,占4.6%;小学学历的人数为134人,占33.9%;初中学历的人数为173人,占43.8%;高中学历的人数为46人,占11.6%;大专以上学历的人数为23人,占5.8%。测试采用艾森克人格问卷(EPQ)成人版,经我国学者修订,由88个题目组成,主要测量精神质(P)、内外向性(E)和神经质(N)三个人格维度。

结论:一是四种犯罪类型的女性犯罪者的内外向性(E)、神经质(N)、精神质(P)的得分均高于全国常模,掩饰性(L)的得分低于全国常模,具有高外倾性,高神经质,高精神质,低掩饰性的特征;二是不同犯罪类型和不同年龄的女性犯罪者的人格特征没有明显的差异;三是文化程度对女性犯罪者的E和P没有明显的影响,对N有明显的影响;四是已服刑时间的长短对女性犯罪者的E和N没有明显的影响,对P有明显的影响。

① 参见秦素琼、赵春玲:《多犯罪类型女性犯罪者人格特征研究》,载《贺州学院学报》2007年第3期。

第十六章　犯罪心理现场重建

案例导入

2001年7月11日凌晨2时43分，山西省古交市老城区的一座居民大杂院里"轰隆"一声巨响，炸碎了午夜的宁静，几乎掀动了整座山城。威力巨大的爆炸殃及5户居民，炸死3人，重伤5人，20余间房屋不同程度受损。案件引起了公安部长的重视，山西省公安厅长、太原市公安局长亲赴现场指挥破案，省厅刑警总队、科技处、太原市公安局刑侦处、治安处，都派出精干力量，会同古交警方共计120名民警组成专案组。案件侦破过程中，对重点摸排出的嫌疑人马某审讯取得了口供。然而，当警方带着马某去辨认现场时，其口供与现场勘查结果不能完全吻合对号。马某似乎对作案路线不大熟悉，又似乎是用装傻来翻供。这些疑点使负责的警方没有草率定案，而是请犯罪心理测试专家武伯欣教授等对重新排查的嫌疑人进行了测谎。通过对犯罪人的心理指向分析、时间知觉、空间知觉、犯罪目的与动机判断、犯罪技能分析、犯罪人个性心理刻画与检验，最后排除了马某的犯罪嫌疑，找到了真凶。犯罪心理专家正是通过犯罪心理痕迹的分析、提取、重建等方法，为警方破案提供了心理学依据。

对于成功的案件侦查来说，使用逻辑和系统的方法来认识犯罪现场是十分必要的。对犯罪现场中作为潜在证据或者证据材料的物质或形象痕迹进行识别，是至关重要的第一步。成功的识别不仅依赖于寻找物证的能力，更重要的是知道在哪些地方能够发现物证的能力。① 通过现场勘查中发现的物质痕迹，运用逻辑和系统的方法认识犯罪行为人的思维、动机、情绪状态等心理痕迹，从而还原犯罪行为人作案的全过程，将有利于推动侦查和审讯，使其进一步提供在哪些地方有可能继续找到证据。因此，侦查和审讯人员开始重视案件现场中存在的心理痕迹与心理

---

① 参见[美]李昌钰：《逻辑树系统方法在现场勘查中的运用》，载郝宏奎主编：《侦查论坛》（第2卷），中国人民公安大学出版社2003年版。

现场问题。

案件现场分为物质现场和心理现场。案件痕迹是追踪案件事实的证据线索,也分为物质痕迹和心理痕迹。心理痕迹的基本特征是抽象性、激活性。心理现场的基本特征是相对独立性、整体性、主观张力[①]和经验可塑性,其稳定性与心理刺激的强度有关。心理现场的运动,能够接近案件原型。犯罪行为,连接着物质和心理两现场。同一犯罪行为,可形成多个心理现场。案件重构,需要研究案件侦查司法人员的心理现场。

犯罪心理现场分析与重建,是对犯罪嫌疑人在作案过程中显现出来的思维过程的分析与综合。

第一节　犯罪心理现场分析

要点提示

1. 犯罪心理现场及重建的概念。

2. 犯罪心理现场分析是依据作案人在犯罪现场遗留的痕迹,描绘犯罪行为人的个性特征等。

一、犯罪心理现场重建的概念

现场(scene),通常意义上泛指某一特定事件的场所。法律意义上的现场概念是指与人有关的、发生并且留有某一特定事件痕迹的场所。[②] 现场本身不具有指向性,人们通常把发生杀人的地点称为凶杀现场,把发生车祸的地点称为交通事故现场。

犯罪现场(crime scene),是指发生和存在犯罪行为的地点和场所。犯罪现场的构成要素可以概括为时间、空间、人员、行为及结果五个要素。按照不同的分类标准,犯罪现场可以分为多种,例如,根据现场的状态,可以分为原始的犯罪现场和变动的犯罪现场;根据实施犯罪行为的内容和性质,可分为杀人现场、盗窃现场、爆炸现场,等等。

犯罪心理现场(criminal psychogenesis scene),是指案件当事人历经案情的心理

① 张力是指物体受到拉力作用时,存在于其内部而垂直于相邻部分接触面上的相互牵引力。情绪张力是指人的情绪具有可扩展性,即对客观事物的主观体验,是变化的,并非一成不变。

② 参见闵建雄编著:《命案现场重建概论》,中国人民公安大学出版社2006年版,第1页。

痕迹所引发的心理状态,或是司法人员等用主客观证据揭示案情真相的心理过程。物质现场和心理现场都是现场,现场都是“场”的存在,都含有事物相互联系的规律性。物质现场,表现了物质场的规律,物理的引力、化学的转换、生物的代谢,它们通常具有可重复、可验证的实体客观性。心理现场,表现心理场的规律,它们通常具有较难重复验证的先验主观性等,其特点正是以下所要探讨的。

重建(reconstruction),是指重新建构或者还原事物的本来面目和真相。事实上,想完全恢复事物的本来面貌几乎是不可能的。因此,所谓的重新建构或者还原仅仅是重建事物的主要方面和关键点,尽可能接近事物(事件)的本来面目或真相。

现场重建(scene reconstruction),是指以重新构建的方法获得特定事件发生的真相,它不仅仅指对原始现场物品的恢复,更重要的是对特定事件发生过程的恢复。

犯罪现场重建(crime scene reconstruction),是指运用科学技术的方法,重新建立犯罪的行为过程,并以此获得犯罪的事实真相。犯罪现场重建需要解决的问题是案犯在什么时间、什么地点、做了什么以及怎么做的。犯罪现场重建主要依赖的信息包括物证、人证、书证等。①

犯罪心理现场重建(criminal psychogenesis scene reconstruction),是指运用科学技术的方法,重新建立案犯在犯罪过程中所经历的心路历程,包括基于什么思维、伴随什么情感、在什么时间、什么地点、做了什么以及怎么做的。犯罪心理现场重建往往在犯罪现场重建的基础上提取心理痕迹,例如,在命案现场重建中,法医对死因作出分析后可帮助判断死亡方式。

二、犯罪心理现场分析

犯罪心理现场分析是犯罪现场分析的重要组成部分。犯罪心理现场分析是依据作案人在犯罪现场遗留的痕迹,分析犯罪行为人犯罪行为的动机与目的、在犯罪行为实施过程中的思维与判断、心理状态,描绘犯罪行为人的个性特征等。犯罪心理现场分析的依据是作案人在犯罪现场中留下的心理痕迹。

犯罪心理痕迹是相对于物质痕迹而言的,是指行为人形成犯罪决意,并支配其实施犯罪行为的各种心理因素的总和,是在情境中和条件下,心理过程和个性特征的综合反映。② 它包括行为人的感知、注意、思维等认知过程特点,情感、意志过程特点,以及能力(尤其是技能)、需要、动机、兴趣、习惯、性格特点等个性倾向性和心

---

① 参见闵建雄编著:《命案现场重建概论》,中国人民公安大学出版社 2006 年版,第 2 页。

② 参见傅晓海:《也谈犯罪心理痕迹》,载《福建公安高等专科学校学报》2001 年第 6 期。

理特征。同时,也是犯罪行为人在实施犯罪行为过程中通过客观事物的发展变化而在现场中显露出来的某些带有意向的、固有的、相对稳定的心理活动迹象,是心理学在刑事侦查理论和实践中开辟的研究领域,它与犯罪物质痕迹构成了犯罪现场中两大相互印证的信息系统。① 例如,在杀人纵火作案现场中,先将被害人用钝器伤害致死,然后将煤火炉子从外屋搬至床前,用被子将炉子和床连接起来导致整个房屋毁坏。这种现场反映出的心理痕迹是杀人唯恐不死(仇恨),而制造火灾现场可能有两种动机:毁灭证据(反侦查意识)或进一步毁坏被害人的家庭财产(宣泄愤恨)。

犯罪心理痕迹的提取,依赖于有形物证,有时又要超越有形物证,也就是说,要在看似没有联系的物证之间,寻找心理痕迹线索。例如,在被害人被害房间之外的房间门口,灯的开关处发现一枚血指纹,这枚指纹反映出犯罪行为人伤害或杀死被害人后,可能要到另一个房间并试图开灯,是要寻找什么东西或什么人。通过这些心理痕迹,能指引侦查人员进一步勘查另一个房间的财物情况或人员情况。

澄清犯罪行为是案件侦查的目的和判决的重要依据,因此,不论是从犯罪心理现场入手,还是从犯罪物质现场入手,核心目标是还原犯罪行为发生的真相。正是犯罪行为将犯罪心理现场与犯罪物质现场连接起来,构成了犯罪事件本身。犯罪行为,一方面,是作案人犯罪心理的外化,是形成案件现场中物质痕迹的直接原因;另一方面,它又内隐于心理痕迹中,形成犯罪心理现场。

思考题

1. 试述犯罪心理现场与犯罪物质现场的异同。
2. 犯罪心理现场分析对重建有何意义?

第二节　物证中的犯罪心理痕迹提取

要点提示

1. 犯罪心理痕迹如何在物证中有效提取是犯罪现场重建的关键。
2. 依据刑事诉讼法意义上的物证,提取相关联的心理痕迹。
3. 识别并提取留存在各种物证中的心理痕迹。

---

① 参见张东:《犯罪心理痕迹在现场重建中的应用》,载《中国监狱学刊》2009年第4期。

心理痕迹是指通过犯罪行为人在实施犯罪过程中遗留在犯罪现场上的有形物质痕迹表现出来的、能够直接或间接地反映犯罪活动各方面情况的各种现象。自21世纪以来,随着我国经济的快速发展,城市流动人口数量逐年上升,犯罪呈现出多样化、智能化、集团化的趋势,这些都给传统的侦查模式带来了难度。常规的破案手段已经不能满足与刑事犯罪作斗争的需要,这就要求我们必须迎接刑事侦查工作的新挑战,突破传统侦破模式中单纯依赖物质痕迹所带来的缺憾,为刑事侦查工作寻找和提供新的视角和方法,即运用心理痕迹。

心理学原理告诉我们,人的行为都是由一定的心理支配而完成的,会受先天遗传素质和后天教育环境的影响。犯罪行为是犯罪主体对犯罪客体实施的各种危害行为,所以,犯罪人实施犯罪行为,必然会身临其境,在作案时留下能够反映其犯罪性质、动机、目的、犯罪行为和个性特征等许多方面的痕迹。笔者认为,这些痕迹大致可分为物质痕迹和心理痕迹两种。物质痕迹是犯罪分子直接或间接地作用于被侵害客体及其相关物而留下的,通过科学的鉴定方法和侦查措施,对其进行分析检验,能以其外部特征或物质属性等证明案件真实情况的物品、物质、文书和痕迹。心理痕迹是指通过犯罪分子在实施犯罪过程中遗留在犯罪现场上的有形物质痕迹表现出来的、能够直接或间接反映犯罪活动各方面情况的各种现象。

物质痕迹和心理痕迹都属于犯罪痕迹的范畴,心理痕迹不是孤立存在的,它源于物质痕迹,只有与物质痕迹结合在一起,才能构成互相印证犯罪事实的信息系统。因此,在侦查实践中,应当有效运用心理学的理论和方法,从犯罪现场遗留的各种物品、犯罪现场的物品损失情况、犯罪现场遗留的犯罪者人体行为痕迹、犯罪现场的工具痕迹、犯罪现场的伪装状况等物证中提取心理痕迹入手,从中找出犯罪行为人的犯罪动机和目的、气质特点、性格特点、兴趣爱好、职业特点和职业技能、犯罪经验及经历等,紧紧抓住犯罪心理痕迹这条无形的线,准确分析各种犯罪行为,查清物质痕迹,深化对案情及犯罪嫌疑人的认识。与此同时,结合物质痕迹,识破犯罪嫌疑人的反侦查手段,认清案件性质,确定侦查方向,刻画犯罪嫌疑人,并为案件串并、侦破提供线索和依据。总之,深化对心理痕迹的认识和利用,从而帮助刑侦工作者有效重构犯罪现场,提高侦破效率。

一、刑事诉讼法意义上的物证

刑事诉讼法意义上的物证是指以其自身属性、外部特征或存在状况来证明案情的客观实在。通俗地说,是指犯罪分子在一定犯罪动机的驱使下实施犯罪行为,直接或间接地作用于被侵害客体,在被侵害客体及其存在的客观环境中留下的这样或那样的物质痕迹。物证是犯罪分子在实施犯罪的过程中自然形成的。尽管犯罪分子在作案时都想尽可能地不留痕迹或力求把有关的物证都毁掉,但物证的形成并不以犯罪分子的主观意志为转移,它是完全遵循自然规律而出现的。某些痕迹一经产生,便难以清除,也很难改变,这就为收集、提取和利用它们去揭露犯罪和证实犯罪提供了可能。

然而,物证是不会开口说话的"哑巴证据",它不能自行说明是在什么情况下形成的,是谁实施了犯罪以及如何实施的犯罪。物证在一般情况下只能证明案件中的某些片段或个别情节,而不能一步到位地直接证明案件的主要犯罪事实,因此,某一物品或痕迹是否能够成为证据,往往还需要其他的物证加以印证,通过科学的方法进行分析检验,得出的结论才是揭示和证实犯罪的有力证据,才具有法律效力。

二、各种物证中存留的心理痕迹

(一)犯罪现场遗留物反映的心理痕迹

现场上遗留的各种物证可以用来联想和分析犯罪分子在作案过程中的心理状态,从而为识别犯罪行为人的职业、是否有犯罪历史及犯罪历史长短打下基础。例如,现场遗留的物品和痕迹比较多而且比较杂乱,本来应该带走的也遗留在现场,出现这种情况时,如果能够排除犯罪行为人故意伪装现场转移侦查视线,就说明犯罪行为人在作案时大脑处于失控状态,由此可推断出有以下两种情况:一是犯罪行为人是精神病人,并且在作案时处于发病期;二是该犯罪行为人是初犯的可能性较大或是不知情、不了解犯罪现场情况的人临时起意实施犯罪行为。如果现场遗留物较少,而且各种痕迹和物证不易被发现和提取,或者是现场痕迹被犯罪分子故意毁坏,说明犯罪行为人在作案时沉着冷静,作案手段熟练,有可能是惯犯或者是了解现场情况的知情人、内部人所为。

从现场遗留的作案材料、作案工具、衣服鞋帽等物品的状态和特点来分析犯罪行为人的心理,分析犯罪行为人的职业特点和生活习惯,以及作案时的心理状态。例如,同样是杀人,犯罪行为人如果是出于报复而杀人,经常都会有所准备,自己携带作案工具,并且作案手段一般都比较凶狠残忍;而盗窃杀人,大多是在实施盗窃行为的过程中被发现,为了逃脱才临时起意杀人灭口,此时的作案工具大多是犯罪现场原有的。

(二)犯罪现场物品损失情况反映的心理痕迹

从犯罪现场的物品损失情况来分析犯罪行为人作案时的心理痕迹。不同的犯罪动机和目的,其犯罪时的行为指向和行为表现也是不同的,因此,其所反映的心理痕迹也不相同。例如,现场丢失的物品等比较贵重值钱而且较易携带转移,说明犯罪分子是为了钱财而来,而如果现场上的贵重物品如电视机、电冰箱等被故意砸坏,财物却少有丢失,说明犯罪行为人很可能是出于报复泄愤的心理。

从损失物的种类、体积大小、重量等来看,可以从中分析犯罪行为人的行为特征及性格特点、兴趣、爱好等。如某地商场盗窃案中,商场内的名贵珠宝首饰并无丢失,但深受青少年喜爱的卡通手表却丢失许多,而旁边的成人名牌手表也没有丢失。[①] 这说明犯罪分子不了解名牌手表的情况,同时对卡通手表比较喜欢,对二者综合分析可以推断出可能是青少年作案,根据这种特点进行排查,果然找出了犯罪嫌疑人。

(三)犯罪现场遗留的犯罪者人体行为痕迹反映的心理痕迹

犯罪者人体行为痕迹是犯罪分子作案时身体造成的、表现其人身特征的痕迹,如足迹、手印、气味等。这些痕迹可以反映出犯罪行为人的一些生理特点和其在作案时的心理状态,如犯罪行为人出入现场一般会留下足迹,根据痕迹学的原理,可以对其进行深入分析。如果现场上的足迹清晰而且落足轻,一般为初入现场,因此小心翼翼;如果现场足迹的步幅较大而且落足重,则或是因为作案成功后急于离开,或是因为害怕而不由自主加快步伐;如果现场步态混乱,则说明两种情况,或是犯罪行为人有意伪造现场,转移侦查视线,或是由于恐惧心里慌乱导致步态混乱。

(四)犯罪现场工具痕迹反映的心理痕迹

犯罪行为人在作案时常常需要借助一定的工具来达到自己的目的,而无论犯罪行为人使用何种工具作案,都必然会在犯罪现场上留下一定的痕迹,这就为我们通过工具痕迹来提取心理痕迹提供了可能。通过对这些工具痕迹的分析,可以提取到犯罪行为人许许多多的心理痕迹。犯罪行为人的作案手段和作案手法也可以从工具痕迹中表现出来,从而为分析犯罪行为人的年龄、职业、个性特点、犯罪时的情绪等打下坚实的基础。如在一起单位保险柜被盗案中,保险柜并没有遭到损坏,而是用巧妙的方法打开的,这就说明犯罪行为人具有保险柜方面的专业知识或者是盗窃保险柜的惯犯,一般的盗窃人员不可能有这么高超的技术的,这就缩小了侦查范围,使办案人员能够更快地破案。再如,在一起杀人案件中,被害人深夜在家中被人用斧头杀害,脑袋被砍掉,睡觉的木床床头还被斧头砍了一个三厘米深的大口子,说明犯罪行为人对被害人极其仇恨,在作案时处于高度兴奋的状态,用自己的

---

① 参见申建军:《从现场物证分析犯罪的心理痕迹》,载《湖北警官学院学报》2003 年第 1 期。

最大力气去砍被害人,当时他心里想的就是“一定要杀死他”。[①] 从中我们可以认定案件性质,划定侦查范围,排查被害人的社会关系,从中找出与被害人有冲突的个体,从而最终查获犯罪嫌疑人。

(五)犯罪现场的伪装状况反映的心理痕迹

犯罪分子在作案时和完成犯罪行为后,为了逃避法律的制裁,总是想方设法制造各种假象,以转移侦查视线,但无论其伪装得多么巧妙,其犯罪心理活动还是会通过行为方式表现出来。如在一个细雨蒙蒙的春天的早晨,距小山村约两公里的山岭上发现一具被奸杀的女尸,其衣服被剥光,唯有一件正好盖住下身,虽然当天下雨,但该女子衣裤及鞋子上并无泥泞和草迹,由此可断定此处并非犯罪最初现场,该女子是被奸杀后转移到此处的,而唯一的一件衣服正好盖住下身,说明凶手不忍心将死者暴露于光天化日之下,可能是与死者有某种关系的人,遂从其亲属、朋友等社会关系中排查,最终抓获犯罪嫌疑人。[②]

再如,在一起入室盗窃案中,该房屋内的装修材料被盗走,防盗窗有多处撬压痕迹。装修材料被盗走说明犯罪行为人对这些物品有需要,一般的小偷是不会偷这些东西的,而且经现场勘察,防盗窗上的撬压痕迹表明从窗户处并不能进入室内,并且从外部撬压无法形成这些痕迹,该户入户门锁又完好无损,说明犯罪分子是正常进入,遂把重点嫌疑对象指向为该户装修房屋的施工队身上,最终将犯罪嫌疑人抓获。

三、心理痕迹在物证中的识别

物证是一切与事实真相有关的物质,法律上常常将物证称为“证据之王”。物证是犯罪现场重建的重要物质基础,是侦查诉讼的客观依据。在命案现场重建中,法医关注的重点物证包括血迹、衣着、尸体上的附着物等。[③] 犯罪行为人的心理痕迹在物证中的体现是多种多样的,我们一定要仔细从物证中分析,找出能够反映犯罪行为人心理活动的蛛丝马迹,为侦查破案提供线索。对物证中心理痕迹的识别,主要应从以下几个方面入手:

(一)犯罪行为人的犯罪动机和目的

心理学原理告诉我们,人是社会性的动物,在社会生活中,人的行为都是受一

---

① 参见严建:《现场心理痕迹之分析研究》,载《公安学刊(浙江公安高等专科学校学报)》2005 年第 6 期。

② 参见宋胜尊、郭穆:《物证中心理痕迹的提取》,载《河南司法警官职业技术学院学报》2008 年第 6 期。

③ 参见闵建雄编著:《命案现场重建概论》,中国人民公安大学出版社 2006 年版,第 15 页。

定的心理和动机支配的，为了实现一定的目标才会有支配其实现某种行为的动力指向。犯罪动机是引起和推动犯罪行为人去实施某种违法犯罪行为的内在动力，是违法犯罪主体的重要心理因素。犯罪行为人的犯罪动机来自犯罪行为人的个体需要，而犯罪目的则表明其实行犯罪行为的预期目标。不同的犯罪行为由于个体需要不同，其犯罪动机和犯罪目的也必然不尽相同。犯罪动机有许多种，如报复动机、占有动机、虚荣动机、刺激动机、享乐动机、私欲动机等。每一种犯罪动机都有其自身的目的指向，如在一户人家中丢失了许多金银首饰和钱，说明犯罪行为人的动机是谋财，是典型的非法占有动机；杀人现场凶器上有犯罪行为人的指纹，说明其有杀人动机，[①]而如果被害人是被残忍地杀害，身体被破坏得面目全非，则充分表明该犯罪行为人出于残忍的报复心理，其实行犯罪行为是为了报复。

（二）犯罪行为人的气质特点

气质是个人心理活动的稳定的动力特征，主要表现在心理过程的速度、强度、灵活性及指向性上，如情绪的强弱、思维的快慢等。气质类型大致可分为多血质、胆汁质、黏液质和抑郁质四类。个体的气质不同，其活动方式也不同。气质对犯罪行为的发生并无作用，但犯罪类型可以表现某种气质特征的印记。有资料表明，暴力犯罪或激情犯罪中胆汁质的人居多；盗窃犯中，多血质、黏液质的人居多。另外，不同气质特点的人在具体犯罪过程中有不同的特点，如胆汁质的人在犯罪时比较冲动，预谋性差，但行动迅速；黏液质的人不易激动，情绪稳定，在犯罪时常常计划周密，预谋性强。了解这些气质特点，有利于我们缩小侦查范围，确定犯罪嫌疑人。

（三）犯罪行为人的性格特点

性格是表现在人对现实的态度和行为方式中的比较稳定的独特的心理特征的总和，是人对现实的稳定态度以及习惯化的行为方式，是在先天素质的基础上、在后天的环境影响和教育作用下形成的，是个体社会化的结果。因此，从物证中识别犯罪行为人的性格特点对于侦查破案具有重要意义。如有的犯罪行为人生性多疑，做事优柔寡断，在物证中可能会出现各种拖泥带水的痕迹；有的犯罪行为人生性鲁莽，行事草率，则物证中有可能出现犯罪行为人疏忽大意留下的各种痕迹。另外，有的犯罪行为人生性小心谨慎，犯罪现场则会被其打扫干净，很难找到其犯罪留下的蛛丝马迹。总之，犯罪行为人的性格不同，其在犯罪时的表现也不同，进而遗留下的各种痕迹物证的表现也就各不相同。

（四）犯罪行为人的兴趣、爱好

兴趣和爱好是犯罪行为人在长期的生活实践中养成的，比较固定地反映了犯

---

① 参见张瑞：《论犯罪现场心理痕迹》，载《法制与社会》2007年第3期。

罪行为人的个体特征。如在盗窃案中,被盗的是某厅级单位大院内办公楼二楼的一间办公室,经现场勘察,作案人是在夜间爬办公楼的落水管从窗户进入,将办公室三张办公桌的抽屉撬开,翻找财物后由原路返回。经事主检查发现被盗人民币13 000元,电脑游戏光碟两套,香港明星画册一本。[①] 该院夜间保卫严密,不可能有陌生人出入。从被盗物品上反映出的心理痕迹来看,通常是刚参加工作的年轻人或学生对明星画册和电脑游戏光碟感兴趣,遂对大院内的年轻人和学生进行排查,最终发现是住在大院内的两名中学生所为。再如,爱好摄影的犯罪人可能会被犯罪现场上的一帧照片打动,拿走并不值钱的照片。这些细节,需要我们认真从收集的各种痕迹物证中识别,从中发现犯罪行为人实施此种犯罪行为的个体必然性,为排查犯罪嫌疑人提供线索。

(五)犯罪行为人的职业特点和职业技能

犯罪行为人的犯罪实践和职业与犯罪行为人犯罪技能的形成有很大关系,长期从事某种职业会使个体掌握某种职业技能,犯罪行为人在实施犯罪过程中,会不由自主地将自己的职业技能在犯罪行为中表现出来。据此,我们可以推断出犯罪行为人的职业特点,如在杀人碎尸案中,尸体被解剖的部位比较准确,刀口都是在缝隙中进行,而且都是一刀划下,这就说明犯罪行为人是具有一定的解剖学知识或者具有解剖技巧的人,由此可以分析犯罪行为人可能是外科医生或屠夫。[②] 在计算机网络犯罪中,犯罪行为人只有掌握了有关计算机的专业知识,有较高的专业技能,才有实施犯罪的条件。如果一个人完全不懂得任何计算机知识,是不可能独立完成计算机网络犯罪的。

(六)犯罪行为人的犯罪经验及经历

犯罪行为人的犯罪经历不同,其在犯罪活动中的实践就有所差异,由此而形成的犯罪水平也不尽相同。如入室盗窃案中,防盗门上的撬压痕迹凌乱、有多处撬压,并且房门变形、整个的撬压痕迹不连贯,说明犯罪行为人的手段不熟练,其可能是初犯或流窜犯;如果门上的撬压痕迹很少,房门非常巧妙地被打开,说明犯罪行为人对防盗门的工作原理比较了解,或者是进行入室盗窃的惯犯,或者是已经熟练掌握了撬门的主要技能手段和方法。

总之,从物证中识别犯罪心理痕迹,要仔细观察,充分利用犯罪心理学原理,站在犯罪行为人的角度去揣摩犯罪行为人在作案时和作案后的心理状态,从中发现

① 参见沈斌:《关于犯罪现场心理痕迹的探讨》,载《广东公安科技》2002 年第 3 期。

② 参见陆时莉:《现场勘查中心理痕迹的分析与运用》,载《吉林公安高等专科学校学报》2006 年第 6 期。

细微的、不易觉察的心理痕迹，为侦查破案提供重要线索。

—— 思考题 ——

1. 物证中能提取到哪些心理痕迹？
2. 心理痕迹如何在物证中进行识别？

第三节　犯罪心理痕迹在现场重建中的应用

要点提示

1. 犯罪心理痕迹在现场重建中应用的原则包括整体性原则、具体问题具体分析原则、定性分析与定量分析相结合原则。

2. 犯罪心理痕迹在现场重建中的意义重大。

3. 犯罪心理动态分析与检验的步骤。

犯罪现场重建的概念形成于20世纪90年代初，它是由美籍华裔法庭科学家李昌钰博士提出的。李昌钰认为犯罪现场重建包括现场信息分析、现场痕迹检验和物证检验，其理论基础为唯物辩证法和逻辑学。①

犯罪心理现场重建的目的是通过对犯罪人社会活动背景及心理活动的分析，评估犯罪人的行为和物品，研究其中具有哪些反映其心理特点的地方，协助侦查人员分析犯罪人的性格，制订审讯策略。② 犯罪心理现场重建必须回答四个问题：发生了什么事情、如何发生的、对谁发生的以及为什么会发生。③

一、犯罪心理痕迹在现场重建中应用的原则

（一）整体性原则

犯罪心理痕迹的提取与整合，是犯罪现场重建的一部分，是围绕着犯罪行为人在犯罪现场留下的一系列痕迹，进行回溯和推断的过程。犯罪心理痕迹的发生、存

---

① 参见［美］李昌钰：《现场勘查的一般步骤》，吴中华译，载郝宏奎主编：《侦查论坛》（第3卷），中国人民公安大学出版社2004年版，第587～613页。

② See Ronald M. Holmes, *Profiling Violent Crimes*, California: SAGE Publications, Inc. ,1996, p. 3.

③ 参见［英］坎特：《犯罪的影子：系列杀人犯心理特征剖析》，吴宗宪等译，中国轻工业出版社2002年版，第338页。

在、延续和结果都会依托相应的物质存在,犯罪现场就蕴含着丰富的犯罪心理痕迹。在现场重建过程中,对犯罪心理痕迹的把握应当囊括整个现场,对犯罪心理痕迹进行层次化、整体化分析,明了其在整个犯罪现场重建中的具体功能。如果说物质痕迹(既包括物理的,也包括化学的痕迹)是案件侦破的骨架,那么心理痕迹就是案件侦破的血肉,物质痕迹必须融合上心理痕迹后,还原出的现场才是完整的,而心理痕迹就是将物质痕迹贯串起来,使每一个案件的情节得以还原真实。因此,不论是从物证中提取心理痕迹,还是从犯罪现场中抽象出心理痕迹,最终都是为现场重建之后的破案和成功审讯提供完整思路而服务的。

(二)具体问题具体分析原则

每个犯罪现场既有共性,又有其独特性。犯罪行为人在实施犯罪时,既遵循着一般的思维规律、注意规律、感知规律,同时又存在很强的个体差异,受自身心理状态支配的同时,又不可避免地受到外界环境和当时情境的干扰,如声、光、电、气味、天气、气温、季节等客观条件,都可能影响到行为人的行为实施过程和结果。因此,在应用犯罪心理痕迹进行现场重建时,既要考虑通常情况下行为人的心理状态,又要注意到特殊反常情况。对现场遗留的每种心理痕迹都应放在具体的犯罪现场环境中进行试验、分析,并与其他痕迹物证、自然状况相印证、相补充,以确保现场重建的可信度和真实性。

(三)定性分析与定量分析相结合原则

相对于物质痕迹的定量分析,犯罪心理痕迹更多是定性分析。犯罪人的心理因素包括个体作案前的需要、兴趣、动机、能力、情绪情感与气质、人格、行为习惯等。心理痕迹所反映的行为人心理过程与心理状态均属此列。这些无论是在意识层面还是潜意识层面,都难以进行定量分析。因此,就目前而言,犯罪心理痕迹多数情况下为犯罪现场重建提供的是指导性信息而不是认定性信息。当然,多道生理测试仪、事件相关电位以及脑指纹(brain fingerprint)的测试本身,就是通过对嫌疑人对犯罪细节记忆量的测量,测试结果提供的是定量和定性两种信息。这些测试结果已经逐渐应用到案件侦破工作中。

二、犯罪心理痕迹在现场重建中的意义

侦查人员收集的各种物证和心理痕迹是对来自同一犯罪现场的犯罪行为不同侧面的反映。每一起刑事案件的发生,都必然会遗留某些物证和心理痕迹。物证只能证明案件中的某些片段和个别情节,而不能把整个犯罪过程完整地展现出来。心理痕迹则是通过运用犯罪心理学的理论和方法,从物证中发现和提取出来的。

在侦查实践中，分析物证和心理痕迹最重要的是要从中揣摩出犯罪行为人作案时的心理状态，并由此再现当时的犯罪过程。

(一)犯罪心理痕迹分析是正确认识案情的起点

刑事侦查是侦查机关查明案情，证实犯罪和查缉犯罪人的专门活动。侦查之初，面对具体的案件事实和现象，怎样确定侦查方向、划定侦查范围、制定侦查方案，取决于侦查人员对案情的初步认识。在犯罪现场，犯罪行为结果及现场态势、各种行为痕迹等是侦查员对犯罪事实和现象的感性认识，其认识的深度和广度均有待加强；分析犯罪行为结果及现场态势、各种行为痕迹中所蕴含的犯罪心理痕迹则是对犯罪事实和现象的理性认识，为推定犯罪目的和犯罪动机，完整综合地把握犯罪行为人的心理活动和个性特征，从而对犯罪活动的大致情节、犯罪行为人的大致情况能有一个概括的认识。从这个意义上说，犯罪心理痕迹分析是正确认识案情的起点。①

(二)犯罪心理痕迹分析是继续进行侦查的重要导向

刑事侦查是一个认识不断深化的过程，犯罪心理痕迹分析与犯罪心理现场重建在整个侦查过程中对于认识案情有着十分重要的作用，引导着侦查工作朝正确的方向迈进。

首先，犯罪行为人在实施犯罪行为时，总是力图使自己的各种行为痕迹减少，尽可能地切断侦查线索，而侦查员的侦查则是努力发现这些痕迹和线索，基于对犯罪事实的已有认识对犯罪行为人的心理活动、个性特征的分析和对行为轨迹的掌握也是一个不断修正的过程。通过对案情的不断认识，从而完善犯罪心理痕迹的推定和判断，进一步指导侦查工作朝正确的方向深入展开。

其次，犯罪行为人在犯罪行为实施的不同阶段，其心理状态在行为活动中有所表露，不同阶段的心理状态各有特色且相互对应。例如，犯罪实施前嫌疑人的需求表现应和犯罪事实和现象中所表露的作案动机相符，同样，嫌疑人在案发后的反常表现也不会偏离犯罪事实和现象。因此，通过对犯罪嫌疑对象在犯罪行为各阶段的心理痕迹进行分析，就能帮助侦查员尽可能把握侦查工作的正确方向。

三、犯罪心理动态分析与检验

(一)犯罪心理动态分析

通过现场检查，寻找心理痕迹的外化表现。犯罪现场当时的存在状态和现场

---

① 参见周里：《犯罪心理印迹分析在侦查中的重要作用及其一般方法》，载何家弘主编：《侦查论丛》(第1卷)，法律出版社2003年版，第296～297页。

的物品,是犯罪行为人心理痕迹外化表现的承载物,蕴含着丰富的犯罪心理痕迹的信息。认真细致地勘查现场,全面收集、识别和掌握反映犯罪行为迹象的各种案件事实材料,为开展犯罪心理痕迹分析打好基础。如果遗漏了案件的重要细节或者认知上存在偏差,侦查人员就无法准确客观地把握犯罪事实和现象,影响犯罪心理痕迹分析的准确性,导致侦查方向的偏差和侦查范围的错误划定。

正确设立犯罪心理动态分析的立足点,多层次、多侧面地分析犯罪行为中各个动作所蕴含的心理因素。犯罪心理痕迹寓于犯罪现场态势、犯罪行为痕迹及受害人、知情人的大脑印象中,也寓于犯罪行为发生发展的过程中。在侦查实践中,往往选择那些能反映犯罪行为人的犯罪动机、目的及作案人个性特征的行为状态及行为痕迹作为犯罪心理痕迹分析的立足点,以便在分析过程中抓住主要矛盾,及时厘清思路。例如,犯罪行为人在现场留下的手印、脚印,能直接反映行为人的行为目的和心态,对手印、脚印的位置、形态、成分等的分析,能帮助推断犯罪行为人的动机、目的及作案心态等。

犯罪心理动态分析的内容包括:犯罪嫌疑人在现场的时间知觉、方位知觉、思维定式,犯罪动机与目的判定;在系列案件中,是否有计划性、难以控制;情绪的外化表现、犯罪的惯常行为习惯及防御行为、特殊犯罪技能推断、个性心理刻画、精神是否正常,等等。

犯罪心理动态分析结果的正确性,往往可以通过犯罪心理测试结果和侦审结果得到检验。一般来说,犯罪心理测试专家根据现场勘验提供的物证以及其对现场观察的结果,对犯罪心理作出动态分析后编制一套测试题目,通过多道生理测试仪,检验被测试人与案件的关系:如无辜者、知情人或犯罪人(无法排除的嫌疑人)。对无法被排除者,经过审讯和对其他物证的进一步核实,最终案件侦破后,就检验了犯罪动态心理分析的正确与否。

(二)推定和判明犯罪动机和犯罪目的

1. 根据作案时间地点的选择与作案目标及受害人的联系进行分析判断:是精心策划与选择的时间地点,还是情境性的犯罪;犯罪行为人与受害人认识与否?一般而言,精心策划的、有意毁坏现场的,明显是为了盗窃某物的,与受害人是认识的等因素具备时,都有着明确的犯罪动机;如果是情境性的、顺手牵羊则可能没有明确的犯罪目的或目的不在于此。

2. 根据现场上有无损坏及毁坏的程度进行分析判断:是犯罪嫌疑人毁坏的还是其他人毁坏的?是有意识毁坏的还是匆忙中毁坏的?

3. 根据现场上是否丢失财物及其数量价值、存放部位进行分析判断:究竟是为了获取财物还是为了毁灭证据？是有明确的窃取某物的意图，还是顺手牵羊？

4. 根据被害人生前的品质、经济状况、生活习惯、嗜好、结怨情况、有无犯罪前科进行分析判断：犯罪的原因是经济问题还是感情问题？是由于仇恨还是由于其他原因？

（三）作案时情绪状态的推定与判断

如果说物质痕迹提供的是合“理”的解释，那么心理痕迹提供的则是合“情”的解释。现场中犯罪心理痕迹提取中，关注犯罪嫌疑人的情绪遗留痕迹，对推定犯罪动机，判明犯罪目的有重要作用。

1. 愤怒宣泄型。在法医尸检报告中，如果有过度杀戮①迹象，表明那是一种情绪的宣泄；如果观察尸体上的创痕，能感受到凶手下手阴准，刀刀致命，则可以判明凶手是为谋人而不是谋财而来。愤怒情绪可能产生几种作案动机：报复、纠纷、嫉妒等。

2. 恐惧慌乱型。由于心理素质不强、犯罪技巧不够熟练或者犯罪时受到外界干扰等，很大一部分犯罪人在犯罪时以及离开犯罪现场时会表现出来惊慌失措的情绪状态。在痕迹勘查中体现为现场足迹比较匆忙，对现场的物品破坏缺乏联系性、整体性；由于离开现场比较匆忙，对于凶器、手印、足迹等痕迹物证来不及销毁和掩盖。如某居所被盗，现场翻得很乱，贵重物品没有拿走多少，撬门的动作缺乏连贯性、整体性，留下一些多余的动作痕迹。这些犯罪活动表现出的心理痕迹反映了罪犯作案时的惊慌失措，只具有初步犯罪技能，属于没有形成犯罪活动熟练技巧的初犯所为。

恐惧慌乱型的犯罪心理痕迹表现在现场上是痕迹显得凌乱。以工具痕迹为例，工具痕迹是一种存在于案发现场的重要痕迹类型。工具痕迹多存在于现场进出口和被害人身上。研究工具痕迹，能够使侦查人员研究出犯罪嫌疑人作案工具并有助于缩小侦查范围。一般来说，犯罪嫌疑人在实施犯罪行为过程中如果有恐惧情绪则其遗留在现场的工具痕迹会出现较明显、易分辨、频率不一等与其身份不符的特征。比如，刘某是个盗窃惯犯，有天晚上去盗窃，在用工具撬门时听到楼层有声音，与其之前判断有出入，这使其产生恐惧情绪，手也不像以往熟练，撬了多次才打开，侦查人员发现被盗窃房间工具痕迹呈现上述特点。反之，犯罪嫌疑人在作案现场留下的工具痕迹则有整齐有规律、范围小、不易被发现等特点。

再以生物物证痕迹为例，生物痕迹是最能反映犯罪嫌疑人情绪特征的物证载

---

① 过度杀戮是指针对致命部位反复实施攻击的行为。

体,犯罪嫌疑人和被害人的生物痕迹是证明犯罪事件真实发生的最有力证据。研究犯罪嫌疑人作案时的情绪特征,对得出其犯罪动机和藏匿处的发现有重要价值。一般情况下,犯罪嫌疑人在其作案现场遗留的生物物证有所不同。被害人的血迹、犯罪嫌疑人的精斑等在现场分布范围广,说明当时作案人有紧张的情绪,反之现场则会血迹、精斑等分布集中。犯罪嫌疑人毛发、皮屑等在现场遗留较多,说明当时作案人有焦虑、紧张的情绪;而现场犯罪嫌疑人毛发、皮屑分布较少,说明作案人情绪没有大的波动。在特殊情况下,侦查人员能够在案发现场发现疑似犯罪嫌疑人的汗迹,说明当时犯罪嫌疑人具有紧张的情绪特征。

3. 从容镇定型。例如,犯罪行为人肢解被害人的尸体。被害人裸露的身体在关节处被锋利的工具肢解,然后被放在袋子里装入几个包中被丢弃在河里,肢解尸体可能是一种逃避侦查的行为,但是它最大的可能性还是为了便于运输。脱去死者的衣服,并把尸体丢在水中(次要现场)能够将死者身上黏附的与犯罪人和第一现场有关的证据洗刷掉,使警方难以判断死因。

4. 激情爆发。激情是一种爆发性的、短暂的、比较猛烈的情绪状态,往往具有盲目性、冲动性、无预谋性和疯狂性等行为特点,其侵害手段残酷,涉及面广,危害性严重。激情爆发导致犯罪在刑事犯罪中十分常见,在暴力型的犯罪中尤其突出,因为激情犯罪人带有冲动性和疯狂性的特点。在激情犯罪的现场勘查中,现场往往比较凌乱,物品的破坏比较严重。激情犯罪的犯罪人在作案后一般会感到后悔或惶恐不安,所以犯罪人逃离现场的痕迹会比较慌乱。由于激情犯罪通常带有一定的突然性,所以受害人往往缺乏提防和反抗意识,导致犯罪人一击致命。

5. 深度憎恨。深度憎恨多是由于犯罪人与被害人之间有很大的仇恨,以至于深度憎恨导致犯罪。憎恨导致的犯罪往往具有复仇性、预谋性、目的性和疯狂性等特点。由于深度憎恨引发的犯罪具有复仇性和预谋性,犯罪现场痕迹会体现出犯罪人犯罪的目的性、残暴性,而且仇恨越深残暴性越强。如马某杀人案件中,犯罪人马某因为同学侮辱自己而怀恨在心,因而于2004年2月13日晚用榔头重击一名室友头部致死,2月14日晚用同样的方法再杀一人,2月15日再杀两人后从昆明火车站出逃。

6. 顺手牵羊。顺手牵羊的案件往往具有随意性,而且多发于盗窃案件。顺手牵羊的作案人往往具有贪恋小便宜的心理,作案时由于害怕被发现而体现出紧张的情绪,可能在犯罪现场留下慌乱的痕迹。犯罪分子在达到目的之后则可能具有兴奋和紧张并存的情绪状态,会迅速离开犯罪现场。由于作案人在作案时精神紧张,并没有对物品进行鉴别,所以犯罪人在逃离现场的第一时间会拿出盗窃物品,并对自己不需要的物品进行丢弃,从而为我们破获盗窃案件留下蛛丝马迹。

7. 羞辱被害人。在刑事案件中,经常存在羞辱被害人的现象,是犯罪人出于报复、泄愤、取乐等目的对被害人进行侮辱的行为。羞辱被害人常常表现为对被害人的人身、人格和家人名誉进行侮辱和诽谤。犯罪人在犯罪现场往往留下侮辱性的文字和痕迹,在被害人的身体上或者周围遗留有便溺、精液、唾液痕迹;犯罪人对被害人的身体进行侮辱性伤害,表现为对被害人的性器官进行伤害和暴露等。尤其是在杀人案件中,犯罪人出于羞辱被害人的目的,往往对被害人的尸体进行侮辱,表现为暴露被害人的敏感部位、在被害人的身体皮肤上刻画侮辱性词语、破坏被害人的尸体等行为。

8. 复合情绪特征。复合情绪是由基本情绪的不同组合派生出来的,如由愤怒、厌恶和轻蔑组合起来的复合情绪可叫作敌意;由恐惧、内疚、痛苦和愤怒组合起来的复合情绪可叫作焦虑等。由于犯罪人的情绪经常具有复合性,所以我们对现场遗留的心理痕迹的分析不能停留在孤立的痕迹表面,应该综合研究现场遗留的痕迹物证,综合分析推断犯罪人的情绪特征。例如,因为痛恨被害人将其杀害,既想羞辱对方又觉得裸体抛尸太丢人,于是在死者的私处盖上一把草。

(四)犯罪行为习惯及防御行为的推定与判断

1. 犯罪惯技。犯罪惯技(MO)源于拉丁语,指可操作性方法,这里指实施犯罪的某种方式。犯罪人使用犯罪惯技的目的可能有:(1)掩护作案人的身份,如白天抢劫银行头戴面具,盗窃时戴着手套等;(2)成功地实施犯罪,如用东西塞住被害人的嘴,用凶器胁迫被害人等;(3)为逃跑创造便利条件,如利用偷来的汽车作案并在作案后将车拆散处理掉等。

对犯罪心理现场重建来说,犯罪惯技可进一步提供犯罪人的一系列信息,包括行为选择、活动过程及相应技术,而这些正是个人特性的内容,或是反映了下列特定内容:(1)某种特殊训练、行业、技能、专业或活动领域的情况,既包括犯罪人也包括非犯罪人;(2)有关特定被害人的情况,以及判断犯罪人与其接触程度或二者先前的关系熟悉或陌生;(3)有关犯罪现场的特征,以判断犯罪人对犯罪现场的熟悉程度。

犯罪惯技的类型主要包括:(1)习惯于一起作案的人数;(2)犯罪前的预谋程度;(3)作案地点的选择;(4)通往作案地点的路线;(5)现场守候或对被害人的监视;(6)作案时涉及的被害人而非幻想中的被害人;(7)作案使用的凶器;(8)作案时为控制被害人使用的捆绑方式;(9)对被害人伤害的特点和程度;(10)杀人的方法;(11)反侦查的特点和程度;(12)被害人衣服的弃置地点和位置;(13)被害人尸

体的弃置地点和位置;(14)为获利或不被发现而从被害人身上或犯罪现场拿走的物品;(15)进出犯罪现场的交通工具;(16)离开犯罪现场的逃跑路线或方向;(17)作为实施犯罪的必要手段。

犯罪惯技是习得的、动态的、可塑的。犯罪惯技随着成功经验的增多而发展出更为简练高效的方法,因而在后续作案中变得更加老练;犯罪惯技也有可能因为不断恶化的精神状态、毒品的药物作用或侥幸心理的增强而弱化;犯罪人还有可能在犯罪生涯中不断尝试新的行为方式从而使犯罪惯技更为简练,如监狱中不同犯罪类型的罪犯之间的交叉感染,使刑满释放后或狱内重新犯罪的犯罪惯技更为简练。这无意间揭示出犯罪人的身份、性格或经历等。①

2. 逃避侦查的防御行为。这是犯罪人在犯罪之前、之中、之后,为了隐藏他们的身份、他们与案件的联系或者隐藏罪行本身不被别人发现而采取的用于迷惑、妨碍、阻止侦查或司法工作的行为。这些防御行为主要表现在以下几个方面:(1)是否乔装改扮、戴面具或穿大号的衣服和鞋子;(2)声音是否改变,如故意用低沉声音或提高嗓门或伪装使用某种方言;(3)蒙住被害人的眼睛;(4)选择一天中的特定时间,如一天中特别黑暗的时候,以使被害人看不清其外表特征;(5)作案地点选择,如选择隐蔽的地方、少有人来的地方更有可能作案成功;(6)选择被害人,如选择陌生被害人,从而降低被辨认和缉捕的风险;(7)戴手套作案,避免留下指纹;(8)使用避孕套,避免在被害人或现场上留下精液(成为 DNA 证据);(9)放火,用于破坏被害人尸体、犯罪现场及犯罪证据,也可能是一种愤怒情绪的宣泄。②

3. 作案经历推断。根据犯罪嫌疑人杀人的手段、过程、被害人的尸体状况进行分析判断:初次作案还是有杀人经验的;如果有搏斗痕迹,要进一步判断犯罪嫌疑人与被害人双方的力量对比,是势均力敌还是体力相差悬殊。

4. 犯罪行为过程推断。如果存在两种以上的犯罪行为时,可根据犯罪行为的先后顺序、主要对象、行为后果等进行分析判断。如果有两人以上的受害人,要判明是共同的犯罪目标还是为了杀人灭口。

(五)特殊技能的推定与判断

通过门窗锁旁的痕迹勘验,推定犯罪行为人是否具备开锁技能;根据现场中尸体的受伤痕迹,判断犯罪行为人使用特殊工具的技能,如刀、枪、绳、斧、砖、剑、弩等;

---

① 参见[美]布伦特·E. 特维:《犯罪心理画像:行为证据分析入门》,李玫瑾等译,中国人民公安大学出版社 2005 年版,第 231 ~ 234 页。

② 参见[美]布伦特·E. 特维:《犯罪心理画像:行为证据分析入门》,李玫瑾等译,中国人民公安大学出版社 2005 年版,第 200 ~ 202 页。

根据犯罪行为人对现场的破坏情况,判断其相应的知识技能,如是否懂火、懂电、懂汽(气)等;根据现场交通工具留下的痕迹,判断犯罪行为人是否具备驾驶技能;根据现场中绳索打结的情况,推定犯罪行为人的职业技能;根据计算机犯罪中遗留的信息,判断犯罪行为人的信息技术水平等。

(六)综合分析犯罪行为人的作案心理,刻画其个性心理

共存于同一犯罪事实中的犯罪行为的各个具体动作,相互之间有其内在的必然联系。虽然在不同犯罪阶段,但犯罪行为人的动机与目的却是一致的。将前述的犯罪心理分析后,进行综合汇总、重建整个犯罪过程,从而完整描绘出犯罪行为人的作案心理,为侦破案件和顺利审讯打下坚实的基础。

犯罪心理痕迹分析的最终目的是分析犯罪嫌疑人的个性倾向性和个性心理特征,最终刻画出犯罪嫌疑人心理行为特征的全貌。犯罪行为人的个性特征既是其先天心智作用的结果,又是在自然环境和社会环境的共同作用下所形成的一种生活和行为习惯的定型。生活环境、职业习惯、学识水平、生理条件等都影响着犯罪行为人的个性心理。

(七)精神状态的推定与判断①

通过对作案现场进行分析,如果能推定是精神病患者作案,将大大缩小嫌疑人的范围。精神病患者的作案现场往往留下一些比较特殊的痕迹。例如,精神分裂症患者的不同亚类型,②在作案现场会有不同的表现。

单纯型精神分裂症患者作案的杀人现场特征有:杀人出手致命、直接、伤口明显;现场无伪装痕迹。青春型精神分裂症患者强奸作案的案件现场特征有:因其性躁动时,情绪极其高涨,强奸手段粗暴,现场零乱,被害人身上有抓痕;强奸时极可能无法完成性行为或急于完成而致现场易发现作案人精斑和体毛并数量较大。妄想型精神分裂症患者杀人作案的案件现场特征有:类似情杀、仇杀现场特征,常手段残忍,并且常为系列作案,现场常有些特定的与实施杀人行为无关的行为痕迹。紧张型精神分裂症患者毁物作案的案件现场特征有:对物品的毁坏无规律,破坏痕迹混乱,作案人行为怪异,常有目击者,使用工具为现场物品甚至用手或身体直接破坏物品。偏执型精神分裂症患者杀人作案的案件现场特征有:案前准备充分,对作案的时间、地点、作案工具、作案手段考虑十分周密,且被害者常为熟人,对作案人缺少防备,入口无破坏或有伪装现场,且作案前可能已通过正常手段如诉讼或吵闹纠

---

① 感谢林鹏峰同学在本部分资料收集中所作出的大量工作。

② 精神分裂症的临床分型包括:偏执型、青春型、紧张型、单纯型、未分化型、残留型。

缠过被害人。

其他类型的精神病患者在现场也有不同的表现。癫痫性精神病患者杀人作案的案件现场特征有:被害者尸体伤痕多,致命伤多处,对现场毁坏程度高,攻击部位不正常,破坏性严重,且自身可能受伤,现场有其血迹。

情感性精神病又分为三类。躁狂型精神病患者强奸作案的案件现场特征有:受害者常身体弱小,作案者神志清楚,口若悬河地讲话,强奸手段粗暴,可能多次强奸;抑郁型精神病患者杀人作案的案件现场特征有:被害者常为患者最亲近的人,现场常有作案人想自杀的痕迹,杀人行为突然,直接;躁狂和抑郁交替出现型精神病患者较为少见。

反应性精神病患者纵火作案的案件现场特征有:纵火后在现场周围有其大量足迹,证明其在观看火势。纵火方式常为简单的点燃现场,且可能有多次的尝试点火。

颅脑损伤伴发精神障碍又称外伤性精神障碍,是指由于颅脑受到外伤后直接或间接引起的精神异常。颅脑损伤伴发精神障碍的发生率与严重程度和脑损伤程度原则上成正比,但是其具体原因十分复杂,经常是多因素混合存在而共同起作用,并非由孤立的外伤所引起。颅脑损伤伴发的精神障碍有各种类型,如反映性精神障碍、智能障碍、癫痫性精神障碍、精神分裂症、躁郁症、偏执性精神病等。由颅脑损伤引起的各类型的精神障碍的临床表现和患者作案的现场特征和前文中所述的相应类型相同。

精神病患者具有特殊的病态心理,这种病态心理可驱使精神病人实施各种离奇、荒谬或危害严重的言行。精神病人的病态心理主要表现在:意识严重障碍或朦胧状态,病理性幻觉、妄想与思维逻辑障碍,严重的精神运动性兴奋与强制性行为等。在这些病态心理的驱使下,病人往往失去了辨认能力或者不能控制自己的行为,其在这种状态下实施的危害行为具有动机不明或离奇的特征,虽然一部分精神病人认为自己有明确的动机,但实际上其是受一种病理性妄想所驱使的;危害行为往往极为残忍而不符合常情,其行为常常与作案的动机、目的不相称,也与其文化程度、社会身份以及惯常表现不相称;作案往往无预谋与计划,常常是冲动性的,单独作案,缺乏自我保护。

现场特征表现与一般案件不同,现场呈现出怪异和不合理之处,按照常规的犯罪动机、犯罪手段、犯罪行为方式所留下的痕迹进行推断,呈现诸多不合常理的现象,现场存在许多与案件无关的痕迹,并且常常手段残忍、现场凌乱。

沿着犯罪心理痕迹的重构模式进一步搜寻物证,将有利于建立整体的破案思路，从而避免被部分物证遮挡视线，影响破案进程。运用心理科学、刑事侦查科学原理和逻辑思维方法，把物证和心理痕迹结合在一起，才能对犯罪现场进行重现，最终展现出整个犯罪过程，为案件侦破提供最大的帮助。

思考题

1. 犯罪心理动态分析对犯罪现场重建的意义有哪些？
2. 犯罪心理动态分析的基本内容有哪些？

延伸阅读

武伯欣的《心证：心理学家武教授疑案测真纪实》

由武伯欣和张泽民合著的《心证：心理学家武教授疑案测真纪实》一书，是心理学家武伯欣教授的"疑案测真"纪实。通过对现场勘查、鉴定的有关信息进行分析，更多地获取关于案件的客观情况，犯罪心理动态分析作为犯罪心理测试综合法编题的本源，运用科学仪器，检验心理痕迹的有无，为案件侦破和审讯提供了坚实的心理学依据。该书由群众出版社于2004年出版。

第十七章　犯罪心理测试技术

案例导入

2003年12月6日河北省某县发现一具无头男尸。尸体被抛于村中堆放垃圾的大坑内,没于坑里的水中,外用打包袋包裹。经尸体检验:尸体无头,头部被锐器切割;左脚有被砍的痕迹,肌腱断而骨头未断;以胃内容物推断死亡时间为饭后3小时,且胃内容物中有很大的酒味;致死原因为失血性休克死亡。无头尸案无疑增加了案件的神秘感,侦查人员从几方面的特征迅速确定了尸源,死者为该村村民李某某。村中人最后见到李某某的时间为2003年10月26日。经过多方面的调查访问得知:李某某系刑满释放人员,脾气暴躁,村里人对其是"敢怒不敢言"。仔细排查后,确定了四名犯罪嫌疑人:高某某,系李某某的女友,李某某喝醉酒后经常打高某某,10月26日晚李某某与高某某吵过架;王某某,系李某某与高某某的媒人,有多年宰羊的经验,从其家中找到一套用于宰羊的刀具和一些打包袋;还有李某某的两个侄子,因李某某低价强买了其盖的房子而与李某某有矛盾。嫌疑人有了,但多次搜寻也找不到物证,且笔录中有相互矛盾之处,案子一时间无法突破。侦查人员想到了对嫌疑人进行心理测试。

测试前,测试人员听取了现场勘查人员和刑警对案情的详细介绍,并翻阅了现场勘查报告、现场照片、鉴定结论、尸检报告等有关材料,然后对抛尸现场及周围环境进行了实地考察。测试人员心中有了底,根据案情和心理学的科学原理,测试人编写了一套测试题。经过测试,认定王某某为作案嫌疑人,排除高某某及其他两人的作案嫌疑。

根据测试反映的线索,测试人员找王某某进行了谈话。被测人王某某反映:李某某太可恨,当时只是想拿刀吓唬吓唬他,并不想杀死他,是在家里杀死了李某某;现在很后悔,想主动说清楚。谈话表明了测试的准确性。测试人员将测试结果和工作意见交侦查人员后,侦查人员及时地对王某某开展了针对性的审讯,王某某作了有罪供述。侦查人员再次对王某某家展开了细致的勘查,找到了有力的物证,案件告破。

第一节　犯罪心理测试技术概述

要点提示

1. 理解犯罪心理测试技术的内涵，系统了解其历史沿革。
2. 了解中国犯罪心理测试技术的发展状况。

一、犯罪心理测试技术的含义

（一）心理测试技术

心理测试有广义与狭义之分。广义上的心理测试是指对包括感知觉、注意和记忆等在内的大脑高级神经活动所进行的测试，内容从简单反应时的测定，到复杂的认知加工过程，先进的技术手段包括事件相关电位（event - related potential，ERP）、功能性磁共振成像（functional magnetic resonance imaging，fMRI）等。[①] 狭义的“心理测试”，指的是个体“案（事）件相关心理信息的测试技术”，即心理测试技术，是一种利用被测人的心理生理反应规律，依照其在回答一些特定问题时的生理变化，推断其心理信息的技术。依据公安部的权威解释，心理测试技术是指把能检测个体生理指标状况的仪器设备用于或其结果被用于对个体（被测人）就特定事件或特定目的进行的相关心理信息探查、推断行为的一种测试技术。它包含三个要素：(1)使用能检测个体生理指标状况的仪器设备；(2)有特定事件或特定目的；(3)对个体的心理信息进行探查、推断。

（二）犯罪心理测试技术

将心理测试技术用于刑事案件侦查中，就称为“犯罪心理测试技术”，俗称“测谎”。犯罪心理测试技术是指由专业测试人员，根据案件情况，用事先编制好的题目，向被测试人提问，以形成对被测试人的心理刺激，再用心理测试仪记录其情绪的生理反应，以此分析判断被测试人与案件的关系，帮助侦察人员甄别犯罪嫌疑人、知情人和无辜者的一种心理鉴定技术。

（三）犯罪心理测试仪

犯罪心理测试技术中的测试仪器即多导生理测试心理描记器（polygraph），简

---

① 参见刘洪广：《对公安机关心理测试未来发展的思考》，载《中国人民公安大学学报（社会科学版）》2006 年第 2 期。

称心理生物测试仪或心理测试仪。polygraph 这类仪器,被广泛地运用于侦察部门、高等院校、医院、体育心理训练等领域,是一项实验心理学的测试手段。当它被运用于公安、司法、检察、海关等部门的时候,就被人俗称为“测谎仪”。英文 polygraph 汉译是多道心理生理描记器或测试仪,前苏联和今俄罗斯的确切称谓是“多道心理生物测试仪”。美国和其他近百个国家则始终称为“多道心理生理描记器”。实事求是地讲,polygraph 这一系列仪器仅仅只能算作犯罪心理测试“人—机—环境”系统中的重要组成部分之一,它的研究进展在一定程度上可以反映犯罪心理测试的发展。

二、犯罪心理测试技术的沿革

心理测试与“测谎”有很深的渊源。虽然制作现代“测谎仪”的各种机械装置的出现是近几个世纪的事,但人类对“测谎”方法的尝试却可以追溯到几千年前。在这漫长的历史岁月中,几乎所有不同文化、不同种族的人都尝试着使用一些方法来判断人是否说谎。

(一)人类早期对“测谎”技术的探索

1.“神裁法”

“神裁法”就是根据神意的启示来判断诉讼中的是非曲直的一种方法。这种方法发端和盛行于亚、欧各国的奴隶社会时期,并延续到封建社会。最早有记载的神裁法是用火烤或水浇,它假设无辜者不会受到伤害,多数情况是用在被告身上,有时候也用在原告身上。这种方法在古巴比伦、古印度和非洲都有使用。巴比伦王国曾用“神裁法”惩罚不贞的女人,把有通奸嫌疑的妇女投入河中,沉下去的有罪,浮起来就无辜。在古印度,把被告的手放在火上烤来检验其是否说谎。在非洲,被告被要求把胳膊放在开水里或被灌毒药。

“神裁法”的具体方法有许多种,各个国家不尽相同。主要有对神宣誓、水审、火审、占卜、十字形证明和决斗等方法。在这些方法中,有一些方法往往表现出超越人类的控制而听凭命运的偶然性安排的假象。从概率论的角度来看,相当一部分“神裁法”具有得到 50% 准确结论的可能性。当然其中也有一部分的“神裁法”具有一定的科学意义。比如,古印度的米判法、古代阿拉伯人的热试法、古巴比伦王国的水试法都有一定的科学基础,其中已经蕴含着今天犯罪心理测试技术的基本原则。

2. 智力型的测试法

从奴隶社会到封建社会,人们开始逐渐放弃了以前的“神裁法”,而更多地运用自己的智慧来判断被告人是否有罪或者是否说谎，这种"智力型"的判断方法在各国都存在，并且成为佳话流传下来。古代中国将犯罪嫌疑人关入一间黑房间里，让嫌疑人抓住"神秘驴子"的尾巴，这条尾巴事先涂满草木灰，倘若嫌疑人从黑房间里出来时双手干干净净，说明他由于被揭穿前的害怕心理而不敢去抓住驴子的尾巴。在古代印度，也有一种"圣猴法"，即说谎者摸"圣猴"的尾巴它就会叫，而诚实的人无论怎样摸它都很温顺。于是法官把猴子放在一间没有光线的小屋里，让嫌疑人进屋摸它的尾巴。这只所谓的圣猴不过是一只尾巴上涂了碳粉的普通猴子。说谎者由于心虚，并不敢触摸猴子，而没有说谎的自然不怕。出来后法官只需检查谁的手上没有碳粉就可以认定他是说谎者了。

在我国西周时期，人们通过对长期以来的司法经验进行总结和提炼，形成了审理案件的"五听（或五辞）"判案法。所谓"五听"，即辞听、色听、气听、耳听、目听，通俗地讲，就是审案官员对被审查人员进行察言观色，从其语言的表达是否连贯、神情是否紧张、精神是否集中、面色是否变化、呼吸是否平稳，而断定其供述的真伪程度。宋代的《折狱龟鉴》还收录了一些测谎的方法：一种是让嫌疑人吃用稻米制成的食物，另一种是"嚼米审判"。其原理都是那些撒谎担心自己被识破的人心理紧张，消化系统功能受到抑制，导致唾液分泌减少，所以吞咽或是嚼干米时都会比无辜者困难。这是古人利用简单的生活资料来进行测谎的方法。① 古所罗门王裁判争子案和中国西汉的"二母争子"案都被作为佳话流传下来。

（二）现代犯罪心理测试技术的出现和发展

现代犯罪心理测试技术源于欧美国家。早在18世纪，国外就有人开始通过人体血压、皮电、呼吸和心律研究人的情绪变化。1791年生物心理学家伽伐尼和1888年生物学家费利等在前人研究的基础上，将血压、皮电、呼吸和心律等单道测试仪综合起来，初步研制出用于案件的专用测试仪。

19世纪心理学、生理学、犯罪学的发展为犯罪心理测试技术的系统研究开发与应用，准备了必不可少的理论基础、仪器设备和心理实验方法。在19世纪末至20世纪初的20多年时间里，心理测试技术有了重大进展。1895年，意大利犯罪学家龙勃罗梭首次使用科学仪器测谎。当犯罪嫌疑人被问及是否与案情有关或者是否知情时，他用水压式脉搏记录仪来测量和记录被问者的脉搏和血压变化。1905年格式塔派心理学的创始人韦特海默首先利用心理学上的自由联想原理进行"测谎"

① 参见刘南男、张跃：《从"五声听狱"到脑电位检测侦查——论犯罪心理测试技术视野下侦查手段之变革》，载《江西公安专科学校学报》2009年第3期。

实验,以受试者接受"关键刺激词"之后的反应时间作为检测用的生理指标。1914年欧洲人努西首次使用呼吸描记仪"测谎"成功,认为呼吸图形常随说谎而变化。第一个真正意义上的现代心理测试仪是1921年由美国心理学家拉森和警官基勒研制成功,并首先用于加利福尼亚州伯克利市警察局的一宗案件的侦查。此后,众多的心理学家致力于犯罪心理测试技术的研究使这一技术不断发展。从20世纪二三十年代开始,心理测试就在美国警方、军方推广使用。在20世纪30年代末期,根据当时的统计,美国警方用于杀人、强奸和盗窃案件中的心理测试技术就达到了6万次。①

当今,心理生物测试仪在美国、以色列、俄罗斯、加拿大、日本、土耳其、韩国等国家警察机关中为常用设备,是刑事侦查技术的一个组成部分。在加拿大、日本、以色列、韩国等国家,犯罪心理测试技术在侦查、安保等部门中也已经被广泛使用。目前约有65个国家在应用犯罪心理测试。现在,美国法律界已经广泛承认这项技术,不但警察机关、保安部门、私人侦查广泛使用这项技术,一些机关企业、团体在招收职工、定期考核职工时也使用心理测试技术,把一些有暴力倾向和人格障碍的人排除在员工之外,还成立有专业的测谎公司、测谎事务所为有关单位提供测谎服务。现有36个州的法院和9个联邦法院承认犯罪心理测试的证据能力,并将其作为专家意见纳入科学证据中。日本和罗马尼亚等国家的司法机关也已经批准犯罪心理测试的结论作为合法的诉讼证据使用。② 在西方很少有人质疑心理测试的准确性,而最大的争议就在于心理测试是否侵犯人权。我国公安机关也把犯罪心理测试作为重要的侦查辅助手段,犯罪心理测试技术在我国的应用和实案测试也逐渐得到普遍承认。

三、中国犯罪心理测试技术的发展

犯罪心理测试技术在西方一直处于保护状态,因此其被引进到中国较晚。中华人民共和国心理测试技术研究是从1964年前后,中国科学院心理研究所成立课题组开端,曹平同志也以首次自主研制中国自己的"测谎仪"而成为中国"测谎仪"研制第一人。但是中国社会长时间对这项科学技术持怀疑甚至否定的态度。直到1980年以后,由公安部刑侦局刘文局长率领的中国刑事技术考察团,在亲身体验了国外此项技术之后,写出了"这项技术是科学的"考察报告。从此,犯罪心理测试技术在中国才得以重新恢复研究。

---

① 参见刘邦惠主编:《犯罪心理学》,科学出版社2004年版,第303页。

② 参见白杨:《犯罪心理测试研究》,载《法制与社会》2008年第32期。

1991年年初公安部正式立项，由公安部科技情报所、北京市公安局、中科院自动化所等单位的技术人员组成的课题组成立。同年5月，由张祖丰、王朴、杨成勋等人为主研的我国自己研制的第一台测谎仪——PG－Ⅰ型多道心理测试仪诞生。6月通过了公安部科技司主持的专家审定，认为“填补了国内空白，接近和达到国外同类产品水平”。1992年4月，经中国人民公安大学党委批准，武伯欣教授等人在中国人民公安大学成立了全国第一家心理测试中心，正式在中国公安系统开展了犯罪心理测试技术的理论研究与实际应用工作。同年5月，应山东省公安厅的请求，张祖丰、徐文海使用国产PG－Ⅰ型测谎仪，参加调查了某乡党委书记被杀案件。经心理测试，认定了作案嫌疑人。这是中国“测谎”成功的第一例实案，轰动全国，标志着中国心理测试技术运用于实战真正开端。

1997年济南铁路公安局犯罪心理测试中心根据实战需要与张祖丰一道开发研制了“心理测试四分割画面语音同步记录装置”。1998年该装置首次用于实战，从以往的单纯打印图谱分析与结论测试的文字化，发展过渡到了视频动态图像化、语音同步化，这是心理测试技术的一次飞跃。此项目使心理测试技术更加正规化、法治化，为心理测试结果之视听可示性提供了技术保障，在心理测试技术发展史上有着十分重要的意义。之后，以杨成勋、董松樵为代表的技术专家经过十余年不懈的努力，又相继研制出了PG－7、10、12型多道心理测试仪。同时，在全国如北京、上海等地的心理测试技术专家，也在进行着不懈的努力和研究开发工作，不断地丰富和完善着中国的“法庭心理生理测试技术”。

为培养该技术领域的高级专业人才，1998年，国务院学位委员会正式批准中国人民公安大学心理测试中心为全国第一个犯罪心理测试技术专业硕士研究生点。目前，在中国犯罪心理测试技术领域只有甘肃政法大学和中国人民公安大学有犯罪心理测试技术专业的硕士研究生点，是全国仅有的两家有权招收和培养犯罪心理测试技术方向硕士研究生的科研机构。2004年7月，公安部成立心理测试技术专业委员会时正式将其统一称为“心理测试技术”。同年人事部和公安部将心理测试专业技术职位列为刑事科学技术的职称系列，并规定其工作内容是利用有关仪器设备探查、推断人的个体心理信息（国人部发〔2004〕67号），对当前心理测试技术的应用起到规范作用，更为技术的进一步发展奠定了基础。

中国犯罪心理测试系统的问世和发展，尤其是近10年来其在各类刑事案件中大量的实际应用，充分证明了犯罪心理测试技术在对刑事案件各环节中出现的矛盾之处或不符合事实的情况进行测试和评判的独特作用。目前，我国心理测谎专业人员在大量基础实验和侦查实践中，逐渐形成了一套适合中国国情的完整的犯罪心理测试技术系统,在侦破案件、审理案件中起到了良好的效果。犯罪心理测试系统的开发与应用,已在司法领域里发挥其特有的功能和效益。

思考题

1. 分析犯罪心理测试与测谎在内涵上的不同。
2. 试厘清中国犯罪心理测试技术的发展脉络。

第二节　犯罪心理测试技术的理论基础

要点提示

1. 系统了解国内外学者关于犯罪心理测试技术的理论假说,理解此项技术的学理依据。

2. 分析目前理论与实践中关于犯罪心理测试技术的争议,正确认识犯罪心理测试技术的功能与应用。

几十年来,心理测试的研究人员和技术人员对心理测试基本原理的争论很多,早期从事心理测试研究的人们简单地认为只要人有说谎的故意,就会有生理反应。但随着心理测试技术更深入的应用和实践,人们发现其原理并非像早期行为主义心理学以及生物学的解释那样简单。后来的研究者进一步提出了一些理论假说,希望能从不同角度对犯罪心理测试作出某种解释。

一、犯罪心理测试技术的理论假说

关于犯罪心理测试技术的理论假说,国内外从事犯罪心理测试技术研究的学者们和从事实践工作的技术人员提出了许多讨论,归纳如下:

(一)国外学者的研究

1. 恐惧说

该理论认为,当真正的作案人接受心理测试时,由于意识到谎言被揭穿后自己可能面临法律制裁、个人隐私暴露等问题,从而产生恐惧心理。这样的情绪会影响人正常的植物神经系统,从而引起被测试人相应生理指标的异常。这样的异常可以看作被测试人有罪的初步象征或依据。但这种通过检测生理反应来检测谎言的理论有一定的缺陷。1979 年美国的心理学家 Raskin 就指出,说谎没有一个特定的心理反应模式，个体对特异问题的生理反应不能作为被测者说谎与否的唯一依据。①

2. 条件反射说

行为主义心理学家持这种观点。该假说认为，嫌疑人在进行犯罪活动时，其在经历其中一些情景或者做某些动作的时候，会伴随强烈的情绪体验。由于这是特殊的事件，虽然没有经过反复的练习或刺激，也可以在以后形成条件反射。Harvath 和 Reid 认为，当被问及这些相关的动作或者情景时，嫌疑人由于条件反射而产生强烈的情绪体验，从而在相应的生理指标上表现异常，这些异常亦可以被视作被测人有罪的初步象征或依据。但是，由于无辜者可能会因为一些其他无关因素影响而在相关问题上产生其他情绪性条件反应，同时自主反应可以被长久的条件化，即表现出或者训练出某种条件反射，所以这种理论也有很大的局限性。②

3. 动机说

该假说认为动机的强度对测试结果会产生不同的影响。Lawrence A. Gustafon 和 Martin T. Orne 认为，对于通过心理测试的动机较强的被测人，他的测试结果准确率较高；对于一个对自己能否通过心理测试并不关心或者不在乎测试结果的人，那么他将会得到各种各样的结论。③

4. 应激反应说（stress theory）

该理论假设，作为一种自我保护的机制，个体在说谎的过程中应感到一定的威胁，个体会进入应激的情绪状态，会产生广义的紧张、焦虑或激动的心理、生理反应。Fuh - Gwo Lee、Yu - YanWu 和 Chien Chung 等持这一观点。④

5. 认知唤醒说（cognitive arousal ）

该学说认为，心理测试的目的是从嫌疑人中找出真正的有罪者而不是测试谎言本身。一般来说，只有有罪者才了解犯罪行为的细节，才有对犯罪情景的认知，而无辜者是没有的。通过再次认知针对这些具体犯罪行为的细节材料，会使有罪者产生一种自主的认知唤醒反应，唤起其对特殊事件的认知，从而在相应的生理指标上产生异常。这些异常也仅仅能够证明被测人与犯罪行为有一定的关系，而不能

① 参见王华：《解析犯罪心理测试技术的心理机制》，载《武汉公安干部学院学报》2008 年第 3 期。

② 参见郑红丽、丁同春：《测谎技术的新进展》，载《中国人民公安大学学报（自然科学版）》2007 年第 1 期。

③ 参见郑红丽、丁同春：《测谎技术的新进展》，载《中国人民公安大学学报（自然科学版）》2007 年第 1 期。

④ 参见郑红丽、丁同春：《测谎技术的新进展》，载《中国人民公安大学学报（自然科学版）》2007 年第 1 期。

简单地作为其有罪的象征。认知唤醒是20世纪50年代以来逐渐繁荣起来的认知学派的学说,这一理论十分重视认知因素在情绪产生中的作用。在20世纪七八十年代,心理测试人员开始用这一理论来阐释心理测试的基本原理。

6. 冲突说(conflict theory)

冲突理论是建立在唤醒理论基础上的进一步发展。该假说认为,每个人都有自己的道德标准,都倾向于讲真话。然而,当其意识到说谎可以避免某些麻烦甚至灾难时,他也会选择说谎来尽力摆脱困境。这两种互相冲突的心理需求,便会导致交感神经系统的活跃,从而在相应的生理指标上产生异常,这些异常可以被视作被测人有罪的初步象征或依据。CQT(准绳问题测试法)测试的基本假设就是有罪的被测人对相关问题的欺骗反应使其对相关问题的生理反应比无辜者的反应大。但是Ben - Shakhar在1977年却提出,冲突理论很难解释被测人对测试问题不需要口头回答的缄默测试中所产生的生理反应。①

以上这些观点代表了不同时期的犯罪心理测试的理论,这些理论都能够解释一些测试过程中的现象,但有时却无法解释另外一些现象。每个理论的出现往往和当时新兴的编题方法紧密相连,如CQT(准绳问题测试法)技术的基本理论基础是恐惧学说,GKT(犯罪情境测试法)的理论基础是认知唤醒学说。这些基本原理还没有一个能够被生理学家和心理学家所普遍承认,已有的阐述也难以得到十分精确的科学证实。

(二)国内学者的研究

在我国目前的心理测试过程中,所使用的测试问题大都是关于犯罪情景的,如作案时间、手段、人数,以及嫌疑人和被害人的互动情况等,这些都是真正的作案人头脑中会有的对犯罪情景的认知。测试结果表明,唤醒这些认知能够比较有效地区别出有罪者和无辜者。从我国目前的犯罪心理测试的实践上来看,"认知唤醒"理论是解释这项技术的基本理论。"认知唤醒"理论包括三个方面的内容:对犯罪情景的感知觉过程;犯罪情景认知被唤起,产生自主唤醒反应的过程;认知评价过程。心理测试所测量的生理指标的异常来自认知唤起和认知评价的共同作用。到目前为止,用这一理论能够较好地解释中国的犯罪心理测试技术的实践和理论研究。②

---

① 参见王华:《解析犯罪心理测试技术的心理机制》,载《武汉公安干部学院学报》2008年第3期。

② 参见刘邦惠主编:《犯罪心理学》,科学出版社2004年版,第309页。

二、犯罪心理测试技术的理论基础

我国学者陈云林等人探讨了犯罪心理测试技术的三种基础理论：心理生理学理论、信息耦合理论和犯罪心理学理论，[①]这里介绍如下：

（一）心理生理学理论

心理生理学是心理学的一个重要分支，研究对象主要是心理现象的生理机制，也可以说是研究大脑中产生的心理活动的物质过程。从心理生理学的角度来看，个体的心理过程都是与个体的生理变化相对应的，个体心理过程又与个体行为紧密相关，这是心理测试的基本原理。人在说谎时对自己做过的违法犯罪行为被提及、作案使用的工具被提及或被呈现在眼前时，会不由自主地产生一定的心理压力，而这种心理压力又会引起一系列的生理反应，如心跳加快、血压升高、手掌出汗、体温微升、肌肉微颤、呼吸速度和容量略见异常等，由于这些生理反应是受人体植物神经系统控制的，所以人的主观意志很难改变。运用多参量生理心理描记器记录这些基于相应心理刺激所产生的生理反应情况，并可据此判断被测试人有无与案件相关的犯罪心理痕迹，如果有，那就是涉案人或知情人，没有就是无辜者。犯罪心理测试几种主要的监测指标如下：

1. 呼吸

呼吸频率，是指每分钟的呼吸次数。实验显示，自主神经系统通过对气道管壁平滑肌收缩活动的调节，影响呼吸频率。呼吸道平滑肌受交感和副交感神经系统双重支配，两者均有紧张性。当受测人说谎时，呼吸体现为一种“抑制”现象。

2. 血压

血压是血液在血管流动时对血管壁的侧压力，分为动脉血压和静脉血压，我们日常说的血压指的是动脉血压。动脉血压分为收缩压和舒张压。当心脏收缩向动脉射血时，血压升高，其最高压被称为收缩压（高压）；当心室舒张时，血压降低，心肌舒张末期血压最低，称为舒张压（低压）。心脏的收缩强度、外周阻力、大动脉的弹性以及血容量和血液的黏稠度等都会影响到血压的变化。身心作用促使心脏跳动加快，使血液中的化学成分及内分泌起了变化，心率变异度会随之发生改变。

3. 皮肤电

皮肤电，一般称为皮电反应（galvanic skin response，GSR），或称为精神电流反

---

① 参见陈云林等：《犯罪心路探微：心理测试技术的理论、研究与实践》，中国大百科全书出版社2004年版，第3～9页。

射(psycho galvanic reflex, PGR)。皮肤电与汗腺活动有关,汗液的分泌受到交感神经的调节,当人的情绪受到外界事物的刺激时,这些皮肤区表面的电阻会发生改变。

(二)信息耦合理论

耦合是指事物之间的相互关联。就信息而言,任一信息都不是完全独立的,它在产生和使用过程中必然会与其他信息发生各种各样的联系。这种因信息之间相互影响而构成的信息联系就是信息耦合。

从信息耦合理论出发,心理测试的目的就是探察被测人与特定事件相关的心理信息是否存在,探察的方法是利用提出的问题作为刺激去激活或者唤醒被测人记忆里的心理信息。

(三)犯罪心理学理论

犯罪心理学认为,犯罪行为对非犯罪人和犯罪人来说都是具有特殊认知意义的一种行为。在犯罪调查过程中,与犯罪有关和无关的被调查人在接受调查时的心理状态具有明显的差异,犯罪心理学着重研究的是与犯罪有关的人员即犯罪嫌疑人的心理状态。分析犯罪嫌疑人在调查过程中的心理特征,为心理测试技术发挥功能打下基础。

三、关于犯罪心理测试技术的争议

犯罪心理测试技术由始至今经过100多年的不断发展完善,经历了“谎言测试”“欺骗检验”等阶段逐渐发展成熟。犯罪心理测试技术虽然在刑事侦查与审讯中得到广泛应用,但在实践中也存在诸多争议。结合学者们的探讨,[①]这里作概括性归纳:

(一)“测谎”概念之争

因为心理测试与“测谎”的渊源很深,所以仍然有一部分对心理测试的理解是将其作为“测谎术”。强调“测谎”之说的人认为测谎仪可以给犯罪嫌疑人带来压力,但这歪曲了心理测试的科学性,有可能使被测人丧失信心。“测谎”是无法也不可能通过仪器去实现的。

(二)“测谎”的逻辑判断之争

心理测试仪器的机理在于通过被测人的呼吸、脉搏、血压、瞳孔、皮肤电、脑电波

① 参见陈云林等:《犯罪心路探微:心理测试技术的理论、研究与实践》,中国大百科全书出版社2004年版,第94~97页。

等参数,并将该参数与正常值(所谓的"讲真话"时的参数)相比较,得出被测试者的测试参数是否处于正常值的范围,从而确定被测人是否隐瞒。这些正常值的取得采用的往往是逻辑学中的不完全归纳法,即通过考察某类群体的部分对象具有的属性从而作出关于该群体所有对象都具有该属性的推理。不完全归纳法的缺点在于容易出现"轻率概括"的错误,即仅凭少量事例得出一般性结论。因此,将经该项逻辑方法确定的正常值作为测试的标准,不能唯一排他地得出被测试者是否诚实的结论。在刑事程序中,心理测试检查只是犯罪调查的一种工具,正确使用会在案件侦讯中发挥一定作用,有时是较大的作用,但是不能把它看成是万能的,更不能以此代替侦查和审讯工作。

(三)反测试可能性之争

心理测试可以被反测试所干扰,但也从反面证明了测试的有效性。从历史上看,任何时期都有形式不同的考试,考试不会因为其不全面和有人能猜题和作弊而不举行。心理测试面对反测试也是如此,反测试是一种推动测试前进的动力。

(四)"反技术派"过分担忧之局限和争议

"反技术派"认为,测谎仪仅仅是从拷打肉体进化到拷问精神,一副科学的面具无法遮蔽它的本质:测谎是对精神的"刑讯逼供"。现代测谎仪与古老刑具的不同仅仅在于:刑具测试的是肉体对痛苦的感知和承受力,心理测试则是利用"一般不受意识控制的植物神经系统",让真正的犯罪嫌疑人"最快5分钟就能交代问题"。"反技术派"目标直指司法实践程序,其担心也并非多余。如果能够将心理测试技术规范使用,那么该项技术还是能够起到它应有的作用的。

总之,围绕心理测试技术的争议往往都是它的局限引起的,只要我们能够牢固树立科学、客观的测试理念,不夸大,也不贬抑,实事求是地应用,那么虽然法律暂时还未规定心理测试结论的证据效力,但心理测试技术作为侦查工作的辅助手段和判断案情的有效工具,其意义和作用是无法否定的。

思考题

1. 国内外学者关于犯罪心理测试技术的理论假设有哪些?
2. 目前理论与实践中关于犯罪心理测试技术的争议有哪些?

第三节　犯罪心理测试的程序与方法

要点提示

1. 熟悉犯罪心理测试的一般程序,掌握犯罪心理测试的基本流程。

2. 了解我国犯罪心理测试六大阶段的技术。

3. 掌握犯罪心理测试的常用编题方法。

一、犯罪心理测试的一般程序

(一)测前准备

1. 接受测试委托,了解案情。包括:告知办案人员测谎原理及可能的测试结果;充分了解受测人的个性、社会关系、社会经历、家庭关系、文化水平、对本案的态度;讨论、分析案件证据和可用的GKT情节,讨论情节的准确性和可靠性,统一问清有无出错的环节;必要时查阅案件卷宗等。

2. 准备测试题。确定CQT问题方案、GKT问题方案、SKY问题方案或综合测试法问题方案等。

3. 与办案人员讨论测试方案,确定问题是否准确,判断是否可靠,并请办案人员用百分比评价测试方案,帮助预测有哪些可能出错的地方。

4. 了解受测人的身体状况:是否健康,心理状态是否稳定,吃饭和睡觉是否正常,有无病痛,有无犯罪前科,是否吸毒,是否酗酒,有没有受过“出格的待遇”及受测人的表现。

5. 布置测试室。要求安静、室温舒适;安放桌椅、仪器;把测试问题清单输入电脑。

(二)测前谈话

测前谈话的目的包括:

1. 建立和谐的气氛。表示关心,公正,不抱偏见,让被测试人信服测试人员能保护无辜,但也不会放过罪犯。取得受测人的尊重和信任,消除对抗,听测试人员的话。

2. 了解被测人的情况,身体状况、智商、语言、逻辑思维能力等,确定能否测试。

3. 稳定受测人的复杂情绪,使被测人心理按我们的“心理定向”归一化。

4. 证实准备好的问题是否合适。

5. 使被测人相信测试的科学性、准确性，让无辜者放心、有罪者担心相关问题。

6. 讨论问题清单，让被测人明白并记住要问的问题，敲定如何回答。

7. 加强受测人对准绳问题的重视，激起无辜受害人对准绳问题的担心。一般情况下犯罪心理测试会开发三个准绳问题，要告诉被测人这些问题很重要，这些问题和主题问题对判断他是不是罪犯有同等的重要性。

(三)正式测试

正式测试包括测试、提问、收集图谱三个步骤。

测试就是科学采集数据阶段。将多道传感器连接好，测试人通常有两位，一位负责提问和观察被测试人的反应，另一位负责操作计算机和观测图谱，调节增益值。

提问是测试人给被测试人的言语刺激，通过对特定内容的提问，唤醒被测试人的相关心理生理反应，通过采集到的数据，辨别被测试人与案件的关联程度。

收集图谱是测试人在实施提问时确保信息不遗漏，测试结束及时存盘和对数据文件编码的过程。

(四)数据分析

数据分析可以分为两步：初步分析和综合分析。初步分析，是指每一遍测试结束后休息期间，测试人员随时对测试数据进行初步分析，可以使用计算机专家评分系统得到倾向性结论，做好记录。

综合分析，是指全部测试结束后，对所有测试数据进行综合分析，对测试中出现的异常反应找出合理的解释。综合分析包括以下几步：(1)被测试人退场；(2)定量评图、打分；(3)确定有罪、无罪、无结论；(4)告知办案人测试的结果。特别值得注意的是，分析要严格按照测试图谱分析标准进行，采用数值评分方法作出结论。

(五)测后谈话及讯问

若认定被测试人无法排除嫌疑或认定有罪，则告知办案人员测后讯问的一些关键问题。

(六)出具测试结论

测试完成后应出具测试结论。测试报告一般包括案情概述、委托单位、被测人、测试目的、何时、何地、用什么仪器、准绳问题、被测人对相关问题的反应等。

测试结论的可能性通常会有五种，如表 17 - 1 所示。

表 17-1 测试结论可能性

测试结论可能性	具体描述
真阳性(击中)	是指将与案件有牵连的被测人报告为“没有通过测试”
真阴性(正确否定)	是指将与案件无关的被测人报告为“通过测试”
假阳性(虚报)	是指将与案件无关的被测人报告为“没有通过测试”
假阴性(漏报)	是指将与案件有牵连的被测人报告为“通过测试”
无结论	被测人状态不符合测谎测试要求,无法得出结论

《美国测谎协会道德和标准》指出,在完成一项测谎之后,测谎员必须向被测试人提供检测结果。部分原因是为未通过心理测试的被测人提供一个解释自己撒谎原因的机会。虽然大多数情形下这将促使被测人为自己说谎寻找借口,但有时也能发现合法理由。

二、犯罪心理测试六大阶段技术

我国专家经过长期的研究和实践探索,总结出了一套适合中国国情的犯罪心理测试技术系统,它包括六大阶段的技术。

(一)犯罪心理痕迹动态描绘技术

犯罪心理痕迹动态描绘,实际上是根据作案人在实施犯罪过程中表现出的稳定的、典型的心理特点和现场遗留的犯罪行为痕迹,刻画作案人进行犯罪活动时亲身体验过的和操作过的事物在头脑中的痕迹,即记忆痕迹。这一技术要将作案者在作案时的心理活动过程用各种问题形成一个系列,将犯罪过程相对完整地再现出来。犯罪心理测试专家根据前期侦查情况和现场物证分布情况,利用犯罪心理学的原理,动态分析犯罪心理痕迹,再现犯罪过程,实现犯罪现场重建。

(二)综合编题技术

根据犯罪心理痕迹描绘的结果,选择与犯罪有关的人、事、物等作为目标点,编制目标题。目前,常用的编题方法主要有:相关与不相关法(R/IR)、紧张峰测试法(POT)、准绳问题测试法(CQT)、犯罪情境测试法(GKT)、怀疑—知情—参与测试法(SKY)。

(三)测前访谈技术

测前访谈的目的有三个:一是了解被测人的病史、身体机能状况、智能状况,以确定其是否具备进行犯罪心理测试的条件。二是通过谈话,掌握被测人的思想动向及心态,使被测人能够科学地认识犯罪心理测试技术,了解测试的过程和规则以及在测试中其应完成的任务，缓解被测人紧张的心情，消除不必要的心理负担，以取得被测人的信赖，使被测人达到适合的状态，以达到最好的测试效果。三是通过谈话对被测人施以心理影响，使无辜者彻底放松，同时提高犯罪人的紧张度，动摇瓦解作案人的抗拒意志。测前访谈完成后，被测人要签署同意测试协议书。

（四）实测操作与同步评图技术

实测阶段也就是科学采集数据阶段，通过个体情绪、记忆等心理特征和生理产生的变化，被测试仪器记录的可变数据，采用同步声像图谱综合评判技术，综合分析得出客观真实的结论，为侦察破案、审理案件指明方向。实测时应有两位操作人员，一人负责提问，另一人负责操作计算机。测试人员提问时不能带有任何倾向性，也不能有任何暗示，要特别注意观察被测人在整个测试中的反应。

（五）测后图谱分析评判技术

测后图谱分析评判即评判从仪器中获得的测试图像数据，据此得出测试结论。在结论中，要表明测试要点，真正起到辅助侦查的作用。指标采集包括：皮肤电，反映被测人对诱发电脉冲传导性的变化；呼吸波，反映呼吸的频率、幅度的变化；脉搏，记录心率变化。图谱分析既可以采取同步评图也可以采取事后评图。同步评图是在测试图谱显示的同时评断图谱，事后评图是在测后打印出图谱进行评断也称为测后评图。

（六）测后谈话及讯问技术

测后谈话是良好审讯的开端，通过谈话对被测人进行心理诱导，使其放下心，避免谈话中还要注意被测人过激的行为（如伤害、自杀）。通过数据评判后，对被测人进行连续作战的心理讯问，确定侦察方向和侦察破案目的，或者排除无辜。讯问要充分运用测试结果，抓住犯罪嫌疑人的薄弱环节，结合掌握的其他证据材料，摧毁犯罪嫌疑人的心理防线，促使其交代犯罪经过或知道的详细情节。

三、犯罪心理测试常用编题方法

犯罪心理测试技术发展到今天，常用的编题方法主要有紧张峰测试法（the peak of tension，POT）、犯罪情景测试法（guilt knowledgment test，GKT）、怀疑—知情—参与测试法（suspect knowledge you，SKY）、准绳问题测试法（control question test，CQT）以及相关—无关问题测试法（relative/irrelative test，R/IR－T）。

（一）紧张峰测试法

紧张峰测试法，由一组内容相似的问题组成，每组问题中只有一个问题是和案件的真实情况相符合的。作为一个真正的作案人，他经过整个作案的过程，对案件一些重要的细节记忆深刻,在头脑中留下难以忘怀的心理痕迹,这些细节一旦被提及,就会在其心理上产生一个相应的反应,从而在生理上引起一系列生物指标的反应。对于其他问题,由于与案件本身没有相关的联系,被测人不会对其出现异常的反应水平。在反应图谱上,每一组的五个问题上会有一个出现明显高水平的问题,形成一个高峰,紧张峰由此而得名。对于无辜的人来说,由于对案件情况不了解,其对全组所有的问题都不会有异常的高反应,不会出现紧张峰。

(二)犯罪情景测试法

犯罪情景测试法的基本假设是:只有真正的作案人才会有犯罪情景的认知,他被问及相关问题时,会产生自主唤醒反应,出现强烈的心理生理反应;而对于无关问题则没有强烈的指标变化。那些对案情一无所知的无辜者,对相关问题的指标变化和无关问题的指标变化是相近的,都趋于正常水平。

犯罪情景测试法的使用可能会因案情的曝光而受限制,其在我国适用较好。因为在我国,刑事案件发生后,破案前对案情、现场情况一般能较好地保密,不会轻易公布。西方各类媒体往往竞相披露案情,甚至对一些细节都暴露无遗。国内的犯罪心理测试专家的经验表明:听说案情的人与亲历案件的人,二者对案情的认知和伴生的情绪强度有极为明显的特征差异,完全可以在测试中区分出来。

(三)怀疑—知情—参与测试法

怀疑—知情—参与测试法是一种"探索"性的测试,其目的是弄清楚被测人同案件有无牵连以及牵连的程度。该测试方法一般不单独使用,通常是与其他方法结合使用,安排在其他测试方法的前面,以确定测试方向,或者安排在其他方法的后面,以验证测试结果。因此,该测试方法在编题上,一般是作为一组独立的测试题,与其他测试题组成一套题目来测试。这种测试法在实际编题中经常使用且效果较好。常规的问题是"你怀疑是谁干的?"(S)、"你知道是谁干的吗?"(K)、"是你干的吗?"(Y),这种方法主要用于了解被测人对案件的知情情况。SKY问题可以用来证实被测人在案件中的大致角色。

(四)准绳问题测试法

准绳问题测试法,所编制的问题包括三类:准绳问题、相关问题、无关问题。

准绳问题测试法的基本假设是:无辜者对准绳问题反应强于相关问题,因为他(她)知道自己在正被调查的具体案件上是清白的,但可能做过或想过准绳问题所涉及的事情,所以会更注意准绳问题。有罪者知道自己做了正在调查的案件,所以更关注相关问题,而不是准绳问题。同时他(或她)在相关问题上的心理生物反应比在准绳问题上的指标变化更强。无关问题,被测人回答起来没有负担,不会有强烈的情绪上的反应。因此，无关问题的设定是用来测定被测人在测试过程中的正常心理生物反映水平的。

（五）相关—无关问题测试法

相关—无关问题测试法。这种测试方法包括用一连串的相关问题（简称 R）和无关问题（简称 IR），来向被测人进行提问。相关问题和无关问题交替出现，即 IR－R－IR－R－IR－R……每个相关问题都和旁边的无关问题进行比较。该方法的原理在于把被测人对相关问题的心理生理反应和对无关问题的心理生理反应进行比较，从而判断被测人是否有罪。

由于我国国情和司法实践的特殊性，西方以准绳问题测试法为代表的心理测试方法不能完全适合我国测案实践的需要。在我国，适用犯罪情景测试法有较好条件，而在美国只能用准绳问题测试法和紧张峰测试法，犯罪情景测试法适用条件不佳。因此，在我国的法律体系中，犯罪心理测试技术目前尚不能作为法庭证据使用，而是以一种司法技术或侦查手段出现，用来信息探查，为侦查破案（或判案）提供有价值的线索。

思考题

1. 犯罪心理测试的一般程序有哪几个阶段？
2. 犯罪心理测试常用编题方法有哪些？

第四节　犯罪心理测试技术的应用及发展前景

要点提示

1. 了解犯罪心理测试技术在现阶段的应用，正确认识其在刑事侦查领域发挥的作用。

2. 了解犯罪心理测试技术在实践应用中存在的问题，理性看待该技术的发展前景。

犯罪心理测试技术对及时排除无辜，准确确定犯罪嫌疑人，发现案件线索，搞清案件真相，防止刑讯逼供，推进文明办案，提高办案效率等有显著而独特的作用，正日益成为侦查审理各类疑难案件的重要手段。

一、犯罪心理测试技术的应用

从技术原理上看,犯罪心理测试技术绝非测评被测人主观口供是否说谎,而是客观地检验被测人是否有经历违法犯罪特殊事件的心理痕迹。心理测试仪测量的是由心理刺激触发的生理反应,据此可以判断出被测人是不是案件的知情人、犯罪嫌疑人或者是无辜者,为案件的侦查和审讯提供依据。

从世界各国侦查中犯罪心理测试技术的运用来看,其主要有以下功能:①

1. 有助于及时、准确地排除无辜者,从调查、侦查阶段就杜绝冤假错案。

2. 有助于克服主观唯心主义和经验教条主义,杜绝刑讯逼供。

3. 在重大疑难案件中缩小范围,在关键情节上为侦察确定方向,以避免走弯路。有助于在法定时限内节省时间、人力、财力和物力,提高调查、审理案件的效率。

4. 有助于发现未知的新线索,揭露犯罪前、犯罪中、犯罪后心理的真相。

5. 有助于依据真实可信的调查和客观严谨的侦查,揭露犯罪因素、动机强度及同案犯人数等。

6. 在疑难案件和“无头”案件的侦查中,对于痕迹物证欠缺或久侦未破但嫌疑对象较清楚的案件有特殊效果。

7. 有助于深挖余罪或掌握犯罪嫌疑人有无其他犯罪经历,了解其抗拒心理,其“测试后效”往往使作案人和知情人主动供述或忏悔。

8. 有助于对证人证言的核实和对被害人陈述的核实,以保证其他证据的准确无误。

在我国现阶段,犯罪心理测试技术的应用还主要局限在犯罪侦查阶段。从目前的实际应用情况来看,犯罪心理测试技术至少可以起到两个作用:一是坚定办案人员的信心,明确侦查方向;二是对犯罪分子形成巨大的心理压力,为突破案件打下基础。特别是在一个案件中有多个重点嫌疑人时,能迅速准确地排除无辜,确定犯罪人,节约侦查成本,提高侦查效率。还可以测出某人对某事是否知情,常常用于寻找知情不报者,特别是用于对犯罪嫌疑人的亲戚朋友进行测试以判定其是否知情,为突破案件打开缺口。另外,还可以通过一定的方法对一些问题进行扫描测试(搜索测试),以找出嫌疑人、作案方法、逃跑路线、查明赃物去向等,为破案提供一些有价值的线索。

---

① 参见武伯欣:《中国犯罪心理学测试技术应用理论》,载《中国公共安全》(学术卷)2005 年第 1 期。

二、影响犯罪心理测试准确性的因素

犯罪心理测试技术作为一种高科技的刑事侦查手段,其科学性和准确性已在实践中得到检验,其区分无辜者和犯罪嫌疑人的准确率可以达到98%以上。随着相关领域科学技术的发展及心理学实验的进步,心理测试技术的准确率也在不断提高。根据国内外有关报道:犯罪心理测试技术的准确率可达98%~99%,其科学性和真实性已受到司法界的注目。① 在实案应用中排除无辜准确率可达100%;知情相关、作案相关认定率可达98%。②

但是,犯罪心理测试技术同任何一项物证鉴定技术一样,都有其自身的局限性和必需的测试条件。从主持测试的人员看,并非每个人都能做好心理测试工作;从被测试对象看,并非所有的人都适合进行心理测试,心理变态者和智能低下者等就很容易出现失误。心理测试的信度和效度也关系着心理测试的准确性。

归纳起来看,影响犯罪心理测试准确性的主、客观因素有:

第一,犯罪心理测试中技术人员的心理学素质至关重要,同时其还应具备物证、侦查、预审、法律、政治、社会等其他学科的知识。

第二,犯罪心理动态分析和根据心理分析编制题目需要相当强的专业素质和实践经验。

第三,测试者对犯罪心理测试阈值变异要熟练地掌握,对被测人的心理与人文背景、身体素质、个性特征和语言思维规律有充分的了解和把握。

第四,犯罪心理测试实际上是一项心理实验,这就要求在实验环境中对多种无关变量进行控制,对实验过程中测试者与被测者间的自变量和因变量进行严谨统计和观察。

第五,在法律层面上,从刑事诉讼法的角度而言,还缺乏规范其使用的法律条款。目前我国已经开展的犯罪心理测试技术工作实践表明,其大多未经过技术侦查审批程序,也因没有明确的法律规定,犯罪心理测试结果在证据中地位不明确,国内至今尚未将犯罪心理测试结果作为证据向法庭出示。

三、犯罪心理测试技术应用存在的问题

有关犯罪心理测试技术的问题与争议很多,从学者们的研究看,犯罪心理测试

---

① 参见王雁平、梁亚军、惠春喜:《犯罪心理测试技术的应用与思考》,载《甘肃政法成人教育学院学报》2007年第2期。

② 参见白杨:《犯罪心理测试研究》,载《法制与社会》2008年第32期。

技术主要存在下列问题:

(一)测试结论能否作为证据的问题

我国现有法律对测试技术的使用和测试结论的证据可采信方面尚没有定论。目前测试技术在我国的使用是否有助于司法公正,测试技术是否可以作为诉讼证据手段,测试结论能否成为诉讼证据,学界存有不同观点。持肯定观点的学者认为使用测试技术是司法公正的另一种体现,是"无辜者的救星";持反对意见的学者则认为对嫌疑人进行测试检查,实质上是"精神上的刑讯逼供"。

(二)测试结论准确度问题

一直以来,测试结论的准确性是人们关注的焦点问题,同时也是制约测试技术在司法实践中普及的一个重要原因。有学者认为用测试器审查嫌疑人的口供不可靠,反对使用测试技术。任何刑事技术都可能存在错误,心理测试技术操作不当也会带来误差。据报道,在美国测试技术的发展已达到相当高的水平,其准确度高于法院认证的其他科学证据,培训合格的测试人可以使测试结论达到小于1%错误的水平(不包括由于被测人生理、心理缺陷造成无法诊断的5%案件)。所以在肯定测试技术价值的同时,也应充分注意这种技术的局限性。盲目相信测试技术的思想是轻率的,但也不应当因出现了失误就否定测试技术的作用。

(三)测试仪器的质量和性能问题

我国对测试仪器的技术性研究起步较晚,目前尚未建立该项技术的国家检测标准,对国产测试仪器的技术可靠性尚无充分的论证,这是审查测试结论时必须要面临的风险。对测试仪器的生产销售,仪器的技术要求还没有统一的国家标准或行业标准,因此对测试设备技术性能的评价难以精确。实践表明,国产测试仪在生理参数采集能力、仪器的稳定性、抗干扰能力以及制造工艺等方面,都存在一些问题,有待进一步研究改进。

(四)测试人员资质问题

测试是一个"人—机系统工程",具有很强的经验性,测试过程是测试仪器、测试方法和对话技巧的有机结合。测试结论依据的不仅仅是被测人测试过程中记录的生理图谱,还有测试人员测前谈话技巧和测试过程中的观察,以及在此基础之上得出的综合性结论。测试人员如何在双方互动的关系中控制谈话的话题、节奏,调节谈话的气氛,引导被测人的注意力,唤起测试技术所要求的某种特定的心理体验,依赖于测试人员对相关技巧与策略的掌握和运用程度,这也是影响测试结果准确性的关键所在。目前,在我国尚无任何有关测试人员的准入资格和从业标准,缺乏统一的认证标准和认证机关。大多数测试人员经过短期扫盲式培训就仓促上岗，测试结果主要依赖机器的测试数据，测试者很少形成自己的综合性结论。测试结论要具备证据资格，首先就要实行统一的测试人员资格考核制度并严格执行从业标准，从从业人员资质方面保证测试结论的真实可信。

（五）鉴定主体的公正性问题

测试鉴定具有主观经验判断性，类似于司法鉴定活动，因此测试实施主体的中立与客观至关重要，其不仅仅是防止主观先入为主，求得真实发现的需要，更是其完成排除无辜者，尊重受测对象自由意志的需要。实践中测试机构通常是经办案件的司法机关，在这样的背景下进行测试，当事人实际上并无是否选择测试的自由，"自侦自测""自检自测""自审自测"现象大量存在。如果公安机关和人民检察院及其所属机构充任测试主体，提供测试结论并用作定案的根据，无异于是用基于自身的主观认识并由自己制造的证据来证明自己的诉讼主张，这与其在刑事诉讼中所处的地位和所执行的职能是不相符的，难保测试结论的客观公正。因此，测试员应当是侦讯机关以外的独立机构的人员，测试应当由侦讯机关以外的独立机构进行。同样，测试结论要具备证据资格，就必须建立独立的认证机关，测试机构必须独立于侦查、检察等司法机构的鉴定体制之外，否则测试的准确性、客观公正性就很难保证。

（六）测试程序的规范性问题

为避免犯罪心理测试的任意性，针对实践中存在的操作不规范问题，使用心理测试时必须遵照严格的规范。

四、犯罪心理测试技术的发展前景

心理测试技术发展到今天，其技术虽趋于基本定型，但是其发展变化一直在不断地进行。计算机的引入引起了技术的重大变革，而新的生理参数的不断提取和研究也使传统的心理测试在不断地跨越和发展。犯罪心理测试技术的发展前景主要集中在两个方面：一是离体信息在心理测试技术中的应用，二是脑纹与心理测试。①

所谓离体信息，指的是能量检测和信息获得通过非直接紧密接触就可以实现，如红外测温，声音检验等。传统心理测试的三大生理参量无一例外地都属于连体信息采集，连体的直接接触形式要求虽然保证了信息采集的相对完整和准确，然而

---

① 参见陈云林等：《犯罪心路探微：心理测试技术的理论、研究与实践》，中国大百科全书出版社2004年版，第152～160页。

对个体的束缚性要求却使心理测试的进一步应用受到了限制。离体信息的一个最大特点就是进行采集时几乎不对被采集对象造成影响和干扰,此时的信息虽然容易受到各种条件的影响,但是其具有的采集隐秘性却能够在被采集对象最无防备的情况下获得,这又能够确保信息采集的有效性和准确性。其中,对声音的研究是心理测试技术的一个方向。计算机技术与脑神经科学研究的发展使脑神经科学家们提取脑信息不再困难,这样通过非侵入手段得到的信息就将罪犯与罪行连接在一起变得更加科学、客观和准确。

随着学者们对脑电波的研究,脑纹技术(brainwave technology)为犯罪调查技术的进一步发展描绘出诱人的前景,从20世纪80年代开始的探索,到如今仍在继续。但学者们的研究距离实践的要求还是相当远,主要难点集中在:

第一,对被测人的要求太高,要求被测人反复接受刺激,反复次数达到足以诱发被测试人新的认知的程度。

第二,对测试人员的要求也相当高,除非很快能够开发出比较成型的软件产品,测试人员的过高要求使其应用受到限制。

第三,干扰因素过多且难以严格控制,犯罪调查实践的一个最大特性是无法严格保证所有测试的绝对一致性,这是构成实验室结论与实践结论不同或相差甚远的最大障碍。

第四,除了上述技术难点外还有更复杂的伦理学和社会学难点,传统心理测试面临的攻讦脑纹技术将都会遇到,而且其被攻击的目标可能会更基本和更致命。

思考题

1. 从犯罪心理测试技术在司法实践中的应用来看,其功能主要表现在哪些方面?
2. 从犯罪心理测试的信度和效果来看,影响犯罪心理测试准确性的因素有哪些?
3. 犯罪心理测试技术在实践应用中存在哪些问题?

第十八章　犯罪心理画像

案例导入

2005年4月，随着犯罪人杨某明的落网，山西省阳泉市"马家坪系列杀人案"告破。该案曾在2002年被公安部列为督办的第17号大案。

杨某明，41岁，马家坪人，1992年至2005年在马家坪地区针对女性作案12起，造成9人死亡、3人重伤。1992年3月2日凌晨，钟某（16岁）成为第一名被害人。3月7日、4月22日、7月11日以及12月7日晚间，张某（24岁）被重伤，石某洁（29岁）、李某青（23岁）和郝某（30岁）被害身亡。消失6年后，杨某明再次作案，犯罪手段也随之升级。1998年5月6日张某丽（30岁）被害，尸体面部遭破坏。1999年5月31日、11月15日和2000年11月23日晚间，王某（19岁）、毕某平（37岁）被害，张某庭（21岁）被重伤。2001年10月10日中午，郭某青（41岁）被害，尸体被捆绑且被肢解；警方分别在10天和14天后在案发地南北两个方向又发现了两个抛尸地点。2004年11月24日唐某（32岁）被害。

在一系列案件中，杨某明作案共性明显：被害人都是漂亮又衣着光鲜的女性，案发时均着红色上衣；杨某明既不抢劫财物也不对被害人实施性侵犯，且与被害人基本无对话；所有案件都不是报复杀人；12起案件未留下足迹和指纹，且都发生在马家坪居民区方圆1.5公里内。如果条件许可，作案后杨某明要将尸体运回家实施割鼻、划脸等行为。对杨某明而言，他兴奋的最高点是在对女性的杀戮行为上，他还会多次回到案发现场再"体验"以获得成就感。2006年10月10日，阳泉市中级人民法院作出了一审判决：杨某明因故意杀人罪、抢劫罪分别被判处死刑和有期徒刑13年，二罪合并执行死刑、剥夺政治权利终身。

20世纪60年代的美国，据估计"每年约有35名系列杀手制造了超过5000名的被害人”。[①] 由于反复实施同类案件,系列杀手们作案经验丰富,反侦查意识不断增强,犯罪手法日趋娴熟,加之媒体对警方侦破方式的详尽披露,导致侦查人员越来越难以采集物证,有时甚至很难发现犯罪的原始现场。在这样的背景下,美国联邦调查局(Federal Bureau of Investigation, FBI)在传统的勘查现场、查找物证、检验被害人伤口或尸体等犯罪现场分析工作之外,融进了心理学要素,将对犯罪嫌疑人的人物形象及犯罪行为的经验分析发展成为系统的行为科学研究,即犯罪心理画像。

第一节 犯罪心理画像基础理论

要点提示

1. 犯罪心理画像的定义不尽相同,可分为强调犯罪人格、强调具体性、强调目的性三种类型。

2. 犯罪心理画像能够推测与描述犯罪人的生理属性、社会属性、地域属性、心理属性以及既往犯罪属性五个方面的主要内容。

3. 犯罪心理画像可在案件侦查、犯罪预防、司法审判三个领域发挥作用。

4. 犯罪心理画像具有归纳式、演绎式两种主要逻辑推理形式。

5. 犯罪心理画像目前主要运用犯罪侦查分析、行为证据分析以及犯罪地理画像三种方法。

6. 犯罪心理画像具有一定的适用范围。

一、犯罪心理画像概述

(一)犯罪心理画像的定义

犯罪心理画像的名称源自英语 criminal profiling,国内学者对此有多种翻译,如“刑事画像”“罪犯侧写”“犯罪人特征剖析”[②]“犯罪人特征描述”[③]“犯罪剖绘”[④]

① 李玫瑾:《侦查中犯罪心理画像的实质与价值》,载《中国人民公安大学学报(社会科学版)》2007年第4期。

② 罗大华、何为民主编:《犯罪心理学》,中国政法大学出版社2016年版,第316页。

③ 吴宗宪:《法律心理学领域的探索》,载吴宗宪:《吴宗宪文集》,中国法制出版社2016年版,第18~19页。

④ 廖有禄:《犯罪剖绘——理论与实务》,群众出版社2015年版,第5页。

等。美国联邦调查局一般将其称为“犯罪人格画像”(criminal personality profiling)。英国的理论研究和实务中偏好使用“行为层面的侦查建议”(behavioural investigative advice)一词。[①] “犯罪人画像”(offender profiling)、“心理学犯罪画像”(psychological criminal profiling)等表述形式也经常出现在国外的词典和百科全书之中。从事犯罪画像的人员(profiler)则称为“画像师”[②]或“犯罪侧写人员”[③]。定义表述不同,强调的侧重点也相应不同。

1. 强调犯罪人格。犯罪人具有一些特殊的人格特质,人格因素是考察犯罪时不容忽视的重要因素。美国联邦调查局前特工约翰·道格拉斯(John Douglas)等人将犯罪心理画像定义为:“建立在所实施的犯罪分析基础之上的个人主要人格和行为特征”的辨认[④]。犯罪心理画像的基础是犯罪分析,画像的直接目的是基于犯罪特点推断犯罪人的人格和行为特征。

2. 强调具体性。运用犯罪心理画像,可以推断、预测关于犯罪人的多方面具体信息。戴维·坎特(David Canter)认为,犯罪心理画像通常指“根据对犯罪和犯罪现场的仔细的、行为方面的勘查,获得有关犯罪人人格和生活方式的线索”,“对未知的犯罪人的家庭情况、职业和性格的精确预测”。[⑤] 李玫瑾教授认为,犯罪心理画像是“在侦查阶段根据已掌握的情况对未知名的犯罪嫌疑人进行相关的行为、动机、心理过程以及人员心理特点等分析进而通过文字形成对犯罪嫌疑人的人物形象及心理特征群的描述”,“犯罪心理画像所能做的就是提供一个非常像那个不知名的犯罪嫌疑人的人物传记式的描述”[⑥]。

3. 强调目的性。犯罪心理画像服务于侦查实务工作,指引侦查方向并提供侦查对策建议。布伦特·特维(Brent Turvey)认为“对实施犯罪的行为人进行个性特征

---

① Terri Cole & Jennifer Brown, *Behavioural Investigative Advice: Assistance to Investigative Decision-making in Difficult-to-detect Murder*, 11 Journal of Investigative Psychology and Offender Profiling 191 (2014).

② 张磊等:《犯罪心理画像技术的科学性探索——来自实证研究的证据》,载《心理技术与应用》2014 年第 12 期。

③ 任延涛:《美国犯罪侧写人员的从业之路》,载《上海公安高等专科学校学报》2012 年第 3 期。

④ John E. Douglas, et al., *Criminal Profiling from Crime Scene Analysis*, 4 Behavioral Sciences and the Law 401 (1986).

⑤ David Canter, *Offender Profiling and Investigative Psychology*, 1 Journal of Investigative Psychology and Offender Profiling 1 (2004).

⑥ 李玫瑾:《侦查中犯罪心理画像的实质与价值》,载《中国人民公安大学学报(社会科学版)》2007 年第 4 期。

推断的过程通常被称为犯罪心理画像”。[①] 画像的目的是找出犯罪人带有“标志性”的特征,从而实现缩小侦查范围、帮助破获案件的目的。特维强调,犯罪心理画像不是一门科学而是一种技术,是由具备相关知识背景的人员经过专业训练后作出的推测。在杨宗辉教授主编的《侦查学总论》教材中,犯罪心理画像是指“侦查人员根据现场及其他案情,综合分析作案人的犯罪行为特征、个性心理特征、生理特征、生活环境,据此对作案人进行塑形和行为预测,并提出针对性对策的一种侦查方法”[②]。张保平、李世虎和张璇将犯罪心理画像定义为“运用心理学、逻辑学和统计学原理,结合画像者的经验,根据犯罪现场的物质痕迹、心理痕迹及其他相关信息进行分析、刻画和描绘犯罪人的心理特征、行为特征与生活背景等信息,从而协助确定侦查范围的一种方法和技术”。[③]

尽管各派学者对犯罪心理画像的定义各有侧重,但其共性在于借助心理学、社会学等有关人格和人际交往的理论以及犯罪学有关犯罪发生规律和犯罪模式的理论,通过针对犯罪人及被害人等遗留在现场的物质痕迹、犯罪前和犯罪过程中的各种环境因素、侦查过程中运用各种侦查措施获得的与案件有关的信息等内容开展动态的分析过程,提供有关犯罪人最有可能具有的各种人格与人口统计学特征的描述,以服务于案件侦查的需要并提供犯罪预测及预防的策略。[④]

犯罪心理画像的主要内容包括五个方面:其一,犯罪人的生理属性。犯罪人的自然生理状况及外部特征,如性别、年龄、身高、体重、体态、体表标记、步幅特性、动作特点、有无肢体残疾等。其二,犯罪人的社会属性。犯罪人在各种社会关系中表现出的特征,如家庭背景、婚姻状况、文化程度、职业状态、经济状况、社会层次等。其三,犯罪人的地域属性。犯罪人由于长期生活在某一区域,受到周围人文环境、生存环境、生活习俗等因素的影响而表现出来的,明显不同于另一区域人口的、相对稳定的认知事物的方法和行为方式的征象与标志,如说话口音、饮食口味、方言表述、衣着打扮等。其四,犯罪人的心理属性。包括人格、能力、情绪与情感、行事风格、心理变态等方面。其五,犯罪人的既往犯罪属性。通过犯罪人在现场实施的惯技行为、签名行为和反侦查行为等信息,分析其既往劣迹史、违法犯罪经历及其

---

① [美]布伦特·E. 特维:《犯罪心理画像——行为证据分析入门》,李玫瑾等译,中国人民公安大学出版社 2005 年版,第 1 页。

② 杨宗辉主编:《侦查学总论》,中国检察出版社 2017 年版,第 347 页。

③ 张保平、李世虎、张璇编著:《犯罪心理学》,中国人民公安大学出版社 2020 年版,第 335 页。

④ 参见罗大华、何为民主编:《犯罪心理学》,中国政法大学出版社 2016 年版,第 308 页。

种类。①

（二）犯罪心理画像的作用

犯罪心理画像遵循“犯罪现场—犯罪行为—犯罪心理—犯罪环境—犯罪人”这一思维过程，②向警方提供关于未知犯罪人的最可能的人物传记式特征，包括生理、心理、行为、社会等方面的特征，有助于识别犯罪人的伪装行为、甄别伪装现场、缩小嫌疑人范围；确定侦查方向与侦查重点、制定侦查策略、节省侦查资源；协助串并案件；评估犯罪行为危害性的升级发展趋向；对已经具备不良行为或一般违法犯罪行为的个体进行风险评估，采取有针对性的预防措施，防止其走上严重暴力犯罪的道路；③预测系列犯罪案件的发生趋势，对真正的犯罪人施加心理影响，或者展开主动侦查。④ 进一步来讲，它可以协助评估刑事案件中证据的性质和价值、帮助制定和及时调整讯问策略。在国外，画像结果还可作为专家证言在法庭上使用。⑤ 此外，在条件允许的情况下，犯罪心理画像应在案件破获后与最后实际结果相对照，从而建构一个完整的犯罪心理画像过程。然而，犯罪心理画像面临的最大难题是其或然性。警方侦查人员更喜欢“确定性”依据，并不适应这种或然性分析理念。这常常导致在理解、使用以及评价犯罪心理画像服务过程中存在一些问题。

（三）犯罪心理画像的逻辑推理形式

犯罪心理画像的逻辑推理形式主要有归纳式和演绎式两类。前者使用概括的方式将特定案件或少数案件的犯罪人特性归纳并抽象为普遍规律，作为今后的画像或统计的基础。后者综合同一案件或同一类案件的物证和行为证据进行推理，从犯罪行为、犯罪现场特点出发来刻画犯罪人的特征。在犯罪心理画像刚刚起步的20世纪60年代，当时的主要逻辑推理形式属于归纳式，随着法庭科学原理的逐渐参与，当前犯罪心理画像演绎式的特点越来越显著。

1. 归纳式犯罪心理画像

归纳是从个别到一般的推理形式。归纳式犯罪心理画像基于已有的犯罪统计学数据来推论特定犯罪人的行为特征和其他人身特征。它对一定数量的已侦破案

---

① 参见杨玉章：《三定侦查法：犯罪心理画像实证研究》，群众出版社2008年版，第163～164页。转引自邱爱民：《科学证据基础理论研究》，知识产权出版社2013年版，第165页。

② 参见付翠：《关于犯罪心理画像技术本土化应用的思考》，载《广州市公安管理干部学院学报》2012年第3期。

③ 参见张保平、李世虎、张璇编著：《犯罪心理学》，中国人民公安大学出版社2020年版，第341页。

④ 参见罗大华、何为民主编：《犯罪心理学》，中国政法大学出版社2016年版，第317页。

⑤ 参见［美］迪·金·罗斯姆：《地理学的犯罪心理画像》，李玫瑾等译，中国人民公安大学出版社2007年版，第86～89页。

件中犯罪人心理特征与犯罪行为、犯罪心理痕迹之间的关系加以分析,得出两者之间存在的某种规律性结论,并将这些结论用于指导现行案件。本质上讲,这是对一系列个体的特征概括,而不是专门针对某个犯罪嫌疑人的画像。因为归纳式犯罪心理画像假设,首先,犯罪行为和犯罪动机具有相对稳定性,在犯罪人的一生中不会发生显著的变化;其次,实施了同种犯罪的犯罪人共同具有相似的个人特征及文化、生活背景,受到相似的生存环境的影响,受到相似的一般性或特异性动机的驱使。因此,即使根据少量样本(已破获案件)进行统计所得的结论,也适用于对当前未知犯罪人的分析推断。

归纳式画像大致可分为三个阶段。第一阶段是资料收集。目前归纳式犯罪心理画像所需的资料与数据来源主要有以下三类①:一是正式或非正式的研究成果,作为研究对象的犯罪人生活经历、人格特征、作案手段、犯罪心理等信息被采集提取,成为归纳推理的基础;二是犯罪心理画像人员的实践经验;三是大众资料来源,包括从新闻媒体、民间团体等途径获取的资料。道格拉斯非常注重访谈法的运用,借助各种正式或非正式的访谈,对在押罪犯依据特定分类获取关于其个人特征与犯罪行为的信息。第二阶段是归纳总结。收集、总结的案例越多,规律性结论的可靠性就越高。以强奸案为例,犯罪统计资料表明,犯罪人一般为16岁到39岁的男性,通常居住在距被害人住宅25公里之内的地区②。第三阶段是结果运用。当某现行案件与某一类案件出现相同的犯罪心理痕迹时,则当前犯罪人可能具有与此类案件犯罪人相同的心理特征和个人经历。

归纳式犯罪心理画像的优点在于简单易行,画像人员可依据以往统计学资料进行概括分析,较短时间内就能完成画像任务,对于画像人员专业知识的要求相对较低。然而,由于归纳式犯罪心理画像的缺陷非常明显,即使是在它最盛行的时期也不作为美国法庭所认可的证据。从逻辑学角度来看,“通常,归纳推理结论的可靠程度与观察事例的数量、范围以及对于观察对象的分析程度有着直接的关系”③。首先,归纳式犯罪心理画像所依据的信息是从有限的犯罪样本中获得的。大数据时代的来临会在一定程度上使此局面有所改观。数据量大(volume)、变化速度快(velocity)、多类型(variety)与高价值(value)是大数据的主要特征,“不是随机样

① 参见张保平、李世虎、张璇编著:《犯罪心理学》,中国人民公安大学出版社2020年版,第352页。
② 甘莉:《犯罪心理画像的理论与应用研究》,上海大学2014年硕士学位论文。
③ 王洪主编:《逻辑导论》,中国政法大学出版社2016年版,第240页。

本,而是全体数据”“不是精确性,而是混杂性”“不是因果关系,而是相关关系”[①]是大数据形成的思维模式变革。大数据方法属于归纳方法,大数据技术的逻辑属于归纳逻辑,大数据思维强调归纳,“大数据时代的归纳主义方法在其内涵与运用上确实发生了变化”“大数据时代的归纳主义虽然还是同样的观察、实验与分析、综合,却在其思维过程与结果上发生了变化”[②]。不过,有学者指出,“只要历史没有终结,新生事物就会不断出现,就永远不会有真正意义上的全样本数据”,“即使大数据预测基于的是‘全数据’,也需要克服数据的误差”。[③] 其次,归纳式犯罪心理画像注意到现行犯罪人与已决犯罪人的“共性”而没有顾及其“个性”。这就导致了这种画像虽然具有一定可靠性,但对侦查人员的实际指导价值微乎其微。如果符合某种共同特征条件的犯罪嫌疑人数量过多,犯罪心理画像缩小侦查摸排范围、圈定犯罪嫌疑人的作用就无法真正实现。最后,归纳式犯罪心理画像在面对具有特殊性的案例时难以发挥作用,因为这些特殊之处往往游离于归纳结论之外。由于这些与生俱来的缺陷,归纳式犯罪心理画像很快由盛转衰。在20世纪90年代,经过法庭科学理论的改造并吸收了犯罪重建的理论成果,归纳式犯罪心理画像走向了更为科学的演绎式犯罪心理画像。

2. 演绎式犯罪心理画像

演绎是从一般到个别的推理形式。特维将演绎式犯罪画像定义为,“通过对包括诸如犯罪现场照片、验尸报告、尸体照片和展示犯罪人与被害人冲突关系的法庭科学证据的研究,准确地重建犯罪人在犯罪现场的行为痕迹,并根据这些特定的、个别化的行为痕迹,对犯罪人的个性特征、自然特征、情绪情感特征及动机特征进行推断”。[④] 演绎式犯罪心理画像注重每一起案件现场的特殊性和犯罪人的特异性及其特定的犯罪行为模式,注重此案与彼案之间的差异。“演绎式犯罪心理画像在于不断地学习”,画像人员必须具备丰富的理论知识和一定的侦查实践经验积累,才可以从千差万别的案件中“诊断”出犯罪人的心理特征。演绎式犯罪画像的理论假设是:无动机则无行为;每种犯罪行为都应被视为具有相对独特的行为方式或犯罪动机;同类犯罪之间的不同犯罪人常常具有不同的动机与行为;由于生活环境、

---

① [英]维克托·迈尔-舍恩伯格、[英]肯尼思·库克耶:《大数据时代:生活工作与思维的大变革》,盛杨燕、周涛译,浙江人民出版社2013年版,第27~97页。

② 袁海瑛:《大数据思维与归纳主义方法论的变革》,载《长沙理工大学学报(社会科学版)》2016年第2期。

③ 汪毅霖:《大数据预测与大数据时代的经济学预测》,载《学术界》2016年第11期;贾向桐:《大数据背景下“第四范式”的双重逻辑及其问题》,载《江苏行政学院学报》2017年第6期。

④ 范刚:《刑事侦查心理学》,甘肃人民出版社2007年版,第42页。

文化背景和遗传的影响,行为的形成都具有特殊性;特定作案人的惯技行为会随着犯罪经历的延长而发生变化;对作案人心理特征的认识需要一个过程,分析结论不是静态的、固定的而是动态的、可以修正的。

演绎式犯罪心理画像的基本步骤如下所述[①]:

(1)详细说明问题,即观察;

(2)收集具体信息,即收集资料;

(3)建立一个初步假设或解释,即推测;

(4)通过实验来检验假设,即假设检验;

(5)诠释结果;

(6)提取结论和根据需要适当修改假设,即形成结论。

演绎式犯罪心理画像首先需要选定用于画像的主要依据,即犯罪行为要素或犯罪心理痕迹要素,继而结合犯罪心理学、侦查学、物证技术学以及其他自然科学、社会科学的一般原理作出演绎式推论。包括根据物证、证人证言等法庭科学证据进行的推论;根据犯罪现场特征进行的推论;根据被害人特征以及犯罪人——被害人关系研究进行的推论。

演绎式犯罪心理画像的一大特点是,通过辨别犯罪人的犯罪惯技行为(modus operandi)和签名行为(signature behavior)[②]推断出犯罪人的精神状态、行为计划、幻想和动机等。犯罪惯技行为是指作案人的犯罪手法及模式,它是一种经过学习而形成的习惯性行为,但也是可以改变的。惯技行为只包括那些成功实施犯罪所必需的行为,签名行为又称仪式性行为,则包含了多余行为。多余行为,是指成功实施犯罪所不需要的行为,但是作案人却不得不做,并以此来满足自身某种心理或情绪上的需求或欲望,其中最典型的当属变态行为。犯罪学家普遍认为,签名行为与犯罪人独特的人格幻想有关,具有高度的个性化特征,从而使他在犯罪现场的行为具有特性。目前,对犯罪惯技行为和签名行为的研究在犯罪分析中占有越来越重要的地位。

演绎式犯罪心理画像具有以下三个基本特点:(1)对犯罪现场的实际个性现象进行分析,而不是依赖过去案件的统计分析来确定当前案件的特征;(2)以犯罪动机为切入口,注重对犯罪人的人格分析;(3)可以随着犯罪的重复发生和侦查过程

---

① 参见张保平、李世虎、张璇编著:《犯罪心理学》,中国人民公安大学出版社 2020 年版,第 355 ~ 356 页。

② 也有学者将其译为"标记行为"。参见[美]布伦特·E. 特维:《犯罪心理画像:行为证据分析入门》,李玫瑾等译,中国人民公安大学出版社 2005 年版,第 283 页;郑立勇:《犯罪惯技和标记行为的侦查辨析及价值》,载《安徽农业大学学报(社会科学版)》2010 年第 4 期;艾明:《论犯罪标记行为与犯罪手段的区别》,载《中国人民公安大学学报(社会科学版)》2015 年第 5 期。

的深入而不断进行分析资料的补充，使之更加符合实际并趋于具体化，从而有效地缩小嫌疑人的范围。

归纳式犯罪心理画像与演绎式犯罪心理画像遵循不同的逻辑推理形式，前者易于掌握和运用，而后者的科学性相对较强。但我们不应持有将两者对立起来的态度，而应“以归纳式犯罪心理画像结论和犯罪重建所得结论为技术前提和推理基础，展开具体的演绎式犯罪心理画像，从而获得较高的侦查收益”①。

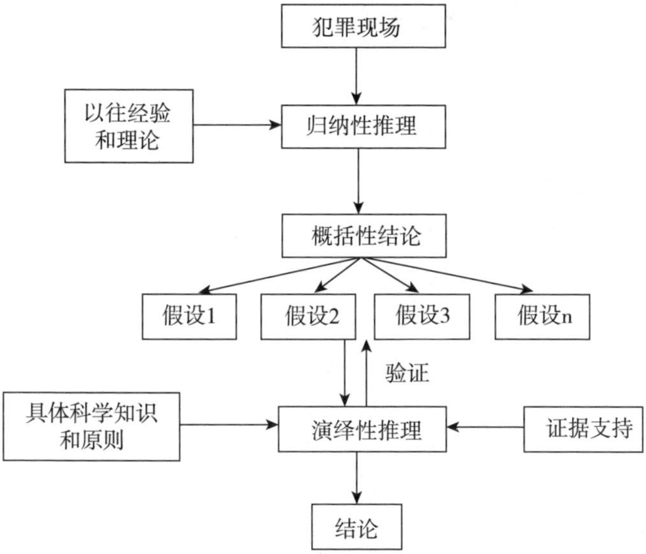

图 18－1　犯罪心理画像的逻辑推理形式②

专栏 18－1

犯罪惯技行为，简称 MO，系指犯罪风格（Gross，1934）。这一术语来自拉丁文 modus operandi，意思是“犯罪手法”“犯罪方式”（method of operation）。犯罪惯技行为包含了与实施犯罪相关的各种主观决策和客观行为，反映了犯罪人是“如何”实施犯罪的。犯罪惯技行为不同于犯罪动机或签名行为，后者主要反映了犯罪人“为什么”实施犯罪，更多地用于推断犯罪人实施犯罪行为时心理或情绪上的状态。

---

① 陈闻高：《犯罪心理画像论》，载《犯罪研究》2013 年第 6 期。

② 参见张磊等：《犯罪心理画像技术的科学性探索——来自实证研究的证据》，载《心理技术与应用》2014 年第 12 期。

犯罪惯技行为包含的内容有:

· 犯罪人的数量

· 犯罪前计划周密程度

· 犯罪地点的选择

· 如何到达犯罪地点、路线选择

· 犯罪实施前对犯罪现场考察或对被害人的观察

· 与被害人之间的人际关系及程度

· 是否使用凶器或武器

· 被害人伤口的特征及程度

· 杀害被害人的手法

· 被害人衣物位置或被放置的位置

· 被害人身体位置或被放置的位置

· 从被害人身上或犯罪现场取走的物品,目的在于谋利、销毁证据或隐藏身份

· 逃离犯罪现场的工具和方式

· 逃离方向

签名行为

约翰·道格拉斯认为:签名行为是犯罪人行为中独一无二的、必需的组成部分,是一种超越了案犯实施犯罪所需的行为。[①] 由于犯罪人在不同的案件中均会重复实施仅对本人具有意义的仪式化动作,该行为与同一类型犯罪的传统行为模式具有差异,且其源于人格上的特质,稳定性极强。因此与“签名”具有相似性,能够作为区分其他犯罪人的独特标志。

特维认为,签名行为具有以下特征:(1)花费额外的时间,超出犯罪惯技行为的范围;(2)就实施犯罪而言,属于没有必要的行为;(3)其行为刻意表现某种情绪或情感[②];(4)或许涉及某种幻想(想象)的实现。

根据签名行为载体的不同,可分为书面签名行为、口头签名行为和身体动

---

① John E. Douglas & Corinne Munn, *Violent Crime Scene Analysis: Modus Operandi, Signature and Staging*, 61 FBI Law Enforcement Bulletin 1 (1992).

② 艾明教授指出:“犯罪签名行为能反映案犯情绪(情感)过程、意志过程、认识过程的诸多心理状态。”参见艾明:《论犯罪标记行为的心理解读》,载《江西警察学院学报》2015年第4期。

作签名行为;根据签名行为发生的时间不同,可分为犯罪过程中实施的签名行为和犯罪结束后实施的签名行为;根据签名行为侵害被害人身体的不同,可分为侵入式的签名行为和非侵入式的签名行为;①根据签名行为犯罪人能否施加控制,可分为积极签名行为与消极签名行为。②

在美国得克萨斯州的一起银行抢劫案中,劫匪要求所有被害人脱光衣服,并摆出性感的姿势,然后加以拍照,这一行为不一定有助于抢劫犯罪的完成,事实上,反而让他在现场驻留更久,增加了被捕的危险性,但他觉得非做不可,这就是非常典型的"签名"特征。③

张保平、李世虎和张璇指出,挫折的表达和宣泄、心理缺陷的补偿、犯罪情境或犯罪结果的刺激、风俗习惯或迷信思想的影响、罪恶感或良知的推动、生活经历或家庭环境的影响构成签名行为的形成原因,而且往往会交叉、共同起作用,推动犯罪人实施签名行为。④

艾明教授从行为目的性、行为多样性、行为特征性、行为稳定性、行为反映性五个方面分析了犯罪惯技与签名行为的区别。⑤ 我国台湾地区学者廖有禄也对犯罪模式、作案手法(本书所指的"犯罪惯技行为")与签名特征进行了比较(见表18-1)。⑥

表18-1 犯罪模式、作案手法和签名特征的比较

名 称	犯罪模式	作案手法	签名特征
原文	crime pattern	modus operandi	signature
特性	共通途径	成功犯案手段	独特行为
主要功能	犯罪预防	连接刑案	个化凶嫌
变动性	很小	不高	几乎固定

---

① 参见张保平、李世虎、张璇编著:《犯罪心理学》,中国人民公安大学出版社2020年版,第91~93页。

② Brent E. Turvey, *Criminal Profiling: An Introduction to Behavioral Evidence Analysis* (*Fourth Edition*), Elsevier, 2012, p. 344-345.

③ 参见刘南男:《作案手段、犯罪模式与"签名"特征之辨析》,载《犯罪研究》2009年第4期。

④ 参见张保平、李世虎、张璇编著:《犯罪心理学》,中国人民公安大学出版社2020年版,第88~91页。

⑤ 参见艾明:《论犯罪标记行为与犯罪手段的区别》,载《中国人民公安大学学报(社会科学版)》2015年第5期。

⑥ 参见廖有禄:《犯罪剖绘——理论与实务》,群众出版社2015年版,第41页。

续表

名　称	犯罪模式	作案手法	签名特征
探寻标的	共通性	专门性	特异性
探讨对象	同类型案件	个人或集团	个人
研究范围	颇广	较小	细微
影响因素	社会变迁	经验学习	心理幻想
分析方法	个案归纳	现场特征	行为迹证

签名行为与犯罪人信仰、情绪、心理、精神等有关,是其特殊需要的表达。因此通过对签名行为的分析,有助于开展犯罪心理画像,“推断出犯罪人的生活经历、生活背景、社会层次、兴趣爱好、与被害人的关系等”①,这些信息能够成为确定犯罪嫌疑人的重要依据。

二、犯罪心理画像的主要方法

当前,影响比较大的犯罪心理画像方法主要包括:美国联邦调查局的犯罪侦查分析(criminal investigative analysis)、布伦特·特维的行为证据分析(behavioral evidence analysis)、犯罪地理画像(geographic profiling)、戴维·坎特的侦查心理学(investigative psychology)以及诊断性评估法②(diagnostic evaluation)等。本节将对前三种方法加以简述,并在本章第四节结合具体犯罪类型对侦查心理学加以介绍。

(一)犯罪侦查分析

美国联邦调查局的犯罪侦查分析③是最常见的犯罪心理画像方法,其任务在于构建未知犯罪人人格和行为特征的综合推断,属于归纳式犯罪心理画像的一种。旨在为尚未熟练掌握犯罪现场描绘(crime scene profiling)方法,但却有此需要的执法机构简化该工作中的语言表述,并为美国联邦调查局的学生(几乎全部是执法人

---

① 张保平、李世虎、张璇编著:《犯罪心理学》,中国人民公安大学出版社 2020 年版,第 88 页。

② 诊断性评估法本质上并非一种独立、统一的犯罪心理画像方法,而是医学或精神卫生专家主要根据临床经验所提供的关于犯罪人、犯罪现场以及被害人画像意见的服务总称。这种方法缺乏清晰且可识别的工作流程,画像结论很大程度上取决于画像人员的特定教育、培训以及工作经验背景。See Brent E. Turvey, *Criminal Profiling: An Introduction to Behavioral Evidence Analysis* (*Fourth Edition*), Elsevier, 2012, p. 81 – 84.

③ 又称“犯罪现场分析法”(crime scene analysis)。参见董邦俊、康杰主编:《犯罪心理学教程》,武汉大学出版社 2015 年版,第 353 页。

员)学习犯罪心理画像提供一种高效的教学工具。① 进行这种推断的前提是,承认个体的人格具有稳定性,人类行为是前后一致的、可预测的,并承认对犯罪现场证据的正确阐释能够揭示实施犯罪个体的人格类型。犯罪侦查分析的核心是"有组织力与无组织力"的犯罪人二分法,其实证研究基础是美国联邦调查局所实施的犯罪心理画像计划(criminal profiling project)。

1979 年至 1983 年,约翰·道格拉斯、罗伯特·雷斯勒(Robert Ressler)以及罗伊·海兹伍德(Roy Hazelwood)等研究人员对 36 名实施性谋杀的在押系列杀人犯和 118 名被害人进行了访谈研究,收集到大量主要涉及犯罪人犯罪惯技、犯罪现场特征和犯罪人个性特征等方面的信息。基于这些信息,美国联邦调查局提出了"有组织力与无组织力"犯罪人二分法(见表 18-2 及表 18-3),是否具有"组织力"主要是指犯罪行为是否有意识、有预谋和有计划。美国联邦调查局所倡导的犯罪心理画像试图建立一种人格模型,并以此来预测犯罪行为。有组织力的犯罪人被推断为"变态(psychopathic)的人";而无组织力的犯罪人被推断为"精神错乱(psychotic)的人"。虽然不少社会心理学家质疑,人格并不足以很好地预示特定情境下的行为,但美国联邦调查局对此作出的解释是:我们处理的绝大部分是极端变态的案件,而成年人的严重反社会行为通常特别稳定;并且人类行为是"在具体时空框架之下个体个性结构特征的表达"②,同种人格类型会表现出相似的行为模式,因此对人格模式的探索有助于侦查犯罪和评估潜在的嫌疑人。

犯罪侦查分析是当今运用最为广泛的犯罪心理画像方法,但是许多研究者认为其存在根本性缺陷。首先,有组织力/无组织力犯罪人的分类基础可能极不可靠。因为系列杀手都擅长(或喜欢)弄虚作假或惹人注意,与他们面谈所收集的资料的可靠性及其分析结果的有效性就很值得怀疑,形成该"两分法"的访谈研究法本身存在缺陷。③ 其次,如何对所得到的信息和证据加以取舍,取舍的标准主要根据画像人员的主观判断。最后,创始人道格拉斯等人更多地强调画像人员的能力和作用,忽略了画像结论是系统的社会科学知识的产物,这是方法论上的一个谬误。④ 一般认为,犯罪侦查分析比较适合谋杀、强奸等暴力犯罪案件或极度变态的案件,

---

① Brent E. Turvey, *Criminal Profiling: An Introduction to Behavioral Evidence Analysis (Fourth Edition)*, Elsevier, 2012, p. 75.

② [美]迪·金·罗斯姆:《地理学的犯罪心理画像》,李玫瑾等译,中国人民公安大学出版社 2007 年版,第 71 页。

③ Brent E. Turvey, *Criminal Profiling: An Introduction to Behavioral Evidence Analysis (Fourth Edition)*, Elsevier, 2012, p. 74.

④ 参见周述虹主编:《侦查心理学》,群众出版社 2012 年版,第 67 页。

在暴力程度、进一步犯罪的可能性和犯罪时间等方面的预测确有效果。对汽车盗窃、抢劫、一般性侵犯等犯罪则似乎没什么帮助。

表 18－2 “有组织力与无组织力”犯罪人二分法

	有组织力的犯罪人	无组织力的犯罪人
年龄	与被害人年龄相仿,平均年龄在 35 岁以下,但可能在 18 岁至 45 岁	年龄在 16 岁到 39 岁,多数在 17 岁到 25 岁
性别	男性	男性
种族	通常与被害人是一个种族	通常与被害人是一个种族
教育程度	通常智力较高比较聪明,学历至少在高中以上或者上过大学,在学校是捣蛋鬼	通常智力低于平均水平,没有念完高中,在学校学习很差
外表特征	通常长相不错,很注重自己的外表	瘦,通常会有某种生理缺陷使其长相异于常人
职业	能胜任各种职业,但往往从事男子气十足的职业,如酒吧间男招待、货运汽车司机、建筑工人、警察、消防员、伞兵	通常失业,即使有工作也是不需要什么技能的仆人类工作,与公众接触比较少,如洗碗、看门、照顾病人等
住所	与犯罪现场相隔较远,房子租金在中等以上,家里布置较好	就住在犯罪现场附近
生活状况	已婚或者与人同居	独身或与年老的父母住在一起
犯罪记录	可能因为斗殴或性侵犯被逮捕,驾驶记录交叉并有很多未缴的罚款,经常打架	可能因窥阴、恋物、露阴等被捕

表 18－3 有组织力与无组织力杀手的现场特征与人格特征①

类型	有组织力杀手	无组织力杀手
现场差异	事先经过缜密的计划	在自然(偶然)情况下发生的
	被害人是目标下的陌生人	被害人或伏案地点是凶手所熟悉的
	把被害者当人看	根本就没把被害者当人看
	能控制自己的谈话	无法控制住谈话的语气或内容

① 参见罗大华、何为民主编:《犯罪心理学》,中国政法大学出版社 2016 年版,第 494 页。转引自[美]赖茨曼:《司法心理学》,吴宗宪、林遐等译,中国轻工业出版社 2004 年版,第 91 页。

续表

类型	有组织力杀手	无组织力杀手
现场差异	由命案现场可以看出命案从头到尾都在其掌握中	现场不是刻意挑选的,而且整个现场都是一副漫不经心的样子
	要被害人绝对地顺从其旨意	会突然对被害人施以暴力
	羁押或监禁被害人	不会如此对待被害人
	在被害人生前进行性侵犯	死后性侵犯或凌辱
	会掩藏被害人的尸体	弃置在一般人目光所及之处
	现场通常找不到凶器或其他证据	证据或凶器会遗留在现场
人格特质差异	资质高,有天分	资质平庸
	在社会上颇具竞争能力	在社会上表现颇不成熟
	喜欢从事技术性高的行业	工作历史不长,且表现不佳
	在性方面颇具能力	通常为性无能
	在家中的排行往往在前面	排行可能殿后
	父亲的工作稳定	不稳定
	父母的管教一致	管理十分严格
	在犯罪时能控制自己的情绪	焦虑烦躁
	犯罪前通常会喝酒	很少有饮酒的习惯
	案发前曾面临环境上的压力	较缺少这方面的压力
	与父母同住	独居
	机动性高,汽车的性能一直维持得很好	在现场附近居住或工作
	从新闻媒体中追踪案件的发展情形	不关心
	案发后或许会换工作或住所	案发后生活形态都没什么大的改变

运用犯罪侦查分析方法开展犯罪心理画像时主要经历以下六个阶段(见图 18－2)①:

① John E. Douglas, et al., *Criminal Profiling from Crime Scene Analysis*, 4 Behavioral Sciences and the Law 401 (1986).

1. 画像(基础资料)输入阶段(profiling inputs stage)。搜集所有与犯罪案件相关的证据与情报信息,包括:(1)犯罪现场信息;(2)被害人背景信息;(3)法医检验信息;(4)警方初步侦查报告;(5)犯罪现场制图及拍摄的照片等。

信息资料要尽可能全面收集和充分研判,以提升犯罪心理画像的准确性。但也要重视筛选与过滤,避免被错误的内容所干扰和误导。在此阶段,犯罪心理画像人员并不希望获得可能的犯罪嫌疑人信息,以免造成偏见或过早影响画像结论的方向。

2. 决策过程模型阶段(decision process models stage)。将前述犯罪信息加以组织和分析研判,划分为不同类型的主题,依据七项关键的决策点(key decision points)或决策模型(models),即犯罪类型、犯罪的首要或原始动机、被害人的风险、犯罪人的风险、犯罪行为危害性升级程度、犯罪时间以及犯罪地点,形成对犯罪的基本认识。

3. 犯罪评估阶段(crime assessment stage)。以前两阶段为基础,犯罪心理画像人员开始尝试对犯罪人及被害人的行为进行重建。所涉及的问题包括:(1)犯罪类型,该犯罪是有组织力犯罪人实施的(说明凶手仔细挑选过被害人,被害人很可能常出现在凶手的幻想中)还是无组织力犯罪人实施的(说明作案人是冲动的,很可能患有精神疾病);(2)犯罪动机,相比无组织力犯罪人的动机而言,有组织力犯罪人的动机更容易判断;(3)犯罪现场动态(crime scene dynamics),犯罪心理画像人员需要基于已知结果的类似犯罪侦查经验,解读诸如犯罪现场位置、死亡原因、致死手段、尸体位置、伤口情况等犯罪现场动态元素。

犯罪心理画像的规律性认识包括:(1)暴虐的面部伤害表明凶手认识被害人;(2)谋杀工具是从现场随意取得的谋杀案,其冲动性程度要高于用枪作案的谋杀案,并且可能暗示着凶手的住处就在被害人附近;(3)早上发生的谋杀很少涉及酒精或药物使用。

4. 画像阶段(criminal profile stage)。形成犯罪人的"画像",即人口统计学背景信息、身体特征、习惯、信念等,并利用这些信息确定犯罪侦查策略。该阶段还包括一个反馈(feedback)环节,即确认画像内容是否符合前述犯罪重建、证据以及关键决策过程模型。此外,确认根据画像中侦查建议部分形成的侦查程序是否体现实践价值。如果存在不一致和偏差,犯罪心理画像人员则要重新审视现有全部数据。

5. 犯罪侦查阶段(investigation stage)。犯罪心理画像的书面报告以及附有数据支持的结论交与侦查人员,用以认定犯罪嫌疑人。如果犯罪嫌疑人被确定并逮捕、作出有罪供述,犯罪心理画像的目的就得以实现;如果出现新的证据,并且(或者)没有发现犯罪嫌疑人,则要进入第二个反馈环节,重新核查信息,修正原有画像内容。

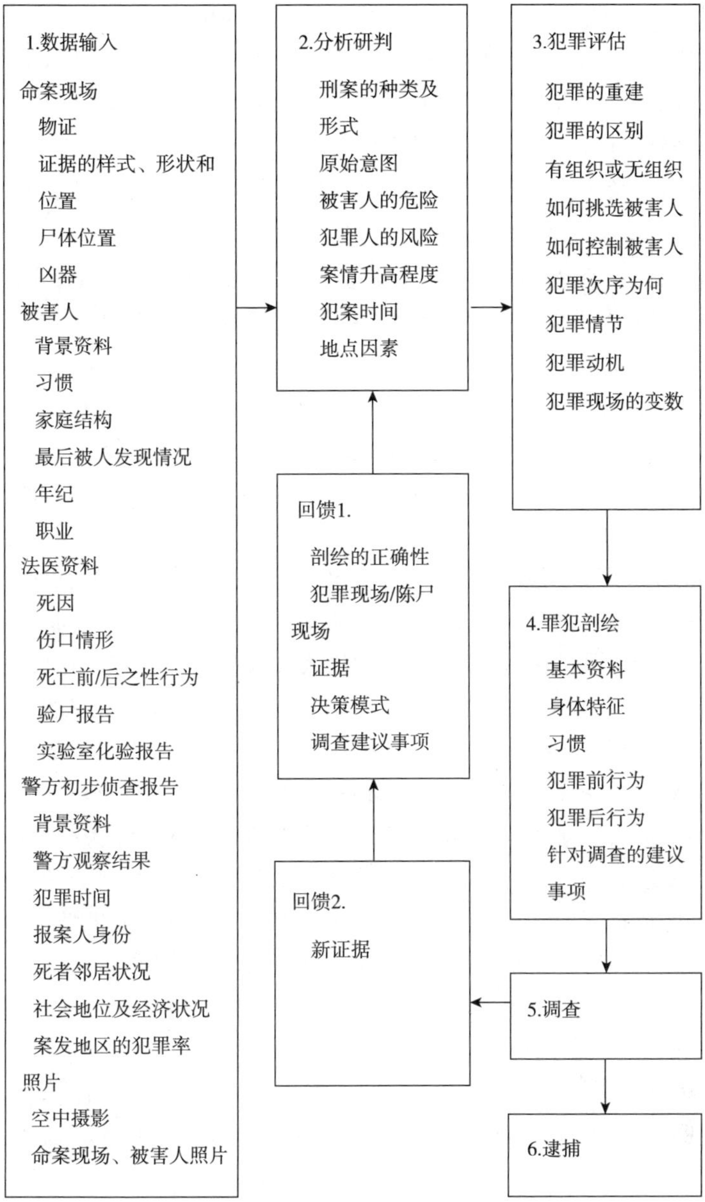

图 18－2　犯罪侦查分析工作流程①

① 参见廖有禄:《犯罪剖绘——理论与实务》,群众出版社 2015 年版,第 46 页。转引自 John E. Douglas, et al., *Criminal Profiling from Crime Scene Analysis*, 4 Behavioral Sciences and the Law 401 (1986)。

6. 逮捕阶段(apprehension stage)。在逮捕犯罪嫌疑人后,检查犯罪心理画像不同阶段的结论是否和实际情况相符。当被逮捕的犯罪嫌疑人承认有罪时,对其开展一次详尽的访谈具有重要意义,以检验犯罪心理画像整个过程的效度如何。但此工作有时极难进行,因为有的犯罪人可能永远不会被抓获,或者在其他辖区抓获从而不方便进行交叉检验,或犯罪人停止作案而消失于警方的视线之外。

(二)行为证据分析

特维提出,犯罪心理画像必须以现场证据为基础,通过物证和行为证据分析犯罪行为模式,从这些模式中推断犯罪人特征的过程就是"行为证据分析"。传统观点认为,"行为证据"(behavioral evidence)是指"任何有助于确认某事件或某行为是否发生、何时何地发生以及如何发生的物证"[①]。在适当情形下,任何形式的物证,包括脚印、血迹模式、指纹、精液、伤口形态、药物等都是行为证据。

特维在《犯罪心理画像:行为证据分析入门》(第4版)中将"行为证据"的外延扩展至物证(physical evidence)、书证(documentary evidence)以及言词证据(testimonial evidence)。[②] 闵建雄主任法医师提出,行为证据有广义和狭义之分。广义的行为证据是指个体行为所产生的反映案件事实的信息,而非都是或仅仅是物证。这可能包含三种情况:第一种情况是通过勘查和检验可以直接固化成证据形式的信息,如指纹、足迹、精斑等;第二种情况是可以间接固化成证据形式的信息,如通过检验人体损伤推断致伤物体等;第三种情况是无法固化成证据形式的信息,如人体上的威逼损伤、血迹的形成方式等。上述第三种情况,其实就应该是狭义的行为证据。为了与其他的证据种类相区别,不妨将狭义的行为证据作为行为证据的代表性用语。[③] 郝宏奎教授将"行为证据"界定为"用以证明与案件相关的行为内容、过程及其特征的材料,以及依据已知涉案行为内容、过程、特征或借助对涉案行为内容、过程、特征的分析研究而形成的用于证明案件事实的材料"[④]。

行为证据分析方法主张,在犯罪心理画像中应运用科学方法进行演绎推理来分析行为证据,并从以下四个步骤入手:

1. 刑事疑点分析(equivocal forensic analysis)。行为证据分析法强调对物证的法庭科学分析。分析材料包括犯罪现场照片、录像、制图、侦查报告、证据记录单、法

---

① 董邦俊、康杰主编:《犯罪心理学教程》,武汉大学出版社2015年版,第354页;李俊莉:《电子信息环境下犯罪行为研究》,中国人民公安大学出版社2013年版,第38页。

② Brent E. Turvey, *Criminal Profiling: An Introduction to Behavioral Evidence Analysis (Fourth Edition)*, Elsevier, 2012, p. 123.

③ 参见闵建雄:《行为证据及其实践应用价值初探》,载《刑事技术》2013年第4期。

④ 郝宏奎:《行为证据浅探》,载《河南警察学院学报》2013年第5期。

庭科学分析结论、尸检报告、证人和被害人访谈记录等。“疑点”的形成原因在于对某个证据存在不止一种解释,这一步骤的目的就是确定其最合理的含义。

2. 被害人研究(victimology)。面向被害人开展类似于犯罪心理画像的活动同样很有必要,对被害人进行特征剖析是发现犯罪人的主要信息来源。了解被害人的所有信息,全面分析被害人特点,并根据被害人的特点推断出犯罪人的知识、技能、动机、惯技及幻想行为的决意等。其中部分内容是风险评估,犯罪心理画像人员不仅要评估被害人日常生活方式招致的受害程度,还要评估被害人在遭遇实际袭击时承受的伤害程度。

3. 犯罪现场特征(crime scene characteristics)。该步骤辨识一个犯罪现场最有鉴别性的特点。犯罪现场特征涉及现场进入方式、攻击方式、对被害人的控制方法、场所类型、行为的种类和顺序、器械的使用、言语活动及犯罪准备行为等。犯罪现场特征可以从刑事证据和被害人研究中归纳与总结,这将帮助画像人员区分出作案人的惯技行为和签名行为。

4. 犯罪人特征(offender characteristics)。在前三步的基础上推断犯罪人的特征,主要包括:种族、职业、婚姻状况、特殊技能、犯罪经历、体态等。推断结论伴随新证据的获取仍将不断修正与更新。行为证据分析的目标并非获得一项确定不变的结果,犯罪行为随着时间推移在发生变化,因此以犯罪行为为研究对象的行为证据分析是一项进行中的、动态的、审慎的、分析的进程。①

特维认为,行为证据分析法适用于两个独立但同样重要的阶段,两个阶段的目标和优先事项不同。一个阶段是犯罪嫌疑人被逮捕以前的侦查阶段(investigative phase);另一个阶段是被告人在法庭受审期间的审判阶段(trial phase)。②

在侦查阶段,犯罪事实已经发生,而犯罪嫌疑人处于未知状态。犯罪心理画像的主要目标如下:一是评估某一特定犯罪案件或系列犯罪案件中法庭科学证据与行为证据的性质与价值;二是缩小刑事案件侦查中嫌疑人的范围;三是确定对哪些嫌疑人优先开展侦查;四是通过识别犯罪现场特征和行为模式(如惯技和签名行为等)来串并可能具有关联的案件;五是对滋扰性犯罪行为(nuisance criminal behavior)升级至更为严重或更为暴力的犯罪的可能性进行评估;六是为侦查人员提供与侦查相关的指导方针和策略;七是通过提供及时更新的、无偏见的结论信息,保证

---

① Brent E. Turvey, *Criminal Profiling*: *An Introduction to Behavioral Evidence Analysis* (*Fourth Edition*), Elsevier, 2012, p. 126.

② Brent E. Turvey, *Criminal Profiling*: *An Introduction to Behavioral Evidence Analysis* (*Fourth Edition*), Elsevier, 2012, p. 126 – 127.

整个侦查进程进展顺利,保持在正确的方向上;八是形成针对嫌疑人的交流、访谈与讯问策略。

在审判阶段,犯罪事实和被告人均处于已知状态。犯罪心理画像的主要目标如下:一是评估某一特定犯罪案件或系列犯罪案件中法庭科学证据与行为证据的性质与价值;二是协助形成对于被告人幻想和动机的认识;三是理解被告人在作案前、作案中和作案后的思想状态,可通过作案计划程度(levels of planning)、体现悔罪倾向的证据(evidence of remorse)和反侦查行为(precautionary act)等形式体现;四是通过识别犯罪现场特征和行为模式(如惯技和签名行为等)来串并可能具有关联的案件。

(三)犯罪地理画像

犯罪地理画像是一种犯罪侦查方法,犯罪心理画像人员使用犯罪的地理位置(如弃尸位置、相遇位置)识别和筛选犯罪人可能的居住位置,目标在于识别和抓获未知的犯罪人。①

犯罪地理画像通常使用定量分析和定性分析两种方法。前者主要通过使用一系列的空间技术方法与定量化的测量方法来分析和解释犯罪地点在空间上的分布规律。犯罪地点不仅是指犯罪行为发生地点,也包括了与被害人有关的一些地址信息(如被害人被绑架、袭击和释放的地点)。后者主要通过重建犯罪人的心理地图来甄别其可能的活动空间范围。犯罪地理画像还可以通过叠加其他的信息图层来达到更好的分析效果,如可以加入人口分布、土地利用、学校位置等信息,以获得更好的侦查效果。②

犯罪地理画像以犯罪空间研究的理论学说③为基础,其中包括早期犯罪地理学、犯罪生态学、环境犯罪学(主要内容为理性选择理论、日常活动理论和犯罪形态理论)、当代犯罪地理学,对犯罪活动进行行为地理分析,主要关注犯罪人的家庭住址、工作场所或者其他"锚点"(anchor point,又称"归属地/基础点"),以及犯罪人的出行距离特征。

"锚点"是行为地理学中的重要概念,多数情况下指的是犯罪人的家或者其他

---

① 参见[美]雷切尔·博巴·桑托斯:《犯罪分析与犯罪制图》,金诚、郑滋椀译,人民出版社2014年版,第80页。

② 参见[英]Spencer Chainey、[美]Jerry Ratcliffe:《地理信息系统与犯罪制图》,陈鹏等译,中国人民公安大学出版社2014年版,第228页。

③ 具体内容参见单勇:《城乡结合部的犯罪聚集规律与空间防控研究:基于地理信息系统的应用》,法律出版社2017年版,第17~40页;另可参见[英]Spencer Chainey、[美]Jerry Ratcliffe:《地理信息系统与犯罪制图》,陈鹏等译,中国人民公安大学出版社2014年版,第57~83页。

对其有意义的地点，最初用来描绘移居者如何随着时间推移认知周围环境的过程，即以锚点为基础发展认知图式的过程。空间环境中位置、路径和区域的等级顺序基于其对个人的相对重要性进行排列。最初的位置（如家、工作地点或购物地点）在相互作用过程中非常重要，它们“锚定”了个人的空间信息集，通过连接主要节点或锚点的分区空间来决定路径的搜寻。所有节点和路径信息按照等级组织起来形成骨架结构，在这之上又结合了其他的节点、路径和区域信息。家、工作地点和购物地点成为最初重要的节点和主要锚点，在此基础上，其他等级的锚点开始发展。犯罪人对个体活动空间的熟悉程度与犯罪发生的可能性呈正相关关系，将犯罪人的落脚点视为熟悉程度的基准点，计算犯罪人的出行距离（犯罪地点与锚点之间的距离），分析出行距离的影响因素，①可用于开展犯罪轨迹分析。这种画像方法通过分析案发地点，判断犯罪嫌疑人最可能的居住区域或归属地，呈现犯罪现象的空间分布规律、区域差异及其历史演变，还可预测未来的犯罪地点。犯罪地理画像可以用于系列杀人、系列强奸、系列纵火、系列抢劫和系列爆炸案件的侦查，同时也可以用于只发生一起，但涉及多个现场的案件，或那种具有明显地理特点的案件。然而，由于这种方法的理论基础建立在对犯罪人的整体研究上，因而在应用于个案时可能存在欠缺之处。

加拿大西蒙·弗雷泽大学（Simon Fraser University）和温哥华警察局通过研究，形成了锁定犯罪人地理位置的 CGT 模式（Criminal Geographic Targeting，CGT）。②该模式是一种利用电脑运算法则追踪连环杀手位置的数学模型，将环境犯罪学与数学模型结合起来，使用距离衰减函数，通过犯罪人弃尸的地点追寻到其生活的方位，并依据犯罪人生活、工作、旅行等特征，推导出其接下来会在何时何地作案。目前该模式已经发展成为一种计算机化的地理画像系统。犯罪地理画像已成为侦查系列案件的一种辅助手段，目前北美、欧洲和澳大利亚等国家的警察部门都在使用这种方法，许多国家也正在从事这方面的研究。

20 世纪 90 年代初至今，已有三种地理画像模式投入使用：（1）罗斯姆（Rossmo）模式，所使用的软件是参宿七（Rigel）；（2）坎特（Canter）模式，所使用的软件是天网（Dragnet，也被译为搜索网）；（3）莱文（Levine）模式，所使用的软件是犯罪统计（CrimeStat）。目前我国引进并使用的地理画像模式为参宿七，对于满足适用条

① 参见龙冬平等：《地理学视角下犯罪者行为研究进展》，载《地理科学进展》2017 年第 7 期。

② CGT 的计算方法可参见林艳、罗万杰、曾昭龙：《犯罪地理画像方法与应用研究》，载《中国人民公安大学学报（自然科学版）》2013 年第 4 期；对于该模式的评价可参见李卫红、戴侃、闻磊：《顾及地理因素的犯罪地理目标模型改进方法》，载《测绘科学》2015 年第 7 期。

件的犯罪,能绘出状似山脉的立体图,其中紫色是犯罪人最不可能的居住地,黄色和橙色为犯罪人可能居住地,而红色顶点则是歹徒最可能的居住地。[①]

三、犯罪心理画像适用范围

犯罪心理画像并非适用于所有案件。在国外,犯罪心理画像的研究案例大部分是谋杀和强奸案件,尤其在涉及变态犯罪和某些具有仪式主义行为的犯罪案件中,犯罪心理画像往往能表现出其优势。罗纳德·布莱克本(Ronald Blackburn)的研究结果指出,犯罪心理画像研究的焦点一直是在系列犯罪和性侵害方面,90%的犯罪心理画像都涉及谋杀或强奸。近年来,犯罪心理画像也开始应用于抢劫、绑架勒索等严重暴力犯罪案件。

一般认为,下列八种犯罪适合进行犯罪心理画像:虐待、折磨的性攻击/性谋杀行为;摘除内脏的谋杀案件;死后深砍与肢解行为;缺乏动机的纵火案件;色欲及切断手足的谋杀案件;仪式性犯罪;强奸案件以及恋童癖[②]。国内有学者结合我国的犯罪现象和司法实践提出,特别适合运用犯罪心理画像的案件包括:杀人和伤害案件;性伤害案件;爆炸、纵火和投放危险物质案件;抢劫案件;绑架与敲诈勒索案件[③]。

吕瑞萍认为,系列犯罪案件,如系列杀人、系列抢劫、系列盗窃、系列伤害案件等以及有变态倾向的杀人、伤害、性侵犯、爆炸、纵火等案件特别适用犯罪心理画像。同时,犯罪心理画像也适用于具有典型特征的普通案件。[④]

甘莉在其硕士论文中总结道,我国学界通说认为犯罪心理画像适合应用于以下八种犯罪行为:(1)故意杀人及故意伤害行为;(2)性伤害行为;(3)抢劫行为;(4)绑架行为;(5)敲诈勒索行为;(6)纵火行为;(7)爆炸行为;(8)投放危险物质行为。[⑤]

付翠提出,确定犯罪心理画像的适用范围时,不能仅考虑犯罪类型,还需满足两个条件:一是需要足够的犯罪行为信息才能了解犯罪人的心理,进而刻画其特征;二是需要专业的犯罪心理画像人员,其专业素养和业务素质决定着犯罪心理画像的准确性。[⑥]

---

① 参见顾建梅:《数字追凶:犯罪地理画像》,载《检察风云》2017年第12期。

② 张凯、马红平:《犯罪心理画像在杀人案件侦查中的运用》,载《湖北警官学院学报》2015年第1期。

③ 刘杰:《国外犯罪心理画像简述及其本土化研究》,载《江苏警官学院学报》2004年第1期。

④ 参见栗克元、吕瑞萍主编:《犯罪心理学》,郑州大学出版社2009年版,第251页。

⑤ 参见甘莉:《犯罪心理画像的理论与应用研究》,上海大学2014年硕士学位论文。

⑥ 参见付翠:《关于犯罪心理画像技术本土化应用的思考》,载《广州市公安管理干部学院学报》2012年第3期。

思考题

1. 何为犯罪心理画像？
2. 犯罪心理画像的主要内容是什么？
3. 犯罪心理画像具有哪些作用？
4. 犯罪心理学画像的主要逻辑形式是什么？

第二节　犯罪心理画像的发展沿革

要点提示

犯罪心理画像经历了早期发展阶段、美国联邦调查局发展阶段以及学院发展阶段。澳大利亚、加拿大、英国等国也为犯罪心理画像的发展作出了相应贡献。

1486年前后，历史上第一本犯罪心理画像"教科书"《女巫之锤》(*The Malleus Maleficarum*)出版发行。《女巫之锤》是一本缉捕巫师的专业指导手册，对这本手册的盲从，导致当时一个人很容易就被认为是巫师，然后被宗教裁判，烧死在柱子上。过去惨痛的教训提醒人们：要慎重对待每一个预测与结论。

从理论基础发展的角度来看，犯罪心理画像经历了以生理学及法医学为主导的阶段、以精神病学为主导的阶段、以心理学为主导的阶段以及多学科并进的科际整合阶段。① 从具体方法和技术发展的角度来看，犯罪心理画像的发展历程可概括为：刑事侦查方式(the criminal investigative approach)、临床实践方式(the clinical practitioner approach)、统计学方式(the statistical approach)以及吸取上述三项优势、理论与实务合作、更为注重实效与科际整合的"行为层面的侦查建议"方式。② 从技术的使用主体来看，犯罪心理画像"经历了文学化、专门化、职业化和学科化的发展，正在逐步走向成熟"③。

当代犯罪心理画像被认为是刑事侦查学的第三波革命，前两波分别是对犯罪

---

① 参见董邦俊、康杰主编：《犯罪心理学教程》，武汉大学出版社2015年版，第349~350页。

② Laurence Alison, et al., *Pragmatic Solutions to Offender Profiling and Behavioural Investigative Advice*, 15 Legal and Criminological Psychology 115 (2010).

③ 张广宇、付有志：《犯罪心理画像的演进》，载《法制与社会》2015年第12期。

痕迹的研究和对罪案之间的关联研究。犯罪心理画像发端于英国,在20世纪60年代经由美国联邦调查局的推动,得以发展壮大。

一、早期发展阶段

犯罪心理画像的历史可以追溯到19世纪。外科医生兼司法专家托马斯·邦德(Thomas Bond)对"开膛手杰克"(Jack the Ripper)案件的最后一位受害人玛丽·凯莉(Mary Kelly)进行尸体解剖,这被视为犯罪心理画像研究的起点。在1888年8月31日至11月9日的伦敦街头,至少有5名妓女被杀害,其中几名妓女还被割开身体。警署随后收到大量署名为"开膛手杰克"的嘲讽信件。邦德医生在1888年11月10日的笔记中写道,凶案带有性意味,凶手对女性具有强烈的憎恶和愤怒。邦德通过分析系列被害人的伤口并结合司法心理学知识提出,该地区的七宗谋杀案至少有五宗是同一人所为,凶手身体强壮、大胆沉着。他同时提供了对"开膛手杰克"的心理画像:凶手外表温文尔雅、生性安静、看上去并不会伤害他人;中等年纪;衣着整洁体面,为了遮掩血迹,犯案时可能穿着一件大氅;孤独不合群,没有正式工作,心理状态不稳定;凶手并没有解剖知识,因而不会是外科医生或屠夫;与他熟识的人可能怀疑其思想有时并非完全正确,却又无从知悉虐待狂的本性(sadistic nature)。邦德医生对"开膛手杰克"疯狂杀人行为(murderous insanity)的根源进行了推测:一种可能是某种形式的宗教狂热;另一种可能是复仇和抑郁(revengeful and brooding)的性情;但最有可能的原因则是他可能患有"男性色情狂"(satyriasis),即一种今天被学术界称为性欲亢进的性异常。① 然而,凶手在连续犯案之后如同人间蒸发一般永远地从人们的视野中消失了,也给后世留下了一个争论不休的话题。邦德博士认为犯罪人是根据其心理和生理上的需要而实施行为的。因此。他提出了通过标志性行为分析判断犯罪人人格特征的观点。邦德博士被认为是世界上第一个犯罪心理画像专家。②

20世纪初出名的犯罪心理画像案例之一是詹姆斯·布鲁塞尔(James Brussel)对"纽约炸弹狂"(the Mad Bomber)的画像。50年代的纽约,一个自称F. P.的爆炸犯罪人在城市里陆续安置炸弹,并造成多起重伤事件;F. P.同时还不断写信向警方和报社挑衅,整个案件时间跨度达16年之久。传统的刑侦手段对此案无能为力,警方转而求助曼哈顿犯罪精神病学家布鲁塞尔医生。布鲁塞尔根据现场照片以及

---

① Timothy Verhoeven, *Pathologizing Male Desire: Satyriasis, Masculinity, and Modern Civilization at the Fin de Siècle*, 24 Journal of the History of Sexuality 25 (2015).

② 参见董邦俊、康杰主编:《犯罪心理学教程》,武汉大学出版社2015年版,第349页。

“纽约炸弹狂”写给媒体的信件很快制作出了画像。犯罪心理画像结论指出,凶手是一名未婚中年男性,与兄妹同住,在国外出生,是东欧移民;可能是康涅狄格州的机械技师;对母亲强迫性的迷恋导致他对父亲的憎恨;他与爱迪生联合电气公司存在私人恩怨,作案动机是因为被开除职务或者遭到谴责;患有一种比较严重的疾病——如心脏病……布鲁塞尔建议警方通过报纸、广播和电视将这些分析公布出来,他甚至大胆地预测了“纽约炸弹狂”被逮捕时的穿着:必须要穿上一件带双排纽扣的套装才肯被带走。正是根据这些分析,警方最终捕获了乔治·米特斯基(George Metesky),他符合布鲁塞尔的每一条分析,甚至连衣着也丝毫不差!布鲁塞尔的心理画像结果只错了一个地方:凶手得的不是心脏病,而是肺结核。虽然有人说布鲁塞尔并非真的了解“纽约炸弹狂”的心理,只是给出了大量似是而非的预测。但是,在1957年至1972年,布鲁塞尔协助纽约警方及其他调查机构逮捕了艾伯特·德萨欧(Albert DeSalvo)等多名罪犯。媒体更是把布鲁塞尔奉为“躺椅上的夏洛克·福尔摩斯”。布鲁塞尔对犯罪人的成功分析使美国警方开始转变观念,逐渐接受犯罪心理画像。布鲁塞尔博士是世界上第一个通过犯罪心理画像帮助警方成功侦破案件的专家。①

在犯罪心理画像的早期发展阶段,犯罪心理学家尚未制定完整的程序,犯罪心理画像在侦查中的应用基本呈现零散状态。随着伴有性侵害、性虐待等行为的系列杀人案件的增多,犯罪心理画像首先在美国得到了重视和完善。

二、美国联邦调查局发展阶段

美国联邦调查局对犯罪心理画像的发展起了巨大的推动作用。20世纪60年代,退伍老兵霍华德·特登(Howard Teten)在美国联邦调查局国家警察学院(National Police Academy)开设了应用犯罪学课程用于特工训练。1972年,美国联邦调查局在弗吉尼亚州匡蒂科创建了专门进行犯罪心理画像的行为科学部(Behavioral Science Unit)。从理念上而言,美国联邦调查局画像专家并不赞同布鲁塞尔对犯罪心理弗洛伊德式的解读,他们主张基于对犯罪现场的分析获取犯罪人心理及其他人格上的特征,从而协助警方展开演绎式推理。该理念最先运用于发生在1973年蒙大拿州的7岁女童绑架被杀案。特登等人的犯罪心理画像结论显示,犯罪人是一名年轻白人男性,具有嗜杀倾向,犯案后会肢解被害人并带走部分肢体作为“纪念品”。最后警方逮捕了一名23岁的当地男青年戴维·梅胡夫(David

---

① 参见董邦俊、康杰主编:《犯罪心理学教程》,武汉大学出版社2015年版,第349页。

Meirhofer),并在其住所发现了作为“纪念品”的被害人肢体。梅胡夫是美国警方在联邦调查局协助下运用新的侦查手段抓获的第一名系列杀人犯。此后大约 10 年间,犯罪心理画像经过不断精细化、系统化,发展成为犯罪侦查分析程序(Criminal Investigative Analysis Program,CIAP)。

1978 年后,约翰·道格拉斯和罗伯特·雷斯勒(Robert Ressler)成为美国联邦调查局犯罪心理画像的骨干。自 1979 年起,他们开始对包括泰德·邦迪(Ted Bundy)、约翰·韦恩·盖西(John Wayne Gacy)以及查理·曼森(Charlie Manson)在内的 36 名系列杀手和强奸犯进行广泛的访谈调查。雷斯勒和道格拉斯等人在《性杀人犯罪:类型与动机》(*Sexual Homicide: Patterns and Motives*)一书中,将杀人犯分为两种类型:有组织力的杀人犯和无组织力的杀人犯。虽然经常遭到批判,但是这种方法一直延用到今天。雷斯勒同时负责建立了全国暴力犯罪分析中心(National Center for the Analysis of Violent Crimes, NCAVC)。1984 年,行为科学部隶属于该中心,1997 年更名为行为分析部,简称 BAU(Behavioral Analysis Unit)。[①] 目前行为分析部由四个部分组成:行为分析 1 组负责反恐及威胁评估事务;行为分析 2 组负责针对成年被害人的犯罪;行为分析 3 组负责针对未成年被害人的犯罪;以及暴力犯罪人逮捕计划(The Violent Criminal Apprehension Program, ViCAP)。暴力犯罪人逮捕计划建立于 1985 年,是一个运用最新的计算机和通信技术,收集、整理、分析特定类型暴力犯罪的全国性数据情报信息中心。据统计,美国联邦调查局的犯罪心理画像在 77% 的案件中得到了运用,在 45% 的案件中起到了决定性的作用,而且在 17% 的案件中帮助警察认定了犯罪人,犯罪心理画像得出结论的可信度范围为 76% ~93% 。

1992 年,道格拉斯、伯吉斯和雷斯勒等人汇总了 10 余年的研究成果,合著出版了《犯罪分类手册:暴力犯罪侦查及分类标准系统》(*Crime Classification Manual: A Standard System for Investigating and Classifying Violent Crimes*),该书在暴力犯罪分类领域享有“权威性教科书”的地位。

三、学院发展阶段

20 世纪 80 年代后期到 90 年代早期,犯罪理论学家对系列杀人犯和犯罪心理画像产生了兴趣,美国及英国几所大学相继开设了相关课程。

---

① Craig N. Ackley, *Criminal Investigative Analysis: A Move Toward a Scientific, Multidisciplinary Model*, in Vincent B. Van Hasselt and Michael L. Bourke eds., Handbook of Behavioral Criminology, Springer, 2017, p. 217.

1986年,英国萨里大学(University of Surrey)的教授戴维·坎特应邀协助警方搜索"铁路沿线强奸犯"(railway rapist,又称"铁路杀手"),并最终抓获杜飞(John Duffy)和马尔卡希(David Mulcahy)。1992年左右,在坎特领导下,利物浦大学侦查心理学研究中心(Centre For Investigative Psychology)运用归纳式犯罪心理画像和犯罪地理画像方法开展了大量的研究,并发展出侦查心理学这一新型犯罪心理画像方法。坎特后来雇用了一名叫马克霍恩·亨特利(Malcolm Huntley)的电脑程序设计师,开发了一套计算机算法。基于该算法,坎特研制出了犯罪地理画像软件"天网"。利用"天网"软件,各国警方成功发现并逮捕了17名系列杀人犯罪人,其中包括新西兰奥克兰警方在1995年7月15日抓获的系列强奸犯约翰·汤普森(John Thompson),美国拉斯维加斯警方逮捕的系列强奸犯贾斯汀·波特(Justin Porter)等。坎特所倡导的侦查心理学及其学术观点都写入著作《侦查心理学:犯罪人心理画像与犯罪行为分析》(*Investigative Psychology: Offender Profiling and the Analysis of Criminal Action*)之中。

大约在1997年,互联网上出现了大量自由投稿式的心理画像专家。其中最著名的投稿人,一位是毕业于纽黑文大学法庭科学系的布伦特·特维;另一位是毕业于利物浦大学的莫里斯·戈德温(Maurice Godwin),他在美国担任刑事司法教授。特维的贡献是运用他倡导的行为证据分析方法再次强调了法庭科学的重要性;而戈德温的贡献在于他继承发展了戴维·坎特的研究方法,重新强调了地理位置数据模式和运用统计方法的重要地位。

四、其他国家的贡献

目前,在澳大利亚、加拿大、英国和荷兰等国执法部门中设有专职的画像小组。除官方研究机构外,还有不少非官方画像团体开展画像工作。1999年3月,行为画像协会(Academy of Behavioral Profiling, ABP)①成立,该协会是第一个国际性的、独立的跨学科专业团体,主要面向从事画像工作或正在学习画像的人员提供相应的支持。

20世纪90年代,加拿大警方开始研究美国联邦调查局的暴力犯罪人逮捕计划以及其他一些美国各州警方常用系统,如爱荷华州性犯罪分析系统(Iowa State Sex Crimes Analysis System)、明尼苏达州性犯罪分析系统(Minnesota State Sex Crime Analysis System, MINN/SCAP)、华盛顿州杀人犯罪侦查追踪系统(The Homicide

---

① 现已更名为"国际法庭科学犯罪学家联合会"(The International Association of Forensic Criminologists)。

Investigation Tracking System, HITS)、纽约州杀人犯罪评估及引导追踪系统(New York State Homicide Investigation and Lead Tracking System, HALT)和新泽西州杀人犯罪评估追踪系统(New Jersey Homicide Evaluation and Assessment Tracking System, HEAT)等。加拿大建立了主要犯罪案件档案系统(Major Crime File, MCF)和暴力犯罪关联分析系统(Violent Crime Linkage Analysis System, ViCLAS)。后者收集的案件信息非常详尽,最多可收集263个案件特征。目前,已有比利时、法国、德国、瑞士、荷兰、日本等国开始使用暴力犯罪关联分析系统,此外美国的田纳西州和印第安纳州也已将该系统投入使用。加拿大皇家骑警无偿将软件赠与这些国家(地区),并提供必要的技术支助和人员培训。

日本执法部门所开展的犯罪心理画像研究始于1994年。2000年,北海道警察局内成立专门从事犯罪心理画像的业务部门。2006年,日本警察厅内设置犯罪情报分析与案件关联支援办公室,承担犯罪分析与犯罪心理画像职能。自此,犯罪心理画像与犯罪情报分析在日本广泛应用。目前,日本国家警察科学研究院(National Research Institute of Police Science)定期为警方从事犯罪心理画像的专业人员提供多种培训课程,其中包括50日的基础课程。①

犯罪心理画像研究与实践成功与否很大程度上依赖犯罪人档案资料的积累程度。美国自20世纪70年代起历经30年运用计算机及网络等科技手段完成了全国统一的犯罪档案积累。

从学术文献上看,我国对于犯罪心理画像的理论研究兴起于20世纪80年代,②至今仅有30余年的发展历史。2006—2011年是研究的高峰时期,此后逐渐趋于回落。研究主题包含基本理论研究、侦查应用研究、国外研究与本土化研究和技术方法研究四个方面。在今后的研究中要关注国外最新动态、注重犯罪心理学人才培养、拓展犯罪心理画像研究领域、改进犯罪心理画像的研究方法,③特别是要"进一步加深犯罪心理画像的本土化研究",④"尽快建立适合本土化应用的犯罪指

---

① Kaeko Yokota, et al., *Practice of offender profiling in Japan*, 19 International Journal of Police Science & Management 187 (2017).

② 参见黎军:《试谈侦察中的"复原画像"》,载《政法论坛》1986年第5期;高峰:《论犯罪心态画像》,载《公安论坛》1988年第2期。

③ 参见王一冰、康杰:《我国犯罪心理画像研究进展》,载《辽宁公安司法管理干部学院学报》2017年第6期。

④ 康杰:《犯罪心理画像应用中存在的问题及对策》,载《中国刑警学院学报》2016年第1期。

标体系”。[①]

——— 思考题 ———

根据犯罪心理画像的发展历史，谈谈我国犯罪心理画像的未来发展方向。

第三节　犯罪心理画像的学科基础

要点提示

犯罪心理画像以行为主义心理学、法庭科学、被害人学以及犯罪地理学为学科基础。

一、行为主义心理学

行为主义心理学理论主要包括条件反射和学习理论。对犯罪心理画像理论的形成起决定作用的是美国心理学家华生的学习理论。华生认为，动物和人的行为都是通过经典条件反射习得的结果。行为是在某种固定的、反复出现的环境条件下获得的。在其他条件不变的前提下，个人总倾向于在相同环境中使用同一行为去活动[②]。在发展过程中，人的行为从偶然到必然、从随机到有序，逐渐形成一种稳定的行为反应模式。犯罪人的犯罪行为实际是在其面临刺激时的带有个性化与稳定性的一种行为模式的体现，因而根据犯罪人外部行为特征就能够对其内在心理进行刻画。

二、法庭科学

基于法律的需要，法庭科学形成于 20 世纪 60 年代后期，是将物理学、化学、医学、生物学等自然科学原理和方法运用到刑事司法活动之中的一门交叉学科。法庭科学的内容范畴有广义和狭义之分。广义的包括现场勘查、取证、各种痕迹物证检验、毒物和毒品检验、各种法医学检验（尸体、临床和物证检验）以及精神病学鉴定等；狭义的则不包括法医学尸体检验、临床检验和精神病学鉴定。法庭科学为犯罪心理画像提供了物证基础。

---

① 付翠：《关于犯罪心理画像技术本土化应用的思考》，载《广州市公安管理干部学院学报》2012 年第 3 期。

② 刘嵩晗：《人格心理学思想流变》，吉林大学出版社 2020 年版，第 87 页。

法庭科学的基本理论包括物质交换和转移原理、同一认定原理和种类鉴别原理。洛卡德在其所著的《犯罪侦查学教程》中首先提出了物质交换原理,即两客体在外力作用下相互接触、摩擦、碰撞会引起两者接触面的物质成分和痕迹的相互交换。该原理的意义在于,任何物质都可能成为物证,犯罪必然产生物证。犯罪行为受制于犯罪心理,这些由犯罪心理和犯罪行为引起变化的客观实在统称犯罪心理痕迹。在现场难以重建的情况下,对犯罪心理痕迹的分析也可以进行犯罪心理画像①。犯罪心理痕迹包括实物型、言表型、印象型、生理型四种,实物型痕迹是指以实物形式存在的全部现场物证,是作案人犯罪行为的直接结果;言表型痕迹指犯罪嫌疑人在接受讯问时,言语、表情、神态、动作等行为表现;印象型痕迹是遗留在被害人、知情人大脑中对犯罪过程和已消失的实物痕迹的感知和记忆;生理型痕迹是指通过心理测试设备测试生理电流来发现,或以被测试人的生理电流作为载体的犯罪心理痕迹,如通过测谎仪所获得的信息。

三、被害人学

当一个典型的系列杀手开始积极寻找被害人时,他会花很大精力去捕获和杀害那些很符合其"理想"模式的个体。选择被害人的信息可能会为了解犯罪人的特征提供一些参考,详细的被害人研究是犯罪心理画像过程中所需的关键信息之一。"法庭科学(司法)被害人学"(forensic victimology)是犯罪被害人学理论中的一项重要却经常被忽视的组成部分,其含义为"为了解决刑事侦查和法庭科学方面的问题而针对暴力犯罪被害人进行的普遍规律(nomothetic)与特殊规律(idiographic)研究"②。被害人的特殊外形、具体举止行为或某种反应都可能会触发犯罪人的杀人行为。"如果计划或幻想早就在(犯罪人)内心构建成形,所需要的可能就是一个符合某种标准的被害人,并且许多凶手都因为专门寻找准确符合其幻想的被害人而闻名"③,但有时候由于可获得的被害人数量越来越有限,系列杀手也可能会变得"不那么挑剔"。此外,由被害目标的选择形成的地理网络可以帮助警方确认以前未知的被害人以及将来可能的被害人。系列杀手的决策制定过程是以获得猎物(潜在被害人)和面临风险(如监视程度、警方情况以及逃跑路线)的评估为基础的。

---

① 陈闻高:《犯罪心理画像论》,载《犯罪研究》2013 年第 6 期。

② Brent E. Turvey, *Forensic Victimology: Examining Violent Crime Victims in Investigative and Legal Contexts* (*Second Edition*), Elsevier, 2014, p. 21.

③ [美]迪・金・罗斯姆:《地理学的犯罪心理画像》,李玫瑾等译,中国人民公安大学出版社 2007 年版,第 28 页。

被害人的社会活动网络也有助于确定系列杀手可能下手的高风险区。这些地方包括城市的亚文化区(如酒吧、红灯区),冷清的风景区(公园、慢跑小径),老年人或穷人的居住区以及大学校园等。被害人学研究的另一个目的是帮助解释被害人在犯罪发生过程中扮演的角色。“从被害人学的观点来看,暴力行为并不被视为一种单方面行为,而是互动作用的动力过程的结果”①,它强调互动行为的重要性,以及环境因素、情境因素、触发因素对于理解犯罪模式的作用。

被害人学研究的范围主要包括:(1)被害人分类及各类被害人的特点,目的是为被害原因的研究提供经验依据;(2)被害人与犯罪人之间的相互关系;(3)被害原因,主要研究来自被害人的哪些因素可能诱发加害人的犯罪;(4)被害补偿;(5)被害人的权利和义务及其诉讼地位;(6)被害预防。

被害人学的另一种应用拓展是心理解剖(psychological autopsy)②,这是一种对死亡被害人社会心理层面考察的技术,旨在确定死亡方式,重建导致死亡的心理因素。心理解剖技术通过访谈死者的知情人或信息代理人收集死者生前和死后的相关信息,对被害人的心理社会因素由其死亡时间起进行回溯性考察,内容涉及死者的行为、想法、观念、情绪情感以及死者与他人之间的关系,之后借助各种心理学理论,构建死者生前的人格特征。通过对死者人际关系、人格特征、应激机制的分析,重建死者的心理背景,从而甄别出可能导致死亡的心理因素,为犯罪心理画像人员提供关于被害者心理状况和人格特征方面的丰富材料。目前有两种心理解剖的类型:自杀心理解剖(suicide psychological autopsy, SPA)和死因不明的心理解剖(equivocal death psychological autopsy, EDPA)。

心理解剖的发展可以分为两代:第一代心理解剖研究也被称为临床与个案的心理解剖研究,采用定性的研究方法,但存在方法的客观性和标准化不足的问题;20世纪90年代,出现了第二代心理解剖研究,即病例对照研究(case – control study),也被称为定量的心理解剖研究。③

心理解剖的指南范本(template protocol)要求收集以下方面的信息资料:一是死者一般性的背景信息(identifying information);二是与死亡相关的细节信息(details of death);三是死者的历史信息(decedent’s history);四是死者近期面临的紧张

---

① [美]迪·金·罗斯姆:《地理学的犯罪心理画像》,李玫瑾等译,中国人民公安大学出版社2007年版,第27页。

② 也被译为“心理剖析”。参见[美]布伦特·E.特维:《犯罪心理画像:行为证据分析入门》,李玫瑾等译,中国人民公安大学出版社2005年版,第156页。

③ 参见吴才智等:《心理解剖及其在自杀研究中的应用》,载《心理科学进展》2018年第3期。

和压力以及预计将会遭遇的麻烦(recent tensions or anticipated trouble);五是整体生活方式中使用酒精与毒品情况在死因中的地位(role of alcohol and other drugs in overall lifestyle in death of decedent);六是死者的人际关系(decedent's interpersonal relationships);七是死者与死亡、事故和自杀相关的幻想、想象、思考、预感与恐惧(fantasies, dreams, thoughts, premonitions, or fears of the decedent relating to death, accident, or suicide);八是死者生前习惯、爱好、饮食方式、性行为以及其他日常活动中发生的变化(changes in the decedent's habits, hobbies, eating patterns, sexual behavior, and other life routines before death);九是关于死者相对积极方面的信息(information related to the "lighter side" of the decedent);十是行为的故意性评估(assessment of intentional acts);十一是致命性评估(rating of lethality);十二是知情人对于死亡的反应(reaction of informants to decedent's death)。布鲁斯·埃伯特(Bruce Ebert)在上述信息资料之外,又补充了26项在心理解剖时需要考虑的因素。①

心理解剖不同于其他类型的法庭被害人学调查,从事EDPA工作的多为掌握心理学理论知识,并且受过死亡案件侦查和法医学相关训练、具备相关经验的心理学家或者精神科医生。自1958年起,心理解剖开始被用于辅助判定死亡方式的医学检查。当前,这种方法被用于协助美国军方调查可疑死亡案件、克服人员损失与采取预防措施、处理保险赔付事宜、作为诉讼证据在法庭上使用等多种领域。②

专栏18-2 被害人学

被害人学在我国以及世界范围内都还算是一门比较年轻的学科。它产生于20世纪四五十年代,一般认为,其产生标志为三部论著的问世。1949年,德国犯罪学家汉斯·冯·享蒂希(Hans Von Hentig)出版了《犯罪人及其被害人》一书,较早把犯罪问题研究的重点从犯罪人转移到被害人。随后,加拿大蒙特利尔大学教授亨利·埃伦伯格(Henri Ellenberger)在1954年发表《犯罪人与被害人间的心理学关系》一文,从心理学、精神病学的观点出发详细地分析了犯罪被害人的各种特征。1956年以色列律师本杰明·门德尔松(Benjamin Mendelsohn)发表《被害人学——生物、心理、社会学的一门新学科》一文,提出"被害人学"这一名词。他们三人被学界并称为"被害人学之父"。20世纪80年代中后期,我国也兴起并开展了被害人学的相关研究。

---

① Frank M. Dattilio & Robert L. Sadoff, *Psychological Autopsy*, in Eric Y. Drogin et al. eds., Handbook of Forensic Assessment: Psychological and Psychiatric Perspectives, John Wiley, Sons, Inc., 2011, p.598-603.

② 参见[美]布伦特·E.特维:《犯罪心理画像:行为证据分析入门》,李玫瑾等译,中国人民公安大学出版社2005年版,第159页。

四、犯罪地理学

布兰廷汉姆夫妇[①]提出,犯罪人"在哪儿作案"以及"什么时间作案"是"犯罪的第四维度",对犯罪地理画像具有重要意义。这种画像方法的理论基础是犯罪地理学。

在犯罪地理学研究领域,对于人们建立起空间行为模式的方式存在两种主要理论:接近性(propinquity)与形态学(morphology)理论。"接近性"理论提出,犯罪人生活中的归属地(即"锚点")具有极其重要的意义。该理论认为,案发地点与犯罪人"归属地"具有接近性,大多数的犯罪活动是发生在犯罪人的归属地附近,因为"当寻找作案机会时,很少有人会将自己置于不熟悉的地方"[②],这被称为"最省力原则"。

根据理性选择理论,犯罪人一般不会在距离居所很近的区域内实施犯罪,以降低被此区域中的熟人认出的风险,在犯罪"锚点"附近形成的没有犯罪的区域被称为"缓冲区"(buffer zone)。在"缓冲区"之外,犯罪分子会寻找距离"锚点"较近并且较熟悉的地理位置实施犯罪,这个区域是犯罪案件高发区。犯罪分子会以较小的代价、较大的犯罪机会、较大的犯罪信心来决定实施犯罪的地点。随着距离的增加,发案率会逐渐降低。这便是"距离衰减原则"的主要内容。[③]

对于绝大部分人来说,归属地就是他们的家或住所,也有一些人把工作地点当作归属地,然而,很多游荡于街头的犯罪人居无定所,常常流连于酒吧门口或其他社交场所,并将其作为归属地。了解犯罪人的归属地对于了解其犯罪方式十分重要。对个体而言,大部分的有意义行为及日常行为都会在一个"活动空间"(action space)内完成,犯罪行为是其他日常行为(如会友、上班、购物等)的一种副产品。由于犯罪人的各种行为是沿着自己熟悉的路径完成的,如果一个犯罪人几乎每天都会有规律地去同一个地方(归属地),那么某些事最终也极有可能在那里或附近发生。

"形态学"理论探索的是多个案发地点之间所形成的模式、结构或案发地点所构成的几何分布。坎特认为,犯罪人是根据自己头脑中关于犯罪可能性的心理地

---

① Martin A. Andresen, *The Place of Environmental Criminology within Criminological Thought*, in Martin A. Andresen et al. eds., Classics in Environmental Criminology, CRC Press, 2010, p. 6.

② 李瑞生:《刑事法学之形而下研究》,群众出版社 2016 年版,第 272 页。

③ 参见陈鹏等:《犯罪制图与警务优化》,清华大学出版社 2018 年版,第 161 页;李瑞生、王秋云、王云峰:《CrimeStat 犯罪行程分析方法研究》,载《警察技术》2014 年第 5 期。

图(mental map)作出是否实施犯罪行为的决策的。“心理地图”是指个体在与周围环境发生交互作用时对这些环境因素进行归纳,在大脑中形成的对熟悉环境的认知心像。

将日常活动理论与犯罪形态理论两者结合起来思考,犯罪人会像普通人一样到不同的地点完成他们的“日常活动”(如上学、上班、购物、娱乐等合法活动)。往来于不同日常活动地点时经过的路径加上沿途环境,形成了主体的“认知空间”(awareness space),即“认知空间” = 日常活动的空间 + 连接这些空间的道路网络。[①] “认知空间”是指犯罪人在日常生活和工作的过程中,在主观上所建构的空间距离,这种主观上的距离与实际的距离并不对等,实际距离的远近也并不能准确反映犯罪人对区域空间的熟悉程度。[②] 经常出入上述地方的相关经验形成了主体的“心理地图”。[③] “认知空间”是犯罪人最为熟悉和了解的区域,他们正是在其中寻找合适的犯罪机会的。当认知空间与存在犯罪机会区域发生交叉时,犯罪就会发生。

犯罪地点选择的一个基本理论假设是,无论是否有意识,犯罪人对实施犯罪地点的选择都带有一定程度上的主动性。实施犯罪地点的选择并非完全随机,即便是一时兴起所实施的犯罪,也必然是环境中某种因素触发了犯罪人的犯罪冲动。在地点的选择上,犯罪人可能有意识地避开某些地点,或有意识地寻求特定犯罪目标极有可能出没的某一区域,但是这些地点所形成的空间几何学模式以及该模式会向侦查人员揭示的信息,却是犯罪人通常不太关心和考虑的。多个犯罪地点所形成的模式可能是犯罪人无意识的产物,但即便是无计划的冲动犯罪,犯罪人在地点的选择上也存在一定的内在联系,从而为犯罪心理画像提供信息。

思考题

1. 行为主义心理学对犯罪心理画像的贡献是什么?
2. 被害人学如何服务于犯罪心理画像?
3. 犯罪心理画像如何运用犯罪地理学知识?

---

① 参见[英]Spencer Chainey、[美]Jerry Ratcliffe:《地理信息系统与犯罪制图》,陈鹏等译,中国人民公安大学出版社 2014 年版,第 70 页。

② 参见付逸飞、职国盛:《国外城市犯罪时空分布及其防控对策研究述评》,载《犯罪研究》2017 年第 3 期。

③ 参见廖有禄:《犯罪剖绘——理论与实务》,群众出版社 2015 年版,第 89 页。

第四节　犯罪心理画像的侦查应用

要点提示

犯罪心理画像在性犯罪以及谋杀犯罪侦查中的实践运用。

犯罪心理画像研究的焦点一直是在系列犯罪和性侵害方面，因此，本节首先结合戴维·坎特的侦查心理学理论对性犯罪（sexual offence）加以简述，其后对犯罪心理画像在谋杀案件中的研究成果加以介绍。

一、互动关系中的犯罪人与被害人分类

侦查心理学的倡导者首推英国心理学家坎特博士，他主张基于科学研究的方法对个体犯罪人的行为加以分析（Canter，Youngs）。侦查心理学旨在对刑事犯罪和民事犯罪中相关行为的心理层面作出判断。侦查心理学的犯罪心理画像是一种基于犯罪人特征共性以及大量案例采集分析结果的归纳式画像方法。坎特一直根据他的理论不断更新犯罪人数据库，通过统计学方法，对犯罪人进行归类并研究每类犯罪人的特征。坎特的侦查心理学理论主要建构在犯罪人与被害人之间互动关系的基础上，在此基础上他提出犯罪人和被害人的分类。

（一）犯罪人的分类

就像小说或电影一样，一个人的生平经历是一个个故事，可以被解构成各种情节、背景、场景、主题与人物，以及人物所扮演的主要角色。“犯罪人故事”（criminal narrative）就是考察犯罪人生平经历以及他在实施犯罪过程中对自己所扮演“角色”的自我知觉（不完全等同于客观世界）。坎特将犯罪行为实施中犯罪人的“角色”分成了四种类型，每种类型分别对应着一种犯罪“故事”模式。确定犯罪人的角色可以在一定程度上为复杂的犯罪过程和犯罪心理提供一个快速、概括的总结。

1. 讽刺型：被害人的故事

这是一个带有讽刺性的人生故事：什么都没意义；世界没有规则，什么都不重要；到处充斥着“黑暗、堕落和暴力”。它给犯罪人带来的是一种困惑、混乱以及无力、无助的内心体验，因而犯罪人形成的世界观就是，正常的社会和道德规范都是不适用的。犯罪人通常都伴随负面的情绪体验，在他看来他才是整个犯罪事件最大的“被害人”。

典型个案 A
一个无助与困惑“被害人”的故事

我(46 岁)是那小子的继父,我那天就是开车送他去农场工作。半路上他说要买彩票,我就把车停在彩票店外面等他。可没一会儿工夫,他手里拿一根木棍和一袋子钱冲进了车里。我冲他喊:“你这是干吗?!”他却冲我叫:“爸!开车!开车!”我只好开车。不久警车和直升机就开始追我们,整整追了 25 分钟,走到哪儿都是警察。后来我被判了 7 年,那小子被判了 5 年,因为他承认有罪,而我觉得我没干什么啊。于是我要求律师做无罪辩护,最终多判了 2 年。

我原本没打算要去彩票店,那小子把棒子藏袖子里面了,我根本不知道他要干什么。我其实可以不管他的,但我要是不管他,回家我媳妇又要跟我闹。这事儿是那小子干的,可他比我先出狱!出狱后他又犯事儿了,在我家里藏匿非法药品。结果他被判了 5 年,我又被判了 4 年,最终他还是比我早出狱。抢劫!藏药!可这都不是我干的!

2. 探险型:职业犯罪人的故事

与讽刺型的“被害者”故事相反,探险型故事重在成功的主动出击或者故事主角向着实现某种理想的方向不断追求。主角是一个永远“在路上”的探险家,不断迎接新挑战,为了最终的胜利征服一切困难。当这种“故事”置于犯罪情境下时,犯罪人重要的行为特征是对外部犯罪环境的有效控制,并从控制中获得欲望的满足与内心的愉悦。探险故事中的各种“挑战”对犯罪人来说是一项项需要完成的工作或常规事件,他们会用静的心态来对待。因而不同于前一种犯罪人,探险型犯罪人心理体验平静且偏向正性。

典型个案 B
一个小偷兼劫匪的“探险”故事

我(23 岁)冲进商店从架子上拿了一块大约 5000 英镑到 1 万英镑的手表。我让店员眼睁睁看着我戴上手表,走出了商店。我得把表卖了换点儿钱,不是为了毒品,就是为了买点体面的衣服。有时我出门就是为了弄点儿东西,有时候我直接就抢了,但如果东西看上去还不错,我就回家算计算计再下手。

要是我一个人,我就在家附近混,要是哥几个在一起,我们就伦敦或约克这些大地方。我们在车里谋划怎么动手,把车停哪儿,在哪儿接应,怎么跑路。我们还聊弄来的钱怎么花,去哪儿玩儿,买什么衣服。这时候我就觉得很兴奋,像运动员等待发令枪那样迫不及待。我跑的时候常常在笑。我从来都是对体积小价值不菲的目标下手,便于把东西藏起来,之后逃之夭夭。回头哥几个把钱一分,周末开派对狂欢。

3. 悲剧型:复仇者的故事

这样的故事中,主角是生不逢时、命运多舛的悲剧英雄,时时处处要躲避人生中的危险与迫害。在主角看来,痛苦与快乐、幸福与悲伤总是交织在一起的,其情绪体验是反复不断的伤感与恐惧。他感到人生充满了不公正以及道德沦丧,因此他唯一的选择就是报复这些不公正,表现在内心状态上是"这是我唯一能做的""我必须这么做"。在犯罪情境下,犯罪人的内心世界以自我为中心,坚信自己所作所为是正确而公正的,他只是"夺回属于自己的东西"。犯罪人没有其他的选择,只能去实施那种罪行,其后他还会为犯罪行为找各种"合理化"的理由。

典型个案 C

"走投无路"的杀人犯

我(26 岁)坐在这里就是因为杀人,没别的了。

我走进那间屋子,找了点东西喝,被我杀死那人正在骂我哥们儿的女朋友。我就想"这不行"。我哥们儿就在边上,我和他说"你最好过去管管"。他没动,所以我站起来就冲着那人去了。揍了他一顿之后,我把他拽浴室去了。我一边往浴缸里放水,一边跟他说要么在水里憋死要么老子宰了你。然后我拿刀捅了他一个小时吧。我记得我随身没带武器,我可不是那种四处惹麻烦的人,那不是我做人的原则,我这人都是躲着麻烦走的。可我怎么也想不起来刀是从哪儿来的。

我没想怎么样他,就是因为他说我哥们儿的那些话,就是得让他知道,这么说话就是不行!

4. 追求型:英雄的故事

追求型主角通常生活安定而幸福,只不过安定和幸福是因为他回避环境中的艰难险阻也尽可能避免与人交往,因而社会准则和法律对他的制约极其有限。他们是乐观主义英雄人物,追求简单的快乐,努力给自己的人生故事一个大团圆结局。他们的内心状态基本都是愉悦和满足的正面情绪,基本感觉不到焦虑和内疚。然而,犯罪行为是没有大团圆结局的。犯罪人认为犯罪行为是行使正义"使命"的一部分,所以他们"不能停下来"。例如,捍卫男性荣耀的"使命"。当犯罪人感觉受辱时,男性的骄傲会驱使他们讨一个说法,即获得他人的尊重(心理学称"寻求认同")。蛮干和漫不经心是"英雄"故事的核心,外在行为表现带有不现实的幻想性特征,犯罪人把自己的犯罪行为描绘为“没什么大不了”。

典型个案 D①
“停不下来”的使命

隔壁小伙子总是欺负我妈。我(24 岁)曾经觉得他还不错,我小时候还和他一起踢过球。但是他拎着一瓶白兰地踹门,一定要让老太太陪他喝酒!还说我妈是泼妇!当我妈告诉我他的所作所为之后,我觉得一定得做点儿什么。我没做什么准备,这也不是报复。那天晚上整整 6 个小时,我都在喝可乐,而且白天我也喝了一天酒。我在袜子里面塞了两个台球,就在我朋友的车里等他,我得给他点儿颜色看看。他走出来的时候,我冲了过去。发生了就发生了。我们在地上扭成一团,他试图逃跑,我抢在他前面站起来,狠狠给了他五六下。我看到血流出来的时候,停了下来。他站起来说:“我要宰了你!”我就气疯了。当我再次意识到发生了什么的时候,已经满身是血了。

我被判了 3 年半,其实我不该这么做的,现在我被关在这里,我的孩子在外面没有父亲。我知道没有父亲的滋味,我曾经发誓不让我的孩子没有父亲,但是我食言了。

(二)被害人的分类

坎特基于犯罪人对待被害人的方式将被害人分为三个类型:将被害人看作“物品”(victim as object)、将被害人看作“工具”(victim as vehicle)和将被害人看作“人”(victim as person)。

1. 作为物品的被害人

当被视为“物品”时,被害人对于犯罪人而言基本丧失了作为人的属性,犯罪过程中犯罪人不会因被害人而产生任何情绪波澜。在犯罪情境中,被害人完全没有任何主动性,他/她只是作为可供犯罪人操纵的物品。最极端的情况是犯罪人对被害人实施断肢、肢解或吃掉被害人身体的部分。这类犯罪人通常缺乏与人类社会的正常联系,以至于他很难正视一个人作为“人”的存在,他们很有可能是有过精神疾病史或曾经被诊断为精神错乱。

---

① 在典型个案 D 中,犯罪人为维护男性尊严而等候并袭击被害人。虽然犯罪人在问卷中选择了“我必须这么做”,但是在访谈中,他说“发生了就发生了”,他不应当因此受到惩罚。虽然他声称“这并不是报复”,但他对被害人积怨已久;他说“我事先没做任何准备”,但是他确实有预谋地准备了锋利的武器并等候被害人。他承认那天他一直在“喝可乐”,这样就能一直保持一个很高涨的状态,不受外界影响。——笔者注

2. 作为工具的被害人

当被害人被视为"工具"时,他们通常是被当作发泄犯罪人个人欲望和愤怒的渠道,犯罪人能充分意识到被害人作为"人"的属性。"工具"型被害人不仅仅是一具可供使用的躯体,通常对犯罪人来说其还具有特殊的含义,很可能是在犯罪人人生中具有重要地位的人的替代品,因而精心挑选被害人也是犯罪过程的一部分。作为某种替代品,被害人一方面可能会被犯罪人非常残暴地对待以发泄愤怒;另一方面,犯罪人起初也可能会通过正常的人际交往方式和技巧吸引被害人的注意,从而接近被害人。最极端的例子是自杀性爆炸,犯罪人不是针对某个人而是针对多个被害人,此时被害人就是一个带有特定意义的团体。

3. 作为人的被害人

当被视为"人"时,被害人通常是某一特定个体,从他/她的身上犯罪人可以直接获取某些利益,如金钱、性或者单纯地就是要伤害这个人。被害人和犯罪人之间互动模式是,犯罪人对被害人利用或者伤害,暴力完成这一目标是常用的首选策略。

二、性犯罪侦查中基于被害人类型的画像

与其他犯罪类型相比,性犯罪是一种与人的生理、心理以及社会性质和生活环境等有复杂联系的犯罪行为,具有明显的特殊性。在此对性犯罪的定义不加赘述,仅以强奸与跟踪罪①为例,从侦查心理学被害人类型分析的角度,对这两种犯罪类型进行心理学层面的分析。坎特认为跟踪行为的核心是,犯罪人希望与被害人之间建立关系或者对被害人施加影响或控制。

当被害人被犯罪人视为"物品"时,"控制"是这类性犯罪的关键词。犯罪人完全缺乏同情心,或者完全不具备视被害人为一个"人"的心理能力,他与被害人之间的人际互动是最小化的。在强奸犯罪中,犯罪人不但必须要在身体上控制住被害人,还要保证自己不被被害人认出,在需要时他会实施极端的暴力行为。一些情况下,犯罪人会在强奸后杀害被害人,目的也只是单纯防止被害人的指认。极端情况下,犯罪人还可能出现断肢、食人以及肢解等行为。当被害人被视为"物品"时,犯罪人通常会刻意寻找某种类型或带有特定身体特征的被害人作为性目标。在跟踪案件中,"控制"主要有两种表现形式:其一,跟踪者认为他对被害人拥有完全的所

① 在美国和英国,跟踪是一种单独的罪行。典型的跟踪包括尾随、电话骚扰及威胁被害人。在犯罪心理上,跟踪有两个维度:犯罪人与被害人之间的人际距离或者熟悉性;犯罪人企图与被害人发生联系的本质特征。

有权,通过直接监视被害人以及与被害人的家人朋友保持联系而直接控制被害人。常见的四种行为是,跟踪者反复经过被害人的住处或工作单位;不断联系被害人;联系与被害人有关系的人;骚扰或袭击被害人的家属。联系和骚扰被害人的周围人群体现了犯罪人“她是我的所有物,我得不到谁也别想得到”的心态。其二,跟踪者通过侵犯性或破坏性行为获得对被害人的控制感,如恐吓、威胁被害人,给被害人发出恐吓电话、信件以及邮件,袭击被害人,诽谤被害人名誉等。被害人只是一个供他操纵的物品,无论犯罪人对被害人做什么,他的心态都是“我想干什么就干什么”。

当被害人被当成“工具”时,强奸被害人对于犯罪人来说具有象征意义,这通常会导致犯罪人对被害人身体某部分过度的且带有某种特定意义的暴力行为,对被害人言语上的侮辱等。这类犯罪人通常以粗暴而残忍的方式与被害人产生人际互动,有时可能是性虐待,但这些行为的目的不是“控制”,而是犯罪人心理欲望的宣泄。在跟踪案件中,被害人本身、与被害人之间人际关系的建立以及对被害人的控制都不是整个犯罪行为的重点,重点是跟踪者对被害人所施加的某种影响,从而满足跟踪者的欲望。典型行为包括,对被害人传递带有性意味的信息、情书或礼物。虽然这些行为都与被害人无关,只是为了满足跟踪者的性需求,但当这些行为遭到挫折或失败,或者被害人的反应不能让跟踪者满意时,跟踪者就会恼羞成怒,跟踪行为会升级为一种愤怒的表达,他极有可能会通过毁坏对被害人具有重大意义的物品或财产来宣泄愤怒。

当被害人被犯罪人视为“人”时,人际互动是极重要的成分,强奸犯罪人会强制与被害人建立一种身体与心理上的亲密关系。他富有同情心,似乎能充分体会被害人的感受,在犯罪行为中基本看不到“控制”与“愤怒”的痕迹。但这是一种扭曲的互动,因为在犯罪人看来正常的人际互动模式就是野蛮、强迫和侵略性的,他在日常生活中也是如此与人交往的。此外,犯罪人还可能在实施强奸后顺手牵羊偷被害人的东西。在跟踪犯罪情境下,希望获得“亲密感”的跟踪者多以“盗取”的方式获得被害人的各种个人信息,或者当面询问不适宜的私人问题,通过这种方式缩短与被害人之间的人际距离。

三、谋杀犯罪侦查中的犯罪心理画像

谋杀可能出现在各种犯罪情境中。在绝大多数谋杀案中,凶手与被害人是相识的,通常是家庭成员、亲密的伙伴或者曾经有过亲密关系的人。因而,在凶案发生之前,常常会有家庭暴力或跟踪的发生。但必须指出的是,只有绝少的家庭暴力或跟踪案件会发展成谋杀。对陌生人的谋杀，特别是对陌生人的系列谋杀，尽管极其少见但总能引起犯罪心理学家和公众的极大关注，因为这反映了一种极端的人类行为。

谋杀从广义上讲可以分为表达型(expressive)和工具型(instrumental)两种类型①。就前者而言，犯罪人与被害人之间通常具有亲属或其他亲密关系，而后者通常作为其他犯罪行为的附属行为出现，如入室盗窃或强奸等。表达型可以进一步分成两个亚型："武器型"(firearm)与"血液型"(blood)。"武器型"谋杀是犯罪人受到来自被害人的"侮辱性刺激、身体袭击、个人挫折以及性猜忌的一种反应行为"，是犯罪人强烈内心情绪状态的应对机制。犯罪人行为的核心是对被害人的攻击，模式很简单，即找武器—去现场—杀人—离开。攻击由一系列犯罪行为组成，表现在被害人身上的多处伤口，被害人脸部的损伤上，尸体的放置反映了犯罪人不介意尸体是否被发现，犯罪人不考虑如何毁灭证据。"血液型"谋杀通常是被诊断有精神障碍的女性对家庭成员的谋杀。与男性犯罪人相比，女性使用武器的可能性更小，但更容易以家庭成员作为谋杀目标。

(一)系列谋杀

美国司法部全国暴力犯罪分析中心将系列谋杀定义为"同一个凶手对两个及以上被害人的非法杀戮，且系列凶杀发生在分别的多次事件中"②。系列杀人不同于集体杀人(mass murder)，它必须是发生在一段"冷却期"(cooling - off)之后，且通常发生于不同作案地点。长期以来对系列杀手的研究围绕核心是，什么造就了系列杀手，他们的动机是什么。研究成因发现了多个影响因素，即童年被虐待的经历③，扭曲的家庭亲子关系④以及精神类疾病⑤。但一个必须注意的问题是，所鉴别出的因素与系列杀手之间只是具有相关关系而非因果关系，只有绝少个体会成为系列杀手，而大量有童年被虐待经历的人或精神病患者不会去杀人。坎特进而提

---

① C. Gabrielle Salfati & David V. Canter, *Differentiating Stranger Murders*: *Profiling Offender Characteristics from Behavioral Style*, 17 Behavioral Sciences and the Law 391 (1999).

② Robert J. Morton & Mark A. Hilts, *Serial murder*: *Multi - disciplinary Perspectives for Investigators*, Federal Bureau of Investigation: National Center for the Analysis of Violent Crime, Quantico, VA., 2005, p. 23.

③ Eric W. Hickey, *Serial Killers and Their Victims* (*Second Edition*), Brooks/Cole Publishing Company, 1997.

④ James Alan Fox & Jack Levin, *Overkill*: *Mass Murder and Serial Killing Exposed*, Plenum Press, 2004.

⑤ John Monahan, Mental Illness and Violent *Behavior*: *Perceptions and Evidence*, 47 American Psychologist 511 (1992).

出,系列杀手的形成和发展是一个过程,而不是一个单因素的因果联系机制。因此本节仅是对以往研究成果及应用的介绍,而非结论性表述。

以下是研究人员关于系列谋杀案的部分研究结果:①

1. 发生率

(1)英格兰 1940 年至 1985 年,有 1.7% 的谋杀案是系列谋杀;1970 年至 1993 年,系列谋杀案发案率为 3.2% 。

(2)1970 年至 1980 年,大约活跃着 35 名系列杀手(美国司法部数据)。

(3)美国每年系列谋杀案的被害人有 3500 名至 5000 名;在未能侦破的谋杀案中,系列谋杀案占比三分之二以上;在失踪人口案中,系列谋杀案同样占据一定比例。

2. 被害人特征

(1)系列谋杀案的被害人通常是年轻、易受攻击的白人女性,且并不为犯罪人所认识。此外,儿童也是系列谋杀案的主要被害对象之一。

(2)有研究发现,被害人种族组成与美国总人口种族分布率接近,近 80% 为白人,16% 为非洲裔美国人,4% 为其他种族。

3. 周期性

(1)在大多数案件中,两次犯案间隔可以是几天至一年,甚至更长。通常的模式是,在首次杀戮之后,犯罪人会有一年或更长时间的销声匿迹,而在随后的一年中会实施三起到四起谋杀。

(2)在周期性方面,唯一可循的规律是,对于每一名系列杀手而言,他们杀人的间隔会越来越短。

目前最常用的犯罪模型是有组织力/无组织力犯罪人二分法。雷斯勒等人认为,有组织力的杀手在现实生活中也是过着有计划且井井有条的生活,这种模式会被反映在犯罪行为中。鉴别无组织力犯罪人的主要标准是,极少使用控制或束缚被害人的手段,没有破坏现场犯罪证据或藏匿尸体的企图。雷斯勒等人基于这种二分法总结了不同类型的犯罪人在谋杀现场特征上的差异(见表 18 - 3)。

除了有组织力/无组织力二分法,凯塔琳娜·弗里松(Katarina Fritzon)和朱莉·里奇韦(Julie Ridgway)基于坎特的被害人"物品/工具/人"的分类对 1986 年至

---

① Maria Ioannou, *Serial Murder*, in Christopher J. Ferguson ed. Violence Crime: Clinical and Social Implication, SAGE Publications, 2010, p. 300 - 326.

1995年发生在瑞典的谋杀案进行了现场特征分析①。

4.“物品”被害人

(1)在被害人身体的一个部分有多处伤口。

(2)伤口集中在被害人身体的躯干部分。

(3)伤口集中在被害人身体的脸部。

(4)犯罪人对被害人施以侮辱与侵犯。

(5)被害人有抵抗伤。

(6)犯罪人根据被害人的反抗而改变其犯罪行为。

(7)犯罪行为模式为,行为发动—停止—再发动。

(8)伤口在被害人的头部。

(9)被害人使用尖锐器物杀害被害人。

(10)伤口在被害人的颈部。

5.“工具”被害人

(1)被害人被捆绑和/或被塞住嘴。

(2)犯罪人使用单一形式的暴力。

(3)犯罪人偷走被害人的物品。

(4)袭击发生在被害人的住处/所属房产。

(5)袭击被害人的武器取自犯罪现场。

(6)犯罪人在实施犯罪时通常处于醉酒状态。

(7)伤口在被害人身体的某一个部位,且只有一个伤口。

6.“人”被害人

(1)犯罪人通常会留下一些“印记”来显示他知道被害人是一个“人”,如咬痕。

(2)犯罪人会与被害人交谈。

(3)袭击发生在被害人的寓所。

(4)犯罪人通常会对被害人使用言语暴力。

(5)犯罪人使用武器控制被害人。

(6)案件发生在工作日。

(7)犯罪人使用钝器袭击被害人。

(8)犯罪人使用威胁手段控制被害人。

---

① Katarina Fritzon & Julie Ridgway, *Near – death Experience*: *The Role of Victim Reaction in Attempted Homicide*, 16 Journal of International Violence 679 (2001).

(二)性谋杀

在犯罪心理学一个广泛被认同的理念是,“几乎所有系列谋杀案的重要动机都是性”①,然而有研究表明,性行为虽然很常见,但是并非包含于所有系列谋杀案中。玛丽亚·伊奥安努(Maria Loannou)指出,一些非常轰动的系列谋杀案件中并不包含性行为或涉及性的行为,如“死亡医生”哈罗德·希普曼案。尽管存在争论,但是“性谋杀”(sexual murder)这一概念还是被绝大多数专家所接受的。性谋杀的核心要素是犯罪人通过对被害人的控制以及暴力行为而实现性唤起与性满足。虽然性谋杀是一种极端少见的谋杀形式,德·梅洛伊(J. Reid Meloy)调查后指出,在美国只有1%的谋杀案属于性谋杀,但其仍旧受到了学界的重视。

当前性谋杀研究成果相对集中在对虐待狂性杀手的分析方面。美国联邦调查局对虐待狂性杀手的定义是,通过对被害人的控制以及对被害人造成极端痛苦来实现性唤起并获得性满足②。对性杀手的分析多来自美国联邦调查局特工的经验总结,“性虐待狂生活的模式是,通过长期暴露于虐待场景中来获得性唤起;通过对被害人的身体和心理折磨实现性满足,最大的性满足方式来自被害人对折磨的反应行为。他们性幻想和性行为中包含了对性伴侣的控制性支配、人格贬低以及暴力。在犯罪情境下,这些就转化成了死亡”。然而,从犯罪现场勘查上看,鉴别性虐待狂或性谋杀却并不容易,性虐待倾向与实际犯罪行为之间的联系目前并未能得到确切的证实。美国司法部全国暴力犯罪分析中心基于办案经验提出了性虐待谋杀案的“现场常见特征”以及“常见法医学发现”,在此我们选取一些特征以供参考。

1. 现场常见特征

(1)被害人对犯罪人来说是陌生人。

(2)通常被害人是被绑架的。

(3)案件涉及多个犯罪现场:被害人—犯罪人初次遇见、折磨(或致死)被害人、弃尸(或处理尸体)的地点。

(4)对被害人的折磨一般发生在相对隔绝或孤立的地点,以确保犯罪人能有更多时间与被害人相处。相处时间通常从几小时到6周不等。

(5)折磨被害人的地点是犯罪人在事先选定的。如果犯罪人的住所相对封闭与隔绝,罪案就可能发生在其住所。

---

① John E. Douglas & Mark Olshaker, *Mindhunter: Inside the FBI's Elites Serial Crime Units*, Scribner, 1997, p. 23.

② John E. Douglas, et al., *Crime Classification Manual: A Standard System for Investigation and Classifying Violence Crime*, John Wiley & Sons, Inc., 2006, p. 226.

(6)犯罪人的汽车会被改装成适合绑架和折磨被害人的场所:封闭的车窗和车门、隔音设备、警用汽车配件,如手铐等。

(7)犯案时犯罪人通常戴手套,避免留下指纹。

(8)犯案所需的绑架、折磨、杀害被害人的工具都是事先谋划好的。折磨、捆绑被害人的架子,或者专为折磨被害人准备的房间,也是事先改造好的。

(9)用于性虐待的捆绑带在一些现场会被发现。犯罪人会在作案前精心准备,在作案时则会过度使用捆绑工具。对被害人的捆绑不一定非要很精细和遵循一定的规则,有时捆绑只是为了将被害人设定成为不同的体位,以实现性唤起。

(10)折磨的一个显著特征是犯罪人个体独特性,包括电击设备、虎钳夹口、镊子、鞭子,以及用于插入被害人身体的异物。

(11)在被害人表现出痛苦的时候,也是犯罪人最有可能实现性唤起的时候;在犯罪现场可能会发现体液,或清洗的痕迹。

(12)尸体通常都是会被藏匿的,这一点在有组织力的犯罪人身上尤其明显。有组织力的犯罪人通常事先准备好铁铲、石灰并选定好某一偏远的抛尸地点。

(13)尸体还有可能被焚毁。

(14)有时候抛尸行为却存在不一致性,有时候被害人就被扔在亲属可以轻易发现的地方,或者轻易被发现的地方,或者被随意丢弃。少数情况下,犯罪人会把尸体放在极易被发现的地方,因为尸体所引发的混乱和大众关注会使犯罪人兴奋不已。

(15)犯罪人还有可能会破坏现场,或者做一些额外的犯罪行为以掩饰性谋杀的特征。

2. 常见法医学发现

(1)犯罪人在被害人死亡前与其发生性行为。

(2)鸡奸、强迫口交以及异物插入,三者发生的概率依次减低。

(3)对被害人的折磨攻击都是发生在死亡前,因为对于性虐杀手来说,使被害人痛苦才是其快乐的主要来源,而不是性行为本身。

(4)殴打重点集中在被害人的性器官、生殖器以及乳房上。

(5)除了乳房和生殖器之外,性虐待行为还可能发生其他与性相关的位置:大腿、臀部、脖子以及腹部,通常的方式是啃咬或者过度杀伤(overkill)。但是其他类型的伤痕,如殴打,可能出现在所有可能让被害人痛苦的位置。

(6)向阴道或肛门插入异物的性虐杀犯罪人,一般还会伴有在乳房和臀部处的鞭打、切割或者啃咬行为。

(7)体液证据通常会在被害人口腔、肛门或阴道口附近找到,不然便在尸体的周围。

(8)犯罪人还可能在被害人身上排尿。

(9)绝大多数案件存在性捆绑。在被害人身上的捆绑痕迹极其常见,还有蒙住双眼和堵嘴等情形。

(10)通过对被害人不同时期的各种伤痕分析,可以判断其与犯罪人在一起的时间。

思考题

1. 犯罪心理画像在系列谋杀犯罪侦查中具有哪些应用价值?
2. 犯罪心理画像在性谋杀犯罪侦查中具有哪些应用价值?

延伸阅读

艾伯特·德萨欧(Albert DeSalvo)

艾伯特·德萨欧,绰号“波士顿扼杀者”(the boston strangler)。1962年6月至1964年1月,马萨诸塞州波士顿的19岁到85岁的13名单身女性在寓所被袭击、性侵犯并被刺死、打死或勒死。正当警方一筹莫展之时,1964年10月的一起强奸案让警方找到了德萨欧。德萨欧向警方供认,自己就是传说中的“波士顿扼杀者”。他在1967年被宣判终身监禁。

德萨欧被认为犯了超过300起强奸或性侵犯案件,并在四个州犯下了几百起入室盗窃案。德萨欧的童年曾受到严重的虐待,最终被诊断为患有精神分裂症。德萨欧和一个近亲属结婚,并从马尔登迁往波士顿。在波士顿他经常给一个建筑公司做维修工作,需要去不同的地点,这使他对波士顿很熟悉。建筑水管工的身份可以让德萨欧随便出入被害人公寓。他常常开着车,毫无目的地通过海湾地区后面的贫民窟,在学生、暂住居民或者年老者的房子中选择入室盗窃目标,但从不在他家附近寻找被害人。1962年6月,德萨欧的犯罪行为升级为扼杀被害人,并经常在被害人尸体的脖子上留下一个用绷带做的精致蝴蝶结。

美国医学—精神病学会委员会曾错误地将德萨欧的犯罪描述为两个不同的人分别作案的结果,因为德萨欧曾对他的作案目标特征作出调整,最初杀害年老的妇女,然后是年轻一点的女性。1964年1月4日,他杀死最后一个被害人,并在她的脚部留有一个卡片,上面写着“新年快乐”。这不久后德萨欧转向了性攻击,最终因强奸罪被逮捕。

泰德·邦迪(Ted Bundy)

对于多数美国妇女来说,泰德·邦迪这个名字就是谋杀的同义词。这个长相英俊的男人在其一生当中,一共夺走了28条生命,而这仅仅只是他自己记得起来的数目(可能多至40名被害人)。在警方的档案中,他的外号是“漂亮的诱惑”(the nice seductor)。

1946年12月24日,邦迪出生在佛蒙特州的一个单身母亲收容所,在邦迪的一生当中,生父都不知道邦迪的存在。邦迪出生后随母亲搬到费城外祖父家,在那里外祖父母扮演了父母的角色,邦迪将母亲一直当作自己的姐姐。邦迪少年时非常羞涩,一直到高中都是被作弄的对象。但是一直到大学,他的学习成绩都非常优秀。这种情况一直维持到了1967年春天,他的兴趣发生了转变,同时开始了一段影响终生的人际关系。

斯蒂芬妮·布鲁克斯(Stephanie Brooks)一直是邦迪的梦中情人,但1968年斯蒂芬妮断绝了与邦迪的关系,这让邦迪陷入深深的抑郁并从大学退学。这一点非常重要,因为对于他而言,一生的所爱已经不复存在了,这似乎是随后一系列事件的导火索。在1969年,邦迪发现了另一件可怕的事情:自己的姐姐实际上是自己的母亲,而自己深爱的父母,却是自己的外祖父母。这时候,他的性格发生了变化,由一个害羞、内向的人变成一个外向、武断的人。他似乎想要向世界证明自己,尤其是向斯蒂芬妮。他回到华盛顿大学学习心理学,同样取得了优异的成绩,几乎所有的教授都对他交口称赞。此时他认识了Meg,Meg从一开始就倾心于邦迪并打算与他结婚。但邦迪对自己的未来怀有极大的野心。他向很多法学院寄出申请,同时开始投身于政治活动。他参加过要求重新选举华盛顿州长的运动,甚至还因为救一个落水儿童而受到过嘉奖。在1973年,他偶遇斯蒂芬妮,二人重燃爱火。但在1974年2月,邦迪突然断绝了和斯蒂芬妮的来往,事先没有任何解释。他的复仇计划真正开始了。

1973年12月6日,15岁的K. D.的部分尸体被发现,在被扼死前凶手对她实施了肛交,然后将她的喉咙划开。一个月后,J. L.被以类似的手法杀死。到了1974年1月31日,华盛顿大学的学生L. H.失踪,警方没有发现什么线索。同年,一共有7名女学生在犹他、俄勒冈和华盛顿地区失踪。所有被害人都是白人,身材修长、单身居住、留着长发,在失踪的时候都穿得很随便,而且时间都是在晚上。有目击者发现一个腿上或手上打着绷带的奇怪男性似乎披着衣服在现场出现过,而且好像正在读书,并向附近一些年轻的女性询问问题。另外一些人则说,这个男人说自己车坏了,在请求帮忙。到了 1974 年 8 月,两名女学生 J. O 和 D. N. 失踪,随后在 Sammamish 湖州立公园发现了她们的尸体残余,但是只剩下一些头发、骨头、头颅碎片和下巴骨。同样,一些证人也说,现场有个英俊的年轻人出现,而且还知道他的名字叫泰德。这两名学生互相并不认识,因此犯罪人是在一天之内两次作案。10 月,犹他州 Midvale 警察局局长 17 岁的女儿失踪了,9 天后尸体被发现:扼死、肛交和强奸。13 天以后,L. A 失踪,随后在 Wasatch 山区一条河边发现了尸体。她被一根铁锹打在脑袋和脸上,同样也被进行了肛交和强奸,死亡原因是失血过多。在所有案件中,证据似乎都被刻意消除了,唯一的证据就是一个名字:“泰德”。1974 年 12 月 8 日,邦迪再次行动,这次死者是 18 岁的 C. D. 。1975 年 2 月 12 日,C. C. 在去科罗拉多玩的途中失踪,一个月后才发现她赤裸的尸体,死因是头部连续受到敲击。几个月以后,在发现 J. O 和 D. N. 10 英里远的地方,又发现一具女尸,后来证实是 B. B. ,死因是头部钝器击伤。警方在附近山区进行了搜索,又发现了一具尸体,死者是 S. R. ,跟着又发现了两具尸体,被害人的死因非常一致,都是头部钝器击伤。死者人数还在不断上升,后来又有 5 名女性被发现死于科罗拉多。直到 1975 年 8 月 16 日,犹他州的公路巡警发现了一辆可疑的轿车,司机的姓名是 Theodore Robert Bundy。随后三名警察对汽车进行了搜查,发现了一根铁锹、滑雪面具、绳子、手铐、电线和一把冰镐。邦迪随即被捕。

在审查中,邦迪的女友 Meg 承认,邦迪最近性欲不断下降,而且喜欢将她捆起来做爱。而在调查斯蒂芬妮的时候,她也描述了邦迪后来和她在一起的奇怪转变。警方发现,邦迪似乎过着一种双重生活,充满了欺骗和不忠。在监狱里,医生对邦迪的心理评估是“精神病倾向、神经质、器质性脑损伤、酗酒、药物滥用、健忘,但是不存在性偏离”,另一些医生则指出,他“强烈依赖女人”。医生的一致评价是,邦迪对于自己和女性的关系抱有强烈的受辱恐惧。

1977 年 6 月,邦迪越狱,但是很快被抓到;几个月以后,邦迪又一次成功越狱,这次他逃到了芝加哥,并改名为 Chris Hagen。这时候,偷东西就成了他的另一种生活。他家里几乎所有物品都是偷来的,甚至连食品也是用偷来的信用卡买的。1978 年 1 月 14 日,女生公寓管理员发现 K. K. 躺在自己床上,身受重伤,头上开口。警察后来又发现有两名女生死于自己床上。法医发现她们都被一根木棍敲在头上,被强奸后扼死。随后他们发现在被害人身上有撕咬的痕迹,一处在臀部,一处在胸部。被害人 L 的乳头几乎都被咬掉了,她还被用一个喷发水瓶进行过性侮辱。另一名被害人 M. B. 也受到了同样的伤害,尽管没有咬伤的痕迹,但是她被狠狠地击在头部,导致颅骨粉碎,部分脑组织外溢。被害人都没有挣扎的痕迹。然而,就在离该女生公寓1英里远的地方,凌晨4点,警方发现C坐在床上,脸都被打得肿了起来。她全身赤裸,但是侥幸还活着。警方通过多种方法来找到凶手,如血型比对、精子检验、指纹痕迹检验等,但是一无所获。到了2月9日,12岁大的K.L.失踪了,8个星期以后尸体被发现,并已经高度腐烂。1977年,邦迪被警方逮捕,对邦迪的审判耗时漫长,直到1980年1月才结束,他最后在1989年1月24日被执行死刑。

在邦迪的案件中,他并不肢解尸体,同时,他的杀人过程并没有什么仪式化的现象,唯一使用的铁锹等钝器似乎只是为了就手,这似乎表明他对被害人的态度比较简单,同时对于尸体本身并没有特殊的渴望。邦迪对于女性所表现出的残暴,似乎完全只是欲望的发泄。尽管他曾经供诉是受到了色情文学的影响,但是这种影响似乎在塑造着他的手法和方式。邦迪试图表现自己的权力,对于邦迪来说,在他和斯蒂芬妮第二次分手以前的一切事情,都完全是强加于他的,唯有真正离开斯蒂芬妮以后,邦迪才认为自己获得了足够的权力。而他在政治上的兴趣似乎也可以作这种解释。似乎,所有连环杀手的共同之处就在于一个关键词,占有(possession)。但是,对于某些系列杀手,如“开膛手杰克”,他们杀人似乎并不追求数量,而是突出了对尸体本身的操作;而邦迪对于被害人尸体没有什么兴趣,似乎对于他来说,不断杀死女性,看着数目上升,才能满足他的领地感。邦迪自己在1989年的供词表明,他喜欢在杀死被害人之前,很长时间让她们保持昏睡状态,而且他总是将被害人尸体埋在同一个地点,然后经常回去看她们。他不断对警方强调说:“杀死她们不是仅仅为了满足暴力的需求,而是为了占有。当你看着她们身体上最后一缕呼吸离开的时候,你就觉得她们成了自己的一部分……看着她们的眼睛,你就觉得自己像一个神。”

哈罗德·希普曼(Harold Shipman)

236名患者全部看似安详地死在自己的家中,而事实上他们却是非正常死亡。他们是被自己的家庭医生哈罗德·希普曼杀死的!

“死亡医生”哈罗德·希普曼是英国历史上臭名昭著的系列杀手。希普曼至死也没有对自己的行为表现出丝毫的内疚。在他被捕后,英国医师协会称有足够证据证明希普曼杀了215个人,其中80%为女性。最年轻的受害者是41岁的彼德·刘易斯(Peter Lewis)。但有非官方统计认为他可能共杀害了250人。2000年1月31日,希普曼被英国法庭判处终身监禁,并被法官提议永不释放。

希普曼生于1946年1月14日。17岁时,希普曼目睹年仅43岁的母亲撒手人寰。这件事对他的打击很大,也成了他人生的重大转折点。母亲的死激发了他学习医学的兴趣。由于他的母亲饱受病痛折磨,长期以来只能依靠海洛因和吗啡来减缓发病时剧烈的疼痛。所以,他也同时产生了用海洛因和吗啡杀人的欲望。因为他不能容忍那么多与自己的母亲年龄相仿的妇女平安幸福地生活下去。

主要参考文献

一、著作类

[1]罗大华、何为民主编:《犯罪心理学》,中国政法大学出版社 2007 年版。
[2]刘邦惠主编:《犯罪心理学》,科学出版社 2009 年版。
[3]杨士隆:《犯罪心理学》,教育科学出版社 2002 年版。
[4]罗大华主编:《法制心理学的新起点》,吉林人民出版社 2004 年版。
[5]吴宗宪:《西方犯罪学史》,警官教育出版社 1997 年版。
[6][英]卡尔·波普尔:《科学发现的逻辑》,查汝强等译,中国美术学院出版社 2008 年版。
[7]何为民主编:《罪犯改造心理学》,中国人民公安大学出版社 1997 年版。
[8]蔡墩铭编著:《矫治心理学》,台北,正中书局印行 1988 年版。
[9]朱智贤主编:《心理学大词典》,北京师范大学出版社 1989 年版。
[10]叶浩生主编:《西方心理学的历史与体系》,人民教育出版社 1998 年版。
[11]叶浩生:《西方心理学理论与流派》,广东高等教育出版社 2004 年版。
[12]吴宗宪编著:《国外罪犯心理矫治》,中国轻工业出版社 2004 年版。
[13]章恩友:《罪犯心理矫治基本原理》,群众出版社 2004 年版。
[14]黄兴瑞主编:《罪犯心理学》,金城出版社 2003 年版。
[15]《爱因斯坦文集》(第 1 卷),商务印书馆 1976 年版。
[16]黄希庭、郑涌:《心理学十五讲》,北京大学出版社 2005 年版。
[17]任克勤主编:《被害人心理学》,警官教育出版社 1997 年版。
[18][英]布莱克本:《犯罪行为心理学:理论、研究和实践》,吴宗宪、刘邦惠等译,中国轻工业出版社 2000 年版。
[19]肖兴政、郝志伦主编:《犯罪心理学》,四川大学出版社 2004 年版。
[20]王锐编著:《新编犯罪行为心理学》,中国人民公安大学出版社 2010 年版。
[21]李玫瑾:《犯罪心理研究——在犯罪防控中的作用》,中国人民公安大学出版社 2010 年版。

[22][美]菲利普·津巴多、[美]迈克尔·利佩:《态度改变与社会影响》,邓羽、肖莉、唐小艳译,人民邮电出版社 2007 年版。
[23]陈仲庚、张雨新编著:《人格心理学》,辽宁人民出版社 1986 年版。
[24]梅传强主编:《犯罪心理学》,中国法制出版社 2008 年版。
[25]彭聃龄主编:《普通心理学》,北京师范大学出版社 1989 年版。
[26]张春兴:《现代心理学:现代人研究自身问题的科学》,上海人民出版社 1998 年版。
[27]邱国梁:《犯罪心理学的理论与运用研究》,群众出版社 2005 年版。
[28]梅传强、王敏编著:《犯罪心理学》,中国法制出版社 2005 年版。
[29]张保平、李世虎编著:《犯罪心理学》(第 4 版),中国人民公安大学出版社 2006 年版。
[30][美]巴特尔等:《犯罪心理学》,杨波、李林等译,中国轻工业出版社 2009 年版。
[31]杨士隆、何明洲:《窃盗犯罪防治:理论与实务》,台北,五南图书出版股份有限公司 2003 年版。
[32]刘仁文编著:《刑事一体化下的经济分析》,中国人民公安大学出版社 2007 年版。
[33]沈海平:《寻求有效率的惩罚:对犯罪刑罚问题的经济分析》,中国人民公安大学出版社 2009 年版。
[34]章恩友、姜祖桢主编:《矫治心理学》,教育科学出版社 2008 年版。
[35][美]斯蒂文·哈桑:《走出邪教:摆脱邪教的控制》,杨善录、杨菲译,安徽文艺出版社 2001 年版。
[36][西班牙]佩佩·罗德里格斯:《痴迷邪教:邪教的本质、防范及处置》,石灵译,新华出版社 2001 年版。
[37][美]玛格丽特·泰勒·辛格:《邪教在我们中间》,刘宇红、黄一九译,湖南人民出版社 2000 年版。
[38]胡联合:《当代世界恐怖主义与对策》,东方出版社 2001 年版。
[39]赵秉志主编:《国际恐怖主义犯罪及其防治对策专论》,中国人民公安大学出版社 2005 年版。
[40]胡联合:《第三只眼看恐怖主义》,世界知识出版社 2002 年版。
[41]赵永琛、李建主编:《联合国反对恐怖主义文献汇编》,群众出版社 2006 年版。
[42][美]诺姆·乔姆斯基:《恐怖主义文化》,张鲲、郎丽璇译,上海译文出版社 2006 年版。

[43]柴志明、冯溪屏主编:《社会学原理》,浙江大学出版社 2005 年版。

[44][美]罗伯特·西蒙:《好人·坏人:透视人性的阴暗面》,韩斌、叶隽译,新华出版社 2001 年版。

[45][美]罗伯·K. 雷斯勒等:《变异画像:FBI 心理分析官对异常杀人者调察手记之二》,李璞良译,法律出版社 1998 年版。

[46]衣家奇主编:《犯罪学》,湖南大学出版社 2005 年版。

[47]魏健馨、张学林:《犯罪心理学》,南开大学出版社 2004 年版。

[48][美]迪·金·罗斯姆:《地理学的犯罪心理画像》,李玫瑾等译,中国人民公安大学出版社 2007 年版。

[49][英]坎特:《犯罪的影子——系列杀人犯的心理特征剖析》,吴宗宪等译,中国轻工业出版社 2002 年版。

[50]王铁兵编著:《杀人犯罪案件侦查要略》,群众出版社 2003 年版。

[51]赵永琛主编:《刑事侦查学案例教程》,法律出版社 1996 年版。

[52]邱国梁:《犯罪动机论》,法律出版社 1988 年版。

[53]石启才等编:《侦查心理研究下册》,天津市宝坻县书刊联合发行公司发行,江西省心理学会法制心理专业委员会 1985 年版。

[54]孟宪文:《刑事侦查学》,中国人民公安大学出版社 2007 年版。

[55]马丽霞:《犯罪现场勘查》,中国民主法制出版社 2007 年版。

[56]赵桂芬:《侦查心理学》,中国人民公安大学出版社 2008 年版。

[57][美]李昌钰:《现场勘查的一般步骤》,吴中华译,载郝宏奎主编:《侦查论坛》(第 3 卷),中国人民公安大学出版社 2004 年版。

[58][美]布伦特·E. 特维:《犯罪心理画像:行为证据分析入门》,李玫瑾等译,中国人民公安大学出版社 2005 年版。

[59]罗大华主编:《犯罪心理学》,中国政法大学出版社 2003 年版。

[60][美]保罗·贝内特:《异常与临床心理学》,陈传锋等译,人民邮电出版社 2005 年版。

[61]高锋主编:《犯罪心理学》,中国人民公安大学出版社 2004 年版。

[62]陈云林等:《犯罪心路探微:心理测试技术的理论、研究与实践》,中国大百科全书出版社 2004 年版。

[63]张毅、皮建华:《刑事科学技术导论》,中国人民公安大学出版社 2004 年版。

[64]师建国主编:《成瘾医学》,科学出版社 2002 年版。

[65][美]阿洛伊等:《变态心理学》,汤震宇等译,上海社会科学出版社 2005 年版。

[66][美]巴隆、[美]杜兰德:《异常心理学》,杨霞等译,中国轻工业出版社 2006 年版。
[67]宋小明:《罗树标系列强奸杀人案》,载《大要案犯罪心理分析》,中国人民公安大学出版社 2000 年版。

二、期刊类

[1]汪力等:《当代恐怖犯罪及刑法对策新论》,载《西南师范大学学报(人文社会科学版)》2006 年第 1 期。
[2]林亚刚、何荣功:《论恐怖主义犯罪的内涵》,载《江西公安专科学校学报》2004 年第 1 期。
[3]罗刚、陆以全:《国际恐怖主义犯罪的界定问题研究》,载《云南大学学报(法学版)》2003 年第 4 期。
[4]刘振华:《法伦理视域中的恐怖主义犯罪》,载《求索》2008 年第 7 期。
[5]曾洪:《国际恐怖犯罪的特点、成因及对策》,载《铁道警官高等专科学校学报》2008 年第 3 期。
[6]张怀宝:《国际恐怖犯罪及其成因探析》,载《法制与社会》2007 年第 6 期。
[7]王雅丽:《恐怖犯罪概念比较研究》,载《河南公安高等专科学校学报》2006 年第 3 期。
[8]赵桂芬:《个体恐怖分子的人格探究》,载《中国人民公安大学学报(社会科学版)》2007 年第 6 期。
[9]周良沱、章剑:《恐怖犯罪三题》,载《江苏警官学院学报》2002 年第 5 期。
[10]王海燕:《关于国际恐怖主义犯罪的研究》,载《辽宁警专学报》2008 年第 5 期。
[11]王牧:《恐怖主义概念研究》,载《上海市政法管理干部学院学报》2003 年第 5 期。
[12]张保平:《关于恐怖主义犯罪心理和行为特点的初步研究》,载《犯罪研究》2003 年第 5 期。
[13]殷炳华:《国际恐怖主义犯罪的现状及其发展趋向研究》,载《吉林公安高等专科学校学报》2010 年第 1 期。
[14]陈忠林、张有胜:《恐怖主义犯罪论略》,载《政法论丛》2002 年第 6 期。
[15]陈君:《恐怖犯罪及其法律惩治》,载《北京理工大学学报(社会科学版)》2003 年第 2 期。
[16]陈忠林:《我国刑法中“恐怖活动犯罪”的认定》,载《现代法学》2002 年第 5 期。

[17]夏勇、王焰:《我国学界对恐怖主义犯罪定义研究的综述》,载《法商研究》2004年第1期。
[18]曾令良、尹生:《论国际恐怖主义的全球化趋势与国际法律控制》,载《法制与社会发展》2003年第4期。
[19]黄泽珊、白群:《恐怖主义犯罪心理分析》,载《云南警官学院学报》2010年第1期。
[20]关一航:《个体恐怖犯罪的归因分析及预防对策》,载《公安教育》2004年第7期。
[21]高铭暄、张杰:《关于我国刑法中“恐怖活动犯罪”定义的思考》,载《法学杂志》2006年第4期。
[22]李生兰:《社会互动理论对幼儿教师与家长相互作用的启示》,载《上海教育科研》2005年第1期。
[23]张文婷:《社会互动理论对高校思想政治教育工作方法的启示》,载《考试周刊》2008年第30期。
[24]冯必扬:《社会风险与风险社会关系探析》,载《江苏行政学院学报》2008年第5期。
[25]张卫:《社会风险发展趋势与我国突发事件应急机制建设》,载《中南民族大学学报(人文社会科学版)》2008年第6期。
[26]彭移风、王学东、崔相琪:《中美大学生风险知觉比较研究》,载《泰州职业技术学院学报》2003年第4期。
[27]何贵兵:《决策任务特征对风险态度的影响》,载《人类工效学》1996年第2期。
[28]刘富厚:《金融危机背景下的社会风险分析》,载《长沙大学学报》2010年第1期。
[29]王甫勤:《风险社会与当前中国民众的风险认知研究》,载《上海行政学院学报》2010年第2期。
[30]田丽丽、郑雪、刘海涛:《风险知觉研究的历史回顾与展望》,载《心理与行为研究》2005年第4期。
[31]杨全军:《社会风险感知综述》,载《商情(财经研究)》2008年第5期。
[32]任红杰:《恐怖主义的文化分析》,载《中国党政干部论坛》2006年第10期。
[33]周燮藩:《恐怖主义与宗教问题》,载《西亚非洲》2002年第1期。
[34]张博:《论宗教与恐怖主义》,载《辽宁行政学院学报》2004年第4期。
[35]宓洪波、李英燕:《透析女性心理　遏制女性犯罪》,载《法制与社会》2009年第

36期。
[36]瞿莉:《女性暴力型犯罪的特征、成因及对策——以吉首地区2007年以来女性杀人案件为例》,载《湖南公安高等专科学校学报》2009年第2期。
[37]秦素琼、赵春玲:《多犯罪类型女性犯罪者人格特征研究》,载《贺州学院学报》2007年第3期。
[38]张敏强、王海燕、牛端:《五类成年女犯的人格特质及相关因素比较》,载《中国心理卫生杂志》2006年第9期。
[39]雍自元:《女性犯罪的特点及其危害探究》,载《安徽教育学院学报》2006年第1期。
[40]康树华:《中外女性犯罪的现状与特点研究》,载《南都学坛》2005年第3期。
[41]王锐:《对看守所侵财型犯罪女性16PF调查》,载《辽宁警专学报》2004年第5期。
[42]邱格屏:《当代女性犯罪心理分析》,载《妇女研究论丛》2000年第1期。
[43]张继伟:《论黄色文化与青少年性犯罪》,载《北京人民警察学院学报》2005年第1期。
[44]童晴:《变态杀人,走向覆灭》,载《康乐园》2001年第6期。
[45]李玫瑾:《双重人格犯罪的心理解析——山西阳泉系列变态杀人案主犯的犯罪心理分析》,载《公安学刊(浙江公安高等专科学校学报)》2007年第2期。
[46]康杰、张平:《一半是天使一半是魔鬼——双重人格犯罪心理剖绘》,载《青少年犯罪问题》2003年第1期。
[47]姚建龙:《卖淫女的被害性及其合法权益保护》,载《中华女子学院学报》2002年第1期。
[48]邱国梁:《再论犯罪动机的几个问题》,载《山东公安专科学院学报》2000年第4期。
[49]吴志刚:《论犯罪心理动力结构》,载《贵州民族学院学报(社会科学版)》1999年第3期。
[50]靳建辉、张浩:《对不同动机特征类型的犯罪心理研究》(上),载《辽宁警专学报》2005年第6期。
[51]朱营周:《论角色扮演对犯罪心理的影响——基于"黄勇系列杀人案"的分析》,载《铁道警官高等专科学校学报》2008年第6期。
[52]武振营:《犯罪动机恶化的规律和对策》,载《河南社会科学》2002年第5期。
[53]郝宏奎:《杀人犯罪动机的系统推断》,载《江苏警官学院学报》2002年第6期。

[54]崔劲松:《关于杀人案现场勘查的法医学探讨》,载《辽宁警专学报》2005 年第 4 期。
[55]张永光:《一起杀人案件现场勘查的一些体会》,载《广东公安科技》2006 年第 3 期。
[56]曾海泉:《从犯罪现场伪装伎俩看侦破得失——厦门市“2005.05.10”卓振康杀人案》,载《中国刑事警察》2006 年第 1 期。
[57]陈涛:《强奸杀人与奸情杀人的区别》,载《中国刑事警察》2003 年第 2 期。
[58]李鸿斌、王勇哲:《论“犯罪动机歪曲反映形态”》,载《山东公安丛刊》1996 年第 4 期。
[59]陈东明、肖全良:《凶杀案现场案犯自杀的认定依据》,载《湖南公安高等专科学校学报》2006 年第 6 期。
[60]汪茜、熊英、向群:《变态杀人案件的十大特点》,载《湖北警官学院学报》2004 年第 6 期。
[61]董敏玲:《浅议犯罪现场勘查中痕迹物证的心理分析》,载《科技信息(科学教研)》2008 年第 18 期。
[62]傅晓海:《也谈犯罪心理痕迹》,载《福建公安高等专科学校学报·社会公共安全研究》2001 年第 6 期。
[63]张东:《犯罪心理痕迹在现场重建中的应用》,载《中国监狱学刊》2009 年第 4 期。
[64]王纬东:《职业特点在犯罪心理痕迹中的反映》,载《政法学刊》2007 年第 3 期。
[65]潘守信:《犯罪心理痕迹的分析步骤和方法》,载《湖北警官学院学报》2007 年第 3 期。
[66]杨英仓:《犯罪现场心理痕迹在案件侦查中的应用》,载《贵州警官职业学院学报》2007 年第 3 期。
[67]张瑞:《论犯罪现场心理痕迹》,载《法制与社会》2007 年第 3 期。
[68]陆时莉:《现场勘查中心理痕迹的分析与运用》,载《吉林公安高等专科学校学报》2006 年第 6 期。
[69]冯亚君:《犯罪现场心理痕迹分析》,载《武汉公安干部学院学报》2006 年第 1 期。
[70]姜万国:《现场勘查与现场心理分析》,载《吉林公安高等专科学校学报》2006 年第 1 期。
[71]严建:《现场心理痕迹之分析研究》,载《公安学刊·浙江公安高等专科学校学

报》2005 年第 6 期。
[72]褚红云:《论犯罪心理痕迹的利用》,载《湖北警官学院学报》2004 年第 6 期。
[73]赵民、张海腾:《现场中的犯罪心理痕迹》,载《中国刑事警察》2003 年第 1 期。
[74]王文显、关芳芳:《犯罪心理痕迹在侦查案件中的运用》,载《广东公安科技》2003 年第 3 期。
[75]方格:《浅析犯罪现场中的物质痕迹和心理痕迹》,载《湖北警官学院学报》2003 年第 4 期。
[76]申建军:《从现场物证分析犯罪的心理痕迹》,载《湖北警官学院学报》2003 年第 1 期。
[77]胡铭:《论犯罪心理痕迹及其在侦查中的应用》,载《广州市公安管理干部学院学报》2002 年第 3 期。
[78]袁博:《浅谈刑事犯罪现场的心理痕迹》,载《江西公安专科学校学报》2002 年第 1 期。
[79]沈斌:《关于犯罪现场心理痕迹的探讨》,载《广东公安科技》2002 年第 3 期。
[80]魏垂策:《论刑事侦查中的心理痕迹》,载《江苏公安专科学校学报》2002 年第 1 期。
[81]李巧芬:《论犯罪现场心理痕迹》,载《福建公安高等专科学校学报·社会公共安全研究》2002 年第 6 期。
[82]廖岳华:《犯罪现场心理痕迹在侦查破案中的应用》,载《吉林公安高等专科学校学报》2001 年第 1 期。
[83]覃滔涛、赵品初:《浅谈心理痕迹及运用》,载《广西公安管理干部学院学报》2001 年第 1 期。
[84]王森、魏克强:《试论现场勘查中的心理痕迹动态分析》,载《法制与社会》2009 年第 27 期。
[85]武伯欣:《中国犯罪心理学测试技术应用理论》,载《中国公共安全(学术卷)》2005 年第 1 期。
[86]武伯欣:《中国犯罪心理测试技术研究应用现状与展望》,载《江西公安专科学校学报》2006 年第 4 期。
[87]刘克忠:《正确认识我国犯罪心理测试技术的称谓、地位和作用》,载《广州市公安管理干部学院学报》2003 年第 2 期。
[88]范刚:《再论我国犯罪心理测试技术的研究与应用》,载《甘肃政法学院学报》2008 年第 5 期。

[89] 常青山、苏剑君:《我国犯罪心理测试技术的历史沿革与发展综述》,载《铁道警官高等专科学校学报》2004 年第 1 期。
[90] 王华:《解析犯罪心理测试技术的心理机制》,载《武汉公安干部学院学报》2008 年第 3 期。
[91] 周蔚:《当前我国犯罪心理测试问题探究》,载《河南公安高等专科学校学报》2010 年第 1 期。
[92] 刘洪广:《对公安机关心理测试未来发展的思考》,载《中国人民公安大学学报(社会科学版)》2006 年第 2 期。
[93] 杨权:《犯罪心理测试的心理和生理机制》,载《青年科学》2009 年第 12 期。
[94] 白杨:《犯罪心理测试研究》,载《法制与社会》2008 年第 32 期。
[95] 王雁平、梁亚军、惠春喜:《犯罪心理测试技术的应用与思考》,载《甘肃政法成人教育学院学报》2007 年第 2 期。
[96] 郑红丽、丁同春:《测谎技术的新进展》,载《中国人民公安大学学报(自然科学版)》2007 年第 1 期。
[97] 刘南男、张跃:《从"五声听狱"到脑电位检测侦查——论犯罪心理测试技术视野下侦查手段之变革》,载《江西公安专科学校学报》2009 年第 3 期。
[98] 刘杰:《国外犯罪心理画像简述及其本土化研究》,载《江苏警官学院学报》2004 年第 1 期。
[99] 宋胜尊、傅小兰:《犯罪行为决策的理论与研究方法》,载《心理科学进展》2005 年第 1 期。
[100] 周路:《重视对当代犯罪中观、微观规律的实证研究》,载《贵州警官职业学院学报》2002 年第 6 期。
[101] 段晓英、黄慧、王存文:《人格、自我控制、价值观对青少年犯罪的影响》,载《山东精神医学》2006 年第 3 期。
[102] 宫火良:《对国内罪犯人格特征的元分析》,载《中国心理卫生杂志》2006 年第 7 期。
[103] 马海鹰、张小远:《罪犯人格特征的研究进展》,载《中国健康心理学杂志》2005 年第 3 期。
[104] 徐砺:《对罪犯的艾森克个性问卷(EPQ)调查分析——以四川宜宾某监狱 234 名男性为例》,载《西南民族大学学报(人文社科版)》2007 年第 12 期。

三、网络文献

[1]《连杀20人的韩国连环杀人狂柳永哲被判死刑》,载中国日报网站,最后访问日期:2004年12月13日。

[2]《男子14年制造血案9死3伤　心理专家受邀参与破案》,载大江网,http://www.jxnews.com.cn,最后访问日期:2006年5月22日。

[3]《14年内甘肃白银市区9名女性遭强奸杀害20万缉凶》,载新浪网,http://www.sina.com.cn,最后访问日期:2004年12月19日。

[4]《北大高科:公安信息系统建设成效显著》,载北京大学新闻网,http://pkunews.pku.edu.cn/Show_News.asp?Newsid=73616,最后访问日期:2018年9月1日。

[5]《杀人疑犯怀揣中国地图逃窜途中连夺7命》,载新浪网,www.sina.com.cn,最后访问日期:2006年11月9日。

[6]《杀人恶魔临终独》,载联合早报网,http://www.zaobao.com/special/newspapers/2002/01/guiyang170102,最后访问日期:2002年1月17日。

[7]《连续杀害17名青少年昨天一审被判死刑　凶手黄勇被押上法庭》,载新浪新闻网,http://news.sina.com.cn/c/2003-12-10/02151299588s.shtml,最后访问日期:2018年9月1日。

[8]《劫杀至少七名陪舞女　沈阳"下岗厂长"昨判死刑》,载北京人民广播电台官网,www.bjradio.com.cn,最后访问日期:2006年11月9日。

[9]《"狂魔末路"-1:一个人制造的"陕西一号"案》,载http://yzdsb.hebnews.cn/20050124/ca455291.htm,最后访问日期:2005年1月24日。

[10]《陕西渭南系列强奸杀人案案犯伏法》,载中国法院网,www.chinacourt.com,最后访问日期:2006年9月1日。

四、英文类

[1] S. Bennett, D. P. Farrington & L. R. Huesmann, *Explaining Gender Differences in Crime and Violence: The Importance of Social Cognitive Skills*, Aggression and Violent Behavior, 10, 2005, p. 263-288.

[2] D. Putwain & A. Sammons, *Psychology and Crime*, Routledge, 2002.

[3] Alfred Adler, *Individual Psychology and Crime*, Police Journal 17, 1930, reprinted in Quarterly Journal of Corrections, 1977, p. 7-13.

[4] S. E. Samenow, *Inside the Criminal Mind* (Revised and Updated edition), Crown Publishers, 2004.

[5] Douglas J. E. , Olshaker M. & *Mindhunter*: *Inside the FBI's Elites Serial Crime Units*. New York: Scribner, 1997.

[6] Douglas J. E. , Ressler R. K. , et al. , *Criminal Profiling from Crime Scene Analysis*, Behavioral Science and the Law, 1995.

[7] Douglas J. E. , Burgess A. W. , et al. , *Crime Classification Manual*: *A Standard System for Investigation and Classifying Violence Crime*, John Wiley & Sons, Inc. , San Francisco, CA. , 2006.

[8] Egger S. A. , *The killer among US*: *An Examination of Serial Murder and Its Investigation*, New Jersey: Prentice Hall, 1998.

[9] Fattah E. , *Understanding Criminal Victimization*: *An Introduction to Theoretical Victimology*, Prentice – Hall Canada, Inc. , 1991.

[10] Fox J. A. , Levin J. & *Overkill*: *Mass Murder and Serial Killing Exposed*, NY: Plenum, 2004.

[11] Fritzon K. & Ridgway J. , *Near – death Experience*: *The Role of Victim Reaction in Attempted Homicide*, Journal of International Violence, 16, 2001, p. 679 – 696.

[12] Hickey E. , *Serial Killers and Their Victims* 2nd ed. , CA: Brooks/Cole, Pacific Grove, 1997.

[13] Hodge S. & Canter D. , *Victims and Perpetrators of Male Sexual Assault*, Journal of Interpersonal Violence, 13(2), 1998, p. 222 – 239.

[14] Ioannou M. , *Hero or Villain*: *Criminals' Emotional Experience of Crime*, University of Liverpool, UK, Unpublished doctoral dissertation, 2006.

[15] Ioannou M. , *Serial Murder*, in Violence Crime: Clinical and Social Implication. Saga, Thousand, CA. , 2009.

[16] Gross H. G. , *Criminal Psychology*: *A Practical Textbook for Magistrates*, *Police Officers*, *and Lawyers*, adapted by John Adam and J. Collyer Adam, Sweet & Maxwell, London. 1934.

[17] Holmes R. M. & DeBurger J. , *Serial murder*, Saga, Thousand, CA. , 1988.

[18] Jenkins P. , *Serial murder in England* 1940 – 1985, Journal of Criminal Justice, 16, 1988. p. 1 – 15.

[19] Meloy J. R. , *The Nature and Dynamics of Sexual Homicide*: *An Integrative Review*, Aggression and Violence Behavior, 5, 2000, p. 1 – 22.

[20] Monahan J. , *Mental Illness and Violent Behavior*: *Perceptions and Evidence*,

American psychologist, 47,1992,p.511 -521.

[21]Morton R. J. & Hilts M. A. ,*Serial murder: Multi - disciplinary Perspectives for Investigators*,Federal Bureau of Investigation: National Center for the Analysis of Violent Crime, Quantico, VA. ,2005.

[22]Rossmo D. K. ,*Geographic Profiling*,CRC Press, Baton Rouge, FL,1999.

[23]Ressler R. K. , Burgess A. W. ,et. al. ,*Murders Who Rape and Mutilate*,in R. Lockwood. ,F. R. Ascione (Eds.), Cruelty to Animals and Interpersonal Violence: Readings in Research and Application, Purdue University Press,1998.

[24]Salfati C. G. ,Canter & D. V. ,*Differentiating Stranger Murders: Profiling Offender Characteristics from Behavioral Style*,Behavioral Sciences and the Law, 1999, p.391 -406.

[25]Turvey B. ,*Deductive Criminal Profiling: Comparing Applied Methodologies between Inductive and Deductive Profiling Techniques*,Criminal Profiling Research Site,1998.

[26]Bushman B. J. & Anderson C. A. ,*Is It Time to Pull the Plug on the Hostile Versus Instrumental Aggression Dichotomy*? Psychological Review, 108,2001,p.273 -279.

[27]Chen Z. , Williams K. D. , Fitness J. , Newton, N. C. ,*When Hurt Won't Heal: Exploring the Capacity to Relive Social Pain*, Psychological Science, 19(8), 2008,p.789 -795.

[28]Vaillancourt R. ,*Indirect Aggression in Human: Social Construct or Evolutionary Adaptation*?,in R. E. Tremblay, W. W. Hartup, J. Archer (Eds.), Developmental Origins of Aggression,New York: Guilford,2005.

[29]Collins R. L. , Quigley B. M. & Leonard K. E. ,*Women's Physical Aggression in Bars: An event - based Examination of Precipitants and Predictors of Severity*, Aggressive Behavior,33,2007,p.304 -313.

[30]Dollard J. , Doob L. W. ,Miller M. , Mowrer O. H. ,Sears R. R. ,*Frustration and Aggression*,New Haven: Yale University Press,1939.

[31]Fite J. E. , Goodnight J. A. , Bates J. E. , Dodge K. A. ,Pettit G. S. ,*Adolescent Aggression and Social Cognition in the Context of Personality: Impulsivity as A Moderator of Predictions from Social Information Processing*, Aggressive Behavior, 34(5),2008,p.511 -520.

[32] Anderson C. A. & Bushman B. J. , *The Effects of Media Violence on Society*, Science, 295, 2002, p. 2377 – 2378.

[33] Huesmann L. R. & Kirwil L. , *Why Observing Violence Increases the Risk of Violent Behavior in the Observer*, in D. Flannery (Ed.), The Cambridge Handbook of Violent Behavior and Aggression, Cambridge, UK: Cambridge University Press, 2007.

[34] Lawrence C. & Andrews K. , *The Influence of Perceived Prison Crowding on Male Inmates' Perxeption of Aggressive Events*, Aggressive Behavior, 30 (4), 2004, p. 273 – 283.

[35] Mendelson T. , Thurston R. C. & Kubzansky L. D. , *Arousal and Stress: Affective and Cardiovascular Effects of Experimentally – induced Social Status*, Health Psychology, 27(4), 2008, p. 482 – 489.

[36] Bushman B. J. , Wang M. C. & Anderson C. A. , *Is the Curve Relating Temperature to Aggression Linear or Curvilinear? Assaults and Temperature in Minneapolis Reexamined*, Journal of Personality and Social Psychology, 89(1), 2005, p. 62 – 66.

[37] D. Putwain & A. Sammons. , *Psychology and Crime*. Routledge, 2002.

[38] Ronald M. Holmes, *Profiling Violent Crimes*, California: SAGE Publications, Inc. , 1996.

[39] Brantingham P. J. & Brantingham P. L. , *Note on the Geometry of Crime*, in P. J. Brantingham. , P. L. Brantingham (Eds.), Environmental Criminology, Beverly Hills, Sage Publications, 1981.

[40] Brantingham P. J. & P. L. Brantingham, *Environmental Criminology: From Theory to Urban Planning Practice*, Studies on Crime and Crime Prevention, 7(1), 1998, p. 31 – 60.

[41] Canter D. , *Criminal Shadows*. London: Harper Collins, 1994.

[42] Canter D. V. & D. E. Youngs. , *Investigative Psychology: Offender Profiling and the Analysis of Criminal Action*, John Wiley & Sons Ltd. , 2009.